Stadtkanzler *m., Vorsteher der* → Stadtkanzlei; → Stadtschreiber; *bdv.:* Kanzler (C). herrn C.B., beider rechten doctor, welcher … gemainer statt A. 48 jar geschworner s t a t t c a n t z l e r gewesen, ja durch seine … erfarenhait dahin kommen, daß … alle churfürsten, wann die etwas sonders gehaims … haben handlen wollen, ine zu einem schreiber berufft haben *1524 ZSchwabNeuburg 46 (1926) 13.* 1623 *OÖsterr./ÖW. XIV 66.* wurden 4 evangelische consulenten … in bestallung genommen und der erste zum s t a d t - c a n z l e r ernennet *1758 Stetten, AugsbG. II 194.*

Stadtkapitän *m., Befehlshaber einer* → Stadtgarde, *Bürgerkompanie; auch als Vorsteher eines Stadtteils; vgl.* Bürgerkapitän, Stadthauptmann (II). so vermeinen wir … daß eine gewisse person, so bei den kriegessachen herkommen, zu verordnen, welche das ober-commando über die s t a d t c a p i t a i n e und andere unter-officier, auch die bürgerschaft und eximirte hätte und dahin sähe, damit … die thore genugsam besetzt würden *1657 Prot BrandenbGehR. V 356.* inquisitionsakten eines im namen des krämerausschusses an die s t a d t k a p i t a i n e … übergebenen scripti, den judenhandel betreffend *1704 Kracauer,GJudFrankf. II 116.* die übrigen mitglieder [der kommißion] sind der jedesmalige chef der königl. fortifikationsbrigade, ein officier von der artillerie … der stadt major, der s t a d t k a p i t a i n e und ein mitglied des stralsundischen magistrats *1788 Gadebusch, Staatskunde II 296.* 1803 *WeistNassau III 86.*

Stadtkapitel *n., im Pl. mit Bezug auf mehrere Städte* **Städtekapitel**, *Gesamtheit, Versammlung der Geistlichen einer* → Stadt (III); *auch: die zugehörige Sprengel; vgl.* Landkapitel (II), Kapitel (V). [vngelert leyen] wissen vnnd leren das euangelion baß, dann gantze dörff oder s t å t c a p i t e l der thumherren oder pfaffen *1523 Eberlin v.Günzburg III 127.* das gebiet des standes Zürich wird in kirchensachen neben dem s t a d t - c a p i t e l in IX land-capitel eingetheilt *1768 Fäsi I 66.* diese stadtprediger und filialisten, sechs und zwanzig an der zahl, machen zusammen das sogenannte s t a d t c a p i t e l aus *Arch. f.d. neueste Kirchengeschichte 6 (1798) 195.*

Stadtkarcher *m., auch* -kärcher; *wie* → Stadtkarrer; *vgl.* Karcher (I). bey seinem eid soll er [holzknecht] … acht nemen, das … der holzleger das recht fudermesz auch lege, desglichen der s t a t t k a r c h e r dasselb … füre an die ort, dahin es ihme dan bevolen würt *1541 Eheberg, StraßbVG. 578.* 1591 *CartMulhouse VI 333.* [man hat] damit niemand in ansehung des fuhrlohns übernommen werden möge, 4 hiesigen s t a d t - k ä r c h e r n die alleinige holzfuhren aus mehr eröffnetem holzhof in die dasige residenz [überlassen] *1770 Moser,ForstArch. XVII 93.*

Stadtkarren *m., städt. Fuhrwagen, auch Abfall- und* → Schinderkarren; *vgl.* Karre. gegeven deme boumeister IV dach, R. einen daich haint der s t a d t k a r e n geladen ad VIII s. fac. 3 m. 4 s. *1546 DürenWQ. 456.* van 4 s t a d t k a r e n om de straten te reynigen *1584 Alting, Diarium 617.* [der zauberin hat] in beisein der cammerarii … der teufel den 6. juni des morgens den hals umgedreht und sie erstickt, und folgendes den 7. juni auf den

s t a d t k a r r e n vor das gericht geführt und zum brand verurteilt *1610 BeitrDortm. 22 (1913) 103.*

Stadtkarrentreiber *m., wie* → Stadtkarrer. *1673 Seibertz,QWestf. I 86.*

Stadtkarrer *m., Fuhrmann, der in einer* → Stadt (II) *Lasten befördert; als (vereidigter)* → Stadtbediener *oder zünftisch organisiert; bdv.:* Stadtkarcher, Stadtkarrentreiber; *vgl.* Karrer, ²Lader (I), ²Schröter. den s t a t t k a r r e r sol man mit den dryen rossen in dem marstall … pliben lan, aber zů allen zytten einen karrer haben, der dhein guter, dhein huner, gensz, schwin noch derglichen vich habe, umbe willen, das er den rossen ir futer damit veretze *1532 AktBaselRef. VI 1.* 1553 *ÜberlingenStR. 424.* in dem euwerm s t a t t k a r r e r im pfruendthausz ein rossz euwer jurisdiction durch J.F. [abgenomen worden] *1591 CartMulhouse VI 325.* sollen sich die s t a d t k a r r e r vnd spithal fuhr knecht mit angeschürten rossen bey der feur spritzen vnd wasserlägeln in bereitschaft halten *1688 SchrBodensee 71 (1952) 156.* soll mit dem s t a d t k a r r e r R. ein neuer billigerer accord geschlossen werden … [*notfalls*] ist das fuhrwesen auf … billigere art versorgen zu lassen *1801 FreibDiözArch.³ 42 (1990) 223.*

Stadtkarzer *m., ein städt. Gefängnis; vgl.* Karzer, Stadtkeller (II), Stadtstall, Stadtstock, Stadtturm, Stadtzucht (I). s t a t t k a r z e r *1550/1628 Schindler,VerbrFreib. 74.*

Stadtkasse *f., städt. Finanzkasse, Geldmittel einer* → Stadt (III); *auch: städt. Finanzbehörde, die insb. mit der Abrechnung und Verzeichnung der städt. Einkünfte und Ausgaben sowie der Betreuung der städt. Vermögenswerte betraut ist; bdv.:* Stadtbeutel, Stadtfiskus, Stadthaus (II), Stadtkammer (I), Stadtrente (III), Stadtsäckel; *vgl.* Kasse (II 1), Pfennigturm. daß alle solche gemeine stadtonera … auf zwei jahre sollen privilegirt seyn … doch daß der magistrat jedes ortes wegen dessen, was über solche zwei jahre möchte nachstehen … der gemeinen s t a d t c a s s e ex propriis … verpflichtet seyn solle *1698 SystSammlSchleswH. II 1 S. 303.* ausschreiben königl. regierung, wegen visitation und sicherheit der cämmerey und übrigen s t a d t - c a s s e n *1724 BrschwLO. III 4 S. 824.* [anordnung] wegen der s t a d t - c a ß e oder von derselben zinßbahr ausgeliehenen capitalien, wie solche sicher ausgethan, zu rechter zeit wieder eingefordert, die zinsen jährlich beygetrieben [werden] *1724 MittKönigsberg 2 (1910) 204.* wer zum ersten mit dem wasserküven zum feuer komt, soll 8 mark sundisch … aus der s t a d t - c a s s e empfangen *1728 Dähnert,Samml. Suppl. II 995.* die stadt-ländereyen aber, so nicht ad patrimonium curiæ, sondern gemeiner stadt gehören und zur s t a d t - c a s s e berechnet werden … sind von der acker-steuer nicht befreyet *1736 CCMarch. IV 3 Sp. 484.* [juden:] soll ein einheimischer 1 rtlr., ein fremder 2 rtlr. zur gemeinen s t a d t k a s s e erlegen *1753 Stern,PreußJuden III 2 S. 905.* 1771 *Hamb GSamml. IX 20.* alle städtische einkünfte fließen in eine allgemeine kasse, die kämmerey, der stadtkasten, die s t a d t k a s s e genannt, die unter der aufsicht des magistrats stehet und alle rechte einer öffentlichen kasse genießt *1785 Fischer,KamPolR. I 627.* die stadt und bürgerschaft [exercirt] … die fischerey in der O. … wel-

che aber schicklicher zum besten der s t a d t - c a s s e verpachtet werden kônnte *1785 Krünitz,Enzykl. 35 S. 124.* in B. darf jeder bûrger gegen erlegung 2 fl. braugeld zur s t a d t k a s s e im gemeinen brauhause brauen und das bier verzapfen *1788 Thomas,FuldPrR. I 180. 1794 Preuß ALR. II 8 § 354. 1795 Laufs,Rottweil 143.*

Stadtkassierer, Stadtkassier *m., Amtsperson in einer* → Stadtkämmerei (I); → Stadtkämmerer. H.s, gewesten s t a d t c a s s i e r s, sel. wittib *1656 ZSchwabNeuburg 23 (1896) 28.* sonst hat der hiesige s t a d t c a s s i r e r keine schriftliche bestallung, muß aber einen schweren eyd … abschwèren und sicherer und genughafter caution stellen *1711 Sandhofer,Flensburg 131.* wegen der stadtrechnungen in L. soll … die hebung auf dem rath-hause von 2 raths-deputirten, nebst dem s t a d t - c a ß i r e r geschehen *1757 CCHolsat. Nebenbd. II 1632.* so hầtte … iener, welcher das besoldungsbuch führet, zwar die betreffenden quittungen zu adiustiren, der zahlung wegen aber an den s t a d t k a s s i e r anzuweisen *1788 HdbchÖst Ges. XV 42.*

Stadtkasten *m.* **I.** → Kasten (I), Truhe, → Schrank (II) *zur Sammlung und sicheren Aufbewahrung von Geldern, Dokumenten und weiteren wichtigen Gegenständen (zB. dem* → Stadtsiegel*) einer* → Stadt (III)*; bdv.:* Stadtkiste, Stadtlade, Stadttruhe. seint hierin die gemeinen felder, statgebrûche, huden, masten … verzeichnet, … vffs papeyr gebracht … vnd in den s t a t k a s t e n gelegt worden, daß sie die nachkhommen sich jederzeit dornach zu richten haben *1580 Ledebur,Arch.[2] III 262.* all das saltz geld ist in den s t a d t k a s t e n kommen *1609 MLiv. IV 267.* die achtmänner sollen … auf dem rathhause an einen sichern ort einen s t a d t k a s t e n anrichten, denselben wohl verwahren und 3 schlôsser und schlůssel dazu machen *1623 Dähnert,Samml. II 316. ebd. 315.*

II. *wie* → Stadtkämmerei (I); *vgl.* Landkasten (III 1). so weren gelder auffgenommen vnd auff den s t a d t k a s t e n verschrieben worden, darvmb elterleute und eltesten gern wissenschaft hetten *1604/22 MLiv. II Nyenstaedt 114.* diejenigen plätze und superficies aber, welche auff publiqven gründen stehen und jure canonis besessen und usufruiret werden, können … bey dem s t a d t - k a s t e n … die zuschreibung erhalten *1732 RigaAkt. II 367.* die inspectionen über die stadtmûhlen führen auch zwey rathsherrn … der protokollist dabei ist der geheimschreiber beym s t a d t k a s t e n *1786 Gadebusch,Staatskunde I 96.*

III. *städt.* → Kornhaus; *vgl.* Kasten (II 3). daß in ermangelung der zufuhr die allhiesigen becken mit rockenem mehr … der nothdurft nach aus dem gemeinen s t a d t - k a s t e n versehen [werden] *1729 CAustr. IV 520.*

Stadtkastenfrucht *f., städt. Getreidevorrat; vgl.* Stadtkasten (III)*. Frischlin(Frankf. 1631) 514.*

Stadtkastenintrade *f., Einkunft der* → Stadtkasse. *1685 Dähnert,Samml. II 413.*

Stadtkäufer, Stadtkäufler *m., von einer* → Stadt (III) *bestellter Verkäufer gepfändeter* → Fahrhabe, Zwangsversteigerer; *vgl.* Gantmeister. wa der schuldner sein verpfåndt angriffen gůtt, jnnerhalb ermelter zeit nit lôßt,

so soll das selb farendt, verpfàndt gůtt … für die geschworen s t a t t oder dorffkeüffer einen gelegt vnd fail gethon werden *WürtLR. 1555 S. 122.* [*Amtsantritt als*] s t a t t k e ü f f l e r *1573 BaselUB. X 534.* [*es ist*] nacherwerts ganz schwàrlichen und nicht ohne sonderbare klägten … von dem s t a t t k ä u f l e r das erlöste gantgelt zu erheben gewesen *1603 BaselRQ. I 1 S. 468. 1610 Sattler,Thes.[3] 302.* obwohlen auch einem ieden burger erlaubet, nach gutbefinden seine eigene waaren oder andere sachen verganten zu lassen, so solle doch der s t a d t - k ä u f l e r darbei keine fremde mit unterstecken noch aufrufen *1739 BaselRQ. I 2 S. 964.* pfundvierer ist die gebür des s t a d t k ä u f l e r s bey den ganten, nämlich ein vierer von jedem pfund, den sowol der käufer als der verkäufer bezahlet *um 1760 Alemannia 15 (1887) 215.*

Stadtkeller *m.* **I.** *städt.* → [1]Keller *zu Lagerung und Verkauf bzw. Ausschank insb. von Getränken, va. von besonders hochwertigem, dort exklusiv angebotenem Wein und Bier; auch: städt. Trinkstube,* → Ratkeller; *urspr. zumeist im* → Rathaus (I); *bdv.:* Stadtbierkeller, Stadtweinkeller. gelevert in den s t a d k e l e r ½ last honniges *1400 Livl UB. I 4 Sp. 375.* wanner wy enen nyghen denre annamen denne vordt zyn eydt deyt, zo schal he altohant … zinen stalbroderen 24 schillinge sundisch to wyne edder to bere imme s t a d t k e l r e [geven] *1487 Pomm Jb. 2 (1901) 144.* alle welcke exchijsen de stede heeft thueren prouffite … ende der s t a t t k e l r e mitte solre gelt sjaers 3 rh. gl. *1514 InfHollant 600.* ok schall men … nicht vth deme s t a t k e l r e … gedrencke na der tyd dar henup todrinkende halen lathen *1519 CDBrandenb. I 15 S. 494.* von freyheit des s t a d t k e l l e r s: in dem s t a d t k e l l e r sol gantze freyheidt seinn, vndt niemandt mit worttenn oder werckenn freueln *1556 Walch,Beitr. VII 186. FrankenhausenStat.(1558) 210.* nach dem der rath alleine bißhero befug bewesenn vnndt macht gehabt, froembte weinn vnndt bier in denn s t a d t k e l l e r gemeinem nutz zu guthe enzulegenn vndt zu schenkenn, so bleiben sie darbey auch billich *ebd. 277.* wenn der rath kein freybergisch bier im s t a d t - k e l l e r schenckenn liesse, und der gast-wirth sich mit hiesigem biere behelffen wollte *1562 Knauth,Altenzella III 350.* gerekent mit den olderman m. H.E., dat he an glasefinstern vor up den rathuse, up der ratkameren, up der schriverie, s t a d t - k e l d e r, up der legghe … und sunst hin und wedder in etliken jahren gemaket hadde *1586 Münster(Stadt)Kdm. II 348. 1597 Wüst,Policey VII 178.* wer unlust auf dem rathauß, marckt, s t a d t k e l l e r, hochzeiten, ehrlichen gastereyen, schützen amten und meygelagen anrichtet [soll gestraffet werden] *1599 LauenburgStR. IV 12.* K. … waß lange zeit und waß lange zeit kemmerher dieser statt M. und haben mit seinen hulfer zaligen J.A. die raetzkameren lassen uffbouwen, glichfalß den s t a e t z k e l l e r, bierkeller und legge *1610 Westfalen 40 (1962) 142.* von diesem impost aber auf die frembde biere … bleiben nochmalen der adel, und in den städten die rahts- und s t a d t k e l l e r [befreyet] *1664 CCMarch. IV 4 Sp. 91.* das sogenannte herrenjagen belangend, solle … alle vormalige jagenszehrungen und zechen aus

dem gemeinen s t a d t k e l l e r abgestellet werden *1764
Cramer,Neb. 46 S. 101. 1766 ebd. 62 S. 15.* cåmmerey-
etat der stadt B. ... einnahme: ... an zeit-pacht von der
apotheker-wohnung 10 rtl., - s t a d t - k e l l e r, hopffen-
scheffel, wage 18 rtl. *1783 HistBeitrPreuß. II 452.*

II. *ein städt. Gefängnis; vgl.* Stadtkarzer. H.O., de sich
by A.H. by nachtiden thon bedde gelacht und in dem
ebruck gesport, dairumme in den s t a d e s k e l l e r ver-
stricket *1548 Bürgerbuch und Protokollbücher der Stadt
Ahlen (Ahlen 1970) 331.* in den s t a d t z k e l l e r gefengk-
lich ingezogen *1592 ebd. 361.* die N. nichts gestendigt,
actum uffm rathhause unter im s t a d t k e l l e r in ple-
niori consessu judiciali *1635 HitzigAnn. 1 (1828) 437.*

Stadtkellermeister *m., Verwalter des* → Stadtkellers
(I); *bdv.:* Stadtküfer, Stadtschenk. niemandt außerhalb den
s t a d t k e l l e r m e i s t e r soll reinsche oder heiße weine
oder frembdebier einlegen, die außzuschenken, bey verlust des guhts *1616 PommGeschDm. II 88.*

Stadtkietz *m., urspr. slawische Dienstsiedlung im
Schutz einer Burg, rechtlich von der später entstehenden
deutschen Siedlung (Dorf, Stadt) bis in die Neuzeit ge-
trennt.* sie sollen laßen aufwerffen ... einen graben ...
wieder der ihrigen grawe garten und stattgraben biß
an dem s t a d t - k i e t z e *1321 HistBeitrPreuß. II 411.*

Stadtkind *n.* **I.** *Person, die in der (betreffenden)* →
Stadt (II) *geboren ist, aus dieser Stadt stammt; bdv.:* Landkind (I). usetzig persone, ... [*die*] unser s t a t t k i n d ald
in unser statt wonent oder unser burger sind, den sol
und mag man wol pfründe lihen *1422 UlmRotB. Art.
475 [Komp.?].* all ledig knecht, die nicht s t a t k i n d e r
hie sind vnd nicht burgerrecht habent, sullen kainer-
lay henndl treiben *1461 WienCopeyBuch 274. 1496 Mitt
Osterland 5 (1862) 306.* frei werden geborn alle kinder
zu M. ... aber ... werden die s t a d t k i n d e r von M.,
wan di in der kellerei eine, E. oder L., ziehen, der herrschaft leibaigen *1526 MosbachStR. 587.* wir hend kein
hilf ze predigen; zwen helfer hend wir, die sind nit an-
genem und nit geschickt, sind aber s t a t t k i n d *1533 de-
Quervain,BernRef. 66.* ein hiesiges s t a d t k i n d ..., von
seszhafften eltern geborhen *1555/77 MHungJurHist. IV
2 S. 100.* bei der besetzung des kirchen- und schulstel-
len sollen s t a d t k i n d e r stets den vorzug haben *1579
Brandenburg/Sehling,EvKO. III 201. 1686 MHungJur
Hist. V 2 S. 307.* dann ein immatriculirter secundum
modos ... einem andern gebohrnem s t a d t - k i n d gleich
gehalten werden soll *1698 SiebbStatMun. 26.* s t a d t -
k i n d : der in der stadt gebohren ist *1762 Wiesand 1004.*
der nachsteuer-entrichtung unterworfen ist, [*was*] die ritterschaftliche kanzley-verwandten ... wenn sie s t a d t -
oder landes-k i n d e r wåren, schon besizen oder noch ererben würden *1778 Mader,ReichsrMag. II 235.* in den
meisten stådten können nur s t a d t k i n d e r ... zu den
stadtåmtern gelangen *1785 Fischer,KamPolR. I 633.*

II. *aus der (betreffenden)* → Stadt (II) *stammender
junger Mensch, Bürgerssohn, iU. zum Fremden und zum*
→ Landkind (II). 60 gulden solen jerlich zweien s t a t -
k i n d e r n zu T., welche durch einen pfarrer und schulmeister am geschicksten erkant, zu irer underhaltung

... gegeben ... werden *1529 Torgau/Sehling,EvKO. I 1
S. 679.* dass er, der appt, uns auch zu ewigen zeiten 8
knaben, arme geporne s t a t t k i n d e r, mit einem zimmli-
chen disch underhielte *1540 ZSchwabNeuburg 30 (1903)
33.* von der s t a d t - und land-k i n d e r einschickung ...
zur schule *1712 SchulO.(Vormbaum) III 193.* ich finde
aber eine in grund verdorbene disciplin unter den sti-
pendiaten, einigen s t a d t - k i n d e r n und studiosis *1732
ZHessG.² 46 (1927) 188.* Collegium Carolinum: ... hiesige s t a d t - k i n d e r sollen darauf studiren *1785 Brschw
WolfenbPromt. III 224.* [*stiftung:*] 1500 rthlr. zu zwey
akademischen stipendien für stralsundische s t a d t k i n -
d e r ... das eine für einen theologen, das andere für
einen juristen *1786 Gadebusch,Staatskunde I 125.*

III. *Person, die unter Vormundschaft (einer* → Stadt
III*) steht; insb. wegen Verschwendungssucht; jn. (zu)
Stadtkind machen jn. entmündigen; vgl.* Stadtvogtei (II). die
ghene, die als s t a d t s - k i n d t er puijen is afgheroepen,
en mach niet valide contracteren *1559 CoutHérenthals
90.* enen, die altijt onsinnich is, ende enen verbrenger,
dem verhandelinge sijner guederen verboden were ende s t a d t s k i j n t gemaect ... is in den rechten testament te maecken verboeden *3. Viertel 16. Jh. Kampen
StROntw. 133.* so ein bürger, eines bürgers frau oder
wittwe ... überführet würden, daß sie ihr gut liederlich
und verschwenderischer weise durchbringen, die sollen
auf verlangen der eltern, vormünder oder verwandten zu
s t a d t - k i n d e r n gemacht ... werden *1761 Danzig W. 6.*
prodigi, unnütze verschwender ihrer güter, oder, wie sie
in Holland heißen: s t a d t s - k i n d e r *1801 Hagemann,
PractErört. III 270.*

Stadtkirche *f., Kirche, Kirchengebäude in einer* →
Stadt (II), *insb. städt.* → Pfarrkirche (I), → Hauptkirche
(I); *bdv.:* Stadtpfarrkirche; *vgl.* Stadtpfarrer. soll solches ledlein in
die sacristei der s t a d t k i r c h e n zu M. gesetzt und dem
custodi daselbst zu verwahren bevohlen worden *1570
Meißen/Sehling,EvKO. I 2 S. 51.* ihr wollet den geistlichen bey allhiesiger s t a d t k i r c h e n ... anfügen, daß sie
niemanden mehr ... bey genießung des heiligen abend-
mahles privatim admittieren ... sollen *1693 ZBayrKG.
37 (1968) 130.* die bitter aber und tråger, bey den übrigen teutschen s t a d t - k i r c h e n, müssen von dem magistrat bestellet und angenommen werden *1725 CCMarch.
V 1 Sp. 108.* so bald er [ketzer] in die stadt kam, nahmen
ihn die bürger mit grosser freuden auf und räumten ihm
... die freyheit ein, in ihren s t a d t - k i r c h e n öffentlich
zu predigen *1744 Pontoppidan,DänemKHist. II 820.* die
engelländischen ankömmlinge ... [*sollen*] in den s t a d t -
k i r c h e n und kirch-höfen ihr begråbniß haben *1770
HambGSamml. VIII 366.* hypothekenbücher ... für hiesige hauptstadt und nåchstgelegene, in die s t a d t k i r -
c h e n kirchspännige güter *1782 BernStR. VII 1 S. 565.*
man unterscheidet die kirchen ... in rücksicht der lage
... und daher entweder s t a d t - k i r c h e n, templa vrba-
na, oder dorf-kirchen, ruralia *1786 Krünitz,Enzykl. 38
S. 129. ebd. 404.* der magistrat der wahlstadt ordnet
gewöhnlich bald nach der glücklich vollendeten wahl in
allen s t a d t k i r c h e n und auf dem lande ein dankfest

an *1791 MerkwKönigswahl 107.* bey s t a d t k i r c h e n werden die erforderlichen hand- und spanndienste zu den übrigen kosten geschlagen *1794 PreußALR. II 11 § 719.* außerdem kommen zur einnahme der armencasse ... die ... beiträge ... von der s t a d t k i r c h e *1800 GesAnhBernb. III 9.* [*Priesterseminaristen*] wird gestattet, daß sie in den s t a d t k i r c h e n predigen *1805 Rep StaatsVerwBaiern III 174.*

Stadtkirchner *m.,* → Kirchdiener (II) *an einer* → Stadtkirche. vom current-schülern: ... nachmittage [*sollen sie*] bey der sacristey mit dem s t a t t - k i r c h n e r das teutsche liedt singen und dadurch den anfang zum gottesdienst machen *1673 MittSchulg. 2 (1892) 18.* worauf ... der s t a d t - k i r c h n e r J.K. ... solchen ornat .. biß an die kirche getragen *1720 Lünig,TheatrCerem. II 341.*

Stadtkiste *f., wie* → Stadtkasten (I). briefe, so in der s t a t k i s t e n ligent *1353 ArchBern 42, 1 (1953) 31* [*Komp.?*]. littera concordiae ... aengaende die bewaeronghe van den derden sleutel der s t a d t k i s t e *1434 NijmegenStR. 194.* die vorgenanten drige söllent ... so dicke sü daz notdürfftig bedunckt sin, stroszburger grossen ... uff dem pfennigturn usz der s t a t t k i s t e nemen ungeverlich *1437 StraßbMünzg. 201.* s t a d t k i s t e (cista communitatis) *15. Jh. ArchBern 29 (1928) 196.*

Stadtklafter *f., ein städt. Längenmaß (für Holz); vgl.* Klafter (I), Stadtmaß. daß aller holzkauff nach hieiger s t a d t k l a f f t e r, und derselben leng, wie bey dieser stadt gebräuchig ... erkaufft werden soll *1566 Lünig,RA. III 1 S. 114.* die gleichheit der klafter betreffend, solle durchgehends die allhiesige wienerische s t a d t k l a f t e r ... gebraucht werden *1724 CAustr. IV 204.* in dem holzverkaufe aber hat man sich [nach] der an dem rathhauße angehefteten wiener s t a d t k l a f t e r zu richten *1777 NÖsterr./ÖW. IX 538.*

Stadtkläger *m., öffentlicher Ankläger in städt.* → peinlichen (I) *Gerichtsverfahren.* wo einer oder aine an die frag und martter erkanndt wirdet, sol der s t a t k l a g e r drey aus dem rat im zuverordnet zu im nemen *1506 RadolfzellHGO. 156.*

Stadtkleiderordnung *f., städt.* → *Polizeiordnung (I), in welcher allen Einwohnern die ihrem jeweiligen* → *Stand (I) gemäße Kleidung vorgeschrieben wird; zur Förderung der Unterscheidbarkeit der Stände und um übertriebenen Kleidungsluxus zu verhindern; vgl.* Kleiderordnung. warumb vorbesagte s t a d t - k l e i d e r - o r d n u n g bei denen bürgern in keine vollkommene observantz bißhero gebracht werden können *1693 BremPolO. 15.*

Stadtkleidung *f., Amtstracht für städt. Bedienstete; vgl.* Kleidung (II), Stadtfarbe. zur s t a d t k l e i d u n g e gekaufft 74 eln *1476/77 MarburgRQ. II 298.* datt men twee menner mit vorwilligung der avericheit erwele, ihnen, dardorch sie beter ansehent bekoemen, de s t a d t k l e i d i n g e geve, welcke de straten van inheimische und frembde bedelers rein holen *1576 Emden/Sehling,EvKO. VII 1 S. 457.* die zendersknechte ... sollen ihre gebührliche s t a d t - k l e i d u n g haben und tragen, auch sich deren nicht schämen *1593/94 TrierWQ. 122.*

(Stadtklerk) *m., zu* Klerk (II 1); *wie* → Stadtschreiber.

alle die brieuen, die die burgermeesters, schepenen ende de raedtsluyden zullen besegelen ... sal onser s t a d t c l e r c k schryuen *1456 SneekStB. Art. 51.* so selmen die oude scepenen of die raet of die clerck, tsy der s t a t c l e r c k of der scepenclerck, doen bieden by des gerichts boden *Anf. 16. Jh. NBijdrRgel.² 4 (1878) 246.*

(Stadtknappe) *m., wie* → Stadtknecht. onse s t a d t k n a p e van den Bosch, die van der stadt goide macht heeft uyt te panden, die nu is off namaels sijn sal, dat hi sal macht hebben ende mogen van onsen wegen dese voirsz. coeren mitten scepenen te houden, hanteren, regeren *1380 's-HertogenboschAmbg. 56.* dat is de rechticheit der s t a d t k n a p e n van wegen eren kosten *1487 PommJb. 2 (1901) 143.* uutpanden mit enen pander ende enen s t a t k n a p e *um 1500 Fruin,KlSteden II 104.*

Stadtknecht *m., auch Städt-; städt. Büttel, Rats- und Gerichtsbote; ua. mit öffentlichen Bekanntmachungen, Polizei- und Vollstreckungsaufgaben betraut; bdv.:* ¹Büttel, Gerichtdiener, Häscher, Stadtbote, Stadtbüttel, Stadtenke, Stadtfrone, Stadthotte, Stadtknappe, Stadtmaat, Stadtpedell, Stadtprofos, Stadtscherge, Stadtweibel; *vgl.* Dorfknecht (II), Landknecht (II). wan man ein herbstding halden sol, daz sol unser herre ... in der stat durch alle gaszen laszen rufen, domit pleget zu ryden yn s t a d e k n e c h t und eyn zollnir *1390 Seligenstadt/GrW. I 505. 1434 WürzbPol. 117.* das dy s t a t k n e c h t e allewege dy swert tragen sollen, wenne sie mit dem burgermeister adder zcu den hern gehn wurden, vnde welcher ... sin swert nit truge, der sal syn wochinlon vorfallen sint *1453 LeipzUB. I 242.* nimant sall der stadt gesinde als schriber, s t a d t k n e c h t e, wechtre, thorhuter etc. mit worten adir mit werken ubirgeben, slahen ader letzen *1455 KahlaUB. 93.* so man einen zu gericht furladen wolle, muß durch einen briefe oder s t a t k n e c h t beschehen *1473 ProtBKammerger. (1465/80) 779. 1491 Buttelstedt 324.* wann man fürohin zü T. gericht halten will, so soll der amptman ... die s t a t k n e c h t e ... bieten lassen *1493 TübStR. (Rau/Sydow) 8.* [*Überschr.:*] von eines s t a t k n e c h t s gerechtigkait und auf wen er warten soll *15. Jh. BayreuthStB.¹ 352.* wen eyner bur vnd börger werden wil, so pflegt der s t a d t k n e c h t vor gerichte zcu fragen, ab man denselben ... wel zcu vur vnd borger habin *15. Jh. Größler,Eisleben 57.* viermal im jare so ißt der stetschreyber vnnd alle stette handtwerkslutte und s t e t t k n e c h t mit dem burgermeister, und ... daß bezaltt die statt *15. Jh. OppenhStB. 182.* vom s t a i d k n e c h t e: man behut oich eyns frommen s t a i d k n e c h t s, der oich getruwe, dynsthafftig unde verswegen syn *um 1500 VeröfflHessen XIII 8 S. 50. 1506 BremgartenStR. 91.* myt den eynen tughe, alse s t a t k n e c h t, kan sze szy nicht auertughen *1518 Wasserschleben,RQ. 74. 1521 Reyscher,Ges. XII 38.* dat ein ersam radt to M. dorch de s t a d t k n e c h t e den veer tide pennink vorderen late ut den hüseren *1531 Lübeck/Sehling,EvKO. V 380. 1538 BeitrEssen 20 (1900) 146.* dat ... ein kastendiaken mit einem s t a t k n e c h t e van iderem, de tom sacramente geit, 1 verken forderen [*kann*] *1547 PommVis. II 237. 1554 Sachsen/Sehling,EvKO. I 2 S. 195.* sollen die vierer sampt den s t a d t k n e c h t e n, ... die verbrecher zur ruge bringen *1589 Grünberg(Glaser) 251. 1593 LuzernSTO. IV 313.* zue besezung soliches merzengerichts ... auch ain s t a t t k n e c h t als ain grichtsdiener zu gebrauchen zu lassen *1601 Vorarlberg/ÖW. XVIII 72.* sämbtliche s t a d t k n e c h t e [soll] gewalt gegeben werden, daß sie des nachts uff den gassen uffsicht halten *1615 ChrKaiserslautern 94.* mögen sy einen weybel oder s t a t t k n e c h t erwehlen vnd ordnen, der sich ihrer stattgeschäfften als auch der spittålen vnd anderen gemeinen gůts belade *1616 WaadtStat. 26. 1653 HessSamml. II 189.* jeder s t a d t k n e c h t, waibel oder bůttel mag und soll einen jeden dieser ordnung überfahrenden ... rügen *1715 BadLO. 226. 1716 Schuhmann,Scharfrichter 171.* daß er [*Dieb*] 2 stund in das narren-håußlein gestecket, hernach mit s t a t t - k n e c h t e n ausgeführet ... worden *1729 Moser,StaatsR. 45 S. 446. 1762 Wiesand 1053.* der reichsschluß vom jahr 1731 hat ... die kinder der landgerichts- und s t a d t k n e c h t e ... für handwerksfåhig erklårt *1779 Weisser,RHandw. 102. 1785 Fischer,KamPolR. I 652.* ist dem amtsdiener und s t a d t - k n e c h t e zu injungiren, ... auf bettler zu vigiliren und solche vor gericht zu bringen *1800 GesAnhBernb. III 16. 1805 RepRecht XII 81.* [*Verbot für*] s t a d t - und amts-k n e c h t e, bey ganthungen etwas selbst oder durch andere für sich [*zu*] erkaufen *1815 WirtRealIndex II 96.*

Stadtknechtamt *n., Tätigkeit, Posten eines →* Stadtknechts; *bdv.:* Stadtknechtdienst. büttel- oder s t a d t k n e c h t a m p t: dieser würd von gemeiner stadt versoldet und erhalten *1557 Winter,Wiesloch 219.*

Stadtknechtdienst *m., wie →* Stadtknechtamt. H.J.L. ... ist zum stattknecht gelaßen ... hatt den eyd abgelegt *SpeyerRatsprot. 1667 S. 127.*

Stadtknechthaus *n., Wohnhaus eines →* Stadtknechts; *mit Gefängnis; bdv.:* Büttelei (I); *vgl.* Stadtknechtsstube. soll er sie alhie ins s t a t t k n e c h t h a u s s verwahrlich legen vnd durch einen hütter ... tag vnd nacht verwachen lassen *1620 J. Kepler, Opera Omnia VIII (Frankfurt 1870) 439.*

Stadtknechtsgarbe *f., eine dem →* Stadtknecht zustehende Getreideabgabe. ist beschlossen, in dem einige ... sich weigern, mit vorwand, sy geben dem stattknecht die jährliche garben etc., dass jeder ... den stattzohl geben solle, dieß gehe die s t a t t k n e c h t s g a r b e n nichts an *1694 KaiserstuhlStR. 219.*

Stadtknechtsstube *f., auch Dim.; Aufenthaltsraum der →* Stadtknechte; *mit Haftlokal zur Kurzzeitunterbringung und für Privilegierte; vgl.* Stadtknechthaus. F. seiner krankheit halben am stain auss der prissaun in das s t a t - k n e c h t s s t ü b l e i n gelegt *um 1500 Knapp,NürnbKrim. 68.* [*ein Einbrecher wird*] weilen er ein halber simpel in der s t a d t k n e c h t s - s t u b e verschloßen, dort aufgehalten, andern morgens in den thurn gelegt und nach der kirche eine stunde an der geige auf den markt gestellt *1694 Birlinger,AusSchwaben II 496.*

Stadtkoch *m., →* Koch (I) *in Diensten einer →* Stadt (III). statkochs aid *1551 Straubing/ArchZ. 9 (1884) 127.* [*Hochzeitsordnung:*] den s t a d t k o c h e n soll gebüren zu kochen in den vornemsten kostungen, darauf 10

tisch mogen angerichtet werden *1564 Danzig/Sehling,Ev KO. IV 185. 1634 VerhNdBayern 10 (1864) 343.* da auch zu C. zwey s t a d t - k ö c h e angenommen worden, so soll, damit selbige subsistiren können, keinem erlaubet seyn, zu öffentlichen ausrichtungen sich jemanden anders ... zu bedienen *1740 CCMarch. I. Cont. 321.* wenn jemand bey ehren-gelagen eines koches ... benöthigt, [*hat*] er sich bey einem der hiesigen s t a d t - k ö c h e zu melden *1797 VerordnAnhDessau II 52.*

Stadtkollekte *f.* **I.** *an eine →* Stadt (III) *zu leistende Geldabgabe; vgl.* Stadtschoß. daß es bey der von ... bürgermeister und rath in ansetzung der gemeinen s t a d t - c o l l e c t e n gemachten verordnung ... gelassen werden soll *1648 CStSlesv. III 2 S. 38.* die abgaben des staats entrichten sie als unterthanen, ... die s t a d t - c o l l e c t e n aber als bürger zu erhaltung ihrer stadt und zu ihren gemeinschaftlichen besten *1760 v.Justi, Polizeiwissensch. I 348.*

II. *Geldsammlung zugunsten einer Stadt und ihrer Einwohner; hier nach einem →* Stadtbrand (II). aussgifft der s t a d t c o l l e c t *1635 AnnNassau 33 (1902/03) 329.*

Stadtkommandant *m., wie →* Stadtgardehauptmann; *bdv.:* Stadtoberste (II). sollen die creiß-völcker, so viel die defension ... der stadt ... betrifft, unter des magistrats und des s t a d t - c o m m e n d a n t e n ordre und commando stehen *1688 Lünig,CJMilit. 626.* [*das regiment der kåyserlichen stadt-guardi*] unter anführung des ... s t a d t - c o m m e n d a n t e n und des ... stadt-guardi obrist-wachtmeisters *1720 Lünig,TheatrCerem. II 527.*

Stadtkonsulent *m., Jurist in städt. Diensten; insb. zur Beratung des städt. →* Rats (V 2); *bdv.:* Ratkonsulent, Stadtadvokat, Stadtprokurator (I), Stadtsyndikus. des herrn geheimen raths von Jehna antrag und des s t a d t - c o n s u l e n t e n antwort *J. Riemer, Standes-Rhetorica (Leipzig 1685) 629.* herr s t a t t - c o n s u l e n t S. liesse ... wissen, daß der gewesene inhafftirte nebst seinem weib zu der statt würcklich hinaus wåren *1721 Moser,StaatsR. 45 S. 409.* uebrigens erwarten mne. gn. hh. in zukunften von den hh. s t a d t c o n s u l e n t e n gründliche rechtliche gutachten und sonderlich in criminalfällen die anführung der strenge der gesätzen *1788 BaselRQ. I 2 S. 597.*

Stadtkontribution *f., auch lat. flektiert; Abgabe zur Bestreitung städt. Ausgaben; bdv.:* Stadtpflicht. derweill bishero R. nicht viel in gemeine s t a t t c o n t r i b u t i o n e s erlacht hat, damit sie künftig höher mögen taxiert werden *1625 HermannstStat. 41.* daß die in den frey-håusern und amtsvorstadt zu Torgau sitzenden mieth-leute und tagelöhner, wenn sie sich bey der stadt nåhren, zur gemeinen s t a d t - c o n t r i b u t i o n das ihrige beyzutragen schuldig *1686 Hempel,JurLex. VI 660.*

Stadtkornmesser *m., städt. →* Kornmesser; *bdv.:* Stadtmesser. die s t a t k o e r n m e t e r s ... sullen rechtvaerdich meten *1509 SneekRezB. 426.* was aber der commenthur oder seine nachkommen sonst verkauffen wolten, ... das solten sie allwegen der von Ulm geschworen s t a t t k o r n m e s s e r ... messen lassen *1525 G.A. Christmann, Die Verhältnisse zwischen dem in Ulm situierten Chorherren-Stifte St. Michael und der Reichsstadt (ebd.*

1797) 338.

Stadtkornmetze *f.?, wie* → Stadtmetze. in den haber-baum gehoren 4 s t a t k o r n m e t z e n und 3 virtel s t a t - k o r n m e t z e n. und ist alles clostermetzen *1475 Würzb Pol. 162.*

Stadtkosten *pl.,* → Stadtausgaben; auf Stadtkosten *auf Rechnung der* → Stadtkasse; *vgl.* Stadtlast. wann ain wasserlaitung durch ainer sondern person hauß zů ai-nem brunn … gefůrt würde, so solle dieselbig … auff gemainer s t a t k o s t e n vnderhalten werden *1567 Pe-gius,Dienstbarkeiten 67.* so aber magistratus in stadts-sachen aufm rathhaus … occupirt gewesen, solle ihnen keine weinportion auf s t a d t s k o s t e n gebühren *1723 Wittrup,RheinbergRG. Qu. 42.* daß … låndereien … in ein eigenes auf gemeine s t a d t k o s t e n anzuschaffendes buch … eingezeichnet … werden sollen *1768 SystSamml SchleswH. II 1 S. 318.*

Stadtkrämer *m.,* in einer → Stadt (II) *ansässiger* → Krämer (I); *iU. zum* → Gastkrämer *und* → Landkrä-mer. [*der Rat schickt*] geswone … mit den cramermeis-tern, die so gen vnder den s t a t k r o m e r n vnd auch vnder den gestkromern vnd beschawen die gewicht, wa-gen vnd ist recht *1430/43 OlmützStB.(Saliger) 64.* weil es nun dergleichen gemeine und kleine kråmer viele gibt; so werden sie in s t a d t k r a m e r und in landkramer ein-getheilet *1754 Ludovici,KfmLex.[1] III 955.* gift zu fůhren … ist … den s t a d t - und landk r å m e r n … verbothen *1794 RepStaatsVerwBaiern V 247.*

Stadtküfer *m., Verwalter des* → Stadtkellers (I); *bdv.:* Stadtkellermeister; *vgl.* Küfer (II). demnach … ihme rentmeis-tern in des s t a t t k i e f e r s ordnung des stattkellers we-gen ein inspection und aufsicht über den s t a t t k i e f e r und sein gesind … anbefohlen *1656 Eheberg,StraßbVG. 731.* s t a d t - k i e f e r und keller-verwalter: … soll die ar-beit in dem stadtkeller einem hierzu eigens zu verpflich-tenden kiefer aus der burgerschaft anvertrauet werden *1772 Cramer,Neb. 122 S. 270.*

Stadtkuhhirt *m., Kuhhirte in städt. Diensten; vgl.* Stadt-schäfer. *16. Jh. NArchHeidelb. 1 (1890) 176. 1722 Bo-chumHeimath. 3 (1930) 10.*

stadtkundig *adj., (in einer* → Stadt II*) allgemein be-kannt,* → notorisch; *bdv.:* stadtrüchtig. naedemael s t a t - k u n d i c h iß, dat J. huysvrau van kyntz vp by A., J.s huysfrau, gewont hefft eitlike jaere vnd genen loin ge-bort *1537/45 DuisbNotgerProt. 51.* vnd alhier s t a t t - k u n d i g ist, dass er … ein wolbekannter ehrlicher mann *1641 MHungJud. X 177.* [dass B. veraydete rats-bediente] betrohet, wie solches alles notorium und s t a t t k ü n d i g *1680 NrhAnn. 46 (1887) 29.* welches, wann es nicht eine s t a t t - k ů n d i g e sache wåre, von ih-nen um so weniger wůrde angegeben worden seyn *1756 Moser,Staatsarch. 1756 I-VI 801.* trunkenbolde, deren laster stadt- und dorfk u n d i g sind *1785 Ledderhose, HessKR. 155.*

stadtkundigermaßen *adv., wie* → stadtkundig *ist, be-kanntlich.* weil e.e. rath … mit vergebung der dienste s t a d t k u n d i g e r m a ß e n ihren eiden und pflichten gu-tentheils nicht nachgekommen *1684 Voigt,BeitrHamb*

Vwg. II 13. 1764 König,SelJPubl. 45 S. 370.

Stadtkündigung *f.,* in Hannover: *wie* → Stadtwill-kür; *zS. vgl.* HannovGBl.[2] 49 (1995) 75ff. so haben rath und geschworne dieser stadt … nachbeschriebene s t a d t - k ů n d i g u n g e auf vollmåchtig heimstellen der alter-leute, werkmeister und zwanzig månner der gemeine ge-willkůhret *1536/44 HannovStKdg. 220.* die große s t a d t - k ů n d i g u n g e ist verlesen montages nach sexagesimae, darin insonderheit die leges vestiariae et nuptiales merk-lich corrigiret *1602? HannovGBl. 5 (1902) 402.* s t a d t - k u n d i g u n g hat man hie in vorigen zeiten genant die statuta *17. Jh.? HannovStKdg. 215.*

Stadtkür *f.* **I.** *wie* → Stadtwillkür; *vgl.* [1]Kür (B I). dat it bouen der s t a d e s k o r e ghestan heuet *1294 Hach, LübR. 253.* quod de cetero contra statuta civitatis co-loniensis, que s t e d e k ů r e dicuntur, non veniam nec faciam *1298 Ennen,QKöln III 448.* swas scheffele ader bescheidener meczin ist in den molin … do sullet ir ewer s t a d k ů r e obir haben und nach uwir s t a t k ů r dor ubir richten *vor 1352 MagdebR. II 1 S. 36.* die s t a d t - k e u r e n, stadt-statuta erstreckten sich auf die weichbilds-güther ausser der stadt, binnen ihren land-wehren *1745 Westphalen,Mon. IV 122.* chora: ein alt-deutsches wort, welches so viel als rohr, s t a d t k ö h r e oder willkůhr bedeutet *1800 RepRecht V 191.*

II. *eine städt. Abgabe, Steuer; bdv.:* Stadtschoß; *vgl.* [1]Kür (B II 2). [das S.] zcu s t a d k o r e stund unde mitteburger was *1. Hälfte 15. Jh. Wasserschleben,Samml. 321.* de richter scal al zyn guth na jwer s t a t k o r vorscaten ge-lick enen anderen borgere *1518 Wasserschleben,RQ. 96.*

Stadtkure *m., als Turmwächter und* → Stadtmusikant *tätiger* Bediensteter; *zS. vgl.* G. Kirchhoff, Der Stadtkure *von Greifswald (ebd. 1890).* verspricht hiesiger s t a d - k u h r C. … dass er seine mit-cammeraten die zunfft-brüder zu jederzeit wan ihm hochzeiten oder andere auffwartun-gen zu handen kommen … fordern und laden will *1693 B. Bugenhagen, Musikgeschichte Stralsunds (Köln 2015) 381. 1786 Gadebusch,Staatskunde I 95.*

Stadtkürmeister *m., städt.* → Kürmeister (I), *Waren-kontrolleur.* die s t a d t k o e r m e i s t e r n sollen gude ach-tung hebben von und register holden, van alle de kuperen nahmen, brandt vnd tieken *1597 HistBeitrPreuß. I 145.*

Stadtküster *m.,* → Mesner (I) an einer → Stadtkir-che; *vgl.* [1]Küster (I). desgleichen auch dem schloß-und-s t a d t k ů s t e r, wie auch den choralen … nichts mehr vom [bitt-]essen und trinken abgefolget … werden soll *1615 Annalen der Universität Wittenberg II (1802) 224.* poenal-befehl an den s t a d t - k ů s t e r zu G., daß der-selbe die stadt-glocke nach der sonnen richten, und be-sonders des sonntags nicht aufhalten solle *1711/53 CC Holsat. III 72.*

Stadtkux *m., einer* → Stadt (III) *(als* → Freikux*) zu-stehender Anteil an einem* → Bergwerk (IV) *bzw. der hieraus erwirtschaftete Gewinn; idR. der Stadt zustehend, in welcher sich das* → Bergamt (I 1) *befindet; vgl.* Kirch-kux, Kux. daß dem bergmeister … an den kirchen- und s t a d t k u x e n, so itzo sein und künftig darin aufkom-men mögen, kein eingriff … beschehen soll *1551 ZRG.[2]*

Kan. 38 (1952) 350. sol der grundherr macht haben ... einen kuckus, welcher von den gewercken, in allermassen der kirchen oder s t a d t k u c k u s frey verbauet werden sol, zubehalten *1673 Span,BergurthelBO. 25.* befehl, dass nicht nur uffn Schneebergk, sondern in der gantzen revier desselben uff alle metall und mineralien die vier kirch-, hospital- und s t a d t - k u x e, wo ausbeuth gefället, entrichtet werden müssen *1684 Veith,Bergwb. 311.* die s t a d t k u x e genießt allezeit diejenige stadt, wo das bergamt befindlich ist, nicht aber der ort, auf dessen weichbilde die grube liegt *1799 RepRecht III 245.*

Stadtlade *f., wie* → Stadtkasten (I); *vgl.* Lade (I 2). des G. im grunde machtbriff leit in der s t a t t l a d e n *1492 TeplitzUB. 311.* es soll auch die s t a d t - l a d e zum herrn burgermeister, die schlüssel aber darzu zum herrn kirchen-vater aufbehalten werden und keiner ohne den andern sich unterstehn die gemeine cassa zu öffnen *um 1700 ArchSiebb.² 8 (1867) 96.* zu solchem ende [solle] auch gedachte mül- und müller-ordnung in jeder s t a d t - und amtsl a d e wolverwarlich aufbehalten werden *1729 Weisser,RHandw. 447.*

(Stadtland) *n., (zum Gemeingebrauch bestimmter) städt. Grund und Boden; bdv.:* Stadtfreiheit (IV); *vgl.* Allmende (IV). van te delven uut s t e e d l a n t: so wie delft enich lant, datter steede toebehoert, die verboert drie pont *15. Jh. WestfriesStR. II 198.* sint burgermestere ind raidt ... eyndrechtlich overkomen, myt s t a d t z l a n d e tot urbar und nutten der stadt und borgere vor tho wenden *1538 HammStR. 75.*

Stadtlandgut *n., Landgut, das städt. Herrschaft unterstellt ist.* [*für die*] bestellung der s t a d t - l a n d g ü t e r ... [*gilt der*] § ,was dann der stadt-gemeine land-güter betrifft‘ *1584 Sachsse,MecklUrk. 299. 1753 Schles DorfU. 243.*

Stadtlast *f., Gesamtheit der (finanziellen) Verpflichtungen einer* → Stadt (III); *bdv.:* Stadtbürde (II); *vgl.* Last (II), Stadtausgabe. haben die ... portugalische kaufleut ... bei einem rade der stat Coln schutz und schirm ... erhalten, mit dem bescheide, das sie ... eide doin, treu und holt zu sin und s t a t l a s t zu tragen, das sie waren catholisch und seir rich *1578 BuchWeinsberg III 4.*

Stadtlasten *pl., (von Bürgern und Einwohnern) zum Wohle einer* → Stadt (III) *abverlangte Abgaben, Dienste und sonstige Verpflichtungen.* von s t a d t l a s t e n, kurfürstlicher schatzung, türkensteuer, accise und zöllen soll der rektor befreit sein *1597 Mehler,Werl 197.* solte gem. ...pächter mit einquartierung und andern s t a t t s - l a s t e n nicht anders als ein bloßer pfächter angesehen und beleget werden *1690 UnnaHeimatb. 29.* [bürgermeister und rath sollen alle grundstücke und] die auf solche liegende gründe haftenden pächte und s t a d t - l a s t e n auch schulden ... aufführen *1791 GesSamml MecklSchwerin I 296.*

Stadtläufer *m., (vereidigter) Fußkurier in städt. Diensten;* → Stadtbote; *bdv.:* Stadtläufersbote; *vgl.* Läufer (II). sol der s t a t l o i f e r sînen dînst dem râte bieten ... mit disem eide, daz er der stat botschaft an allen sachen getrûlich und êrlich an allen steten werbe *1348 Zwickau*

Rb. I 1, 12. deze vorwaringe heft gescreven F.W. unde de brachte eyn wech D. der s t a d l o p e r *1399 Piefke, BremLPost 5 [Komp.?].* es ensol auch kein burgermeister nǔ furbas deheinem bütel, s t a t l e w f e r, flurheyen, vogtsknechten ... kein zaichen mer geben weder zu wihenacht ... noch sust zu deheim zite *1433 Nördlingen StR. 82.* s t a t l o ǔ f f e r s eyde: der sol schweeren vf die büchs, der statt B. nutz vnd eere zǔfürdern vnd iren schaden zǔwenden *1557 BremgartenStR. 115.* kleynweybels eyd. s t a t t l o ǔ f f e r s eyd. der zǔpotten eyd *1620/21 BruggStR. 207.* die aushinschazung der pfanden durch den s t a d t - l a ǔ f f e r und vogt fǔrgenohmen *1787 ZürichSamml. VI 205.*

Stadtläufersbote *m., wie* → Stadtläufer. tragen der verkündungen in das landt ... môgent sie ... thun durch einen s t a t l ô u f e r s b o t e n, der deszhalb dem gericht auch sol in sunders geswaren sin *1462 Eheberg, StraßbVG. 210. 1584 CartMulhouse V 435.*

stadtläufig *adj., in einer* → Stadt (II) *geltend; vgl.* landläufig (I). wird ... von den kaufleuten ... ein gewisser preis der geld-sorten gegen einander bestimmet und öffentlich kund gemacht, welcher der s t a d t - oder bôrsenl ä u f i g e geld-cours genennet wired *1768 HambGSamml. VI 521.*

Stadtlege *f., städt. Amtsstelle zu Prüfung, Messung und Verkauf der von* → Leinenwebern *erzeugten Handelswaren; vgl.* ²Lege (I); *zS. vgl.* MittOsnabr. 35 (1910) 1ff. daß alle leinewant ... in der stat ... nit verkauft werden sollen, es sein dan fur irst dieselbige auf eines ehrbaren rats s t a t - l e g g e angebracht, gemessen, besigelt oder unbesiegelt worden *1600 MünsterGew. 305.*

Stadtlehen *n.* I. → Stadt (III) *als* → Lehen (I). edelleut, städt und andere l e h e n *1559/61 Gross, Reichshofkanzlei 224.*

II. *Lehengut, das einer* → Stadt (III) *zugehört und dieser zinspflichtig ist; von einer* → Stadt (III) *verliehenes* → Lehen (I). die badstuben auf dem Steinweg ist halb dem fürstl. amt und halb dem rath lehn- und zinßbar, ... [ähnlich] der badstube am Ketschenthor, welche halb adelich ahorner lehen und halb s t a d t l e h n *1675 KoburgStat. 134.* daß die burglehnhäuser künftig zu s t a d t l e h n gehen und der rath und die gemeine zu Kamenz den herren von Kamenz für abtretung der lehen 330 sch. groschen zahlen sollten *Lausiz. Monatsschrift (1794) 84.*

III. *an einen* → Stadtbürger *verliehenes* → Lehen (I); → Bürgerlehen (II). burger-lehn, s t a d l e h n: ... dasjenige f. ignobile, welches personen bürgerlichen standes verliehen wird *1803 Hellbach,WBLehnR. 43.*

Städtlehnschaft *f., als städt. Lehen vergebene* → Grube (II 1); *vgl.* Lehen (I 3). 9 ß 19 gr 5 pf tenetur auf die steiger- und s t e t l e h n s c h a f t den knechten *1487 Löscher,ErzgBerggebr. II 2 S. 129.* den gewercken von der steiger- und s t e t t e l e h n s c h a f t ... ist von den vorstehern des stollens ... zugesagt, daß sie vor die 9. marg dem stoln zu stolnrecht zu geben *1489 ebd. 226.*

Städtlein *n., kleine* → Stadt (II), *Marktflecken; zT. ohne die vollständigen rechtlichen Strukturen und Institutionen einer* → Stadt (III); *bdv.:* Städtchen. bi den zîten was ein man bekant / der was Sale genant / der selb stift ein s t e t e l î n / dâ wolt er herr inn sîn *nach 1284 Enikel WChr. V. 3221.* ich ... han verwehselt gegeben ... die búrge ze L., die oberun un die niderun, un den teil des s t e t t e l i n s unde fúnf un zwenzig mark geltes minen hof ze S. *1300 FreiburgUB. II 363. 1389 CDPruss. IV 88.* das wir in von romischer kuniglicher mechte gunnen ..., das si das dorf under H. der vesten gelegen zu einem s t e t l e i n machen und das mit maurn und greben ... bewaren *1391 Hirschhorn 367.* das die genant fraw H. den genanten F. ... geben hat ein achteil in hutten vnd müle zcu nechst obenig dem s t e t e l *1465 TeplitzUB. 237.* [visitation soll] auch in den kleinen s t e d t e l e i n gehalten werden *1557 Mecklenburg/Sehling,EvKO. V 225.* auch sol niemands ... gewand und andere waren ... auff dem lande verkauffen oder in kleinen s t e d l e i n aushöckern *1577 PreußLO. 1577 Bl. 41ʳ.* in den s t e d t l e i n sol ihnen unverhindert sein, deutsche mägdlein schulen zu halten, und ... mit nehende stickende, wirkende und dergleichen durch ihre weiber sie zu unterrichten *1585 Lauenburg/Sehling,EvKO. V 422.* was ... belanget dy 6 stuck, als mort, raub, brandt, deube, notzugk, wegelag und was hyrzu gehorigk, auch allen kleynen s t e t l y n dy halsgerichte aberkanth in dysen weich gebilde *16. Jh. NLausMag. 71 (1895) 17.* es sol ... von bauren und dergleichen gemainen leüten ... zeügniß auffgenommen werden ... allein ... in geschlossenen stäten und s t ä t l e i n, welche ordentlich zu stäten außgesetzt und darinnen geschworne notarii und schreiber zu seyn pflegen *1627 CJ Bohem. V 2 S. 167. 1633 GemündenFischerzunft 63.* ist also angeordnet, das in vornehmen städten in der wochen zum wenigsten zwo, in kleinen s t ä d t l e i n aber ... eine predigt geschehe *1657 HessSamml. II 467.* wir möchten in ansehung des kleglichen zustandes itztermelten sehr verödeten s t ä d t l e i n s ihnen die zollbefreyhung [zu verlängern bitten] *1666 HistBeitrPreuß. I 78.* so oft als ein jahr-marckt auf dem lande, in s t ä d t l e i n und marcktflecken ... gehalten werden, ... solle er [uebereuter] sich ... einfinden, um nachzusehen, was für waaren ... feil gehalten werden *1720 CAustr. III 5.* alhiesiges s t ä t t l i, so nach der statt satzung sich verhaltet, jene aber nach der landtsatzung *1738 InterlakenR. 592. 1779 Weisser, RHandw. 468.*

Städtler *m., wie →* Städter; *bdv.:* Stadtwohner. dass ... ein jeder hausgesessner s t ä t t l e r woll macht habe, in der vorstatt in allen vierteln zu khauffen und in sein hauss zu führen *1592 MHungJurHist. V 2 S. 63.*

Stadtletze *f., →* Stadtmauer, Stadtbefestigung; *vgl.* Letze (I). *HaalO (1683) Art. 54.*

Stadtleute *behandelt unter* Stadtmann.

städtlich *adj., auch* stadt-. **I.** *für eine →* Stadt (III) *geltend, die Stadt betreffend.* meinen kindern ... von meiner vorlassn hab gebn und reichen ie einen so vil als den andern, als manch mundt als manch pfunth noch landtlicher und s t a t l i c h e r gewonheyt *1492 Falkenau StB. 61.* wiewol in vergangnen zeyten von eynem erbern rate ... s t a t l i c h e gesetze aussganngen und verrufft seindt *15. Jh. NürnbPolO. 101.* wie man es fürder-

hin mit der ratswahl und andern s t e t t l i c h e n policeien und ordnungen halten soll *1539 Innviertel/ÖW. XV 72.* das quantum moderatum nach dem chur-fürstlichen mit dem fürstlichen und s t ä d t l i c h e n gemeinsamen plan *1726 Lünig,CGermD. I 110.*

II. *für eine →* Stadt (III) *handelnd, zuständig; in städt. Diensten stehend.* alle burger vnd pöfeluolck sollen mit der ordnung der s t ä t t l i c h e n obmannschafft geregiert werden *1566 Pegius,CodJust. 132ᵛ.* probation der vier s t e d t l i c h e n organisten *1597 UlmOberschw.⁴ 38 (1967) 127.*

III. *einer →* Stadt (III) *zugehörig, zustehend.* s t a t l i c h: civicus, ad civitatem pertinens *1663 Schottel 368.* marckt- und jahrmarckt-geld wird genommen für die herrschaft laut gewohnheit, ... ausgenommen drei s t ä d t l i c h e jahrmärckte, welche ganz der stadt und den bürgern gehören *1664 ZPosen 12 (1897) 225.*

IV. *(mehrere) →* Städte (III) *repräsentierend, vertretend.* das fürstliche und s t ä d l i c h e collegium wollen ihr votum ... ablegen *1734 v.Meiern,Westph. I 338.*

V. *in einer →* Stadt (II) *üblich, gebräuchlich.* dann die s t a t l i c h e n beywonung, siten und pflicht erfordern, das der armen, unfürsehenlichen waisen nit vergessen werde *1521 WindsheimRef. 148.* das auf unsern dorfern kein bier gebrauen, desgleichen kein furkauf oder anders furgenomen ... werden soll, das zu abbruch irer burgerlichen narunge und s t e d l i c h e n handtierungen ... gereichen muchte *1569 HamelnUB. II 652.*

VI. *in einer →* Stadt (II) *befindlich, sich ereignend.* dienstbarkhaiten, s t ä t t l i c h e r vnnd bäwrischer erbaigen *1567 Pegius,Dienstbarkeiten Titel.* daß euer durchleucht nicht wegen der s t ä d t l i c h e n unruhe, sondern wegen einiges dieser stadt von aussen bevorstehender gefahr und unglücks, ihre mannschaft anrücken liessen *1703 Faber,Staatskanzlei VIII 833.*

Stadtlosung *f., eine städt. Abgabe; vgl.* ³Losung (VI). dye juden ... schollen von allen iren wein ... s t a t l o s u n g geben. auch von den wein, dy sy kauffenn von den leuten, ... auff das, das an der s t a t l o s u n g nichtis apgehe *1421 MHungJud. I 161.* von anslahung der s t a t l o s u n g *15. Jh. Ofen/ÖstBlLit. 1 (1844) 186.*

Stadtmaat *m., wie →* Stadtknecht; *vgl.* Maat (II). [so eynn dinstbote entloufft,] do sall ynn der henger adder s t a d t m a i t ann dy stawpszawle mit dem ore ... annnagelenn *1494 AktStPr. V 418.*

Stadtmagistrat *m.* **I.** *aus den →* Ratherren (I), *zT. auch weiteren Personen bestehendes Herrschaftsgremium einer →* Stadt (III); *idR. unter dem Vorsitz eines →* Bürgermeisters (I), → Schultheißen (I) *oder →* Städtmeisters (I); *bdv.:* Magistrat (I), Stadtrat (I). **1.** *als städt. Organ mit legislativen, exekutiven und repräsentativen Aufgaben.* nachdem ... alle straßen unsicher und nicht mehr frey zu betreten waren ... so dachte der s t a d t - m a g i s t r a t in E. mit allem ernst darauff, wie diesem höchstschädlichen unwesen möchte abgeholfen werden *um 1550 ArchOFrk. 41 (1961) 149.* hat man auß befelch eines löblichen s t a d t m a g i s t r a t s die burgerschuel bey s. Stephan ... angefangen zu ernewern *1619 Lazius,Wien IV 60.* solle der burgermaister bei außgang iedes jahrs ... die cassen visitiern und darüber dem s t a t t m a g i s t r a t die erfundene beschaffenheit schrieftlich relationieren *1690 OÖsterr./ ÖW. XII 471.* daß eine stadt bißweilen in dem stand gerathen kan, eine steuer ohne vorwissen des ober-herrn anzulegen und durch den s t a d t - m a g i s t r a t zu exigiren *1705 KlugeBeamte I² 415.* wegen der träuungs-zeit in der stadt und vorstadt giebet die hochzeits ordnung eines löbl. s t a d t m a g i s t r a t s klahr ziehl und maaß *1714 SchlesKirchSchulO. 300.* wider die heimlichen und ohne anmeldung bey denen s t a d t - m a g i s t r a t e n vorgenommene veräuserungen bürgerlicher unbeweglicher güter *1733 SammlVerordnHannov. I 260.* wo deren [landprobierer] keine sind, soll der punzen dem s t a d t m a g i s t r a t e, welcher dafür zu haften hat, anvertrauet sein *1740/53 SammlKKGes. I 10.* wan ein studiosus von der universität religeret wird, so solle weder der s t a t t m a g i s t r a t noch iemand anderer befugt sein, denselben in der statt zu dulden *1746 HeidelbUnivUB. I 422.* synodus: ... zu diesem convent soll der ambtsverweser und s t a d t m a g i s t r a t, die prácentores und alle verhandene literati admittiret werden *1769 Preuß KirchReg. 126. 1785 Fischer,KamPolR. I 591.* stadt- und brandschleusen dürfen von jedem s t a d t m a g i s t r a t e angelegt werden *1785 ebd. III 14.* der s t a d t m a g i s t r a t hat auch in neuern zeiten nichts unterlassen, die manufakturirenden gewerker ... zu unterstützen *1786 Gadebusch,Staatskunde I 64.* daß jeder ritterschaftliche officiant ... bey seiner häuslichen niederlassung zu H. dem dasigen s t a d t m a g i s t r a t solches schriftlich anzeige und selbigen um die concession des aufenthalts ersuche *1788 Kerner,RRittersch. II 433.* eine deputation von seiten des s t a d t m a g i s t r a t s bewillkommt sie [kurfürsten] *1791 MerkwKönigswahl 42.* bisher nicht vorgeschriebene einschränkungen ist kein s t a d t m a g i s t r a t ohne ausdrückliche genehmigung der landespolizey-instanz festzusetzen befugt *1794 PreußALR. II 8 § 425.* der s t a d t m a g i s t r a t wird ehestens die öffentlichen accisevisitatoren anstellen und sie in dieser eigenschaft vereyden *1797 BonnArch. 5 (1893/94) 85.* die amtssässigen und patrimonialstädte haben meistens kein volles stadtrecht ..., d.h. sie haben keinen ordentlichen s t a d t m a g i s t r a t, sondern nur ein eingeschränktes recht zur bürgerlichen nahrung *1801 RepRecht IX 252.* jeder s t a d t m a g i s t r a t ist schuldig, einem jeden begütherten einwohner einen schatzungs-extract ... gegen die gebühr abzugeben *1803 WeistNassau III 14.* bei kanzleysässigen städten ... wird der rath in das stadtvogteygericht und den s t a d t m a g i s t r a t abgetheilt ... der oberburgermeister aber ist das unmittelbare haupt des s t a d t m a g i s t r a t s *1807 SammlBadStBl. I 431. 1815 WirtRealIndex III 268.* — **2.** *als städt. Organ mit jurisdiktionellen Zuständigkeiten, insb. als →* Stadtgericht *(I).* [bevelch] an pflegsverwalter zu T., in simili an s t a t t m a g i s t r a t zu Hall [in sachen J.S. wegen verdachts der kötzerey] *1669 SchlernSchr. 87 S. 114.* in gewissen sachen hat der s t a d t m a g i s t r a t auch cognitionem, als in schuld- und injuriensachen, nachdem die

privilegien jeder stadt sind *1715 ActaBoruss.BehO. II 260.* solle der zöchmeister die beschuldigte alsogleich dem s t a d t m a g i s t r a t anzeigen, wessen jurisdiction allezeit ungekränckt verbleibet *1763 PreßbZftUrk. 59.* es hat beym s t a d t - m a g i s t r a t zu Wimpfen das dhomcapitul Worms ... das obsiegliche urtheil ... erhalten *1770 Cramer,Neb. 94 S. 147.* wenn jemand unsrer bedienten ... in einer unsrer städte das bürger-recht gewonnen, ist er dadurch des s t a d t - m a g i s t r a t s gerichtsbarkeit in persönlichen sachen weiter nicht, als was dem bürger-recht anhängig ist, unterworfen *1772 Pufendorf, HannovLREntw. Tit. 28 § 6. ebd. 2 § 5.* von dem s t a d t - m a g i s t r a t puncto furti domestici auf drei jahr in das zuchthaus nach A. condemniret *1781 Schindler,Verbr Freib. 87.* [der pfuscher wird] dem s t a d t m a g i s t r a t zur haft ausgeliefert *1799 RepRecht IV 243.* wie ... ehemals die appellationen von dem s t a d t m a g i s t r a t e zu W. an das bischöfliche hofgericht giengen *1805 Vahl- kampf,Miszellen I 223. 1807 Hormayr,SüddArch. I 134.*

II. *Mitglied eines →* Stadtmagistrats *(I); bdv.:* Magi- strat *(II),* Stadtrat *(II).* er soll das ihm zugefügte tort und unrecht ... denen professoribus oder denen s t a d t - m a g i s t r a t e n anzeigen und hinterbringen *1688 CC March. II 3 Sp. 23.* [mast der schweine *außerhalb der* mast-reviere:] würden sich auch die s t a d t - m a g i s t r a t e, bürger und immediate unterthanen dergleichen unterstehen, ... so soll ein solcher drei thaler strafe ... erlegen *1743 HalberstProvR. 203.* hr. A.S., s t a d t m a g i s t r a t allda *1802 PfalzbairHofKal. 123.*

Stadtmajor *m., Befehlshaber einer →* Stadtgarde, *zT. einem →* Stadthauptmann *(II) unterstellt.* zwei s t a d t - m a j o r s ... welche die thore jedesmahl bei deren auf- und zuschließung gebührender maßen beobachten *1659 ProtBrandenbGehR. V 613.* der s t a d t m a j o r soll mit den burgern beim exerciren nicht soldatisch verfahren, sondern sie mit manier tractiren *1672 ZWirtFrk. 4 (1856/58) 115.* unter dem Bieler-thor stunde der stadt-hauptmann und s t a d t - m a j o r, samt 500 mann in zweyen linien *1719 Lünig,TheatrCerem. I 717. 1745 HambGSamml. IX 502.* die stadtsoldaten und stadtreuter ... sind mit ober- und untergewehr, fahnen und standarten versehen, haben ihre eigene s t a d t m a j o r s *1785 Fischer,KamPolR. I 654. 1795 BernStR. VII 1 S. 421.*

Stadtmaler *m., vereidigter Kunstmaler in städt. Dien- sten; zS. vgl. UlmOberschw.⁴ 35 (1958) 181ff.* H.P. zu einem s t a t m a l e r anzunemen *1531 NürnbRatsverl. I 269.* die auferstehung christi und das jüngste gerichte gemahlet durch P.S., s t a d t m a h l e r *1613 ZSchles. 8 (1867) 388.* M.K., s t a t t m a l e r n ... auf verdingte arbeit und malergold *1621 ZSchwabNeuburg 14 (1887) 256.*

Stadtmann *m., im Pl. auch* **Stadtleute**, *sowie mit Be- zug auf mehrere Städte* **Städteleute**. **I.** *Bürger, Bewoh- ner einer →* Stadt *(II), iU. zum →* Dorfmann *(I) oder →* Landmann *(II); bdv.:* Stadtperson, Stadtwohner. das die selbn vns(ere) s t a t l e w t e mit irer kauffmanschafft ... in vnserm kunigreiche ... kein mawt nicht schuldig noch phlichtig sein zu geben *1291 Preßburg 375.* [Kg. Otto] gab den tvm herren kanoniken recht vnde den s t a tl u t e n wichbilde recht nach ir willekur vnde nach der witzigisten rate *um 1300 MagdebSchSpr.(Gaupp) 233. 1308 Schwind-Dopsch 164.* beschuldiget me vnse man ... de s t a d t m a n edder kopman de schal sick wehren des mit sinen frunden sulf vöffte *1329 MecklUB. VIII 54.* sůlln auch vor dem selben lantrichter ze recht sten alle herren, grauen, frein vnd auch des richs dinestlûte vnd s t e t e l ů t *1347 MWirzib. V 299.* dat en s t a d m a n hebbe to claghene up enen lantman van Drenthe *1350 GroningenUB. I 288.* [die underkeuffer soilen sweiren] dem s t e e d e m a n n e dat syn zo gheven ind dem lant-manne dat syn zo laissen *1372 KölnAkten II 119. 1385 InterlakenR. 79.* weler dorffman vnd s t a t m a n dehein holtz vff vnsren merit fůrett, da die ... nit sin rechte witi vnd hôchi hat ... das sollent vnser weibel nemen *1404 BernStR. I 141. 1416 ZürichStB. II 63.* ist, das ain gayslicher ... zu ainen gesessen s t a t m a n hat zu sprechen ..., der sol das thun mit vnseren statrecht *15. Jh. MHungJurHist. IV 2 S. 19.* wir sweren gote, das ... allerley war ... noch ... rechten kawffe gegeben werden ... dem armen als dem reichen, dem jungen als dem aldten, dem landtman als dem s t a d m a n *1505 (Hs.) KrakauZftO. 95.* dat s t a t l u d e der stichtslude neimant den andern sollen laden vor't gestlike recht *1517 Beitr Essen 20 (1900) 147.* welcher wider der stadt freithun wird handeln auß seinem eigenen willen, es sey s t a d t -m a n oder frâmbder ... der sol mit nichts mehr zahlen als mit seinem haupt *1541 Hermannstadt/Bischoff,ÖStR. 39.* da uf ein predig, die er [kirchendiner] den ort tun soll, si, die s t a t t - oder gemeinsleut, nit ... einred furzewen-den hetten *1556 Pfalz-Neuburg/Sehling,EvKO. XIII 111. 1564 HermannstStat. 26.* seiden vnder die hosen zufüe-tern, dergleichen seidin clagpinden, soll allen burgern vnd s t e t t l e w t e n verbotten sein *TirolPolO. 1573 Bl. 14.* die fremder nation sein und schon bishero vergond-te heuser haben, nach irem absterben sollen die heuser ... oder sonst erbschaft ... den teutschen s t a d t l e u t -t e n verkauft werden, von welchen es zuvor herkommen oder gebautt ist worden *1589 SiebbMunC. 79.* s t a d t -l e u t e, plur.: bůrger *1711 Rädlein 833. 1782 ZKultur ÖSchles. 3 (1907/08) 149.* das ... arme konvent ist zu wohnungen fůr zehn arme leute eingerichtet, worin ... s t a d t l e u t e aus dem niedrigsten stande ... aufgenom-men werden *1786 Gadebusch,Staatskunde I 157.* soll den s t a d t l e u t e n nicht erlaubt seyn, auf irgend eine art mit den dorfbewohnern zur hâlfte zu sâen *1808 Krug,Staatsw Preuß. 221. 1810 AmerikGoldgr. 183.*

II. *Ratsherr,* → Stadtrat (II). den ersamen borger-mesteren vnde s t a d t m a n n e n der stade L. vnde H., eren borgern, inwonern vnde undersaten *1470 Beccau, Husum 249.* dat ock solkens von vnsen ... borgermei-stern, s t a d t - m a n n e n vnd gemeinen invwonern tho O. einhellichlik beleuet vnd angenommen *1541 Hadeln Priv. 420.* den erbaren ersamen, wolweisen herrn burge-meistern, s t a d t m a n n e n vnd der gantzen gemeine der stadt Freiberg *1542 MhMusikg. 2 (1870) 52.*

¹Stadtmark, ¹Stadtmarke *f., zu* ¹Mark. **I.** *wie* → Stadt-gebiet (II); *bdv.:* Stadtweichbild, Stadtmarkung. [T.] est proscrip-tus pro latrocinio, quod perpetrauit in s t a d e s m a r k *1289 Strals.1.StB. 171.* proprietatem omnium aquarum infra s t a d e s m a r k cum omni libertate et utilitate ad ius ciuitatis vendidimus *1291 PommUB. III 128.* wert ienich borghere buten der s t a d e s m a r k e ofte wicbele-de doth geslaghen, vnde ... en ander borgher dar vmme besproken ... dat de gesculdegede dat betughen mach dat he vnsculdich si *Ende 13. Jh. LübMndStR. Art. 183 [Komp.?].* O.v.M. hat ... enpfangen F.v.H. und seiner bruder teil in der s t a t m a r k zu W. *1416 QFürstent Bayreuth II 203.* deden de lantvogede der s t a d e s m a r -k e rekenscop deme rade *1428 LivlUB. I 4 Sp. 375.* syne erfachtigen guede, de he liggen heuet inder staed off inder s t a e d m e r k e *1435 GroningenStB. 62.* der itzige richter ... hat hinder dem hofe 1 gertelein und 1 huefe landeß uf der s t a d t m a r c k e, davon hat der pfar-ner den zehenden *1566 GQProvSachs.² 21 S. 46. 1572 ebd. 341.* daß hinfůhro niemand ... hâußer, hoff, wiesen ... oder anders verkauff, daß in der s t a d t m a r c k und steuer gelegen ist *1739 Wüst,Policey VII 152.* wird den besitzern von burglehn- und andern ... gůtern verboten, ... gerechtsame, die zu der s t a d t m a r k gehören, ... zu acquiriren *1808 Krug,StaatswPreuß. 41.*

II. *wie* → Stadtgrenze. [die] richtig und undisputier-lich s t a d t m a r c h gegen N. [sei] die martterseyl *1627 OstbairGrenzm. 4 (1960) 204.* kônigliche dôrffer ... ausserhalb der s t a d t - m a r c k e n gelegen *1643 Heider, Lindau 919.*

²Stadtmark *n.,* **²Stadtmarke** *f., zu* ²Mark; *stâdt. Eich-zeichen, auch Prüf- und Zollmarke; bdv.:* Stadtzeichen (II). [Privileg,] dacz si alles das zin, daz man duorch ir stat fueret, floezen und mit der s t a t m a r c h e zaichen *1321 Juritsch,DBöhm. 70.* das ain yeder leitgeb hab die recht statmass, die gehaymbt wirdt bey einem statrichtr, dorauf dan daselbst das s t a t m a r c k aufgeprent wirdt *1497 Preßburg 436.* die mülner sollen zu mues nemen ... ain gefâchten metzen mit der s t a t m a r c h *1503 Kitz-bühelStR. 89. 1524 SalzbStPolO. 141.* alle die ghiene, die wyn off beer ... vercopen, ... sullen tappen in tin-nen kannen, daer gepennet ende mit s t a d t m e r c k ge-teyckent zijn *vor 1537 LeeuwardenStR. Art. 108.* daß diejenigen, welche in fürstl. städten mit andern lôffen, killmitten u. ellen, alß die mit dem s t a d t m a r c k be-zeichnet, außmâssen u. darüber betroffen würden, in 100 fl. pôn verfallen sollen *1699 LivlRQ. II 2, 1 S. 331.*

³Stadtmark *f., zu* ³Mark; *wie* → Stadtakzise; *bdv.:* Stadt-schilling (I). [ein auswärtiger Weinhändler wird verurteilt zur Zahlung der] s t a d t m a r k *oJ. JbDüsseld. 49 (1959) 118.*

Stadtmarkt *m.,* → Markt (I), *Marktveranstaltung in einer* → Stadt (II); *gemâß dem der* → Stadt (III) *ge-wâhrten* → Marktrecht (III). czu vorbytten [sind] heym-liche mergte bey verlust desselben, das so vnordenlicher weyße außwigk der ordentlichen s t a d t m a r g k t en ge-kauft oder vorkauft wyrt *1528 CDSiles. 27 S. 191.* die abkunfft der pfund-kammer, ... der s t a d t - m a r c k t en ... wie auch alle andere der stadt einkůnfte, ... sollen ... zum gemeinen kasten gebracht werden *1609 RevalStR. I 336.* menniglich, so vnser s t a t t m a r c k t gebrauchen, [sollen] mit vnser statt eln vndt gewicht ... versehen werden *1614 Wüst,Policey VII 69.* das jus prohibendi, kraft dessen ... die zunft ... die arbeit und das gewerb inner dem derselben angewiesenen s t a d t m a r k t ... niederlegen lassen kan *1774 Wagner,Civilbeamte II 160.*

Stadtmarktmeister *m., städt. Amtmann, dem die Aufsicht über den* → Stadtmarkt *obliegt.* das mass, so darumb den schustern geben ist ... welliches mess auch bey den s t a t t m a r c k m a y s t e r gefunden wurdet *15. Jh. NürnbPolO. 109.*

Stadtmarkung *m., wie* → Stadtgebiet (II); *bdv.:* ¹Stadtmark (I), Stadtweichbild. alle die, die in der stat und s t a t m a r c k ů n g siczen, leyden mit der stat gut vnd ubel *1414 MBoica 47 S. 589.* ich sol ... in irer s t a t t m a r k u n g und oberkeit kein gut zu kauffen und an mich zu pringen macht haben one iren erlaub *1532 DRWArch.* [die stadt hätte nicht mehr denn 4] in den zehend- vnd gültgefällen verwandte dörfflein; die s t a d t - m a r c k u n g e n selbsten wåren anders wohin zehendbar *1747 Moser,StaatsR. 30 S. 493.* [edeleute genießen] bloß die städtische abzugsfreyheit, wenn anders ihre güter nicht auf der s t a d t m a r k u n g gelegen sind *1785 Fischer,KamPolR. I 432.* in hiesiger s t a d t m a r k u n g wird dem stadtamt die vollstreckung dieser verordnung ... aufgetragen *1804 v.Berg,PolR. VII 274.*

Stadtmaß *n., auch f., für den Herrschaftsbereich einer best.* → Stadt (III) *festgesetzte Maßeinheit; auch das Messgefäß bzw. der Messstab; städt. Eichmaß; bdv.:* Stadtmeß; *vgl.* Stadteiche, Stadtelle, Stadtfaden, Stadtfuder, Stadtgewicht, Stadthalbe, Stadtklafter, Stadtmetze, Stadtohm, Stadtscheffel, Stadtschuh, Stadtsimmer, Stadtviertel (I). minen herren vnd iren nachkumen ... alle jare zu geben zwey vnd viertzig malter weizzes wirtzburger s t a t m o z z e s *1369 MWirzib. VI 476.* aus derselben muttlen ains werdent 20 meczen der rechten s t a t m å z z nach dem habermeczen *1400 GöttweigUrb. p. 174.* das korn czu schiffe czu furen von der last 2 sol., traglon von der last 1 sc., vor s t a t m o s e 4 sol. *1411 MarienburgKonvB. 256.* [Abgaben:] facit 101 ½ q 1 messel, gretzer s t a t m a s 8 q *1479 SteirUrb. 585.* das ain yeder leitgeb hab die recht s t a t m a s s, die gehaymbt wirdt bey den statrichtr *1497 Preßburg 436. 1524 SalzbStPolO. 197.* der castner ... nympt an etlichen orten das getraid bei dem grossen castenmaß eyn und gibt s t a t m a ß wider heraus *1531 QKulmbach 272.* zwo blechern moßkan mentz[er] s t a t m o i ß und pfaffenmaß *1536 MarburgRQ. I 471.* maß wag elln und metzen sollen gefächt und geprennt werden nach der s t a t m a ß D. *1541 NÖsterr./ÖW. VIII 217. 1573 ZeitzStB. 54ʳ.* daß alle die jenigen, so hinfürter neuwe beuw machen lassen ... den vberhang im zweyten stockwerck ... anderst nicht, als einer elen lang (vnser s t a t t m a a ß) ... mag legen lassen *FrankfRef. 1578 VIII 2 § 3.* keiner soll einen scheffel, ehe er mit der s t a d t - m a a ß gerichtet ist, zur maaße gebrauchen *1599 DirschauWillk. 40.* das der taverner soll ... haben die rechten s t a t t m a ß *16. Jh. Steiermark/ÖW. VI 266.* seind die casten- und s t a d t m a a s gegen einander geeichet und befunden worden, daß ... beede zu klein gewesen *1605 QStBayreuth 201.*

daß ... man der frembden kauff-leute und kramer ellen und gewicht nach dem s t a d t - m a a s und ellen abmisset, oder er muß eine s t a d t - m a a ß kauffen oder so lang entlehnen *1705 KlugeBeamte I² 322.* [daß jeder wirth jährlichs eine seiner] maasen vor dasigen stadt magistrat bringen müsse, allwo dan solche maasen mit der ächten hiesiger raths gewöhnlichen s t a d t m a a s ... abgemessen, gesaiget und confrontirt werden *1783 LuxembW. (Majerus) III 241. 1796 NCCPruss. X 373.* das s t a d t oder schenkmaaß hingegen, wonach in der stadt der wein ausgeschenkt wird, hält 82 ⁴/₁₀ franz. cubikzoll *1805 Zürich/Nelkenbrecher,MünzTschb. 337.*

Stadtmauer *f., eine* → Stadt (II) *umgebende* → Mauer (I) *als Teil der Stadtbefestigung, zugleich als Begrenzung des städt. Rechts- und Friedensbereichs; bdv.:* Stadtgemäuer, Stadtletze, Stadtringmauer; *vgl.* Stadtbollwerk, Stadtfeste (I), Stadtgraben (I), Stadtschanze, Stadttor, Stadtturm, Stadtwall, Stadtwehr, Stadtwerk (IV); *zS. vgl.* LexMA. VIII 23; HRG.¹ IV 1857. [die schephen schullen czwain enphelhen,] di di s t a t m a u r, di graben, di türn, di pruck und ander dinch, daz der stat czu gehort, beschaun und bewarn *um 1330 BrünnRQ. 395. ebd. 393.* ob dhain purger, der innerhalb der s t a t m a u r und des graben funiftzich phunt wert hab, eines totslages getzigen wirt, ... daz der ... icht bedürf dhainer purgelschaft *14. Jh. BabbÖstUB. II 288.* wurdi aber der schuldig von des grihtz wegen gejagt, wenn der kåmi für die s t a t m u r über den graben, den sol das griht fürbas nit jagen *14. Jh. LeutkirchStR. 24.* swelker user borghere eder user borghersche de burscop upgheve, de scal binnen ver weken darna os untweken buten der s t a t m u r e n unde also verne also der statplicht went, besete he dar an boven *1422 Pufendorf IV app. 306.* den tymmerluden, dede verdigeden de regelen bii der s t a d m u r e n, 7 s *1458 HildeshUB. VII 637.* es soll auch niemandts auf die s t a d t - m a u r e n gehen, er sei dan ein geschwornner mittburger. man sol auch nicht stein dauon werffen noch pretter dauon tragen *1497 Will,Altdorf 353. 1498 WormsRef. V 4, 25, 2.* ob die begrebnis der todten ... ausserhalb der s t a d t m a u e r an andern bequemern ort ... verlegt werden soll *1542 Mühlhausen (Thür.)/Sehling,EvKO. I 2 S. 392.* soll hinfürter niemand nahe bei der s t a d t m e u r e n bauen, sonder die künftige bäu sechzehen fuß weit davon gelassen werden *1558 Jülich/QNPrivatR. II 1 S. 355.* würde er [statartzet] von yemanden zu kranken zu gehn erfordert, soll man ime innerhalb der s t a t m a u r e n von einem gang fünff batzen ... geben *1589 SchlettstStR. 431.* haben ... gesagtte rhätte ... das rathauß, s t a t t s m a u r e n, turm ... undt andere wachthäuser tachlos undt gantz zerfallen ... befunden *1604 JbWestfKG. 5 (1903) 99. 1644 Buchhorn 335.* [von dem laster der beleidigten majeståt, lands-verråtherey:] hieher gehören auch die müntz-fålscher ... absager, ubersteiger unserer s t a d t m a u r e n, auffrührer *NÖLGO. 1656(CAustr.) I 61 § 1.* zu K., alwo der juden zusammenkunft in einem an der s t a d t m a u e r abgelegenen haüße wåre *1679 Hess Samml. III 125.* [ober- und hals-gerichte *sind* folgende ubelthaten zu straffen] befugt, nemlich: ketzerey, ...

zerbrechung der s t a d t - und schloß-m a u r e n und verderbung eines ackers *1705 KlugeBeamte I² 800. 1725 Staphorst,HambKG. I 2 S. 594.* [der controlleur soll] die s t a d t - m a u e r n, pallisaden und avenues dann und wann in augenschen nehmen, und wenn er befindet, daß lücken darinn, wodurch heimlich etwas herein praciticiret werden könte, solches [*melden*] *1736 CCMarch. IV 3 Sp. 457.* wenn also bey strafe verbothen, daß kein fremder soll auf die s t a d t - m a u r e n steigen *1746 Hermann, AnfRGel. 9.* es werden öffters bey nächtlicher weil waaren zu defraudirung der accis über die s t a d t - m a u e r in die stadt practiciret *1756 Cramer,Neb. II 14.* Churbayern ... behauptet das ganze territorium ... bis an die s t a d t m a u e r, sammt dem wasser und der landstrasse, dann zoll und maut *1770 Kreittmayr,StaatsR. 270. 1774 RepStaatsVerwBaiern VI 236.* weil die scharfrichterey innerhalb der s t a d t m a u e r belegen, [werden] gar keine hunde gehalten *1781 HistBeitrPreuß. I 230.* manchmal begrenzt er [gerichtszwang] sich mit den s t a d t m a u - r e n, welches häufig der fall bey amtsstädten ist *1785 Fischer,KamPolR. I 590. 1788 Thomas,FuldPrR. I 186.* das völkerrecht legt den residenzen der souverains, den gerichtshöfen, s t a d t m a u e r n und thoren eine unverletzlichkeit bey *1798 RepRecht II 246.* daß ... alle ... unsauberkeit an der s t a d t m a u e r bei 1 rthlr strafe verboten ... werden soll *1800 HeidelbPolGes. 6. 1802 Rep Recht X 179.* daß die alten ... s t a d t m a u e r n abgebrochen und ... nur die beibehalten werden sollen, welche die deserzion und accisedefraudazionen verhindern *1808 Krug,StaatswPreuß. 284. 1815 WirtRealIndex II 426.*

Stadtmauerreparation *f., Ausbesserung der* → Stadtmauer. *1579 AnnNassau 41 (1911/12) 65.*

Stadtmaurer *m., Maurermeister in städt. Diensten; in größeren Städten: als* → Stadtwerkmeister *den städt. Maurerarbeiten vorstehend; bdv.:* Stadtmaurermeister. der aid der s t a t t m u r e r hat 6 stuck *1460 KonstanzRotB. 54.* so hat ein erberg rate einem werckmeister und s t a t m a u r - r e r ab zu sagen und urlaub zu geben, wenn ein rate will *1464/70 Tucher,NürnbBaumeisterb. 36.* dem s t a t - m u e r e r 5 s. zu burchrege, dem stathirten 1 s. *1493 MarburgRQ. II 369.* [städt. Ämter:] chirchnprobst: A.P.; s t a t m a u r e r: S.H.; statzimermaister: J.N. *1508 Kogler, Rattenberg 130.* 1 m. dem s t a t m e ü r e r, wan er einen grossen grabstein in der kirchen abhebet und wieder uffleget *1585 Königsberg/Sehling,EvKO. IV 147.* taxirung seines neu-erbauten hauses ... mit zuziehung des ins besondere auf die taxirungen vereideten s t a d t - m a u r e r s und stadt-zimmermanns *1736 CCMarch. IV 3 Sp. 491.*

Stadtmaurermeister *m., wie* → Stadtmaurer. dem P.S., s t a d t m a u r e r m e i s t e r, wie man zum einritt das Nunnthalthor geweisst und verworfen hat *1612 Mitt SalzbLk. 74 (1934) 115.* die unterbediente des magistrats bestehen aus denen feuer-verordneten, dem stadtzimmer- und s t a d t - m a u r e r - m e i s t e r, stadtschmidt ... und feldvisitatoren *1798 IserlohnUB. 351.*

Stadtmaut *f., eine städt.* → Maut (I); *bdv.:* Burgmaut; *vgl.* Stadtzoll. von der bestetigung der s t a t m a u t: wir bestætegen auch ewichleich ... di mawtt, di von alten zeiten

... zu der stat ze W. gehort hat *I. Drittel 14. Jh. WienRQ. 88.* registrum mutarum in hoc volumine contentarum: primo die s t a t t m a u t ze S. fol. 1 *1450 MittSalzbLk. 10, 3 (1870) 25.* das die inwoner mit den gesten kein gemeinschaft haben sollen, wann dodurch die s t a t m a w t vnd anderen genisen abgen mogen *15. Jh. OlmützStB. (Saliger) 37.* ordnung, nach welcher ... richter vnd rath der statt R. die gebühr ihrer habenden s t a t t m a u t h abzufordern befugt sein *um 1660 Radkersburg 45.*

Stadtmautner *m., städt. Zolleinnehmer; bdv.:* Stadttormautner; *vgl.* Mautner. [wo ain fewr oder aufrur erstuende, söllen die] vnnderkheufl, weger, ross vnnderkheuffl, s t a t m a u t n e r, rat khnecht ... vnnsern stat richter vnd burgermaister zuelauffen *1524 SalzbStPolO. 57.*

Stadtmedikus *m., auch lat. flektiert; wie* → Stadtarzt. [doctores der arzney *im* hofstat:] T.T., so sonsten s t a t t m e d i c u s ist, jerlich 150 fl. *1615 Oberbayr Arch. 31 (1871) 242.* [der einquartirung überhoben *sind*] die hof- und s t a d t - m e d i c i *1705 KlugeBeamte I² 611.* B.D., medicinae doctor zu L., s t a t t m e d i c u s: 20 fl. *1707 SchlernSchr. 153, 2 S. 108.* sowohl der s t a d t - m e d i c u s als auch der stadt-chirurgus [sind] für verschiedene besichtigungen bezahlt worden *1785 Krünitz, Enzykl. 33 S. 646.*

Stadtmeier *m.* **I.** *Ortsvorsteher,* → Stadtbürgermeister; *häufig vom* → Stadtherrn (I) *eingesetzt und mit richterlichen Aufgaben betraut; bdv.:* Städtmeister (I); *vgl.* Meier (I), Meier (VI). es ist der gebrauch ... das meiger und gericht eines iden jars uff denn osterabenndt allen innheymischen metzingeren ire fleischwagen ... besichtigen ... und so sie nit recht befunden, so soll der s t a t t m e i g e r den selbigen metzingen gebitten lassenn ... das sie das selbig licht gewicht ... gerecht machen lassen *nach 1592 SAvold StR. 79.* waß ... s t a d t m e i e r und stadtschreiber ... an besoldungen jährlich ... zugewiesen haben *1762 Ennen, Saarstädte 114.* wäre dem hiesigen s t a d t m e y e r und dem st. Johanner bürgermeister anzubefehlen, daß sie die von beyden städten ... noch schuldigen landgelder ... liefern *1776 Gerhard,SaarbrSteuerw. 152.*

II. *ein hochgestellter städt. Verwaltungsbeamter, häufig mit gerichtlichen Zuständigkeiten; oft vom* → Stadtherrn (I) *eingesetzt.* die land-vogtey in Freyenberg durch gedachten s t a d t m e y e r n M. verwesen zu lassen *1762 Cramer,Neb. 32 S. 122.* die von ebendemselben [schultheiß] geordnete s t a d t m e y e r und gericht besorgen die schuldsachen und andere kleine streithåndel *Schweizer. Museum² I (1793) 677.*

III. *Pächter eines* → Meierguts, *das einer* → Stadt (III) *zugehört bzw. dieser zinspflichtig ist.* ob aber damit die summa auch nicht abgelegt werden, so erbiethen sich die gliedmassen såmtlich ... so daß der herr des capittels, prålaten manschafft und der s t e d e m e y - e r wie bishero geschehen darzu geben und thun sollen *1525 Treuer,Münchh. 137 [Komp.?].* die vorstädter und s t a d t - m e i e r stehen auch unter des raths jurisdiction *1804 Hagemann,PractErört. IV 409.*

IV. *(niederer) städt. Amtmann, dem die Aufsicht über die städt. Landwirtschaft obliegt.* s t a d t m a ÿ r: ich N.

schwere ... in gemainer stadt waldt, weingartten, wiss-
mathern und aẅen ... fleissige aufsicht [*zu*] haben *1696
PreßburgEidb. 18.*

Stadtmeierhof *m., landwirtschaftl. Wirtschaftsbetrieb
einer* → Stadt (III); *vgl.* Meierhof. *1631 SiebbMunC. 94.*

Städtmeister *m., auch* **Stadtmeister. I.** → Bürgermeister (I) *einer* → Stadt (III); *Vorsteher von* → Stadtrat
(I) *und* → Stadtregiment, *auch als einer von zwei oder
mehr* Städtmeistern, *die sich in der* → Stadtregierung
*abwechseln; häufig zugleich mit richterlichen Befugnis-
sen; bdv.:* Stadtbürgermeister, Stadtpfleger, Stadtredner (I). wir, der
s t e t m e i s t e r, der rat und die rihter von Halle sien ze
rate worden und han gemachet mit vereintem willen
[...] *1309 WürtVjh.² 7 (1898) 203. 1317 ZWirtFrk. 5
(1859/61) 110.* sol ouch ein jeglich s t e t t e m e i s t e r stete haben bi sinem eiden, waz der rat ... und die zunftmeister ... erkennent *1374 SchlettstStR. 273.* M.v.C.,
de des jares vor s t a d m e s t e r hadde wesen *1376 MagdebChr. I 270.* der gagenbürttig brief ... versigelt mit
unserer s t a t m e i s t e r insigel *1378 RegensbUB. II 471.*
[*Ratsherr:*] ich swere ... gerechten gehorsam unsern s t a t
m e i s t e r n stetiglich zu halden *Ende 14. Jh. GlWeichb.
355.* das ein iegelich s t e t t e m e i s t e r von den vier s t e t-
t e m e i s t e r n die man alle jor kuset, so der eine ane-
ging ein vierteil jors zů rihtende ... einen imbis gap allen unser stette amptluten *1405 Straßburg/Keutgen,Urk.
270.* wann dann der s t a t m e i s t e r zů Keysersperg oder
eyner des rades von der stete wegen den vogt oder die
amptlûte zu Cunsheim darfür bittet, so sal man ine des
geweren *1424 ZGO. 2 (1851) 319.* besunder herr C. der
vier s t e t t m e i s t e r einre ist *1437 StraßbMünzg. 197.* als
bisher ettliche s t a t m e i s t e r ettlichen herren gegönt hant
..., in ... andern der stette welden holtz zů hỏwen, das
nůn der stat vil schadens ... broht hat *1460 Schlettst
StR. 354.* um *1460 ebd. 377.* nochdem vns der s t e t-
m e i s t e r von Colmer in geheim seit hat, daz im von
zwein personen vß Brisach geschriben sy *1474 Schreiber,
UB. II 539. 1494 Nowak,Künzelsau 75.* usz dissem schol-
der, den man empfohet von den spielern ... wurt usz
geteilt ... das ein obendran macht der ammeister an synem tisch, das ander der s t e t m e i s t e r *1501 Straßburg/
Burger,Stadtschreiber 117.* daher man den burgermeister
zu Hall einen s t e t t m e i s t e r nent, als einen herrn uber
die drey vnnderschiedlich stett, die vormals drey herrn
zu der hohen oberkeyt vnnd gefraisch gehapt *1541 Herolt,HallChr. 107.* s t ä d t m e i s t e r M.S. [hat] zum boten
mit bloßen worten gesagt, er sollt zum obervogt sagen,
er sollt sich halten wie vor *1541 WürtVjh. 5 (1882) 274.*
dem fürsichtigen, ehrsamen vnd weysen s t a t t m e i s t e r
vnd rahtt der statt Speyer *1562 Meichßner,Form. III 52ʳ.*
darumben wir auch vor herren s t e t t m e i s t e r vnnd
rath zů N. erschienen, vns als erben in solche verlas-
senschafft ... inzusetzen begert *1574 Frey,Pract. 34.* re-
gierend s t ä t t m e i s t e r im ambt *1623 Hagenau/ArchEls
KG. 12 (1937) 128.* praetor: s t a t t m e i s t e r *Frischlin
(Frankf. 1631) 513.* haben auch die fürstliche worm-
sische allemahl vom s t ä d t m e i s t e r der stadt Worms
einen bedienten ... unter währendem crays-tag aufzu-

warten *1664 Moser,StaatsR. 27 S. 236.* da dan durch
allgemeine wahl herr G. ... zum newen s t e t t m e i s t e r
erwölt vnd ich wider auff drey Jahr confirmiert worden *1688 Joner,ColmarNota. 11.* [magistri nomen:] baur-
& bürgermeister, raths-, s t ä d t- und ammeister *1692
Beier,Meister 3. 1719 Lünig,TheatrCerem. II 1006.* [bur-
gemeister:] in etlichen vornehmen städten nennt man sie
auch rathsmeister, s t ä d t e - m e i s t e r etc. *1721 Knauth,
Altenzella III 35.* der s t ä t t m e i s t e r S. zu Straßburg
1749 Moser,StaatsR. 39 S. 321. [*Bezüge:*] physikatsver-
weser, s t ä t t m e i s t e r, stadtrichter oder stadtanwälde
... 3fl. 20kr. *1804 SammlBadStBl. II 276. weitere Belege:
nach 1322* Oberbank (I), *15. Jh.* Achtbürger (I), *1503* Ratbote (II), *1533*
Grabenreiter.

II. *wie* → Stadtwerkmeister. so ist der stat paumeister
mit sampt dem s t a t m e i s t e r dem maurrer und dem
schaffer zu der arbeit allenthalben gangen, ... das die
arbeiter bei der arbeit pleiben *1464/70 Tucher,Nürnb
Baumeisterb. 62.* wofern gmainer statt sonnder nottwen-
dig arbaitten furfiellen, so mag ein s t a t t m e i s t e r die
anndern maister und gesellen ... oder wo die arbaitt so
gar geetig auch die müllner, so des zimern khundig, ...
zu sollcher arbaitt erfordern *1543 MHungJurHist. V 2
S. 38.* wie jederman, der zum feuer verordnet ist, soll
belohnet werden: ... dem s t a t t m e i s t e r, steinmetzen:
1 lb novi; dem s t a t t m e i s t e r, zimmermann: 1 lb novi *1596 Nürnberg/Wüst,Policey VII 858.* [*Übschr.:*] der
s t a t t m e i s t e r oder werkleüth, zimmermans und mau-
rers aid *1610 OÖsterr./ÖW. XV 106.* [ain werckmaister
soll] ain vorhabenten pau ... ohne vorgebens anmass der
geschwornen s t a t m a i s t e r nit anfangen *1631 München
StR.(Auer) 222.*

III. *in einer* → Stadt (II) *ansässiger Handwerksmeister.*
am charfreitag sollen ... die maister, so durchs jahr alhier zu P. flaisch ... verkaufen wollen, ... auch nitwe-
niger die s t a t t m a i s t e r, keinen ausgenumen ... alhie-
her flaisch aufhacken und verkaufen *1563 PreßbZftUrk.
218.* was aber auf der achs ... herzugeführt wirdet, die
mögen ihr arbeit offentlich neben hiesigen s t a d t m a i-
s t e r n hingeben und verkaufen *1565 ebd. 54. 1582 ebd.
190.* denen mühlenstrassern und damm-meisteren ... in-
jugiret, dass sie sich ... mit denen s t a d t - m e i s t e r n
zusammen thun *1681 CCOldenb. VI 193.* sind die s t a t t-
m e i s t e r dahin begnadet, daß die umb die statt herumb
sitzende wagner keine gemachte arbeith außert den jahrmärkten zum verkauf ... hinein bringen sollend *1700 KonolfingenLGR. 508.* wenn ein landmeister mit dem tode
abgeht und der lehrjunge ... keinen meister hat, so sind
die s t a d t m e i s t e r und auch die landmeister verpflichtet, ihn bei einem ihrer zunft anzunehmen *1706 Schmidt,
EberswaldeHandw. 145. 1717 CCMarch. V 1 Sp. 402.* die
handwercker ... machen einen unterscheid der s t a d t-
m e i s t e r gegen die dorffmeister, die aufm lande wohnen *1722 Beier,HdwLex. 407. 1774 Wagner,Civilbeamte
II 168.* es soll ... kein unterscheid ... zwischen s t a d t-
und landm e i s t e r n, in soferne letztere ... geduldet sind,
gemacht werden *1780 CSax. I 1082. 1783 WeistNassau
II 145. 1809 v.Berg,PolR. VII 490.*

IV. *bei den Steinmetzen: einer städt. Zunft angehöriger Handwerksmeister, iU. zum Meister in einer Bauhütte; zS. vgl. Wissell, Hdw.² V 78.* züge auch ein geselle zu einem s t a t t m e i s t e r oder zu einem andern meister, mag er do gefürdert werden, das mag er wol tun *1459 Wissell, Steinmetz 93.*

V. *städt. Prüfer von Gold- und Silberwaren auf deren Edelmetallgehalt; bdv.:* Silberschauer. alle arbayt, so acht lot und darob hat, solls alles ... durch den ... s t a t m a y s t e r der goltsmid geschaut werden *1515 UrkJud Regensb. 288.*

Städtmeisteramt *n., Amt, Tätigkeit eines → Städtmeisters (I). 1623 ArchElsKG. 12 (1937) 128.*

Städtmeisterei *f., Amtsstelle, Position, Tätigkeit eines → Städtmeisters (I). 1618 GengenbachStB. 81.*

Städtmeisterschaft, Stadtmeisterschaft *f.* **I.** *Zuständigkeit, Angelegenheit eines → Städtmeisters (I).* wen ein meister besendet ... von sache wegen, dar umb er in von der stette und der s t e t t e m e i s t e r s c h a f t wegen billich und von rehte besenden sol, der sol ouch ane vertzog zů dem meister kommen *1374 SchlettstStR. 282.*

II. *Gesamtheit der in einer Stadt ansässigen Handwerksmeister; vgl.* Städtmeister (III). der dasigen schuhmacher handwerk [hat] mit beitrettung dasiger s t a d t - und landmeisterschaft sich gegen die ... einschreibung des dasigen stadtknecht W. sohns zum lehrjungen hartnäckig geweigert *1790 Wissell, Hdw. I 114.*

Städtmeisterstelle *f., Posten, Stellung eines → Städtmeisters (I).* bey gegenwärtiger rathsänderung die durch weyland herrn F.S. seel. todtfall vacierende s t ä t t m e i s t e r s t e l l e widerumb zu ersetzen *1700 Joner, Colmar Nota. 120. 1764 Zell/Cramer, Neb. 46 S. 108.*

Stadtmenge *f., wie → Stadtvolk; vgl.* ¹Menge (II). solche fürgenumene pollicei und markordnung ... ohne dergleichen kein s t a t t oder marktme n i g nit sein ... kan *1547 Steiermark/ÖW. VI 139.*

Stadtmerkzeichen *n., wie → Stadtzeichen (VI).* [sollte ein müssiggänger,] so zu dem allmosen zugelassen, obgedachtes ihme zu beglaubigung dessen gegebenes s t a d t m e r c k z e i c h e n einem andern zum vortheils oder nutzens halber übergeben ... [sollen ihn] die bittel oder stadt-knecht auß der stadt führen *1686 Weingarten, BöhmLO. 408.*

Stadtmeß *n., wie → Stadtmaß.* ist man die frucht by den armen lutten und groinger s t a t t m e ß zu empfahen schuldig *1524 AltwürtLagerb. V 182.* ein last soll seyn ... also, daß sechs ein gut s t a t t - m e ß holtz geben mögen *1667 Moser, ForstArch. XII 107.* 3 hueben ... geben jehrlich ... 5 simerin korn und 4 malter habern s t a t t m e e ß uf martini *1668 Buchen 1100.*

Stadtmesser *m., vereidigter Abmesser von Getreide (uä.) in städt. Diensten; bdv.:* Stadtkornmesser; *vgl.* ¹Messer (I). was ein geschworner s t a d t m e s s e r von korn mist, das sollen die treger auch tragen *1428 KönigsbergWillk. 117.* welcher peham malz herfurt und das verkauft, [das] ... soll auch albeg gemessen werden durch ain s t a t m e s - s e r *1440/47 OÖsterr./ÖW. XII 429.* mugen die burger allerlay traidt auf den korngriess ... kauffen vnd der

gesworn s t a t t m e s s e r soll den traidt den burgern messen, als oft sy das begern *1454 FRAustr. II 3.* zalmen ... het rietdac voor tafbreken bi den gezworen s t a d s - m e t e r hebbende doen meten *LeidenK. 1583 Art. 61.*

Stadtmetze *f., m., ein städt. Hohlmaß, insb. für Getreide; auch das (amtlich hinterlegte) geeichte Messgefäß der → Stadt (III); bdv.:* Stadtkornmetze; *vgl.* ¹Metze (I), Stadtmaß. sie sollen auch auf dem lehen haben ain rechten metzen ... weer aber mehr verkaufen wolt den ainen halben muth, der sol nach dem s t a t m e t z e n senden. möcht er den nicht gehaben, so sol er mit des amtman metzen messen *1340 NÖsterr./ÖW. VIII 898.* in ein haberbaum gehoren 4 ½ s t a d t m e z e n. item in ein kornbaum gehoren 4 s t a d t m e z e n und ein virtel *1475 WürzbPol. 160.* wag und mas: ... wo man das ungerecht gefunden wirt, straffen nach rates rath ..., es sey in mülen s t a t m e t z e n, fleischgewicht und korngewicht *1503 KitzbühelStR. 90.* wer den rechten s t a t m e t z e n hie nit geit ... der ist umb 72 ₰ *1520 NÖsterr./ÖW. VII 99. 16. Jh. ebd. 983.*

Stadtmetzger, Stadtmetzler *m., in einer → Stadt (II) ansässiger → Metzger (I); bdv.:* Stadtfleischhacker. das die frembden mezlere ... stehen mogen on eintrag und verhinderung der s t a t m e z l e r *1279 WürzbPol. 34.* damit nun auch irenthalb [dorff metzger] ein ordnung vnd (souil müglich) ein gleicheit mit den s t a t t m e t z g e r n troffen werde *1554 Reyscher, Ges. XII 264.* ob zwischen dennen ... land- und s t a t t - m e z g e r n ... strittigkeiten fürfallen *1599 NÖLREntw. I 2 § 4.* K., witwe des ... bürgers u. s t a d t m e t z g e r s K.W. *1632 JbStraubing 60 (1957) 82.* daß ... das amt den rath in handhabung der policey und gerichtsbarkeit über die s t a d t - m e t z g e r nicht stören solle *1772 Cramer, Neb. 121 S. 101. 1790 Thomas, FuldPrR. III 245.*

Stadtmiliz *f., wie → Stadtgarde.* die creiß-miliz solle ... wo es die nothdurft erfordert, innerhalb mauren ... gebraucht werden, dero dann magistratus die nöthige ammunition, gleich der s t a d t - m i l i z reichen [solle] *1688 Lünig, CJMilit. 626.* demnach die zweyte reduction bey hiesiger s t a d t - m i l i c e neulich geschehen *1715 HambGSamml. IX 405.* drey regimenter von der s t a d t - m i l i z sollen eine guarde von der brücke biß stok market formiren *1719 Lünig, TheatrCerem. I 131.* damit er [regierender cämmerer] der s t a t t - m i l i t z ... befehl gebe, dem gesandten mit tretung ins gewehr die gebührende ehre zu erweisen *1726 Moser, StaatsR. 46 S. 89. 1785 Fischer, KamPolR. I 654. 1803 WeistNassau III 86.*

stadtmitleidend *adj., in einer → Stadt (II) mit (Immobiliar-)Vermögen begütert und daher zu städt. Abgaben verpflichtet; vgl.* Mitleiden (II). damit solches hausz keinen andern alsz einem s t a d t m i t l e i d e n t e n burger, welcher die gemeine stadtbürden durchgehendt tragen möge helffen, verkaufft ... werde *1648 CJMunBohem. 591.* veranlasset hingegen ein bürger oder s t a d t m i t - l e i d e n d e r unterthan oder einwohner eine wider ihn anzustellende untersuchung ... so wollen die sechsstädte ... das erkenntniß gehörig vollstrecken lassen *1794 Schwarz, LausWB. V 86.*

Stadtmittel *pl., einer → Stadt (III) zur Verfügung ste-*

hende Gelder; bdv.: Stadtgeld (I), Stadtgut (II), Stadtschatz, Stadtvorrat. *daß ... bemeltes beginenhaus auß gemeinen hiesiger* s t a t t s m i t t e l n *anno christi 1473 ... erbawet 1664 JbWestfKG. 11/12 (1909/10) 228 [Komp.?].* den vier jungen raethen jedem vor gehalt jaehrlichs sechs rthlr. ... aus gemeinen s t a d t m i t t e l n *gefolgt 1685 DürenWQ. 41.* daß ... wider vorwissen des bürgermeisters und des magistrats assignationes auf die s t a d t m i t t e l ertheilet [*wurden*] *1718 IserlohnUB. 250.* die verwaltung der s t a d t m i t t e l ist zwar bey der bürgerschaft, jedoch darf von derselben nichts zu ausserordentlichen ausgaben ... *verwandt werden 1786 Gadebusch,Staatskunde I 108.* die verrichtungen dieses magistrats seynd ... die s t a d t m i t t e l e n ... nebst allem dahin einschlägigen zu verwalten *1786 Vaßen,WVGJülich 177.*

Stadtmorgen *m., wie* → Stadtgut (I). wie sie [*gense*] *am besten wusten bewahren sollten, damit auf den* s t a d t m o r g e n *und guettern niemand schaden geschege 1555 ZSchles. 20 (1886) 282.*

Stadtmühle *f., einer* → Stadt (III) *zugehörige, häufig von dieser verpachtete* → Mühle (I). besehin, ab das wasser ... das under s t a t m o l e von B. geeth aws der Oder und flewsset yn dy Olaw ... vermischet mit enandir *1420 SchlesDorfU. 153.* den müllerpacht bey den rath auf der s t a d t - m ü h l e n und allen anderen mühlen *1543 Hist BeitrPreuß. I 97.* dasz die pauren ihr getreyde nirgends als in den s t a d t m u e h l e n sollen mahlen lassen *um 1569 (Hs.) ThornStChr. 181. 1587 FrankfZftUrk. I 494.* das die s t a d t m u h l e alhier ... uffs teuerste hinfuro verpachtet und ausgelassen, auch in dieser und andern muehlen und die ubermeßige entwendung in muhlen [*möchten abgeschafft werden*] *1609 MittMeißen 2 (1887/91) 534. 1736 CCMarch. IV 3 Sp. 467.* solle die s t a d t - m ü h l e auf 6 jahrlang an den meistbietenden ... in bestand übergeben werden *1772 Cramer,Neb. 122 S. 267.* die mühlen-casse, von welcher die einkünfte aus sämmtlichen hiesigen s t a d t - m ü h l e n [*eingenommen werden*] *1785 Krünitz,Enzykl. 33 S. 226.*

Stadtmüller, Stadtmüllner *m., Inhaber, Betreiber einer* → Stadtmühle. pflicht des s t a d t - m ü l n e r s: es soll ein s t a t t - m ü l n e r alle lichtmessen in den rath gehen, vnd soll ... schwören, das er armer und reicher haab wart' *14. Jh. Amberg(Schenkl) I 40.* die mauth in mühlen zu dupliren für der solldaten verhilfflichen unterhalt, ist auch bey denen s t a d t m ü l l e r n anbefohlen [*worden*] *1643 ArchÖG. 65 (1884) 378. 1736 CCMarch. IV 3 Sp. 467. 1738 VerhNdBayern 13 (1868) 176.*

Stadtmünze *f.* **I.** *durch eine* → Stadt (III) *geprägte und in Umlauf gebrachte Münze; insb. als Bez. für best. Münzen einzelner Städte;* bdv.: Städtermünze, Stadtgeld (III); *vgl.* Städtergroschen, Städterschilling, Stadtpfund (II). daß ... dazumalen ... geringe schlechte schillinge, deren 48 auf 1 rthlr. gerechnet, als eine s t a d t m ü n z e in rerum natura nicht vorhanden gewesen *1657 HadelnPriv. 289.* daß ... ihre kleine s t a d t - m ü n t z e das gepräge einer weintrauben führte *1721 Knauth,Altenzella III 15.* hätten die reichsstädte Augsburg und Ulm eine sogenannte s t a d t m ü n z, mit vormerkung einer doppelten währung, ausprägen lassen *1760 Faber,NStaatskanzlei IV 174. 1800 Beyschlag,BeitrNördl. IV/V 42.* **II.** *städt. Münzstätte; auch: das Recht daran mit den damit verbundenen Einnahmen.* daß allen kaufleuten und faktoren ... geboten sein soll, daß keiner, welcher silber führt, solches silber anderswohin geben soll, als in unserer s t a d t - m ü n t z e *1508 Moser-Nef,SGallen V 546. 1720 HannovGBl. 9 (1906) 223.* dem bischöfl. stuhl gab der könig ... den vierten theil der s t a d t - m ü n t z e *1741 Pontoppidan,DänemKHist. I 220.*

Stadtmünzmeister *m., Leiter einer* → Stadtmünze (II); *vgl.* Münzmeister, Stadtwardein. es sollent ... der hüter, unser s t e t t m ü n s s e m e i s t e r und der von den goltsmiden alle 14 tage ... zůsammen komen *um 1470 Straßb Münzg. 206.* mit aydschaft versprochene stellung des s t a d t m ü n z m e i s t e r s *1626 Lori,BairMünzr. II 409.*

Stadtmusikant *m., (vereidigter) Musiker in städt. Diensten; ua. im kirchlichen Bereich, als Turmbläser und bei Festen eingesetzt, auch mit stadtwächterlichen Aufgaben;* bdv.: Stadtmusikus; *vgl.* Stadtkantor, Stadtkure, Stadtpfeifer, Stadtorganist, Stadttrompeter. bestallung der s t a d t m u s i c a n t e n in Cölln: ... daß er ... sein ambt so woll in der kirche alß auch auff den tuhrm [*versehen soll*] *1687 Sachs,BerlinMusikg. 237.* verordnung, denen s t a d t m u s i c a n t e n keinen eingriff zu thun *1696 CCMarch. VI 1 Sp. 631.* [*Hofzeremoniell:*] darüber stund die bürgerschafft im gewehr, mit 3. fähnlein, mit ihrem spiel, und denen s t a d t - m u s i c a n t e n *1720 Lünig,TheatrCerem. II 1559. 1724 Krause,MusikEvWestf. 110.* dabei [*Schützenfest*] allezeit die s t a d t m u s i k a n t e n, wann getroffen, mit trompeten und pauken sich unter einem zelte hören ließen *1734 Werner,Kirchenmusik 230. 1740 FriedbergGBl. 15 (1940) 169.* [*bey feuer:*] der s t a d t m u s i c a n t soll zugleich lerm blasen und der küster die glocke ziehen *1751 NCCPruss. I 40. 1763 Werner,Kirchenmusik 211. 1786 Gadebusch,Staatskunde I 95.* muß künftig jeder anzustellende s t a d t - m u s i k a n t ... eine concession bei dem landrath des kreises lösen *1810 Sachs,BerlinMusikg. 263.*

Stadtmusikus *m., auch lat. flektiert; wie* → Stadtmusikant. [*S. hat*] in der auch löblichen stadt L. für dero s t a d t m u s i c u s gedient *1625 Arnheim,BremMusik 383. 1675 Sachs,BerlinMusikg. 235.* [*Hochzeiten:*] daß darbey keine andern als die ordentlichen s t a d t m u s i c i, nehmlich die stadt pfeiffer und kunstgeiger gebrauchet werden dürffen *1685 Wustmann,LeipzMusikg. II 268.* der s t a d t m u s i k u s giebt für das ausschließende recht im akademischen amte aufzuwarten jährlich pacht 10 ßl *1788 Gadebusch,Staatskunde II 125.*

Stadtmutter *m., zu* ³Mutter; *städt. Kornmesser.* wenn des s t a d t m i t t e r s firnsel von neuem geeicht wird, soll der ganze rat dabei sein *16. Jh. Gau-Odernheim I 149.* 2 s t a d t m u d d e r, 1 kasernenmudder *1738 JbDüssel. 48 (1956) 110.*

Stadtnachrichter *m.,* → Scharfrichter *im Dienst einer* → Stadt (III); bdv.: Stadthenker, Stadtzüchtiger. das leider üwer s t a t t n a c h r i c h t e r ... erstochen ist worden *1446*

SchweizGForscher 8 (1832) 102. Vlrich vnser s t a t t - n a c h r i c h t e r *ebd. 109.* des s t a t - n a c h r i c h t e r haus *1513 BerAltertWien 15 (1875) 189.*

(Stadtnachtwache) *f., städt.* → Nachtwache (I); *vgl.* Stadtwache (II). *1539 BeitrEssen 20 (1900) 157.*

Stadtnagel *m., (in einen Baum eingeschlagener) Nagel als städt. Grenzzeichen; vgl.* Nagel (II 4). von dieser [than-nen] zu einer ... rechter handt stehenden buchen mit einen s t a d t n a g e l rechter handt seindt ... 54 [klaffter] *1699 MittDBöhm. 56 (1918) 185.*

Stadtnahrung *f., Beruf, Gewerbe, dessen Ausübung nur in einer* → Stadt (II) *möglich oder zulässig ist; vgl.* Braunahrung, Nahrung (III). wo auch ein kind sich zum hand-werck oder s t a d t - n a h r u n g begeben wollte, soll sol-ches demselben unbenommen seyn *1624 Klingner I 412.* zu guter policey mit gehöret, daß ... die land- und s t a d t - n a h r u n g von einander unterschieden bleiben *1693 BremPolO. 8.* städte haben das monopolium in s t a d t - n a h r u n g e n, dörfer in land-nahrungen *1754 Schmelzeisen,PolO. 295.* es ist dise s t a d t - n a r u n g dem adel nicht anders zu vergönnen, als wenn er das recht eines gastwirts-hauses hergebracht hat *1757 Estor,RGel. I 606.* das bierbrauen als eine vorzügliche s t a d t n a h -r u n g ... die auf dem lande nicht getrieben werden sollte *1758 v.Justi,Staatsw. I 505.*

Stadtname *m., Status als* → Stadt (III); *vgl.* Name (IV). die stadt Radegast, die gar noch verfallen und ihren s t a d t n a h m e n verlohren hatte *1530 Westphalen,Mon. III 715.* ihrer gemeinde nutz ... zu befördern sie mit s t a d t - n a m e n und rechte zu begnaden *1603 NStaatsb Mag. I 574.*

Stadtnot *f., für eine* → Stadt (III) *erforderliche Aus-gabe; auch eine Abgabe zur Deckung der Ausgaben; bdv.:* Stadtnotdurft; *vgl.* [1]Not (III). eyne hobestad ... gebruchen und das verschoßen, verwachen und mit allem dienste und s t e d e n o i t versteen *1418 FritzlarRQ. 524.* daß wir nu-mehr ... gleich anderen burgern schatz, stattsdienst, ac-cise undt waß zu s t a t t s n ö t h e n bedurfftig, bey den-selben zu empfangen, unß vorbehalten *1664 JbWestfKG. 11/12 (1909/10) 236.* kasten, ... worinnen der überschuß zu etwan künfftig vorfallenden s t a d t n ö t h e n verwahr-lich gehalten werden können *1676 HessSamml. III 80.*

Stadtnotar *m., auch lat. flektiert; städt. Notar,* → Stadtschreiber. [*ein Hirsch für*] N.S., dem s t a d t n o -t a r, zu syner hochzyt *1456 J.G. Batton, Oertliche Be-schreibung der Stadt Frankfurt a.M. V (ebd. 1869) 281.* hierüber wurde von d. D.F., dem reichs-secretario, in gegenwart des hof- wie auch des s t a d t - n o t a r i i ein öf-fentlich instrument verfertiget *1719 Lünig,TheatrCerem. I 116.* der s t a d t n o t a r, welcher bey den gerichten die-net, hatte vorhero auch nur ein geringes, oder auch gar kein salarium *1788 UngJb. 15 (1935) 284.*

Stadtnotariat *n., Amt, Posten eines* → Stadtnotars. dass herr D., so umbs s t a t n o t a r i a t und die ehege-richtschreiberei anhaltet, noch nicht burger seie *1647 Zurfluh,ZwyerEveb. 3316.*

Stadtnotdurft *f., wie* → Stadtnot. die ersame ... schult-heis, bürgermeister vnd rhadt vnser statt F. [haben]

vnderthenigst anbracht, welcher gestaldt sie ietzt zu gemeiner s t a t t n o t t u r f f t vnd befürderung derselbi-gen nutzens, ein summen geldts vfnehmen müsten *1601 FrankenthalMschr. 9 (1901) 1.* [*dass*] die stadt Emden ... kaum ... alle übrige ohnumgängliche s t a d t n o t h -d u r f t e n bestreiten kann *1749 ActaBoruss.BehO. VIII 287.* steuer an die stadtcassa zur bestreitung der gemei-nen s t a d t n o t d ü r f t e n und -auslagen *1779/95 Flur-schütz,Würzb. 79.*

Stadtnutz, Stadtnutzen *m., städt. Gebrauch, Nutzen, Vorteil; vgl.* Nutz (I), Stadtnot, Stadtnotdurft. dat wy des rikes ere vorden vnde vorsetten na vzer mogelicheit vnde vzes s t a d e s n u t na alle vzer macht vnde rechte richten *1294 Hach,LübR. 171.* was auch busse in Cassel gefellet, sall halb vnss vnde halb an den s t a i d t - n u t z gefallen *15. Jh. Kassel 477.* diu sum, die in die truchen ... oder in andern s t a t n u t z ist comen *1545 FreibDiözArch. 9 (1875) 184.* das nach bescheener jharlicher rechnung das residuum ... in gemeinen s t a t t n u t z e n verwendett ... werden soll *1604 JbWestfKG. 5 (1903) 103.*

Stadtnutzung *f., Einkünfte, Ertrag einer* → Stadt (III); *vgl.* Nutzung (II). B.G. ... zewelff reinisch gulden ierlicher zcinsz uf ir s t a t n u t z u n g fur dreyhundert rinisch gul-den *1482 TorgauUB. 60. 1529 RTA.JR. VIII 1 S. 459.*

Stadtobere *m., wie* → Stadtvorsteher. berieffe er [herz. Leopold] zu sich etliche landstände und s t a d t - o b e r n, die er friedlich gesinnt kennete, und beriehte sich mit ihnen *1668 Fugger,Ehrensp. 408.*

Stadtoberkammeramt *n., in Wien: obere städtische Fi-nanzbehörde.* soll der kauffer ... in gem. s t a t t o b e r c a m m e r a m b t zehen gulden vnnd .... in die laad fünff gulden zuerlegen schuldig sein *1623 G. Stöger, Sekundä-re Märkte (München 2011) 250. 1727 BerAltertWien 22 (1883) 13.*

Stadtoberrichter *m., städt.* → Oberrichter (I); *vgl.* Stadtrichter. [*es soll*] inen, irem burgermaister im ambt oder dem s t a t t o b e r r i c h t e r auch zuegelassen sein, die frembde ... aufzehalten *1602 StraubingUB. 722.* wo ... der herbergsvater die tauglich auf der her-berg ankommende handwerkspursche aufzuschreiben, folgenden tags ihre namen oder tags-lista bey dem s t a d t - o b e r r i c h t e r zu übergeben ... hat *1774 Wag-ner,Civilbeamte II 148.* bürgermeister: ... C.L.S., zugl. s t a d t o b e r r i c h t e r *1802 PfalzbairHofKal. 113.*

Stadtoberste, Stadtoberst, Stadtobrist *m.* **I.** *wie* → Stadtvorsteher. vermanent ouch ferner die heilig syn-odus den keyser, die künig, fürsten, gemeine s t a d t -o b e r s t e n *1597 ArchKathKR. 79 (1899) 438.* viel leut mit dienst consolirt werden, indeme ich ... zum vice-praesidenten und s t a d t o b r i s t e n allhier den landmar-schall grafen v.T. gmacht ... habe *1668 Leopold I. Pri-vatbriefe I 403.*

II. *Oberbefehlshaber eines städt. Regiments; bdv.:* Stadt-gardehauptmann, Stadtkommandant; *vgl.* Oberste (II). dass ainen s t a t t o b r i s t e n zu W. das alda zue guardi bestölle fendl khnecht ... mit ainen leittenant ... undergeben sei, unnd er mit denselben die gewönlichen wachten unnd was etwo sonst noch glegenhait fürfelt, verrichten lassen müesse, darzue dan auch demselben die schlüssel zur statt vertraut *1597 Veltzé,Stadtguardia 188.* derselbige [rath] verordnet vier führer, s t a d t   o b r i s t e oder viertl-maister, deren einem jeden sampt ihrem fendrichen ein gewiß viertl der stadt vertrawet würdt *1619 Lazius,Wien III 91.* hofkriegsrathspraesident und räthe … darunter der hiesige jetzige s t a t t o b r i s t e r und obrister leutenant *1686 Fellner-Kretschmayr II 535.* s t a d t - o b e r s t e r, gubernôr, commendant *1711 Rädlein 833. 1719 Lünig,TheatrCerem. I 237.*

Stadtobliegen *n.?, Angelegenheit, Aufgaben einer →* Stadt (III). [daß] was gemeinder s t a t t o b l i e g e n seyn und gemeinden nutzen und bürgerliche pollizey angehnt, durch unsern … bürgermeyster und rath … verricht werden solle *1586 Thiel,Bernkastel 152.*

Stadtobmann *m., wie →* Stadtvorsteher. der s t a t t o b - m a n n ist fürgesetzt über alle amptleüt vnd gewält *1566 Pegius,CodJust. 132ᵛ.*

Stadtobmannschaft *f., wie →* Stadtregiment. *1566 Pegius,CodJust. 132ʳ.*

Stadtobrigkeit, Stadtoberkeit *f., im Pl. auch* **Städteobrigkeiten**, *Hoheitsträger, Herrschaftsinstitution, Regierungsgremium einer →* Stadt (III), *auch mit gerichtlichen Funktionen; →* Stadtregiment; *vgl.* Obrigkeit (II), Städtebefehlshaber. [erhaltung der heiser im purkfridt:] darüber auch die s t a t o b e r k a i t ir vleissig aufmerken haben solle *1558 OÖsterr./ÖW. XII 446.* kainen ledigen knechten … [*wird sich*] niderzulassen gestattet, … sie thuen dann zuuor denselben s t e t t oder gerichts o b r i g - k a i t e n, burgermaistern oder richtern, die pflicht vnnd ayd *TirolLO. 1573 I 6.* weilen die bestellung derselben [wach] … der ordentlichen s t a t t - o b r i g k e i t allein gebühret *1582 Moser,StaatsR. 45 S. 368.* fürstlicher dilacion brieff … sollen … krafft haben, so sie der schuldiger mit seiner s t a d t ô b e r k e i t wissen … ausgenohmen hat *1583 SiebbLR. III 1 § 6. 1602 PreßbZftUrk. 76.* stattschreibers aid: … das ihr den stattrichter als fürstlicher s t a t t o b r i g k e i t … gewertig sein … werdet *1610 OÖsterr./ÖW. XV 99.* sol … der beschuldigte … auß dem viertem stand, nämlich ein burgersman, vor seiner ordentlichen s t a t o b r i g k e i t citirt vnd angeklagt … werden *1627 BöhmLO. 333.* vor e.e. rath, als ihre von gott vorgesetzte s t a d t - und landes-o b r i g k e i t … zu klagen *1693 HambGSamml. VIII 461.* falls eine oder andere s t a d t - o b r i g k e i t oder gemeinde … gegen verpfändung einiger stadt- oder dorffschafften oder dergleichen communen-güter gelder aufnehmen würde *1702 BrschwLO. II 631.* daß selbige [provincialstädte] ihre s t a d t - o b r i g k e i t e n ohne herrschafftl. confirmation eligiren und verordnen können *1705 KlugeBeamte I² 292.* daß die handwercks-gesellen denen s t a d t - o b r i g k e i t e n … sich straffbarer weyse widersetzen *1733 HannovGBl. 8 (1905) 226.* haben exulanten und conversi … an dem ersten grentz-ort bey dem beamten, gerichts-herrn oder s t a d t o b r i g k e i t sich anzumelden *1734 AltenburgSamml. I 366.* daß mein dortiger commandant … der s t a d t o b r i g k e i t in handhabung der justiz und des ruhestandes in der stadt … assistire *1749 ActaBoruss.BehO. VIII 304.* wann sie [reichs-stätte] mit der hohen landes- und s t a t t - o b r i g k e i t, oder superiorität, begabet worden? *1749 Moser,StaatsR. 39 S. 294.* unter der bürgerlichen obrigkeit verstehet man … bald aber gar nur civicam, welche nämlich die s t a d t - und marktso b r i g k e i t e n über ihre bürger und untergebene exerciren *1770 Kreittmayr, StaatsR. 446. 1770 SchulO.(Vormbaum) III 585.* die willkühre und statuten unsrer land-städte finden … bey allen … einwohnern der stadt ihre anwendung, wenn sie nicht von der botmäßigkeit der s t a d t - o b r i g k e i t ausgenommen sind *1772 Pufendorf,HannovLREntw. Tit. 1 § 29. 1785 Fischer,KamPolR. I 587. 1791 NCCPruss. IX 118.* [adeliche pflegen] nicht der gerichtsbarkeit der ordentlichen s t a d t -, grund- oder amtso b r i g k e i t, sondern nur den landesgerichten unterworfen zu seyn *1798 RepRecht I 229.* bürgerschoß, bürgersteuer … werden … von den bürgern … für den schutz, den sie von der s t a d t o b r i g k e i t genießen, entrichtet *1800 ebd. V 130.* daß so wenig bürger als bauern … ehelich kopulirt werden sollen, bis sie von ihrer s t a d t -, amts- oder gutso b r i g k e i t … vorgezeigt einen erlaubnißschein … *1804 v.Berg,PolR. IV 700.* in ansehung der den s t ä d t e - o b r i g k e i t e n … zugestandenen kirchen- und schulbesetzungsrechte *1813 SammlBadStBl. I 517.*

Stadtobrist *behandelt unter* Stadtoberste.

Stadtobristenbefehl *m., wie →* Stadtobristenstelle; *vgl.* Befehl (IV). *1597 Veltzé,Stadtguardia 189.*

Stadtobristenstelle *f., Amt, Stellung eines →* Stadtobersten (II); *bdv.:* Stadtobristenbefehl. die vacirende s t a d t - o b r i s t e n s t e l l habe ich dem C. verliehen *1671 Leopold I. Privatbriefe II 204.*

Stadtoffizier *m., →* Offizier *der →* Stadtgarde; *vgl.* Landschaftoffizier. [daß] die s t a d t o f f i c i e r s bis auf den fähndrich incl. … unter die honoratiores gehören *1685 ZDKultur. 2 (1857) 167.* das wache-gericht … wird mit einem deputato aus dem rath und dreyen assessoribus aus dem mittel der s t a d t - o f f i c i e r s alljährlich besetzt *1771 HannovGBl. 8 (1905) 53.* [ein gemeiner diener *soll*] nach vorgelegter ordnung alltäglich mit zuziehung deren hierzu bestellten s t a d t o f - f i c i e r s visitiren *18. Jh. RheingauLändlRQ. 29.* wo ein stadtrath besteht, soll zu jeder sprütze ein rathsglied, … wenigstens ein s t a d t - o f f i c i e r [ernannt werden] *1808 v.Berg, PolR. VI 2 S. 727.*

Stadtohm *n., f., ein städt. Hohlmaß; auch das entsprechende Gefäß; vgl.* Ohm (I), Stadtmaß. user s t a d a m e holt vertich stoveken unde dat vat dre ame, dat maket twintich stoveken unde hundert user mate *1408 HansUB. V 445.* es soll auch der pergherr oder sein anwalt das pergrecht nemen vor dem perg, als vorgeschrieben steet, mit der s t a t h ä m b zu C., da soll der pergherr hämen lazzen ain emer und ain stauf darauf *1564 NÖsterr./ÖW. VIII 333. 1581 Strnadt,Grenzbeschr. 443.*

Stadtonus *n., meist pl.; mit lat. Flexion; an eine →* Stadt (III) *zu leistende Abgabe, städt. Last; bdv.:* Stadtbürde (I), Stadtpflicht; *vgl.* Landonus. wihr wolten sie [burgermeister vndt rath] bey der herkommenen abfordderung aller

s t a t t o n e r u m wie auch bey der jurisdiction vndt bestraffung der juden … manuteniren *1648 HessSamml.
II 349.* [*Befreiung des B. von allen*] landes- und con-
sequenter auch s t a d t - o n e r i b u s tam realibus quam
personalibus *1683 ZSchleswHolst. 72 (1944) 278. 1736
HambGSamml. IX 317.*

Stadtordinanz *f., wie* → Stadtordnung. als bey der …
confirmirten s t a d t - o r d i n a n z und rechten verordnet
ist *1640 CStSlesv. III 1 S. 604.*

Stadtordnung *f., eine* → Stadt (II) *und ihre Bewohner betreffendes amtl. Regelwerk, insb. mit polizeirechtli-
chem Inhalt; auch: (gute) Rechtsordnung einer* → Stadt
(III); *bdv.:* Stadtordnungsatzung; *vgl.* Landordnung. s t a d t o r d -
n u n g : … die j. sóllen in ungelt sein mit allen iren
keufen und in allem gebrauch wie die cristen *1488/89?
UrkJudRegensb. 199.* so ist aber gemeiner oberkeit der
sicherest schirm: veste, trüwe, einhelligkeit in rat und
tat, zuvor nach got, nach der warheit, nach s t a t o r d -
n u n g *1499 ArchBern 27 (1924) 166.* kein hawsgenos
in der stat L., es sey frawe oder man, sol füran gehalten oder eingenumen werden, er hab dann vor bürger-
recht … nach der s t a t o r d n u n g erworben *1506 LeutenbergStR. 456.* solch und dergleichen straff oder bus-
geld, so gerichtlichen oder in craft gemainer s t a d t o r d -
n u n g gefelt, sol gemainem nutzen zu gutt eingenomen
… werden *1525 Fries,OstfrkBauernkr. II 236.* ist der
nürnbergerischen s t a t o r d n u n g … von vischerey der
wasser, see vnd weyer, so sy wider jren gewonlichen
lauff auffsteigen, vnnd auff aines andern grund auß-
geen, ain sunderer artickel … begriffen *1544 Perneder,
Inst. 29ʳ.* ein statut oder s t a t o r d n u n g , wann es …
die krafft eines contracts hat, mag es nit widerrüffen
werden *1550 Gobler,Rsp. 20ʳ.* in eyner gemeynen lands
oder s t a t o r d n u n g e ist versehen, daß der jehnig, so
waffen oder wehre tregt, vmb hundert … gestrafft werde
*1565 Damhouder,Praxis 133ʳ. 1566 Tomaschek,Wien II
189. 1578 WienRQ. 318.* wie lange die kinder ungetau-
fet liegen sollen, ist in der s t a d t o r d n u n g versehung
*1620/22 Stade/Sehling,EvKO. VII 1 S. 58. 1690 OÖsterr./
ÖW. XII 469.* die s t a d t - und marktsordnung …
verlangt die ellen-, maaß- und gewichts-bezeichnung
… zu marktszeiten … unter behöriger strafe anzusehen *1774 Wagner,Civilbeamte II 198. 1780 Gabcke,Dorf
BauernR. 289.* stadtbediente, adeliche, fremde [sind] …
theils nach dem herkommen, theils vermöge besonderer
s t a d t o r d n u n g e n von dessen gerichtsbarkeit eximi-
ret *1786 Gadebusch,Staatskunde I 178. 1807 SammlBad
StBl. I 438.*

Stadtordnungsatzung *f., wie* → Stadtordnung. wollen
wir … vorbehalten haben, diese unsere gemeine s t a t t -
o r d n u n g - s a t z u n g vnd gaffel-brieff in künfftigen zeiten [zu verändern] *1681 Fürth,AachPatrizier II 179.*

Stadtorganist *m., Organist in einer* → Stadtkirche; *bdv.:*
Stadtorgelmeister; *vgl.* Stadtkantor, Stadtmusikant. [besoldung vnd
costgelder:] 10 f H.V., s t a t t o r g a n i s t *1618 Sammelbd
Musik. XII 11.* dahero kann e.h.h. rat diesen erwähnten
herrn organisten … ohne bedenken zu einem s t a d t -
o r g a n i s t e n vocieren *1731 Werner,Kirchenmusik 133.*

1762 SammlBadDurlach I 130.

Stadtorganistendienst *m., Tätigkeit, Stellung als* →
Stadtorganist. [*Bewerbung als Spielgraf,*] damit ich neben dem jetzigen s t a t t o r g a n i s t e n d i e n s t … so eben
ring besöldt, ain wenig zuebueß [haben müge] *1599 Senn,
MusikInnsbruck 147. 1731 Werner,Kirchenmusik 132.*

Stadtorgelmeister *m., wie* → Stadtorganist. *1500 Wessely,MaxMusikg. 130.*

(Stadtpaie) *f., zu* ²Page; *in einer* → Stadt (II) *gängi-
ges, amtl. festgesetztes Zahlungsmittel.* soe wie hem den
hinder daer aen dede, die verboerde X sc. s t a t p a y e
also menich als die waer *1412 UtrechtRBr. I 301.* dese
huerweer sall duren XX jaer lang … elx jaers om vijfftich
pont s t a t p a y van Utrecht *1453 BronnGZeist I 234.*

Städtpanier *behandelt unter* Stadtbanner.

Stadtpastor *m., wie* → Stadtpfarrer. [bey kriegsleuten
taufft das kindlein] der prediger ins láger gehörig; da
aber deren keiner vorhanden, müssen sie den s t a t t p a -
s t o r darzu vermögen *1602 Kirchhof,MilitDisc. 134.* [ir-
rungen] zwischen unseren schloß- und s t a d t - p a s t o r n
unserer veste G. *1668 CCHolsat. III 53.*

Stadtpedell *m., wie* → Stadtknecht. hierauff soll der
s t a t t - p e d e l l auf die steegen tretten und alda fur allem volck … das geschopten urteil … vorlesen *15. Jh.?
Schannat,Worm. II 443. 1598 Köllner,Saarbr. I 188.*
wan ein delinquent des landes verwiesen wird, gehet der
gogreve mit dem s t a d t s p e d e l l e n mit ihm bis vors
stadtthor, woselbst die relegandus die gewöhnliche ur-
phede abschweren … muß *17. Jh. LippstadtStR. 84.*

Stadtperson *f., Bürger, Bewohner einer* → Stadt (II);
bdv.: Stadtmann (I). von stådten vnd s t a d t - p e r s o n e n ,
welche land-güter haben *1562 Weingarten,Fasc. II 249.*
dienstmägd, die frommen leütten nit dienen wöllen, sondern sich bey wydfraven oder andern s t a t t p e r s o n e n
czuwonnen begeben, und sich selbs genehren wollen, sollen nit czynnsfrey siezen *1565 HermannstStat. 30. 1582
RatzeburgRef. 234.*

Stadtpfandbuch *n.,* → Stadtbuch, *städt. Register, in
dem Verpfändungen (von Liegenschaften) und Zinsen eingetragen werden.* dieselben fürbot sollen … die den wi-
dersitzen darumben, wir unser s t a t p f a n d b u c h und
hernach … anzaigt wirdet, ze straffen haben *1521
WindsheimRef. 29.* dat dem sulvigen heren P.B. …
etliche schulde nach vermoghe des ßulvigen s t a d t -
p a n t b o e k e s … muchten betalet werden *1543 Holst
VierstUrt. 177. 1756 Faber,Staatskanzlei 109 S. 305.*
s t a d t p f a n d b ü c h e r : dieienigen bücher, worinnen gerichtliche verpfändungen aufgeschrieben werden *1762
Wiesand 1004. 1778 SammlVerordnHannov. II 350.*
wenn sich hierbey kein anstand findet, erfolgt die obrigkeitliche bestätigung und die damit verbundene in-
grossation in das s t a d t p f a n d b u c h *1804 Hagemann,
PractErört. IV 304.*

Stadtpfänder *m., städt. Amtsträger, der Abgaben und
Bußen eintreibt; auch mit polizeilichen und niedergerichtlichen Aufgaben.* überlüfe aber ymants den andern in
seinem aigentumb ausserhalb unserer stat, es were in
wein-, kraut- oder obßgerten, … und tut ainem gwelti-

ge iniuri mit schlahen und verwondung an, der verfellt in pen und pueß gegen unser s t a t p f e n d t e r in 100 und 20 pfund unnachlassig zu bezalen *1521 Windsheim Ref. 186. ebd. 181.* dieweil zu jetzt furgefallnen wettertagen das burgerschlittenfahren wider angehen wirt ... soll man dem s t a t t p f e n t e r befehlen, eine verzeichnus zu machen aller deren, so dise tag fahren werden *1599 MittNürnberg 7 (1888) 274.* rindmetzgern ... soll man durch die s t a d t p f ä n d e r auferlegen, solches sein haus andern leuten um zinß zu verlassen und sich der ordnung gemäs, an die Pegnitz ... zu setzen *1683 Lahner, Samml. 580.*

Stadtpfänderamt *n., Behörde des* → Stadtpfänders; *vgl.* Landpfänderamt. zwischen dem amt W. ... [und] dem ... stadt- und untergericht, auch s t a d t - und landpfänd e r a m t ... [sind] unterschiedliche irrungen entstanden *1679 Lahner, Samml. 132. 1780 Lahner, NürnbR. 351.*

Stadtpfarre *f., wie* → Stadtpfarrei; *vgl.* Landpfarre. czu S. die s t a d t p f a r r e und 2 altar und 6 dorffkirchen, item 17 dinst und 6 leenpferde *1386 DOrdGrÄmterb. 673.* es soll ... keinem feld-prediger erlaubt seyn, mit beybehaltung der regiments- oder bataillons-gemeinde eine s t a d t - oder land-p f a r r e anzunehmen *1750 CC March. IV. Cont. 244.*

Stadtpfarrei *f., Amt, Posten, Amts- und Seelsorgebereich eines* → Stadtpfarrers. das quotembergeldt zu der s t a t t p f a r r e y erlegen *1589 MittSalzbLk. 135 (1995) 561.* das die seminaristen, so die s t a t t - p f a r r e y in abwesenheit des W. versehen, öffters ... nichts zu essen bekommeten *1732 FreibDiözArch.³ 3 (1951) 48. 1767 SammlBadDurlach I 363.* das dekanat und s t a d t p f a r r e y S. dem bisherigen pfarrer H. zu R. zu übertragen *KurBadRegBl. 10 (1812) 152.*

Stadtpfarrer *m.,* → Pfarrer (I) *an einer* → Stadtkirche; *bdv.:* Stadtpastor, Stadtpfarrherr, Stadtpfarrner; *vgl.* Landpfarrer. yn vnseres rathis kegenwertikeit gesessen hat der ersame man her N.L. vnser s t a d p h a r r e r *1437 PosenAC. I 37.* [ain zechmaister solh] järlich in beysein des s t a t p h a r r e r s, ob der auch dabey sein will, aufrichtige raittung thuen *1524 SalzbStPolO. 91.* sein vatter habe sich nicht von dem ordinari herrn s t a d t p f a r r e r, ... sondern von einem gey-pfarrer ... copulirn lassen *1670 Abele, Unordn. I 229.* die geistliche bediente in städten ... sollen geben wie folgt: ... s t a d t p f a r r e r und ober-diaconus ... 10 fl. *1694 Reyscher, Ges. XVII 1 S. 299.* und soll ... ein s t a d t - p f a r r e r nicht mehr als hundert reichs thaler an geld, anderthalb fuder wein und fünff und zwanzig malter korn haben *1721 Struve, PfälzKHist. 800.* daß von dem s t a t t p f a r r e r zu S. auf anhaltendes verlangen des juden kinds mit dem würcklichen heiligen taufactu fürschritten werde *um 1758 Schaab, GJudMainz 384. 1763 PreßbZftUrk. 60.* dieses [censur-]gericht besteht in städten aus dem s t a d t - p f a r r e r, bürgermeister und einem rathsgliede *1806 Roman, BadKirchR. 207. weitere Belege: 1724* Scholarch, *1799* Ratkonsulent.

Stadtpfarrherr *m., wie* → Stadtpfarrer. sollen die dorfpfarherr von erzeigunge solches ernstes seinem superat

tendenten oder nechsten s t a d t - p f a r h e r r n umb rath zu fragen schuldig sein, damit nicht ... unbedechtig in solchen hohen dingen etwas gehandelt werde *1557 Sachsen/Sehling, EvKO. I 1 S. 325.* der s t a d t p f a r h e r r soll vom rath und der gemeine erwehlet und beruefen werden *1584 SchlesKirchSchulO. 56.* ward der herr vnter 36 s t a d t p f a r r h e r r n der zwelffte im landts Bayrn, im hohen ansehen *1625 VerhNdBayern 9 (1863) 76.*

Stadtpfarrkirche *f., städt.* → Pfarrkirche (I); *bdv.:* Stadtkirche. unsere s t a t t p f a r r k i r c h e [solle] ... uns wiederumb zu verrichtung unseres schuldigen gottesdiensts restituiret werden *1643 ZMährSchles. 2 (1898) 29.* weilen seine hochfürstlichen gnaden den zehent dem magistrat zu nutzen der kürchen überlassen haben wollen, rat auch resolvirt ... den abwerfenden nutzen ... zur s t a d t p f a r r k i r c h e n zugeben *1730 MHungJurHist. IV 2 S. 700.* wer also ohne erhöblicher ursach [bei der procession] ausbliebe, solle ... ein pfund weis oder gelben wax straf zu s t a d t p f a r r k i r c h e n ... verfallen sein *1763 PreßbZftUrk. 56.* in jeder s t a d t p f a r r k i r c h e [ist] an sonn- und feiertagen eine kurze frühpredigt für die dienstbothen, sodann später eine predigt für die übrige pfarrgemeinde zu halten *1790 LexÖstVerordn. 138.*

Stadtpfarrner *m., wie* → Stadtpfarrer. unser superattendent zu Cerbst [soll] die ehesachen ... entscheiden, und soll sich sunst kein ander s t a d t oder dorfp f a r r n e r in ehesachen ... zusprechen ... underwinden *1545 Anhalt/Sehling, EvKO. I 2 S. 552.*

Stadtpfeifer *m.,* → Stadtmusikant, *der ein Blasinstrument spielt.* dennen s t a t p f e i f f e r n, so dennen schitzen im graben gedent haben, hat ... ein rath verehrt f. 3 *1425 ZSchwabNeuburg 21 (1894) 122.* ain erber rate hat das künftig jar M. ... und H. ... zu s t a t p f i f f e r n und dartzu in ir burgerrecht ufgenomen [und gibt iede wochen iedem 8 gross] *um 1490 NördlingenStR. 496. 1526 MosbachStR. 586.* waren 3 s t a t s p i p e r to D., hatten jaers irer 2 iderein 5 mark und der baßuner 6 mark *um 1550 DortmChr./DStChr. 219.* de 4 stadtspoellude sullen de praeferentie in de warschappen voer den s t a d t p i j p e r behoeren tho genietende *1591 Alting, Diarium 823.* dieweil in diesen beyden städten, Berlin vnd Cölln ... bestendige s t a d t p f e i f f e r bestalt, sollen dieselben auch auf allen hochzeiten gefordert vnd jhnen von frembden nicht vorgegriffen werden *1604 CCMarch. V 1 Sp. 77. 1606 PommMbl. 12 (1898) 183.* dorf fiedler [sollen] in der stadt außerhalb denen jahrmärkten ... nicht geduldet werden, [oder sich] ... mit dem s t a d t p f e i f f e r vergleichen *1675 NdLausMitt. 14 (1920) 115. 1766 Roller, EinwDurlach 148.* s t a d t p f e i f e r, wenn sie gleich zu kirchlichen verrichtungen gebraucht werden, stehen doch nur unter der weltlichen obrigkeit *1803 Philipp, WBSächsKR. 489. weitere Belege: 1500* Stadttürmer, *1607* Pelz (I).

Stadtpfeiferdienst *m., Amtstätigkeit, Stellung als* → Stadtpfeifer; *bdv.:* Stadtpfeiferstelle. *1675 NdLausMitt. 14 (1920) 115.*

Stadtpfeiferstelle *f., wie* → Stadtpfeiferdienst. *1675 NdLausMitt. 14 (1920) 114.*

Stadtpfennig *m., eine städt. Abgabe.* dass die gemei

ne s t a t t p f e n n i n g e n, ... zu mehr notwendigen repa-
rationen des statthauss vndt anderer gebauwer ahnge-
wendt worden *1695 CartLux. 293.* ein jedweder bůrger,
wann er angenommen worden, [*soll*] nebst leistung der
huldigungs-pflicht, der abbtißin auch einen s t a t t - und
pflicht-p f e n n i n g ... geben und erlegen *1749 Moser,
StaatsR. 40 S. 260.*

Stadtpferd *n., im Pl. auch* **Städtepferde,** → Pferd (I),
das von einer → Stadt (III) *für gemeinschaftliche Bedürfnisse sowie zum Amtsgebrauch zu halten ist; bdv.:* Städter-
pferd. die s t a d t - p f e r d e sollen von niemandt muttwil-
lig gebrauchet werden, alleine zu der stadt notturfft und
zun ehren, bey 3 marcken *1599 DirschauWillk. 52.* was
wir wegen der dienst-fuhre oder s t a d t - p f e r d e ... geordnet ..., daß ... von dem ganzen städtlein zu unserm
behuf und aufwartung zwey pferde in steter bereitschaft
sollen gehalten werden *1621 PommMbl. 4 (1890) 69.*
daß der stadthöfer specialiter darauf mit zu beeydigen,
daß er die s t a d t p f e r d e zu keinem andern, als der
gemeinen stadt nütz- und nöhtigen behuff gebrauchen
laßen wolle *1724 MittKönigsberg 2 (1910) 194. ebd. 202:*
die s t ä d t e - p f e r d e des raths, wo und wenn deren vorhanden, sollen nahe bei den großen spritzen gehalten
werden *1776 Preußen/v.Berg,PolR. VI 2 S. 665.*

Stadtpflasterer *m., Handwerker, der im städt. Auftrag
Straßenpflaster verlegt oder ausbessert.* H.B., s t a t p f l a -
s t e r e r *1584 MittNürnberg 44 (1953) 201. 1788 Hdbch
ÖstGes. XV 60.* [*der Rat*] hat nun die ganze pflasterung
in der stadt und zu M. dem s t a d t p f l a s t e r e r gegen
eine jährliche averssumme in pacht übergeben *1793 Hübner,Salzb. II 485.*

Stadtpflegamt *n., wie* → Stadtpflege. *1699 Weißenburg i.N.Stat. 278.*

Stadtpflege *f., städt. Behörde zur Finanz- und Vermö-
gensverwaltung; zT. mit weiteren Aufgaben betraut; bdv.:*
Stadtpflegamt; *vgl.* Amtpflege. [*selbiges decret ist*] in alle hiesige s t a d t p f l e g e n und aemter zu communiciren *1677
Lahner,Samml. 520.* die communen [*dörfen*] an einem
billigen beitrage von ihren s t a d t - und amtspfleegen
... nicht zweifeln *1786 AbhFeldsteußler 46.*

Stadtpfleger *m., Stadtoberhaupt und Ratsvorsitzender,*
→ Stadtbürgermeister; *in Augsburg als einer von zwei-
en.* es hätte sich ein hochweiser rat, item der s t a d t -
p f l e g e r B.v.S. verdächtig gemacht, dass sie in betreff
einer zukünftigen regierung nicht die gehörige vorsorge getroffen hätten *1503 Listl,HdwIngolst. 74.* daß zwen
s t a t p f l e g e r e seien, die sollen alle gehaimnus, der stat
gelt, privilegien, das klain insigil und einnemeramt bei
iren handen haben und des rats heubter und vorgeer
sein *1548 AugsbChr. VII 83.* so an die sturm geschlagen ... sollen die zeügmaister zu ain besondere losung
von den herren s t a t - p f l e g e r n niemand nichts uss
den zeügheüsern folgen lassen *1549 ZSchwabNeuburg
1 (1874) 362. 1591 Augsburg/Sehling,EvKO. XII 109.*
soll mehrgedachter s t a t t - oder dorffp f l ä g e r deß ab-
gestorbnen halb flyssige nachfrag halten, ob er ... ein testament ... hinderlassen *1616 WaadtStat. 36. 1630 Weiß,
AugsbGoldschm. 305.* aus diesen [*personen deß geheim-*

ten raths] werden genommen zween gemeiner stadt præ-
sidenten, genannt s t a d t - p f l e g e r, deren einer der catholischen religion, der ander der augspurgischen confession zugethan *1684 TheatrPacis I 106. 1785 Fischer,
KamPolR. I 641.* die bürgermeister ... welche an manchen orten auch proconsules, rathsmeister, stådtemei-
ster, s t a d t p f l e g e r, ammeister heißen [*sind die vor-
nehmsten personen des stadtraths*] *1800 RepRecht V 45.*

Stadtpflegeramt *n., Amt, Posten, Stellung eines* →
Stadtpflegers. glückwinschung zu dem hohen furtreffli-
chen s t a t t p f l e g e r a m p t *1601 AnzGMus.² 13 (1866)
436.* im gehen und votiren die prælation und vorgang
... solle ... allzeit demjenigen, gebühren, der älter am
s t a d t - p f l e g e r - a m t wäre *1647 Stetten,AugsbG. II
784.* wurde das s t a d t - p f l e g e r - a m t dem gewößten
burgermeister H.R. ... aufgetragen *1743 ebd. I 458.*

Stadtpflicht *f., an eine* → Stadt (III) *zu leistende Abgaben und Dienstpflichten; auch: Verpflichtung zur Leistung dieser Abgaben und Pflichten; auf einem Grundstück liegende städt. Last; bdv.:* Stadtkontribution, Stadtonus,
Stadtrecht (VII), Stadttracht; *vgl.* Stadtpfennig, Stadtschoß, Stadtwerk
(I). dat ek her A.S. unde mine sône ... scullet van des hoves unde der wöninge weghene scôthes unde aller s t a d
p l i c h t, de deme ... rade unde der stad to H. dar af
to dönde bôrede, verdraghen wesen ... veftich jar *1348
HildeshUB. II 16.* dat se [*blidenmestere mit Frau*] van
dem hus unde van erem andern goude neen schot edder nenerleye s t a d p l i c h t doen en scollen *1373 Lüneb
UB. II 167.* so hebbe wy vorbenompte radmanne ... dat
vorscrevene hus [*hospitale*] mit den personen vorscreven ghevryget ... van allem schote unde s t a d p l i c h t
1418 HamelnUB. II 52. dat datsulve erve schal vry vnde
qwiit bliven van s t a d p l i c h t e unde wachte, alle
de wyle de vorbenomede furste levet *1429 BeitrRostock
13 (1925) 42. 1437 MagdebUB. II 502.* schal he unde
syn echte husfrowe fryg wesen schotes unde wachte, unde aller s t a d t p l i c h t, de wile he lebet *1451 Höxter/
Wigand,Beitr. 134.* dem prester ... eyne stede woninge
... dar inne frig van s t a d p l i c h t, neiberrechte, wachte,
schote unde aller andern besweringe to wonende *1495
OsterwieckStB. 78. 15. Jh. Stadthagen 52.* es sollen auch
... die von A. gegin der stadt inwohnern keynerley new-
ickeit mit geschossen, herfart, stewer ader s t a t - und
dorffsp f l i c h t ... beschweren *1511 NMittThürSächs. 21
(1903) 31.* man sal H.W. vor sein s t a t p f l i c h t pfenden inhalt der stadt ordenung *1527 MarburgRQ. II 539.
1553 Gobler,StatB. 95ᵛ.* [*wer*] güther in vormuntschaft
hette, welche güther in unser s t a d p f l i c h t oder schoß
stünden, der soll solche güther neben den seinigen verschoßen *17. Jh. Stadthagen 109.* s t a d t p f l i c h t: das ist
alle leistungen der bürger, ihre pflichten und abgaben
1762 Wiesand 1004.

stadtpflichtig *adj., mit* → Stadtpflicht *belastet, zu deren Erbringung verpflichtet.* alle ore gudere, de de su-
stere ... hebben, scullen se frigh beholden vnde nicht
s t a d t p l i c h t i c h sin *1482 Spangenb.,Arch. 1828, 1 S.
53.* die stadtcatastra [*sind*] nach wie vor in unordnung
und unrichtigkeit geblieben, viele s t a d t p f l i c h t i g e

güter aber diesen, zum großen nachtheile der stadtcassen, ... entzogen worden *1753 SammlVerordnHannov. I 264.* s t a d t p f l i c h t i g gut: ist dasjenige, welches alle bürgerliche abgaben und beschwerden tragen muß *1762 Hellfeld IV 2436. 1772 Pufendorf,HannovLREntw. Tit. 64 § 13.*

Stadtpforte *f., wie* → Stadttor. do hetten sü die s t a t - p o r t e n beschloßen und besetzet mit hůte der andtwerke gewofent *1362 Closener 123.* kein von adell ... soll malz-mehl oder bier zum verkauf einfůhren, ... weswegen dann bey allen s t a d t s - p f o r t e n ... von öf- bis schließung der pforten genaue aufsicht soll geschehen *1485 RevalStR. II 18.* das wyr offen brieue uf kirchen, raithuiser und s t a t p f o r t z e n uffschlagen laissen *1559 Vaßen,WVGJülich 90. 1591 SAvoldStR. 60.* daß auß keinen geringen ... ursachen einige dieser s t a d t - p f o r t e ... bey nacht-zeiten nach dem beschluß eröffnet werden solle *1592 (ed. 1740) MünsterPolO. 39.* [ordnung] wegen öffnung der s t a d t p o r t e n nächtlicher weyl *1616 LaufenburgStR. 235. 1695 AbrahSCl.,Judas IV 272.* [daß] zu unterhaltung der s t a d t - p f o r t e n, mauern und wasserleite ... unnöthige kosten verhütet werden *1718 IserlohnUB. 250.* res sanctæ ..., welche per pœnalem sanctionem vor derer privat-personen ihrer beleidigung beschützet sind; z.e. die stadt-mauern, die s t a d t - p f o r t e n *1746 Hermann,AnfRGesl. 229.*

Stadtpförtner *m., städt. Bediensteter, dem die Aufsicht über ein einzelnes oder mehrere* → Stadttore *obliegt; bdv.:* Stadttorwart. vor herrn burgermeistern vnd rahtt erschienen ... rahtsdienere vnd s t a d t s p f ö r t n e r e *1632 HexprozKöbbingCoesfeld 74.* daß die an denen thoren befindliche wacht ... dem s t a d t p f ö r t n e r af visitirung der hereinkommenden sachen ... assistire *1749 Acta Boruss.BehO. VIII 304. 1777 Scotti,Cleve IV 2110.*

Stadtpfund *n.; vgl.* Pfund (I). **I.** → Pfund (I) *als* → Stadtgewicht. das hat ihnen gewogen jhrer s t a t t p f u n d 80 *1616 J. Kepler, Opera Omnia V (Frankfurt 1864) 592.*

II. → Pfund (II) *städtischer Münzen; vgl.* Stadtmünze (I). daer zell dan die bode van hebben, die dat doet, voor zijn aentasten eyn s t a t p o n t *1445 UtrechtRBr. I 357.*

III. *eine städt. Geldbuße best. Höhe.* den s t a t p o n t is een pont van koeren, ende dairvoir soe moet men gelden XII hollansche leuwen off een quaertier van een vranckrijckcen scielt *Mitte 16. Jh. Fruin,KlSteden II 117.*

Stadtphysikus *m., meist lat. flektiert; wie* → Stadtarzt. s t a t t - und land-p h y s i c i *1680 Meiningen/Moser, Hofr. I Beil. 362.* unserm jederweiligen s t a d t p h y s i c o mit zuziehung eines oder andern approbirten practici oder professors [ist die examinirung der apotheker aufgetragen] *1686 Würzburg/QNPrivatR. II 2 S. 141. 1709 Reyscher,Ges. XVII 1 S. 335.* nach ablegung des gewöhnlichen eides eines s t a d t - p h y s i c i [soll ihm] die befreyung von allen bürgerlichen oneribus zugestanden ... werden *1720 CCHolsat. III 902.* die apotheken müßen vom s t a d t - p h y s i c o ... untersucht werden, ob auch alle nöhtige medicamenta darinn befindlich *1724 MittKönigsberg 2 (1910) 203. 1767 CAug. Forts. I 2 Sp. 784.* die aufseher der districte untersuchen ferner den

zustand der armen mit hůlfe des s t a d t - p h y s i c u s in ansehung der kranken *1772 VerordnAnhDessau I 139.* [die bader sollen] ehevor sie als meister aufgenommen, bey dem stadt- oder s t a d t - p h y s i c o jeden rentamts examinirt werden *1774 Wagner,Civilbeamte II 111.* nach dem gerichtsgebrauch wird ... die direction der section gewöhnlich dem land- oder s t a d t p h y s i c o, oder einem medicinå-practico anvertrauet *1783 Quistorp,GrundsPeinlR. 1139.* sowohl der apotheker selbst als seine gesellen müssen gehörig geprüft und beeidiget seyn, jährlich ihre apotheke von dem s t a d t p h y s i k u s besichtigen lassen *1785 Fischer,KamPolR. III 319. 1786 Stralsund/Gadebusch,Staatskunde I 95.* alle leib- und hofmedici, s t a d t - und landp h y s i c i [sollen den diensteid ablegen] *1803 SammlBadStBl. I 1104.* weitere *Belege: 1786* Speisemeister, *1798* Stadtchirurg.

Stadtplatz *m., öffentlicher* → ¹Platz (I) *in einer* → Stadt (II). daß die gassen und strassen, desgleichen märkte und andere s t a d t - p l ä t z e langsam gesäubert, und dahero allerhand seuchen und krankheiten verursacht werden *1613 HessSamml. I 524. 1676 ebd. III 81. 1808 v.Berg,PolR. VI 2 S. 664.*

Stadtpolizei *f.* **I.** *öffentliche Ordnung innerhalb einer* → Stadt (II). [dass] vil menschen von dem hailigen evangelio ... schimpflich und unbeschaidenlich geredt haben ... zu verderblicher verhinderung gemeiner s t a t p o l i c e i *1534 Augsburg/Sehling,EvKO. XII 45. 1610 StiedaMettig 325. 1788 Thomas,FuldPrR. I 137.*

II. *dem städt. Gemeinwohl verpflichtete Ordnungs- und Herrschaftsgewalt, auch Politik einer* → Stadt (III). dieweile daz ein ieglicher burger geschworen hatte, dem rade gehorsamb zu sein, und wer das nit dede, hat der rat uf seinen aide zu strafen in macht der s t a t t p o l i c e i *1500 Eifel/GrW. VI 653.* die s t a d t - p o l i c e y [ist] bekümmert ... um die einrichtung eines guten stadt wesens in den städen überhaupt, ihren anbau, ihr regiment, marckt-wesen etc. *1748 Jablonski,Lex. 825. 1782 Bergius,SammlLandesG. VIII 168.* dem magistrate gebühret, als vorstehern der bürgerschaft, vermöge seines amts, die ausübung der s t a d t p o l i z e y *1794 Preuß ALR. II 8 § 128.*

III. *dem städt. Gemeinwohl verpflichtete* → Stadtobrigkeit. die s t a d t p o l i c e y muß sich in so weit um den obstbau bekümmern, daß die gewöhnlichen schäden daran, besonders der raupenfraß, verhütet werden *1758 v.Justi,Staatsw. I 515.*

IV. *städt. Polizei- und Ordnungsbehörde.* man suche mit bewirkung der s t a d t p o l i z e y die reitze zu ausschweifungen [der studierenden] möglichst ... zu entfernen *1798 Bischoff,Kanzlei. II 1 S. 377.* tanzerlaubnisse an sonntagen: ... für die in der nähe der stadt liegenden ... öffentlichen häuser ist die anordnung der s t a d t p o l i z e y überlassen *1806 Roman,BadKirchR. 43.*

V. *Regelwerk für eine* → Stadt (III), *zur Einrichtung einer guten Ordnung, insb. in Handel, Gewerbe und hinsichtlich der guten* → Sitten (II). gleich wie ... in vnnserer s t a t t p o l i c e ÿ vndt statutis (nach welchen sich dießes vnser angehöriges dorff gleich den andern zurichten vndt zubequemen hat) außtrücklich versehen, daß dergleichen zuesammenziehen vnterschiedlicher lediger plätz vndt hoffraiten ... keinesweges gestattet werden solle *1651 Wüst,Policey II 282.*

Stadtpost *f., Institution zur Beförderung insb. von Brie-fen und Nachrichten innerhalb einer →* Stadt (II); *vgl.* ¹Post (I), Metzgerpost, Nebenposten (I). cursus sacri romani imp. civitatum s t a t t p o s t e n, nebenposten, metzgerposten; vocantur alio nomine etiam nebenbotten, landbotten, kaufmanns-posten *1667 Alemannia 7 (1879) 89. 1810 Krünitz,Enzykl. 116 S. 161.*

Stadtpostmeister *m., Leiter des städt. Postamts, →* Posthalter *in einer Stadt; bdv.:* Stadtbotenmeister; *vgl.* Postmei-ster (I). daß die hiesige s t a d t p o s t m e i s t e r e nunmehr nicht weiter ihre schinderey [*mit dem Porto*] werden trei-ben können *1653 Arch. Landeskunde der Preuß. Monar-chie 5 (1859) 99.* diese neue post [soll] nach dem lü-beckschen posthause oder schonenfahrer schütting ge-leget und von dem jedesmaligen s t a d t - p o s t m e i s t e r ... abgefertiget werden *1740? ZLübG. 46 (1966) 40.*

Stadtpostverwalter *m., von einer →* Stadt (III) *einge-setzter Leiter einer →* ¹Post (I). damit die bisher nützlich unterhaltene post auch künftig bleibe und dem s t a t t - p o s t - v e r w a l t e r E.v.L, eingeantwortet werden möge *1657 Piefke,BremLPost 23.*

Stadtprädikant *m., wie →* Stadtprediger. [*ein rad hat*] erbaren s t a d t p r a e d i c a n t e n ... thogesecht, dat öh-ne und öhren ehliken husfruen und kindern ... de bör-gerschop schal ... fry geschenket sien samt frier behu-sung *1542 HannovGBl. 8 (1905) 21. 1543 Wolfenbüttel/ Sehling,EvKO. VI 1 S. 45.*

Stadtpräsident *m., wie →* Stadtpfleger. daß ... der s t a d t p r æ s i d e n t ohne äusserste noth und extremität die stadt nicht mehr übergeben sollte *1700 Theatrum Europ. 15 (1707) 726.* ungeachtet des ... sr. königl. majest. alleinig zustehenden hohen juris patronatus, der s t a d t - p r æ s i d e n t dennoch ebenfalls der bürger-schaft zum besten schuldig seyn soll *1720 CCHolsat. III 849.* der kriegesrath S. [ist] ... s t a d t p r ä s i d e n t in Halle *1737 ActaBoruss.BehO. V 2 S. 252.* daß end-lich den hiesigen königlich geheimden-rathe, s t a t t -p r ä s i d e n t e n und policey-directori herrn K. der auf-trag geschehen, die schwieger-mutter ... ad protocollum zu vernehmen *1756 Moser,Staatsarch. 1756 I-VI 1002.* der krieges- und domainen-raht ... hat zu Soest als s t a d t s - p r a e s i d e n t ... 100 rthl. *1770 BeitrDortm. 11 (1902) 50.* so hat die polizey so gleich sich an den ort, wo das feuer entstanden, zu verfügen, der s t a d t - p r æ s i d e n t aber ... das rathsarchiv in obsorg zu nehmen *Edicta Et Mandata Universalia Regnis Gali-ciae 10 (1782) 59.* ausser dem landesherrlichen s t a d t -p r ä s i d e n t e n befinden sich an der spize des magistrats ein oder mehrere bürgermeister *1785 Fischer,KamPolR. I 641. ebd. 645.*

Stadtprediger *m., →* Prediger (II) *an einer →* Stadt-kirche*; auch: wie →* Stadtpfarrer; *bdv.:* Stadtprädikant. man helt auch noch statt eines eigen predigers die zwehn s t a t p r e d i g e r das wort gots im stift alle feyertage ...

zu vorkündigen *1528 MittOsterland 1, 4 (1841/44) 66.* [*studium theologiae:*] daß sie zu ausgang der bstimpten fünf jar ... hoff- oder s t a t t p r e d i g e r werden mögen *1560 Hessen/Sehling,EvKO. VIII 172.* laufende ausga-ben: s t a d t p r e d i g e r 42 [rtlr.] *1698 IserlohnUB. 227. 1713 BrschwLO. I 1050.* sollen die prediger aller orten, so wie die s t a d t p r e d i g e r in Bremen ... zu thun ge-wohnt gewesen, alle kinder ihres kirchspiels ... in die kir-che kommen lassen und den catechismum mit denselben treiben *1752 SchulO.(Vormbaum) III 473. 1765 NCC Pruss. III 1322.* [*dieses armen-directorium versamm-let sich nebst*] den drey ersten s t a d t p r e d i g e r n, dem stadt-physicus und den aufsehern der districte, um den nothleidenden ... den öffentlichen beystand anzuweisen *1772 VerordnAnhDessau I 139. 1808 Oldenburg/v.Berg, PolR. VI 2 S. 907.*

Stadtprivileg *n., meist Pl.; auch lat. flektiert; einer →* Stadt (III) *und ihren Bürgern zukommendes (Vor-)Recht, insb. als Ausdruck des →* Stadtrechts (I); *städt. Statut; auch: Stadtrechtsurkunde; bdv.:* Stadtrecht (II). nae inhalt der s t a t p r i v i l e g i e n van C. *1430 KleveÄltStRHs. 35.* ick love ... de beiden furstl. recesse ... und alle andern s t a d t p r i v i l e g i e n und satinge stede und vast [*zu hal-ten*] nach *1532 Richter,Paderb. I Anh. 132.* anno 1627 ist F. gebauet und hat s t a d t - p r i v i l e g i a erhalten *1668 Westphalen,Mon. III 1896.* [*ratsrenovation:*] dieweilen dieser uralte actus in dem s t a d t p r i v i l e g i o ... wie solcher geschehen soll, exprimiret ist *1698 Wutke,Schles Bergb. II 253. 1733 RostockPriv. 4.* vermöge s t a d t -p r i v i l e g i i mögen die burger bei fluthen mit hamen ... fischen *1742 AnnNassau 36 (1906) 80.* ein jeder neu-er landesherr [*bestätiget*] bey antritt seiner regierung die s t a d t - p r i v i l e g i e n *1783 HistBeitrPreuß. II 384. 1786 Gadebusch,Staatskunde I 234.*

Stadtprobe *f., für eine →* Stadt (II) *festgesetzte →* Sil-berprobe (II). *1677 Hintze,BreslGoldschm. 196.*

Stadtprofos *m., wie →* Stadtknecht. [*de handtdadige is*] durch soldaten buten der poerten gefencklick ange-holden ende ... in des s t a d t p r o f a e s kelder gebracht *1583 Alting,Diarium 588. 1690 SammlLivlLR. II 1112.* die statt harschierer und s t a t t p r o v o s e n [*werden*] an-gehalten, ... auf die schallen leüte ... zů vigilieren *1767 BernStR. VII 1 S. 485.*

Stadtprokurator *m., auch lat. flektiert.* **I.** *wie →* Stadt-konsulent. den beeden geschwornen s t a t t p r o c u r a -t o r n, welchen man [*bei Gericht*] wider ... verboth der ... bayr. gerichtsordnung den vorsiz und in der umb-frag die erste stim geben [*hat*] *1610 OÖsterr./ÖW. XV 89. 1771 HannovGBl. 8 (1905) 75.*

II. *in einer →* Stadt (II) *ansässiger Rechtsanwalt, →* Prokurator (I). daß fürohin weder burger noch andere eignen freyen willens sich der beyständereyen allhier in der statt nicht annehmen, sonderen es sollen der glei-chen s t a t t - p r o c u r a t o r e s oder beyständer von un-serer teutschen appellation-cammer ... examiniert und ... außerlesen werden *1709 BernStR. VII 1 S. 613.*

Stadtprotokoll *n., wie →* Ratbuch (I), → Stadtbuch (I). es wöllen obgemelte zeitliche herren burgermeisteren diese meine verordnungh, die allmosen betreffende, ... dem jserenlohnschen s t a t z - p r o t o c o l l o einschreiben und verzeichnen lassen *1621 IserlohnUB. 175.* [jährlich solle] das s t a d t p r o t o k o l l dem herrn hauptmann vorgelegt werden, um zu durchsehen und zu observieren ob alle befehle, rathschläg und schluß ... eingetragen [worden] *1715 Steiermark/ÖW. VI 254. 1769 Cramer,Neb. 81 S. 37.*

Stadtprozeß *m., im Pl. auch* **Städteprozesse,** *von einer* → Stadt (III) *oder in deren Interesse geführter Rechtsstreit.* [sotaner ausschuß *hat* in] führung erheblicher s t a d t s p r o c e s s e n hinfüro zu deliberiren *1683 QKiel Verf. 35. 1689 UnnaHeimatb. 39.* die brau- und andere s t ä d t e - p r o c e s s e [würden] durch den generalcommissariatsfiskal und nicht durch den rath und brauerschaft selbsten geführt *1714 ActaBoruss.BehO. II 180. 1755 HistBeitrPreuß. II 481.*

Stadtpunzel *m., Prägestempel mit dem* → Stadtzeichen (III). *1684 MHungJud. VI 112.*

Stadtquardi(-) *s.* Stadtgarde(-), Stadtguardi-.

Stadtrain *m., Grenze, Randstreifen einer* → Stadt (II); *in* Stadtrainen *im Herrschaftsgebiet einer* → Stadt (III). hader, so in der statt und s t a d t - r e i n e n ... sich zutragen *1548 ZinnbgwO. 115.* soviel ... die straffen anbelanget, so in der statt vnnd s t a t t r a i n gefallen, sollen selbe halb dem stüfft vnnd halb der statt gevolgt werden *1684 VerhOPfalz 22 (1864) 261. 1698 Span,Bergsp. 86.*

Stadtrat *m. I. aus den* → Ratherren (I), *zT. auch weiteren Personen bestehendes Herrschaftsgremium einer* → Stadt (III); *idR. unter dem Vorsitz eines* → Bürgermeisters (I), → Schultheißen (I) *oder* → Städtmeisters (I); *bdv.:* Stadtmagistrat (I). das sye ... alle jahr drey ainen jungen vnnd zwen elter erwöllen sollen, zu beschauen, das die auch alweg ... zu handt vor ainem s t a t t r a t h schweren *1313 Grünberger,PassauZünfte 202.* [vsspruch umb drittehalbe hube richtergutes:] das vorbasme der s t a d t r a t czu H. ... von czehen ruten sullen mit den richtern leyden, ... und von den andern zwenczig ruten sullen dy gebauwer *1421? GlatzGQ. II 111.* der erbherre adir der s t a t r a t h mag ym [knecht] vorbyten ... unnuczliche czerunge und unnütze wege weggebunge, biß her eynundczwenczig jar alt wirt *um 1490 RechterWeg II 1126.* das albegen am dritten jar ... aus dem s t a t r a t ettlich personen ... in den aussern rat und aus dem ausseren rat daentgegen sovil personen in den s t a t r a t genomen [werden] *1526 WienRQ. 279. ebd. 280.* es sollen auch die eltisten der knapschafft bey unserm bergwerck ... deß sitzen bey dem s t a d t - r a t h ... erlassen seyn, damit sie ihren befehlen desto beruhiger außwarten mögen *JoachimsthalBO. 1548 II 90.* [inn den irrungen zwischen I. vnnd N.] ist durch den s t a d t - r a t h zu N. nach anspruch, antwort, besichtigung des augenscheins ... zu recht gesprochen *1568 Zwengel 236*ᵛ*.* der gemein s t a t r a i t aber von 49 personen und mannen ist die rechte principal burgerliche oberkeit, wilche kraft des verbuntbreifs von allen amten und gaffeln erwelt [wird] *1588 BuchWeinsberg IV 29.* solchem unserm hoffrichter ... seynd von altersher dreyzehen assessores

oder urtheilsprecher auß dem s t a t t r a t h zu R. zu geordnet *1610 Wehner,HofgRottw. 3.* hat das capitl nach dem hoff und s t a t t r a t geschickt *1615 MittSalzbLk. 13, 1 (1873) 122.* wie ... die maister des beutlerhandwerks von damaligen löblichen hiesigem s t a t t r h a t eine gewisse handwerksordnung erhalten haben *1647 Preßb ZftUrk. 264.* hat ein ehrsamer s t a d t - r a t h obernannter stadt T. diese instruction und ordnung ... aufgerichtet *1661 CAustr. III 161. 1677 Zesen,NlLeue 611.* [*Abgaben:*] syndici, bei s t a d t - r å t h e n, wie die rathsherren *1747 CAug. Forts. I 2 Sp. 487. 1781 HistBeitr Preuß. I 15.* in hiesiger stadt ... stehet dem klåger frei, ob er gegen einen bürger in erster instanz bei dem oberamt oder beim s t a d t - r a t h klagen will *1784 Bachmann, PfalzZwbrStaatsR. 269. 1785 Fischer,KamPolR. II 435. 1786 Gadebusch,Staatskunde I 88.* der hiesige s t a d t r a t als organ sämtlicher bewohner Bonns *1815 NrhAnn. 160 (1958) 200. weitere Belege: 1690* Ratstimme (III), *1788* Oberamt (V).

II. *Mitglied eines* → Stadtrats (I), *Ratsherr; bdv.:* Stadtmagistrat (II), Stadtmann (II), Stadtratsperson, Stadtratsverwandte. aid der burgermaister vnd s t a t r ä t e *1524 SalzbStPolO. 16.* der feuer und billettier-herren ambt und verrichtungen betreffend, ... sind dazu 2 s t a d t r ä h t e gesetzt, denen dann ... 2 groß- und 2 klein bürger zuzuordnen seyn *1724 MittKönigsberg 2 (1910) 174. 1775 Wuttke, Städteb. 135.* die s t a d t r å t h e haben ... keinen besondern rang, und sind sowohl für ihre personen als in rücksicht des ganzen rathes der gewöhnlichen gerichtsbarkeit ihres ober- oder stadtschultheisenamtes unterworfen *1788 Thomas,FuldPrR. I 139.*

Stadtrathaus *n., Gebäude, Sitz des* → Stadtrats (I); *bdv.:* Stadthaus (I). s t a t t r a t h a u s unnd statt thurn: ... haben auch burgermaister, rath unnd burgerliche gemain im rathaus ir versamblung zu allen iren hanndlungen, auch auf dem statt thurn die burger ir burgerlich gehorsame *1417? SterzingStB. 344.* hebben wij ... int s t a t r a e d h u i j s laten vorboden die ghemeene priesters *1507 SneekRezB. 355.* hyr up unsem s t a d e ß r a d t h u e ß, dar wy borgermestere und radt zeythen und hadden unse banck und uneß radeß stoell gekledeth *1523 Rietberg StB. nr. 3.* haben vogt, bürgermeister, gericht und rat ... dies s t a d t r a t h a u s an K.S. ... verkauft *1526 Roemer,Bietigheim 60.* dieweil die fürsten von O. selber in das s t a d t r a h t h a u ß kommen vnd mit dem burgermaister vnnd denen rahts herren von allerhand sachen tractirt *1619 Lazius,Wien IV 34.* es wird auch dieses zu männliches nachricht durch ein angeschlagenes edict bey dem s t a d t - r a t h - h a u ß allhier promulgirt *1669 CAustr. I 560.* [magistrat:] die gewöhnliche versamlungstage sind in jeder woche der montag, mittwoch und freytag auf dem s t a d t - r a t h h a u s e *1802 Pfalzbair HofKal. 113. 1803 Kropatschek,KKGes. XVIII 185.*

stadtratsabgeordnet *adj., vom* → Stadtrat (I) *entsandt.* *1599 AktGegenref.² I 570.*

Stadtratschlag *m., (Versammlung zur) Beratschlagung in städt. Angelegenheiten; zS. vgl.* Gutzeit,Livl. III 1 S. 9. *1613? MLiv. IV p. 204.*

Stadtratsperson *f., wie* → Stadtrat (II). [gradus der

ständte:] in den ersten unsere räth und professores ...,
zu den andern unsere cantzley- auch cammerofficianten
und verwandten, dan s t a t t r a t h s p e r s o h n e n und ge-
richtsassessoren *1617 WürzbDiözGBl. 27 (1965) 117.*

Stadtratsschreiber *m., wie* → Stadtschreiber, →
Ratschreiber (I). M. s t a d t r a t s c h r e i b e r *1631 Jb*
Straubing 60 (1957) 74. 1775 Wuttke,Städteb. 135.

Stadtratsverwaltung *f., (durch den* → Stadtrat I *aus-*
geübte) → Stadtverwaltung. nebenst diesem julierspi-
tal ... wollen wir bei allhiesiger s t a d t r a t h s v e r w a l -
t u n g bestehender armer häußer visitation ... einen
dumbherrn vom dumbcapitul ... verordtnen lassen, uff
daß in alle weeg die [*Wohlfahrts-*]fundationes steif gehalten ... werdten *1673 ArchUFrk. 46 (1904) 175.*

stadtratsverwandt *adj., dem* → Stadtrat (I) *zugehörig.*
hat man ... die zwelf s t a t t r a t h s v e r w a n t e n burger
zu gast geladen *1629 Sinnacher,Säben VIII 349.*

Stadtratsverwandte *m., wie* → Stadtrat (II). im statt-
rath haben sein hochfürstlich genaden auch ain ver-
änderung gemacht, und da vormals ain stadtrichter
und stadtschreiber neben dem burgermaister und an-
dern s t a t t r a t h s v e r w a h n t e n gesessen, hat er ihnen
... ain statthaubtmann und statt-syndicus, ...
beed gueten adels, ... fürgestelt *1615 MittSalzbLk. 13,*
1 (1873) 26. 1721 HessSamml. III 868. KurmainzHof
Kal. 1770 S. 95.

Stadträuber *m., in einer* → Stadt (II) *tätiger* → Räu-
ber (I), *Dieb. 1506 NürnbChr. V 697.*

Stadtrauchfangkehrer *m., von einer* → Stadt (III) *pri-*
vilegierter → Schornsteinfeger. von einem ehrs. magistrat [ist P.] versprochen worden, ime alss einem hiesigen s t a d t r a u c h f a n g k h ö r e r wider anderer fremdbe
zu schizen *1699 MHungJurHist. IV 2 S. 591.*

stadträumig *adj., aus einer* → Stadt (II) *flüchtig; um*
sich der dortigen Gerichtsbarkeit zu entziehen; bdv.: stadttrünnig; *vgl.* landräumig (I). daß der abwesend land oder
s t a t t r a u m i g vnd verbannt mißthäter ohn alle entgelt-
niß möchte entleibt werden *1565 Damhouder,Praxis 47ʳ.*
[ist der zinßraicher] entlauffen vnd s t a t t r e u m i g worden, daß diß zinßherrn als dann sich selber vor vnserm
scheffenraht zusammen bescheyden vnd begert haben,
... daß ein jeder zinßherr seinen zinß ... durch gült vnd
währbrieffe oder instrumenta hat darthun ... müssen
FrankfRef. 1578 II 8 § 1. daß diejenige bürger, so in
verwiechener unruh s t a d t r ä u m i g worden, zu vermei-
dung neuer zweytracht und aufruhr ohne bewilligung
des rahts nicht wiederum in die stadt solten genommen
werden *1668 Fugger,Ehrensp. 737.*

Stadträumung *f., (zeitlich begrenzte oder unbegrenz-*
te) Ausweisung aus dem Herrschaftsgebiet einer → Stadt
(III); *Pflicht, eine* → Stadt (II) *zu verlassen; bdv.:* Stadtverweisung; *vgl.* Landräumung (II), Räumung (VIII). so zugleich auff
die ehe oder wo die geschwächte sonst unberüchtet ist,
auff ... außstattung, auch erziehung des kindes geklaget
würde, so [*soll*] dißfals die ... erkäntnis vor der s t a d t -
und ampts-r ä u m u n g oder weisung aus dem amte vor-
gehen *1666 GothaLO. II 4 Tit. 10.* mit der ewigen amts-,
s t a d t - oder gerichts-r ä u m u n g beleget *1722 Altenburg*

Samml. I 252. zu ... bürgerlichen strafen rechnet man
1. die landes-, s t a d t - und bezirkr ä u m u n g *1783 Quis-*
torp,GrundsPeinlR. 141. aerzte ... werden bey bewiese-
ner unvorsichtigkeit ... mit gefängniß bestraft, oder es
wird ihnen ... das fernere practiciren verbothen und ihnen überdies die landes- oder s t a d t r ä u m u n g anbefohlen *1798 RepRecht II 239. 1801 ebd. IX 210.*

Stadtrechner *m., Bediensteter der städt. Finanzverwal-*
tung, städt. Steuereinnehmer; bdv.: ²Stadtreiter; *vgl.* Rechner (I).
daz die ... welhi denne s t e t r e c h n e r sint, alle unzit-
lich buwe über ale in der stat besachen, besorgen und
versehen süllen, daz der stet kein der gemaind güt von
iemen wider recht geheimot werden *1376 UlmRotB. Art.*
113. 1376/1445 ebd. 202. unser s t a t t r e c h n e r söllen alles unser gemain gelt, vall und nutzung, stür, zins und
schuld ... innemen uf die aid *um 1482 NördlingenStR.*
163. 1493 TübStR.(Rau/Sydow) 34. das ain yede stat all
... jerlich eynnemen und nützung, es sei an ungelt, an
steuer, korn, gülten, weingülten, zinsen ... durch jr steurer oder s t e t t r e c h n e r, die darumb aid ... schwören,
zu gelt rechnen und anschlahen sollen *1505 UrkSchwäb*
Bund. I 533. [ein großweybel soll] alle fronfasten vor den
verordneten zu der statt sachen ... sin rächnung unnd
dann ... vor den s t a t t r ä c h n e r e n alwägen sin rechtte
houpt rächnung geben *1593 LuzernSTQ. IV 363.* solle der magistrat die stadt-aembter, sonderheitlich des
s t a d t - r e c h n e r s ... mit guten tauglichen und qualificirten subjectis bestellen *1699 Weißenburg i.N.Stat.*
278. zu seckelmeisteren oder auch genannten s t a d t -
r e c h n e r e n gemeinlich jährlich zwey ... erwehlt *1760*
HelvLex. XVI 219. 1771 Cramer,Neb. 113 S. 13. weitere
Belege: 1376 Marktrecht (I), *1683* Kammerknecht (II 2).

Stadtrechnerei *f., wie* → Stadtkämmerei (I). B. gemeiner stadt tagwerker hat ... um 3 heller gespielt ...
und dem Z. ein halben taler, welcher nicht gut gewesen, abgenommen, ... hernach ... gesagt, der sei ihm an
der s t a d t r e c h n e r e i für sein taglohn ausbezahlt worden *1617 Wittmann,Gundelfingen 59.* vor *1653 Fizion,*
Reutlingen 85. welcher grautucher alhier mehr frembdes
tuch ... verkaufft, derselbe solle von jedem stück drey
gulden straff geben, davon die s t a d t r e c h n e r e y zwey
drittel ... haben solle *1676 Cramer,Neb. 25 S. 23.*

Stadtrechnung *f., im Pl. mit Bezug auf mehrere Städte*
Städterechnungen, *(oft auf ein Jahr bezogene) Auflistung*
und Abrechnung der Einnahmen und Ausgaben einer →
Stadt (III) *oder einzelner städt. Behörden; bdv.:* Stadtreitung. [formündern *obliegt*] jerlich vor unsern amptleuten
und dem gerichte ... zu der zeit, so man andre s t a t t -
oder dorfr e c h n u n g e n höret, auch erbare rechnung
[*tun*] *BadLO. 1495 § 7.* nach verkündigung des neuen
raths soll der alte rath ihre s t a d t r e c h n u n g mit fleiß
verfertigen und dem neuen rath ... einen tag dazu ... gebiethen laßen, solche rechnung anzuhören *SaalfeldStat.*
(1558) 131. ein seckelmeister soll schwören, ... ohne
beysein eines schultheißen oder stattrechneren ... [*keine*]
s t a t t r e c h n u n g e n auffzunemmen *1593 LuzernSTQ.*
IV 303. ieder zit, so die s t a d t r e c h n u n g e eins rats
alhie gehort, [*wurden*] von ieglicher zunft zwo personen

darzue geordent *16. Jh. NArchHeidelb. 10 (1913) 39.*
1604 JbWestfKG. 5 (1903) 94. wann man die gantze
s t a t t r e c h n u n g e n, alß spital- kirchen- seckhel- vnd
bauwmeister rechnung ... einnimbt, [sollen] darbey der
clein rath volkommen, zwen rechner vom grossen rath
vnd zwen von der burgerschafft ... sein *1625 Mellingen
StR. 399. 1671 Schuhmann, Scharfrichter 130.* die straf
aber soll nicht denen forst-beambten zugehen, sondern
der behörde nach, bey der s t a d t - r e c h n u n g in ein-
nahm gebracht [werden] *1699 Weißenburg i.N.Stat. 283.*
als wird er ... zu mehrerer richtighaltung der s t a d t s -
r e c h n u n g fürohin die von denen stadtweinen einneh-
menden ... gelde ... in das stadtcammerambt ... liefern
*1700 MHungJurHist. IV 2 S. 600. 1711 CCHolsat. III
1233.* daß selbige [räthe] der landesregierung jedesmal
mit beiwohnen, ... alle militaria, contributionssachen,
s t ä d t e r e c h n u n g e n ... respiciren *1714 ActaBoruss.
BehO. I 764.* die ausgelegten einwechselungskosten ...
sollen in denen amts-, s t a d t - und anderen r e c h n u n -
g e n gutgethan ... werden *1737 HadelnPriv. 404.* ob-
schon die verwaltung des stadtvermögens dem stadtra-
the zukömmt, so muß er doch ... alle s t a d t r e c h n u n -
g e n ... an die landesherrlichen oberrechenkammern zur
untersuchung ... einschicken *1785 Fischer, KamPolR. I
628. 1786 Gadebusch, Staatskunde I 233.* s t a d t -, spi-
tals-, kirchen- ... und andere gemeine r e c h n u n g e n
sind auf dem rathhause in gegenwart eines der råthe
abzuhören *1803 WeistNassau II 398.* *weitere Belege: 1610*
Stadtkämmerer, *1768* Niederlage (V).

Stadtrecht *n.; zS. vgl. Lingelbach/Hoops, Reall.² 29 S. 473ff.* **I.**
*einem Gemeinwesen vom Kaiser oder Landesherrn verlie-
hene Rechtsstellung als → Stadt (III); verbunden mit Statutenhoheit, dem Recht zur Selbstverwaltung und Privilegien wie dem Recht zur Errichtung von → Stadtmauern,
dem → Marktrecht (III), zT. auch dem → Münzrecht,
→ Braurecht, → Mühlrecht (II) uä.; bdv.:* Stadtfreiheit (I),
Stadtgerechtigkeit (I), Stadtverfassung (III). et insuper talem li-
bertatem et tale ius civitatense, quod vulgariter s t a t -
r e i g h t e nuncupatur ... concedimus et donamus *1259
StUtrechtOorkB. III 254.* [wir verleihen] allen den di
zu disen zeiten zu K. ... wonende vnd siczend ... ein
rehtes s t a t r e h t e ewicleichen daselbst zu haben ... mit
mulczen, brewen, kauffen vnd zu verkauffen, reht, ge-
secze, gerihte vnd aller ander gewonheit *1324 MZoll.
II 382.* so hebben wi [bisscope tUtrecht] hem ghegheuen ... een s t a t r e c h t ewelic durende *1354 Vollenhove
II 3.* das dieselben burger und inwoner zu W. unsser
besunder gnaden teylhaftig werden, so haben wir in
mit wolbedachtem mute, gutem rate und rechter wissen
s t a t r e c h t gegeben und verlihen *1418 GlatzGQ. II 95.*
daß wir ... als ein fürst ... der ganzen gemeine zu B.
... stadtrecht und bürgerrecht gegeben haben *1454
Buttelstedt 297.* 1213 daß dorff Winterthur verbran gar
vß ... 1278 Winterthur vberkam s t a t t r e c h t *1538 Anz
SchweizG.² 10 (1906/09) 37.* das dorf W., welchs vor
weinigk jharen mit s t a d t r e c h t e durch die bischoffe
von H. begnadet *1552 BrandenbSchSt. I 270.* s t a d t -
r e c h t, das ein ort, der vorher nur ein flecken gewesen,

erlangt: stadt-berechtigung und befreyung *1741 Frisch II
315. 1745 Westphalen, Mon. IV 34.* die kaiserlichen reservata in weltlichen reichsanliegenheiten bestehen vornehmlich in dem recht ... das s t a d t - r e c h t ... zu verleihen *1757 RechtVerfMariaTher. 566. 1770 Kreittmayr,
StaatsR. 337.* ohne kaiserliche erlaubnis [durfte] kein
ort zur stadt ... gemacht werden. diß hat sich nun ...
abgeändert, und die ertheilung des s t a d t r e c h t s hängt
nun bloß von der bewilligung des landesherrn ab *1785
Fischer, KamPolR. I 579.* das s t a d t r e c h t kann von niemanden als dem oberhaupte des staats ertheilt werden
1794 PreußALR. II 8 § 87. 1801 RepRecht IX 252.

II. *Gesamtheit der einer → Stadt (III) und den Stadtbürgern zukommenden Privilegien und Rechte, auch das
einzelne Privileg; offen zu Bed.* I; *bdv.:* Stadtprivileg. daz wir
[hertzog] ... denselben purgeren ir s t a t r e c h t, die si
von alter gehabt habent, genewet und bestetiget haben
1308 Schwind-Dopsch 162. ouch haben wir [graf] den
vorgenannten vnsern kouffluten czu R. gnade gethan
vnd fryhe gegeben alle s t a d r e c h t, daz sye die also
volkomelichen habin schullen also andere stete, die da
mechtiger sind wie sye *1310 MittOsterland 4 (1858)
210. 1374 AdelsheimStR. 618.* das die von B. ie und
allwegen ... s t e t t r e c h t gebrucht habent *1425 OsterburkenStR. 1029.* wir wollen, dass solche [alda wohnende personen] rechte freye inwohner und bürger geheissen und genannt und allerdings s t a t t r e c h t sich gebrauchen [sollen] *1616 Tänzer, GJudVorarlb. p. 27. 1644
Buchhorn 335.* daß sie ... in krafft ihrer uralten habenden ersessenen privilegien und s t a d t - r e c h t e n ... solche zum verbotten leuthgeben eingelegte und abgezo-
gene wein ... hinweg nehmen ... und in die arme häuser
und spitäler ... führen lassen mögen *1667 CAustr. I 782.*
dabei ist die stadt zollfrei vermöge der s t a d t r e c h t e,
freiheiten und privilegien gewesen *1737 RevalStR. I 168.
1788 Thomas, FuldPrR. I 169.*

III. *für eine → Stadt (III) und ihre Bewohner geltendes Recht (in seiner Gesamtheit), insb. das von der Stadt
kraft eigener Statutenhoheit gesetzte, ggf. vom Stadtherrn bestätigte Recht (→ Stadtgesetz, → Stadtwillkür);
offen zu* II u. IV. so wor ein man ... an dhes anderen
were gheit vnde ene sleit ... he scal beteren ein gance
uorsate, also s t a t r e c h t is *1279 StadeStR. 103.* quod
... villam seu locum L. cum omnibus suis attinentiis,
agris, pratis, pascuis, viis et inuiis, ciuitati predicte B.
apponimus perpetuis temporibus tali iure quod s t a d t -
r e c h t dicitur in vulgari *1295 Gercken, Frag. March. III
18.* daß wir jn ... diese besondere gnad thun wollen,
daß jhr rath s t a t t - r e c h t, gebot und gesetzde, die uns
umb gott und den rechten nicht wiederwertig
seyn, müge auffsetzen und machen *1331 Lünig, RA. XIV
1 S. 337.* daz ich ... verchauft han mein haus ... nach
s t a t r e c h t vnd des gotzhaus gewonheit so ez allerpest
chraft mach gehabt vor gaistlichem vnd vor weltlei-
chem rechte *1333 BrixenUrk. I 558.* pro exactionibus,
excubiis et omni iure civitatis, quod dicitur vulgariter
s t a t r e c h t *1350 HMerseburgUB. 889.* vmb min armen
lut die gemeinde von O., die ir in uwerm riete gepfen-

det hånt vmb daz hŏwe, daz su vs dem riet fŭrtend wider uwer s t e t t r e h t vnd gewonheit *1362 Rappoltstein UB. I 580.* were auch, daz ich ... dirre vorgenanten dinge ... nit enhielde ... daz sult den vorgenanten herrin an dirre giest nit schaden ... sůnder sie sulden geruwelich nach mime tode allis daz ich liezse, nemen ... und sullin daz důn, wo ich bin odir were, dar vor nit schirmen sal s t e d e r e c h t, gewonheid ... och dez landis satzunge *1364 DOrdHessenUB. III 38.* we dar ok sprikt boven der heren word unde der mestere eede, de scal dat beteren na s t a d r e c h t e *1375 HambZftRolle 25.* s t a t r e c h t ist daz dy stete vndir yn selber gesaczt haben noch der alden gewonhait *1378 SilleinStRB. 58. 1387 BudweisUB. 234.* markit recht daz wir auch s t a d t r e c h t heisen ist gewonden von fryer wilkur do sich dy lute begunsten czu sament czu sazin *um 1390 ScrRLus. I 450. 1430 KleveÄltStRHs. 7.* umbe anirstorbene gutere haben egnanten unser gnedigen hern rethe ußgesprochen: ... was sich irsterbe yn lantrechte, daz gebe man noch lantrechte, unde was sich irsterbe noch s t a t r e c h t e, daz gebe man noch s t a t r e c h t e *1437 Freiberg UB. I 155. 1452 Fock,RügPommG. IV 155.* so solle ... die lebendig person aus inen des abgestorben verlassen hab und gut ... in craft des s t a t r e c h t e n s alhie erben *1500 MünchenStR. (Auer) 195. Murner,Inst. 1519 Bl. 3ʳ.* die s t a t r e c h t sein, was ain iede stat gemain oder besamblung aus verhenknus der obrigkhait under inen selbst fur recht oder handvesst zu halten setzen, das burgerlich recht genant wierdet *1528 ZeigerLRb. 18.* s t a d t r e c h t schollenn holden alle man, welckere wissmarsch ber tho F. tho kope bringen *Mitte 16. Jh. FlensburgWillk. 5.* wer in einer statt wohnen will, der sol das s t a t r e c h t wissen und halten, deß er geniessen wil *1556 Kurpfalz/Sehling,EvKO. XIV 135.* soo wanneer dat eenich buyten-poorter aflijvich wordt, sijne have moet ghedeylt worden nae s t a d t - r e c h t van Antwerpen, ende syne erve ende andere goeden nae den landt-rechte *1582 CoutAnvers II 226. 1640 HusumStiftungsb. 14.* es haiß darumb s t a t t r e c h t, daß es ein jegkliche statt selbs willkorte von göttlicher anweisung, nach jhrem gutduncken, vnnd solch recht haißt ein willkorrecht *Besold,Thes. (Augsburg 1641) 869.* was nun also durch dergleichen eheberedung beederseits ... verglichen und geschlossen, dabey hat es billich sein verbleibens, dann bedingt recht, bricht s t a d t - r e c h t *1660 LandauErbr. 876. 1727 Leu,EidgR. I 7.* die anweisung derer magistrats glieder obliegenheit in ihren officiis wird theils aus denen s t a d t - r e c h t e n, gewohnheiten, senatus-consultis, ordonnancen und ... sonderlich auch der praxi genommen *1732 RigaAkt. II 368.* willkůhr bricht s t a d t r e c h t, s t a d t r e c h t bricht landrecht, landrecht bricht gemein recht *1759 Eisenhart 3. 1785 Fischer,KamPolR. II 23. 1793 Pütter,ErörtStaatsR. I 152.*

IV. *amtl. Regelwerk, das die für eine → Stadt (III) und ihre Bewohner geltenden Bestimmungen zusammenfasst, Stadtrechtskodifikation; zT. der Stadt zusammen mit dem → Stadtrecht (I) verliehen, zT. kraft eigener Statutenhoheit erstellt, zT. vom Stadtherrn bestätigt; offen zu*

III; *bdv.:* Stadtrechtbuch, Stadtrechtgesetz, Stadtstatut, Statutenrecht (II); *vgl.* Stadtreformation, Stadtrodel. umb ewerr s t a t r e c h t, die ier uns [hertzog] an ewerm briefe verschriben habt, süllet ier wizzen, daz wier ew da bey gern wellen lazzen beleiben *1372 OÖUB. VIII 584.* alße oghsunlick ys tho ßeende in allen artikellnn des s t a d r e c h t e s, dath de, de nedderwerth ghann, alße kyndes kynder, werden ghelykent dem vulbrodere de thor sydenn steydt *vor 1517 LangenbeckGl. (Eichler) J Vorr.* welcher in vnser statt ... einen zů tod schlecht, ... über den sol der schultheiß ... richten, wie vnser alt s t a t t r e c h t vßwiset *1520 FreiburgStR. V 6.* vnd wirt das gemeynlich ein statutum oder s t a t t r e c h t genant, daß ein statt mit verwilligung jrer oberkeyt oder in krafft jrer priuiligien gebeut, ordnet vnd setzt, stedt vnnd fest zuhalten *1550 Gobler,Rsp. 16ᵛ.* van artikelen im s t a d r e c h t e *1552 LünebZftU. 225. NürnbRef. 1564 Vorr.* vermög ... kay. freyheiten, wie die in specie vßer den originaliis zu end dises geschribnen s t a t t r e c h t e n s inseriert vnd vergriffen sind *1587 WaldkirchStR. 13.* mißuerstand ... wegen etlichen dungkhlen vnd vnerlüterten worten vnd artiglen in vnserm s t a t t r é c h t, sonderlich was erbsgerechtigkeit ... anbelangt *1612 BremgartenStR. 132.*

V. *(einzelne) Bestimmung im → Stadtrecht (III od. IV); auch eine hierauf beruhende Rechtsposition oder -pflicht.* habin wir darumb disse hirnach geschrebenen s t a t r e c h t e vnd gewonheyte bestetigt vnd vorwilliget *1470 BlankenburgStR. 236.* so sy auch zcu K. eyn sollich s t a t r e c h t unde gewonheyt, daz eyn iglich wip yren man nach yrem tode met allen yren unbeweglichin guttern befellet zcu synem libe *1474 PössneckSchSpr. I 107.* so ordenen vnd sezen wir zu dem obgenanten vnserm s t a t r e c h t also *Ende 15. Jh. LuzernStR. 22.* die nachgebaur haben s t a d t r e c h t, ob ein nachgebur furte etwas fur B., das sein were, das solt ime vnvertzollet gehen *15. Jh. Rhön/GrW. III 889.* demnach unser herren ... der jünglingen oder knaben halb, so sich mit wittwen unverdingt verhuirend, ein s t a t t r e c h t gesetzt, das dann knaben nach der frauen abgang all ir verlassene farende hab und bar gelt zu eigen gefolgen [solle] *1541 Höngg Meierg. 26.* wird generaliter mit recht concludiret, daß die retorsio so offt statt hat, als ein besonders s t a d t r e c h t von dem jure communi abweichet *1721 Kluge Beamte IV 1184.*

VI. *Rechtsstellung als → Stadtbürger, mit den damit verbundenen Rechten und Pflichten; bdv.:* Bürgerrecht (V). wer ... vnnser statt zu L. s t a t t r e c h t haben wil ..., das auch der mit vnsern burgern trag vnd leide an steur vnnd andern sachen *1336 OÖUB. VI 220.* so wye dat in onser voerscreven stad s t e d e r e c h t ghewonnen hedde unde puerter ghewonden were, dye heeft ... sinen vrien wille mit alle sinen ghůde to bliven oft enwech to voren *1353/79 KalkarSchRolle.* der goltsmit und der silberburner ensullen weder silber noch gold erger machen ... und wen ir einer in wicpilt s t a t r e c h t gewinnet, so schol er dem rate den eid tun *1357/87 MeißenRB. (Oppitz) V 10 Dist. 1.* in allen sachen ... es sei an kaufen oder verkaufen ze markt und ze gassen, vor der statt und in der statt ... sollen alle haußgenossen auf der herzogin aigen ... ganz s t a t r e c h t haben an zoll und an maut in allen den rechten, als ob si mit der statt dienten und in der statt gesessen wëren *15. Jh. NÖsterr./ÖW. VII 775.* er [statschreiber] soll auch nyemandts frembdts, der nit sin s t a t r e c h t hat ... nichtzit schreiben in kein wege *1533 SchlettstStR. 954.* es soll ouch kein burger noch soldner keinen andern hern noch oberkeit annemen ... er hab dann zuvor sein burger oder s t a t t r e c h t vor offnem rath ufgesagt *1538 ebd. 371.* zween mäner mögen wohl s t a t t r e c h t gehaben von einem ganzen haus, und wer das halbe haus bestehet, der soll empfangen burger recht vor dem richter in der schrannen *17./18. Jh. NÖsterr./ ÖW. VIII 609.* da die publicatio bonorum ... nur per consequentiam irrogiret wird, wie der gleichen die zum tod verdammte oder des s t a d t - r e c h t s und freyheit ẁeraubte ausstehen müssen *1705 KlugeBeamte I² 532.* das s t a d t und bürgerrecht ist der inbegrif von rechten und verbindlichkeiten, die aus der eigenen verfassung der städtischen bürger und einwohner entspringen *1785 Fischer,KamPolR. I 577.*

VII. *Pflicht, die einem →* Stadtbürger *aufgrund seines →* Stadtrechts (VI) *gegenüber der →* Stadt (III) *obliegt; zB. Abgaben, Wachdienst, →* Stadtwerk (I); *auch: auf Grundbesitz liegende städt. Last, Dienstpflicht;* Stadtrecht tun *Abgaben an eine Stadt leisten; bdv.:* Bürgerpflicht (I), Stadtpflicht, Stadtrechtigkeit. apud V. est molendinum solvens 10 virl. frumenti et de s t a d r e c h t 12 den *1265/67 SteirUrb. 73.* hus unde hof ... schollen se hebben unde besitten ewechliken ledich unde vri schotes, wachte unde alles s t a d r e c h t e s *1343 QuedlinbUB. I 110. 1355 InvNichtstaatlArchWestf. Beibd. I 597.* were averdat ze dhen silven hof vorkoften over lang oder over kort user borghere eneme oder sodanen luden dhe dar tho s t a d r e c h t e stunden *1357 WolfenbüttelLHArch.* sind dem male vnd C.d.S. alles seyn erb ... fridleich hat besessen vnd alle s t a t r e c h t dovan geliden vnd getan hat *vor 1360 IglauOberhof 77. 1390 TorgauUB. 23.* was auch hewser weren, die wir zu leipgedinge verkauft hetten, die in die stewre vnd s t a t r e c h t gehören *1398 MZoll. VI 13. 14. Jh. BernStR. I 33.* were dat en borgher de me rade nicht vul don wolde an schote, an wachte, an anderen s t a d r e c h t e n ... den en darff me vor nenen borgher holden *1401 LünebStR. 27.* worde over de selve acker van eynen parre vorkofft, den schal he der stadt tho schote unde andern s t a d r e c h t e nach synen werden alze ander acker *1437 MagdebLiebFrauUB. 256.* haben wir den hoff in unser stat T. ... gelegen gefrihet mit aller s t a t r e c h t e *1456 TorgauUB. 41. 1473 BeitrEssen 20 (1900) 145.* [die besitzer des hußes sollen] von aller stadtpflicht oder s t a d t r e c h t e, wie die benant ist, es sey von geschosse, wechtergelde, grabenarbeit, herfartstewer ... gefreyhet sein *1482 LeipzUB. II 320.* hat die frau standeygen adir legende grunde yn der stat, do sie s t a t r e c h t an schosse und wache pfleget von zu thun *um 1490 RechterWeg I 201.* darumb so wellen wir nit, das der gast oder der vnser s t a t t r e c h t nit tut, wider dheinen vnser burgern für iemans ... ei-

nich kuntschaft iendert tragen *1503 FreiburgÜStB. 12.* dat wyr em oerbaer onser stat ... verkopen tweyn dynst aff s t a t r e c h t ons susteren yn onser stat C. ... daer sy toe verbonden waren onser stat van tweyn eruen *1505 Crefeld(Keussen) Anh. 24. 1526 Hessen/Sehling,EvKO. VIII 41.* dat de geistliken solden s t a d r a c h t doin, ist beret *1528 Richter,Paderb. I Anh. 103.* daz die geistlichen, ob deren eins theils handierung und gewerb treiben werden oder wollten, da von s t a t r e c h t als andere zu thun schuldig ... sein sollen *1556 TrierWQ. 493.* ein burger vnd ein hindersäss, der s t a t r e c h t thut, soll dem anderen burger oder hindersässen kein anderen kosten bezahlen, denn was er vmb bottgelt, weibel- vnd kuntschaftlohn, vrkund- vnd gerichtgeld vsgeben *1. Hälfte 17. Jh. FreiburgÜMun. I Art. 69.*

VIII. *Herrschaftsgewalt, Rechts- und Justizhoheit einer →* Stadt (III). vt sit in eorum [*Klosterleute*] arbitrio, si eadem molendina sua communi iuri suo vel iudicio tocius terre, quod lantrecht vsualiter nominatur, siue iudicio et iuri ciuitatensium, quod s t a t r e c h t dicitur, eligendum decreuerint subiacere *1289 MecklUB. III 332.* daz ůns der schultheiz, der rat und die burger von B. hant empfangen und genommen in ir s t e t r e c h t und burgrecht mit den gedingen, daz wir in ir stat an irm gerichte recht tůn sóllen umb alle sache, âne umb eigen und umb erbe *1329 BernStR. III 80.* daz wir alle frihe hoffe in der stad czů G. gelegin, die bisher fry gewest syn, czu s t a d r e c h t e daselbis gelegit habin, alzo daz man nun furbasmer aller s t a t r e c h t [*Bed. VII*], alz an geschosse, an wache, an stůren, dinsten, pflichtin unde an andern dingen [sal] *1399 GrimmaUB. 49.* vnser stad gesecz ... der doch nymant mere gebruchen sal, wan dy dy czu R. siczin vnd bürgere sint vnd in vnser s t a d r e c h t e gehoren *1404 RudolstadtStR. 208.* [C.] gibt sich us dem lenrecht in das s t a d r e c h t *1407 NLausMag. 70 (1894) 103.* zo sal dasselbie teil des weinberges, alze vel alß in der fforstinbergere grenitze leit, in das s t a d r e c h t kegin F. mit zinsen unde geschoßin wedir gevallin *1429 NeuzelleUB. 73.* dat dy stad ende P. mitter hofstede ... schillet wessa onder een sted riucht ney inhald der sted wilkeren *1435 Schwartzenberg I 510.* N.v.L. ... gesessen neben ihn der burgermeister und zwey scheppen ... haben H.S. von her A.S. wegen XL mr. gl. zu bezahlen gelobet. weswegen sich N.v.L. aus dem lehn recht ins s t a d t r e c h t begeben *1444 Weinart II 226.* S. ist zugesaget IIII iar freyet, dodurch das er den hoff von mynen hern in das s t a d t r e c h t bracht had *1468 FreibergStB. 356.* s t a d t r e c h t: ius patrimoniale et allodiale ciuitatis, quo gaudet in bonis ei hoc nomine addictis *1758 Haltaus 1725.*

IX. *städt. Gerichtsbarkeit, (tagendes) →* Stadtgericht (I), *auch: Sitzung des Stadtgerichts;* jm. Stadtrecht tun/sprechen *für jn. die Stadtgerichtsbarkeit ausüben;* Stadtrecht gebieten *(vor ein städt. Gericht) vorladen; bdv.:* Bürgergericht (I). de benomede wart gheborghet wante in dat ghegheghede dinck up eyn s t a d r e c h t *1332 Stendal Urt. 28.* man sol auch nimand vmb gült vahen nur alsen vil ob man einen twingen muz für gericht, daz dem chlager daz s t a t r e c h t widervert *1346 Carinthia 48 (1858) 184.* vortmer scolen vnse borghere sych ghenughen laten an vnseme s t a d r e c h t e vor den schulten vnd vor den ratman, vnd neman scal den andern vt der stad tu rechte laden *1350 PrignitzUrk. 381. 1400 SchlesLehns Urk. I 354.* vint hy dan niet an to panden, soe sal hy gaen mitten baden totten borgermeysters ende seggen, ick en vijnde niet an toe panden, doet my s t a t r e c h t *1445/48 Vollenhove II 159.* wanneer enich man van buten lande comet ende claget in onsse s t a d t r e c h t op enen burger off buirman *BolswardStB. 1455 Kap. 38. 1456 Schwartzenberg I 591.* hab ich im das ... haus und hofstat mit grund vnd mit poden ... zu M. vor offen s t a t r e c h t e n zwischen der vier wend mit lauter stym und mit gerichtz hannd auf und übergeben gestättigt und geferttigt *1469 MBoica XIX 189.* die obgeschriben artikel hat man auch gehalten zu den zeiten, do man selten s t a t r e c h t besessen hat *1472/81 Straubing StR. 331. Ende 15. Jh. ebd. 329.* also ist ein newer rath nicht gesetzt worden pisz zu end der sachen ... auch in den leuften kein s t a d r e c h t gesessen *um 1500 Elbogen Chr. 51.* auf s t a d r e c h t zu erfordern: welch bürger ader bürgerin sich vor den rath erfordern lassen, so ferne das man ihn s t a d r e c h t gebötte, komen die nicht für, ist es ein bürger, sol man inen in gehorsam nehmen *1540 JenaStO. Art. 11.* kumen alsdann auf den negsten rechtstag der einthuer des stucks und der gantknecht offentlich für gericht; alda übergibt und einantwortet der gantknecht das vergantet stuck dem es an der gant bliben vor offnem s t a t r e c h t e n *1571 MünchenStR. (Auer) 241.* so sollen unßere bürger ... solche sachen [schlagen, schelten] an den s t a t t r e c h t e n alhie ... mit recht außtragen *1572/96 AdelsheimStR. 667.* in dem großdinge, welches man in gemein auch sonst das s t a d t - r e c h t nennet, werden gefördert und gehandelt alle bürgerliche sachen ... auch alle proceß auf pfand, aufbietungen und was sonsten liegende gründe betrifft *1577 Weingarten,Fasc. II 32.* bricht er aber an jhme das gleid, also, das er jhnen mit dem fronen angreiffen ... vnd sonsten mit s t a d r e c h t e n vornemen wolte, so sol er zehen marck silbers dem radte wetten *1586 Lüb Stat. I 1 § 11. 1599 LauenburgStR. I 8.* es mag auch kein mitbürger den andern betaydigen in einer aufgetragenen macht im gastrecht, sondern im geordneten s t a d t r e c h t *16. Jh. BreslStR. 86.* wan aber der besagte innerhalb ... 6 wochen bey dem s t a d r e c h t e n nicht vorgenomen würde, sol er von solchem iudicio ... loß vnd ledig seyn *1627 BöhmLO. R 19.* alles s t a d r e c h t in unserm markt ist, so soll man einen mit dem pranger mitten im markt haben *1654/97 Schlesinger,Weist. I 195.* um *1700 ArchOFrk. 16, 3 (1886) 123.* [protocoll über ein zu B.] gehaltenes flecken- oder s t a d t - r e c h t ... worinn die urtel und das schelten derselben ... niedergeschrieben ist *1771 HambGSamml. X 320.*

X. *Territorium, das dem Recht und der Gerichtsbarkeit einer → Stadt (III) unterliegt; Hoheitsgebiet einer → Stadt (III); zu Stadtrecht liegen dem → Stadtrecht (III) unterliegen.* [wi maken cont] den burghermeyste-

ren, scepenen ende rade, ende den vier steden ... recht ende vonnisse te doene, na bewisinghe haerre scepene, ende also, als haerre voerscr. s t e d e r e c h t e gheleghen sijn *1347 Nijhoff,Ged. II 29.* wir [ertzbiscop] ... bekennen in disme openen brieue, das wir vnsen ... burgeren, den radesmestern vnde den ratmannen vnser stad czu H. vorkoft hebben vnse jodendorff binnen der stad czu H., also das die hus vnde die höue vnd das jodendorf vortmer czu s t a d t r e c h t e liggen scolen *1352 Dreyhaupt, Saalkreis II 498.* wer im s t a d r e c h t e wohnet oder sitzet, den muß man mit den fronepoten einladen vier tage vor dem rechten nit kortzer *14. Jh. ZRG.[2] Germ. 45 (1925) 356.* dass wier ... das [forwerck] mit seinen zugehörungen ... vnsern bürgern vnd der stadt zu L. zu einem rechten eigen gegeben vnd geliehen, also, dass es nu fürbass mehr zu s t a d t r e c h t e liegen soll *1403 Haltaus 1725.* ob eines burgers sone oder tochter sich an andern enden verherret, vermannet oder awßwendig des s t a d t r e c h t e n ansessig würd, so ist sein burgerrecht [abe] *1464 BayreuthStB.[1] 276.* da stedis wilkaren haldet aldus: een landhera bynna dae s t e d d i s r i u c h t dij mey een landsata naet wrbyeda dyn steed, hit ten se dat hij deer selff wil oppwinne *1480/81 JurFris. II 22.* we bynnen dat s t a d r e c h t gewundet wert vnde kumpt tho eneme meister de schal dat vort deme kemerer offte vagede by syneme eede vormelden *1515 Nyrop,Saml. II 367.* vor *1524 LeipzigSchSpr. 154.* ein jeglicher einwohner der stadt G. ... soll kommen für die herren zum geschoß verordnet und daselbst aussagen alle sein erb und güter und was zum erbe gehöret, die er allhier im s t a d t r e c h t hat *1565 Weinart IV 16.* alle käufe umb erb und güter, so im s t a d t r e c h t liegen, sollen vor r.e. rahte angetragen werden, und nicht ehe kräfftig seyn, biß sie beliebet sind *1588 ZMarienwerder 49 (1911) 31.* es soll kein meister seine werkstatt aufm dorfe oder auszerhalb des s t a d t r e c h t s haben *1695 Diefenb.-Wülcker 861.* so wie der stadt ... die jurisdiction nicht nur in den ihr ... eigenthümlich gehörigen ländereyen sondern auch in denen zustehet, welche ... zu s t a d t r e c h t lagen *1786 Gadebusch,Staatskunde I 106.*

XI. *(zeitlich begrenztes) Stadtverbot, → Stadtverweisung.* ouch tut men in etlichen steten vor etliche schult s t a t r e c h t, also daz men wichet alz lange daz dy schult vorgulden wert, dar men umme wichet *14. Jh. Rb.n.Dist. 515.* ob einem, dem ... fürgeboten wurd, s t a d t r e c h t gethan, das ist aus der stadt geschafft wäre oder wurde, desshalben er aus der stadt müste *1713 SchwäbWB. VI Nachtr. 3184.*

(Stadtrechtbrecher) *m., jmd., der das → Stadtrecht (III), den → Stadtfrieden (I) bricht; vgl. Brecher (I).* want A. tiegens zijne wilkoer, die hij aen sraets handen na den gherechten ende gewoenten van onser stad op zijn lijf gedaen heeft, onstantelycke saken bedreven heeft, daerom zel men hem als enen onser s t a d t r e c h t b r e k e r ende gewelder den schout leveren ende die scepenen sellen recht wysen *1477 UtrechtRBr. Inl. 59.*

Stadtrechtbuch *n., amtl. Buch zur Eintragung und Sammlung der Statuten und/oder Privilegien einer →*

Stadt (III); → Stadtrecht (IV). hie hebet sich an das
s t a t r e c h t b ů c h von der Neunstat *1423 ArchÖG. 60
(1880) 98*. s t a t r e c h t b u c h: ein salbuch, ein ringbuch
1482 Scherz-Oberlin 1307. dz statt im s t a t t r e c h t -
b u c h geschriben bi dem artikel, der da wist, wie man
gemächt tun sol *1493 Segesser, LuzernRG. II 434*. diß
s t a t t r e c h t b ů c h ist geteilt in fünff tractat, vnd hat
yeglicher tractat sine sondern tittel, gesaz vnd statuten
*1520 FreiburgStR. aa ij*ʳ. pfanndrechten, in formb vnnd
gestalt dieselben in den priuilegiis vnd s t a t t r e c h t -
b u e c h einkhommen *1612 BairLT. 26 S. 382*.

Stadtrechtgesetz *n.?, wie* → Stadtrecht (IV). er ist
... innhalt oballegirte s t a d t - r e c h t - g e s e t z verbunden gewesen, solches zeitlich den mandanti zuwissen zu
thun, damit er seine sachen anderwärts versehen möge
1688 Weingarten, Fasc. I 2 S. 319.

(Stadtrechtigkeit) *f., wie* → Stadtrecht (VII). hirum-
me leth sick duncken de procurator fiscalis, na sodanem
rechte unde s t a d t r e c h t i c h e i t schal her H.M. vorvallen wesen in sodaner pene, vorveste unde allen anderen
uthsproken nha mate unde wise wo vor *1515 Hanse
Rez.³ VI 687*. alle richtekosteringe vnde s t a d t r e c h -
t i c h e i t alß den drudden pennynk affgerekent *1548
Schiller-Lübben III 474*.

Stadtrechtsetzer *m., städt.* → *Gesetzgeber, Verfasser
eines* → Stadtrechts (IV). *16. Jh. Schmeller² II 398*.

stadtrechtsfähig *adj., zu* → Stadtrecht (VI) *berechtigt,
eingebürgert; hier übtr.* vers ist zwar lateinisch, aber nunmehr, kraft des bekanten gebrauchs, teutsches schlags
und s t a t r e c h t s f ä h i g geworden *1663 Schottel 800*.

Stadtredner *m.* I. *Vorsteher, Sprecher des* → Stadtrats
(I); *bdv.:* Städtmeister (I); *zS. vgl. Rosenthal, Gw. I 171; Maurer, StädteV.
II 589*. swenn der richter oder der s t a t r e d n e r zů einem
fewr chôment, ... so habent sy payd gewalt ... daz sy ab
heizzen prechen ainen first oder mer *um 1365 München
StR. (Dirr) 419*.

II. *Volkstribun*. in der stat Rom wurden jerlich erwelt
die 5 s t a t r e d n e r und 2 paumaister oder kirchenpröbst
1522/33 Turmair, BayrChr. I 310.

Stadtreformation *f., Neufassung des* → Stadtrechts
(IV), *Stadtrechtsreformation*. als auch bisher in vermőg
dieser s t a d t r e f o r m a t i o n einem jeden eigenherrn die
erbrechte ... angebotten worden *1525 Lahner, Samml.
748*. erläuterung der hiesigen s t a d t - r e f o r m a t i o n
über den ... controvertirten punct *1744 AnmFrankfRef.
2. Forts. 531. 1769 Cramer, Neb. 93 S. 153*.

Stadtregent *m., Inhaber der* → Stadtregierung; *vgl.*
Stadtbürgermeister. die pfleger oder s t a t t r e g e n t e n sollen
schwören, das sie wöllen die ketzer ... alles vermügens
außtreyben *1566 Pegius, CodJust. 77*ʳ. sobald nun diese tafel und schrifft seinem vetter dem s t a d t r e g e n -
t e n gezeiget *1689 Valvasor, Krain II 566*. s t a d t r e g e n t,
præfectus urbis, rector reipublicæ *1691 Stieler 1574*.

Stadtregierung *f., Leitungsbefugnis, Herrschaftsmacht
und -ausübung über eine* → Stadt (III); *vgl.* Regierung (I).
demgeliken alse de s t a t r e g e r u n g an den rat gebracht
und dat schot upgesettet wort, des men noch huden
gebrukende plegt *1483 HambChr. 345*. wil ich gegen

gott, umb eur weisshait fürderlich und gotsälig vorwe-
sen und s t a t r e g i e r u n g zepieten, altzeit geflissen sein
*1528 ZSchwabNeuburg 28 (1901) 145. 1745 Westphalen,
Mon. IV 33*. [die stadt Essen seye in] besitz und bey freyer ausůbung fast aller und jeder regalien, hoheiten und
gerechtigkeiten, welche zu einer absoluten und freyen
s t a t t - r e g i e r u n g tam in ecclesiasticis, quam politicis
gehören *1749 Moser, StaatsR. 40 S. 230. 1792 Herchenhahn, Reichshofrat I 373*.

Stadtregiment *n., Regierung, Regierungsgremium einer* → Stadt (III); *auch: die ausgeübte Regierungstätig-
keit, Herrschaft,* → Stadtregierung; *städt. Herrschafts-
ordnung; bdv.:* Stadtobrigkeit; *vgl.* Regiment. dweil wir dann
oben von der hohen oberkeyt ... gemeldet, so wőlln
wir hie auch vom burgerlichen magistrat, senat, vnd
s t a t t r e g i m e n t ein wenig anzeygen *1550 Gobler, Rsp.
5*ᵛ. friede, einigkeit und gute polizey, ... ohne das kein
land- noch s t a d t r e g i m e n t bestehen, vielweniger ge-
deyhen mag *SaalfeldStat. (1558) 125*. [Kleiderordnung:]
damit ... vnter diser statt burgerschafft vnd verwandten so wol als inn andern wolgeordneten s t a d t r e g i -
m e n t e n ein stand vor dem andern ... erkant werden
mőge *1583 Wüst, Policey VII 476. 1650 ProtBrandenb
GehR. IV 318*. haben wir ... ein neues s t a d t r e g i -
m e n t formieren müssen ... und soll das s t a d t r e -
g i m e n t inskünftig bestehen in dem gerichtsschulzen,
einem burgermeister, dem syndico, einem secretario,
dem cammerschreiber, acht ratsherrn *1690 Göttingen
GeschV. 4 (1896) 21*. [raths-personen sollen] wegen
ihres ehrenstandes und gemeinen s t a d t - r e g i m e n t s
... mit jeden oberzehlten oneribus personalibus ... ver-
schonet werden *1692 LeipzStO. 198*. was das politisch-
weltliche s t a d t - r e g i m e n t dieser republic [Zürich] betrifft, so bestehet die hôchste gewalt bey den klein und
grossen rảthen *1720 Lünig, TheatrCerem. II 1061*. vor
diesem wurde das s t a d t r e g i m e n t durch reichsvôgt
und schultheissen geführt, heut zu tag aber gehet solches durch die hảnde der magistraten *1770 Kreittmayr,
StaatsR. 109. 1793 Lang, Steuerverf. 164*. von den poli-
ceyrechten der stảdte ... welche ihr eigenes s t a d t r e g i -
m e n t haben und unmittelbar unter dem landesherrn ...
stehen *1804 v.Berg, PolR. IV 125*.

Stadtregister *n., Verzeichnis der Einnahmen und Ausgaben einer* → Stadt (III); *auch: städt.* → Register, →
Stadtbuch, → Stadtgrundbuch; *bdv.:* Stadttafel. als dem an-
clager vormols durch ortil und recht geteylet ist, die
beweysunge mit scheppenbriefen adir mit dem s t a t r e -
g i s t e r czu volfuren, das der czins uf das erbe vorschre-
ben sey *um 1490 RechterWeg I 402. 1516 CDBrandenb. I
23 S. 411*. [die einkummen diser armen stat:] da schraibt
mann in das s t a t r e g i s t e r einen jeden halbling, wue
er hinkumbt *1550 Kremnitz/Zborník Muzeálnej Slovenskej Spoločnosti 4 (1899) 110*. mit dem s t a d t r e g i s t e r
sol einer beweisen, das er ein bûrger sey *1574 Pölmann,
Hdb. B v*ʳ. *1715 Isaacsohn, PreußBeamte III 91*.

(Stadtreise) *f., auf städt. Befehl ausgeführter Kriegs-
zug; vgl.* Reise (II). dat wy ... J. ..., de in onser s t a d r e y s e
vor den olden vorwarke tot A. ghewondet waert, daer

hie van doed bleef, ghelden ende talen willen *1390 GroningenUB. II 123.*

¹**Stadtreiter** *m.,* → ¹Reiter (I) *im Dienst einer* → Stadt (III); *ua. mit Wach- und Botendiensten betraut; bdv.:* Stadteinspänniger, Stadtaufsitzer. es siendt ... ann dem meer die s t a d t r e u t e r, die hienn undt hero reittenn, ob das nott währe, das das meer bewahret wurde *1491 Pilgerreisen 213.* so irchen s t a d t r e i t e r oder trabant in der eh. nachbarschafft wonhafftig ist, so sol er für die hwtten der nachbarschafft *1562 ArchKulturg. 6 (1908) 191.* wenn ettlich myner herren der rhäten oder burgeren von eigner gschäfften wegen ussryten und die s t a t t r ü t e r ettlich mit inen nemen, so soll ir lon sin, von eim vom rhat 2 batzen und von eim burger zum tag 3 batzen *1574 ArchBern 24 (1918) 16. 1589 SiebbMunC. 77.* es hätte denn die gantze republic eine sonderbahre nothdurft, jemanden aus einem fremden lande ... als medicos, chirurgos, procuratores, s t a d t r e u t e r u.d.gl. auf und anzunehmen *1698 SiebbStatMun. 25. 1730 Moser,Hofr. I Beil. 234.* bleiben ... die ältesten söhne derjenigen s t a d t - r e u t e r, welche schon im jahr 1797 unter dem stadtreuter-korps waren, conscriptionsfrei *1811 Knapp, RepWürt. III 1 S. 81.*

²**Stadtreiter** *m., zu* reitern (I); *wie* → Stadtrechner; *vgl.* Stadtreitung. alle iar ... sind alle unnsere ämpter in unser statt ledig ..., es sye das schulthaissenampt, ... der s t a t t r a i t e r ampt *um 1500 RottweilStR. Art. 1.*

Stadtreitung *f., wie* → Stadtrechnung; *vgl.* ²Stadtreiter. were alsdann in negst verrückt s t a t t r a i t u n g befunden, das ... [*vieles*] noch ausstendig *1587 Tirol/ÖW. IV 21.* des landes fürsten regalia ... sind ... jährlich raths verneuerung, abforderung der s t a d t r a y t t u n g *1631 ZMährSchles. 11 (1907) 89.*

Stadtrente *f.* **I.** *Einkünfte einer* → Stadt (III); *insb. aus Abgaben; auch das Recht zur Erhebung.* is men overkomen, soe wes yemant pacht van ons s t a d t r i n t e n, die sal die alinck betalen *1444 NijmegenStR. 228.* daß ... zu unterhaltung der schuell-diener ... noch von der kirchen noch s t a d t r e n t h e n ... zugelecht werden können *1586 JbWestfKG. 1 (1899) 147.* zur sicherung der städtischen wage- und accisegeld-erträge zu N. soll eine ... commission sämmtliche wirklich vorräthige, der vorbemerkten gemeinen s t a d t r e n t e unterworfene waaren ermitteln und ... bezeichnen *1706 Scotti,Wied 41. 1713 Moser, StaatsR. 45 S. 510.* s t a d t und geistliche r e n t h e n soll man mit den stadtknechten inspenden, damit man nicht nötig habe, darum zu richten *1755 UnnaHeimatb. 50.*

II. *von einer* → Stadt (III) *zu erbringende Abgaben; Abgabeneinkünfte aus einer* → Stadt (II); *bdv.:* Stadturbar (II). wir wollin dỹ vorbeschrybene czwenczg schog ... betzoln vf dy egnante czwene czinstage alle iar ... von vnsern herren s t a d r e n t e *1373 HMeißenUB. II 139.* [*Herzogswitwe B. erhält*] an sinen s t a d r e n t e n zcu Turgaw vnd Damucz anderhalb hundert guter rinischer gulden jerlicher rente vff michaelis, diwile sie lebit *1423 Gengler, CIM. 802.* das die von F. vormeynten nicht s t a d t r e n t e zcu geben *1470 FreibergUB. II 199.*

III. *wie* → Stadtkämmerei (I); *bdv.:* Stadtrentkammer. je

des jahr in die s t a d t r e n t 27 alb. trierischer wehrung ... zu liefern *1687 AnnNassau 41 (1911/12) 50.* [weisung an die thorwärter] keine früchte ... hinauspassiren zu lassen, als sie widrigen falls ... zum ersatz des der s t a d t r e n t e dadurch zugehenden schadens ... angehalten werden *1802 HeidelbPolGes. 15.*

Stadtrentebuch *n.,* → Stadtbuch *zur Verzeichnung von* → Renten (I u. III), *Erblehen, Grundstücksverpfändungen uä.* de my ock an. 80 in des e. rades s t a d r e n t e b o e c k togeschreuen stan *1581 Staphorst,HambKG. I 4 S. 619. 1614 ebd. I 3 S. 819.* daß die im s t a d t r e n t e b u c h eingeschriebnen verpfändungen [anderen vorgezogen werden] *1784 Anderson,HambPrivR. II 406.*

Stadtrentkammer *f., wie* → Stadtkämmerei (I); *bdv.:* Rentkammer (I), Stadtrente (III). es soll ... demselben [bürgermeister] hinfüro alle jahr, so lange die viele arbeit mit dem vielfältigen stadts-prozeßen wäret, ... ein certium ad fünffzehn rtl ... von der s t a d t r e n t c a m m e r gereichet ... werden *1689 UnnaHeimatb. 39.* daß ein zeitlicher sprechender oder praesitirender bürgermeister ... neben seinem bißhero von der s t a d t r e n t c a m m e r competirendem jährlichen gehalt zwantzig rthl. ... baar zu empfangen ... haben solle *1712 ebd. 24.*

Stadtrentmeister *m., wie* → Stadtkämmerer; *bdv.:* Rentmeister (I). daß sie [*Gildenmeister und Gemeinsleute*] ohne gunst, ohne gaab, ohne haß und neid solche bürgermeister, rathsglieder und s t a d t s r e n t m e i s t e r wehlen wollten *1535 Dorider,Recklinghausen 18.* dat um de 4 kaermenners mit elck 1 peert ende kare jaerlix te onderholden ... van kamer ende kelder 5 br. st. sal gegeven ende betaelt worden in handen van de s t a d t r e n t e m e st e r *1590 Alting,Diarium 782.* dem zeitlichen burgermeistern und s t a t t r e n t m e i s t e r n sowol als den übrigen ratsverwandten das ratsgehalt ... gutgemacht *1692 DürenWQ. 43.* der s t a d t - r e n t m e i s t e r soll sich nicht gelüsten lassen, eines hellerswerth ohne des magistrats anweisung ... zu bezahlen *1715 Isaacsohn,PreußBeamte III 91.* die communalbeamten ...: 34 s t a d t r e n t m e i s t e r, davon zugl. 2 schöffen und kämmerer *1748 Acta Boruss.BehO. VIII 220.*

Stadtrepublik *f., städt. Gemeinwesen, Stadtstaat; vgl.* Republik. daß ... in dieser s t a t t r e p u b l i c ein geschworner büttel die frevel, vngefuge für gericht bringen ... muß *Beständiger Gegenbericht der Keyserlichen Reichs Burg Fridberg (Marburg 1641) 285.*

Stadtrezeß *m.,* → Stadtstatut, *städt. Verordnung; vgl.* Rezeß (I). wer in der stadt parteien machet den soll man nach verdienst also strafen, daß sich ein ander dran zu spiegeln, und vermöge der s t a d t - r e c e s s e n in den lieffländischen städten nicht gelitten werden *1560 Reval StR. I 240. 1786 Gadebusch,Staatskunde I 247.* in den hamburger s t a d t r e c e s s e n, art. 57, heißt es *1798 Rep Recht II 313.*

(Stadtricht) *n.,* → Stadtgericht (I), *städt. Gerichtsbarkeit; vgl.* Richt. wy ... beligen sy mit dem gnanten vnnsem s t a t r i c h t e vnd der statvogedien *1452 CDBrandenb. III 1 S. 306.* diefstal und andere grave saken, de dem s t a d r i c h t e geboren *1554 LünebZftU. 205.*

Stadtrichter *m.,* → Richter (II), *Vorsitzender des* → Stadtgerichts (I); *zT. mit weiteren Aufgaben betraut.* **I.** *bezügl. seiner Aufgaben als Zivil- und Strafrichter.* er [*Totschläger*] sol aber von dem s t a t r i c h t e r ze drin fürboten oder ains fur die alle werden fürgeladen *1244 BabbÖstUB. II 288.* wird der verbrecher in der hanthaften that gefangen mit gewepenter hand und vor gerichte bracht, das sol der s t a t r i c h t e r richten nach der statscheppfen urteil und rechte *1280 BreslUB. 49 [Komp.?].* swer och einen w[u]ndet hat, ... so sol sich der s t a t r i c h t e r vnderwinden sines libes vnd sines gvotes vns zebehalten *1294 Bergmann, München Urk. 11.* daz dhai s t a t r i c h t e r oder lantrichter dheinen nit pezzer, nůr des er in offenlich vor recht mit vrag und mit urtail schuldich worden ist *SalzbLO. 1328 Art. 30.* das F.v.K. komen ist vor den sitzcenden roth und vor unser s t a d r i c h t i r, hot sich vorczegen von synes wybes wegen *1461 LübbStB. 47.* des s t a t r i c h t e r s ampt ist, die ergangnen urthail zu volzien, uber das pluet richten und in peinlichen fragen entgegen zu sein *1516 Nürnb Chr. V 801.* so ain parthey vmb zulassung vorhabender appellation bey dem s t a t r i c h t e r ansuchen wurde, soll er s t a t r i c h t e r zuuorderst in acht haben, ob dieselbig appellation an das keyserlich cammergericht, oder für ainen rath wöll gewendet werden *NürnbRef. 1564 X 4. 1571 WestfLR. 173.* sollen die zechmaister und die eltsten aines ersamen handwercks ... die unrecht befunden hinweck nehmen und dem s t a t t r i c h t e r alhie iberantworten *1582 PreßbZftUrk. 192.* ob ainer freiung vom s t a t t r i c h t e r emphieng und kumbt auf des probst grunt, so soll er alle freihait haben, als wär er ... in der statt *Ende 16. Jh. NÖsterr./ÖW. VIII 555.* hat der ... s t a d t r i c h t e r daselbst einen ordentlichen kummer ... gerichtlich angenommen *1613 Span, Bergurthel 138.* [*Städte sollen*] zum vortrag der criminalien entweder mit einem obergerichtlich geprüften s t a d t r i c h t e r oder syndico sich versehen *1769 CCTher. 20 § 10.* weitere *Belege: 1591* Leib (III 1), *1660* Bahrrecht (II), *1809* Stadtgericht (I 3).

II. *bezügl. seiner sonstigen Aufgaben, ua. im Bereich der (Markt- und Feuer-) Polizei, Finanzverwaltung sowie Kranken- und Armenfürsorge.* swer auch in die stat gelten sol, den sol vnser sachwalt oder vnser s t a t r i h t e r auf beschaidenhait, won ze æinem mal hin in belaitten *1296 MWittelsb. II 93.* das dieselbigen zwen jarmerkt dester pas beschirmet werden, haben wir ... ainem s t a t r i c h t e r hie ze Wienn zugeschafft unser hofmarschælich *1396 Tomaschek, Wien II 3.* is hey auer nicht wittzig, so sal man ome eynen vormunden geuen, up deme lande den lantrichter, in der stat den s t a t r i c h t e r edder sin vogt *Mitte 15. Jh. Schwsp.(Kurzform/Gr.) Art. 59 (Kz³).* ob dann ainer oder mer auf der gmain hewser pawen wolten, den selben sol von ainem perkhrichter, landtrichter oder s t a t r i c h t e r der selben ennde hofstet auf der gemain außzaigt werden *1517 MaxBO. Art. 28.* die cassa soll beim herrn s t a t r i c h t e r sein *1622 Kremnitz/Zborník Muzeálnej Slovenskej Spoločnosti 4 (1899) 112.* die andere bürgermeistere ... nebst dem s t a d t - r i c h t e r und stadtschreiber, sollen sich zum feu-

er machen ... und daselbst die bürgerschafft ... zu fleißiger hülffe ermahnen *1672 CCMarch. V 1 Sp. 152.* E.P., neuerwählter s t a d t - und pannrichter, ist ... zum pfleger des siechkobels ... ernennet ... worden *1693 Lahner, Samml. 30.* soll bey erfolgtem sturmschlag der regierende bürgermeister und der stadtvoigt wie auch s t a d t - r i c h t e r an dem ort, wo das feuer entstanden, sich sobald verfügen *1755 AltenburgSamml. II 75.* an denen orten ..., wo fürstliche aemter sind, soll ... solches [*allmosen-amt*] der s t a d t - r i c h t e r nebst richter und schöppen zu verrichten haben *1773 VerordnAnhDessau I 151.* weitere Belege: *1524* Rathausknecht, *1710* Pflegamt (I).

III. *bezügl. der Abgrenzung seiner räumlichen und sachlichen Zuständigkeit.* swer öch s t a t r i h t e r ist, der niht ze schaffen bi den burgærn, da si sitzent bi der stat geschæft *1294 MWittelsb. II 45.* das kain s t a t r i c h t e r nicht furbas richten sülle dann inerhalb der rinkmaur *ÖLR. 1298 Art. 46.* waz da geschiet in den gruben ... daz sal der bercmeister richten, waz aber da uzenwendic geschit, daz sal richten der s t a t r i c h t e r *13. Jh.? ZBergr. 21 (1880) 32. 1315 KlosterneubStiftUB. I 148.* daz chain lantrichter ... chain gewalt hab in der stat, ... vor dem s t a t r i c h t e r schol man daz recht suchen *um 1330 BrünnRQ. 361.* ist daz die iuden under in selben ein chrieg oder ein urleug machent oder ein gevecht, da schol sich der s t a t r i c h t e r nichtes nicht um an nemen *ebd. 369.* waz auch vor denselben bergrichtern geteidingit wirt, dy mogyn myt rechte vor keyme s t a t r i c h t e r geczugen *Mitte 14. Jh. FreibergBR. 286.* dass darumb hinz in [*burger zu Gräz*] niemand zu richten noch von in das recht zu thuen hab dann ir s t a t r i c h t e r, wer aber der saumbig daranneen, so schol es thuen unser lantschreiber in Steyer *1396 Schwind-Dopsch 282.* ambtmann: der soll in [*dieb*] halten unzt an den 3ten tag, so soll er ihn anfailen den s t a t t r i c h t e r und nit den feldrichter *1416 NÖsterr./ÖW. VIII 893.* wer zů in [*Einwohner von Bern*] zu sprechen hat, das der das rechte darumb ... nemen sol für irem schultheissen und s t a t r i c h t e r *1433 BernStR. IV 1 S. 191.* das die zwey s t a t t r i c h t e r hie sollich ir [*juden*] schuldbrief nicht sigeln wöllen *vor 1481 UrkJudRegensb. 177.* geschicht aber eyn handthafftige tadt vmb vngerichte, vnd man mag den s t a d t r i c h t e r nicht gehaben, so sol der rath, wie oft des noth geschicht, greiffen vnd richten lassen *1540 JenaStO. Art. 152.* kein burger [*hat*] den anderen mit fremdem gericht zu bekümmeren, sonderen vor allhiesigem s t a d t r i c h - t e r und staab recht zu geben und zu nemmen *1756 RheinfeldenStR. (SchweizRQ.) 400.*

IV. *bezügl. seiner Einsetzung, Amtsstellung sowie der Zusammensetzung seines Gerichts.* ein ieglîch herre solde / des dâ ganz gelübde tuon / ... sie wærn rihter oder ambetman, / s t a t r i h t e r oder lantman *um 1290 Ulr.v. Etzenbach, Wilh. (Rosenfeld) V. 2122.* wer aber, daz in den fvnf iaren ... ein s t a t r i c h t e r stvrbe oder verchert wrd, swer an des stat gesetzt wrd, der sol minem herren ... des selben sweren, des der erær gesworen hete *1296 Kurz, Ottok. II 217.* das der rathe zue ihene einen s t a d t r i c h t e r zu verorden und zu setzen hatt *1508 Jena*

UB. II 423. wo sich befunndte, das ain s t a t t r i c h t e r in sein ambts hanndlung lässig, versaumblichen oder vnnfleyssig, hat dann ain burgermayster in namen aines ersames ratte mit ime ... zehanndlen vnnd zu beuelhen *1543 BeitrSteirG. 17 (1880) 102.* das ihrem gesetzten s t a d t r i c h t e r n sechs rathmanne ... das gerichte schöppenweise zu verhegen zugeordenet werden sollen *1601 BrandenbSchSt. II 321.* solle auch der magistrat oder gesammte bürgerschaft keineswegs ... befugt sein, weder einen s t a d t r i c h t e r, weder rathsfreund, weder ein von den sechseramt zu suspendiren *1715 Steiermark/ÖW. VI 251.* in den adelichen mediat- und ritterstädten in der Mark müßen ... die justizbürgermeister, s t a d t r i c h t e r etc. von der gerichtsobrigkeit erwehlt ... werden *1785 Fischer,KamPolR. I 557. weitere Belege: 1672* Stadtgericht (I 3), *1786* Stadtgericht (I 3).

V. *bezügl. der Gerichtsgebühren, Strafgelder, Richterentlohnung.* das der der vitzdomb viertzig pheningen, der s t a t r i c h t e r vier u. zwantzig u. der mauter zwelff pheningen von demselben außlender haben u. empfangen sollen *1235 MCarinth. IV 228. 1293 SteirGBl. 1 (1880) 111.* der ist wider hirmit von iedwedern stuckh zur bues vnd peen verfallen ... das halb pfund zur besserung an die statt vnnd dem s t a t t r i c h t e r LX ₰ und L ₰ den beschauern *1313 Grünberger,PassauZünfte 203.* der den todslag tuet oder das wunden, der ist wandelfellig dem s t a t r i c h t e r *1403 MHungJurHist. V 2 S. 5.* ist, das man ir [schulde] vellig wirt, so gepuren dy zwene tayl von gerichts wegen gen hoff auff das slos gen E. und dem s t a t r i c h t e r daz drit tayl *1483/1528 FalkenauStB. 33.* daß die s t a d t r i c h t e r wegen einer jeden sach vnd handlung einen talent zum gewinn vnd einzunehmen habe *1619 Lazius,Wien II 89.* daß hier und da die hausirer angehalten werden, bevor ihnen der verkauf ihrer waaren gestattet wird, dem burgermeister, s t a d t r i c h t e r, polizeiaufseher, gerichtsdiener ... eine gewisse zahlung in geld zu leisten *1788 HdbchÖstGes. XV 285. weitere Belege: 1312* Fleischhäckel, *vor 1439* Müller (I).

Stadtrichteramt *n., Posten, Stellung, Behörde eines →* Stadtrichters; *bdv.:* Stadtrichterstelle. soll ... dem ... zwischen den s t a t t r i c h t e r a m b t und gemainer statt ergangenen abschidt gelebt und nachgangen werden *1610 OÖsterr./ÖW. XV 106.* hat er auch selber das s t a d t r i c h t e r - a m p t im jahr 1430 verwaltet *1619 Lazius,Wien IV 11.* daß ... der kauffer sich bey dem s t a d t - r i c h t e r - a m b t umb die vergüttung des abgangs melden ... solle *1743 SchrMährSchles. 12 (1859) 441. 1785 Krünitz,Enzykl. 34 S. 20.*

Stadtrichteramtsjurisdiktion *f., Gerichtsbarkeit des →* Stadtrichters. fürstl. pfleg- und s t a d t r i c h t e r a m b t s - j u r i s d i c t i o n *1610 OÖsterr./ÖW. XV 84.*

Stadtrichteramtverwalter *m., jmd., der ein →* Stadtrichteramt *ausübt.* haben zu dessen gehorsamister volziechung sie ... Z. als dermahligen s t a t t - und lantr i c h t e r a m b t v e r w a l t e r n und gerichtsprocuratorn ... in die statt R. erfordern lassen *1662 Tirol/ÖW. XVII 32.*

stadtrichterlich *adj., einen →* Stadtrichter *oder sein Amt betreffend.* was ist L.s officio? aus ... herrlich-

keit der keyserl. s t a d t - r i c h t e r l i c h e n authorität und vollkommenheit *1670 Abele,Unordn. II 79.*

Stadtrichterstelle *f., wie →* Stadtrichteramt. gemeiniglich vertritt jemand diese s t a d t r i c h t e r - s t e l l e zwey jahre, gar selten drey *1689 Valvasor,Krain III 2 S. 698.* soll ... jeder, der auf eine land- und s t a d t r i c h t e r - oder aktuarienstelle anspruch machen will, sich vorher durch eine gute konduite ausgezeichnet haben *1806 NCCPruss. XII 2 Sp. 76.*

Stadtringmauer *f., wie →* Stadtmauer; *bdv.:* Ringmauer (I). hatt man 4 stuk uff die s t a t t r i n g m u r uff der linken syten gstellt *1555 ArchBern 5 (1863) 347. 1658 GeraStR. 188 [Komp.?].* [daß] ein jeder, was er hiebevor bei demolition der s t a t t r i n g m a u r e n von steinen und anderen materialen heimgeführt haben möchte, wieder zum maurenbau heraußgeben solle *1682 Joner,Colmar Nota. 93.* ist ... der landes-fürst von dem genuße derer von den in der s t a d t - r i n g m a u e r n zu E. wohnenden juden herrührenden geleits-gefälle ausgeschlossen *1781 HistBeitrPreuß. I 130.*

Stadtrobot *f., m.?, für eine →* Stadt (III) *zu leistender Frondienst.* der s t a t r o b a t h *Ende 15. Jh. Veröffl Steierm. 25 S. 76 [Komp.?].* herr stadt haubtman solle ... darob sein, dasz die gemain äcker nicht öede liegenn bleibenn, sondernn jahrlichenn vleissig angebauet, auch sonsten die stadtunterthanen zuer schuldigenn s t a d t r o b o t vleissig angehalten werdenn *1664 MHungJur Hist. IV 2 S. 492.*

Stadtrodel *m., n.?, amtl. Aufzeichnung der Statuten einer →* Stadt (III); *auch: die darin enthaltenen Rechtsregeln; vgl.* Rodel (I), Stadtrecht (IV). bishero in unsren dreien gemeinden ... zu brauch gain luth eines verschriebnen punckten in diesem s t a t r o d e l *1589 GraubdnRQ. III 158.* deßwegen sol es einfaltig by dem s t a t r o d e l verblyben vnd niemand mehr [vych] vffthryben, dann was einer winteret vnd zwintern vermag *1629 Bremgarten StR. 151.* haben wir ... den Liechstler s t a t t r o d e l für uns genommen, von puncten zu puncten durchgangen, ... geendert und mit dem newen aufsatz der landtsordnung so weit müglich conformirt *1654 BaselRQ. II 181.*

Stadtröhre *f., städt. Wasserleitung. 1495 KamenzUB. 134.*

stadtrüchlich *adj., wie →* stadtrüchtig. *1486 Fritzlar RQ. 727.*

stadtrüchtig *adj., stadtbekannt, in der ganzen →* Stadt (II) *berüchtigt; bdv.:* stadtkundig, stadtrüchlich; *vgl.* Stadtgerücht. das es s t a t t r u c h t i g sey, T. sein frauen in unpflicht gefunden habe *1487 FritzlarRQ. 732.* schole ed ... s t a d r u c h t i c h unde juwer erszamicheit sulves ock witlick sin, dat T.F. kyndere A.S. naturlike unde lifflike dochterkindere gewest *2. Hälfte 15. Jh. MagdebSchSpr. (Friese) 185.* borgermester P. heuet laten fragen eyneß rechten ordelß, nachdem dat s t a t r o c h t i c h sy, dat eyn gezworen richter eyn zwyn van der mysten gehalet haue *1540 Seibertz,QWestf. II 83.* welche nicht zum abendmal des herrn, noch zur taufe sollen zugelassen werden: diejenigen, so in offentlichen, s t a d t r ü c h t i g e n überwiesen sünden stecken *1554 Magdeburg/Sehling,*

EvKO. I 2 S. 451. das sein gottslåstern vnd vollsauffen
s t a d t - oder dorffr ů c h t i g ... wåre *1656 HessSamml.
II 416. 1783 Sonnenfels,GesSchr. II 40.*

(Stadtrufer) *m., mnl.; wie* → Stadtausrufer. wanneer
... vreemde incomende luyden rogge ende weyt inder
stadt ... brengen omme toe vercopen, soe sall de gheene,
daer die rogge ende weyte gekoft hebben, byden s t a d t -
r o e p e r inder stadt laeten vuytroepen omme den borger te moeghen inden coop gaen *vor 1537 Leeuwarden
StR. Art. 90. E.S.* en de C.D. als makelers sullen durch
den s t a d t r o p e r na older gewoenten laten uuthropen
... enich ghoedt hiirbinnen int gross to verkopen *1579
Alting,Diarium 451.*

Stadtruhe *f., wie* → Stadtfriede (I). daß ... markener-
ben mit dem magistrat und gilden zu conversation der
gemeinen s t a d t r u h e und bürgerlichen einigkeit [*sich*]
einmütig ... verglichen [*haben*] *1695 IserlohnUB. 221.*

Stadtrute *f.* **I.** *Stab des* → Stadtrutenträgers. vor 7 loet
zilvers daer onse s t a d r o e d e n, die die boden dreghen,
mede vermaket worden ... 10 ℔ 16 s. *1386 DeventerRek.
VI 313.*

II. *ein städt. Längenmaß; vgl.* Rute (XIII 1). dieghene hair
hoven leggende hebben an die wech na B., sullen die-
selve hair hoven ofsteken ende de wech breet maken
een s t a d t r o e d e, dat men die mit een wagen vvaeren
mach *1534 Amersfoort 278.* da die s t a d t - r u t h e im
nûrnbergischen 10 oder 12 schuh hat, so rechnet man
die land-ruthe zu 16 schuh *1741 Frisch I 570.*

(Stadtrutenträger) *m., städt. Amtsdiener, Büttel; vgl.* Ru-
teträger. [die gene] sal dan altijdt den tsamenden tinshe-
ren ende rentenaren gerichtelicken bij eenen s t a d t r o e -
d e n d r a g r e laeten toeseggen om op eenen seeckeren
dach ... bijden borgermeijsters toe coomen *1467 KampenStR. I 235.*

Stadtsache *f., im Pl. mit Bezug auf mehrere Städte
auch* **Städtesachen,** *städt. Angelegenheit; (Rechts-)Sa-
che, für welche eine* → Stadt (III) *zuständig ist.* daer
pleyt off om toe rechten wt quaeme, sulcx die stadt
voir een gemeen s t a d t s s a e k e an toe nemen ende vuyt
toe richten *vor 1537 LeeuwardenStR. Art. 148.* wan sie
[hohe obrigkait] auch sonsten gleich in ihren s t a d t s a -
c h e n schöppen zu setzen und zu wehlen haben möchten *1574 Leipzig/ZRG.*² *Germ. 10 (1889) 84.* dass unsere verordnete schützen ... jn gemeinen s t a d t oder
landts a c h e n auszuziehn von einem erbaren rathe ...
aufgefordert [*werden*] *1591 Reintges,Schützengilden 364.
1593/94 TrierWQ. 178.* es sollen der gilde alle briefe, so
in allgemeinen s t a d t s s a c h e n einkommen, als auch alle briefe, instructiones und vollmachten, so in allgemeinen s t a d t s - s a c h e n ausgehen ... communiciret werden *1672 RevalStR. II 48.* es soll aber deßen [*bürgermeister*] advociren in s t a d t s s a c h e n ... mit eingeschlo-
ßen sein *1689 UnnaHeimatb. 39.* daß der secretarius ...
die bescheide und verordnungen in contributions-, steu-
er-, acccise-, polizei- und s t ä d t e s a c h e n, auch justizsa-
chen angegebener maßen aufsetzen ... solle *1714 Acta
Boruss.BehO. I 669.* von s t a d t s a c h e n wird unmittelbar nach dem clevischen hoffgericht appelliret *1714 Iser-

lohnUB. 240. vier gassenmeister ... verkündigen, ... was
von herrschafts wegen in policei- und s t a d t - s a c h e n
... zu publiciren ist *1715 SammlBadDurlach II 451. 1750
Pütter,JurPraxis I 278.* in H. werden ... zween aus der
bürgerschaft jåhrlich gewåhlet, ... in deren gegenwart
und mit deren bewilligung alle s t a d t s a c h e n vorgenommen werden sollen *1788 Thomas,FuldPrR. I 168.*

Stadtsäckel *n., m., wie* → Stadtkasse; *bdv.:* Stadtbeutel; *vgl.*
Säckel (II). das imm [*cantor*] zů dem sold, so er von den
stiftherren hatt, von unserm s t a t t s e c k e l jårlichen ge-
volgen sóllen fúnfzig pfund *1486 BernStR. VI 1 S. 195.*
wa aber ain lediger man ain junkfrauen schwecht ... soll
[*er*] uns in unser s t a t t s e c k e l zehen pfund pfening geben *1533 Lindau/Sehling,EvKO. XII 195.* geben wir jme
[*stattartzet*] jårlich auß vnser s t a t t s e c k e l 120 cronen
1574 Frey,Pract. 21. daß der abt ... priester M.O.D.
zum prediger bestellt und ihm auf den s t a d t s ä c k e l
einen lohn von 100 fl. versprochen hat *1578 ZMähr
Schles. 8 (1904) 416.* das von den bußen ... der 3 theil
dem s t a t t s e c k e l, der ander theyl der gerichtspüchsen
vnd dann der rest einem schultheyßen ... zufallen [*soll*]
1623 ZofingenStR. 330. 1814 HdbSchweizStaatsR. 309.

Stadtsäckelmeister *m., wie* → Stadtkämmerer; *bdv.:*
Stadtsäckler. irem s t a t s e c k e l m e i s t e r ... zů bezalen be-
volchen ... 500 ℔ umb zins *1562 BernStR. IX 1 S. 321.*
nit lang hernach wurd er auch s t a t t s e c k e l m e i s t e r
vnd schůlherr *Beschreibung deß Hansen im Thurn Lebens
(Zürich 1611) 14ᵛ.*

Stadtsäckelschreiber *m.,* → Schreiber (I) *in einer*
→ Stadtkämmerei (I); *vgl.* Säckelschreiber. das hinfürder
kein notarius mehr solle angenommen, sondern alle instrumenten ... durch den s t a t t s e c k e l - und gericht-
s c h r e i b e r allein expedirt werden *1651 SolothurnRQ.
I 2 S. 346.*

Stadtsäckler *m., wie* → Stadtkämmerer; *bdv.:* Stadtrentmeister, Stadtsäckelmeister. so die von Zûrich und jr s t a t t
s e k l e r und bumeister hand usgeben *1416 ZürichStB.
II 272.* sölich summ gelts ist miner herren s t a t s e c k -
l e r n ingeantwurt *um 1491 SchweizId. VII 678.* zu jårli-
cher steur und hůtgelt ... vier guldin ... zu M. zu irer
s t a t t s e c k h l e r sichern handen antwürten *1543 Heilig-
kreuztalUB. II 459.* stellen zum bürgen H.M.B. s t a t t -
s ä k h l e r n *um 1719 FreibDiözArch.³ 10 (1958) 204.*

Stadtsäger *m., Inhaber einer städt.* → Sägemühle. pei
der sege, darinnen derselb s t a t s e g e r sein wonung hat
1464/70 Tucher,NürnbBaumeisterb. 267. A. der s t a d t -
s ä g e r gibt aus einer hoffstatt auf dem N., da er jetzt
innen sitzt, 10 pfd. a. *1474 NjblFrkG. 10 (1915) 51.*

Stadtsasse *m., wie* → Stadteinwohner; *auch:* → Hin-
tersasse (I) *einer* → Stadt (III); *bdv.:* Stadtwohner; *vgl.* ¹Saß.
das sy die inneren oder s t a t t s e s s e n, als ein burger gå-
gen dem anderen, diser gastgrichten halb einicher gstalt
beschwåren ... wöllind *1580 BernStR. VII 1 S. 592.* es
sóllend ouch unsere amptlüth und verordnete uffseher
uff unsere burger, s t a t t s e ß e n und underthanen ...
achten *1613 ebd. 302. 1622 ArgauLsch. I 62.* ein indige-
ne possessionatus oder bürgerlich gesessner land- und
s t a d t - s a s s soll ein eignes hauß und alle bürgerlichen

freyheiten ... haben *1698 SiebbStatMun. 26.*

Stadtsatz *m., jn.* in den Stadtsatz annehmen *jm. das Recht auf Wohnsitz in der Stadt verleihen; bdv.:* Satz (IV); *vgl.* Satzbürger. [*die Stadt Freiburg hat Graf H.*] in iren s t a t t - s a t z angenomen *um 1570 MittFürstenbArch. II 137.*

Stadtsatzung *f., für eine* → Stadt (III) *geltendes Gesetz, Regelwerk; zT. in städt. Autonomie erlassen; bdv.:* Stadtgesetz, Stadtwillkür; *vgl.* sitzen (VII). das man ir s t a t t s a t - z u n g e n hinfür halten sölle, wie die gesetz sind *15. Jh. ÜberlingenStR. 97.* original der von Bregentz s t a t t - s a t z u n g, so yerlich an der besatzung verlesen wurdet, außgangen im 1436. *15. Jh.? BregenzGQ. 146.* sind wir des güten willens, den berürten landtgerichten ein abschrift unser s t a t t s a t z u n g zügäben, sich dero mogen gebruchen und behelfen *1513 KonolfingenLGR. 136.* wie die keiserlich s t a t t s a t z u n g, die gulden handveste genempt, bishar nie was in söllichem phal uffknüpft worden *1528 deQuervain,BernRef. 264.* das sy kein geschriebne landsatzung habind, deßhalb sy vnter vnser s t a t t s a t z u n g sitzend *1559 Emmenthal 199.* das man ... von 100 jahren zu 100 jahren der s t a t t s a t z u n g halber eine revision halten solle *1623 ZofingenStR. 292.* [*es sei*] auch über allhiesige s t a t t s a z u n g eine solche revision vorzunehmen, zumahlen deren sie höchst benöthiget *1740 BernStR. VII 2 S. 1048.* ist noch unausgemacht, ob diese stadt [Hamburg] sich ihre s t a d t - s a t z u n g e n damahls schon selbst errichtet oder solche von ihrem landes-herrn erhalten oder ob sie dieselben von der benachbahrten stadt Lübeck etwan angenommen *1745 Westphalen,Mon. IV 122.* da nun in denen römischen s t a d t - s a t z u n g e n keine abänderung des alten und gemeinen rechts zu befinden [*ist*] *1766 Cramer,Neb. 60 S. 44.* wenn gleich eine stadt im rechtmäßigen besize der statutarischen gesezgebung sich befindet, so muß sie doch sowol die eigentlichen stadtrechte als ihre s t a d t s a z u n g e n und ordnungen vom landesherrn bestätigen laßen *1785 Fischer,KamPolR. I 609. 1815 HdbSchweizStaatsR. 72.*

Stadtsatzungbuch *n.,* → Buch (II 1), *in dem die* → Stadtsatzung *eingetragen ist; vgl.* Stadtbuch. alß P.E. stüblinschreiber dißes s t a t s a t z u n g b u e c h ... bei ... burgermaisters ... witib erhebt *1601 ÜberlingenStR. 335.*

Stadtsäuberung *f., (Straßen-)Reinigung, (Schnee-)Räumung in einer* → Stadt (II). s t a t t s ä u b e r u n g wegen schnees *SpeyerRatsprot. 1667 S. 264. 1684 BerAltert Wien 8 (1864) p. 21.* [nach stadtsäuberungsordnung ist] die s t a d t s ä u b e r u n g sogleich gemeinschäftlich vorzunehmen *1795 Kropatschek,KKGes. V 126.*

Stadtsäuberungsordnung *f., die* → Stadtsäuberung *betreffende städt. Verordnung.* dem innhaber desselben haus [*ist*] ... bey peen in der s t a t t s e u b e r u n g o r d - n u n g begriffen, auftzelegen, das er solche unsauberkhait von stund an unnd strakhs raume *1564 WienRQ. 313. 1795 Kropatschek,KKGes. V 126.*

(Stadts'aufsitzer) *m., berittener Söldner,* → Aufsitzer *im städt. Dienst; bdv.:* [^1]Stadtreiter. seligen W. s t a d z u p - s i t t e r s hueß *1392 MünsterUB. I 1 S. 165.*

(Stadtsbeweisung) *f., von einer* → Stadt (III) *ausge-* stellte Beweisurkunde; *bdv.:* Stadtbrief (I). *1500 OldenbUB. I 221.*

Stadtschäfer *m., (vereidigter)* → Schäfer *im Dienst einer* → Stadt (III); *bdv.:* Stadthirte; *vgl.* Stadtkuhhirt, [^2]Stadtschwein. soll kein s t a t t s c h e f f e r uber funfzig schaffe mieden oder besteen auf die weide *1492 Walldürn 263.* J.W. ... s t a d t s c h ä f e r *1683 FriedbergGBl. 14 (1939/42) 208.* [*wenn*] der s t a d t s c h ä f e r und dessen knecht seinem staat nicht nachkommen, sondern demselben zuwiderhandeln *17. Jh. Hornberger,Schäfer 231. 1793 MittSaar 6 (1899) 142.*

Stadtschaffer *m., für die Anschaffungen einer* → Stadt (III) *zuständige Amtsperson; vgl.* Schaffer (I). ferner bit die erbar erwelte gemain e.w., die wellen den s t a t s c h a f - f e r bevelchen und auferlegen, das er umb alen seinen empfang, als eisen, negell, ... seine sonderliche rattung halten soll *1590 MHungJurHist. II 2 S. 121.*

Stadtschaffner *m., Verwaltungsleiter einer* → Stadt (III); *ua. mit notariellen und gerichtlichen Befugnissen; bdv.:* Stadtvogt; *vgl.* Schaffner (I 1). C.v.H., s t a t s c h a f f n e r zů Rappolczwiler *1418 RappoltsteinUB. III 116.* zu vrkund vorgeschribner dinge han ich s t a t s c h a f f n e r obgenannt min eigen insigel gehenckt ... an disen brieffe *1498 MittDmEls.[2] 10 (1876/78) 273.*

Stadtschanze *f.,* → Stadtwall, Stadtbefestigung; *vgl.* [^1]Schanze (I), Stadtmauer. *1600 WeselEdikte I 861.*

Stadtschatz *m., Vermögenswerte, Finanzmittel einer* → Stadt (III); *vgl.* Stadtmittel. peculator, ein dieb des gemeynen s t a t t s c h a t z e *1536 Dasypodius 170ʳ.*

Stadtschätzer *m., städt. Immobilienschätzer.* was mauerczins seyn sal, das sal von den s t a t s c h a t c z e r n geschaczt seyn und vorbas von en vor dem rathe becant werdin *1436/52 MagdebR. II 1 S. 604. 1789 Bergius, SammlLandesG. XII 165.*

Stadtschau *f., von einer städt. Obrigkeit angeordnete amtl. Qualitätskontrolle von Waren; vgl.* [^1]Schau (II). daß solcher safran an unserer s t a d t s c h a u gewesen und gerechtfertigt sein solle *1474 Schneider,Nürnb. 61.*

Stadtscheffel *m., ein städt. Hohlmaß für schüttbare Güter; vgl.* Scheffel (III 1), Stadtmaß. modius seu mensura in granario dominorum, que dicitur s t a t s c h e p p e l *1405 HildeshUB. III 95.* der stadt Perleberg ihr s t a d t - s c h e f f e l ... ist kleiner als der berlinische *1722 CC March. V 2 Sp. 551.*

Stadtschelle *f., wie* → Stadtglocke. [*bei Gewitter:*] nach alltem catholischen bruch und harkomen die s t a t t s c h ë l l e n (wie mans nempt) lassen klingen *1576 Schacher,HexenwLuzern 72.*

Stadtschenk *m., Verwalter des* → Stadtkellers (I); *Betreiber der städt.* → Schenke (I); *bdv.:* Ratschenk, [^1]Schenk (II), Stadtkellermeister. ist A.B. ... gebeten zu vorcechen, das im Jacobus s t a d t s c h e n c k e bekanter scholt schuldigk ist X fl. rn. *1508 LübbStB. 139.* ist ein pauersman eurem s t a t s c h e n k e n etzlich kan piers schuldig plieben und hat derselbig pauersman euren s t a t s c h e n k e n ... mit bosen worten ine ausgeheißen *vor 1524 LeipzigSchSpr. 81.* wann die fasse im stadt-keller, es seyn wein- oder bier-fässer, geohmet werden, sollen allezeit die verordnete weinmeister und der s t a d t - s c h e n c k darbey seyn *1682 GothaDipl. III 251.*

Stadtschenkwein *m., von einer* → Stadt (III) *zu best. Terminen an best. Amtsträger abzugebender* → Schenkwein (I). men sall alle jair vp dat hillige hochtyt passchen inde vp nativitatis christi den s t a i d z s c h e n c k e w y n senden, item vnssen pastoir, I verdell. vnssen cloister, I verdell *15. Jh. ZWestf. 7 (1844) 222.*

Stadtscherge *m., wie* → Stadtknecht; *vgl.* Scherge (II). [*Beschwerde:*] was ... zu P. der pfarrer ... sambt seinem caplan ... item s t a t t s c h e r g e n, richter und burgermeister fur fravel und gewalt an ... evangelischen prediger ... geiebt *1594 AktGegenref.[2] I 134.* die burgerliche jurisdiction an belanget: ... daß ... von burgerl. magistrats wegen umb ein halb pfund pfening der stattrichter, so uill der statt, dem s t a t t s c h e r g e n uber zwölf pfening gebühren *1665 VerhOPfalz 19 (1860) 213.*

Stadtschild *m., wie* → Stadtwappen; *vgl.* Schild (III). es soll ouch kain messerschmid kein messer mer machen, es sy clain oder groß, es sye dann der s t a t t s c h i l t zu sinem zaichen vff das messer geschlagen *1505 Ulm/Würt Vjh. 7 (1884) 274.* solche benamsung [Sarngans] langt här von zůsamensetzung beyder wörtlein ... wie dann die gans ... von den burgern in ihrem s t a t t s c h i l t geführt wirdt *1616 Guler, Raetia 211ᵛ.*

Stadtschilling *m.* **I.** *eine städt. Verbrauchssteuer,* → Stadtakzise; *bdv.:* ³Stadtmark. zur vermehrung der stadtkasten-intraden ... den s t a d t s c h i l l i n g nach anderer benachbarten städte observance zu introduciren *1685 Dähnert, Samml. II 413.* die einkünfte der stadt fliessen ... aus der stadtaccise oder dem sogenannten s t a d t s c h i l l i n g, da von jedem scheffel waizen, roggen ... viehschroot ... 1 schilling an die kåmmerey erlegt werden muß *1786 Gadebusch, Staatskunde I 211.*

II. *eine best. Anzahl von Rutenstreichen oder Schlägen, als von einer* → Stadt (III) *verhängte Strafe; vgl.* Schilling (XI). wil jm einen s t a d s c h i l l i n g zuchtigen *1536 Luther GesAusg. I 37 S. 343.* etliche ... haben allhier allerlei waren ... nach Nürnberg bracht, ... nach dem reichstaler verkauft. endlichen ... sind etliche drüber ertappt und haben drüber ein s t a d t s c h i l l i n g leiden müssen *17. Jh. MittErfurt 53 (1940) 58.* [G., *der seinen mitschülern tödlich* gestoßen, bekam] in der schuel einen offentlichen s t a t t - s c h i l l i n g durch den bettelvogt *1730 Schindler, VerbrFreib. 24. 1774 Wagner, Civilbeamte I 170.*

Stadtschlosser *m.,* → Schlosser *im Dienst einer* → Stadt (III). das man H.S. von W. zum s t a t s l o s s e r anneme, also das er der stat buxen, auch die uhre in der kirchen uf sein kosten in rustung halten ... sol *1525 MarburgRQ. II 525.* dem werchleuten: ... dem maister W., s t a t s l o s s e r, 104 ℔ 4 sh. 24 dn. *1537 JbKunsthist Kaiserh. 18 (1897) p. 23. 1623 ZSchwabNeuburg 14 (1887) 248. 1667 Alsatia 1873/74 S. 333.*

Stadtschlüssel *m.,* → Schlüssel (I) *zum Öffnen und Schließen der* → Stadttore; *ua. als Symbol der Herrschaft über eine* → Stadt (III); *bdv.:* Stadttorschlüssel. daz er [lantgrafe] den Kassil yre s t a d s l u z z i l e widir gebe *1381 WitzenhQ. 39.* bei nächtlichen zeiten sollen sie

[schlüßelverwahrer] vor allen dingen sich verhüthen, keine s t a d t s c h l ü ß e l von sich zu geben, viel weniger selbst helfen aufschließen *1593/94 TrierWQ. 113. 1631 ZMährSchles. 11 (1907) 92.* soviel aber die abnehmung der s t a d t - s c h l ü s s e l betrifft, ist solches an allen orten und enden der welt bei kriegszeiten gebräuchlich *1662 ProtBrandenbGehR. VI 523.* als ... die ålltesten bürger aus der stadt dem könige ... die s t a d t - s c h l ü s s e l kniend überreichten *1719 Lünig, TheatrCerem. I 32.* das direktorium im rathe wechselt unter den bürgern vierteljåhrig ab und der worthabende bürgermeister hat die s t a d s c h l ü s s e l in verwahrsam *1786 Gadebusch, Staatskunde I 145.* der Frankfurter magistrat präsentirt ihm [dem gewählten römischen König] die s t a d t - s c h l ü s s e l, worauf der zug in die stadt erfolgt *1804 Gönner, StaatsR. 134.*

Stadtschmied *m.* **I.** → Schmied *in Diensten einer* → Stadt (III). ist der s t a t s c h m i d t mit todt abgangen, und ist im ampt gewesen 54 jar *1535 AugsbChr. VI 65.* soll ... der s t a d t s c h m i e d ... alle sambstag vor alles, was er vorhin in der woche gemachet, auf der ratskammer seine zahlung fordern *1695 UnnaHeimatb. 49. 1798 IserlohnUB. 351.*

II. *in einer* → Stadt (II) *ansässiger (zunftgebundener)* → Schmied. daß bevorn den s t a t s c h m i d t e n dem kohlverwalter dies holtz gelassen werden möchte *1614 ZHessG.[2] 5 (1874) 80.* den sich durchs meisterstück qualificirten landschmieden bleibt auch unverwehret, den versammlungen der s t a d t - s c h m i e d e beyzuwohnen *1783 NCCPruss. VII 2539.*

Stadtschneider *m., in einer* → Stadt (II) *ansässiger (zunftgebundener)* → Schneider (I). [den juden sey zugelassen] handel zu treiben ... mit alten und neuen kleidern, doch daß sie solche neue kleider bei den s t a d t - s c h n e i d e r n und nicht unter sich ... machen lassen *1641 ZDKulturg.[2] 3 (1874) 657.* [edict, daß] alle livréen von denen in stådten wohnenden vereydeten schneidern verfertiget werden, und die auf dem lande wohnende herrschafften deshalb mit glaubwürdigen attesten von denjenigen s t a d t - s c h n e i d e r n, so die livréen gemacht, sich versehen sollen *1719 CCMarch. V 2 Sp. 319.*

Stadtschöffe *m.,* → Schöffe *an einem* → Stadtgericht (I). wird der verbrecher in der hanthaften that gefangen mit gewepenter hand ..., das sol der stat richter richten nach der s t a t s c h e p p f e n urteil und rechte *1280 Bresl UB. 49.* sal vnser hoferichter ... binnen der muer richten ... vnde die s t a t e p p h e n sullen dem selbem zcuge volgin vnde vrteylen di selbe sache noch der stat recht *1326 LiegnitzUB. 51.* wen ein schulteß die [Maße] aufheben wil, so scholl er czu im nemen der einen, die haußgenößen heissen, oder mere vnd einen s t a t s c h e p p f e n oder mere *Ende 14. Jh. BambStR. (Parigger) § 292.* [es siegeln zwei] s t e d e s c h e f f e n und sentscheffen zu M. *1401 KlArchRhProv. II 77.* das si ir phant an meiner stat schullen sein, als sie sich derkant haben vor ... den richter zu S. und vor dem s t a d t s c h e p f e n in selicher berednuss *1404 CDMorav. XIII 339.* post hoc proxima sexta feria sunt locati jurati, scilicet s t a t s c h e p -

pen: J.G., H. C. ... *1422 NeumarktRb. 348.* iglicher person, so dis recht gesprochen, als den funff rathman, fier lanthscheppen und siben s t a d t s c h e p p e n, iglichem I gr. *1537 ZSchles. 20 (1886) 279.* wir, rathmanne der stadt Breslau, [*haben*] uns neben den ersamen s t a d t - s c h e p p e n ersehen und ... entschlossen *1585 Sehling, EvKO. III 413.* dargegen haben sie [scheffen der landtmeyerey] samtliche gericht alhie in dieser statt im rathause, ... ohne hinderungh und eynichs platzgellt dem richter oder s t a t t s c h e f f e n darvon zu geben, zu gericht zu sitzen, ... macht und gewalt *1604 LuxembW. 633. 1758 Estor,RGel. II 1120.*

Stadtschöffenherr *m., wie* → Stadtschöffe. es sulle on noit syn und auch widder recht, ire clage myt eren s t a i t s c h e f f e n h e r n zu bewysen *1526 KaufungenUB. II 413.*

Stadtschoß *n., m., von den Stadtbewohnern zu zahlende städt. (Vermögens-)Steuer; bdv.:* ³Schoß (I 1), Stadtbede, Stadtgeschoß; *vgl.* Stadtpflicht. von wegen s t a d s c h u s und anderer pflicht, so das gemelte capittel alda ... haben thun sollen *1533 HamelnUB. II 547.* anstat des opfers sol ... alle jare zur zeit, wen das s t a t s c h o ß gereicht wirt, ... aus den buden und kelleren zwen ober ein groschen ... gereichet werden *1539 PommVis. I 298.* des schulteißen s t a t s c h o ß anlangent *1571 WitzenhQ. 125.* haben ein erbar raht ... das s t a d t s c h o ß verhöhet vnd verordnet, das ein jeder bürger zum vorschoß sechs schillinge vnd dann wegen seines habenden vermügens von jedem pfunde seines gutes zweene pfennige ... jährlich geben [sol] *P. Friedeborn, Hist. Beschreibung der Stadt Alten Stettin (ebd. 1613) 61. 1730 Lünig,CollN. II 452.*

Stadtschranne *f., wie* → Stadtgericht (I); *vgl.* Schranne (I). recht, die in dem rat und in der s t a t t s c h r a n n e zu W. geschehent oder die mit vrag und mit urtail da gevallent [sullen unzebrochen beleiben] *1364 Tomaschek, Wien I 156. Ende 15. Jh. Tirol/ÖW. II 232.* vorsprechen mügen auch besuechen die landschrannen hie im landgericht ..., doch das man der bei der s t a t s c h r a n n e n nit mangel hab *Ende 15. Jh. StraubingStR. 318.*

Stadtschreibamt *n., wie* → Stadtschreiberamt. ez sol der rat ... daz s t a t s c h r e i b e a m p t, daz pütel ampt und mezmaizer ... setzen vnd entsetzen *13./14. Jh. NürnbPolO. 10.* eyn statschryber ist ... der stat diner und den allen verpflicht, sovil ime von s t a t s c h r y b - a m p t s wegen gepürt *1464 BayreuthStB.² 7.*

Stadtschreiber *m., Leiter der* → Stadtkanzlei, dem insb. die Ausfertigung amtl. Urkunden und weiterer Schriftstücke, die Protokollführung und Rechtsberatung beim* → Stadtgericht (I), *die Ausarbeitung städt. Satzungen, die juristische Beratung von Magistrat und* → Stadtregiment *sowie die Vertretung der* → Stadt (III) *in äußeren Angelegenheiten obliegen; selten auch als Bez. für weitere* → Schreiber (I) *der Stadtkanzlei; alter Stadtschreiber Stadtschreiber außer Dienst; bdv.:* Oberstadtschreiber, Ratschreiber (I), Stadtkanzler, Stadtklerk, Stadtnotar, Stadtratsschreiber, Stadtsekretär, Stadtsyndikus; *zS. vgl.* LexMA. VIII 29; Enz NZ. XII 789; Stein,Stadtschreiber; Burger,Stadtschreiber; S. Wienker-Piepho, Je gelehrter (Münster 2000) 32-77. **I.** *bezügl. seiner ge-*

richtlichen Zuständigkeiten, etwa rechtl. Beratung des Gerichts, Protokollführung, Zeugenverhör, Urteilsausfertigung und -bekanntgabe; *bdv.:* Gerichtschreiber; *vgl.* Marktschreiber (I). si [neu schephen] schullen auch haissen swern den nachrichter, den gerichtschreiber, di schergen, den s t a t - s c h r e i b e r und di andern amptleut, di czu dem gericht gehoren *um 1330 BrünnRQ. 395.* man mag ouch nach der stat recht ainem yeden gesworen s t a t s c h r y - b e r comitieren und bevelhen, zügen zü verhören und die uffzüschryben *1388/1493 TübStR. (Rau/Sydow) 14.* swenn ein vrtheil auf dem hauße funden wird, darnach soll es der s t a t t s c h r e i b e r baiden theilen mit fronpoten zu wissen tun *14. Jh. Amberg(Schenkl) I 20. 1436 AugsbStR. S. 261.* das in der burgermeister in bisin der heimberger und des s t a i t s c h r i b e r s vor solche bede in sime huse gepant haben *1444 Loersch,Ingelh. 195.* ist denne solchir rechtspruch in uwer und in beider parthe geinwertigkeit ... von deme s t a d s c h r e y b e r ... geuffent und gelesezen wurden *Ende 15. Jh. MagdebSchSpr. (Friese) 641.* ein yetlicher s t a t t s c h r e i b e r ist ein hofschreiber vff dem hoffgericht zu R. *RottweilHGO. 1523 D iⁿ.* burgermaister, sechs des rats, vnd zwen des grossen rats, das bringt mit sambt dem s t a t t s c h r e i b e r, der als ain gerichtsschreiber syzen, aber kain stym haben soll, aindlich personen *1524 SalzbStPolO. 28.* bey den ruggerichten soll ein s t a t t s c h r e i b e r entgegen sein, vnd alles was rugbar ... sampt der ergangenen straff ... einzeichnen *WürtLR. 1567 S. 22. 1593 Fischer,Erbf. II 336.* was bußwürdigs jmme [gerichts weybell] fürkhompt, das soll er eim rhaats richter oder s t a t c h r y b e r leiden *1593 LuzernStQ. IV 313.* weil bei allen steten und märkten gebreüchig, das ordenliche s t a t - und markts c h r e i b e r, so die grichtlichen händl beschreiben, ain ordenlichs protocoll halten *1596 Steiermark/ÖW. X 67.* so die zeugen geschworen haben, soll ein jeder insonderheit, in abwesen der partheyen vnnd anderer, durch das gericht oder s t a t t s c h r e i b e r verhört ... werden *1597 Meurer,Liberey I 168.* [finden die velt banwart] ei nich vih ... zu schaden gon oder sehen schaden thůn ... die selben sollent su rügen dem s t a t s c h r i b e r *16. Jh. SchlettstStR. 463.* [daß] die gerichte der städte, darinn die bürgemeister und rathspersonen sitzen vnd sich eines oder mehr s t a d t s c h r e i b e r s oder syndici dazu gebrauchen, wol vnd mit tüchtigen personen besetzet [werden] *Seckendorff,Fürstenstaat (1656) 112. 1762 Wiesand 1093.* daß ... von den übrigen unstudirten magistratsgliedern die cameral-sachen ohne beyhülfe des richters und s t a d t s c h r e i b e r s schlecht versehen werden dürften *1767 NCCPruss. IV 1011.* [die gerichtsbank *ist* zu besetzen mit:] stadt-richter, ... actuarius oder s t a d t - und gerichts-s c h r e i b e r und zween schöppen *1770 CSax. I 987.* das kriminale auf dem lande besorget der ... examinirt- und approbirte s t a d t - oder markts c h r e i b e r *1780 SteirEinl. 6. 1798 RepRecht I 195.* s t a d t s c h r e i b e r sollen von gerichtlichen acten ohne des gerichts befehl keine abschrift geben *1815 Wirt RealIndex I 4.*

II. *bezügl. seiner notariellen Tätigkeiten, insb. Ausferti-*

gen und Siegeln von Urkunden mit dem → Stadtsiegel *und Aufsetzen von Schriftstücken für Privatpersonen; auch als Urkundszeuge; vgl.* Notar. waren daran [*Ausstellung einer Urkunde*] her W. der vogt ... her H. der s t a t s c h r i - b e r ... und ander biderbe liute *1285 Konstanz Häuserb. II 53.* H. der s t a t s r i b e r von Vlme *1329 Jäger, Ulm 283.* daz niemant kain hantvesti in der stat under kainem gelobhaften insigel schriben sol, wan ainer gesworner s t a t s c h r i b e r *1356 Ravensburg StR. 116.* hebben de stede umme merer sekerheit willen en gedregen, dat mester G., der s t a d s c r i v e r to L., schal segelen *1398 HanseRez. IV 422 [Komp.?].* das ... hiraitbriefe, urtailbriefe oder spruchbriefe ... in unser geschworen stattkanzli süllen geschriben werden bi unserm geschwornen s t a t t s c h r i b e r und sinen schribern *1420 UlmRotB. Art. 478.* das kain geschäft nich ausgeen noch besigelt werden soll, es gescheech dan ... durch unsern geschwornen s t a t s c h r e i b e r *1440/47 OÖsterr./ÖW. XII 419.* man sol auch in allen reichstetten ain s t a t t s c h r e i b e r han, der notarius publicus sey *1447 RefSigm. 232.* ich M.S. v.L., wormbser bistumbs, von romischer kayserlicher gewalt und macht offner, approbirter notari, s t a t - s c h r e i b e r zu H. *1527 Schriesheim W. 56.* so ein kranck mensch ein testament machen wiell, sol man die herren umb zwene herren des raths und den s t a d t s c h r e y - b e r bitten, zu vor kommen. *1. Hälfte 16. Jh. Bresl StR. 88.* wölcher brieff bedarff vnd auffrichten will, der soll dieselbigen durch die s t a t t s c h r e i b e r seins ampts schreiben ... lassen *1552 WürtNLO. 81r.* F., ain lay, der zeit burger vnnd s t a t s c h r e y b e r zu D., augspurger bistumbs, menntzer prouintz, auß bäpstlichem vnnd khaiserlichem gewallt ain offner notarius *1567 Freib DiözArch. 10 (1876) 119.* nach dem ... die commission seinem herrn ... zůließ, einen vnparteijschen notarium dem examini zůzusetzen, so wolt er seines herrn vnd obern s t a t s c h r e i b e r, den ehrnhafften N. hiemit zůgesetzt ... sein lassen *1568 Zwengel 271r. Pfalz LR. 1582 III 17.* es mag auch solche testierend manns oder frauwen person, ehe dann solche sechs oder fünff zeugen oder männer berufft, ... zuvor durch den s t a t t - s c h r e i b e r ... seinen vorhabenden letzten willen oder testament schrifftlich verzeichen ... lassen *1597 Meurer, Liberey III 35.* von dem underrichter und s t a t s c h r e i - b e r: ... wenn wir hie ewigs gelt in der statt kauffen oder ... ander leut ewig gelt ubergeben an erbtail oder sünst, so sigeln si uns die prief mit der statt sigill *16. Jh. München/GrW. VI 180.* mit der statt M. aignem grund insigl, das die ernuesten hochgelerten G.L., beeder r. dr., s t a t t s c h r e i b e r, vnd M.M., vnnderrichter, ... daran gehangen haben *1608 Indersdorf II 316.* wen ein notarius oder s t a d t s c h r e y b e r etlicher gebrechen halber sein ampt nicht vollführen kan, so mag man einen neben schreyber halten *1628 Apel, Collect. 86.* in den reichs-städten soll ein s t a d t s c h r e i b e r notarius publicus seyn *1760 Hellfeld III 2189.* die hanauische hofund ehegerichts-ordnung [*gewährt*] die freiheit ..., den stadtschuldheisen, s t a d t s c h r e i b e r und einen rathsverwandten in ihre behausungen rufen zu lassen, um

ihre oder ihrer kinder eheverlöbnisse zu protocolliren *1785 Ledderhose, HessKR. 168.*

III. *bezügl. seiner Funktion als* → Ratschreiber (I) *und Berater des* → Magistrats (I). der gross rat het sich erkent, daz man kain s t a t s c h r i b e r mer fragen sol, weder in grossem rat noch in klainem *1387 Konstanz Rbf RotB. 36.* eyn s t a t s c h r e i b e r sal seyn amacht [*ausüben*] mit schreibin und mit lesin noch der ratmanne geheyse ... wenne worumme: eyn s t a d s c h r e i b e r ist eyn ouge und eyn munt des rates *um 1400 Liegnitz StRb. 45.* eyn s t a t s c h r y b e r ist eyns burgermeysters, rates, gemeynde und der stat diner *1464 Bayreuth StB.[2] 7.* der s t a t s c h r e i b e r sol sweren, ... was im von rats wegen oder an der kamer empfolhen ist, trulichen außzurichten und aus dem rat nit sagen *1465 Koller, Eid München 100.* das alle jar ... ainer von den reten mit der wal us dem rate gesetzt sol werden und die selben wal söllen innemen ain underburgermaister und ain under aininger und mit in der s t a t t s c h r e i b e r *um 1482 Nördlingen StR. 160. 1551 Schmoller, Straßb Tucher Zft. 180. um 1696 Luzern STQ. IV 142.* der vom landesherrn gesetzte s t a d t s c h r e i b e r vertritt die stelle des stadtsindicus *1788 Thomas, Fuld PrR. I 139.* bei allen rathssessionen soll der s t a d t s c h r e i b e r gegenwärtig sein und das protocoll schreiben *ebd. 161.*

IV. *bezügl. seiner Funktion als Leiter der* → Stadtkanzlei *sowie der Führung der* → Stadtbücher *und der städt. Korrespondenz.* von s t a t s c h r e i b e r s ampt, wie das er ... sweret eines itzlichen sach in seinem schreiben getrewlichen bewarn, es sei mit briefen ader im statsbuch *1430/43 Olmütz StB. (Saliger) 54.* eyn bock, dar in to schriuen, wes men myt en ouerkomen is off ouerkomen wert ... unde dyt sal schriuen eyn gesworen s t a d e s - s c h r i u e r vnde anders neymant *1460 Werl/ Lasch, NdStB. 95.* der s t a t s c h r e i b e r [*hat*] ... der stat brief und pücher ... trulichen außzurichten *1465 Koller, Eid München 100.* ein jeder verkauffer ... was er vermaint in das grundpuch zu fertigen, sol er von ayner yeden post geben 32 denar, und von demselbigen gelde sol der s t a t s c h r e i b e r nemen 16 den. *1492 MHung JurHist. V 2 S. 10.* der s t a t s c h r e i b e r schreibt alle handlung in das stattbuech *1532 WürzbZ. I 1 S. 170.* dis jar wart beschlossen, das di s t a t s c h r e i b e r alle schriften in die buecher nicht mehr lateinisch, sondern in deutschen zungen sollen schreiben, damit die herrn des raths in abwesenheit des schreibers selber die schriften lesen konnen *um 1569 (Hs.) Thorn StChr. 138. weitere Belege: um 1400 Pfandbuch, 1403/39 Stadtbuch (IV), Stadtgrundbuch.*

V. *bezügl. seiner Funktion als Verfasser von Formular- und Rechtsbüchern sowie als Redaktor zu* → Stadtstatuten *und* → Stadtrecht (IV); *auch mit der Verkündung von Stadtrecht betraut.* die virundczwenczik gesworne von der stat ... mit ... E., dem alten s t a t s c r i b e r ... seczcen diese geseczce *1328 Brünn RQ. 404.* rethorica vnd formulari beynach aller schreyberey ... durch Alexandrum Hugen, viljårigem s t a t t s c h r e i b e r zu mindern Basel, auch zu Pfortzheim ... auß sein selbs geübten erfarung versamelt *Hugen 1528 Bl. 2r.* ejn wolgegrünndter kurtzer auszug beder rechten ... durch h. Jacob Kŏbel, weiland s t a t s c h r e i b e r zŭ Oppenheim mit sonderm fleiß gestellet *1536 Kŏbel, Auszug Titel.* [hoch oder gemainer teütscher nation formular, entworffen durch:] Johann Helias Meichßner offner notarius vnnd der zeyt s t a t t s c h r e i b e r zŭ Stutgart *1562 Meichßner, Form. III 48ʳ.* der statt Lucern urallt recht, satzungen und harkommen ... alles ußgeschriben und gezogen jn das groß ansehen bŭch, so angefangen durch R.C., s t a t t - s c h r y b e r n zu Lucern, anno 1573 *LuzernSTQ. I p. 53.* promulgation und verlesung der neuen satzungen des sonnabends durch den s t a d t - s c h r e i b e r aus dem rathhauß-fenster *1730 Ludewig, Anzeigen I 137.*

VI. *bezügl. seiner Funktion als städt. Gesandter und Diplomat.* wir ... H.E. burger und des rats Zŭrich und R.v.C. s t a t t s c h r i b e r daselbs tund kund, als wir in den spennen und zwitrachten zwŭschend ... der statt Z. an einem ... und Lucern, Ure ... an dem andern teil ... zu schidlŭten erkosen und gewisen *1450 Tschudi, Chr Helv. II 553.* so haben die von Norenberg erer s t a t t - s c h r i b e r eynen stetiges bij hafe *1452 Janssen, RKorr. II 1 S. 121. 1533 BernStR. V 13.* könte oder wolte der churfürst, fürst oder stand in eigner person zu dem reichstag nit erscheinen, so mag derselb einen oder mehr seiner räht ... oder s t a t t s c h r e i b e r mit gewalt und instruction, von seinetwegen zu erscheinen, abfertigen *1577 RTTraktat(Rauch) 47.* B., s t a t t s c h r e i b e r zue Rheinegg, alß abgeordneter von dem unnder und oberen Rheinthall *1643 SGallenRheintalRQ. 825.* alß haben sie eo ipso diejenige differentien, welche ... hr. J.J.D., bürgermeister, vnd hr. N.C., s t a t t s c h r e y b e r, alß deputierte halben intendiert &c., auffgehebt *1691 Joner, ColmarNota. 21.*

VII. *bezügl. seiner Aufgaben bei der städt. Finanzverwaltung, insb. der Abgabeneintreibung.* wenn och man die stŭr samnen sol, da mit sol denn aber gan ain burgermaister, ain zunftmaister und ainer von dem rat und ain statrechner, ain s t a t s c r i b e r und die gebŭttel, und sol 10 man da ieglichem geben da von ze lon VIII ß den. *1379 RavensburgStR. 181.* vortmer schal de s t a d s c r i v e r alle jar to hant na sunte symon juden-daghe dat schöt scriven *1451 PommGeschDm. II 51.* es sullen auch die zwen camrer ... nichts einnemen noch ausgeben, dan in gegenwurtikait des s t a t s c h r e i b e r, daß er das zu stunden einschreib *1452 Lori, BairBergr. 36.* die rentmeister sollen ... den weinschanck in den kellern sambt dem s t a t s c h r e i b e r n und weinruffer ... besichtigen *1528 Krautheim 210. 1535 PommVis. I 17.* schulmeister in den dörffern sollen nicht heiligen- oder waysenrechnungen stellen, sondern es den s t a d s c h r e i b e r n überlassen *1599 SchulO.(Vormbaum) III 309.* was steur recht ist und wievil guet ainer haben soll, der ain marck steure, desgleichen wie die steurer baaidigt werden sollen, was ain jeder zu versteuren schuldig seie oder nit, das alles ligt hinder ainem s t a t t s c h r e i b e r zu B. *1601 Vorarlberg/ÖW. XVIII 95.* den gewiesen judenzins ..., welchen ein s t a d s c h r e i b e r neben dem frawenzinß verrechnet *1605 QStBayreuth 136.* die waisenschreibereien

versehen ... die vögte, ... bei der stadt A. der s t a d t - s c h r e i b e r *1784 Bachmann, PfalzZwbrStaatsR. 44. weitere Belege: 1438* Rechnung (II 1), *1664* Spänausschneider.

VIII. *bezügl. weiterer administrativer und (feuer- oder bau-)polizeilicher Aufgaben.* swer öch messer hie trait, dü lenger sint denne das messe, das an des s t a t s c h r î b e r s ort gemachet ist ..., der git vnser statt ze buße v ß. *1385 Alemannia 5 (1877) 226.* die beyden cammer herren und neben ihnen der s t a d t s c h r e i b e r ... sollen sich [bei feuergeschrey] aufs ratthauß finden, deßelbigen und der oberböden fleißig wahrnehmen *1596 Bautzen Stat. 56. 1661 VerordnAnhDessau I 82.* stadt-richter und s t a d t s c h r e i b e r sollen sich zum feuer machen ... und daselbst die bürgerschafft ... zu fleißiger hülffe ermahnen *1672 CCMarch. V 1 Sp. 152. 1716 Tirol/ÖW. XVII 202.* die fertigung der orts-tabellen ... durch den s t a d t - und amts-s c h r e i b e r oder in dessen ermanglung durch eine andere hiezu geschikte person *1807 Reyscher, Ges. IX 124. 1811 Knapp, RepWürt. III 1 S. 37.*

IX. *bezügl. des → Stadtschreiberamts als Nebentätigkeit, insb. für → Schulmeister (I) in einigen kleineren Städten.* J.S. s t a d s c r i v e r unde scholemester *1474 Balt Stud. 46 (1896) 57.* schulmeister soll allezeit s t a d t - s c h r e i b e r und custer mit sein *1529 Wahrenbrück/ Sehling, EvKO. I 1 S. 687.* sol ein fromer, zuchtiger, gelehrter schulmeister verordnet ... werden, ... mit zuthun des s t a d t s c h r e i b e r s ambt *1529 Ronneburg/ebd. I 2 S. 117.* dat ein parner edder predicante ock mit sy eyn s t a d s c r i u e r *1535 Pommern/EvKirchO. I 252. 1557 Winter, Wiesloch 218. weitere Belege: 1528* Schulmeister (I 3), *1676* Stadtschreiberdienst.

X. *bezügl. seiner Schreibereischüler, Gehilfen und Mitarbeiter; vgl.* Stadtschreibereiskribent, Stadtschreibereisubstitut. vnd sol och vnser s t a t s c h r i b e r oder sin schüler bi iren eiden ane geuérde, ob er vnmüssig were, bi dem rate sitzen, wenne man darinn richtet *um 1400 BernStR. I 111.* des s t a t t s c h r e i b e r s knaben [erhalten vierteljährlich 4 fl.] *um 1450 VeröfflArchWürt. 21 S. 28*.* mitt meister H.O., dem alten s t a t s c h r y b e r, und S.G., seym gesellen, überkomen, ... daß man ine hinfüro von yden frembden urteilen ... geben soll I gulden *1481 Oppenh StB. 212.* es soll och ein s t a t t s c h r e i b e r sich allweg versehen mit geschickten, dapfern substituten, und insonderheyt dero halb, so er mit im inn rhätt fürt *1533 BernStR. V 13.* es soll auch ein yedes inuentarium, das anderst stat haben soll, gemacht werden durch den s t a t s c h r e y b e r hie, oder in seinem abwesen durch seinen substituten inn beysein zweyer richter darzu verordnet *1541 HeilbronnStat. V 8. 1568 Zwengel 67ʳ.* durch den s t a d t s c h r e i b e r oder seine gelübdete substituten *1604 (ed. 1817) SolothurnStR. 40.* der s t a d t s c h r e i b e r, welcher unter sich auch noch einen waysenschreiber hat *1625 ZRG.² Germ. 45 (1925) 271.* s t a d t s c h r e i b e r: er wird auch stadtsekretarius und aktuarius genennt, und in großen städten sind deren mehrere und haben besondere registratoren, kalkulatoren und kanzlisten unter sich *1785 Fischer, KamPolR. I 648.*

XI. *bezügl. seiner Amtseinsetzung, Ausbildung und wei-*

terer Einstellungsvoraussetzungen. wen man zu einem
s t a d s c h r e i b e r kysen sal: ... worumme sal man nicht
billichir eynen prister nemen adir eynen andern geordenten man in geistlichin sachin? ... dorumme das eyn
s t a d s c h r e i b e r schreiben sal alle wertliche sache, ...
die zu eynir stad heymlichkeit gehoren *um 1400 Liegnitz
StRb. 47.* es sol kain priester weder s t a t t s c h r e i b e r
noch notari sein *1447 RefSigm. 232.* B.v.L. canonic unde in den tiden s t a d e s s c r i v e r to O. *1460 OldenbUB. I
156.* ein itzlicher s t a t s c h r e y b e r pey uns sol gesworn
sein ... und sulchen ayt schol er thun einem weysen burgermeister und ratt *1483/1528 FalkenauStB. 37.* sol auch
der s t a t t s c h r e i b e r schweren, vnß ... gehorsam vnd
gewertig zu sein *1503 EngenStR. 364.* daz er auch, die
zeit er s t a t s c h r e i b e r ist, nyemandts anndern gelob-
ter, oder versprochner diener sein, noch werden welle
1524 SalzbStPolO. 20. ain taugliche, fromme, verstend-
dige person ... und das derselb s t a t s c h r e i b e r das
statschreiberambt vleissig und frumbklich verwese *1526
WienRQ. 284. ebd. 296.* des s t a d t s c h r e i b e r aydt *um
1550 Jahn,KanzleiZerbst 46.* solle mit fleiß dahin gesehen werden, das keine s t a t t s c h r e i b e r angenommen,
die seien dann der augspurgischen vnd vnser confeßi-
on vnnd apologj anhengig *WürtLR. 1567 S. 5.* soll ein
jedes ampt ... mit einem erbarn, frommen, gottsförchti-
gen, verständigen vnd verschwignen ampt-, s t a t t - oder
gericht s c h r e i b e r versehen sein *BadLO. 1622 Bl. 34.*
dem s t a t t s c h r e i b e r, welcher ein getreüe und fleissige, auch in denen rechten und landsbräuchen wohl er-
fahrne person zu sein hat *1690 OÖsterr./ÖW. XII 473.*
ein zeitlicher s t a t t s c h r e i b e r ist von alters her vom
rhat in vorschlag gebracht und darauff im nahmen ihro
churfürstlichen durchlaucht vom oberschultheyß in beyseyn des stattrhats und burgermeiser verpflichtet *1737
PfälzW. II 572.* damit aber zu ... richtern, syndicis und
s t a d t - s c h r e i b e r n redliche und in denen rechten er-
fahrne männer bestellet werden mögen *1749 CCMarch.
IV. Cont. 167.* s t a d t s c h r e i b e r: ... im preußischen
müssen sie rechtsverständige seyn und bey den märki-
schen städten zu Frankfurt an der Oder studirt haben
1785 Fischer,KamPolR. I 648. in städten, wo nur ... ein
rechtsverständiger sekretarius, s t a d t s c h r e i b e r oder
notarius angesetzt ist *1806 v.Berg,PolR. V 431.*

XII. *bezügl. seiner Einkünfte, Privilegien und seines
Vermögens.* wie der s t a d s c r y v e r is, vyr wermark is
syn lon des jares *Anf. 14. Jh. QuedlinbStB. 231.* der
s t a t s c h r e i b e r vnd vnser ratgeben ... sol ieglicher
fvmf pfvnt enpfor haben an ir stivr, vnd swez ir ieglicher mer hat, daz sol er verstivren als ein ander vnser
purger *1312 MWittelsb. II 209.* daz sie ... C., dem s t e t
s r i b e r ze Halle und sinen erben heten ze kaufen geben ... zwelf schillinge haller jerlicher gülte *1313 We-
ber,Siedenserbleihen II 26.* daz man ainem s t e t s c h r i-
b e r geben sol aelliu jar von der stat sehs und zwaintzig pfund phenning für alle sache und niht me *1363
AugsbStR. S. 251. ebd. 253.* het der s t a d s c h r i v e r
alle virdel jares 5 mandel groschen ... tu syn somerge-
want up ostern tu hulpe eyn schok groschen *um 1395*

BerlinStB. 27. um 1490 RechterWeg I 81. zo en sal men
ghieman to porter ontfangen, hij sal gheuen den schepenen vier schellync enghelsche ende den s t a d s c h r i j-
v e r enen groote *15. Jh.? StaverenStR. Art. 145.* wen
auch ymants borgerrecht gewynnet, der sal dem s t a t-
s c h r e i b e r eyn groschn geben *1516 CDBrandenb. I 23
S. 412. ebd.* 3 sch. deme s t a t s c r y v e r vor 2 breve, 3 sch.
deme s t a t s c r i v e r vor 1 breff tho R. *1524 JbMeckl.
91 (1927) 182.* geburet inen jars dem schultessen und
jeder persone gerichts und raths zu sampt dem s t a d t-
s c h r e i b e r ... ein lb. hlr., seint 15 alb., vor ire maelzei-
ten *vor 1529/1643 RheingauLändlRQ. 33.* es were dann,
das sachen fürfielen, darinn die s t a d t s c h r e i b e r ver-
meinten, ein höhere belonung, dann in diser gmeinen
tax begriffen, verdient zuhaben *WürtLR. 1555 S. 11.
WürtLR. 1567 S. 41.* was den s t a d t s c h r e i b e r und
andere gerichtsdiener anlanget, bleiben sie billig auch
bei gleicher immunität [des schosses, wachtgeldes, stadt-
werckes und dergleychen] *1599 LauenburgStR. I 6.* umb
dess willen, dass die bürgermeister und rathmenner und
der s t a d t s c h r e i b e r der kirchen und der stadt dienen,
so sollen sie mit ihren hausfrauen freie begräbnis darinnen haben *1612 Danzig/Sehling,EvKO. IV 200.* soll
der s t a d t s c h r e i b e r ... damit er in der gantzen sachen desto fleißiger sey, vom werth der sachen je von
zween gülden einen groschen [*bekommen*] *1639 Brschw
LO. II 496.* ueber dieses hat ein s t a d t s c h r e i b e r etc.,
der keine fourage auf ein pferd zur besoldung beziehet,
die pferdmiethe und täglich 1 fl. tagsgebühr ... zu erfordern *1754 SammlBadDurlach III 56. weitere Belege: 1363*
[1]*Kappe (II 2), 1381 Schädel (II), um 1400 gebühren (I 3), vor 1439 Müller (I), 1459 Schreibgeld (I), 15. Jh. Stadtknecht, 1537 Schließgeld (II),
1678 Mesner (I).*

Stadtschreiberamt *n., Posten, Stellung, Tätigkeit eines* → Stadtschreibers; *bdv.:* Stadtnotariat, Stadtschreibamt, Stadtschreiberdienst, Stadtschreiberei (II), Stadtschreibereiamt, Stadtschreibereidienst, Stadtschreibereistelle, Stadtschreiberstelle. ob ir uwer
s t a t t s c h r i b e r a m p t endern, das ir in dann fur ander darzu komen und empfachen wollen und in ain
zitt in seiner regierung des s t a t t s c h r i b e r a m p t ... er-
kunnen *1485 DZGeschW.*[2] *Vjh. 2 (1897/98) 183.* H.S.:
ist ime auf sein begehren das s t a t s c h r e i b e r a m b t
mit sambt der wag und niderleg ... auf dises iar verlassen *1545 Kogler,Rattenberg 47.* will ich ... mergedachts
s t a t t s c h r e i b e r a m b t mit allen sachen schreiben, lesen,
geschäfften und handln, getreulich mit allem vleis verrichten *1550 StraubingUB. 588.* als ich aber des schweren,
überlästigen bey meiner zeyt s t a t t s c h r e i b e r a m p t s
zu A. ... erlassen worden ... bin *1550 ZSchwabNeuburg
27 (1900) 27.* *1582 Reyscher,Ges. XII 438.* was von
dem raht an den landtsfürsten oder an andere obrig-
kaiten vnd ståndt zubringen ist, das referirt vnd be-
schreibt er [stadtschreiber] vnnd verrichtet also in allem
das s t a d t s c h r e i b e r - a m p t *1619 Lazius,Wien IV 45.
1620 BernStR. VII 1 S. 682.*

Stadtschreiberbedienung *f., Amtsführung eines* →
Stadtschreibers; *vgl.* Bedienung (II). dass niemals mit gemeinen raths und stadtsachen so unordentlich als un-

ter seiner s t a d t s c h r e i b e r b e d i e n u n g hergangen *1658 AnnNassau 36 (1906) 209.* wegen der richter-, s t a d t s c h r e i b e r- und anderen städtischen justizb e d i e n u n g e n *1762 ActaBoruss.BehO. XII 536.*

Stadtschreiberbestätigung *f., förmliche Anerkennung eines* → Stadtschreibers *im Amt. BadLO. 1622 Bl. 34ᵛ.*

Stadtschreiberdienst *m., wie* → Stadtschreiberamt. zů unsererm s t a t t s c h r y b e r d i e n s t und ampt berůfft und erwelt *1620 BernStR. VII 1 S. 682.* der cantor zu C. sall, weil die matricul … dem schuhlmeister alda den s t a d t s c h r e i b e r- d i e n s t mit zulegt, stadtschreiber zugleich mitseyn *1676 CöllnKons. 273.* der s t a d t-s c h r e i b e r d i e n s t zu R. … kostet ihren mann 1000 fl. *1785 WürtJbVk. 1955 S. 24.*

Stadtschreiberei *f.* I. *Amtssitz,* → Kanzlei (A IV), *Schreibstube des* → Stadtschreibers; *als Institution und Baulichkeit; bdv.:* Stadtkanzlei, Stadtschreibereihaus, Stadtschreibung. von der s t a t s c h r i b e r y *1322 StraßbUB. IV 2 S. 154.* daß alle eberedungen, gemechnussen, widem, morgengabe, geschefte und ordnungen … in der s t a t-s c h r e i b e r e i verzeichnet und verschriben … werden sollen *1538 SchlettstStR. 370.* die khauffbrief umb die heuser und grundstuckh [werden] … bei der geschwornen s t a d t s c h r e i b e r e y geschriben *1572 MünchenSt R.(Auer) 244.* der heuratsbrieff … ist verlegt … [*und war*] wol durch den B. hieuor inn vnser s t a t t s c h r e i-b e r e y kommen *1574 Frey,Pract. 225.* das salbüchlein ist … verbronnen; findet sich auch nichts davon zu H. in der s t a d t s c h r e i b e r e i, also man eben alten rechnungen nachgeht *1653 BlWürtKG. 34 (1930) 131.* daß einige unserer steuer-revisionscommissariorum … steuerrevisions-acta … zur s t a t t- amt-s c h r e i b e r e y, dahin solche gehoĕrig sind, nicht extradiren *1722 Reyscher,Ges. XVII 1 S. 382. 1772 Walch,Beitr. II 12.* da wir … von den decanis immediate aus den s t a d t s c h r e i-b e r e i e n bloße extracte aus den heiligen rechnungen anverlangt *1786 Hartmann,WürtGes. IV 472.* wann sie sich der schallen- und arbeitsleüte zu handen des rathhauses, der s t a d t s c h r e i b e r e y und der gefangenschaft zum holztragen und holzhauen bedienen werden *1787 Bern StR. VII 1 S. 514.* das die chorschreiberey nicht mehr … der s t a d t-, sonderen der amts-c h r e i b e r e y annexiert seyn solle *1790 InterlakenR. 672.* daß die steuerumlagen ohne verzug durch die s t a d t s c h r e i b e r e i vorgenommen werden *1812 Reyscher,Ges. XVIII 773. 1815 Wirt RealIndex I 239.*

II. *wie* → Stadtschreiberamt. vwir gnadin habin mich vormals gein dem rate zu Isenach vorschrebin der s t a d-s c h r e i b e r i e halbin *1466 Schmitt,NhdSchriftspr. 185.* soll der schulmeister … auch dem rate in dem dienste der s t a d t s c h r e i b e r e i treu u. geburlichen gehorsam leisten *1528 Schmiedeberg/Sehling,EvKO. I 1 S. 663.* die koster: is ok scholmeister, stat und beider kasten schriver … vier mark schal em ein rat geven von wegen der s t a t s c h r i v e r i e *1543 PommVis. II 119.* an den … herrn pfaltzgraue F. … von wegen der zu N. vacirenden s t a t s c h r e i b e r e y halben … supplicirt *1568 Zwengel 63ʳ. 1591 AktGegenref.² I 10.* umb … verleihung der vacirlich gewordenen s t a d t s c h r e i b e r e y bitt- und schrifftlich anzuhalten *1670 Abele,Unordn. III 35.* O.V. [*hat*] nebst der s t a d t s c h r e i b e r e y auch collaboratur in der schule erhalten *1721 Knauth,Altenzella III 182. 1767 Rott,Podersam 462.*

Stadtschreibereiamt *n., wie* → Stadtschreiberamt. *1625 Müller,MünchenAmtsträger 121.*

Stadtschreibereid *m., Diensteid eines* → Stadtschreibers. *Layensp. 1509 A 5ʳ [Komp.?].*

Stadtschreibereidienst *m., wie* → Stadtschreiberamt. das vnnsere s t a t s c h r e i b e r e y d i e n n s t e n in vnnserm fürstenthumb zuuorderst mitt personen, die institutiones mit nutz vnnd verstanndt gehŏrt, versehen [*werden*] *1561 Reyscher,Ges. XI 3 S. 158.*

Stadtschreibereihaus *n., wie* → Stadtschreiberei (I). *1663 Struve,PfälzKHist. 667.*

Stadtschreibereiskribent *m., (Hilfs-)Schreiber in einer* → Stadtschreiberei (I); *vgl.* Skribent (II), Stadtschreiber (X). sollest du … die ordnungen durch die gerichtschreiber oder schulmeister … ohne zuziehung eines weitern s t a t t s c h r e i b e r e y-s c r i b e n t e n ablesen lassen *1631 Reyscher,Ges. XII 1017. 1754 SammlBadDurlach III 56. 18. Jh. WürtDienerb. 373.*

Stadtschreibereistelle *f., wie* → Stadtschreiberamt. *1673 SiegburgWQ. 179.*

Stadtschreibereisubstitut *m., Stellvertreter eines* → Stadtschreibers; *bdv.:* Stadtschreibersubstitut; *vgl.* Stadtschreiber (X). [*Verzeichnis der zum stocketen zehenden gehörigen güter*] durch he. F.M.B., der zeit einnemmer, und H.G.M., s t a t t s c h r e i b e r e y s u b s t i t u t beschehen und … beschrieben *1671 ElsMschr. 1 (1910) 272.* zehrung außer dem land, in die ferne, da man über nacht außbleiben muß: … der von der schreiberey und s t a t t s c h r e i b e r e y-s u b s t i t u t e n 40 kr. *1709 Reyscher,Ges. XIII 792. 1786 Schwarz,Losungen 1.*

Stadtschreibereiverrichtung *f., Aufgaben, Zuständigkeit eines* → Stadtschreibers. *BadLO. 1622 Bl. 34ʳ.*

Stadtschreibereiverwalter *m., Inhaber des* → Stadtschreiberamts; *vgl.* Turmbuch. thurnbuch angefangen d. 17. may a.º 1642 vnder herrn M.H., s t a d t s c h r y b e r e y-v e r w a l t e r zu B. *1642 SchweizArchVk. 15 (1911) 129.*

Stadtschreiberin *f., Ehefrau oder Witwe eines* → Stadtschreibers. her P.d.S. und G.i.H., gschaftherrn Margareten der s t a d t s c h r e i b e r y n n, [*haben in unsrer statkammer gelegt 88 lb.*] … zu einer ewigen mess *1360 RegensbUB. II 176. 1361 EichstättUB. II 512.* dy burger lassen verzelen C.K., darumbe daz er der s t a t s c h r e i-b e r i n n e zcum H. gelt globet hat … unde nicht gehalden *1441 FreibergUB. III 232.* E.A. von F., s t a t t-s c h r i b e r i n von F. *1504 GlückshrZürich 275. 1625 ArchKultur. 1 (1903) 60.*

Stadtschreibersold *m., Entlohnung des* → Stadtschreibers. der stadtschreiber … soll die vorbenannten 10 gulden aus der kasten haben über seinen s t a d t s c h r e i-b e r s o l d und andern geniess *1535 PommVis. I 17.*

Stadtschreiberstelle *f., wie* → Stadtschreiberamt. recommendatus zur rahtschreiberstelle: … schreiben von der stadt H. … betr. J.L. Neffers recommendation zur statt schreiber stelle *SpeyerRatsprot. 1667 S. 8.* in betracht der ... in einer person vereinigten richter und stadt-schreiber-stellen *1767 NCCPruss. IV 1011.* es ist durch das ... ableben des ... hiesigen stadt-schreibers R. die stadt-schreiber-stelle alhier erlediget worden *1772 ZThür.² 30 (1933) 302.* unexaminirte scribenten sollen zu stadt-, amts- und gerichtsschreibers-stellen nicht tüchtig seyn *1783 WirtRealIndex IV 125.*

Stadtschreibersubstitut *m., wie* → Stadtschreibereisubstitut. stattschriberssubstitut: ... jeglichen stattschribers substitut sol mit ains burgmaisters und raut wissen uffgenommen [werden] *1460 E. Breiter, Schaffhauser Stadtschreiber (Winterthur 1962) 204. 1560 ÜberlingenStR. 530. 1628 JbStraubing 60 (1957) 55.*

Stadtschreibung *f., wie* → Stadtschreiberei (I). die bürger ... sollen nun ... kein brief ... machen laßen, es geschehe denn bei der stadtschreibung *17. Jh. Wittmann,Gundelfingen 49.*

Stadtschuh *m.,* → Schuh (II) *als städt. Längenmaß; vgl.* Stadtmaß, Stadtwerkschuh. von einer rutten, die hat dreizehen statschuch *1461 Tucher,NürnbBaumeisterb. 51.* es sollen auch die studlen ob der enden 6 stadtschuh lang seyn *1465 Lori,BairBergr. 351. 1544 Perneder,Inst. 35ʳ.* das ein fussteig drey, ein furweg acht vnd ein geprochner furweg ... sechzehen statschuch preyt sein soll *1552 Amberg(Schenkl) I 104. NürnbRef. 1564 XXVI 8.* alle scheiter ... zu drey nürnberger stadtschuch lang gesäget *1736 Gatterer,NForstArch. XX 224.* solches nach dem mannheimer stadtschuhe in dem maaß zu erbauende schiff *1784 Heiman,Neckarschiffer I 325.*

Stadtschuld *f., im Pl. mit Bezug auf mehrere Städte auch* **Städteschulden.** I. *städt.* → Schuld (I), Geldschulden *einer* → Stadt (III). me en kunne de stadscholt nicht en weren van dem woneliken schotte *1416 HanseRez. VI 213.* dem P. judn hab ich bezalt XX fl. auri, di der jud gemainer stat auf dem rathaws in der hindern raitstuben auf di statschuld gelichen hat *1496 MHungJud. I 476. 1513? Heinemann,StatRErfurt 134.* wes statsculden dat wesen mogen, die sel elx mit zijn rait ende vijf elx in zijn jaer ... glijckelicken ommegaen *1532 Amersfoort 269.* sollen die magistrat der kleineren stadt Prag vnd die stadtgemeinde für ihre biszherige stadtschulden gleichfals in allem selbst hafften *1648 CJMunBohem. 591.* 100 stuck rindvieh unterm vorwand einer gemeinen statschuld von 1200 thaler und 5 jahrszinß von ew.ld. soldaten und bawren hinweg geführet *1652 Londorp VI 745.* [folgents *soll* das] eingebrachte geld zu abzahlung der stattschulden [*applicirt werden*] *1690 OÖsterr./ÖW. XII 476.* ist das precium zu abtragung der stadtschulden anzuwenden, hingegen des rats salarium aus der stadtcassa zu erlegen *1695 QKielVerf. 64.* [daß postilions] zu allen bürgerlichen lasten, ja gar zu abtragung alter stadt-schulden gleich denen in voller nahrung sitzenden bürgern mit angestrenget werden *1698 CCMarch. IV 1 Sp. 847.* daß der ueberschuß, so hienächst bey der cämmerey-rechnung sich finden wird, ... zu tilgung der stadtschulden mit verwand

werden soll *1718 IserlohnUB. 251.* ohne königl. consens sollen in O. keine capitalien aufgenommen, sondern die stadtschulden äussersten fleisses gemindert werden *1757 CCHolsat. Nebenbd. II 1634. 1771 Cramer, Neb. 112 S. 551.* von dem beytrage der altmärkischen städte zur contribution und von den daraus herrührenden städteschulden *GGA. (1784) 1691.* haben die bürger noch eine menge abgaben zu tilgung der stadtschulden und zum behufe des gemeinen wesens zu entrichten *1785 Fischer,KamPolR. I 670. 1786 Gadebusch, Staatskunde I 220.* declaration ... die südpreußischen städte-schulden betr.: ... wenn ... auf die bezahlung einer solchen städteschuld rechtskräftig erkannt ist, und ... ohne gänzlichen ruin der stadt nicht geleistet werden könne *1797 Rabe,PreußG. IV 245.*

II. *(Geld-)Forderung einer* → Stadt (III), *gegenüber einer Stadt bestehende* → Schuld (I); *vgl.* Schuld (II). van stadsculden: dat alle briefven, ypoteke houdende, zullen voir de stad sculden gaen, indien die ouder zijn van date dan der stad schult *1544 Amersfoort 341.* der newe rath [*soll*] ihnen eine verzeichnuss der statt schulden zustellen *1557 Westphalen,Mon. II 1345 [hierher?].* gemeine stadschulden werden allen verschriebenen schulden fürgezogen, vnd müssen für alle andre ausgericht werden *1583 SiebbLR. III 2 § 10.* das ... bei solcher anbevohlener inquisition ... verschreibunge undtt verpfendunge der stattschulde undt güter [*vorzubringen sind*] *1604 JbWestfKG. 5 (1903) 104.* in concursu creditorum ... soll dieser land-zins unter gemeine stadt-schuld in die 2te classe zuerst gesetzet und allen übrigen creditoribus vorgezogen werden *1754 WestpreußPR. II 48.*

Stadtschuldenbuch *n., städt.* → Schuldbuch (III); *vgl.* Stadtbuch (II). *1701 LuzernSTQ. IV 316.*

Stadtschule *f., städt.* → Schule (I); *insb. als Lehranstalt in der Trägerschaft einer* → Stadt (III); *auch das Gebäude.* wir bürger meister und schoppen ... thun zu wissen, dasz wir unsere stadt schule zu verleihen haben *1352 Zittau/Nyström,Schul. 4. 1430 Hagenau/ebd.* die schule ... soll hinfuro in der gemeinen stadtschule gehalten werden, ein schulmeister, ein cantor und sonst noch zwene gesellen, die sollen ire wonung der orthe ... haben *1540 Frankfurt (Oder)/Sehling,EvKO. III 210.* alphabetarii oder donatisten ... werden bei der stattschulen und sonst ihre underweisung auch finden mögen *1558 HeidelbUnivStat. 103. 1619 Weimar/ SchulO.(Vormbaum) II 257. 1651 GothaLO. Anh. 192.* das bestimbte schulgeld, nemblich ein jedweder der vier obern classen vnserer stadtschulen zu Cassel jährlich ein einheimischer einen reichsthaler, ein inländischer zween reichsthaler vnd ein außländischer drey reichsthaler *1656 SchulO.(Vormbaum) II 473. 1658 Magdeburg/ ebd. 513.* sol keiner von dehnen, so bei hiesiger fürstl. und stadtschule frequentiren [degen tragen] *1673 Liegnitz/ebd. 653.* einem neu erwehlten burgermeister soll ... zu den examinibus der stadt-schul jedesmahl zehen gulden passiret ... werden *1676 HessSamml. III 81.* [alle kinder sollen] nachdem sie das siebende jahr zurückgeleget ... von allerheiligen bis ostern in die ordentliche s t a d t -, kirchspiel- oder dorffs c h u l e n gesandt ... werden *1712 Weimar/SchulO.(Vormbaum) III 338. 1721 Knauth, Altenzella III 189.* aus diesen collegiis werden jährlich zu unterhaltung der s t a d t - s c h u l e n 200 rthlr. gegeben *1725 Staphorst, HambKG. I 2 S. 506.* was die ... s t a d t s c h u l e n anlanget, so liegen ... besonders gerichtete ... gesetze und lectiones gedruckt zu tage *1752 Bremen/SchulO.(Vormbaum) III 470.* winkelschulen neben den öffentlichen s t a d t s c h u l e n zu halten, ist untersaget *1788 Gadebusch, Staatskunde II 105. 1805 SammlBadStBl. II 159.* die unterrichts- oder hauptschulen, welche in land- und s t a d t - s c h u l e n eingetheilt werden *1806 Roman, BadKirchR. 112.*

Stadtschüler *m., Schüler an einer* → Stadtschule. *1656 HessSamml. II 332.*

Stadtschulhaus *n., Schulgebäude einer* → Stadtschule. daß s t a t t s c h u l h a u ß, so der statt eÿgen, bewonth ein schulmeister ohne zinß *1663 HornbachRechn. 85. 1779 KasselKdm. VI 2 S. 695.*

(Stadtschulkind) *n., mnl.; Schüler, dessen Schulgeld als Stipendium aus der Stadtkasse gezahlt wird.* [C. wiert vrymestere ende] gaf III lb gr., myts dat hy s t e d e s c o l - k y n t ghevest hadde *16. Jh. AnnFlandre 18 (1866) 205.*

Stadtschulmeister *m., Schulleiter,* → Lehrer (I 4) *einer* → Stadtschule; *vgl.* Schulmeister (I). zween collegas, deren penultimus auch cantor, infimus, aber zugleich teutscher s t a d t - s c h u l m e i s t e r [seyn sol] *1684 Lippe/SchulO. (Vormbaum) II 685. 1695 CartLux. 293.*

Stadtschulmeisterei *f., Amt, Posten eines* → Stadtschulmeisters. *1659 Werveke, LuxembKulturg. II 114.*

Stadtschultheiß, Stadtschulze *m.,* → Schultheiß (I 5 u. 6); hochrangiger städt. Amtsträger mit örtlich unterschiedlichem Aufgabenspektrum, insb. als → Stadtrichter, → Stadtvogt; bdv.: Stadtammann; vgl. Landschultheiß, Stadtanwalt. bůrgern, die uff den heiligen swůren, daz sie da bij werent, vnd sie vnser s t e t t s h u l t h e i ß darüber zu gezugen gab *1323 GLA. Kop. 450 fol. 164ᵇ.* vnsere s t e t t - s c h u l t h[e i ß] *1366 ebd. 156ᵇ.* des beschedede se der s t a d s c h u l t e an beident siden in ein geheget ding *1394 MagdebChr. I 292 [Komp.?].* darüber hat der vorgen. vnser s t a d t s c h u l t h e i ß zu gezugen geben H.M. vnd H.F. *1395 GLA. Kop. 450 fol. 142ᵃ.* [Schlichtung der] spenne und irunge zwuschen stat und des hofschulthessn gericht geschworen ... durch unsers gnedigen herren von W. rette ... und O.v.W., s t a t s c h u l t h e i ß *1479 Würzb Pol. 185.* hingegen ir unserm s t a t t s c h u l t h e ß und scheffen mit also sorgfaltiger beobachtung des insiegels ... beladen *1661 TrierWQ. 41.* daß die gerichtspersohnen ... jeden monat ... aufm rathhauß ... erscheinen, wobei sich dan unser s t a t t - und l a n d s c h u l t h e i ß ... mit einfinden und vorsitzen soll *1664 AnnNassau 36 (1906) 63.* [statt- und großgericht, auch gemeine oder kaufgericht werden] in ihrer churfr.gn. namen von deroselben s t a t t s c h u l t h e i ß e n mit gewönlicher solennitet behögt, clag und antwort abgehört *1668 Buchen 1095. 1690 BrschwLO. I 1014.* daß ... in beisein unseres s t a t t s c h u l t h e i s e n s und zweier gerichtsleut durch

den stattknecht ein span aus dem haus quaestionis gehauet ... werden solle *1698 HohenzollLO. 740.* sollen die zu dieser armen-sache verordnete die rolle ... der armen ... mit zuziehung ... des s t a d t - s c h u l t z e n s und stadtvoigts revidiren *1702 BrschwLO. I 947. 1708 Heinemann, StatRErfurt 227.* stadt-anwalt: m. s t a d t - s c h u l t h e i ß, stadt-vogt *1711 Rädlein 833.* bey aufrichtung des galgens: ... der beamte richter, s t a d t - s c h u l t h e i s oder stadt-vogt oder wer sonst darzu deputiret wird, reutet in die mitte zwischen 2 schöppen *1720 Lünig, TheatrCerem. II 1404.* [daß] in städten vor dem s t a d t s c h u l t h e i - s e n und stadtschreibern ... der christliche schuldner benebst dem jüdischen gläubiger [zu erscheinen schuldig *ist*] *1753 Schaab, GJudMainz 365.* daß der s t a d t - s c h u l t h e i ß ... die quæst. mauer in augenschein nehmen und berichten sollen, ... ob die anlegung eines privet der stadt schaden kŏnne *1766 Cramer, Neb. 55 S. 21.* muß der blutbann, so oft es zur neuen wahl eines s t a d t - s c h u l t h e i s s e n s kommt, bey Churbayern rechtmäßig gesucht und erneuert werden *1770 Kreittmayr, StaatsR. 336.* zu Heilbronn bestehet das stattgericht aus 1 s t a t t - s c h u l t h e i s s e n, 1 stattschultheissen-anwald und 11 beysizern *1772 Moser, NStaatsR. XVIII 206.* der s t a d t - s c h u l d h e i ß ûbte die civilgerichtsbarkeit in schuldsachen über erbe und eigen samt dem pfandrechte aus und bekam dafür die freye schulzenlehngûter zum genuße *1785 Fischer, KamPolR. I 581. 1788 Thomas, Fuld PrR. I 134.* das directorium [der policeyverwaltung] ist zwischen dem s t a d t s c h u l z e n und dem bûrgermeister ... getheilt *1804 v.Berg, PolR. IV 197.*

Stadtschusteramt *n., Zunft der innerhalb einer* → Stadt (II) *ansässigen* → Schuster; vgl. Dammschusteramt. *1681 CC Oldenb. VI 194.*

¹Stadtschütze *m., mit einer Schusswaffe ausgerüsteter städt. Wächter, Wachsoldat; bdv.:* ³Schütze (III). wen wir B. mit reysigen vnde s t a t s c h u t c z e n meynen zcu bemannen ... mit armbrosten vnde hantbuchsen *1429 LeipzUB. I 113.* hat ein erber rate J.W., richter und etlich s t a t - s c h û t z e n hinaus zu hern J.v.Z. geschickt *1508 Eger Chr. 350.* der rath etliche s t a t t s c h û t z e n verordnet, den juden schutz zu halten *1623 QFGNürnb. 32 S. 42.* anstellung allhiesiger s t a d t - s c h û t z e n bey denen âussersten posten ... zu abwerffung deß zum verkauff hereinbringenden holzes, auch einziehung der muthwilligen verbrechere *1735 Gatterer, NForstArch. 22 S. 122.* haben die s t a d t - s c h û z e n einige solcher stehenden pech-pfannen auf den markt zu stellen und anzuzünden *1749 SammlBadDurlach II 468.*

²Stadtschütze *m., im Pl. auch* **Städteschützen**, *Flurschütz, Wald- und Feldhüter in städt. Diensten; vgl.* ²Schütze. [daß der forstmeister] sein augermerk zu richten hat, ob auch der s t a d t s c h û t z e ohne die bisher genossenen schießgelder mit den seinigen leben kŏnne *1749 ActaBoruss.BehO. VIII 274. ebd. 268.* [daß] alle schützen oder jäger der ... angränzenden von adel, die s t â d t e s c h û t z e n aber ohne ausnahme [nach den eydesformuln verpflichtet werden sollen] *1777 NCCPruss. VI 1116. 1808 Cleß, KirchlLGWürt. II 2 S. 644.*

Stadtschützmeister *m., in städt. Diensten stehender Rüst- und Waffenmeister;* bdv.: Schützenmeister (II). er sal vnd magk auch des jars, so lang er s t a t s c h ü t z m e i s t e r ist, ein gebrwde freyhe an alle pflegung vngeldes thun *1496 MittOsterland 7 (1867) 474.*

[1]**Stadtschwein** *n., in einer* → Stadt (II) *gehaltenes Mastschwein;* vgl. [1]Schwein (I). die s t a t t s c h w i n, wer in forst will, soll von eim 1 schilling gen *1531 BernRatsman. III 91.* von dem kloster [ist] gebetten worden, ... mit denen s t a d t - s c h w e i n e n solang, als eichel-mast in dem wald vorhanden, und die kloster-schweine solches abätzten, daraus zu bleiben *1767 Cramer,Neb. 71 S. 114.*

[2]**Stadtschwein** *m., Schweinehirt im Dienst einer* → Stadt (III); vgl. [2]Schwein, Stadtschäfer. es sollen ouch die ußren schwein dem s t a t t s c h w e i n noch faren ... des soll der s t a t t s c h w e i n inen obents bescheid geben, wo sie morgents warten sollen *1460/80 GengenbachStB. 31.*

Stadtsdenkelbuch *behandelt unter* Stadtdenkbuch.

Stadtseiler *m.,* → Stadtwerker, *der Seile uä. herstellt;* vgl. Seiler (I). habe auch den s t a d t s e i l e r viel gute seil ... spinnen lassen *1615 SchwäbWB. V 1663.* bau-amt und was dazu gehörig: ... s t a d t - s a i l e r und sailer im zeughauß *1648 Stetten,AugsbG. II 927.*

Stadtsekret *n., auch lat. flektiert;* → Sekretsiegel *einer* → Stadt (III); *ua. zur Besiegelung städt. Geheimsachen;* bdv.: Stadtsekretinsiegel, Stadtsekretsiegel, Stadtsiegel. to ener betuginge desser vorscrevener stucke so hebbe wy unser s t a d s e c r e t u m to rugge drucket upp dessen bref *1382 BremRQ. 39.* in orkunde zo hebbe wi unser s t a d s e - c r e t hir op id spacium desser cedulen gedrukt *1413 OstfriesUB. I 196.* ze urkünd haben wir unser s t a t t s e c r e t tůn hencken an disen brieff *1435 Geschfrd. der 5 Orte 102 (1949) 217.* so haben wir ... stete B. und C., igliche bisunder, ir s t a t s e c r e t an diesen beteidungisbrief hengen lassen *1455 KamenzUB. 85.* dusses to vorder bekantnisse hebbe wy de rad to B. unser s t a d s e c r e t witliken gedrucket laten neden an dussen recess-breff *1472 HildeshUB. VII 461.* des zu vrkund vnd merer sicherheit habenn wir dissen brieff mit vnsserm anhangenden s t a t s e c r e t wissentlich besigeln lossen *1508 ScrRLus. II 445.* von disser abred ward yeder zunfft ein geschrifft geben und mit dem s t a t s e c r e t t zů halten versiglet *1529 BaselChr. VI 115.* die sach ... sollen sie ... vnter jren pitzschirn oder s t a d t s e c r e t zustellen, vnd dieselbige in ein sonderlich buch registriren lassen *1564 LünebHofgerO. B ij[?]. 1589 Westphalen,Mon. I 2094.* [wihr haben diesenn brieff] mit unterdrückungh unser gemeinenn s t a d t s e c r e t t s wissentlich corroboriret *1591 Reintges,Schützengilden 364.* haben wir unser s t a d t s e c r e t an diesen brief ... hengen und denselben in unser memorialbuch ingrossiren ... laßen *1658 Lüneburg/Hagemann,PractErört. V 18.* in uhrkund haben [wir] unser s t a t t s e c r e t hieran hangen undt durch unseren secretarius unterschreiben lassen *1675 IserlohnUB. 198. 1749 Moser,StaatsR. 40 S. 305.*

Stadtsekretär, Stadtsekretarius *m., wie* → Stadtschreiber; vgl. Sekretar. alle beuolen sculden, als te weten landt-huyre, huyshuyre, stedepacht off andere schulden, voir

recht bekent off die bekent wordden endy byden s t a d t - s e c r e t a r i j s geregistreert *vor 1537 LeeuwardenStR. Art. 82.* wofern ... auf dem rathhauß darbey gewesene hr. s t a t t - s e c r e t a r i u s ... vor fürstl. regierung attestiren und aussagen wůrden *1661 HessSamml. II 597. 1662 CStSlesv. II 66.* soll nebst dem pro-consule ein senator, der s t a d t - s e c r e t a r i u s und zwei stadt-verordnete ... alle feuer-stellen der ganzen stadt ... genau besichtigen, ein richtes protocoll ... darüber halten *1722 HalberstProvR. 154.* die communalbeamten nach den kämmereietats: ... 33 s t a d t s e c r e t ä r e; davon zugl. 2 schöffen, 1 syndicus *1725 ActaBoruss.BehO. VIII 220.* ein s t a d t - s e c r e t a r i u s in grossen städen 2 rthl., in mittler und kleinen 1 rthl. *1765 NCCPruss. III 761.* der jetzige magistrat zu S. bestehet aus 5 gliedern, als ... einem s t a d t - und justiz-s e c r e t a i r *1783 HistBeitrPreuß. II 392.* stadtschreiber: er wird auch s t a d t s e k r e t a r i u s und aktuarius genennt *1785 Fischer,KamPolR. I 648.* wolgelahrte: alle licentiati, advocati, so keine gradus haben, titular-secretär, die s t a d t s e c r e t å r s *1793 Bischoff,Kanzlei. I 414. 1806 v.Berg, PolR. V 172.* wenn der justizbůrgermeister zugleich ... s t a d t s e c r e t å r ... gewesen ist, behalten ihr gehalt als städtische justizofficianten *1809 Rabe,PreußG. X 97.*

Stadtsekretinsiegel *n., wie* → Stadtsekret. deß wir imme gegenwürtigen brieff under unserm gewonlichen s t a t t s e c r e t i n s i g e l habend werden und zůkommen lassen *1585/86 BernStR. VII 1 S. 541.* daß nun vorstehender extract also richtig sich befindet, wird begehrter maßen unter der s t a d t s e c r e t i n s i e g e l l attestiret *1724 HessSamml. III 265.*

Stadtsekretsiegel *n., wie* → Stadtsekret. ein glaubwůrdiges vidimus unter unser s t a d t - s e c r e t - s i e g e l *1664 Staphorst,HambKG. I 2 S. 249.*

(Stadtsfürwarte) *f., von einer* → Stadt (III) *gewährtes sicheres* → Geleit (I); bdv.: Stadtgeleit. her T.v.d.S. ... leet biden vor sik und sine knechte deives geleide. do wegerde emme her T., sonder he gaf emme ene gemeine s t a d e s w a r t e *um 1465 DortmChr./DStChr. 63.*

Stadtsgraft *behandelt unter* Stadtgracht.

(Stadtsheilmeister) *m., wie* → Stadtchirurg. aanstelling van een s t a d s h e e l m e e s t e r: onse stat heeft angenomen meister J. ... onser stat cyrurgicus te wesen *1442 NijmegenStR. 376.*

Stadtsiegel *n., auch m., amtl.* → Siegel (I u. II) *einer* → Stadt (III); bdv.: Stadtingesiegel, Stadtinsiegel, Stadtsekret, Stadtsignet. dat oerkonde wy mijt onse s t a d z e g e l tegenwoerdich *1317 GroningenUB. I 183.* in urkunde al dieser vurwarden, dye vaste ind stede zo halden, so hain wir unser s t e i d e s e g e l van A. an diesen brieff gehangen *1354 SGereonUB. 402.* da er [richter] sterben scholde, da tet er ein gescheft, das ward nach ewerm statrechte bewart und mit ewerm s t a t s i g l bestetiget *1394 Saaz UB. 100.* ist, das ainer ain brieff auf nymbt von geltschuld wegen, so ist er den herren von den s t a t s i g e l ainen grosen pflichtig *14. Jh.? MHungJurHist. IV 2 S. 21.* in orkonde der waerheit hebbe wi borghermesteren ende raet ... onsen s t a d s e g h e l ... an dessen breef ghehanghen *1415 OstfriesUB. I 202. 1455 Fruin,Dordrecht I 125.* zů sicherheit desselben so haben wir von der brüder-schaft ... unser gnädigen herren gebeten, ir s t a t t s i g e l zů hencken an disern brief *1506 BernStR. VI 1 S. 123.* 10 guldin mintz dem C.M., von aim newen s t a t s i g i l l zeschneiden *1544 ZSchwabNeuburg 35 (1909) 124.* haben wir burgermeistere und rathmanne obermelte unser s t a d t s i e g e l vor unss und unsere nachkömmlinge wis-sentlich an diesen brieff hangen lassen *1567 Westpha-len,Mon. II 572.* zu urkund aller ... punkte ... haben wir ... dieselbe [ordnung] mit unserem gewöhnlichen s t a d t s i e g e l wissentlich befestiget *1569 PommMbl. 19 (1905) 5. 1587 Alting,Diarium 688.* wer bürgerrecht in dieser stadt gewinnen will, soll ... beweisen seine ehr-liche geburt unter einem s t a d t - s i e g e l *1588 ZMari-enwerder 49 (1911) 30.* das rhathauss ufgeschlagen, al-les zerstreuwet, s t a t t - s i e g e l mitgenommen *1636 Ann Nassau 38 (1908) 274.* daß ihr [das]... contingent ... mit unserm kammersecret versiegeln wie auch des raths daselbst s t a d t s i e g e l dafür drucken ... lassen wollet *1649 ProtBrandenbGehR. IV 211.* die von uns verwill-kührten und unter unserm großen s t a d t - s i e g e l aus-gefertigten ... raths-pfandebriefe *1679 SammlVerordn Hannov. I 278. 1681 ZMährSchles. 11 (1907) 83.* haben ... in städten ... bürgermeistere und raht unter deren s t a d t - s i e g e l solchen inländischen armen und bettlern attestata ohne entgeld zu ertheilen *1699 Brschw LO. I 974.* wie dann der bürgermeister das s t a d t s i e - g e l e, welches vormahls vielfaltig mißbrauchet worden, alleine in verwahrung behalten soll *1718 IserlohnUB. 249.* daß ... ein eigenes buch in folio verfertiget, selbi-ges paginiret, mit einer schnur durchzogen und solches mit ... s t a d t - und koegess i e g e l versiegelt werden sol-le *1734 SystSammlSchleswH. II 1 S. 241. 1757 Estor, RGel. I 132.* derjenige tuchscheerer oder tuchbereiter, so das tuch zubereitet, muß sein zeichen auf sein eigen siegel, nicht aber auf ein ... s t a d t - s i e g e l ... drucken und vor jedes tuch anhängen *1772 NCCPruss. VI 3213.* der worthabende bürgermeister ... hat die beyden klei-nen s t a d t s i e g e l und die schlüssel zu den stadtthören in verwahrsam *1786 Gadebusch,Staatskunde I 89.* sind alle jene handwerkskundschaften für ... nichtig erklärt, welche nicht mit ... dem s t a d t s i e g e l corroborirt sind *1803 Kropatschek,KKGes. XVII 278.* den schriften derje-nigen zünfte, welche kein eigenes siegel haben, wird das amts- oder s t a d t - s i g i l l durch die behörde ... vorge-druckt *1815 WirtRealIndex II 231. weitere Belege: 1403/39 Stadtbrief (I), 1593/94 sekret.*

Stadtsiegler *m., Amtsperson mit der Verantwortung für das →* Stadtsiegel. dz min herr alt schultheiss R., der s t a t t s i g l e r, ... wann er für statt old von der stat gat, dz sigel nieman befelhen, sunder das eim schulthaiss ... entpfehlen, bis er wider in statt kompt *1472 AnzSchweiz G.² 2 (1874/77) 37.* ist auch herr C.R. an des new er-wölten burgermaisters ... statt zu aim s t a t t s i g l e r er-wölt worden *1521 ZSchwabNeuburg 39 (1913) 224.* [ei-ne jedesmalige Bezahlung] solle auch ... einem s t a d t-s i e g l e r von aufdruckung des grossen stadt-siegels pa-

ßieren *1758 Reyscher,Ges. XIV 600.*

Stadtsignet *n., (kleines) →* Stadtsiegel; *vgl.* Signet (I). als des voersz. convents patronen ende voerstanderen [heb-ben] der verstorvenen kamer durch twe naeste raedtshe-ren mitter s t a d t s s i g n e t laten tosegelen *1584 Alting, Diarium 607.* zur mehren urkund dessen allen hat e.e. rath diesen revers ... mit ihrem s t a t t s i g n e t bedrucken und bekreftigen lassen *1628 Rigafahrer 302.* deßen zu uhrkund ist dieses mit unserm s t a d t - s i g n e t beglau-biget worden *1638 Hagemann,PractErört. V₎ 21.* [ist] gewöhnliches s t a d t s i g n e t beygedruckt worden *1676 HambGSamml. IX 234.* haben wir dieses ediktum mit unserm s t a d t - s i g n e t zu bedrucken ... befohlen *1683 SammlVerordnHannov. I 23.* die stadt-gerichten ... ha-ben ... nicht ... ihrer älteren erbherren und erbauer wap-pen zeichen im s t a d t - s i g n e t behalten *1721 Knauth, Altenzella V 8.* wäre solch nessel-wappen im s t a d t-s i g n e t nie gebraucht worden *1749 Moser,StaatsR. 39 S. 531.* haben wir ... unser gewöhnliches s t a d t - s i g n e t hierunter drucken lassen *1769 Cramer,Neb. 90 S. 71. 1772 Laufs,Rottweil 142. 1779 Weisser,RHandw. 56.*

Stadtsimmer *m., für eine →* Stadt (III) *geltendes →* Simmer (I); *vgl.* Stadtmaß. das meß des s t a t t s i m m e r i n s außgeteilt nach der alten maß, dz helt in XV alter halb-maß an der eich *15. Jh. OsterburkenStR. 1050.*

Stadtsoldat *m., →* Soldat (II) *in städt. Diensten; oft mit polizeilichen Aufgaben; bdv.:* Stadttrabant; *vgl.* Stadtgarde, Stadtsöldner. sind unsere s t a d t s o l d a t e n wieder in die campagne gangen *1690 FriedbergGBl. 5 (1922) 65.* wel-cher das verboth übertreten, [soll] bestraffet und von solcher straffe ⅓tel den s t a d t - s o l d a t e n ... zugewand werden *1715 CCPrut. II 338.* 200 geworbene s t a d t -s o l d a t e n *1719 Lünig,TheatrCerem. I 687. 1724 Mitt Königsberg 2 (1910) 203.* soll auf die e. zünft publiciert werden, daß man keinem s t a d t s o l d a t e n nichts borge *1732 BaselRQ. I 2 S. 941.* ließ der cöllnische rath einige dasige s t a d t - s o l d a t e n wegen begangenen diebstalls fustigiren *1762 Cramer,Neb. 29 S. 115.* wenn innerhalb den städen ... ein brand entstünde, ... [müssen] die bey denen rathhäusern befindliche s t a d t - s o l d a t e n ... das angegangene feuer ... sofort ansagen *1770 NCC Pruss. IV 7237.* von s t a d t s o l d a t e n ward ein drei-facher kreis gemacht, alle unordnung zu verhüten *18. Jh. Wustmann,LeipzMusikg. III 136.* [in Leipzig, wo der rath] das privilegium hat, eigene s t a d t s o l d a t e n zu halten *1801 RepRecht VII 275.*

Stadtsöldner *m., →* Söldner *im Dienst einer →* Stadt (III); *vgl.* Stadtsoldat. [Todesurteil:] der schuldtheiss ... steet domit von gericht auff, rustet sich mit sambt den s t a t t-s ö l d n e r n vnd reyt vor dem armen *um 1550 Mitt Frankf. 5 (1874/79) 316. 1562 AugsbChr. VIII 183.*

Stadtsperre *f. I. durch eine →* Stadt (III) *vorgenomme-ne amtl. →* Sperre (I), *Versiegelung.* [berggericht schrei-ber *hat*] unter gem. s t a d t s p e e r gehaltene ringbürger-liche keller u. wein mit gewaldt thätiger abreissung dess sigills zu eröffnen keinen scheu getragen *1685 MHung JurHist. IV 2 S. 553.*

II. *Schließung (und Öffnung) der →* Stadttore; *vgl.* Sper-

re (VI). dass auch durch die personen, so zu der s t a t -
s p ö r r verordnet werden, ... die statthör iedes tags zu
gebührlicher zeit ... auf- und zuegespörrt ... werden
1569 Veltzé, Stadtguardia 175.
     III. *Abriegelung einer* → *Stadt (II); zur Seuchenbe-
kämpfung; vgl.* Sperre (IV). der contagion halber beschehe-
nen land- und s t a d t - s p e r r *1714 Faber, Staatskanzlei
23 S. 160.*
     Stadtspielmann *m.,* **Stadtspielleute** *pl., (vereidigter)* →
Spielmann (I) *im Dienst einer* → *Stadt (III).* wie des fürsten richter op st. Ulrich sich sall verhalten: ... die pi-
pers oder s t a d t s p i e l l e u t e sollen sitzen zu der lincken
hand buten der banck *15. Jh. Westphalen, Mon. IV 3100.*
haben burgermeister und rait ... R.H. ... als s t a d t s
s p i l m a n angenhommen, dergestalt, dass er sich als ein
gehorsamer deiner by allen borgern ... halten soll *1582
Brinkmann, Bochum 74.* 2 gulden 4 ½ schaf voer des olden s t a d t s p o e l m a n s M. soene M., des jetzigen organist C. dieners, kleidung tho maken *1585 Salmen, Musik
Westf. I 258. 1591 Alting, Diarium 823.* weiln auch der
s t a t t spielman sehr vnfleißig sein ambt vom thurm
verrichtet, alß wirt burgermeister vnd raht nicht vnbe-
liebig sein, das er hernegst des morgens, mittags vnd
abents beßer seine gebüren verrichte *1654 M. Soll, Ver-
rechtlichte Musik (Münster 2006) 80 [Komp.?].*
     Stadtspital *m., städt.* → Spital; *bdv.:* Stadthospital. wir
burgermeister, rathmanne geswornn der stadt Pirne bekennen, ... das wir ... vnnßer s t a t s p i t t e l hyngelas-
sen haben dem erbamen manne M.H. vnde seynen erbin, das er daß spittel ynne habin sal *1480 DresdUB.
457.* das neuw getauffte jüdli solle auf instendig gestelte
recommendation der herren jesuieteren ... aus ... dem
s t a t t s p i t h a l underhalten [*werden*] *1710 ZSchweizKG.
57 (1963) 220.* was massen die statt medici sich beschwären, den s t a t t - s p i t h a l umb das fixierte salarium zu bedienen *1740 Geschfrd. der 5 Orte 111 (1958)
185.* [dem orgelist] auf sinen ehrenbietig bitt das patrimonium auf den s t a t t s p i t a l zuegelassen *1757 Geschfrd. der 5 Orte 100 (1947) 135.* specification, in was die
verpflegung deren im s t a d t s p i t a l allda zu Hall einge-
pfriendten personen bestehe *1787 QÖstG. XV 548.*
     Stadtsprecher *m., (gewählter) Repräsentant und Wort-
führer der Bürgerschaft einer* → *Stadt (II).* fürstlicher abschied ... publicirt zu P. ... in gegenwart ... des gantzen
ministerii und ... bürgermeister, raths, vorsteher beyder
kirchen ... auch beyder s t a d t - s p r e c h e r *1619 Par-
chim/SchulO. (Vormbaum) II 208. 1713 Kamptz, Meckl
CR. I 2 S. 326.*
     Stadtstall *m., städt.* → Marstall (I); *zT. auch als Ge-
fängnis genutzt; vgl.* Stadtkarzer, Stall (I). was ick [burgermei-
ster] mit den andern schothern in der munte, vpme s t a t -
s t a l l e, bime dyke ... vnd beseggen alle gelegenheit *1558
BaltStud. 12, 2 (1846) 8.* beuohl ick [burgermeister] vp
der beiden radehern vorstand den ridenden dienern vier
buwerkerl, so die beddenstulperie scholden gedan hebben, gefenglick 5 antonhemen vnd vp den s t a t s t a l l
tobringen *1563 ebd. 19, 2 (1863) 231. 1564 ebd. 20, 1
(1864) 51. 1710 Dähnert, Samml. Suppl. II 989.*

     Stadtstatut *n., meist pl.; auch lat. flektiert; (im Rah-
men der städt. Autonomie erlassene) Rechtsbestimmung
einer* → *Stadt (III); bdv.:* Munizipalstatut, Stadtgebot (I), Stadtrecht (IV), Stadtrezeß, Stadtwillkür, Statutenrecht (II). [wir gebie-
ten] den gliedern dieses angeordneten gymnasii, ... daß
dieselbigen sich alle der gemeinen s t a d t - und diesen special-s t a t u t e n gehorsamlich ... bezeigen *1652
HambGSamml. VIII 471.* das sogenannte sachsen-recht
und die darauf gegründete und daher rührende s t a d t -
s t a t u t e n und gewohnheiten [*sollen*] hiemit gänzlich ca-
ßiret und abgethan seyn *1675 BrschwWolfenbPromt. II
557.* wird alle jahr ... abgelesen ein concept der s t a d t -
s t a t u t e n, darin vermeldet, was ein jeder einwohner
thun und lassen soll und wie die verbrecher zu straffen
seyn *1739 Westphalen, Mon. I 2031. 1745 ebd. IV 122.*
nach wimpfischen s t a d t - s t a t u t i s habe jeder bürger
die contract-mäßige losung, also ... das vorrecht vor
denen fremden *1766 Cramer, Neb. 62 S. 24.* der soldat ... kann ... nicht als ein einwohner oder gar als
ein bürger und nachbar betrachtet werden. und daher
können sie ... nicht den s t a d t s t a t u t e n unterworfen
sein *1771 Zincke, KriegsRGel. 25.* es competiret dem magistrate ... die ... prolatam sententiarum execution
nach den ... satzungen, auch den wohlhergebrachten
s t a d t - s t a t u t e n, aufgerichteten recessen und gerichtsordnung *1804 Hagemann, PractErört. IV 409.* in manchen städten ward auch der name eines s t a d t - s t a t u t s
entweder den bürgersprachen ... oder andern schriften
beygelegt, die auf diese eigenschaft [jus statuendi] keinen anspruch machen können *1805 Kamptz, MecklCR.
I 1 S. 306.*
     (Stadtsteiger) *m., städt. Schiffsanlegestelle.* en moeten
ghenn vollers hoir lakenen wasken ofte spoelen opten
s t e d e s t e i g e r e n *1424 WestfriesStR. II 53. 15. Jh.?
VerslOudeR. 2 (1892) 96.*
     Stadtstein *m.* **I.** *städt.* → Schandstein. welche frau
oder weibsbild die andere misshandelt mit bösen schelt-
worten, die soll den s t a t t s t e i n von unsrer frauen
pfarrkirche an W. bis zů dem rathause und so wider
hinauf tragen *1475 Donauwörth (Stenger) 168.*
     II. *städt. Grenzstein.* steinsätzer ... haben auch von
denen s t a t t - und wegs t e i n e n ihre hergebrachte belohnung *1737 PfälzW. II 568.*
     Stadtstempel *m., Stempel mit einem* → Stadtzeichen.
das hiebevor T.K. ... für einen rath kommen ... und
gepetten, ime zu vergunnen, den s t a d t s t e m p e l l auf
seine arbeit zu schlain *1567 SiegburgSchProt. VI 96.*
[*Verbot,*] sich eines gewichtes zu bedienen, welches nicht
... geeichet und mit aufschlagung des s t a d t s t e m p e l s
rectificirt worden *1747 DürenWQ. 351.*
     Stadtsteuer *f., im Pl. auch* **Städtesteuern.** **I.** *Steuer,
die eine* → *Stadt (III) von den Bewohnern bzw. von den
Grundstücken im Stadtgebiet erhebt; meton.: Bezirk, in
welchem Grundstücke zur Stadtsteuer herangezogen werden; bdv.:* Stadtzins (I). [daz palburgir] schuldigir burde und
s t e d e - s t ü r e in den selbin stedin undirdenig sin *um
1360 GoldBulle 132.* [9 lb., der ir mich von iwerr stat]
schuldig seit ze weren ... auzgenomen der s t a t s t i w r,

die iw und iwerr stat durch recht darvon werden und gevallen sol *1368 RegensbUB. II 321.* daran ist der H. jud
schuldig und gibt dann zu s t a t s t e u e r ler und leicht
gelt *1443/74 UrkJudRegensb. 45.* ist das pfand ligend
und der clager nit unser burger und das pfand in unser
s t a t s t e u r gelegen, das sol er [des amans knecht] darnach in jarsfrist ainem unser eingesessen burger verkaufen *1488 NördlingenStR. 366.* [K. hat 2 tagwerk felds]
davon stewert er in die s t a t s t e w e r 1 gulden 36 dn.
1502 QFürstentBayreuth I 55. 1554 AmbergGesatzB. 41ᵛ.
das ganze domkapitel ... mit keiner weder s t a d t -, weder türken- oder anderer s t e u e r n ... beladen *1671 Mat
StatNrhWestf. I 2 S. 214. 1689 Valvasor,Krain III 2
S. 704.* municipal- oder s t a d t - s t e u e r n, welche eine
stadt-obrigkeit entweder aus consens ihrer herrschafft,
oder aus einem privilegio ... von denen bürgern oder
bürgerlichen gütern ... exigire *1705 KlugeBeamte I² 412.
1793 Rottweil/QNPrivatR. II 2 S. 418.*

II. *Abgabe, die eine* → Stadt (III) *(jährlich) an das
Reich oder einen Landesherrn zu zahlen hat;* bdv.: Stadtzins
(II). daz wir burger ze M. ... ie vf sant marteins tach ie
rehter s t a t s t i w e r zehen march geben sülen *1328 BrixenUrk. I 434.* setz wir im ... ze pfant unser und dez
reichs gelt, s t a t s t i u r, judengult und allen den gelt, den
wir und daz rich haben sulen in der stat ze Schletzstat
1328 MGConst. VI 1 S. 428. sullent ... vnser burger den
egenanten vnsern hofiunckfrawen ... alle jar ... von der
vorgenanten vnserer gewöndlichen s t a t s t e w r ... geben *1391 MBoica 21 S. 281.* summa summarum mai-
stewr, mayzins, judenzins und s t e t s t e w r ... VJ C. IIJ.
IIJ schl. XXIIJ pfg. *1392 Freyberg II 89.* summa des zu
Esslingen: fl. 36, die sol der lantschriber von H. mit der
rechten s t a t - s t u r zunechst innemen *1401 RTA. V 228.*
solche gewonliche s t a t s t ü r e, als ir uns von des reichs
wegen jerlich zu geben pflichtig seyt *1413 SchrBodensee
24 (1895) Anh. 128.* wie ein romischer kunigk ein s t a t -
s t e u r und judensteur hie hette *um 1444 NürnbChr. III
371.* [Bitte,] das eur k.g. die s t a t s t e u r etlich jar gemainer stat nachlasse, damit die stat das gepeu ... und ander notdurft ausrichten ... mug *1494 Tomaschek,Wien II
116.* hatte k[aiser] F. ... an die stadt A. ... geschrieben,
daß sie ... habern und vor 200 gulden getraid einkau-
fen und ... solches geld an der s t a d t s t e u e r wieder ab-
ziehen und inbehalten solten *1668 Fugger,Ehrensp. 757.*
[daß die deutschen kaiser über zwei millionen taler einkünfte hatten], teils aus den zöllen, klöster- und s t ä d -
t e s t e u e r n, strafgeldern, bergwerken und anderen regalien *1757 RechtVerfMariaTher. 517. 1770 Kreittmayr,
StaatsR. 109. 1774 Wagner,Civilbeamte I 91.*

Stadtsteurer m., *(vereidigter) Einnehmer der* → Stadtsteuer (I). *1610 Innviertel/ÖW. XV 98.*

Stadtstock m., *ein städt. Gefängnis;* bdv.: Stadtkarzer. [Z.
ist] in den s t a d t s t o c k gebracht, indem offenbar worden, daß er sich vor jahren ... mit D.F. trauen lassen,
nachmalen aber ... G.H.S.s wittib ihme gleichfalls trau-
en lassen *1636 ZRG. 3 (1864) 99.* [da] die arrestbe-
hältnisse auf dem rathhause und im s t a d t s t o c k nicht
hinreichend waren, so ließ ich ... eine anzahl dieser un-

ruhigen leute ... nach der kasematte ... bringen *1795
ZSchles. 28 (1894) 417.*

(Stadts'tracht) *f., an eine* → Stadt (III) *zu leistende
Abgabe,* → Stadtpflicht. wan de prester des lenes nycht
sulven in dem huse wanet ofte eyn ander geistlich persone sunder myt unsen borgheren ofte medewoneren
besat ys, de solen s t a d e s t r a c h t doin geligh unsen
anderen borgeren unde medewoneren *1380 BielefeldUB.
(Vollmer) 235.*

Stadtstrafe *f.* **I.** *in einer* → Stadt (II) *übliches Strafmaß.*
wer ihme aber einen weingarttenn biesz zue abnehm-
benn des bergrechts nicht znschreibenn lasszenn wolte,
derselbige soll in der gemain s t a d t s t r a f f e doppelt
sein *1664 MHungJurHist. IV 2 S. 502.*

II. *göttliche Bestrafung einer* → Stadt (III) *und ihrer
Einwohner; droht bei fehlender obrigkeitlicher Strafver-
folgung.* daß bey dieser letzten welt ... allerhandt unzucht, ehebruch undt hurerey im schwange gehet, dadurch dan Gott ... erzurnet wird, und ... allerhandt gemeine landt- und s t a d t - s t r a f f e n dahero zu besorgen
1605 Pufendorf IV app. 314.

(Stadtsühne) *f., Sühneleistung für eine Rechtsverlet-
zung nach* → Stadtrecht (III). bekant he des aver, dat he
eme dat to hone sproken hebbe, he schal eme ver weken
ynne ligghen unde don eme dan ene s t a d e s s o n e unde
schal deme rade wedden synen broke *1400/50 Oldenb
UB. I 141. 1433 BremRQ. 221. ebd. 224.*

Stadtverlehnung *f., Vermietung städtischer Immobili-
en; vgl.* lehnen. die heur vom rathause und danzsahl und
was dergleichen mehr senatus aus denen s t a t s v e r l e h -
n u n g e n und occasione rerum ad civitatem pertinenti-
um ... eingehoben *1683 QKielVerf. 32.*

Stadtsyndikus *m., auch lat. flektiert; (gelehrter) Jurist
in städt. Diensten, der den städt.* → Rat (V 2) *berät und in
Rechtssachen vertritt, auch mit gerichtlichen Funktionen,
zT. mit (beratender) Stimme in Rat und Gericht; man-
cherorts synonym mit* → Stadtschreiber; bdv.: Stadtkonsulent.
we des rades scryuer werd edder der s t a d s y n d i c u s,
edder ore vorspreke vor gerichte edder vor gödinghen,
de swerd dessen eyd *1402 BrschwUB. I 88 [Komp.?].*
doctor A. de Bremen, dende was unser s t a d s i n d i c u s,
van bevel des rades vor en gheschencke, also he ut unsern denste schede, 50 rinsche gulden *1457 HansGBl.
1910 S. 124 [Komp.?].* D., dweil er s t a t s y n d i c u s und
groissen ansehens war, schafft er bei eim rade, das man
den H. zu torn heischs gain *1582 BuchWeinsberg III
147.* für einen vergulden credenzbecher von A. für dok-
tor J.K., s t a d t s y n d i c u s alhie, für seine vielfältigen
bemühungen verehrt *1615 MittSalzbLk. 74 (1934) 116.*
[dieser kreisversammlung haben beygewohnt:] von wegen der reichsstatt Regensburg ... G.G., doctor, deroselben rathgeb und advocat, wie auch S.R., s t a d t s ü n d i -
c u s daselbst *1626 Lori,BairKreisR. 277. 1648 Friedberg
GBl. 9 (1930) 87.* sonst hat hiesiger s t a d t s y n d i k u s
C. berichtet, daß der kurfürst auch diese stadt zu de-
bouchieren suche *1659 PommJb. 10 (1909) 137.* ist herr
dr. P.P., o.ö. regimentsadvokat, zu einem s t a t s i n d i -
c u s und stattschreiber verpflicht *1670 Schweyger,Hall*

TirolChr. 169. soll dem s t a d t s y n d i c o gleich andern raths-herren jetzt und künfftig ein votum decisivum, dem stadt-schreiber aber, bloß consultativum verstattet [seyn] *1699 Weißenburg i.N.Stat. 275. 1736 BrschwLO. I 728.* [*Feuerordnung:*] der s t a d t - s y n d i c u s, secretarius, samt denen raths-dienern müssen sich auf dem rath-hause einfinden und ... das archiv ... in sicherheit bringen *1751 NCCPruss. I 45. 1755 HistBeitrPreuß. II 480.* daß bey errichtung eines gerichtlichen ... testaments der s t a d t s y n d i c u s, welcher allezeit der besonders ad acta verpflichtete actuarius sey, jederzeit ... die feder führen ... müsse *1764 Cramer,Neb. 43 S. 8. 1785 Fischer,KamPolR. I 649.* der rechtsgelehrte bürgermeister ... hat zugleich als s t a d t s y n d i k u s die gerechtsame und befugnisse der stadt wahrzunehmen *1786 Gadebusch,Staatskunde I 217.* der vom landesherrn gesetzte stadtscheiber vertritt [in der munizipalstadt] die stelle des s t a d t s i n d i c u s *1788 Thomas,FuldPrR. I 139.*

Stadttafel *f., städt. Register, Gerichtsbuch,* → Stadtbuch; *vgl.* Stadtregister. seyne nachgepawren ... haben yn awsgepurget awf eyn vorrichtnuss ... vnd ist dy verrichtnus in die s t a t t a u e l guomen *vor 1368 IglauOberhof 121. Ende 14. Jh. GlWeichb. 281* [Komp.?]. sol man eine acht erzeugen auff einen man der in einer s t a d t a f e l oder gerichtesbuche nicht geschrieben ist, hat er des den richter vnd die scheppen die dabey gewest sein, damit erzeugete man die acht *1408 (ed. 1574) Ekhardi,MagdebR. VI 22, 7.* alle panden, die geseth zyn, zal men opbieden drie rechtdaghen onderenichs, ende des vierden daghes zal dat recht eenen redelicken dach daertoe setten die panden te lossen, ende die dach zal die schryuer teykenen in ons s t a d t a f e l *1456 SneekStB. Art. 64. ebd. 144. 1607 ChemnitzStat. 146.*

Stadtteiding *n., Sitzung, Versammlung eines* → Stadtgerichts (I). von der herrschaft auß wierdt kain panthäding gehalten, aber richter und rath der stat zu W. sein iren freihaiten nach järlich das s t a t t ä d i n g und des andern tags darnach das nachtäding zu halten schuldig *1603 NÖsterr./ÖW. VIII p. 22.*

(Stadttief) *n., städt. schiffbarer Wassergraben; vgl.* Stadtgracht. *vor 1537 Beleg s. unter* Stadtgracht. also toech die ffurste mitten zynen ende legerde zyck in Winsum, also lange, dat se eenen brugge makeden over dat s t a d t - d i e p off reytdeep van tonnen ende van plancken *16. Jh. BijdrHistGen. 12 (1889) 119.*

Stadttor *n., Tor in der* → Stadtmauer; *besonders bewacht, zudem nachts und bei Gefahr verschlossen; ua. als Zoll- und Zugangskontrollstelle sowie als Ort für amtl. Aushänge; bdv.:* Stadtpforte; *vgl.* Stadtsperre (II); *zS. vgl.* LexMA. VIII, 27f. unser zwietracht darumbhero gewesen von dem s t a t t h o r e vom orienten biß von den ersten hause nach dem kietze *1321 HistBeitrPreuß. II 411.* sol der klager vngeuärlich laussen rueffen als lang, bitz das man dry stund von ainem s t a t t o r ze dem andern gän müg ån geuärd *1396 MemmingenStR. 265.* welch fröw ouch iemant misshandlot mit schelten ..., die veruallet sölicher fräflin, das sy den lasterstain tragen sol von ainem s t a t t o r bitz ze dem andern *ebd. 279.* anno 1476 ... ist

herr E.v.H. ... gestorben ... und ... begraben worden, auch sein insiegel vor dem s t a t t o r zerschlagen *15. Jh. QFrankfG. I 193.* es söllent ouch die andern schlüßler zü den überigen s t a t t h o r e n ouch also schweren, namlich dieselben thor zü rechter zyt vf- vnd zü zethünd vnd bestn flysses zü uergoumen, das durch dise thor gmeyner statt keyn schad oder vntrüw widerfare *1557 BremgartenStR. 108.* sollen die wachter auff der gassen summers zeit vor aufsperren der s t a t t - t h o r nit abgehen *1601 MHungJurHist. V 2 S. 88.* auff die s t a t t h o r e r gutte sorg vnd achtung zu tragen, damit dieselbige bey der nacht nicht geöffnet *1625 HermannstStat. 41.* das zue den innern s t a t t h o r e n ... schlißelherren sein sollen *17. Jh. IngolstadtRefetb. 255. 17. Jh. LippstadtStR. 84.* soll dieses edict in denen post-häusern und s t a d t - t h o r e n angeschlagen, auch auf denen raht-häusern der bürgerschafft publiciret ... werden *1720 CCMarch. IV 1 Sp. 1060.* unter denen weltlichen gebäuden einer beschlossenen stadt sind das generaleste die ring-mauern und s t a d t - t h o r e *1721 Knauth,Altenzella III 320. 1735 BrschwLO. I 767.* an dem tage der wahl [*des Kaisers in Frankfurt*] bleiben alle s t a t t - t h o r e verschlossen *1738 Moser,StaatsR. II 383.* die bey denen ... s t a t t t h o r e n ... befindliche stattwächter *1767 BernStR. VII 1 S. 484. 1773 VerordnAnhDessau I 169.* zur verhütung des wilddiebstahls soll unter den s t a d t t h o r e n kein wildprett ohne ein schriftliches zeugnis eingelassen ... werden *1785 Fischer,KamPolR. II 809.* daß die schlüssel zu den s t a d t t h o r e n allemal in der verwahrsam des worthabenden bürgermeisters sind und demselben alle abende eingeliefert werden *1786 Gadebusch,Staatskunde I 84.* die vermessung wird vom s t a d t t h o r e angefangen *1794 PreußALR. II 8 § 99.* daß ... die inficirten orte an den s t a d t t h o r e n öffentlich angeschlagen werden *1804 v.Berg,PolR. IV 338.*

Stadttormautner *m., an einem* → Stadttor *positionierter* → Stadtmautner. gemeiner stadt Wien s t a d t - t h o r - m a u t h n e r zum stuben-thor solle sich ... wegen einnehmung gemeiner stadt gehörigen vieh-mauth ... in das mauth-amt-waghauß ... einzureichen obligiret seyn *1644 CAustr. III 126.*

Stadttorschlüssel *m., wie* → Stadtschlüssel. dass bemelte s t a t t h o r s c h ü s s e l jederzeit in des burgermaisters haus, in einem absonnderlich zimmer, in beisein eines rathsdieners durch zween soldaten aus der stattguardi verwacht worden *1614 Veltzé,Stadtguardia 194.*

Stadttorwart *m., Hüter, Wächter an einem* → Stadttor; *bdv.:* Stadtpförtner. *1493 ZThür.² 6 (1889) 510.*

Stadttrabant *m., wie* → Stadtsoldat. störer oder fretter im stadtgrundt [*sollen*] ... durch einen s t a d t t r a - b a n t e n aufgehalten ... werden *1699 PreßbZftUrk. 419. Theatrum Europ. 18 (1720) 85.*

Stadttrompeter *m., (vereidigter) Trompeter im Dienst einer* → Stadt (III); *vgl.* Stadtmusikant. zwayen s t a t t r u - m e t e r n aus gnaden yedem ain guldin *1500 Wessely, MaxMusikg. 130.* hat e. hoch-edl. magistrat ... unter trompeten-schall (4 s t a d t - t r o m p e t e r) ein edict ... publiciren lassen *1719 Lünig,TheatrCerem. I 1252.*

Stadttrucke *f., ein städt. Hohlmaß für schüttbare Güter wie Sand und Kies.* S. de Rossach pro 23 s t a t - t r u c k e n sand, pro 1 trucken 6 crucigeros, facit 1 lb. 14 ß 6 d. ... G. von Stain pro 7 s t a t t - t r u c k e n sand, pro 1 trucken 6 crucig. *1506 ZGO. 3 (1852) 48.* welhem man die zitstraf in besetz stain, kyß, sand oder anders ... bestimpt wurt, wie vil scheff er deren dingen voll bringen soll, so soll jedes der selbigen scheff zehen s t a t t r u c k e n voll halten *16. Jh. KonstanzStat. 122.*

Stadttruhe *f., wie* → Stadtkasten (I). des alle jar zwo inventari-zedl machen und ... in der s t a t t r u h e n gelegt werden, damit man wiss, wa der stat ding hinkümbt und nitt verlorn würt *Ende 15. Jh. ÖW. V 492 [Komp.?].* deß findet man ein quitantze in der s t a t t r u h e n *Acta Würtzburg contra Brandenburg Kitzingen betreffendt (Ansbach 1629) 669.*

stadttrünnig *adj., wie* → stadträumig. were H.S. ... von schulde wegen s t a t r u n n i g worden und hette das hus ir underpfant gelossen *1409 Schreiber, Erbleihe in Straßburg 250.*

Stadtturm *m., Turm einer* → Stadt (II), *insb. als Teil der Stadtbefestigung bzw. als Wacht- und Uhrturm; zT. zugleich Gefängnis; vgl.* Stadtkarzer. das rathaus unnd der s t a t t h u r n ist allain gemainer statt, burgerschafft, rath unnd derselben gemain zuegehörig unnd ... auff dem s t a t t t h u r n ... die nachtwachter, so die uhr ausrueffen zu nacht ... wachen *1417? SterzingStB. 344. ebd.* de wech ... hort to der stad dale went in den s t a d t o r n vnde vort bylangen der muren *1436 DiplFlensb. I 428.* das man die statmaur pessern vnd die s t a t t u r n zu der weer zurichten vnd darin haben solh puchsen stain, phal pulver vnd andre wer *1448? Wien/Chmel,Mat. I 1 S. 79.* wachters auff dem s t a t t h u r n ayd *Ende 15. Jh. Straubing/ArchZ. 9 (1884) 126.* [Abgabenverzicht,] damit sie vnser statt S. an mewern, s t a t t h u r n, weichhewsern, greben vnd anders zu nottorft der statt desterbass gebawen mogen *1507 CDBrandenb. I 18 S. 271. 1633 ArchOFrk. 8, 3 (1862) 30.* durch die soldaten gefänglich nach Lautern in den s t a d t - t h u r n bringen lassen *1701 Thucelius I 207.*

Stadttürmer *m., (Nacht-) Wächter und Turmbläser auf einem* → Stadtturm; *häufig zugleich* → Stadtmusikant. funff statpfeyffern yedem J guldin, zwayen s t a t d u r n e r yedem J guldin *1500 Wessely,MaxMusikg. 130.* dass sy [richter und rath] ire s t a t t h ü r n e r dahinhalten, dass sy an den fest- und feyertagen in die pfarrkirchen kumen und aldorten und bey dem ambt der hl. mess mit iren instrumenten schuldiger pflicht nach musiciern *1599 ArchÖG. 96 (1907) 147.* den hiesigen s t a d t t ü r n e r n [soll] altem gebrauch, auch niederdeutscher instruction nach von den frembden aufmachenden spielleuten der dritte teil ires verdiensts ... hinausgeben ... werden *1637 Senn,MusikInnsbruck 242. 1689 Valvasor,Krain III 2 S. 669.* die angestellten schloß- und s t a d t - t h ü r m e r sollen den ganzen tag und die ganze nacht hindurch wachsam seyn, und wo das blasen eingeführt ist, ihre wachsamkeit durch das anblasen einer jeden stunde zu erkennen geben *1808 v.Berg,PolR. VI 2 S. 722.*

Stadttürmerdienst *m., Amt, Stelle eines* → Stadttürmers. [dass G.] ime die zum s t a d t t u r n e r - d i e n s t gehörige regalien durch welsche spielleut entziehe ... und sonsten gleich jedermann alhie aufzuspielen licenz gebe *1650 Senn,MusikInnsbruck 243.*

Stadtübung *f., wie* → Stadtgebrauch; *vgl.* Stadtwillkür. *1588 CartLux. 201.*

Stadtuhr *f., vonseiten einer* → Stadt (III) *(an einem öffentlichen Gebäude) angebrachte große Uhr, Turmuhr; bdv.:* Stadthausuhrwerk. uhrrichterseid: ir werdt schwörn ... der s t a t t u h r tags vnd nachts ... treulich zu richten, zu bewarn vnd zu besorgen, auch die schlissel zu dem ratthaus vnd der uhr treulich zubehalten *1583 Augsburg/JbHistVk. 1 (1925) 54.* sollen die spilleuth, so balden es ... der gemeinen s t a t t - oder dorffsuhr in winter sechs, zu sommerzeiten aber siben geschlagen, uff stehen *1617 WürzbDiözGBl. 27 (1965) 120. 1719 Struve,Pfälz KHist. 1380.* auf dem steinthor-stadtthurm [hat] mstr. D.H., der uhrmacher ... freye wohnung, weiln er davor die s t a d t - u h r e n im gange erhalten muß *1728 Hannov GBl. 9 (1906) 228.* s t a d t - u h r: die aufsicht ... kommet dem magistrat zu *1757 CCHolsat. Nebenbd. II 1636.*

Stadtungeld *n., städt. Verkaufs- und Verbrauchssteuer, Akzise.* setze wir umb unser s t a t u n g e l t un den nutz, der von unser stat toren get, suln ein nemen von der stat wegen gemeiniclich H. ungelter und C. *1320 Bamb Ber. 123 (1987) 242 [Komp.?].* zürich win ... der soll allenthalben fry sin, doch vorbehalten unser s t a t u n g e l t, wie das von altem harkomen ist *um 1480? Zürich StB. III 228.* daß besagtem hospital wohlerträglichere, mehr sicherere, und gewissere unterpfandt, als benantlich die stadtweyer, der völlige stadt-zehend, das s t a d t - u m g e l t, gült-unterthanen seynd angetragen worden *F. Schmalzgrueber, Consilia seu Responsa Iuris I (Augsburg 1740) 429.*

Stadtuntergänger *m., städt. Amtsperson zur Entscheidung von innerstädtischen Grenz-, Bau- und Nachbarstreitigkeiten; vgl.* Feldsuntergänger. daferr die s t a d t - oder feld-u n t e r g á n g e r von jemanden ... erfordert würden ... sollen sie ohne vorwissen oder beyseyn unserer beampten, auch burgermeister ... untergehen *1655 Reyscher, Ges. XIII 158.* wie die tübinger s t a d t u n t e r g á n g e r bei haus-vertheilungen gewöhnlich sprechen: [dass] ... stiegen, lotter zum aufzug ... gemeinschaftlich bleiben [sollen] *1786 Schwarz,Losungen 43.*

Stadtunterrichter *m., städt. Amtsträger mit niedergerichtlichen und notariellen Funktionen, zT. zugleich* → Stadtgerichtsschreiber, → Stadtsiegler *und Vorsitzender des* → Gastgerichts (I); *zS. vgl. L. Hübner, Beschreibung der Haupt- und Residenzstadt München I (ebd. 1805) 151.* nach ordentlicher durch mich S.F.S., derzeit s t a d t u n d e r r i c h t e r alhie zu München, verlesne und hievor zu Hof geschöpfte und publicierte urtl *1586 HistVolksl.(Hartm.) I 68.* ist desselben verlassenschaft ... durch mich endsbenannten s t a d t u n t e r r i c h t e r ... ordentlich inventiert und beschrieben worden *1615 AltbayrMschr. 2 (1900) 139. 1648 Indersdorf II 336.* mit gem. stat ewigen gelt i[nsi]gel], dass ... stattschreiber v. s t a t t v n d e r r i c h t e r ...

hieneben gehangen haben *1675 ebd. 348.*

Stadtunterschreiber *m., Substitut, Gehilfe eines →* Stadtschreibers. *1660 SGallenRheintalRQ. 971.*

Stadtuntertan *m., Person, die dem Recht und der Gerichtsbarkeit einer →* Stadt (III) *untersteht.* wenn ein s t a d t u n t e r t a n hie zu W. füeglich nit zu betreffen were und ... sain wonung an andern orten und gerichten hiellt *16. Jh. Mayer,DonauwörthZPr. 15.* daß an solchem tage alle und jede klagen der bürger und s t a d t - u n t e r t h a n e n (auf den aemtern der amts-unterthanen) ... ohne ausnahme gehöret werden sollten *1751 ActaBoruss.BehO. IX 120.* daß die s t a t t - u n - t e r t h a n e n beym hüten und wild-abtreiben verschiedene excesse ausübten *Moser,Staatsarch. 1756 I-VI 859.* dienstreglement für die olauschen s t a d t u n t e r - t h a n e n des dorfs Z. *1808 Krug,StaatswPreuß. 127.*

Stadturbar *n., f.* I. *städt. Gewerbe, stadtbürgerliche Erwerbstätigkeit; meton.: das Recht zur Ausübung und die Einkünfte daraus;* vgl. Stadtnahrung. geloben wir unsern ... bürgern vor unß und alle unsere nachkommen, daß wir und sie sich in der s t a d t - o r b e r, nehmlicher schrot-ammecht mit seiner zugehör, müntzen, schweidnitz-bier, goldbergisch-bier zu schenken, fischereyen, und alle andern orber ... darinnen wir meinten ... rechtes zu haben, ... vorbasme ewiglichen in keiner weise legen wollen *1425 A. Sammter, Chronik von Liegnitz I (ebd. 1861) 310.* doch daß sie [juden] in ihren häusern nicht orbern oder sonst funde ofbringen, der s t a d t - o r b e r zu schaden *1447 ebd. 348.* wie sie ... irem s t a d t v r b a r und bürglicher handthierung zu abbruch, und sonderlich wieder ire, der städtte, aussaczung und privilegia zu vnrecht bedrängt würden *1536 Böhme,DiplBeitr. I 3 S. 12.* demnach weyland könig W. ... zwischen dem land und städen ... der gericht, s t a d t - u h r b a r s und appellation halben rechtlich erkant *1545 Weingarten,Fasc. II 305. ebd. 303.*

II. *an den →* Stadtherrn (I) *zu erbringende städt. Abgabe;* bdv.: Stadtrente (II). die s t a d t o e r b a h r e an die königl. kammer mit 18 rthlr. 6 ßl. jährlich *1786 Gadebusch, Staatskunde I 204.*

Stadturteil *n., Urteil des →* Stadtgerichts (I). irrungen ... von wegen freistellung der appellation von den rostockischen s t a d t u r t e i l e n an ihre f.g. und vergleitung der privat personen in die stadt *1573 Mecklenburg/ Sehling,EvKO. V 284.*

Stadtvater *m., (Mit-)Inhaber der →* Stadtregierung. einen erbaren vnd wolweysen rhatt als die s t a d t v ä t e - r e *1583 Nordhausen/MittSchulg. 2 (1892) 72.* herr M.J., unser ... um das ganze liebe vatterland so hochverdiente bürgermeister und getreuste s t a d t v a t t e r *G.J. Mellin, Das Bild eines Rechtschaffenen Regenten (Lindau 1726) 5. 1770 HambGSamml. VIII 744.*

stadtväterlich *adj., für →* Stadtväter *gebührend, von den* Stadtvätern *ausgeübt.* die ... heilsame ordnungen und vor sie ... getragene s t a d t - v ä t e r l i c h e vorsorge *1680 Eisenbart,KleidO. 49.* durch abwendung dieses verderblichen übels bewiesene ... s t a d t v ä t e r l i c h e sorgfalt *1776 QHambSchiffahrt 275. 1806 v.Berg,PolR. VI*

I S. 631.

Stadtverfassung *f.* I. *rechtl. Grundordnung, Grundstruktur einer →* Stadt (III)*; auch: →* Stadtstatut. daß auch all das jenige, was dieser s t a d t v e r f a s s u n g einiger massen zuwider, ... gäntzlich abgestellet ... werden solle *1665 DiarEurop. 18 (1669) App. V 126.* daß ... Zelle allererst von herrn hertzog O. ... ihre jura municipalia ... bestätiget erlangt, sie jedoch weit eher ihre s t a d t - v e r f a s s u n g schon gehabt *1749 Zedler 61 Sp. 1057.* [wenn derselbe rath] sich verbunden erachtete, in zukunft alles, was zur zerrüttung solcher s t a d t - v e r f a s s u n g abzweckte, ernstlich zu ahnden *1762 Cramer,Neb. 89 S. 118.* [Bürgereid: ich schwöre, daß ich] allen s t a d t v e r f a s s u n g e n als ein treuer bürger genüge leisten will und werde *1775 Wuttke, Städteb. 135.* der individuellen s t a d t v e r f a s s u n g adaptirte ausflüsse jener uralten sächsischen gewohnheiten *1805 Kamptz,MecklCR. I 1 S. 256.*

II. *Gesamtheit der städt. Ämter und Einrichtungen.* [von dem ertrag der accise soll die stadt befugt seyn] zum unterhalt der s t a d t - v e r f a s s u n g ... die jährliche summe von 16000 rth. ... zu sich nehmen zu lassen *1748 Sachsse,MecklUrk. 441.*

III. *wie →* Stadtrecht (I). da ein kleiner ort aus der s t a d t v e r f a s s u n g gewiß keinen vortheil hat, so sollten viele wünschen, daß sie noch dörfer hießen *1758 v.Justi,Staatsw. I 494.*

stadtverordnet *adj., von der →* Stadt (III) *beauftragt.* die ... alhier aufgerichtete undt denen alhirigenn s t a d t - v e r o r t n e t e n waltforschternn eingeraichte waltordtnung *1663 MHungJurHist. IV 2 S. 468.*

Stadtverräter *m., jmd., der →* Stadtverräterei *begeht.* ausschaffung vnnserer ausgewichener s t a t t - u e r r ä t h e r e n ab österreichischem grund vnd boden *1591 CartMulhouse VI 326. 1593 BaselZGesch. 58/59 (1959) 55.* ehruergethene godtlose schelme vnde s t a d t - u o r r e d e r *1593 MittUckermark 1 (1901/02) 129.* es leben die meyneydigen s t a d t - und land-v e r r ä h t e r, weil sie am leben, in eiteler schand und spotte, und sterben selten auf einem sanften bette, mit einem ruhigen hertze *S.v. Butschky, Pathmos (Leipzig 1676) 356.*

Stadtverräterei *f., Verbrechen gegen →* Stadt (III) *und/oder →* Stadtobrigkeit; *mit schweren Strafen bedroht;* vgl. Landverräterei. zu Dantzig der majestät-lästerung und s t a d t - v e r r ä t h e r e y bezüchtiget *J. Scheffler, Ecclesiologia (Neiße 1677) 1115.* an der s t a t t v e r r e t h e r e y da bin ich unschultig, ich und meine freundt könen ein eidt ablögen *1735 MittNürnberg 63 (1976) 291.* daß vorgewesene s t a d t - v e r r ä t h e r e y e n mit geschärfter todes-strafe ... bestraft worden *1768 HambGSamml. V 397.* [die todesstrafe kann statt finden] wann mit dergleichen fälschung öffentlicher siegel ein hochverrath, oder eine landes- oder s t a d t - v e r r ä t h e r e y verbunden seyn sollte *1794 Quistorp, GrundsPeinlR.[5] I 621.*

(stadtverräterisch) *adj., →* Stadtverräterei *begehend. 1593 MittUckermark 1 (1901/02) 129.*

Stadtvertriebene *m., jmd., der (zur Strafe) aus einer*

→ Stadt (II) *ausgewiesen ist; vgl.* Stadtverweisung. es kamen auch etliche s t a d t v e r t r i e b e n e mit vier stücken ... und begunten gegen der stadt loszubrennen *1668 Fugger, Ehrensp. 998.*

Stadtverwaltung *f., Führung der administrativen Geschäfte einer* → *Stadt (III).* familiæ urbisque regimen - hauß- und s t a t t - v e r w a l t u n g *J. A. Comenius, Spielschule oder Lebendiger Künsten-Kreis (Frankfurt 1659) 732.* daß der herzog den vôgten auftrug, in ihrer s t a d t - und amtsv e r w a l t u n g auf die pfarrer ... aufsicht zu haben *1798 Schnurrer, WürtKRef. 125.*

Stadtverwandte *m., Bewohner einer* → Stadt (III); *bdv.:* Stadteinwohner. das offentliche schulen ein gemein gutt sein, daran alle s t a d v o r w a n d t e theill haben *1583 Nordhausen/MittSchulg. 2 (1892) 74.* das sie bishero gleichst unser eignen s t a t t v e r w a n t e n ihre wahren ... von bürgern ... kaufen müssen *1636 Rigafahrer 317. 1725 Staphorst, HambKG. I 2 S. 596.*

Stadtverweisung *f., (zeitlich begrenzte oder unbegrenzte) Ausweisung aus einer* → *Stadt (II) als Strafe; bdv.:* Stadträumung; *vgl.* Landverweisung, Stadtrecht (XI), Stadtvertriebene. bevelen ... by vormydung swarer straffe (der gefengniße oder der s t a t t v e r w i s u n g), dat se sich desser ... ordnung ... gemete holden *1573? Osnabrück/Sehling, EvKO. VII 1 S. 303.* verbotten seyn solle den geistlichen personen ... lândereyen vor und umb diese stadt gelegen ... zu appropriiren bey ... s t a d t - v e r w e i s u n g *1592 (ed. 1740) MünsterPolO. 293.* nach außgestandener straffe aber, daferne die nicht ... s t a d t v e r w e i s u n g e n irrogiren, haben die abgestraffete verbrecher unsere privilegien wie vor *1630 NStaatsbMag. I 788.* [fornicationsfälle *sollen*] mit offentliche stellung an den pranger, darzu s t a d t -, ampts- oder landsv e r w e i s u n g auff ein gewisse zeit ... grafft werden *1656 HessSamml. II 419. 1705 KlugeBeamte I² 813.* [*dass, wer*] von derley wucherey abzustehen ermahnet worden, dannoch aber darinnen fortfahrete, mit s t a d t - und landes-v e r w e i s u n g bestraffet werden solle *1707 SudetenHGO. Art. 19 § 33.* gegen den diffamanten [soll] mit gefängnuß, stellung auf die schrâgen, s t a d t -, gerichts- oder landesv e r w e i s u n g ... verfahren werden *1751 CJBavCrim. I 8 § 11. 1798 RepRecht II 294.* bewiesene geilheit ... [*ist mit*] der s t a d t - oder districtsv e r w e i s u n g oder sonst am leibe zu bestrafen *1803 ebd. XI 161.*

(Stadtvidimus) *m., von einer* → Stadt (III) *ausgefertigte beglaubigte Abschrift einer Urkunde; vgl.* Stadtbrief (I). A. begeert een s t a t v i d i m u s uten statbrief mitten transfixbrieff *1500 UtrechtRBr. Inl. 272.*

Stadtvieh *n., aus Tieren der* → Stadtbürger *bestehende Viehherde, die von einem* → *Stadthirten geweidet wird; vgl.* Stadtweide. der radt ist mit G. M. ihren stadtrichter wegen betreibung seiner wiesen mitt dem gemeine s t a d t v i e h e irrigk *1555 MittGotha 3 (1899/1900) 107. 1609 MittMeißen 2 (1887/91) 543.* [*dass*] den pâchtern fetthûtungen des sommers auf der weide anzulegen nicht erlaubet ist ... weil ... dem s t a d t - v i e h von der grossen hûtung dadurch die weyde præpariret wird *1751 NCC Pruss. I 964.* vieh-ordnung: ... daß ... das s t a d t - v i e h

ohne entgelt jâhrlich nachgezahlet werden solle *1757 CC Holsat. Nebenbd. II 1779.*

Stadtviertel *n.* I. *ein städt. Viertelmaß,* → *Quart (I); auch das entsprechende Messgefäß; vgl.* Quartier (I 1 c), Stadtmaß. der richter ... schol fleiszig sein, daz die mûlner zu maut recht metzen nemen, der achtzehen auf ein s t a t v i r t a i l gen *1376 PettauStR. Art. 67.* yde hueben dint ... habern vier meß und ... zwo meß pringt ain s t a t - v i r t l *1464 SeckauUrb. 280.*

II. *Teil einer* → Stadt (II) *als Verwaltungseinheit; vgl.* Stadt (V), Quartier (V). sind alle bürger, wie sie in ihren s t a d t v i e r t e l n wohnen, hier verzeichnet *1674 Krickeberg, ProtKantorat 99. 1719 Lünig, TheatrCerem. I 115.* [einsammler zur armen-casse:] daß in jedem s t a d t v i e r t e l ein bürger dazu erwâhlt ... werde *1800 GesAnh Bernb. III 10.* sollen ... in dem nâchsten brand- und s t a d t v i e r t e l wohnende eximirte ... zum feuer eilen und löschen helfen *1808 v. Berg, PolR. VI 2 S. 669.*

Stadtvikarie *f., Amtsstelle, Posten eines/des Stellvertreters des* → Stadtpfarrers. [creutze-capelle:] haben bürgermeister und rath hieselbst, gleichwie mit andern beiden s t a t t - v i c a r i e n, darüber das jus patronatus *1648 Jb WestfKG. 11/12 (1909/10) 277.*

Stadtvogt *m., im Pl. auch* **Städtevögte,** *(urspr.) vom Stadtherrn eingesetzter leitender Beamter einer Stadt mit örtlich unterschiedlichem Aufgabenspektrum; insb. mit der Hoch- und Blutgerichtsbarkeit betraut, auch mit Urkunds-, Aufsichts-, Polizei- und Administrativfunktionen; zT. auch als Bez. für den (jeweiligen)* → *Altbürgermeister; zT. ist das Amt zum* → *Stadthauptmann (II) abgesunken; vgl.* Stadtanwalt, Stadtrichter, Stadtschaffner, Stadtschultheiß; *zS. vgl.* LexMA. VIII 1811ff. disses sind tughe: ... J. v. H., canonike to sente S. vnde C. v. M., s t a d v o g h e t darsulues *1362 DrübeckUB. 72.* den hof hat K. ufgenomyn vor unserm s t a t v o y t hynder den herren von der C. *1385 FreibergUB. I 100.* dit betughe ek mit H. v. O inghesehgele, to der tid s t a d v o g h e d to W. *1397 Wernigerode UB. 122.* eynen s t a d v o g h e t scal men alle tiit kesen myt râde des râdes *um 1400 SchleswStR. 53. 1402/04 DOrdHandelsrechn. 253.* wir ... gebiten darumb allen unsern lantherren ... stefoyten, s t e t e f o y t e n, burgermeystern, reten ... das dy ... der berckwerke ... schutcczen und schirmen *1404 Wutke, SchlesBergb. I 70.* dy burger laßin vorczelin uff synen hals N. H. umbe daz, do ym der s t a d f o y t von J. H. wegin burgen hisch secczczen, daz er weg gyng und der nicht saczte *1404/14 Freiberg UB. III 189.* daby [iudenrechte] auch der s t a t v o g t e und ain statschriber mit der stat pûch sitzen ... sol *1436 AugsbStR. S. 261.* dy fumfczig schogk groschen ... were czu reychen ... von dem geschosse alsze dy genante stad, s t a d v o i t, radluthe, dy gancze gemeyne darselbist zcu I. *1439 MansfeldKlUB. 219. 1. Hälfte 15. Jh. Größler, Eisleben 50.* P., der tzeit s t a t vnd landtf o g t zu R. *1475 Indersdorf II 14.* den s t a d t - v o i g t schall man setten stedes mit der herschop und des rades tho B. eindracht und willen *1490 Kassel 447.* nach deme magister H. K. vorbrenget eyne, die ander rechtis vorbottunge, von dem s t a d t f o y t alhie zw B. an den richter czu G.

1494 MagdebR. II 2 S. 469. 15. Jh. Größler,Eisleben 53.
wär ... sich in disem gericht zubevogten begärte, der und
dieselben sollend zu dem s t a t v o g t gon und der solle si
... mit ainem frommen man bevogten *15. Jh. Graubdn
RQ. III 154. ebd. 156.* was eins s t a t v o g t s zum hofe
lone und ime von einem jeden frevel gepurt *1502 QFürstentBayreuth I 92.* es solle ein s t a d t v o g t zu G. jährlich 3 vogts geding besizen *vor 1511 Schwaben/GrW. VI
290. ebd. 291.* so befilcht ... ain erbarer rat und des hailigen reichs s t a t t v o g t alhie ... das sich niemands ...
wider den ... rats beschluß [erczaigen *soll*] *1534 Augs-
burg/Sehling,EvKO. XII 45.* dass sie haben sollen ...
ihr eigen stadtrecht ..., also daß ein bürgermeister und
rath ... ein s t a d t w o i g t und scheppen jährlich wahlen
und setzen mögen *1561 Wuttke,Städeb. 102.* sollen die
räthe vnd s t a t t u o i g t e in den stetten vleissige achtung
darauff haben, das die bürger ... wildtbret zu schiessen gentzlich enthalten *1562 Greverus,GMecklJagdr. 18.
1574 Dunker,Hochzeit. 55.* dat alle dōmere, richtere, har-
deßvagede ock bōrgermeistere, rād, s t a d t v a g e d e, so
in ... staden unde orden syn, dar dat jūdske low-bock
gebruket werden, ... ere ordel unde dohm darna richten
wōllen *1592 SystSammlSchlesuH. I 71.* um *1600 Stolz,
OVorderöstLande 157.* [inquisitions-process-acten: *Un-
terzeichner*] unterthenig vnd gehorsamer diener s t a t t
v o g t daselbst, H.M.P. *1617 Horst,ZauberBibl. II 220.
1617 Sachsse,MecklUrk. 321.* præfectus vrbis: s t a t t -
v o g t zu Rom *Frischlin(Frankf. 1631) 545.* raht zu
Augsburg ..., welcher bisher die malefitzpersonen vor
des reichs s t a d t v o g t anklagen und solche anklage ...
aidlich rechtfärtigen müssen *1668 Fugger,Ehrensp. 565.
1669 GesSammlMecklSchwerin I 69. 1681 RevalStR. II
361.* sollen die zu dieser armen-sache verordnete die
rolle und specification der armen ... mit zuziehung ...
des stadt-schultzens und s t a d t - v o i g t s revidiren *1702
BrschwLO. I 947.* der s t a d t v o g t in S. soll die function
des gerichtsvogts daselbst mit verrichten *1711 CStSlesv.
II 88.* die s t a d t - v o i g t e in denen städen ... sollen
ohne ansehen der person ... in wechsel-sachen verfahren *1742 Siegel,CJCamb. I 332. 1755 AltenburgSamml.
II 75.* s t a d t - v o g t: soll über die sabbaths-feyer ernstliche aufsicht haben [*und*] die bruchfälligen casus dem
magistrat anzeigen *1757 CCHolsat. Nebenbd. II 1637.*
das regiment der stadt [Zürich] besteht aus 2 bürgermeistern, welche alle jahre auf pfingst-montag umwechseln.
der, so nicht in dem amt ist, trägt den titul des s t a d t -
v o g t s *1768 Fäsi I 491. 1785 Fischer,KamPolR. I 635.
1801 RepRecht VII 96.*

Stadtvogtamt *n., Posten eines* → Stadtvogts; → Stadtvogtei (I). mein gesagter schwerer ... ist aber ein raths-
herr ... gewesen, hat lezlich das s t a t v o g t a m p t um
seines wohlverhaltens willen bekommen und das handwerk aufgeben *1625 ArchKulturg. 1 (1903) 77.* daß zum
allhiesigen s t a d t v o g t a m t J.H., bürger und brannt-
weinbrenner allhier, die ... zwölf gulden zapfengeld ...
zu recht erlegt *1706 NeuburgKollBl. 62 (1898) 86.*

Stadtvogtei *f.* I. *Amt, Behörde, Gericht, Herrschafts-
befugnis eines* → Stadtvogts; *meton.: der räumliche Zu-

ständigkeitsbereich;* bdv.: Stadtvogtamt. wy geuen ehr ok vnd
beligen sy mit dem gnanten vnnsem statrichte vnd der
s t a t v o g e d i e n *1452 CDBrandenb. III 1 S. 306.* præfec-
tura vrbis: s t a t t v o g t e y *Frischlin(Frankf. 1631) 545.*
gerichte in städten der fürstenthümer ... bestehen ... in
den rath tischen und schöppenstühlen, ... in den s t a d t -
v o g t e y e n ... in den landvogteyen *1650 CDSiles. 27 S.
277. 1680 Heinemann,StatRErfurt 242.* ist dessen sohn
... auf caution der hafft erlassen worden ... ob nun wol
vermöge eingeholten urthels die s t a d t - v o i g t e y sich
dessen sohnes zu versichern befugt gewesen *1744 Siebb
LRKomm.[2] 574.* dass der magistrat sotane judensachen
der s t a d t - v o g t e i überlassen [*hat*] *1748 Stern,Preuß
Juden III 2 S. 1179.* [E.] hat zum departement das amt
W. und s t a d t v o i g t e i zu O. *1753 ActaBoruss.BehO.
IX 731.* es seye ihnen ... die territorial-superiorität über
das stifft oder die statt beygeleget worden, wenn gleich
die clöster- und s t ä t t - v o g t h e y e n nicht in allem
miteinander übereinkommen *Moser,Staatsarch. 1756 I-
VI 78.* gienge der ordentliche zug von dem Einhorn-
wirtshauß ... zur s t a d t - v o g t h e y *1766 MainfrJb. 12
(1960) 99. 1805 SammlBadStBl. II 557.*
II. *von einer* → *Stadt besorgte Vormundschaft;
vgl.* Stadtkind (III). stads-kinderen: alle over-iarige personen,
die bevonden werden hem zelfs onbehoorlicke te regie-
ren ... zullen ... gestelt vverden in t s t a d t s - v o o c h d i e,
tzi zi daer inne bewilligen of niet *LeidenK. 1583 Art. 106.*

Stadtvogteianwalt *m., Vertreter der* → Stadtvogtei (I).
1613 ZGO.[2] 20 (1905) 387.

Stadtvolk *n., Gesamtheit der Bewohner einer* → Stadt
(II), *Stadtbevölkerung;* bdv.: Stadtmenge; *vgl.* Landvolk, Stadtwohner. wa sich s t e d e v o l k getruweliche / helt zo samen,
dat wirt eren riche / unde wa it van ein sich leist schei-
den / it ruwet sich na arm unde riche an beiden *1277/87
Hagen,RChr. V. 1132.* dy vnterkeuffell süllen vor für
all ander kaufleüt dem s t a t f o l k fleissig sein zu kauffen vnd zuuerkauffen *um 1413 OfenStR. 72. 1476/78
UrkJudRegensb. 169.* wir ... wellen keyne ... satczunge
machen noch gestaten czw halden, do mit das s t a d t -
f o l g k ader landtfolgk gedrenget möcht werden *1505?
KrakauZftO. 95. 1586 Veltzé,Stadtguardia 182. 1720 Lünig,TheatrCerem. II 137.*

Stadtvorgeher *m., wie* → Stadtvorsteher. längers an-
stehende und hierdurch öfters denen s t a t t v o r g e h e r n
und anwesenden rahtsfreünden in vergessenheit kom-
mende außgaben *1690 OÖsterr./ÖW. XII 477.*

Stadtvorrat *m., städt. Finanzmittel, städt. Geldvermögen; vgl.* Stadtmittel. das kemmerey-ambt belangend, bestehet dasselbe dorin ... daß sie allen den s t a d t v o r -
r a t h in verwahrung haben und daruber laut inven-
tarii rechenschaft geben mussen *1615 WitzenhQ. 153.*

Stadtvorsteher *m., im Pl. auch* **Städtevorsteher,** *jmd.,
der einer* → Stadt (III) *vorsteht; Mitglied des* → Stadt-
regiments;* bdv.: Stadtobere, Stadtoberste (I), Stadtobmann, Stadtvorgeher; *vgl.* Stadtbürgermeister. eine neue ... stattordnung, welcher sich inskünftig selbiger s t a t t v o r s t e h e r und be-
ambte in ihren ambtsbedienungen nuzbarlich zu gebrauchen ... hetten *1690 OÖsterr./ÖW. XII 469.* es haben

... die syndici und s t a d t - v o r s t e h e r e bey einer dubiosen sache, darüber der judex allenfalls exactis judiciren kan, die macht zu transigiren *1721 KlugeBeamte IV 1257.* [der commissarius hat] mit denen s t a d t - und amtsv o r s t e h e r n, nehmlich vogt, stadtschreibern und amtspflegern, ... zu communiciren *1728 Reyscher,Ges. XVII 1 S. 397.* [so wird, wenn] die schuldige zahlung nicht abgeführet worden ist, ... der burgermeister oder sonstiger s t a d t v o r s t e h e r ... mit der militärischen exekuzion belegt *1748 SammlKKGes. I 73.* [frey von der auswahl zu persönlichen kriegsdiensten sind:] die söhne der s t ä d t e - v o r s t e h e r und raths-glieder *1808 BadKriegspflicht. 5. 1815 WirtRealIndex I 104.*

Stadt–W *n., der Buchstabe W als* → *Stadtzeichen für Breslau (lat. Wratislavia).* sol die arbeit von diesem silber zu einem kenn- und mercklichen unterscheide deß virzehenlötigen ... mit einem absonderlichen puntzen ohne daß hiesige s t a d t - w ... gezeichnet werden *1677 Hintze,BreslGoldschm. 196.*

Stadtwaage *f., öffentliche städt., meist gebührenpflichtige, vom* → *Stadtwäger verantwortete Wägevorrichtung, auf der insb. städt. Ein- und Ausfuhrwaren gewogen werden müssen; auch das Gebäude, in dem gewogen wird; bdv.:* Fronwaage; *vgl.* Ratswaage; *zS. vgl.* LexMA. VIII 1883ff. von der s t a t w a g e: ... schal me alle wichtich gut, ot sy lenewant eder wat it sy, wegen vp der s t a d w a g e, dar schal iowelk af geuen we koft eder vorkoft na marktalen *1311 Göttingen/Pufendorf III app. 196 [Komp.?].* alle sülche war, dy der gast vorkowfft, sullen nyrne anders wenne yn der s t a d w o g e gewegen werden *1375 KrakauZftO. 20 [Komp.?].* [*Übschr.:*] van die s t e d e - w a e c h *1405/22 WestfriesStR. II 255.* s t a d s w a a g: ... tot enen koep nyet hoger te wegen buten der stat wage dan tot acht ℔ to, by der seluer koeren ende correxien *um 1415 NijmegenStR. 33.* das ein iglicher, der do kauft adir verkauft adir gewert nimpt centener gut, der sall das brenge in uns s t a d t w a g e, wer aber das wüge in seiner behusunge adir uf einer andern wage, sall geben ein alt schock *1455 KahlaUB. 94.* was herkumbt zu verkaufen, das nicht an die palbag gehört, es sei eisen, stachel, waxs, ... schmalz, unslit ... soll bei der s t a t - w a g gewegen werden, damit dem weger sein lon gevall davon *2. Hälfte 15. Jh. Tirol/ÖW. V 477.* der hann sal der s t a t w o g e n haben, auf das er der statgeschefft dester bas mug gwarten vnd dy wog sal hengen an eynem gemeinen ennd *15. Jh. (Hs.) HermannstStat. 14 [Komp.?].* wat under eine wagen isseren is, sall op dei s t a t w a g e n kommen to wegen (op der groter wagen) *1524 BeitrEssen 20 (1900) 150. vor 1537 Leeuwarden StR. Art. 87.* uff die s t a t t - oder fronw a g e, so dem wiegmeinster in seinem aide zugleich anbefohlen, soll der wiegmeinster ein ebenmeßigs, fleißigs ufmerckhens haben *16. Jh. Weinheim 404. 1613 Schudt,JüdMerkw. III 136.* ein falsches pfundt, etzliche lott zu leicht, damit ehr [wagemeister] auf der s t a t t s w a g e butter ausgestochen *1673 JbWestfKG. 7 (1905) 120. 1679 Reval StR. I 383.* daß solches privat-wägen gantz abgeschaffet werde und daß alles eisen auff die s t a d t s - w a a g e komme, welche zu dem ende erbauet ist und wåge-geld ... geniesset *1680 SammlLivlLR. II 792. [Einnahmen:]* s t a d t w a a g e, 1714 an M.F.L. verpachtet auf 6 jahre, 35 rtlr. *1717/18 IserlohnUB. 244. 1757 CCHolsat. Nebenbd. II 1637. 1772 NCCPruss. VI 3143.* das recht, eine öffentliche s t a d t w a g e und ein waghaus zu haben, fließt aus dem stadtpolizeyrecht und insbesondere aus dem marktrecht *1785 Fischer,KamPolR. III 208. 1788 Thomas,FuldPrR. I 137.* s t a d t w a a g e n etc. müssen ... auf kosten derjenigen unterhalten werden, die davon wirklich gebrauch machen *1803 v.Berg,PolR. III 436. 1808 Kropatschek,KKGes. 24 S. 34.*

Stadtwache *f.* **I.** *Wachdienst für eine* → *Stadt (III), (va. nächtliche) Bewachung einer* → *Stadt (II) und der* → *Stadtmauern; insb. als* → *Stadtpflicht; bdv.:* Stadtwacht (I). hingegen bleibet laut der kayserlichen resolution bürgermeistern und rath die verordnung der s t a t t w a c h e billig *1599 Moser,NStaatsR. XVII 212. 1644 ProtBrandenb GehR. II 305.* [ein neuer Stadtbürger verspricht,] die gebräuchlichen lasten, besonders die der s t a d t w a c h e tragen zu wollen *1698 BonnArch. 1 (1889/90) 34.*

II. *Mannschaft, welche die* → *Stadtwache (I) versieht; zT. auch mit polizeilichen Aufgaben; bdv.:* Stadtgarde, Stadtwacht (II); *vgl.* Stadtwächter. dahingegen bey denen honoratioribus vom civil-stand die arretirung durch die s t a t t w a c h e veranstaltet [werden muß] *1759 Reyscher,Ges. VI 569.* bis endlich auf veranstaltung des kgl. oberburgamts die das haus umgebende s t a d t w a c h e abgenommen worden *1770 Stern,PreußJuden III 2 S. 1078.* steht dem magistrat das recht, zur erhaltung der innern sicherheit sich eine öffentliche s t a d t w a c h e zu halten, zu, und er kan damit ... die stadtthore und mauren besezen lassen *1785 Fischer,KamPolR. I 654.* [bey executionen sollen] 12 mann von der s t a d t w a c h e ... von erkennung des todes-urtheil an bey der gefangenschaftsthür seyn *1795 BernStR. VII 1 S. 420.*

III. *Dienstgebäude, -raum der* → *Stadtwache (II); zT. mit Haftlokal; bdv.:* Stadtwacht (III), Stadtwachthaus. wie dat des nachts ... buurgeruft maeckt buyten nootsaecken ... opter straeten off op de s t a d t s w a e c k, die verbroeckt twee older schilden *vor 1537 LeeuwardenStR. Art. 171.* würde aber [ein scholar] zur unzeit betroffen werden, der sol ... von den nachtwächtern auf die s t a d t w a c h e gebracht und des nachts über darauf behalten ... werden *1673 SchulO.(Vormbaum) II 654. 1802 Hegel, PolitSchr. 44.*

(Stadtwacher) *m., wie* → *Stadtwächter.* ontfangen ... van G.M., onss s t a t w e k e r, soe hie dat waeckgelt gebort hadde van den borgeren ... 36 ½ lb. *1457 BijdrHist Gen. 77 (1963) 169.* de sworen s t a d e s w e k e r e *1479 OsnabrGQ. IV 133.*

Stadtwachmeister *m., wie* → *Stadtwachtmeister. 1699 Merschel,Rawitsch 75.*

Stadtwacht *f.* **I.** *wie* → *Stadtwache (I).* so vorlate we ome schotes unde s t a d w a c h t e alle de wile he levet *1404 HildeshUB. III 51.* die goldshmidt [sind] in denen übrigen burgerlichen mitleiden, ... als in feuersnoth, thor- und s t a t t w a c h t, einbelaitung der landesfuersten ... zu pariern ... shuldig *1591 JbKunsthistKaiserh. 15 (1894) p. 30.* von den s t a d t - und zehntschafts- w a c h t e n: aus jeder zehntschaft sollen alle nachten ein mann ... auf der gassen in der zehntschaft wachten, welche auf feuer und andere ungelegenheiten gute achtung geben sollen *1710 ArchSiebb.² 7 (1866/67) 338.*

II. *wie* → Stadtwache (II). bewilligt, ir s t a t w a c h t auf annderthalb hundert mann zu störkhen *1569 Velt-zé,Stadtguardia 175.* auff disem plaz ist bereits die ge-sampte bürgerschafft (ausser der bestelten s t a t t w a c h -t e n) im gewehr gestanden, welche die gewohnliche drey salue gegeben *1704 Joner,ColmarNota. 74.* daß der ... bottschaffter ... die s t a d t - w a c h t durch seine hauß-bediente anpacken hat lassen *1710 StaatsKlugheit 351.* einer gefährlichen schlägerey halber, ... deßwegen [er] in der s t a t t - w a c h t arrest gerathen *1729 Moser,StaatsR. 45 S. 440.* [daß die stadt commissariis] alle einführende holtz-wägen durch die s t a d t - w a c h t ... lustriren und ... visitiren [*lasse*] *1743 SchrMährSchles. 12 (1859) 441.* daß ... um halb 11 uhr durch ... eine s t a d t - w a c h t samtliche wirthshäusere nochmals alltäglich visitirt [*wer-den sollen*] *1766 SammlBadDurlach II 172.*

III. *wie* → Stadtwache (III). daß die unruhige nacht-geister und gassenschwärmer von der patrouille aufge-hoben und in die ... s t a t t - w a c h t eingeführt werden sollen *1754 Moser,Hofr. I 131.*

Stadtwächter *m., auch* Städte-; *städt. Wachmann,* → Nachtwächter (I); *Angehöriger der* → Stadtwache (II); *bdv.:* Stadtwacher. wer die stadknechte vnde s t a d w e c h -t e r frevelich angrifet adder wundet by tag adder by nacht der sal synen hals haben vorloren *nach 1365 Voigt, Marienb. 530.* daz man gemeine s t e t t e w e c h t e r oder scharwechter hette, den solte man von gemeinem gelde lonen *1383 MosbachStR. 558.* [uffruhren, die] mit klei-nen freveln gebrochen werden, die hatt die statt zu straf-fen, den s t a t t w ä c h t e r n und knechten damit zu loh-nen *1496 Ladenburg 699.* seindt vier s t a t t w e c h t e r ine [thädter] zue verwahren hinein ins closter geordnet wor-den *1556 Schindler,VerbrFreib. 167.* [brennende fackeln sollen] von der haupt-wacht ... oder s t a d t - w ä c h t e r n hinweg genommen ... werden *1672 CCMarch. V 1 Sp. 158.* [auf selbigem steinthor hat] der s t a d t - w ä c h t e r oder thurmmann sich aufgehalten *1723/62 HannovGBl. 8 (1905) 141.* ein s t a d t w ä c h t e r, so seith 6 jahren ... als taglöhner bey unserem müntzmeister J. gestan-den *1759 v.Tscharner,TodesstrBern 14.* bey executionen [*scheint*] ... die einzige hiebey übliche policey anstalt von 12 s t a d t w ä c h t e r n zum begleit nicht hinlänglich zu seyn *1795 BernStR. VII 1 S. 420. 1806 v.Berg,PolR. V 186. 1815 WirtRealIndex II 373.*

Stadtwachthaus *n., wie* → Stadtwache (III). soe wie dat an stadts geschut ... enige schade ende hinder doet, dergelijcken an s t a d t s w a c h t s h u y s e n etc., die sul-len sodane schade betalen *vor 1537 LeeuwardenStR. Art. 179. 1723/62 HannovGBl. 8 (1905) 441.*

Stadtwachtmeister *m., Oberaufseher, Befehlshaber der* → Stadtwache (II); *auch: wie* → Stadtwächter; *bdv.:* Stadt-wachmeister. dass burgermaister und rath ... irer r.k.m.

einen annemblichen s t a t w a c h t m a i s t e r fürschlagen *1569 Veltzé,Stadtguardia 175.* derjenige, so nicht wa-chet, ... der büsset 5 gl. ..., und soll der s t a d t -w a c h t m e i s t e r die aussenbleibenden dem rath allewe-ge anzeigen *1658 GeraStR. 177.* [feuer-ordnung:] leute, ... die da vnter dem schein der hülffe herzu lauffen, [*sol-len*] dem jederzeitigen s t a d t w a c h t m e i s t e r anbefoh-len seyn *1659 HessSamml. II 566.* welcher hierinn sich säumig erweisen ... wird, derselbe soll jedesmal 6 gr. straffe erlegen, welche durch einen gewissen unter-offi-cier und s t a d t - w a c h t m e i s t e r ... den armen zu gu-te in eine büchse gestecket werden soll *1703 CCMarch. VI 2 Sp. 39. 1766 SammlBadDurlach II 172.* J.H.H., s t a d t - w a c h t - und zeug-m e i s t e r *1771 HannovGBl. 8 (1905) 83.* wenn sich ein todfall zuträgt, wird ... beym stadtgerichte aber durch den s t a d t w a c h t m e i s t e r ... die nothsperr angelegt *1780 SteirEinl. 319.* executions-gebühren für die ankündigung und einliegung der execu-tion dem s t a d t - w a c h t m e i s t e r *1793 NCCPruss. IX 1227. 1803 WeistNassau III 86.* der personal-freyheit haben zu geniessen: alle geist- und weltliche beamte ... stadtbauknechte, s t a d t w a c h t m e i s t e r, thorwarte *1815 WirtRealIndex III 326.*

Stadtwäger *m., städt. Amtsträger, der die* → Stadtwaa-ge *bedient.* gemainer statt und burgerschafft aembter unnd dienner: ... rathsdiener, s t a t t w e g e r, messner *1417 SterzingStB. 342.* es gevall dann dem s t a t w e g e r sein lon, es werd gewegen oder nicht *2. Hälfte 15. Jh. Ti-rol/ÖW. V 477.* sollen die s t a d t w ä g e r e und wracker ... mit der würcklichen arbeit praecise um 6 uhr ... den anfang machen *1733 RigaAkt. II 409.* der s t a d t w ä g e r hat ... dafür zu sorgen, daß die waage in gehöriger ord-nung sey, und dahin zu sehen, daß kein flachs, hanf, talch und sonstige kaufmanns-waaren ungebraackt und ungewogen verschifft werden *1797 NCCPruss. X 1428.*

Stadtwagner *m., Handwerker in städt. Diensten, der ua. Wagen, Karren und* → Räder (I u. II) *herstellt.* bür-gers und s t a d t w a g n e r s *1634 JbStraubing 60 (1957) 101.* [daselbsten *hat*] der s t a t t w a g n e r sein glegenheit, die wägen, räder vnd schiebkaren zumachen, item die stil in die bickel, schaufel, hawen, hämmer *J. Furtten-bach, Gewerb-Stattgebäu (Augsburg 1650).* dessen vat-ter ... bey hiesigen e. wohledlen und gestr. rahts bauamt s t a d t - w a g n e r ist *1659 Siebenkees,Mat. IV 420. 1787 Waldau,VermBeitr. II 106.*

Stadtwährbuch *n.,* → Stadtbuch *zur Eintragung von Rechtsgeschäften uä.* H.M. hat hude dato J.D. ein wei-sen ... by dem kirchenstuck zu K. abgekauft. ist in dem alten s t a t w e r b u c h verzeichnet *1569 WitzenhStB. 61.* zu urkund ist gevolliger vergleichung uf beyderseits begeren in das s t a d t w e h r b u c h intitulirt worden *1575 ebd. 35.*

(Stadtwähre) *f., Besitz, Herrschaft einer* → Stadt (II). dewijll dat erfhuys in oir s t a d t t w e e r gevallen is *1546 MnlWB. VII 1978.*

Stadtwährung *f., in der (betreffenden)* → Stadt (II) *anerkanntes, dort übliches Zahlungsmittel.* do einer gelt oder gewant oder gürtelgewant dem bäder oder ba-derin oder dem abzieher oder abzieherin zu kalten geit

und wird das gelt verlorn, wie vil des über 1 pfunt s t a t -
w e r u n g ist, so gelten sie doch dem nicht mer denn 1
pfunt s t a t w e r u n g *1348/50 NördlingenStR. 31.* dat se
uns unde unser stad darvan alle jar ervestinses plichtlich
sin to ghevende ene lodeghe mark unser s t a d w e r i n -
g h e *1388 HildeshUB. II 400.* haben wir den vorgenanten mannen und frawen under den salczkasten solchn
gebalt geben, daz sie mit unsern schultheisen oder stat-
knechten dieselben mugen pfenden, alz oft dicz geschee
fur 1 ℔ h s t a t w e r u n g ongeverde *1401 WürzbPol. 106.*
wil [ein statman] des ampts nicht auf nemmen ... so sol
er verfallen sein vmb funf margk s t a t w e r u n g *um 1413
OfenStR. 44.* XIII gulden vmgarisch oder behemisch
der s t a t t w e r u n g hat G.S. der statt übergeben vmb
ain ewige spennd *1476 LeibdingAugsb. 231. NürnbRef.
1564 XXIII 3.* einen ewigen gulden s t a d t w ä h r u n g
mit 27 gulden, einen ewigen rheinischen gulden mit 25
gulden *1773 Lahner,Samml. 747. 1800 Beyschlag,Beitr
Nördl. IV/V 55.*

Stadtwährungsgulden *m., wie* → Stadtgulden (I). [daß
hinfüro] für einen guldengroschen ... anderthalb gulden,
... für einen s t a d t w ä h r u n g s g u l d e n auch anderthalben fl. ... bezahlt werden *1619 Lahner,Samml. 536.*

Stadtwald *m., Nutzwald im Besitz einer* → *Stadt (III);
bdv.:* Bürgerwald, Stadtbusch, Stadtgehölz, Stadtholz (I); *vgl.* Gemeinde-
wald. damit die s t a d t w ä l d t e r desto besszer verwahret
undt ehender auffwachsen mögen, soll sich keiner unterstehen, ... aychene, buchene undt birckene ruthen zu
hacken *1649 MHungJurHist. V 2 S. 229.* das holtzschla-
gen in denen s t a d t w ä l d e r n ... muß civiliter und mit
aller behutsahmkeit ... geschehen *1724 MittKönigsberg
2 (1910) 195. 1800 HeidelbPolGes. 10.*

Stadtwaldhauer *m., (vereidigter) Holzschläger in einem* → Stadtwald. *1468 NjblFrkG. 10 (1915) 51.*

Stadtwall *m., Befestigungswall, Wallanlage entlang des*
→ Stadtgrabens (I), *als Teil der Stadtbefestigung; vgl.*
Stadtmauer. niemant sall enige mist off dyergelycke fuyl-
nisse fueren aende s t a d t s w a l l off op den wech byden
wall, by peen van een oldt schildt *vor 1537 LeeuwardenStR. Art. 140. 1720 Lünig,TheatrCerem. II 491.* der
s t a d t - w a l l gehöret der stadt, und wo einer der cano-
nicorum dran etwas niederreissen würde, ist er schuldig, solches mit dem ersten wiederum machen zu lassen *1725 Staphorst,HambKG. I 2 S. 52.* wird befohlen,
daß die bei den landstädten noch befindlichen unützen
s t a d t w ä l l e abgetragen und in gärten verwandelt ...
werden *1808 Krug,StaatswPreuß. 284.*

Stadtwappen *n., Wappenbild als Hoheits- und Erken-
nungszeichen einer* → Stadt (III); *bdv.:* Schild (III 1), Stadtschild, Stadtzeichen (I); *vgl.* Marktwappen, Reichwappen. auf ihre
kannen und werk ... sollen sie [kannengiesser] das s t a d -
w a p p e n und des meisters eigen zeichen dar beneben
schlan *1549 DürenWQ. 133.* soln massen ... gerecht gemacht und gemeiner s t a t w a p p e n ... darauf geschlagen werden *1561 MHungJurHist. IV 2 S. 124 [Komp.?].*
[es ist] unserm wolhergebrachtem gebrauch unnd wol-
erlangtem s t a d t w a f f e n zuwiedernn unnd gemeiner
stadt R. zum nachtheill [*wenn e.e.w. burgere, ßo brawer*

sindt, unsern ochsenkopff auff ihr biertonnen brennen]
*1565 BeitrRostock 4, 2 (1905) 46. 1610 MittSalzbLk. 74
(1934) 115.* P.S., siglschneider, den webern das s t a d t -
w a p p e n zu stechen 1 fl. *1672 ebd. 120.* kåysers Frideri-
ci III. privilegium, worinn er dem rath zu B. das s t a d t -
w a p p e n verbessert *1714 Biberach 196.* der punzen
muß aus dem s t a d t w a p p e n ... bestehen *1743 Samml
KKGes. I 10.* kennzeichen des weichbildrechts sind ...
mit dem s t a d t w a p p e n versehene grenzstöcke *1785 Fischer,KamPolR. I 590.* hat die stadt ... silbermünzen ...
unter ihrem s t a d t w a p e n ausprägen lassen *1786 Gadebusch,Staatskunde I 79. weitere Belege: 1749* Holzeisen, *1799*
Sekretinsiegel.

Stadtwardein *m.,* → Münzwardein *im Dienst einer* →
Stadt (III); vgl. Stadtmünzmeister. der fürstl. münzmeister
und der s t a d t - g u a r d e i n so sich bey ihr fr. gnaden
von Württemberg ... präsentirt *1626 Lori,BairMünzr. II
409.* auch kann man hier goldklumpen und silberstan-
gen niederlegen, welche nach dem cours taxiret werden,
wenn der s t a d t w a r d e i n die probe damit vorher gemacht hat *1767 Ludovici,KfmLex.² I 605.*

Stadtwasser *n., städt. Wasserversorgung, städt. Gewässer; vgl.* Dorfwasser, Stadtbrunnen, Stadtwede. das derselbe
[röhrmeister] beides die gemeinen s t a d t w a s s e r sowohl auch der burger wasser in heusern ubel warte *1609
MittMeißen 2 (1887/91) 545.* der stattfischer soll schuldig sein die gattern morgenß vnd abends auff- vnd zu
zumachen, auff die s t a t t w a s s e r sein fleissiges aufsehen zu haben *1687 Joner,ColmarNota. 7.*

Stadtwechsel *m., städt. Institution zum Umtausch von
(fremden) Münzen, dann auch für Geldanlagen und zur
Kreditvergabe; städt. Bank, städt. Kreditinstitut; auch die
Tätigkeit dieser Institution; bdv.:* Stadtwechselbank; *vgl.* Haupt-
wechsel; *zS. vgl. R. Hallauer, Basler Stadtwechsel (ebd. 1904).* süllent
jm das gut alles geben und antwurten hie Zürich jn un-
ser s t a t t w e c h s e l *1413 AppenzUB. I
2 S. 249.* das allein die oberkeyt iren s t a t t w e c h s e l
und sunst nieman dhein wechsel hie haben sollte *1533
AktBaselRef. VI 275.* sol J.R. ... allein unserem s t a t t -
w e c h s e l ... warten, den wechsel by fruger tagzyt uff-
thun, auch dem obendt spat beschliessen *1533 Basel
UB. X 171. 1597 BullMusMulh. 25 (1901) 45.* auch im
s t a t t w ä c h s e l l von burgern uff silberne, goldene oder
andere underpfender mehr nicht den 5 pro cento nemen
1604 BaselRQ. I 1 S. 472. 1658 ebd. I 2 S. 585. darauff
der s t a t t w e c h s e l vorangedeute summen gelts hinlei-
het *1659 BaselUB. XI 92.* daß niemanden gewalt haben
solte, iemanden, weder frömbden noch einheimischen
... so gelt am s t a t t w e x e l ligen haben, solches zu verbieten *1718 BaselRQ. I 2 S. 747.*

Stadtwechselbank *f., wie* → Stadtwechsel. als ob der
rath das gelt, gold oder silber, so in der s t a d t w e c h -
s e l b a n k gelegt wäre, entfremdet hätte *1570/1623
WormsChr. 228.*

Stadtwechsler *m., (von einer* → *Stadt III belehnter
oder bestallter) Leiter des* → Stadtwechsels; *vgl.* Hausgenos-
se (VII). syen wir ouch überein komen von der dryer münze wegen ... dz die ze schwach syen vnd sich vnser mün-

ze mit gelichen mügen, dz vnser s t a t t w e c h s l e r ... dieselben münzen jekliche insunder vffsetzen *1413 Eidg Absch. I 151.* G.N., der goldtschmid ist angenomen zu ainem gemainen s t a t t w e c h s l e r *1517 NördlingenStR. 497.* das wir den erbaren unsern lieben mitburgern J.R. zu unnserm s t a t t w e c h s l e r ... bestellt habend *1533 BaselUB. X 170. ebd. 171.* meister J.F., s t a d t w e c h s - l e r allhie zu Freiburg *1572 ZGO.² 6 (1891) 649.*

Stadtwede *f., künstlich angelegter Teich als Viehtränke und* → Schwemme (I) *in einer Stadt; vgl.* Stadtwasser. *um 1580 FrkBl. 10 (1958) 64.*

Stadtweg *m., Weg zu einer bzw. in eine* → Stadt (II); *vgl.* Kirchweg (I). geschwarene wege, s t a d t w e g e, dingewege, strantwege, holtwege, der keinen mach einiger vorleggen, behindern, betünen, edder vorgrauen *JütLow. 1590 I 56 § 4.* frye sandewege, frye s t e d e w e g e, frye dodenwege, frye kerkenwege; alles wat fry unde in frede befangen is *17. Jh. Lübeck/ZRG.² Germ. 26 (1905) 83.*

Stadtweggeld *n., (von Auswärtigen erhobene) städt. Straßennutzungsabgabe; vgl.* Riegelgeld (I), Stadtmaut. herr L. soll das s t a t t w e g g e l t heben und die zeichen außgeben *1644 ChrKaiserslautern 156.*

Stadtwehr *f., Wehranlage um eine* → Stadt (II); *Verteidigung der Stadt; bdv.:* Stadtwerk (IV); *vgl.* Stadtmauer. [C.] verschriebe jeglicher statt ... sie solte all vest vnd s t a t t - w e h r abbrechen *1573 Fronsperger,Kriegsb. III 229ʳ.* wer unsere s t a d t - w e h r e, weyde und bauung anfertiget, dem tritt solches an seinen selbst hals *1577/83 Lüneb Ref. 771. 1655 Reyscher,Ges. XIII 163.*

Stadtweibel *m., wie* → Stadtknecht; *vgl.* Hofweibel, Kantonweibel, Landweibel. das ir s t a t t w e y b e l in der erne ... von yeklichem, der buwt, ein garben nemen vnd fordern [*soll*] *1466 BruggStR. 50.* daruff och der statt w a i b e l l zů A. in namen der oberkaitt durch sinen fursprechen B.B. clagten zů denn beden gfangnen *1530 SGallenRheintalRQ. 441.* [das sy] niemandts zolfry halten söllind, dann unsere ... s t a t t w e y b e l *1581 LaupenAmtsbez. 67.* söllend sy [amman] der dingen [pfandsůchen, pfandverrüffen, ußklagen] keins thůn, sonders die s t a t t w e y b e l das alles lassen verhandeln *1615 BernStR. VII 2 S. 798. 1714 ebd. VII 1 S. 392.*

Stadtweichbild *n., der Herrschaft und dem Recht einer* → Stadt (III) *unterworfenes Gebiet sowie das in diesem Gebiet geltende Recht; bdv.:* Stadtgebiet (II), ¹Stadtmark (I). von dem s t a t w e i c h b i l d e: isz ist ... dohyn komen, das sich viel den gerichten entzogen, sich vnddirstanden, die obirgerichte auff iren guttern, die doch jm weichbilde gelegen, zuhaben *1516/20 GörlitzRatsAnn. I/II 568.* das die jhenigenn guther, so im s t a d t w e i c h b i l d e gelegenn ... [nur] burgern gelihenn vnnd gereicht werdenn sollen *1573 ZeitzStB. 107ᵛ.* das die reinung wegen gemeiner s t a d t w e i c h b i l d e von einem e.r. förderlichst furgenommen *1609 MittMeißen 2 (1887/91) 533.* irrungen in hut- und triftsachen des hiesigen s t a d t w e i c h b i l d s *1811 Heinemann,StatRErfurt 291.*

Stadtweide *f., Weideland im städt. Gemeinbesitz, das zur gemeinschaftlichen Nutzung bestimmt ist; bdv.:* Bürgerweide, Stadtwische; *vgl.* Stadtvieh. in vnser s t a d e s w e i d e

1482 Viegener,WaldmRüthen 245. welcher metzler rinder ... bringt gen U. und das uber VI tag uff die s t a t - w e i d e oder alman schlecht, der sol dasselbig vieh nie aushauwen *1525 Philippsburg 964.* damit die allgemeine s t a d t s w e i d e ... durch ungewöhnliche beschlagung deren viehes nicht geschmälert [werde] *1683 QKielVerf. 47.* s t a d t - w e i d e s. ... bůrger-weide *1757 CCHolsat. Nebenbd. II 1639. 1804 Hagemann,PractErört. IV 277.*

Stadtwein *m.* I. *in einer* → Stadt (II) *gekelterter Wein; vgl.* Stadtbier. so wannehe dat unser s t a d t w e i n inkommen; darachter soll man keine fremde wein zappen *vor 1436 Zülpich/GrW. VI 683.* dass die schlesischen weinhändler ... sich ... nicht scheuen, in die mit der stadt brand versehenen fässer solche fremde weine überzuziehen und damit die s t a d t w e i n e gänzlich in misscredit zu bringen *1720 MHungJurHist. V 2 S. 428.*

II. *für ein städt. Weinreichnis ausgewählter Wein; vgl.* Stadtschenkwein. uff disse dreytag erwellenn meier und gericht inn beywessenn beider bauwmeister ides tags denn s t a t t w e i n *1600 SAvoldStR. 68.*

Stadtweinkeller *m., städt. Keller zu Lagerung, Verkauf und Ausschank von Wein; bdv.:* Ratkeller, Stadtkeller (I). daß man am sontage zu rathause nicht gehe, den s t a d t - und alle andre w e i n k e l l e r vor der messe nicht aufschließe *1462? MittCopernikusV. 13 (1904) 97. um 1700 BrschwKapelle 186.* das kammergericht ... kognosciret ... über alle streitigkeiten auf dem s t a d t w e i n k e l l e r *1786 Gadebusch,Staatskunde I 177.*

Stadtweinwirt *m., wie* → Stadtwirt? *1682 MGPaed. 27 S. 169.*

(Stadtwerb) *n., für eine* → Stadt (III) *übernommener Auftrag; auch als Fall* echter → ¹Not (II). we by broke vorbadet wert ... de schal kamen, edder de scriver schal den broke van em boren ... ane id hebbe em echte nôtsake edder s t a d - w e r f benamen *1451 PommGesch Dm. II 37. ebd. 55.*

Stadtwerk *n.* I. *Dienstpflicht, Arbeitsdienst zur Verrichtung von Bauarbeiten für eine* → Stadt (III), *zB. im* → Stadtgraben (I); *vgl.* Stadtrecht (VII). H.R., de umb ungehorsam des s t a d e s w e r c k e s und den hegermesteren druwe worde gegeven, gefencklich was angenommen *1540 Bürgerbuch und Protokollbücher der Stadt Ahlen (ebd. 1970) 325.* die rathsherren aber sollen bey der immunität, die sie von alters gehabt, des schosses, wachtgeldes, s t a d t w e r c k e s und dergleichen frey sein *1599 LauenburgStR. I 6. 1613 Praetorius,Zauberei 293.*

II. *städt. Arbeitshaus; vgl.* Schellenwerk (I). [frembde, gesunde straßenbettler *werden*] im s t a t t w e r c k zu arbeiten angewießen vnd in der elenden herberg ... zur nothturfft gespeißt *1628 StraßbPolO. 63. ebd. 64.*

III. → Stadtarbeit, *Tätigkeit als* → Stadtwerker. es habent unnsere werchmeister ... nebent unser s t a t t - w e r c h etwann büw verdingt, darfon aber alls zuo besorgen gemeiner statt vyllerley schadens entstatt *1542 SchweizId. XVI 1233.*

IV. *wie* → Stadtbollwerk, → Stadtwehr. werden die corporallen, da die stucke auß dem zeûghauß auf die s t a d t w e r c k e r wegen einer solenität, oder sonst ande-

ren ursachen aufgeführet und abgeführet werden, ... solche stuck ... in ihre obsicht ... übernehmen *1750 ZMähr Schles. 6 (1902) 139.*
V. *hochwertiges Tuch, das städt. Ansprüchen genügt; vgl.* Landwerk (III). nyemant en sal landwerck weven, dan eyn maend voir halfvasten ... then weir sake, dat hy gheen s t a t w e r k en hedde the weven *14./15. Jh. Nrh Ann. 6 (1859) 80.*

Stadtwerken *n., Ausübung eines städt. Arbeitsdienstes; vgl.* Stadtwerk (I). *1615 ZWestf. 96, 2 (1940) 69.*

Stadtwerker *m., Handwerker in städt. Diensten; bdv.:* Stadtwerkmann. *1561 ArchStamm-u.Wapp. 7 (1907) 66.*

Stadtwerkmann *m.,* **Stadtwerkleute** *pl., wie →* Stadtwerker. maister H.F., s t a t t w e r k m a n zu Ulme *1431 AugsbChr. II 154.* [der rath bewilligte, das auffahrtsfest nach dem alten calender zu feyern,] dabey månniglich ausser den s t a d t - w e r c k - l e u t e n etc. freygestellet seyn solle ... zu arbeiten *1743 Stetten,AugsbG. I 671.*

Stadtwerkmeister *m., Handwerksmeister in städt. Diensten, der die in seinem Gewerk tätigen →* Stadtwerker *(zB. Maurer, Zimmerer) anleitet und überwacht; zT. zugleich Zunftmeister; oft einem →* Stadtbaumeister *unterstellt; bdv.:* Städtmeister (II); *vgl.* Stadtarbeit, Stadtmaurer, Stadtzimmermann. hat man ettwan einem s t a t w e r c k m e i s t e r dem maurrer geben ain herberck, dorinnen einer vergebens gesessen ist *1464/70 Tucher,NürnbBaumeisterb. 35.* dz wir ... meister H.v.K. zu unnserem und unser stat s t a t w e r c k m e i s t e r schlosser handwercks ... bestelt habenn *1481 BaselUB. VIII 480. 1540 TrierWQ. 48.* R., s t a t w e r c h m a i s t e r und stainmessen *1542 JbKunsthistKaiserh. 18 (1897) p. 43.* warnungs brieff bey vntüchtigen meistern nicht zulehrnen ... [durch] H.N. s t a t t w e r c k m e i s t e r vnd ein gantz steinmetzen handwerck zu Straßburg *1568 Zwengel 72ᵛ.* es solle der s t a d t w e r c k m e i s t e r allenthalben nach befehl des baumeisters alle anordnung thun, die arbeiter und werckleute fleißig anstellen, anhalten, antreiben und selbst auch hand anschlagen *1593/94 TrierWQ. 126.* fürterhin dhainen s t a t w e r c k m a i s t e r one ewer erlauptnus und vorwissen, für sich selbst nichzit mer nemen lassen wellen *1594 (Hs.) ÜberlingenStR. 260. 1610 Innviertel/ÖW. XV 99.* J.R. s t a t w e r c k m e i s t e r dienstgeld ... 4 fl. *1702 NArchHeidelb. 6 (1905) 115. 1808 WürtStaatsHdb. 191.*

Stadtwerkschuh *m., Werkschuh als städt. Längenmaß; vgl.* Schuh (II 1), Stadtmaß, Stadtschuh. ein stoer gefangen ... sein leng gewesen 9 s t a t t w e r c k s c h u c h *1575 MainfrH. 28 (1957) 52.* ein jeglicher, so in dieser stadt gegen die ringmauer bauen will, der soll schuldig seyn, von derselben sechzehen s t a d t w e r c k s c h u h zu weichen *1785 Bergius,SammlLandesG. VIII 72.*

Stadtwesen *n., städt. Gemeinwesen; Regierungs- und Verwaltungsstruktur einer →* Stadt (III); *vgl.* Polizei (I). das er [stattanwaldt] auf solches s t a t w e s e n unnd all anndere unnsere ordnungen sein vleissig aufmerkhen halten solle *1564 WienRQ. 310.* so gehört burger vnnd bawr, artzt vnnd rechtsprecher zu einem guten s t a d t w e s e n *1567 Mathesius II 82.* alles, was zu erhaltung

des gemainen s t a t t - und markhtw e s e n s notwendig ist *1599 NÖLREntw. I 1 § 7.* daß wir bey vnserm s t a t t - w e s e n keine gefährliche ånderung durch newe gesåtz, sondern allein die erhalt- vnd wider erfrischung der vorigen löblichen vnnd heylsamen ordnungen gesucht *1628 StraßbPolO. 96.* dass ... dem gemainen s t a t t w e s e n zum besten ein gewisses polycey- und taxierambt auffgericht worden ist *1656 Augsburg/Zobel,Polizei WB. I 14.* wann etwasz in s t a d t w e s e n n vorfellt, solle er [bürgermeister] solches ... einem edlen rath proponirn *1664 MHungJurHist. IV 2 S. 492.* puncta ... zu besserer einrichtung des gemeinen s t a t t w e e s e n s *1690 OÖsterr./ ÖW. XII 469.* soll ins künfftig die viertel-meister stelle ... mit denen tauglichen subjectis, so um das s t a d t - w e s e n gute wissenschafft tragen, wiederum ersetzet [werden] *1699 Weißenburg i.N.Stat. 283. 1747 Moser, StaatsR. 30 S. 512.* aufrechterhaltung des nördlingischen s t a t t w e s e n s *1773 Moser,KreisVerf. 707. 1786 Gadebusch,Staatskunde I 208.*

(Stadtwicht) *f., städt. Eichgewicht?; vgl.* Stadtgewicht, Stadtmaß. dat jemma dyo s t e d w i c h t ende tollen ende dae wrbarra, deer dae sted toebyheret, schellet regeria lyka jemma eyna goied ende ney inhald ws stedboekis *1456 SneekStB. 139.*

Stadtwillkür *f., Sammlung der (im Rahmen der städt. Autonomie erlassenen) Statuten einer →* Stadt (III); *bdv.:* Stadtbuchwillkür, Stadtkündigung, Stadtkür (I), Stadtrecht (III), Stadtsatzung, Stadtstatut; *vgl.* Stadtübung. or scholen anders neyne rade volgen, wen dy sie tu ome gebracht het na der s t a d - w i l l e k o r *1399 Zerbst2.SchB. 548.* er sandte J.W. unnd N.L. zu herr H.v.B., gubernator, der da zum Elbing war, unnd batten in, er solte in bestetten vor ein s t a t - w i l k o r e dise stucke *1457 PreußGeschSchr. II 232.* H. ist erlaubt, burgerliche nahrung zu treiben, zu kaufen zu verkaufen, ... doch daß er wieder s t a d t w i l l k u h r nichts thue *1462 MittCopernikusV. 13 (1904) 99.* wu aber vorgemelter H.F. sein weib widderumb zu sich nhemen bedacht, so habt ihr auch dieselbige nach s t a d t - w i l l k h o r ... zu straffen *2. Hälfte 16. Jh. MagdebSch Spr.(Friese) 106.*

Stadtwirt *m., Wirt, Vorsteher eines →* Stadtkellers (I), *einer →* Stadtwirtschaft (I); *bdv.:* Stadtweinwirt. ist auch vnser ... s t a d t w i r t h J.D. mit seinen zugeordneten rahtsherrn jn der Siddeschen hause gewesen vnd das weib gefenglich annehmen wollen *1593 Meckl Einzeldarst. VI 66.* rahtswirt sive s t a d t w i r t caupo civitatis publico *1691 Stieler 2562.* daß von denen s t å t h - und hecken-w i r t h e n das getranck in cammern ... heimlicher weiß nicht verhalten [werde] *1745 Mader, ReichsrMag. III 198.*

Stadtwirtschaft *f.* **I.** *städt. Gastwirtschaft; vgl.* Stadtkeller (I), Stadtwirt. [B. ist] von einem ehrs. magistrat versprochen worden, ime alss einem hiesigen stadt rauchfangkhörer ... das kheren bey der s t a d t w ü r d t s c h a f f t e n zu vergönnen *1699 MHungJurHist. IV 2 S. 591.*

II. *Wirtschaftssystem, ökonomische Infrastruktur einer →* Stadt (II); *Gesamtheit der Wirtschaftsbetriebe in einer →* Stadt (II). die zwey hauptsåchlichsten gegenstånde der oekonomie, nåmlich die s t a d t - und l a n d w i r t h - s c h a f t *1758 v.Justi,Staatsw.* I 436. die s t a d t w i r t h - s c h a f t befördert den ganzen zusammenhang des staats *ebd.* 490. allgemeines system der staats-, s t a d t -, haus- und l a n d w i r t s c h a f t *1773 Krünitz,Enzykl.* I *Titelblatt*. ist den größern schulkindern ... etwas von der s t a d t - und l a n d w i r t h s c h a f t ... bekannt zu machen *1773 Sachsen/SchulO.(Vormbaum)* III 681. brauerei, gast- wirthschaft, ... handwerker, manufakturen und kůnste sind ... die hauptstůcke der bůrgerlichen nahrung und die s t a d t w i r t h s c h a f t *1785 Fischer,KamPolR.* I 684. *1788 Gadebusch,Staatskunde* II 4.

Stadtwische *f., wie* → Stadtweide. *1669/70 JbMeckl.* 21 *(1856)* 42. *1732 v.Meiern,Zinstal.* 60.

Stadtwohner *m., wie* → Stadteinwohner; *bdv.:* Städtler, Stadtmann (I), Stadtsasse, Stadtverwandte; *vgl.* Stadtvolk. wůrde de- rohalben ein s t a d t w o h n e r oder auch sonst jemand kegen stadtleut rechts bedőrffen, er sol sie mit des rich- ters zeichen ... fůrladen *1583 SiebbLR.* I 2 § 2. s t a d t - w o h n e r, stadt-inwohner, bůrger *1711 Rädlein 833.*

Stadtwohnung *f.* I. *Recht in einer* → Stadt (II) *zu wohnen.* [wer] wieder den rath und die stadt sachen hat, mit dem sol niemand gemeinschaft haben bey verlust der s t a d t - w o h n u n g e *1536/44 HannovStKdg.* 221. zimmerleute und mauerleute ... sollen bey verlust der s t a d t - w o h n u n g schůldig sein, die ersten bey dem feuer ... zu erscheinen *1599 LauenburgStR.* 305.

II. *zum Wohnen bestimmte Räumlichkeit in einer* → Stadt (II). *1788 Thomas,FuldPrR.* I 74.

Stadtwollwaagenmeister *m., Waagmeister der städt. Wollwaage; vgl.* Stadtwagner. solle der wagenmeister ... we- gen einem jeden durch ime selbst, als einem veraidten s t a t - w o l w a g e n m e i s t e r n, ingewagten stein wolle 4 alb. curr. ... fordern *1665 NeußWQ.* 314.

Stadtwundarzt *m., in einer* → Stadt (II) *ansässiger, zT. auch von einer* → Stadt (III) *bestallter Wundarzt;* → Stadtchirurg. B.G., unser s t a t t w u n d a r t z a t *1440 Alemannia 33 (1905)* 111 [*Komp.?*]. s t a d t w u n d a r z t maister Cristof [*erhält 14 fl. aus der Kammer*] *1526 Mün- chen/Elsas,Preise* I 772. [*Buchtitel:*] handtbůchlein ge- meiner practick ... der erschrőckliche, abscheu- liche kranckheit der frantzosen ... durch Frantz Ren- ner, s t a d t w u n d a r t z t zu Nůrmberg beschriben [*ebd. 1557*]. *1782 BrschwWolfenbPromt.* III 205.

Stadtzäuner *m., Zaunmacher in städt. Diensten.* *1443 Bech,Pegau.* 18.

Stadtzehnte *m., Zehntabgabe von Grundstücken im* → Stadtgebiet (II). [rente] uth unsen dren delen dess s t a d t e g e d e n *1492 AsseburgUB.* III 484. hefft de here bisschup vth dessen nageschreuen karspelen twin- tigesten schoue den drudden, alse den s t a d t e g e d e n tho F. van etlichen husen *1523 DiplFlensb.* II 161. der s t a d t z e h n t e, auch hahnenzehnte genannt, gehört der herrschaft allein *1630 Gerhard,SaarbrSteuerw.* 51. *1728 Klingner* II 1050. *GGA. (1760)* 283.

Stadtzehrung *f., städt. Unkosten für Verkőstigung.* *1529 MHungJud.* VIII 162.

Stadtzeichen *n., Wappenbild einer* → Stadt (III)*; auch*

(vereinfachtes, meist dem Wappen nachempfundenes) Er- kennungszeichen der Stadt; vgl. Stadtpunzel, Stadtstempel, Stadt- w. I. → Stadtwappen *als Hoheitszeichen und zur Reprä- sentation einer* → Stadt (III). das man s t a t c z e i c h e n gemacht hat in eyn zilbern bechern C. fl. 2 *1433 Kaindl, Karpath.* II 302. [der venner soll schweren,] die baner, vändle vnd s t a t t z e y c h e n ... wol zů bewaren *1566 MurtenStR.* 395. daß die statt Augsburg nichts von ihres bischoffs wappen in ihrem sigel und s t a t t - z e i c h e n fůhrt *1749 Moser,StaatsR.* 40 S. 422.

II. *städt. Eichzeichen; bdv.:* Stadtbrand (I), ²Stadtmark; *vgl.* Gerichtmarke (II), Marktzeichen (II), Ohmzeichen. mogent unse burgermeystere ... besehen ... yre s t e d e z e y g e n von den gewichten *1363 Bär,Koblenz* 49. [vnser saltzleut sől- len] kain meß haben noch brauchen, dan das vnser ge- schworner váchter ... gevácht hat vnd mit vnser s t a t t - z a i c h e n bezaichnet ist *1503 EngenStR.* 377. wanneer onse burgers ... hoir vlesschen off hoir cannen uytseyn- den om wijn ... ende sy ons s t a t z t e y k e n hadden, en- de die dair nijt in en tappeden hoir volle mathe, de ver- buerde denselven kuer *1523 Amersfoort* 143. die eln von dem richter mit dem s t a t z a i c h e n geprennt sol werden *1590 Steiermark/ÖW.* X 48. die [mäßlen, ellnstäben] sol- len vleissig besicht werden, ob sie recht geämbt und ... mit dem s t a t z a i c h e n gemerkt sein *um 1618 Tirol/ebd.* II 41. [accise-taxa:] brauers in der stadt: für 1 s t a d t z e i - c h e n 52 [₰] *um 1650 Rigafahrer* 350. welcher inn- oder außwendig der stadt geträncke verkaufft, bey maaßen oder gefäßen, daß mit dem s t a d t - z e i c h e n nicht ver- mercket ist, der bůßet der stadt *1658 GeraStR.* 173. die [mäßlen] sollen fleissig besicht werden, obe sie recht ge- ämt und pfacht und mit s t a t t z a i c h e n gemerkt sind *18. Jh. Tirol/ÖW.* II 11. *ebd.* 48. muß die elle oben und unten mit dem s t a d t z e i c h e n und nebenbey mit der jahrzal gebrannt werden *1804 v.Berg,PolR.* V 275.

III. *städt. Beschauzeichen; zur Bestätigung von Her- kunft und Qualität; vgl.* Schild (III 3 b). [nachdem] durch die darczue verorndten bschauleüth [...] jedes gearbaites lee- der beschaut vnnd mit gmainer stat E. s t a t z a i c h e n gemerkht worden *1612 EferdingRQ.* 116. soll kein ei- niges stůck [silber] verkauffet werden, es sey denn zu- förderst ... mit dem gemeinen s t a d t - z e i c h e n ... be- mercket *1684 CCPrut.* III 390. [goltschmid L. gestehet bedencken,] das s t a t t z e i c h e n auff die löffel zu schla- gen umb willen er dato das silber in den stihlen für schlechter als in denen lapen haldet *1684 MHungJud.* VI 112. [Silberfälscher schlagen] das alhiesige s t a d t - z e i c h e n und der goldschmiede gewőhnliche probe auf ihr liederliches und verfälschtes silberwerck *1688 Hintze, BreslGoldschm.* 199. jede kanne ist mit einem besondern s t a d t - und des kupferschmids ... namensz e i c h e n zu bemerken *1793 Schwarz,LausWB.* III 152.

IV. *städt. Zollmarke.* [das ir nit mauttmessige waar] undter dem schein ... gemainer stat freyhaitten, ... mit verleihung des s t a t z a i c h e n oder in all ander wege durchschwerzen hellfen [wollet] *1437/1530 MHungJur. Hist.* V 2 S. 5.

V. *Herkunftszeichen für Münzen einer* → Stadt (III).

die mark ... ist mit dem s t a d t z e i c h e n Z gestempelt *1805 Nelkenbrecher, MünzTschb. 338.*

VI. *städt. Erkennungsmarke für erlaubtes Betteln;* bdv.: Stadtmerkzeichen. [daß viele] bettler, so hievor zettel und s t a d t - z e i c h e n bekommen haben, nicht dergestalten mit leibs-gebrechen behafftet seynd, daß sie nothwendig von dem allmosen allein leben můssen *1679 CAustr. I 205. ebd.* hierumben so wird der stådte thorwartern vnd denen ůberfůhrern alhier ernstlich aufferleget ... keinen bettler, der nicht ein s t a d t z e i c h e n haben wurde, in die stadt einzulassen *1686 Weingarten, BöhmLO. 411.*

VII. *(auf einem Tier angebrachtes) Brandzeichen zum Nachweis der Herkunft eines Tiers aus einer* → *Stadt (II);* vgl. Angezeichen (I 2). ehe aber die schweine in daß angewiesene äckerich getriben werden, so solle ein jedes mit dem gewöhnlichen s t a t t - oder dorfsz e i c h e n beneben des aigentumbers haußzeichen gebrännt und gezeichnet werden *1687 SchriesheimW. 72.*

Stadtzenter *m., zu* Zent; *städt. Beamter, der für die Sicherheit und Ordnung in der* → *Stadt (II) zuständig ist, Vorsteher der* → *Stadtpolizei (IV); auch mit Abgabeneintreibung betraut;* bdv.: Gewaltmeister (I); vgl. Gemeindezenter, Stadtgardehauptmann; zS. vgl. Marx, Trier I 1 S. 440. fragt der schultes den s t a t t z e n d e r, wie man es [*Gericht*] beginnen soll? sagt der zender, ihr sollt dass honnelgeding bennen *1513 (Hs. 17. Jh.) Obermosel/GrW. II 279.* die brodwieger, deren drei auß dem rath neben dem s t a d t - z e n d e r, einer aus den scheffen und zween aus denen amtsmeistern, sollen ... das brod besichtigen *1593/94 TrierWQ. 101. 1664 ebd. 210. ebd. 213.*

Stadtzeughaus *n., städt. Gebäude zur Aufbewahrung von Geschützen, Waffen und Munition.* ferner so befinden sich in dem s t a d t z e u g h a u s, so in dem rathaus steht ... vil stück geschütz ... auch böler und feuerwerfer *1571 Kentenich, Trier 410.*

Stadtzeugwart *m., Oberaufseher über das städt. Waffenarsenal.* s t a t z e u g w a r t, statpůxen maister 25 thl. jahrsolt *1554 S. v. Rakovszky, Preßburger Rathhaus (ebd. 1872) 26. 1592 RevAlsace 104 (1974) 38.*

Stadtziel *n., wie* → Stadtgrenze; *meton.:* → Stadtgebiet (II). die das geredt hat, faren von ǔnser stat vnd s t a t z i l ein jar *1357 BernStR.² 1/2 S. 85. 1401 ebd. 95.* daß namblich der Buchegberg in das solothurnische s t a t t z i l gehörig seye *1667 Wagner, Solothurn Streithandlung 131.* solle die person ... durch den gericht-schreiber mit dem eyd fůr die stadt und s t a d t - z i h l gewiesen werden *1727 Leu, EidgR. I 480.*

Stadtzimmermann *m., im Holzbau tätiger* → Stadtwerkmeister; bdv.: Stadtzimmermeister. dazu P.S. der s t a d - c z y m m e r m a n die uherglogken reformert *1454 MarburgRQ. II 72.* so hat ein erberger ratte einem werckmeister und s t a t z i m m e r m a n n ab zu sagen und urlaub zu geben *1464/70 Tucher, NürnbBaumeisterb. 38.* desse nabescreven sind gevryet van wakene: de borgermestere unde rad ... des stades knechte ... s t a - d e s t y m m e r m a n *1479 OsnabrGQ. IV 133.* s t a t t - z y m e r m a n n und werkmeister *1502 SchwäbWB. VI 1664.* taxirung seines neu-erbauten hauses ... mit zuzie-

hung des ins besondere auf die taxirungen vereideten ... s t a d t - z i m m e r m a n n s *1731 CCMarch. IV 3 Sp. 491.*

Stadtzimmermeister *m., wie* → Stadtzimmermann. [*städt. Ämter:*] statmaurer: S.H.; s t a t z i m e r m a i s t e r: J.N. *1508 Kogler, Rattenberg 130.* M.H.S. s t a d t z i m - m e r m e i s t e r *1635 JbStraubing 60 (1957) 109.* es soll kein bau- oder reparationsholz gehauen werden ohne einen genauen anschlag eines vereideten s t a d t z i m m e r - m e i s t e r s *1771 IserlohnUB. 327.* den s t a d t - z i m m e r - m e i s t e r ausgenommen, als welchem frey stehet, zur bestreitung herrschaftlicher ... arbeit so viel gesellen zu halten [*wie nötig*] *1771 NCCPruss. V 1 Sp. 140.* die bauherrn, welchen vier baubürger zugeordnet sind und den stadtbauschreiber, stadtmauermeister und s t a d t - z i m m e r m e i s t e r unter sich haben *1786 Gadebusch, Staatskunde I 96.* 1 rtl 53 st 6 ₰ dem s t a d t s z i m - m e r m e i s t e r *1802/3 UnnaHeimatb. 48.*

Stadtzins *m.* **I.** *wie* → Stadtsteuer (I). vorgenante borger von C. met ore s t a d t y n s scolen ore vorgenante stad C. vesten *Ende 14. Jh. BerlinStB. 85.* R. hat 250 czinshuben ... summa huben, molen, kreczschem czins 349 ½ m, mit der molen R., s t a d c z i n s und garthen czins *1414/22 DOrdGrZinsb. 5.* als man noch uszinsen gangen ist und s t a t z i n s e ingemant hait *1515 Marburg RQ. II 461.* der zyns sal der erste sein, nach der herren württzinse und der s t a d t z i n s e *vor 1523 Königsberg Willk. 35.* [*Zinsliste:*] s t a t t z i n s e n, gänß und cappen *1737 PfälzW. II 579. 1768 Cramer, Neb. 77 S. 118.*

II. *wie* → Stadtsteuer (II). dieselbig stat C. gibt der herschaft jherlichen 70 gulden reinisch s t a t z i n s t *1531 QKulmbach 277.*

Stadtzinser *m., städt. Einnehmer von* → Stadtgefällen, Zinsen uä.; *Amtsträger in der städt. Finanzverwaltung;* bdv.: Stadtzinsmeister; vgl. Stadtsteurer. und bevilcht ain rath sölchs dem ober bauwmaister unnd dem s t a t t z i n s e r, ... [*daß sie den metzgar*] befelch gebend, damit sy die schaf vornen uf der B. haltend *1603 SGallenStB. I 306.* [*Ratsämter:*] steuermeister, s t a d t z i n s e r *1649 Ravensburg/Moser, RStHdb. II 508.*

Stadtzinsherr *m., ein Ratsamt im Bereich der städt. Finanzverwaltung.* B.N., ratherre und s t a t z i n s h e r r e *1449 NürnbChr. IV 173.*

Stadtzinsmeister *m., wie* → Stadtzinser. alle die, denen myne hern matten gelauhen, sollen ire matten zins ... dem verordneten s t a t z i n s m e i s t e r bezalen *1538 SchlettstStR. 374.*

Stadtzoll *m., bei der Einfuhr von Waren in eine* → *Stadt (II) zu zahlende Abgabe; auch: Recht auf Erhebung des Zolls, Zollstätte; vgl.* Stadtmaut, Stadtweggeld, Stadtzulage. habent råt und zunftmaister iren stat z o l l, der under den toren gefelt, erlüttert *14. Jh. WürtVjh.² 21 (1912) 193.* der tzolner, der der s t a t t z o l vfhebet vnd anders das dartzu ghoret, das sal er getrewlich vnd vleissig warten *1516 CDBrandenb. I 23 S. 412.* nachdem vor alter der drittayl des s t a t z o l s zu S. von meinem genedigen herrn und die zwen tail von dem tumbcapitl zu lehen genomen *1535 StraubingUB. 116.* soll er [*statzolner*] niemants uber alts herckhomen gepurlicher maut oder s t a t z o l l beschbären *1549 Kogler, Rattenberg 48.* zu Preßlau s t a d t z o h l ... 24 xr *1664 Fischer, Sensen 215. 1694 KaiserstuhlStR. 219.* daß die im ... amt M. wohnende schutzjuden, L.M. und S.N., den s t a d t z o l l durch einen nebenweg mit 16 ochsen verfahren haben *1758 Cramer, Neb. XII 1. 1783 HistBeitrPreuß. II 390.*

Stadtzoller *m., wie* → Stadtzöllner. bericht über des bischofs brugkzoll zu W. brugk von C.J., s t a t t z o l l e r *1556 AugsbChr. VII p. 115.* so würdet sowohl dem wagmeister als auch dem s t a t t z o l l e r ... bey ihren ay-den ... anbefohlen, hinfüro keinen fuhrmann passiren zu lassen, bis er seine schuldigkeit ... im zollhauß und wagstadel ... abbezahlt hatt *1655 P.J. Karrer, Beschreibung der Altstadt Kempten (ebd. 1828) 368.*

Stadtzöllner *m., städt. Zolleinnehmer; bdv.:* Stadtzoller. s t a t z o l n e r G.S. ist die maut widerumb auf di-ses gegenwürttig eingeend iar verlassen *1549 Kogler, Rattenberg 48.*

Stadtzucht *f.* **I.** *städt. Gefängnis; vgl.* Stadtkarzer. haben sie macht jn von der gaßen jn jre s t a d t z u c h t zu sett-zen *1487 Walch, Beitr. II 7.*
II. *unter* → Stadteinwohnern *herrschende Moral und Disziplin; vgl.* städtisch (VI). *vor 1486 Keller, Fastnsp. II 240.*

Stadtzüchtiger *m., wie* → Stadtnachrichter. [*ein Voll-strecker fehlt zu K., seit der*] s t a t c z ü c h t i n g e r [*ver-storben ist*] *1432 WienGQ. I 8 S. 112.* erdränkt der s t a t-z ü c h t i g e r des nachts H.M. *15. Jh. QFrankfG. I 197.*

Stadtzulage *f., eine städt. Handels- und Gewerbesteu-er, Abgabe auf Ein- und Ausfuhr; vgl.* Stadtzoll. sie mit stetswährender freyern einquartierung und allen gemei-nen s t a d t - ausserhalb der kirchen-zulagen ... zu befreyen *1642 CCHolsat. III 191.* von denen Stettin und Franckfurth vorbey gehenden waaren, müssen die bey jeder stadt, zur conservation des publici gewidme-te onera gegeben werden, als: ... die s t a d t - z u l a g e , bollwercks-zulage, waage-zoll *1723 CCMarch. V 2 Sp. 63.* die s t a d t z u l a g e ist ein[e] von rath und bürger-schaft ... festgesetzte abgabe, welche die bürger von ih-rem handel und gewerbe, nach einer bestimmten taxe zur bestreitung der städtischen bedürfnisse erlegen *1786 Gadebusch, Staatskunde I 105. ebd. 179.*

Stadtzwang *m., städt. Gemarkung; vgl.* Stadtgebiet (II). daß dieselbe [hirten] wider alte herkommen auf den s t a d t z w ä n g und bäng fahren und übertreiben *17. Jh. Hornberger, Schäfer 231.*

Stadtzwing *m., wie* → Stadtgebiet (I u. II). diewyl ei-ner statt ... nachtheil vß dem entstanden, das vßere vnd frömbde lüth vil stuck vnd güter, so im s t a t t t w i n g gelegen, koufft *1604 ZofingenStR. 284. 1623 ebd. 363. 1697 ebd. 397.* [ein] badhaus in der pfarr und s t a d t z w i n g der stadt Burgdorf ... im gebiet der stadt Ba-sel *1757 HelvLex. XII 188.* das gericht Kilchberg ... stößt an den burgdorfischen s t a d t z w i n g *1768 Fäsi I Zus. 83.*

Stadtzwinger *m., städt. Befestigungsgraben, insb. zwi-schen Zwinger- und* → Stadtmauer; *auch allg.: Stadtbe-festigung; vgl.* Stadtgraben (I). das niemand ... in die s t a t graben vnd z w i n g e r kein kot, stayn, mist oder der-

gleychen nit schütten noch werffen ... soll *1554 Am-bergGesatzB. 85ᵛ.* ward auß befelch deß raths der ju-den kirchhoff widerumb gesäubert vnd mit dem s t a t t-z w i n g e r eingefaßt *1595 Werlich, AugsbChr. II 190. 1772 Moser, NStaatsR. XVIII 365.*

Stafel *m., Almweide; Ruheplatz, Melkplatz des Viehs auf der Alm; auch: Sennhütte, Viehstall oder Unterstand auf der Alm.* den achra ze achtodhalbem müt samen us-serhalb dien bömen, mit wasser, weida, ... alpen und al-penteil, s t a v e l n , húsern, gadmen *1323 FRBern. V 372.* quartam partem casalis infimi, dicti s t a v e l , in alpe S. *1324 ebd. 440. 1334 ebd. VI 137.* sol kein for dem andern ab dem nidern s t a f f e l an den obern faren *1517 Gaster Lsch. 21.* wer der wer, der ain s t a b e l beraubet oder ainen gemainen wald verprannt ... der ist kumen umb funfzig pfunt *1517 (Hs.) Tirol/ÖW. III 216. 1615 Gaster Lsch. 267. 1644 Tirol/ÖW. III 64.* sol ein hindersäß oder einer der nicht kilcher oder teiler ist, nicht zuo s t a f f e l fahren ..., wan einer simrig hat, magß einer wohl beset-zen, aber mir galtem füeh *1709 UnterwaldenRQ. 90.* die obgemelte alp und matten, es sye mit s t ä f f l e n , schüren und spichern ... [sol der leeman] wenn die lichung uss ist, in semlichen eren und wert, wie man im das jetzma-len übergibt, er ouch semlichs in glicher gstalt übergebe *1752 BernStR. VII 1 S. 266.* wann dann ... mehrere ge-meiner ... in einem s t a f e l mehr als dreißig kühe bergen oder deren milch von einem solch höcheren sentum zu-sammen käsen ... dieselben [sollen] ... dem zugrechten deren von zehen und darunter ... unterwürfig seyn *1770 SaanenLschStat. 424.*

Stafelgenosse *m., Mitinhaber einer genossenschaftli-chen Alm; bdv.:* Alpgenosse; *vgl.* Stafel. hand wir, die gmein alp- und s t a f f e l g n o s s e n ... der alp M. samt ih-ren zuogehörten stäfflen, strichboden, matt und furglen [uns güetlich vereinet] *1657 GasterLsch. 388.*

stafeln *v., schweiz.; Vieh beim* → Stafel *halten, dorthin auftreiben.* ein ieglicher landtman mit eim kütte schaf ob büler vnnder dem berg dur mag fahren, wen er noth-thuot, ... vnnd da blyben, vnnd s t a f e l e n , die wyl er krauth hat *1433 Geschfrd. der 5 Orte 43 (1888) 41.* diejenige, so auf sinen alpen s t ä f l e n wolten, müßen jährlich vor denen kilchgenossen darum anhalten *1788 ZSchweizR. 10 (1862) 90.*

Stafette *f., reitender Eilbote; auch: Postzustellung durch den Boten; durch ihn zuzustellendes Postgut.* dar-auff derselbe [papst] alsbald etliche s t a f f e t a an sei-nen nunctium ... abgefertigt *1609 Schulz, FremdWB. IV 399.* s t a f e t t e ist ein paket briefe, so geschwinde weg-geschicket werden muß, und hat es ... mehrenteils ein reitender bote bey sich *K. v. Stieler, Zeitungs-Lust (Ham-burg 1697) 511. 1701 Moser, StaatsR. 28 S. 382.* gegen posten, s t a f f e t t e n und curiers ist keine pfändung er-laubt *1794 PreußALR. I 14 § 418.* die postbeamten ... sind auch verbunden, die kaiserlichen s t a f e t t e n und andere briefe des kaisers ... unentgeltlich fortzuführen *um 1795 StaatsRHeilRömR. 66. 1805 RepRecht XII 52.* *weitere Belege: 1785 ¹Post (III), 1790 Reichspostmeister (II).*

staff *s.* Stab. **Staffel(-)** *s. auch* Stapel(-).

Staffelgericht, Stapelgericht *n., Bez. für unterschiedli-*
che (zT. niedere, zT. hohe) Gerichte; ua. aufgrund des
Versammlungsorts an einer Treppe (→ Stapel V) oder
an einem → Staffelstein; auch die Sitzung eines solchen
Gerichts; bdv.: Stapel (VI); *vgl.* Gradgericht. die gericht die man
nennt die s t a f f e l g e r i c h t und ander gericht die der
abt besetzt und gebiet järlich mit sins gotzhuslütten
1468 Alsatia 1868/72 S. 219. die jurisdiction des s t a f -
f e l g e r i c h t s ein zeitlang mergklich geschmelert *1547*
ZGO. 2 (1851) 54. als mein g. herr von S. ins stiffts
Weissenburg s t a f f e l g e r i c h t und andern geprechen
einen tag ghen L. ... ausgeschrieben *1548 BadGLArch.*
wann er [deß gerichts fürsteher] daß s t a f f e l g e r i c h t
bedarf, daß ihme amtshalben etwas fürfallt, so er dann
dem gericht durch ein buttel laßt zusammen gebiethen,
und ein malstatt ernennen thut, so seyendt sie schuldig
... zu erscheinen *16. Jh. MünchenGA. 23 (1846) 171.*
in Kron-Weisenburg im Elsasse ... ist unter anderem
das s t a f f e l - g e r i c h t, welches über das erbeigen und
den kleinen frevel richtet. der propst hat das recht das
staffel-gerichts-schuldheisen-amt zu besezen *1758 Estor,*
RGel. II 1072. s t a f f e l g e r i c h t: dasienige gericht, welches bey den stuffen gehalten worden, oder an einem
erhabenen orte war, zu welchen man durch stuffen gelangen muste *1762 Wiesand 1010.* so hatte man zu Ulm
einen stapel-hof, s t a p e l - g e r i c h t ... und zu Braun-
schweig ... den richt-stapel, welchen gemeiniglich der
stadt-vogt und der magistrat mit einigen ihres mittels
besetzten *1769 Dreyer,Einl. 271. 1784 Bachmann,Pfalz*
ZwbrStaatsR. 20. 1785 Fischer,KamPolR. II 133.

staffelig *adv.,* → staffelweise; *dem Instanzenzug fol-*
gend. du solt s t a f f e l i c h t appellieren: das ist, das du
alweg zu dem nechsten richter, der des vndern richter
oberer ist, appellieren solt *1523 Köbel,GO. 64ʳ.*

Staffelstein *m., Richt-, Gerichtsstein; vgl.* Dingstapel, Stapel (IV); *zS. vgl.* HRG.¹ *IV 1880.* sol dirre hof han zweine s t a f -
f e l s t e i n e unde einen stok, von zweigen kunigen ... unde von eime herzogen ..., das weder keiser, noch kunig,
noch lantgrave dikein gerihte hinne haben sol, der aber
der lade si danne har in *1320 Oberelsass/GrW. I 667. 15.*
Jh. Schwarzwald/ebd. VI 381.

staffelweise *adv., gestuft, Schritt für Schritt; bdv.:* staffelig. appellation sachen, welche nach dem grad oder s t a f -
f e l w e i s e, vom niderigen biß zum höhern sollen fürgenommen werden. *1550 Gobler,Rsp. 120ʳ.* der gefangene
[sol], ehe er mit der marter angegriffen wird, erstlich ...
gütlich vermahnet, hernach mit der folter bedräut, ferner darauf der scharfrichter sambt den instrumenten
ihm vorgestellt und also s t a f f e l w e i ß ihm verfahren werden *Anf. 18. Jh. Alsatia 1856/57 S. 120.*

staffieren *v., ausstatten, ausrüsten; vorbereiten, präpa-*
rieren. [jeder von den predigern soll] darauf s t a f f i r t
sein, das er das wort gottes one alle unnötige schimpfie-
rung und stichwort ... lehre *1563 MHungJurHist. IV 2*
S. 126. der pact, so einem contract strenges rechtens an-
hangt, s t a f f i e r e t denselben contract dermassen, das
auß demselben also gestaffierten contract die klag gegeben wirdt, vmb das jhenige was in den pact kommen ist

1566 Pegius,CodJust. 165ᵛ. 1566? Westphalen,Mon. IV
Praefatio 92. die h. staten haben allen seeleuthen ... verboten, weitter ettwas feindlichs wider die Spanischen zu
attentiren, sondern nur auf khauffmannsfarth zu s t a f -
f i r e n *1607 Ph. Du Bois, Diplomat. Berichte II (Leipzig*
1857) 37. man formalisire nun in oder ausserhalb ge-
schriebenen rechtens einen proceß darwieder wie man
wolle, so muß er doch also s t a f f i r e t sein, daß nichts
daran zu tadeln, alß ob es gesunder vernunfft zu wieder *1647 Spee,Cautio 8. weitere Belege: 1599* Lehnpferd (I), *1602*
Silberkammer (I).

¹Stahl *m.* **I.** *mittels einer Legierung gehärtetes Eisen;*
ua. als Handelsware und im Bergrecht; auch übtr. (Be-
leg 1462); vgl. Stahldraht, Stahlgrube, Stahlhandel, Stahlreiten, Stahlschmied. swer s t a h e l und isen mit einander veil hat, der
git von der hütten 30 imperial *um 1306 HabsbUrb. I 529.*
welch gast herin furit adir ws s t o l, ysin, das pfert gibt
ein quart *1327 BreslUB. 112.* hain wir ... die besitzinge
dan af gegeuen ... mit s t a l e, mit siluere, ind mit wasen
1388 Lacomblet,UB. III 824. [eyn tolne up deseme vorscrevenen water, also] dre pennynge van eneme pund
swares, dat sy wand, lynnewand, kopper, ysern,
s t a e l edder blye *1390 Lübeck/QStädteForsch. IV 249.*
das dritt plotzel eisens oder s t a c h e l das da gevelt von
dem zol, wirt auch genant fuer druckens guet und ist des
gotshauss zollnär *1439 Bayern/GrW. VI 163.* wer da köff
zin, der gin [*lies* gitt] von zwentzig schillingen fier pfennig ... von s t a c h e l so vil *Mitte 15. Jh. BremgartenStR.*
17. of die hertoghe Ph.v.B. van hardere s t a e l ghemaect
was dan eenich prince *1462 Despars III 557.* die seyen-
senbeschawer sullen sweren: all seyensen trulich ze beschawen, also das zu ainer yeden seyensen, die prayt ist,
ain pfund gewelts s t a h e l s kome und zu ainer smalen 3
virdung *1465 Koller,EidMünchen 103.* dz jssen und s t a -
c h e l ze kouffen und ze verkouffen ein gewirb geheissen
und sin sol *1472 LuzernStO. III 120.* der stachel- und
ysengschouwer soll schwören, den s t a c h e l l unnd das
ysen zu beschouwen oder ußzeschießen unnd dorinn syn
best unnd wägts zethund *1593 ebd. IV 395.* niemand
soll sich unterstehen, bey strafe der confiscation und ...
geldbusse, fremden ... s t a h l einzukaufen *1665 Brschw*
WolfenbPromt. II 589. 1674 CCMarch. IV 2 Sp. 75.
dasz der gekaufte s t a a h l vnrichtig vnd mit eisen ver-
fälschet, dasz er [reidemeister] sölches dem regierenden
bürgermeister angeben und den s t a h l aufs rathhaus ...
ausfolgen lassen solle *1678 Lappe,Altena 326.* [schicht-
meister sollen] nicht mit eysen, s t a h l, hanff ... handeln und ungebührlichen profit suchen *1693 Schönberg,*
Berginformation 124. es sollen ... alle berg-nothdurften
als pulfer, eisen und s t a h l ... zollfrey passiret werden
1731 VorderöstBO. § 64. 1779 Bergius,NPolKamMag. V
321. 18. Jh. Lappe,Altena 330. s t a h l ist nicht mauthfrey
1802 KurpfSamml.² II Reg. s.v. weitere Belege: 1484 Seigerung
(I), *1557* Rute (I 4), *1734* Berggewicht.

II. *aus* → ¹Stahl (I) *gefertigte Waffe, insb. Armbrust-*
bogen; vgl. Eisen (II 2). wan ainer auf ainen schüest, es wär
mit püchsen armbrust oder s t a c h l ... der ist verfallen
der obrigkeit 5 ℔ ₰ 1. *Drittel 16. Jh. NÖsterr./ÖW. IX*

641. wer ainem mit bůchsen, s t a h e l n, pleykugln …
vnd anndern dergleichen verpoten weeren nach seinem
leben stellt *1535 KrainLGO. A iiijᵛ.* daß niemandt …
mit der půchsen oder s t a h e l kain wildpret schießen
… solle *1559 AugsbChr. VII 359.* zu solchem schiessen
… sollen auch alle s t a h e l mit bůnden versehen, oder
in holfftern gespant werden, daß niemandt kein schade
darauß geschehn kőndte *1568 Zwengel 212ʳ. 1582 Köln
Stat. I 10.* ob ainer ain veint hat, tregt ain gespannten s t a h e l und schůest nit, ist nichts verfallen *16. Jh.
Kaltenbaeck I 505.* so jemandts … wehre, der sich diss
freyen marcks missuben und brauchen würdt, es beschehe mitt der handt, mit eysen undt s t a a h l … der soll
wie vorgemeldt gestrafft werden *16./17. Jh. LuxembW.
(Majerus) II 160.* soe wye in den heymaill beroepen ys
ende hem ontschuldigen wyll, die sall koemen ant gerichte in eenen hemde … bairvoetz ende byens, sunder
yser ende sunder s t a i l l *oJ. VerhGron. I 389.*

III. *Stahlstange als Instrument zur Qualitätsprüfung
von Mehl.* solchem betrug aber zu begegnen, wollen
wir einen polirten s t a h l fertigen lassen, damit unser
verordnete oberuffseher und mühlendiener … in den
mühlensåcken die prob nehmen *1677 HessSamml. III
92.* an dem gleichen ort, wo die mählwaag ist, kan man
auch die beschaffenheit des mähls mit dem s t a h l prüfen *1770 ZürichSamml. IV 200.*

²**Stahl** *m., selten n.,* ⁴**Stahle** *m., wohl aus frk.* sta-
lo, *frz.* étalon. **I.** *Probemünze, Richtmünze zur Prüfung
des Münzwerts, dh. des Edelmetallgehalts einer Münze;
Münzwert; vgl.* ¹Preis (IV), Probe (VII), Richtpfennig (II). prime
percussure ydea, quod s t a l e vulgariter appellatur *1252
Lacomblet, UB. I 204. 1282 MGConst. III 322.* en dat de
vorscrevenen stede en s t a l hedden, dar se eendrachli-
ken na scloghen ere witten munte *1374 HanseRez. II
83.* wante iuwe munte vnde vse van langher tijt eens
ghewesen heft, vnde gy vnde wy enen s t a e l tosamende
heft … darvmme bede wy iuwe wysheyt … darto to den-
kende, dat gy vnde wy by dem s t a l e vnde by der můnte
bleuen *1374/79 LübUB. IV 811.* schal ik slan hundert
mark bremer, der schal de weghene mark holden veer
unde veertich schillinghe, so scolet an syn holden zes
loed fynes zulvers nach deme s t a l e *1387 BremUB. IV
83.* twey gude manne … solen … dat geld dar prouen na
dem s t a l e n, den wy dar op hebbt *1394 Fahne, Dortm.
II 2 S. 198.* sin … einer můncze uberkommen von golde důn zů slagen in eym glichen werde und off eynen
s t a l e n und manere *1399 RTA. III 111. 1491 Ostfries
UB. II 336.*

II. *in der Färberzunft, insb. bei der Schwarzfärbe-
rei: normiertes Farbmuster für Stoffe, das bei Qualitäts-
prüfungen als Referenz genommen wird; auch: für das
Schwarzfärben zunächst erforderliche blaue Farbgrundla-
ge (Beleg 1426); Farbqualität bzw. Blaufärbegrad eines
Tuchs;* den Stahl höher heben *die Anzahl der Farbgänge
erhöhen, um mehr Farbtiefe und -qualität zu erzielen (Beleg 1500); meton. auch: Färbegang (Beleg 1500); vgl.* stahlen, Stahlmeister (I). inder tween jaermarcten salmen gheven
van elken s t a l inder vante III sc. hollants *1387 Fruin,*

Dordrecht I 247. [laken] die men zwart varwen sall, die
sall men varwen up enen blauwen s t a i l l ind dat sullen
die werckmeister besien *1426 ZBergGesch. 9 (1873) 92.*
dat men voirtan alle voirwollen lakenen die men zwart
verwen wil … eerst blaeuwen sel op een s t a e l, dat den
verwers ghelevert sel worden *1455 MnlWB. VII 1860.*
sullen och de egenante echt gekoren tangemeistere darzo
ordineren ind machen einen s t a l e n van doiche, darna
dat man alle doicher blaen sal … wannee asdan alsul-
chen doicher up den s t a l e geblaet sin, so sullen asdan
de tzwein, de darzo ordeniert sin, an de boede zo gain,
dat blije dairan slain *1495 NeußWQ. 171.* des schall ock
alhir ein s t a l l vpgerichtet werden, welches dorch …
drehe, de dartho voorordnet, schall besichtigt vnd mit einem segell schall vorsegelt werdenn. so averst der koep-
man den s t a e l l höger hebben wolde, so mach he dat
darnahe betahlen, doch schall kein lacken höger, als tho
drehen s t a l e n geblawet werdenn *1500 Wehrmann, Zftr.
486. ebd. 487. ebd.* dat die zegelaers … moegen koeren
die meede ende s t a l e nae inhoude des zegelboeck *1512
's-HertogenboschAmbg. 450.* des willen de … wanthsny-
der … thosamenkamen unnd schal denne dansulve lakenn, dath so tho behoeff des s t a l e s gefarwet is, in
jegenwardicheit des … koeppmanns getoget unnd aldar
by dem oldenn s t a l e besichtigt werdenn *1535 HambZft
Rolle 296.* sollen die ferber die violen tuecher auf den
frankforder s t a a l e n jeder zeit blaen, darauf sei auch
gestempelt werden sollen *um 1600 SiegburgWQ. 161.*

III. *Warenprobe, -muster für den Handel; insb. von Getreide, Gewürzen, Salz; vgl.* Probe (VIII). wye ander kaern
leuert dan na den s t a e l l by v ℔ twedel der stat ende tdordendeel diet anbrenght *um 1415 NijmegenStR.
21.* en sall geyn mudder s t a e l e n nemen van einichen
fruchten, zo verkoufen dair ein ander mudder einen s t a -
l e n vur van gehadt hedde *1475 QKölnHandel II 336.
ebd. 337.* sall ein yecklich koufman, die zo C. saltz veile
brengt, synen s t a e l e n van dem saltz dem vurschreven
underkeufer in syn huyß senden, dat der underkeufer
besien ind daemit also doin sall na sinen besten synnen
1500 ebd. 841. wess kairn sy [*Kornhändler*] noch alwiell
by sich hebben, sullen sy alle mercktdagen oeren s t a e l l
dairaff ther merckt seynden ende die burgern umb oer
gelt guetlichen verkoepen *1556 NijmegenStR. 262. 1566
RheingauLändlRQ. 322. 1582 PfalzLO. Tit. 23 [§ 13].*

IV. → Muster (I), *Probestück eines Handwerkers,* →
Schaumuster. wer in unser ampt wil komen und glais
machen, der sal eynen s t a l e n machen und die meister
den laissen gesehen *1456 TrierWQ. 417.* [*Auftrag für
eine neue Büchse*] ir bij uch sunderlinge s t a l e n hait,
die darzo wale dienende *1479 QKölnHandel II 411.* wy
overschicken dy hyrby einen s t a l e n unde castuin unser hoffkleidung *1532 Kindlinger, MünsterBeitr. I 327.*
werth idt denn gekendt, dath eth gespin inn dem fadem,
dat weffenth vnd walckenth dem s t a e l gelicke guth
vnnd recht is *1553 Wehrmann, Zftr. 309.* [*einer ausser dissen amtzgenossen soll zo deme*] stailhern gesetzt werden,
wilche auf vurgehende beeidong uf alsulche s t a i l e n ein
flissich ufsehen haben *1582 NeußWQ. 265.*

V. → Eichmaß (I), *Normalmaß, insb. Eichgefäß für Getreide; bdv.:* ¹Maß (II). soll der mayer den s t a l l e n zu Sarbrucken suchen *1498 PfälzW. I 455.* hat derselb zentner der stadt A. alle massen hinder ime, nemlich ein s t a l l e undt sester von kornmass *1532 LuxembW. 29.* das in gen. betzirck mass, ellen, gewicht mangeln wurde oder kein s t a h e l l nit enhetten, so sollen sie es zu Metloch mit recht finden, dieweil es ir oberhoff ist *1558 Saar/GrW. III 751.* wan man aber des rechten s t a l e n schonen will, soll man einen andern s t a l e n machen vnd den beschutten vnd den rechten s t a l e n widerumb gen. S. lieueren *1560 ebd. 753.* erkennen die gericht zu W., da sie den s t a l e n von der kornmass verloren hetten, mussen sie denselbigen zu A. holen *1572 PublLux. 48 (1900) 212.* aber mein herr undt der zinsman mislich wurden umb die maisz, so sullen sie gahn zu B., da sullen sie den rechte s t a i l e finden und sulden ihre maisz lassen machen, dasz den herren recht geschehe undt dem zinsman nit unrecht *1669 LuxembW.(Majerus) III 410.*

VI. *amtl. Backanweisung für Brot, insb. hinsichtlich der Anteile verschiedener Mehlsorten; auch die betreffende Backmischung.* jederem [fröner] ein weisz und ein rocken mütsch, dem s t a l e n gleich, so man von alters hat *1552 LuxembW. 445.* ist den bäckern nachfolgender s t a h l gegeben worden, weiler das malter spelz jetzt pro 2 fl. verkauft *1682 PfälzWB. VI 410. 1682 Rheingau LändlRQ. 375.* wird den bäckern erlaubt, nach dem für das gemischte brod gesetzten neuern s t a h l, bestehend aus 5 theilen weißmehl und 3 theilen roggenmehl ... auch laibe für 8 und 12 kreuzer zu backen *Allg. dt. Justiz- und Policeifama (1805) 408.* alles ... in ganzen laiben verkauft werdende brod soll sein gehöriges gewicht und ordnungsmäßigen s t a h l haben *1805 Heidelb PolGes. 32.*

VII. *amtl. vorgeschriebenes Braurezept für Bier.* ouch haint unse herren vanme raide ein bier doin bruwen, daevan sy den s t a l e n den bruweren gegeven haint, sich darna zo richten up die buysse *1452 QKölnHandel II 37.* wer ... up sulchen s t a l e n neit en bruwede, dat man dem syn huys zodoin sall ein verdel jairs lanck ... ind man sal van stunt an einen anderen in syn stat setzen *nach 1452 ebd. Mitte 15. Jh. ebd. IV 98.*

VIII. *für den Eintritt in eine Zunft festgesetzte Gebühr; bdv.:* Einkaufgeld. daz gancz hantwercke ... hant gesacz dỳ czunft uff yren s t a l, do dỳ tzünft uff blyben sal, mit namen vor 16 phont heller *1401 ZGO. 16 (1864) 179.*

³Stahl *n., in Hamburg: Zunft der* → Gewandschneider, *zu deren Aufgaben auch das* → Stahlen *der Tuche gehört.* ein ider, de ... by dath s t a l l gekarenn werth, dessulve schall sick dartho nicht weigerich maken ... dusse koer schall gescheenn dorch de olderluede ... de tho der tidt by dem s t a l e sin *1535 HambZftRolle 296.*

⁴Stahl *m.,* **¹Stahle** *f., ahd.* stala *glossiert lat.* furtum *AhdGlWB. 584;* Diebstahl; *meton.: gestohlenes Gut; bdv.:* Diebde (II), Diebstahl (I), Meinstahl; *vgl.* Raubstahl. be s t a l e [vom Diebstahl] *688/94 (Hs. um 1100) Liebermann,AgsG. IneRb 7.* nu heiz thes grabes uualtan ... thaz sie thaz nintheken, mit s t a l u nan nirzuchen *um 868 Otfrid⁵ IV 36,*

11. gif hwylc man medeme þing stele. agyfe þa s t a l e þam ðe hig ahte. ⁊ fæste .i. gear on hlafe ⁊ on wætere [si homo quis rem mediocrem furatus sit, reddat furtum ei cujus propriam erat, et annum unum in pane et aqua jejunet] *Mitte 11. Jh. Thorpe, Laws 372.* ghelike dat men den dief hier hanct die stelen gaet der lieder goet, want als men [en] metter s t a l e n vanct, het scijnt dat hi dan hanghen moet *13. Jh. Mnl WB. VII 1916.* als man eynen ... umbe s t o l e willen gerichtet hait *1468 MarburgRQ. II 227.* als die zweyn umb s t a l gericht sint, en gegebin ein halbe wins *1493 ebd. 366.* s t a l: furtum *Wachter,Gl.(1737) 1579.*

⁵Stahl *f.?, Grundfläche eines Deichs; bdv.:* Deichstall (I). sullen die landluyden ... die dyk mogen inwaert oft wtterwaert oft op de selven s t a a l maeken *1409 Beekman, DijkR. II 1523.* s t a h l, deichstahl, (wasserbau) der belegene grund unter einem deiche *1784 Jacobsson,Techn WB. IV 247.*

Stahlarbeit *f., Herstellung und Verarbeitung von* → ¹Stahl (I). *Belege: 1678* Stahleid, Stahlreitung.

¹Stahlbaum *m., besonders großer, fester Waldbaum.* einen s t a l b o u m truoc er [der rise] ze wer / sô er in meiste bî dem mer / iender mohte vinden / oder ein eiche oder ein linden *um 1230 HeinrTürlinCrône V. 5532.* alle obigen bußen werden gedoppelt ... binnen den jahrgedingen und so sonsten mit der seg und dan an s t a l l b ä u m in verbottenen örter *1747 LuxembW.(Majerus) III 427.*

²(Stahlbaum) *m., Pfahl; Pfahlwerk für den Fischfang; vgl.* ²Stahle (I). et jus piscandi in ipso modo quocumque et specialiter s t a e l b o m e ponendi et habendi, memorate ecclesie contulimus *1244 Bergh I 215. 1295 ebd. II 410.*

Stahlbeschauer *m., wie* → Stahlgeschauer; *vgl.* Eisenbeschauer. so begertten sy, mit den s t a c h e l b e s c h ö w e r n verschaffet werd, das sy mit stachel wol versorget werden *1463 LuzernSTQ. III 27.*

(Stahlbuch) *n., Rechnungsbuch der* → Stahler. sodan rekenschop schall klarlick inth s t a l b o c k geschrevenn werdenn *1535 HambZftRolle 297.*

Stahldraht *m., auch* Stahlen-; *Draht aus* → ¹Stahl (I). *1678 Lappe,Altena 325. 1804 NCCPruss. XI 2448.*

¹Stahle *behandelt unter* ⁴Stahl.

²Stahle *f.* **I.** *in den Grund eines Gewässers gesteckte Stange zur Befestigung von Netzen und Reusen für den Fischfang; auch das Areal eines Fischfangrechts (Beleg 1292); vgl.* Rechen (II), ²Stahlbaum, Staken (I). so houden dese voirghenoemde A. ende C. van ons te rechten leen die visscherie die hierna ghescreven es, die halve s t a l e oesters in die Crummene *1292 Beekman,DijkR. II 1524.* dat ghij allen s t a l e n die binnen onsen landen staen, op doen soudt *1356 ebd. 1526.* ok en schal me nene s t a l e n slaen ... vissche darmede to vanghende twisschen hir unde der Leesmen, by v marken *1450 BremRQ. 266. Mitte 15. Jh. KampenStR. I 182.*

II. *junger Baumstamm, Baumsetzling.* zum zweiten soll der buschhueter ... keine grobe eichene, büchen s t a h l e n oder bauholzer jemand unter welchem ... vorwand es wolle, im busch laßen pfehlen *1657 RhW. II 2 S. 127. 1690 BeitrNRh. 25 (1912) 214.* in holz- und waldungen, wo häufiger junger anwuchs vorhanden, wo-

von s t a h l e n zur versetzung ohnschädlich abweichen
können, mögen solche ... mit aller vorsicht hergenom-
men werden *1785 Moser,ForstArch. XV 96.*

³**Stahle** *m., Stuhlbein.* [*wenn der Hofschultheiß die Be-
lehnung versagt,*] so sall dey gene nemen eyn dreystelin-
gen stol, und setten ynt gerichte und leggen op ytlichen
s t a l e n des stols drey albus ... und dann sal hey ... belent wesen met dem gude *oJ. Breckerfeld/GrW. III 38.*

⁴**Stahle** *behandelt unter* ²Stahl.

Stahleid *m., Diensteid auf die* → Stahlordnung. sollen
die jungen ... sobald dieselbe die vierzehen jahr errei-
chet, sich zu ablegung des s t a h l e y d t s sistiren, mitler-
weile aber ... trewlich in ihrer staehlarbeit sich verhalten
1678 Lappe,Altena 328. ebd.

(stahlen) *v., die Farbqualität eines Tuches prüfen und
ein Prüfzeichen anbringen; vgl.* ²Stahl (II). die werckmeister
sullen hebn van enen helen laken to s t a i l e n vier pennynge *1452 ZBergGesch. 9 (1873) 92.* idt schall nein
schwart lackenn vormedet, nein groen vorwowet werdenn, idt si denne thovorne g e s t a l e t by poene van
... soß marck *1500 Wehrmann,Zftr. 487. ebd.* wat lakenn ein ider varwer s t a l e n n leth, darvan schall he
nemen van ellick lakenn 2 ß *1535 HambZftRolle 296.*
wes [laken] g e s t a e l t werth, dar vor sollen se [wardei-
ne] hebbenn eynenn schilling ... dath s t a e l e n t schall
de verwer betalenn *1546 Wehrmann,Zftr. 304.* dass wir
... bei dem s t a e l e n ... keine duecher anders verbleien
wollen, als sich geburet *1637 NeußWQ. 306.*

stählen *adj.* **I.** *stählern, aus* → ¹Stahl (I) *(hergestellt).*
stött he ein holl in de wand mit gewalt also grot dat
men dar mit enem s t a l e n handschen in tasten mag, so
brickt he IV olde marck *15. Jh. Richth. 566.* woll ein ieder reidemeister, der einigen isern- oder s t ä h l e n drat
verkauft ... darvon einen halben r-ort. ... an die klove-
meister und besichtiger ohnfehlbar verrichten *um 1620
Lappe,Altena 318.*

II. *unverbrüchlich, immerwährend;* stählene Kuh *Kuh,
die auf ewige Zeiten in einem Stall stehen muss und im To-
desfall vom jeweiligen Inhaber ersetzt werden muss; insb.
bei Kühen, die gegen eine ewige Rentenzahlung dauerhaft verpachtet oder Teil des Vermögens einer* → Pfrün-
de (II) *sind; bdv.:* ¹eisern (I 2), ¹eisern (I 1); *vgl.* Eisenkuh. ain kǔ,
dǔ s t å h l i n sin sol *1432 SchwäbWB. V 1619.* fünff
schilling heller für ein s t e h e l i n kuw, die er haben
und vff der pfarr laussen sol *1491 ZGO. 4 (1853) 333.*
wiewol auch wir an s t ä h e l i n gült, inhalt unser brief
und sigel, jerlichs zu entphahen haben zwantzig viertail
rocken und habern von der gemeynd zu E. *1525 Freib
DiözArch. 6 (1871) 24.* die crone van Lombardijen opt
hooft, welcke men noemt die s t a l e n crone *1530 Mnl
WB. VII 1919.* WürtLO. *1621 S. 799.* s t å h l i n e gült
*Besold,Thes.(Nürnberg 1679) 224. 1784 Scherz-Oberlin
1552.* s t a e h l i n bund ... sic dici der schwaebisch bund,
confoederationem suevicam *ebd.*

Stahlendrahthandwerk *n., Herstellung von* → Stahldraht. *1678 Lappe,Altena 328.*

(Stahler) *m., wie* → Stahlmeister (I). [ein ider lackenn]
schall dorch de wardeyns vnd s t a l e r s besichtiget wer-

den, by poene van iderm stucke achte schillinge *1500
Wehrmann,Zftr. 488. 1535 HambZftRolle 296. ebd. 297.*

Stahlgadem *m., Warenniederlage, Kaufhaus; in Soest
als Versammlungsort der Bruderschaft des Stahlgadems,
einem Zusammenschluss von nicht zunftgebundenen Ge-
werbetreibenden der Stadt; auch die Bruderschaft selbst;
vgl.* Gadem (II 2), Stahlhof, Stahlmeister (II); *zS. vgl.* SoestChr. II p. 116.
broders des s t a l g a e d e m s *1545 ebd.* eyn nigge schutte-
rie ... nedderto leggen, uit raedt uind twelven, der gesel-
schop von dem Sterne, ampte s t a l g a d e m uind sust
gemeynen burgeren *1561 SoesterR. 687.* es soll auch
kein bürger oder mitwohner einicherley handthierung
oder kauffenschafft treiben ... der nicht ein ampts-mann
oder auf dem s t a l g a d e m b ein bruder seye *1650 T.
G.W. Emminghaus, Memorabilia Susatensia (Jena 1748)
274. ebd. 276.* sollen die, so auf den s t a h l g a d e m ...
nicht zugelassen werden ... auch dieser stadt und commun nicht gebrauchen *ebd. 319.* dieselbe [radschienen]
solle aber niemanden zu kaufen und wieder zu verkaufen erlaubt seyn, dann allein dem schmiede-ampt und
den eysen-händlern auf dem s t a l g a d e m *ebd. 322.* das
recht [*der Städte*], daß man die waaren, die man verkaufen wollte, in ihre öffentliche kaufhäuser ... packhöfe,
lagerhäuser, s t a h l g a d e m s einsezen [mußte] *1785 Fischer,KamPolR. III 206.*

(Stahlgeld) *n., Gebühr für eine Tuchprüfung durch die*
→ Stahlmeister (I). scholen de varwer ... ohme [staler]
sodane s t a l g e l t ... enthrichtenn alle jar *1535 Hamb
ZftRolle 296.*

Stahlgeschauer *m., amtl. bestellter Qualitätsprüfer von*
→ ¹Stahl (I); *bdv.:* Stahlbeschauer. der s t a c h e l - und ysen-
g s c h o u w e r soll schwören, der stachell unnd das ysen
zu beschouwen *1593 LuzernSTQ. IV 395.*

Stahlgilde *f., Zunft der* → Stahlschmiede; *bdv.:* Stahlschmiedehandwerk, Stahlschmiedesamt. [L. hat sich] unterstan-
den, solcher s t a h l g i l d e und derselben handtierungh
zum höchsten præjudiz einen stahl- oder reckehammer
... bawen zulaßen *1683 BreckerfeldUB. I 245.*

Stahlgrube *f., Bergwerk zur Gewinnung von* → ¹Stahl
(I). *1416 BernStR. IX 1 S. 310.*

Stahlhammer *m., Hammerwerk zur Stahlverarbeitung.*
vom s t a h l h a m e r und waßergang uf meins g. hern
grund und bodem 4 g. *1585 Schneider,SiegerlBergr. 84.
1683 BreckerfeldUB. I 245.* [stahl-schmiede sollen] nicht
mehr knechte haben, als sie zu ihren s t a h l h å m m e r n
bedürfen *1726 Hessen-KasselBV. 672.*

Stahlhandel *m., An- und Verkauf von* → ¹Stahl (I). wegen des s t a a l - h a n d e l s in unsern landen eine gewisse
verfassunge zu machen *1674 CCMarch. IV 2 Sp. 75.*
wan nun der s t a h l h a n d e l l dero armen städtgen B.
einige nahrungh ist *1683 BreckerfeldUB. II 263.*

Stahlherr *m., amtl. bestellter Prüfer der Qualität von
Tuchen; vgl.* Stahlmeister (I). [*Ratsherrenamt*] twe s t a l h e -
r e n *1405 BremUB. IV 441.* einer ausser dissen amtzgenossen [soll] ... zo deme ... s t a i l h e r n gesetzt werden,
wilche auf vurgehende beeidong uf alsulche stailen ein
flissich ufsehen haben *1582 NeußWQ. 265.*

¹**(Stahlhof)** *m., zu* ²Stahl (II); *Gebäude für die Prüfung*

und Siegelung der gefärbten Tuche. 1377 *Despars II 492.*
*²***Stahlhof** *behandelt unter* Stalhof.

Stahlkaufmannschaft *f., Rahmenvertrag über den Handel mit →* *¹*Stahl (I); *vgl.* Kaufmannschaft (VI). ejn gilde ind ordenancie to makenne ind to haldenne van der s t a e l l k o m e n s c h a f f ... as wy dan myt koppluden bynnen Colne ... overlangende werden 1465 *Breckerfeld UB. II 183.* contracht van der s t a e l k o m a n s c h a f t 1465 *QKölnHandel II 158.*

(Stahllot) *n., vom →* Stahlmeister (I) *angebrachtes Prüfzeichen.* en zel men gheen lakene bezegelen, zy enhebben hoer haeckgaern aen beyden eynden vulloit ende s t a i l l o o t 1528 *UtrechtGilden II 215.*

Stahlmeister *m.* **I.** *zunftgebundener Prüfer der Farbqualität eines Tuches anhand des →* *²*Stahls (II); *bdv.:* Stahler; *vgl.* Stahlherr, Stahllot. dat die s t a e l m e e s t e r by hooren eede diezelve wolle rechtvaerdelicken nae den voirs. staele waerderen ende oirdelen zullen 1469 *MnlWB. VII 1862.* dre uth denn wanthsniderenn ... de alle tidt mith dem s t a l m e s t e r scholdenn ghan unnd ... upsehen hebenn, dat de lakenn also guedt geblawet wordenn alse tho Antwerpen 1535 *HambZftRolle 295.*
II. *Vorsitzender des Soester →* Stahlgadems. den herrn burgermeister durch den rahtsdiener und den herrn von D. vom s t a h l m e i s t e r fordern laßen 1719 *Deus,HerrenSoest 230.*

Stahlmeisterdienst *m., Amtsausübung eines →* Stahlmeisters (I). 1637 *NeußWQ. 306.*

(Stahlmenger) *m., Stahlwarenhändler; bdv.:* Eisenmenger. dat de s t a l m e n g e r, de darmede belenet weren, des mochten bruken unde de kremer solden ... sick sodaner ware to vorpende nicht kroden 1482 *LübRatsurt. I 175.* de smede [beclageden] sick hochlik aver desulven s t a l m e n g e r 1483 *Wehrmann,Zftr. 441.* scolen de s t a l m e n g e r nene negele ... veyle hebben *ebd. 442.*

Stahlordnung *f., amtl. Regelwerk über die Herstellung und den Verkauf von →* *¹*Stahl (I) *und →* Stahldraht. haben bürgermeistere, raht vnd gemeindtsvorstehere den 5ten articul in der s t a h l o r d n u n g ... erläutert 1678 *Lappe,Altena 326. ebd. 328.* wan ein oder ander wegen übertrettener s t a h l - und d r a h t o r d n u n g der reydung verlüstig erkläret worden 1729 *ebd. 352.*

Stahlreitemeister *m., Gewerbetreibender in der Stahlverarbeitung, der in einer (eigenen oder gepachteten) Drahtmühle von Arbeitern →* Stahldraht *ziehen lässt oder mit Hilfe von Lohnschmieden einen →* Stahlhammer, *oder eine Stahlschmiede betreibt; bdv.:* *²*Reitmeister (II); *zS. vgl.* Lappe,Altena 95. die stahlschmiede vnd zögere [sollen] die öberung ... einem jeden s t a h l r e i d e m e i s t e r vnd keinem andern verkaufen 1678 *ebd.* formula juramenti für s t a e h l r e i d e m e i s t e r e, staehlschmiede vnd staehlzögere *ebd. 328.* 1729 *ebd. 352.*

Stahlreiten *n., Verarbeitung von →* *¹*Stahl (I). allerhand vnordnung bey dem s t a h l r e i d e n, schmieden vnd ziehen 1678 *Lappe,Altena 326.*

Stahlreitung *f., wie →* Stahlreiten. dasz die verahnte reidemeistere, schmiede vnd zögere mehrenteils verstorben vnd ... vnveraydete in die s t a e h l r e i d u n g vnd

staehlarbeit einschleichen 1678 *Lappe,Altena 327.* wegen übertrettener ordnung der drath- oder s t a h l r e y d u n g 1729 *ebd. 352.*

Stahlschießen *n., Zielschießen mit einer Armbrust; insb. als Schießwettbewerb; vgl.* schießen (I 3), *¹*Stahl (II), Stahlschütze. daß der kurfürst das s t a h l s c h i e ß e n in den städen wolle geübt haben 1667 *ArchSächsG. 3 (1865) 229.* 1671 *DiarEurop. 23 (1671) App. VI 26.* hat billich den vorzug wegen seiner aelte das s t a h l - s c h i e s s e n mit bogen und pfeilen 1706 *Lersner,FrankfChr. I 1 S. 505.*

Stahlschläger *m., wie →* Stahlschmied; *vgl.* Kupferschläger. der, so stachel veil hand, eide: das sy den stachel lassent bliben, wie der von dem s t a c h e l s l a c h e r gesundert wirt, und den nit wider under einandern tůyent um 1477 *LuzernSTQ. III 431.*

Stahlschmied *m., (zT. zunftgebundener) Handwerker, der Roheisen in →* *¹*Stahl (I) *umwandelt und diesen ausschmiedet; bdv.:* Stahlschläger; *vgl.* Schmied. bruderschaft von den s t a l s m y d e n 1443/50 *AnnNassau 37 (1907) 234.* den hantwerkmeistern, die in dem harnische lagen ... den s t a i l s m y d e n 15 quart 1455/56 *Schneider,Siegerl Bergr. 79.* nachdeme die s t a h l s c h m i e d e ... ihre eygene zunft, innung und bruderschaft in der stadt Schmalkalden gehabt 1575 *ZHenneb. 16 (1911) 80.* soll voriger ordnung gemäß den s t a h l s c h m i t t e n gar kein holtz gelaßen noch kohlen zugeführet werden 1614 *ZHessG.² 5 (1874) 80.* sollen zwarn die s t a h l s c h m i e d e vnd zögere die öberung behalten, jedoch aber an niemanden anders als an die reidemeister ... verkaufen 1678 *Lappe, Altena 326. ebd. 327.*

Stahlschmiedegewerbe *n., wie →* Stahlschmiedehandwerk. des stahlschmiedens halben [ist] viel unordnungen ... so dass ohne staatliche abhülfe das s t a h l s c h m i e d e g e w e r b e dem verderben entgegengehe 1528 *Ann Nassau 37 (1907) 240.*

Stahlschmiedehandwerk *n., Beruf, Gewerbe, Zunft der →* Stahlschmiede; *bdv.:* Stahlschmiedegewerbe; *vgl.* Stahlschmiedesamt. haben wir aus gutem grund unsern bürgern des s t a h l s c h m i e d e h a n d w e r k s eine ordnung begriffen 1504 *AnnNassau 37 (1907) 239.* als sich ... zwischen weyland J.S. hennenbergischen amptman ... und den stahlschmieden des gemeinen s t a h l s c h m i d s h a n d w e r k s zu Schmalkalden ... irrungen und gebrechen erhalten 1575 *ZHenneb. 16 (1911) 80.* angelobung, das s t a h l s c h m i d t s h a n d w e r k weder auswärts zu treiben, noch rath und that dazu ertheilen 1802 *Weist Nassau III 87.*

Stahlschmieden *n., Tätigkeit der →* Stahlschmiede. 1528 *Beleg s. unter* Stahlschmiedegewerbe.

(Stahlschmiedesamt) *n., wie →* Stahlgilde. wehre, dat ein schmedt eynen sohn hede, den muth hee na twen jaren ... leren off ansetten an das handtwerck des s t a i l l s c h m i e d e s a m b t 1463 *BreckerfeldUB. II 177.*

Stahlschneider *m., Künstler, der Bild oder Text in stählerne Objekte eingraviert.* J.R., s t a h l s c h n e i d e r in H., wegen gefertiger stempell nach ihr. fürstl. durchl. contrafeiet ... 200 reichsth. 1663 *ZHambG. 46 (1960) 115.* 1793 *Schwarz,LausWB. III 192.*

Stahlschütze *m., Armbrustschütze; vgl.* ³Schütze (I), Stahl-
schießen. *[Münzinschrift:]* den erbarn s t a h l s c h u t z e n
und derselben gesellschaft *[1592]. 1706 Lersner,Frankf
Chr. I 1 S. 509. 1743 Stetten,AugsbG. I 272.*

     Stahlwagen *m., Transportwagen für Stahlware; beim
Zoll. um 1415 DresdStB. I 141.*

     Stahlwerk *n., Anlage zur Stahlherstellung; vgl.* Stahlarbeit.
1674 CCMarch. IV 2 Sp. 75.

     Stahlzöger *m., (in Lohnarbeit tätiger) Hersteller von*
→ Stahldraht; *bdv.:* Drahtzieher. soll ein jeder schmidt vnd
s t a e h l z ö g e r seinem reidemeister seinen eigenen …
staehl wiederliebern *1678 Lappe,Altena 326. ebd. 327.*

     stahr *s.* Staar. **staiff, stäiffgen** *s.* Stab.

     stak *adj., starr, unbeweglich.* stiuande and s t a k fiu-
wer skillinga wichtgoldis [sind diese (verletzte Finger) steif und
starr, (so ist die Buße) vier Schillinge gewogenen Goldes] *um 1300
RüstringerR. 72.*

     Staken *m.,* **Stake** *f., selten m.* **I.** *lange Holzstange,*
→ *Pfahl (I), Zaunpfahl, Palisade; ua. bei Umzäunungen,
Grenzmarkierungen und Fischzäunen; auch als Marktzeichen; bdv.:* Schwier (I), Stakete; *vgl.* Spießstaken. beo þær gemeten
nygon fet of þam s t a c a n to þære mearce þe þæs mannes fotan, þe þarto gæð [es werde die 9 Fuß, gemäß des Mannes
Füßen, der dort zu (dem Ordal) schreiten wird, ausgemessen von den
Pfählen bis zum Ziele] *936/58 Liebermann,AgsG. 386.* men
mut ok wol vesten enen hof mit tünen oder mit s t a -
k e n oder müren also ho, alse en man gereken mach
op eneme orse sittene *1224/35 Ssp.(Eckh.²)LR. III 66
§ 3.* [Schenkung:] alle myne buwete mynes huses unde hoves unde myner molen tho deme L. myt s t a k e n
und stene *1411 SchleswHUSamml. I 280.* den pieron
mitten trompetten ende eynen s t a e c k uprichten, gebi-
ende dairmit die vryheit des marckx *1480 CartSTrond
II 386.* en schal me nene s t a k e n schlan ofte dike in
de Wesser diken, negenogen edder ander fische to fangen *1498 Bremen/Pufendorf II 117.* wir 11 bohlsmänner
mit unsern ehrwürdigen capellan sollen jeder gleich viele
s t a c k e n in unserer gemeinen weidezäune setzen *1638
SchleswDorfO. 342.* zeune und s t a c k e n bey wieden,
kämpen und garten schendtlig aufgerißen *17. Jh. Stadthagen 106.* wer einen notweg verenget … freventlich, so
manigen stock oder s t a k e n, so manige ein mark *oJ.
Hattingen/GrW. III 48.*

     II. → *Pfahl (I 2); insb. zum Festbinden der Verurteilten
auf dem* → *Scheiterhaufen (I) sowie zum Aufstecken und
Ausstellen des Kopfes von Enthaupteten; auch* → *Schand-
pfosten.* dat mense soude met recht bernen an een s t a -
k e *um 1350 MnlWB. VII 1902.* an dem water richtede
wy 5, unde hebben em de hovede up en s t a k e n ghesat
1381 HanseRez. III 121. he schal … beteren der stad
vnde deme rechte syne bosheyt myt teyn marken suluers en heft he des nicht, me schal ene setten an den
s t a k e n *um 1400 LübMndStR. 179.* die haren heer of
steden verraden, salmen halsen ende na quartiren, ende
setten thooft op een s t a k e ter hoechster poirten van
des heren hove of vander steden *Anf. 15. Jh. BrielRb.
207.* demsulften H. mit zinem hovede, dat men … uppe
den s t a k e n gesettet scholde hebben *1467 Pauli,Zust. II*

81. betaelt meester C.d.M. scarpcoc van J.J. ende H.v.B.
te naghelen metten ooren ande s t a k e der vischmaerct
1483 Claeys,BourreauGant VI 462. bröchte oldinges eine
ehegade den andern umme, de deder werd … gerädert,
de kop up den s t a k e n gesettet *vor 1531 RügenLR. 122
§ 1.* dat man ohnen wegen ohres begangen frevels …
die kopfe abschlahn muege, und man solle die kopfe uf
die s t a k e n und die lichname in die erde zu begraben
1588 Dittmer,Sassenrecht 104.

     III. *eine Schlag- oder Stichwaffe;* → Speer, → ¹Spieß
(I) *auch Heugabel?; offen zu Bed.* I. wer do treit eynen
s t a k e n … adder desglichen in heißin mude, der sal
der stat eyne marg geben *1335 Heiligenst.(Wolf) Urk.
5.* de vangenen leth he vmmedriven vnde mit s t a k e n
sere slan *1342 LübUB. II 703.* we eynen s t a k e n edder eyn yseren opneme by deme stekene, de brickt dat
hogeste wedde *1393 WernigerodeUB. 114.* off yemant
den anderen sloege myt s t a e k e n *1399 MnlWB. VII
1903.* weret sake, dat twen lustede to hope riden myd
sper ofte myd s t a k e n myd vrien willen, deit de ene
anderen schaden, oft steket [ene] aldoet, man schal
den man nicht beteren *DithmLR. 1447(Eckh.) § 229.*
we den anderen sleit … mit s t a k e n edder mit swer-
desklote … botæ sæx mark *1492 FlensburgStR. Art. 75.*
dem bischoffen zu V. gehoret die herstrasse … so ferne
als ein hoffmann uff einem pferde … mit einer glebigen
s t a c k e n, welche vierzehen schue lang ist, ablangen kan
uff beiden seiten *1577 Harburg/GrW. III 228.*

     IV. *Schließblock zum Einlegen der Beine eines Straftä-
ters; auch:* Block (I 2); *vgl.* staken (II). alle desse borghere leghen in vengnisse unde in s t a k e n *1358
HanseRez. I 142.* [wo he] ene vink vnd settede [ihn] …
in den s t a k e vnd schattede eme aff IIC mk. *1447 Dithm
UB. 50.* minen armen wichter in den s t a k e n geworpen,
jamerlyken mishandelt unde upt uterste geschattet *1498
OstfriesUB. II 522.* se … leten dussen H.S. gripen, unde
wart gesat in der deve kelre … unde leten one unbarm-
hertigen liggen in dem s t a k e n *1514 BrschwSchichtb. 378.*
vorde de vangen in de s t a k e n to K. uppe de borch *ebd.
404.* hebbet ene wedder inn de stadt gebracht unnd hebbet enne inn ere s t a k e unnd blocke inn ere vencknisse
gesloten *1528 RietbergStB. nr. 47. 1537 HusumUB. 130.*

     V. *diejenige Menge Erntegut, die auf einmal* → gestakt
(IV) *werden kann.* de averst sienen tins uht mothwil-
len nicht geven will, schall laten wo vorgemelt den 3ten
s t a c k e n und de 3te gahr im velde *1570 Niedersachsen/
GrW. III 232.*

     VI. *mnl.: wie* → Stammlinie (I); *vgl.* stakenstakgleich. ben
ic van minen vader commen, hij van den zynen … ende
alzo altijds voort, so moetic emmer teenen eesten s t a k e
of struke gheraken, daer alle tgheslachte af desendeert
1462 MnlWB. VII 1904.

     VII. *Beteiligter, Berechtigter an einer Unternehmung;
vgl.* ¹Stamm (XI). A.G., s t a k e van eenre heltscheede vanden voorseyden pacht *1442 InvBruges V 181.*

     staken *v.* **I.** *Palisaden (als Schutzzaun) setzen; auch
übtr.; vgl.* Staken (I). sullen sy … laten penden alle de gene,
de tegen dusse vurs. puncte doen, van … vergettenheyt

laten, dat on geboden is, dat were waken, grauen, s t a -
k e n *15. Jh. ZWestf. 7 (1844) 213.* eine gilde ... de se
mochten halden und waren, s t a k e n und waken und
gelick ander gilde borger recht doen *1525 MünsterGew.
46.* dat alle geistlichen gelick den borgern sollen s t a k e n
vnd waken *1525 Niesert,Beitr. I 110.*

    II. *jn. gefangen setzen; bdv.:* stecken (VIII); *vgl.* Staken (IV).
dat se den deeff môgen ... vangen, s t a c k e n unde schlu-
ten *1529 LundenStR. 224.*

    III. *jn. mit einem* → Staken (I) *züchtigen; übtr.: jn. im
Kampf schlagen, bezwingen.* de van Lubeck ... wulden 18
schepe utmaken, de de Ostse schulden bescharmen; dar
mede wulde se de feinde s t a k e n *um 1511 HistVolksl.
(Lilienc.) III 48.* van schlegen kein wyff frommer wert,
doch moth ... man bewylen den ruggen s t a k e n *1606
Schiller-Lübben IV 352.*

    IV. *(Garben, Heu) mit Heugabel oder* → Staken (I)
auf- oder abladen; vgl. Staken (V), Staker. eyner vrouwen
gheuen to byndende vppe dem velde vnde to s t a k e n -
d e vnde korne to legghende in de schune *1515 Schiller-
Lübben IV 352. 1788 Gadebusch,Staatskunde II 9.*

    V. *festlegen, bestimmen; bdv.:* stecken (X). vermagh eenen
g h e s t a e c t e n gaudach tsiaers *1577 CoutBourgBruges
I 479.*

    VI. *(ein Gericht)* → hegen (II), *eröffnen.* bailliu: „also
volchdys, ghy heeren die mannen zyt; ic s t a e k e thof"
16. Jh. CoutVieuxBGand II 545.

    (Stakenetz) *n.,* → Stocknetz, *Stellnetz für den Fisch-
fang.* das sie ... einen knecht halten mugen, mit worpnet-
ten vnd s t a k e n e t t e n, der ihnen ... fische fange *1306
MecklUB. V 312.* 7 ½ witte vor l s t a k e n e t t e to knut-
tende *1526 JbMeckl. 91 (1927) 214.*

    (stakenstakgleich) *adv., wie* → stammenweise; *vgl.* Sta-
ken (VI). dat de kindere van den brueder van geheelen
bedde ierst hebben selen deene helft van allen den voers.
goeden ende dat alle drie de voers. s t a k e n s t a e c g h e -
l i j c hebben ende deilen selen dandere helft *1489 Mei-
jers,LigurErfr. I 191.*

    Staker *m., Erntehelfer, der die Garben* → stakt (IV).
7 sch. unde 4 pen. den s t a k e r e n unde thowarperen in
der schunen *1501 JbMeckl. 91 (1927) 198. 1788 Gadebusch,Staatskunde II 9.*

    Stakete *f.,* **Staket** *n., Befestigung, Verschanzung, Pa-
lisade; Gatter, Lattenzaun; Zaunlatte; bdv.:* Staken (I). [der
radt hat] zwene newe s t a k e h t im stadtgraben ... angefangen *1524 MagdebChr. II 191.* soe wye stadts festin-
gen, poorten, sluytbomen, s t a c k e t off bolwerck bij
nacht ouerclimmet ... verboert vyftich older schilden
vor 1537 LeeuwardenStR. Art. 137. beym ersten ausbru-
che des feuers sind ... s t a k e t e und planken und andere sachen, welche vom feuer ergriffen werden kônn-
ten, ohngesâumt wegzureissen *1784 Lauenburg/Bergius,
SammlLandesG. XI 239.* wer planken oder s t a k e t e n
von holzgarten entwendet giebt fûr jedes stûck [16 alb.]
*1785 Hessen/ebd. IX 76. 1787 Fulda/Moser,ForstArch.
XI 187.*

    (Staketung) *f., Stadtbefestigung mittels Palisaden; bdv.:*
Stadtmauer; *vgl.* Staken (I). soe wie dat an stadts s t a c k e t t i n -

ge schade doet, palen daer vuyt breeckt ... die pena,
daer die gheene verboert, is thien olde schilden *vor 1537
LeeuwardenStR. Art. 136. 1566 Fruin,Dordrecht I 166.*

    Stale? *m., (Guts-)Verwalter.* domini sancti Iohannis
... ordinabunt unum tutorem seu procuratorem pro se,
qui vulgariter dicitur s t a l e *1286? RhW. II 1 S. 220.* dat
die herren setzen off ordineiren soelen eynen mumber
off procuratoir vur sich, den man gemeynligen nennet
s t å l e *1398? (Übs.) ebd. 223.*

    Stalhof *m., auch* ²**Stahlhof,** *vielleicht zu* Stall (IV); *ver-
einzelt in engl. Kontext mit falschem etym. Bezug zu*
¹Stahl (I) *auch* stilehoff, *engl.* stileyard (steelyard); *Bez.
für das Hansekontor in London sowie jenes in weiteren
engl. Städten (Boston, Kings Lynn); auch der zugehörige
Gebäudekomplex; vgl.* Meistertafel (II), ²Rechenmeister, Spenser,
Stahlgadem, Stapelhof (I). dat nemant vp den s t a l h o f schal
stro ofte mes ofte ander fulnisse laten vorgaddert ... vp
de bote van 1 ℔ wasses *1320? Lappenberg,Stahlh. II 119.*
[dass] uwer gnoden lute unde der dutsche kowffman zcu
Lunden ... eyn groes rum haben, geheissen der s t a e l -
h o f f, do sie vil schones gemaches inne haben, dorinne
sie wonen und alle ire regiment by in selben haben, und
daz zelbige haben und mogen haben in allen steten in
Engelande, wo in das bequeme ist *1433 HanseRez.² I
118.* 3 vrie hove: bynnen London enen, bynnen Bosten
enen s t a l h o f f unde enen bynnen Lynden by deme water *1472 Bergenfahrer 362.* quandam curiam Londoniis
sitam, vocatam s t a e l h o e f f alias stieljerd ... in villa
de Boston curiam de s t a e l h o e f f, alias dictam stiljerd
1474 HanseRez.² VII 344f. dat men schal schriven an de
olderlude to Brugge unde her H.W. umme de s t a l h o -
v e to Londen, Lynden unde Bustene intonemende unde
uppe jewelken hoff enen man tome mynsten te settende
unde darby machtbreve to sendende *ebd. 392.* dat alle
de gemeyne cô̂pman van der hanze to Lunden in En-
gelandt residerende scholen anders nergene sunder up
deme s t a l h o v e slapen, ock scholen se nene ... unerli-
ke frouwespersonen mit sick darup nemen *1498 Hanse
Rez.³ IV 100. 1507 ebd. V 320.* dat J. schal wedder up
den s t a l h o f unde to des copmans rechticeit ingestalt
werden unde syne 30 uthgelechte punt sunder togeringe
van deme copmanne wedder entfangen *1511 ebd. VI 149.*
dat H.v.R. hier naemals wordde gecoren op het s t a e l -
h o f f aen de meesters tafele *1550 Strieder,Notariatsarch.
264.* der vierte theil der londischen conthors-ordnung:
von guter haußhaltung und regiment auff dem s t a l l -
h o f f *1554 Marquard,Merc. II 225.* the s t i l e h o f f alias
stileyard in the thames street *1673 Lappenberg,Stahlh.
II 200.* s t a h l h o f ... ein nahme, welchen das comtoir
und die dazu gehörigen gebäude der ehemaligen hansee-
städte in London führen *1780 Adelung IV 653.*

    Stall *m., n.* **I.** *Gebäude(teil) zur Unterbringung von
Vieh, insb. Pferden; auch als Mietstall zur entgeltlichen
Unterbringung von fremden Pferden usw.; bdv.:* Stallung (I);
vgl. Marstall (I), Schutzstall. [bezichtigt einer jn. fv̂r einen diep]
vnd sprichet iener da wider, ob ez vihe ist, ... er habe
ez gezogen in sinem s t a l l e, der behebet ez mit bez-
zerem rehte *um 1275 Schwsp.(L.)LR. Art. 317.* we na

desen daghe wel enen s t a l binnen user stat nies buen, dhe scal maken in gheweliker siden des s t a l l e s stenene muren *1303/08 BremRQ. 50.* lowfet aber das pferd vs dem s t a l l e an dy strosze vnd byszet ymand, zo mus yener, des das pferd ist, dorvmme antwort geben *um 1325 LeobschützRb. 197.* sal eyn iczlich man sines selbist want habe an huse, an s t a l l e n und an schunen, wi di da steynwende habin miteynandir *Ende 14. Jh. EisenachRB.(Rondi) III 11.* sollent die hůber han bereitet eine truckene hůtte vnd einen beslutzigen s t a l dem vihe *Anf. 15. Jh. Elsass/GrW. IV 199. 1408 (Hs. 1. Hälfte 17. Jh.) BrschwUB. I 159.* kompt einer in ein schiff mit seiner habe oder in ein schenckstat oder s t a l l, unnd verleůrt etwas vonn seiner habe, würt im geholffen … mit diser clage *1436 (ed. 1516) Klagsp.(Brant) 32ᵛ. 1447 SGallenOffn. II 483.* wie yements huus, schuere, s t a l, scip of andere edificien, of ooc coorne, vruchten of ander goet verberrent, daerin tvier stekende by upsetten wille, werdt ghepungniert metten sweerde of metten viere *1515/16 Wielant,InstrCrim. 233.* es mag auch ain jeder gast oder lanndtman das mager viche … an den s t ä l l e n oder auf den märkhten wol khauffen, doch das derselb khauffer sölch vichs selbs waide *SalzbLO. 1526 Bl. 111ᵛ.* sy sollent ouch allen dennen, so vycho oder roß stäl habendt, gebietten …, das sy dhein lycht ohne ein laternen in dhein s t a l tragend *1593 Luzern STQ. IV 351. 1620 Heitersheim(Barz) 32.* wann ainem viech zu schaden get, der soll das viech nit schlagen sonder haimb treiben in sein hoff oder s t a a l und darnach nach dem schicken, des das viech ist *1630 NÖsterr./ÖW. VII 256.* der in die maiß ein khäser, s t a l l oder hitten gesezt, … der solle selbige fürderlich abzubrechen und … 40 gulden straff zugeben verschaffen werden *1659 SalzbWaldO.(FRAustr.) 148. 1713 ebd. 174. 1769 Lennep,LandsiedelR. 254.* weitere Belege: *1421* ¹*Not (X), 15. Jh.* Schweinestall.

II. *Bez. für ein Gefängnis, das sich in einem* → Stall (I) *befindet; bdv.:* Herrenstall (II); *vgl.* Brummstall. vmme sines gudes willen schloch he ehn [prester] doet; darvmme moste he vp de ledder vnd moste darvp doet hungern, wente he wardt gesettet vp den s t a l; dar wardt he beschmedet *vor 1577 StralsChr. I 175.*

III. *Position, Stelle; Sitz-, Stehplatz.* din hant ságeton sie, fersuánta ándere diète, unde in-iro s t a l, flanzotost dû siè [manus tua gentes disperdidit et plantisti eos] *um 900 (Hs. 12. Jh.) Hattemer II 151.* [do der konig von Vngern] in das chor qwam vnd stund in seinem s t a l l e, do stunden die hh. von Behmen vor im *1469 UrkGeschBöhm. 582.*

IV. *mnl.: Verkaufsstand, -bank, -stätte; Marktbude; auch: Lager für Handelswaren; vgl.* Fleischstall, Stalhof. hen sal nieme georlouen teuerhurne s t a l l e in scrauen markt *um 1237 CorpMnlTekst. I 35.* niemene mach hueren s t a l l e ter marect no in straten *1281 CoutBruges I 248.* wanneer een viscoper sterft, dat dan dat s t a l, dat zijn was, comen sal andie outste ende andie naeste rechte erfnamen *15. Jh. Fruin,Dordrecht I 227.*

V. *(guter) Zustand, Status.* ðone s t a l ðæs rîces *10./11. Jh. Bosw.-Toller 913.* daß … unser eydgnoß-

schaft g'meinlich und einhellig in einen s t a l und wesen komme und in künftigen zyten größerer unfall und uneinigkeit vermidten werden *vor 1547 BernChr.(Anshelm) IV 455.*

VI. *Bestand, Rechtskraft.* dat ordil moegen bihoeda ende dwaen tre riochteren … soe mei des deda anne s t a l l habba [das Urteil dürfen drei Richter … veranlassen und fällen, dann darf diese Sache Rechtskraft erlangen] *1. Hälfte 13. Jh. (Hs. 1464) WesterlauwersR. I 360. ebd. 378.* wye syn [des Knechts] guedt … leent buyten syn monders off rechtes raedt, dat zall gheen s t a l hebben ende ghien recht daervan te doen *BolswardStB. 1455 Kap. 112.* dat aerste breef ende sigel aeg een s t a l ende een foerdgong *1480/81 JurFris. I 86.* wirt deer een testament maketh myt laesheed ende myt falscheed, dat aegh neen s t a l ende haet neen macht *1480/81 ebd. II 72.*

VII. *afries.:* Stall *in das Recht* Recht vor Gericht aufzutreten. det een vrbond mon mei neen oenspreker wesa, huant hi heeth neen s t a l in da riuchte [dass ein im Banne befindlicher Mann kein Kläger sein darf, weil er nicht vor Gericht auftreten darf] *1457 (Hs.) EmsigerR. 234.*

VIII. *afries.:* einen Stall stehen *Stillstehen; als Kreuzprobe* (→ Ordal *zwischen zwei Kontrahenten, wer länger mit ausgestreckten Armen stehen bleiben kann).* dech wysda ma dir sone also langhe, dat ma hit op dae tweer koningen ioed, hoekra oerem oen stilla s t a l l e wrstoed, dat hi dat land winnen hede [doch vermittelte man so lange eine Sühne, bis man es den beiden Königen auferlegte, daß, wer den anderen im Stillstehen überträfe, der hätte das Land gewonnen] *1464 (Hs.) WesterlauwersR. I 128.* hoe coninck Kaerl ende Radboed een s t a l stoeden om Vrieslant [wie König Karl und Redbad um Friesland eine Kreuzprobe bestanden] *1464? ebd. 32.*

IX. *in Straßburg: für die Erhebung des* → Stallgelds (III) *zuständige städt. Behörde,* → Stadtkämmerei (I); *vgl.* Stallherr (II), Stallschreiber (II). es soll ein yeder büttel … yedes jars … sich uf den s t a l zu dryen stallherrn und irem schreiber verfügen und ime die namen der personen, so uf dem s t a l l schuldig und in den cleinen zusatz schuldig sin, abfordern *1551 Schmoller,StraßbTucherZft. 206.* welcher burgersson … in ehelichen stant kompt oder … für sich selbs hantierung treibe, den sollen die zünfte … vermelden, damit er uf den s t a l l beschickt und gerechtfertigt werden mög *1558 ebd. 215.*

X. *wie* → Stallgeld (III). *1551 Schmoller,Straßb TucherZft. 205.*

XI. *Straßenherberge; vgl.* Stallmann, Stallung (III), Stallwirt (II). *1343 Matthias v. Beheim 143.*

Stallage *f.* **I.** *Mietgebühr für den Standplatz (eines Pferdes) in einem* → Stall (I); *bdv.:* Stallagegeld, Stallmiete. ghegheuen … van den costen van den … ghepresenteirden paerden, … van huushueren ende van s t a l l a g e n *X s. gro. 1386/87 InvBruges III 94.*

II. *wie* → Stallgeld (II). daer of wy zeker s t a l l a g e hadden va den ghonen diere wulle of wullin laken in vercochten *1373 CoutOudenbourg 20. 1488 CoutLoo 89.*

(Stallagegeld) *n., wie* → Stallage (I)? die ingesetenen van den lande vry souden syn ende vaeren moegen … sonder yet te ghevene van tholle, corenlepele, nuwe geleyde, doervaerde, wagengelde, sackgelde, s t a l l a g i e g e l d e *1510 OrdonnPaysBas I 148.*

Stallamt *n., Behörde, der die Aufsicht über einen oder mehrere →* Ställe (I) *obliegt; zT. zuständig für alle Angelegenheiten, die im Zusammenhang mit den Ställen einer Herrschaft stehen; bdv.:* Stallmeisteramt; *vgl.* Stallmeister (I). weilen auch die herren des s t a l l a m b t s sich einer judicatur und gerichts anmaßen, ... urtheile von sich geben und sich die verordneten vom s t a l l a m b t zu statt und land tituliren, so ihnen alles nicht gebührt, als soll es hinkünftig nicht mehr geschehen *1678 BaselRQ. I 2 S. 603.* solle unser s t a l l a m t alljährlich ... einen tag bestimmen, an welchem unsere unterthanen mit allen verzeichneten stuten auf ihren vorgeschriebenen bescheel-plåzen zu erscheinen haben, um die ihnen taugliche hengste zuschreiben zu können *1753 SammlBadDurlach III 434.* s t a l l -, oberschenken-, kůchen-, jågerei und andrer hof å m t e r *1758 Estor,RGel. II 820. 1761 Moser,Hofr. II 324.* dergleichen käufe [zwischen den juden und unseren unterthanen *sind*] unter keinem vorwand einzuschreiben, sondern die contrahenten lobl. s t a l l a m t zur gebührenden bestrafung zu verzeigen *1784 BaselRQ. II 432.*

Stallbediente *m., wie →* Stallperson. vber den marstall ist eine stall ordnung auffgerichtet, wie es mit wartunng vnd fütterung der pferde ... durch die s t a l l b e d i e n t e gehalten werden soll *Seckendorff,Fürstenstaat (1656) 280.* wann wir an frembde örter kommen, solen unsere s t a l l b e d i e n t e zusehen, daß für unsere pferde ... sie reine ställe haben mögen *Ende 17. Jh. Mecklenburg/Kern,HofO. I 292.* besoldung derer hohen und niederen s t a l l - b e d i e n t e n *1754 Moser,Hofr. I 166. 1763 NCCPruss. III 336.* jagd- und s t a l l b e d i e n t e n, welche zu der ehemaligen zellischen hofhaltung gehörten, standen ehedem unter der großvoigtei *1798 Hagemann, PractErört. I 144. 1811 PreußGS. 1811 S. 346.*

Stallbote *m., für den →* Stall (IX) *tätiger städt. Bote.* dass der s t a l b o t jerlich ... by ieder zunft ein verzeichnuss irer zünftigen zu fordern und empfahen solle *1558 Schmoller,StraßbTucherZft. 215.*

Stallbruder *m.* **I.** *Mitglied in einer Gilde, Bruderschaft (hier: der →* Schwarzhäupter*).* efte men nü vögte kesen wulde, so sallen de s t a l b r ö d e r III oft IV utsenden und kesen der II to, de dar nütt to sien, und de gekoren werden, sallen id don bi I lisp. wass. *1400 LivlUB. I 4 Sp. 301. 16. Jh. ebd. II 1 S. 688.*

II. *→* Söldner, *→* Soldat (II). tot allen ... vier poirten sel men oec scicken hondert s t a l b r o e d e r s ende dat vierendeell van den pijnres *1456 UtrechtGilden I 34.*

III. *Kamerad, Dienstgenosse, Mitdiener.* nu id so gevallen is, so moten de s t a l b r o d e r e eynen dringkpenningh darvan hebben, uppe dat se gestillet werden *1459 HanseRez.² IV 482. 1487 PommJb. 2 (1901) 144. 1510 MittErfurt 5 (1871) 183.*

(Stallbrudervogt) *m., Vorsteher der Vereinigung der →* Schwarzhäupter. so de s t a l b r ö d e r v o g e d e upklopen in der none edder collation, so sall en jeder up de rechte reege sitten gaen, so he anders drinken mag, bi en lisp. wass *1400 LivlUB. I 4 Sp. 303. 16. Jh. ebd. II 1 S. 688.*

Stallbube *m., wie →* Stalljunge. N. der s t a l b u b uf der pfallentz zů C. *1504 GlückshrZürich 95. 1561 Brandenburg/Kern,HofO. I 76. 1575 Pommern/ebd. 147.*

Stallbuch *n., Registerbuch eines (herrschaftlichen) Pferdestalls. 1654 QFSchleswHG. XV 178.*

Stallbursche *m., wie →* Stalljunge. da sich ... in stallsachen zwischen den s t a l l - b u r s c h e n irrungen und gebrechen zutrügen, [*soll man*] solches mit bescheidenheit unserm stallmeister fürbringen *1648 Moser,Hofr. I Beil. 169. Seckendorff,Fürstenstaat (1656) 356.* allen laquayen, s t a l l - b u r s c h e n und dienern [ist] das degen-tragen ... auff offener strassen verboten *1706 HessSamml. III 562.*

stalle *adj., fest.* tha urief us thi kinig Kerl, sa hwersa alle liode enne kere kere, thet hi stede and s t a l l e were bi londes legore [*da gewährte uns König Karl dieses, dass eine Küre, die das ganze Volk beschlösse, gültig und fest sein sollte, solange das Land stünde*] *um 1300 RüstringerR. 78.*

(Stall'eiche) *f., Gerichtseiche; vgl.* Aufstallbaum. actum juxta castrum Haghen prope qvercum vulgariter s t a l e k e nuncupatum *1248 Lindenbrog,Script. 175.* dat ich J. ... hebbe vorwessfelt den juncvrowen van C. ... myne volschuldighe eghene maghet ... opme H. by den s t a l e y k e n *1388 ClarenbergUB. 214.*

stallen *behandelt unter* stellen.

Staller *m.* **I.** *in Nordfriesland: oberster landesherrlicher Beamter, Landvogt, Amtmann; auch mit richterlichen Funktionen.* A. was s t a l l e r auer Eiderstedt *1444 Richth. 571.* unsen amptlüden tho Gottorp, s t a l l e r n im Nordstrande und Eiderstede *1486 HusumStiftungsb. 292.* [*bezalunge ist* bei *des*] hertzog Adolffen s t a l l e r in Eiderstedt bis zu rechtlichem austrage niderzulegen *1559 DithmUB. 230.* wy willen ock hyrmit den s t a l l e r e n vnde reden der drier lande ... mit ernste vperlecht hebben, flytige vnde gude vpsicht thodhonde, dat sodanes allenthaluen ... volge gesche *EiderstLR. 1572 Art. 1.* wenner beide parte ... eren bewyss jngebracht ..., schal de s t a l l e r mit den reden, klage antwordt vnde bewys ... mit flyte bewegen, vnde darup sick eines ordels besluten *ebd. 13.* wo sick jemande weigerde tuchnisse tho geven, de mach van unser(m) s t a l l e r mith gebots breven dartho gedwungen werden *1572 Nordstrand LR.(nd.) 148.* so scholen ... alle erffkop, butenschop, gaven, erffliche vorlatinge ... ihn idtlickem herde tho dinge vor dem s t a l l e r und herdeßreden geschen *ebd. 223. 1591 EiderstPolO. I 8 § 18. 1704 StaatsbMag. VIII 374.* unsere statthaltere, gouverneurs, amt-leute, s t a l l e r, landvôigte [sollen sich nach dieser verordnung richten] *1723 Dänemark/Lünig,CJMilit. 1329.*

II. *wie →* Stallknecht. die brödterei uns kost betreffend, so erhält der grosknecht, ... beide pferdeknechte, desgleichen der s t a l l e r ... jeder wöchentlich 3 grosse ... oder zweitagebrote *1790 SchlesDorfU. 335. 1796 Hübner,ErzstSalzb. II 670.*

III. *ae.: wie →* Marschall (I). R. s t e a l l e r e, B. s t e a l l e r e *1052 Birch,CartSax. III 103.*

IV. *(Klein-)Händler, der seine Ware auf einem →* Stall (IV) *auslegt.* wie s t a l r e wair up yements waghen of in scuten, men en liet den luden selve vercopen horen visch, verbuerde 12 sc. *1406 LeidenKb. 54.*

Stalleramt *n., Amt, Posten eines →* Stallers (I); *bdv.:* Stallerei. einer in dem lande geseßen vnd beguettert, ... hiezu genugsamb qualificiret und duchtig [soll] ... das staller-ambt bedienen vnd verwalten *1590 ZSchlesw Holst. 78 (1954) 60.* [wir beuehlen] allen stallern, so künfftig solch staller ampt bedienen werden, daß sie an vnser vnd vnserer erben statt vber dieser vnser ordnung ... ernstlich halten, vnd ... in allen ... rechtsachen darnach erkennen *1591 EiderstPolO. Bl. li ij^v.*

Stallerei *f., wie →* Stalleramt. dat V. by der stallerey nicht lange gebleven ist *um 1598 QSchleswHolst. V 121. ebd. 196.*

(Stallersbrief) *m., schriftliche Anordnung eines →* Stallers (I). deßulvigen dags ein stallers breff affgelesen, dat nemandt den mohrdick mit torffgraven ... erneddrigen scholde *um 1598 QSchleswHolst. V 257.*

(stallfestig) *adj., starr, unbeweglich.* hweer soe thet aghe stalfestich is an da haude an hit nath biseepen nis, soe schel hy en metadolgh onswora [wenn das Auge unbeweglich im Kopfe ist und nicht trieft, so soll er (Verletzter) eine Maßwunde beschwören] *um 1300 (Hs. 1464) Westerlauwers R. I 464.*

Stallgebühr *f., wie →* Stallgeld (III). *17. Jh. Eheberg, StraßbVG. 747.*

Stallgeld *n.* **I.** *wie →* Stallmiete, *→* Stallage (I). gift de here des vehes stall- und fodergeld *vor 1531 Rügen LR. Kap. 112 § 7.* [die frönder seint schuldig] alle unsere wein ... zu holen, was wir zu unserem hausstat benöttigt seyn, vermitz irem uff ire ankunfft gebürlichen kosten, und auf jedere wagen zween stüber stalgelt *1552 LuxembW. 446.* für stallgeld und rauchfutter vor eine nacht vor jedes pferd 2 sgr. *1645 ProtBrandenbGehR. III 321. 1696/97 Reuter,Schelmuffsky 121.* [fleißige erkundigung,] ob die fremden wegen der speisung, logement-, futter- oder stall-geldes ... übersetzet worden *1702 CCPrut. III 450.* den fröhnern [ist] für jede person vier pfennige schlafgeld, und sechs pfennige auf jedes pferd an schlaf- und stallgeld zu verabreichen *1769 AltenburgSamml. III 568. 1794 PreußALR. II 7 § 420.*

II. *→* Standgeld (I); *Abgabe, Mietgebühr für einen Marktstand, →* Stall (IV); *bdv.:* Stallage (II), Stallheuer (II), Stallpfennig (I), Stättegeld (I). soe wye int ambacht comen wille, die sal ... voldoen den bourghermeesteren van hueren stalghelde *1433 BredaRbr. 113.* stal: plaats in de hal of op de markt. stalgelt: de huur, die daarvoor aan de stad betaald wordt *1514 InfHollant 681.*

III. *in Straßburg: von den →* Stadtbürgern *abverlangte Vermögenssteuer; urspr. wohl als Abgabe zur Finanzierung der städt. Pferde; bdv.:* Stall (X), Stallgebühr. accedit, quod tales cives de his ipsis illorum bonis alibi sitis, publicam præstationem, stallgelt, verstallen, præstare tenentur *1698 Wencker,CollJ. I 59.* were aber ... kindern das burgerrecht erhalten und ihr stallgelt unter des vogts namen abgerichtet, seind sie auf begeren der burger matricul zu incorporiren *17. Jh. Eheberg, StraßbVG. 747.*

Stallgericht *n., niederes Gericht, das insb. für Streitigkeiten aus dem →* Pferdehandel (I) *zuständig ist; zT. auch mit administrativen Aufgaben; auch die Gerichtssitzung.* im stallgricht braucht er seltzam sit gegn anderen, taubt, wüet, ist rauch *1618 SchweizId. VII 1465.* bey der wette, dem marstalle und stallgerichte vorhandene liegende gründe *1665 DiarEurop. 18 (1669) App. V 128.* streitigkeiten in bezug auf den pferdhandel sind von der gerichtsbarkeit des stadtgerichtes ausgenommen und werden von dem stallgericht entschieden, dessen zwey vorsteher die aufsicht über den obrigkeitlichen marstall haben *D.v. Wyss, Polit. Hdb. für Zürich (ebd. 1796) 147.*

Stallgeschäft *n., Dienstverpflichtung, Angelegenheit des →* Stalls (IX). *17. Jh. Eheberg,StraßbVG. 751.*

Stallherr *m.* **I.** *Ratsherr, der dem städt. →* Marstall (I) *vorsteht; auch mit gerichtlichen und administrativen Funktionen.* setten to der stad ammete, de ... pleghen in deme rade to wesende, alse kemerere, voghede, stalheren, wynheren, schotheren *1416 LübChr. III 86.* datt nemandt perde kopen sall vth den schepen, so vth der sehe kahmen, ehr datt de stallherren darby gewesen sin *Mitte 16. Jh. RigaStR. 239.* do sich jemandt vnderwinden würde, gemeiner stadt freyheit an liegenden gründen vnd stehenden erben, ... das sol wann es kundt wird, durch die kammer oder stallherrn ... bey den verordneten herrn der gerichte geklaget ... werden *1586 LübStat. II 3 § 1.*

II. *in Straßburg: Vorsteher des →* Stalls (IX); *auch mit der Oberaufsicht über den städt. →* Marstall (I) *und die →* Stadtsöldner *sowie mit weiteren administrativen Aufgaben betraut; bdv.:* Stallmeister (III). die drye stallherren uff dem stalle söllent sweren ..., alle pünctten und artickel, die von inen geschriben stont, ze haltend *1433 Eheberg,StraßbVG. 123.* so sich dann us demselbigen zedel befündt, das der bot ein angenomene burger oder burgerin nit brecht, sollen die stallherren denselbigen dem ammyster geschriben geben, der bot darüber beschickt verhört *1551 Schmoller,StraßbTucherZft. 205.*

(Stallheuer) *f.* **I.** *wie →* Stallmiete. mids den stalhueren ende mids den voorseiden perden te doen bewaren, XXXIX s. *1411/12 InvBruges IV 101.* ich gaff zo undercoiff 6 gulden, zo stalhuren 6 gulden *1431 QKöln Handel IV 34.* stalhuer [*Stallmiete*] *1542 NdJb. 39 (1913) 114.*

II. *wie →* Stallgeld (II). so gaf hi hemlieden den vulle macht ende auctoriteit up elken vleeschouwer te innene dat si t'achter souden sijn van stalhueren ende van 's ambochts costen *1372 AnnFlandre 19 (1867) 78.* nyemandt en es quite van stalhueren *1458 ChartPierre Gand II 254.*

Stallhof *m., vor einem →* Stall (I) *oder rund um diesen angelegte (eingezäunte oder eingefriedete) Freifläche.* do der deutschen herren stadel leit und der stalhof in irm mairhof, do sind weilein gewesen vir heuser *1254/55 NÖsterr./ÖW. VII 95.* es sol ainer den andern friden in dem hoff als hoch und ein mitter man gelangen mag; item, im stolhof einn frid der eim mittern man unz an die prust ge *1414 ebd. XI 191. 1469 ebd. VIII 102. 1524 ebd. 402.* ob ainer ein bösen fridt hette und wolte den nit lassen bessern, derselbe solle ... gewartent sein: kämb im ein viech in sein s t a l l h o f f und thätt im ichtes schaden, dessen entgelt er *16. Jh. ebd. 6.* daß eines ieden nachbaurn viech gehen soll für einen gemeinen hüerter vndt soll auch hinden aus durch die s t o l l h ö f f nit gelaßen werden *1667 Kaltenbaeck II 259.*

Stallhofsgraben *m., Graben um einen →* Stallhof; *vgl.* Dachtrauf (II 2). *1577 NÖsterr./ÖW. XI 206.*

Stallhüter *m., wie →* Stallmeister (I). [ob ein s t a l l - h u e t e r ... von bosem list oder diebstal ... in dem stall beschehen, wirt beschuldigt, das selb aus nahet eins malefitz werden gesehen schuldig zu sein *um 1500 Summa legum 654.*

Stalligkeit *f., Bestehen, Bestand; vgl.* Stall (VI). zue urkundt und zue einer ewigen s t a l l i g k e i t dieser dinge ... haben wir unser stadt insigell geleget an diesem brieff *1328 AussigUB. 15.*

(Stalling) *m., afries.: Richter, Gemeindevorsteher; vgl.* Aufstalling. monemus peremtorie publice omnes s t e l l i n - g o s, majores, judices & consules dictorum cœtuum *1310 Schwartzenberg I 137.* s t e l l i n g e n, oldermannen en gemeenten der landen van Stellingwarf en Scoterwarf *1313 Heck,FriesGV. 190.* s t e l l i n g e n rechters, grietmannen en gemeenten van Stellingwerf, Schoterland en Boornovrede *1400 ebd.*

Stalljunge *m., Gehilfe in einem (insb. herrschaftlichen) →* Stall (I); *→* Pferdjunge; *bdv.:* Stallbube, Stallbursche, Stallknecht. wollen bei unsern hengsten zwen knechte 2 s t a l - j u n g e n und bei unsern ritlingen ein knecht und 2 s t a l j u n g e n haben *1561 Brandenburg/Kern,HofO. I 25. 1608 HambGSamml. X 369. 1644 ProtBrandenb GehR. II 438.* alle zu vnserm marstall erfordere diener, es seyen bereiter, marstaller ... vnd s t a l l j u n - g e n, soll vnser stallmeister ... vorschlagen *Seckendorff, Fürstenstaat (1656) 354. 1682 HessSamml. III 159.*

Stallknecht *m., niedriger Bediensteter in einem (insb. herrschaftlichen oder städt.) →* Stall (I); *→* Pferdjunge; *bdv.:* Stallbediente, Staller (II), Stalljunge, Stallperson, Stallwärter (II). A. mijn s t a l k n e c h t *1396 RsprGrHolland II 29. 1565 Damhouder,Praxis 253ᵛ.* wenn ein neuer diener angenommen wird, ... reitknechte, s t a l l k n e c h t und holzpfänder [*sollen*] acht groschen ... in die büchse geben *1569 PommMbl. 19 (1905) 3. 1596 Reyscher,Ges. XII 494.* die s t a l l k n e c h t e und kunstmeistere [*sind der ordentlichen wacht entreyet*] *1626 HambGSamml. IX 138. 1785 VerordnAnhDessau II 7. weitere Belege: 1394* Schildfessel, *1440* Prälatenpfründe.

Stallöse *f., Trinkgeld, das beim Viehverkauf an den Knecht bezahlt wird; bdv.:* Futtergeld (II); *vgl.* Kammlöse. da wärent sy die dry brüder im tenn und hiechent dem bemelten herren bropst die s t a l l ö s e *1524 Konolfin- genLGR. 153.*

Stallmann *m., Gastwirt; vgl.* Stall (XI). des anderen tagis brächte her [*samaritan*] zwene pfenninge und gap dem s t a l m a n n e *1343 Matthias v. Beheim 143.*

Stallmeister *m.* **I.** *(Ober-)Aufseher über einen (va.*

städt. oder herrschaftlichen) *→* Marstall (I), *→* Stall (I); *Vorsteher des →* Stallamts; *auch als Hofamt; bdv.:* Stallhüter, Stallwärter (I), Stallwirt (I); *vgl.* Stallknecht. s t a l l m e i - s t e r in den grossen stetten haben etliche grosse heüser vnd machen darinn stalle, dz sie der frembden menschen thier darinn stellen, so sie zu marckt oder sunst kommen *1436 (ed. 1516) Klagsp.(Brant) 33ᵛ.* H., meiner gnadigen frauen von Osterreich etc. s t a l m a i s t e r *1473 Tirol/ÖW. XVII 284.* was den marstall antrifft, hat er s t a l m a i s t e r, item andere officie ... in suo genere, bey denen soll er, was die ordnung vermag, im fall mangel furfiele, verschaffen, oft in marstall geen, und aufsehens haben, damit es ordentlich zugee *15. Jh. Strobl,Oberst- hofm. 129.* schiffherren vnd tabernier oder s t a l l m e y - s t e r, die sindt verbunden glich eim malefitzen des betrugs vnd diebstals so in iren schiffen, keller, stellen geschehen *Murner,Inst. 1519 Bl. 117ᵛ.* s t a l m a i s t e r soll geruster phert halten, ain graf oder herr achte, ain ritter oder edelmann sechse *1527 Fellner-Kretschmayr II 112. ebd.* der s t a l m e i s t e r sol auch einem iglichen knecht, so im stal angenommen wirdet, diese ordnung vorlesen laßen, auch anzeigen, sich derselbigen gemeß zu verhalten *1561 Brandenburg/Kern,HofO. I 26.* der s t a l m e i - s t e r sol ... auf vnsern stal und geule sehen ... und gut acht geben, das die geule und klopper woll gewharet, und alles, was zur rustung gehoredt ... rein und sauber halten *1575 ebd. 140.* wegen verschaffung deß vorraths an haffer, hew vnd strew soll vnser s t a l l m e i - s t e r ... auß vnser rent-cammer eine designation empfangen *Seckendorff,Fürstenstaat (1656) 354. ebd. 355.* der s t a l l - m e i s t e r im frohn-hofe soll so gleich die pferde angeschirren, und ... zu den feuer-spritzen auch wasser-zübern in die stadt schicken *1722 CCBrandenb Culmb. II 1 S. 37. 1736 BrschwLO. I 714.*

II. *Amtmann, dem die Aufsicht über die Marktstände obliegt; →* Marktmeister; *vgl.* Stall (IV). soe wat comanscepe van vissche bedragen beneden den IIII grooten, die en is dairof den gasthuysse of den s t a l l e m e e s t e r niet sculdich *1485 ZierikzeeRbr. 263.*

III. *wie →* Stallherr (II). die drie stalherren söllent ouch kein pfert uff dem stall koufen, diewile sü s t a l - m e i s t e r sint *1449 Eheberg,StraßbVG. 123.*

Stallmeisteramt *n., →* Hofamt (II) *eines →* Stallmeisters (I); *→* Stallamt. ordnung unsers obristen s t a l - m a i s t e r a m b t s *1537 Fellner-Kretschmayr II 125.* unter die kaiserliche hofämter rechnet ... man ... cämmerer-, marschall-, s t a l l m e i s t e r - und übrige a e m t e r *1770 Kreittmayr,StaatsR. 92.* die stuten, welche ... zur fohlenzucht tüchtig erfunden werden, dürfen ohne vorwissen und erlaubniß des s t a l l m e i s t e r a m t s nicht aus dem gestütsbezirk verkauft werden *1813 SammlBad StBl. II 731.*

Stallmeisterordnung *f., Dienstreglement für einen →* Stallmeister (I). *um 1600 Sallmann,VerwJülich 97.*

Stallmeisterstelle *f., Posten eines →* Stallmeisters (I). *1671 Leopold I. Privatbriefe II 167.*

Stallmiete *f., Mietzins, Gebühr für die Nutzung eines (fremden) →* Stalls (I), *insb. für die Unterbringung von*

Pferden, zT. inklusiv → Futtergeld (III); *bdv.:* Stallage (I), Stallgeld (I), Stallheuer (I), Standgeld (III). die grôze s t a l m i e - t e / torst' im der kneht niht bieten *l. Hälfte 13. Jh. GesAbenteuer I 113.* 300 gulden .... han wir vûr un- sern herren den konig von der sture wegin ... unsern burgern zů s t a l m i t e bezalet *1398 RTA. III 73.* und sall ihme auch hauw und fuder thun geben ... und be- schlaggeldt und herberge und s t a l l m y e d e *1410 Mo- ser,Hofr. II 58.* s t a l m ü t e, das ist howe und stro ein naht und tag *1442 HagenauStatB. 185.* dass die furlude mogen geben s t a l m e t h e, mussen geben lichtegeld und sloffgelt *1467 Hessen/GrW. III 355.* soll ein ieder zwene pfening ein tag und nacht von einem pferde zu s t a l - m i t geben *1469 AdelsheimStR. 631. 1483 Zweibrücken UB. 82. 1495 BambBer. 37 (1875) 54.* der wiert mag ... nemen ... von ainem yeden roß tag vnd nacht, die fueter nemen von wierten, zu s t a l m ů t zwen kreützer *1499 TirolHGO. 152. 1501 Wintterlin,BehWürt. I 121.* tax der malzeit, auch der fůterey vnnd s t a l l m ů t, so den wirtn geordnt vnd gegeben wirdet *BairLO. 1553 IV 4, 3.* ferner soll er [futtermeister] jederzeit, so s t a l l - m i e t von vnsernt wegen außgericht werden, dabey sein futer zettel bey handt haben, damit mann recht forder *1568 Zwengel 204ʳ. 1629 Württemberg/QNPrivatR. II 2 S. 82.* gebieten wir ... allen ... gästen, ... daß sie vor ihrem abzug auß dem wůrths-hauß die vōllige zehrung, was ihnen sowohl von speiß und tranck, als auch fůtte- rey und s t a l l m u t h in billichen werth gerechnet wor- den, zu benügen den wůrth bezahlen *1633 CAustr. I 392.* sollen von jedem pferd 4 d zu s t a l m ü t und nit mehr gerechnet werden *1650 KirchheimW. 220. 1773 Kurpf Samml. IV 634. 1802 v.Berg,PolR. I 357.*

Stallmietung *f., Anmietung eines Stallplatzes. um 1490 RechterWeg I 427.*

Stallordnung *f.* **I.** *für einen (herrschaftlichen) Pfer- destall geltendes Regelwerk.* vber den marstall ist eine s t a l l o r d n u n g auffgerichtet, wie es mit wartunng vnd fůtterung der pferde ... durch die stallbediente gehalten werden soll *Seckendorff,Fürstenstaat (1656) 280. 1735 Moser,Hofr. I Beil. 138. 1754 ebd. I 72.*

II. *in Straßburg: städt. Verordnung, die Umfang und Erhebung des* → Stallgelds (III) *regelt; vgl.* Stall (IX). üb- riche gesampte in burgerrecht begriffene manns- und weibspersohnen ... müszen all ihr hab und gut ... dem ... in der s t a l l o r d n u n g befindlichen stalltax nach ver- stallen *1677 Eheberg,StraßbVG. 744.*

Stallperson *f., Bedienstete(r) in einem* → Stall (I); *bdv.:* Stallbediente, Stallknecht. jetztbenannte s t a l l - p e r s o n e n [seynd schuldig] demjenigen, worzu sie ... hof-, ... keller- und kůchen-ordnungen anweisen, nachzuleben *1648 Moser,Hofr. I Beil. 21.* wegen des marstals ... bleibt zwar die auffsicht billig dem stallmeister, gleich- wol aber hat ein hoffmeister ... die s t a l l p e r s o n e n auch anzuweisen *Seckendorff,Fürstenstaat (1656) 289.*

Stallpfennig *m.* **I.** *wie* → Stallgeld (II). *1241 Cout Damme 170.* une rente ke on apicle s t a l p e n n i n g *1275 CoutNieuport 166.*

II. *wie* → Offenburger. *1470 Beleg s. dort.*

Stallsache *f., einen* → Stall (I) *und die Arbeit dort be- treffende Angelegenheit. 1648 Moser,Hofr. I Beil. 169.*

Stallschreiber *m.* **I.** *mit der Verwaltung eines* → Mar- stalls (I) *betrauter* → Schreiber (I); *vgl.* Futterschreiber. we- gen der karosse und pferde ist aber dem s t a l l s c h r e i - b e r bisher nichts anbefohlen *1660 ProtBrandenbGehR. VI 241.* das hof-gesinde [*hat*] gegen den fourier, s t a l l - und futter-s c h r e i b e r bey der speise und fütterung aller unnützen worte und schmach-reden sich gånzlich zu ent- halten *1698 CCBrandenbCulmb. II 1 S. 27.* unser s t a l l - s c h r e i b e r [ist] anzuhalten, daß, wenn er an heu und stroh etwas zuerkaufen muß, er hierüber ein fōrmliches protocoll halte, und solches zur ratification übergebe *1734 Elsaeßer,BeitrKanzlei. 165. 1747 CAug. Forts. I 2 Sp. 486. 1802 PfalzbairHofKal. 278.*

II. *in Straßburg: städt. Steuerschreiber; vgl.* Stall (IX). ein iede person, so nun hinfür schultheissenburger oder -burgerin werden will, ... soll ... zu den dryen uf den stall oder ... zu dem s t a l l s c h r e i b e r inne sin haus gefürt, sein nam ufgezeichnet und der burgerzedel underschri- ben werden *1551 Schmoller,StraßbTucherZft. 204.*

Stallschulden *pl., in Straßburg: noch zu zahlendes* → Stallgeld (III). *17. Jh. Eheberg,StraßbVG. 748.*

Stallprotokoll *n., Niederschrift eines vom* → Stall (IX) *gefassten Beschlusses. 17. Jh. Eheberg,StraßbVG. 748.*

Stallstätte *f.* **I.** *Stelle im Wald, an der für die Treib- jagd Netze aufgestellt werden.* [die Jäger- und Heide- knechte sind] zu dem hohen gewilde undt wolfsjagtt, reumung der s t a l l s t ä t t e n und andern jagtdienste be- ruffen *1606 ActaBrandenb. II 181.*

II. *Stelle, Grundfläche eines (aufgegebenen)* → Stalls (I). die wuste slossstette an der Hauel ... sampt einer wu- sten s t a l s t e t t e darbey *1550 CDBrandenb. I 7 S. 481.*

III. *Fischgrund?* ob man inen also ir rüschen vnd kürb- lin vsser den s t a l l e s t e t t e n des Rins werfen sölt oder nit *1443 Argovia 4 (1864/65) 64.*

Stalltag *m., Schieds-, Friedensverhandlung; vgl.* Stallung (IV). der baubst Johannes machet ain s t a l l t t a g e zwi- schen dem kunig von Littania und den teutschen herrn *1457 Schmeller² II 746.*

Stalltax *m., in Straßburg: Verzeichnis, Ordnung über die Höhe des individuell fälligen* → Stallgelds (III). in burgerrecht begriffene manns- und weibspersohnen ... müszen all ihr hab und gut ... [dem] in der stallord- nung befindlichen s t a l l t a x nach verstallen *1677 Ehe- berg,StraßbVG. 745. 17. Jh. ebd.*

Stallung *f.* **I.** → Stall (I), *Viehstall; auch der einzelne Stallplatz.* [schal men] os unde usen deneren an kelle- ren, an kokenen unde an s t a l l i n g h e n andworden use nodtorft *1351 Goslar/QStädteForsch. IV 324.* eyne gu- de herberge, dar men redelicheid unde s t a l l i n g e vor dertich perde ... hebben moge *1491 HanseRez.³ II 442.* keiner in der statt B. gsessen sol gwaltig sin, einich sāßhuß, so zu einem huß behuset ist, abzebrechen ... noch schüren oder s t a l l u n g e n darus zu machen *1539 BernStR. I 303.* der haffer sol alle quartal den wůrthen vnd gastgebern nach dem einkauff ... taxiret, vnd die taxa an der s t a l l u n g oder hafferkasten jedesmal angezeichnet ... werden *1645 HessSamml. II 100.* es soll auch niemand gestattet werden, weder hauß, scheuren oder s t a l l u n g e n in den wälden zu zimmern *1682 ebd. III 228. 1745 SchulO.(Vormbaum) III 446.* liegende güter: ... haus und hof, s t a l l u n g, stadel, backofen *1774 Wagner,Civilbeamte I 117.* weitere Belege: 1368 Gadem (IV 2), 1549 Maltersaat (I), 1620 hauptmördig, 1624 Schäferei.

II. *Einstellen, Unterbringung (von Vieh) im* → Stall (I), *auch das Recht darauf; ua. als Dienstpflicht.* pandet en ve oder perde oder swine, den scal he pleghen erer nottorft an etene unde an drinkene und an s t a l l i n g h e *1. Hälfte 14. Jh. GoslarStR. III § 59.* wann der byschoff gen s.N. kommet, so sint die jnburger jme schuldich die erste nacht s t a l l o n g e vnd ruwe futter *15. Jh. (Hs.) Lothringen/ZBergGesch. 7 (1871) 179.* der s t a l l u n g halb ... so raisigen gein M. komen, das ... sollich s t a l l u n g ... durch ein futtermaister ... bestelt wurde *1508 Mosbach StR. 577.* in dem quartier haben die militar-personen ... nothdürfftige s t a l l u n g für die ordonnanz-mäßige anzahl pferde *vor 1747 Moser,StaatsR. 30 S. 205.* die futterung für die pferde wird nach einer ... beglaubigten ... taxe bezahlt, ... dahingegen aber soll der wirt für die s t a l l u n g nichts fordern *1757 Schwerin/QNPrivatR. II 2 S. 340.*

III. *Schlafquartier, Unterkunft; vgl.* Stall (XI). wer es das ... u.gn.h. ein leger da selbst haben oder sine fründ da sammen wült, so sult er sine güt vor besetzen ..., wurden im die zu enge, so sult er umb sich grifen als lange, bis das er und die sinen s t a l l u n g genüg hetten *1424 Wertheim/GrW. VI 24.* ausgebung der s t a l l u n g und geleger: ... die reichstet N. ... und W. in dem schneiderhaus und im zimerhof gestelt und gelegen *1462 Eyb,Gedenkbuch 34.* s t a l l u n g zu der gaistlichkait: item, dass man ... der gaistlichait hie ... zureden lassen, s t a l l u n g und geleger zuzerichten, nachdem der tag etwas groß und vil herzukomen gevordert *1471 RTA. 22 S. 398.*

IV. *Schiedsvertrag, Friedensvereinbarung, Beistands- und Friedensabkommen; Vereinbarung über die Einstellung von Feindseligkeiten; bdv.:* Satz (II). swa dekein zorn alt zerwürfnuss geschicht von den burgern, und dekeiner des rates, so danne sitzet, fride under s t a l l u n g e darunder machet *1304 ZürichRBf. 170.* daz zwischen dem erwirdigen ... byschof zu W. .. vnd vns ein gütlich, früntlich s t a l l u n g ... berett ... ist worden *1392 MWirzib. VIII 252.* fürwort, sün, s t a l l u n g, setz oder friden mit den von S. ... halten *1392 RappoltsteinUB. II 288.* daz ein gutliche s t a l l u n g e zuschen in ein zit gemacht werde *1401 RTA. IV 452.* und sal dann virlibin by der ersten s t a l l u n g e *1406 Erler,Ingelh. II 92.* wenn ouch einer s t a l l u n g verseit, der sol minen herren von Z. ze büß verfallen sin fünff pfunt *1429 ZürichOffn. I 274.* der römisch künig het in ... einen brieff zu gesant, darinne er in volle macht geben hett, den krieg ab ze legen oder ein s t a l l u n g daran zu machen *1449 NürnbChr. II 162.* es ist och die höchste buos, so der vogt geuallen, achtzehen pfund pfening vsgenomen vmb s t a l l u n g ge-ben vnd s t a l l u n g brëchen vnd messer zucken *um 1485 Schauberg,Z. 1 (1844) 99.* wër inn den grichten ... mit

worten s t a l l u n g bricht, git vnseren herren L ℔ *15. Jh. ebd. 10. 1668 Fugger,Ehrensp. 284.* weitere Belege: 1348 Satz (II), 1539 Stadtfriede (I).

V. *Überstellung, Auslieferung vom jm. (im Wege der Amtshilfe); bdv.:* Setzung (IX). daß zwischen den alhiesigen eigenherren die s t a l l u n g in frevelfällen reciproce nicht statt habe, sondern, excepto casu flagrantiae ... die be-strafung des frevlers eigenherrn verbleiben solle *1672 Lahner,Samml. 136.* da er nicht erschiene, [ist] durch einen canzelisten seine s t a l l u n g an dem herrn commenthur zu begehren *1697 ebd. 233.* kan ein jurisdictional-herr compas-brieffe um s t a l l u n g anderer unterthanen in kleinen freveln oder um zeugnus willen ... ertheilen *1705 KlugeBeamte I² 726.*

VI. *amtl. Verfolgung (eines Straftäters).* s t a l l u n g auf einen flüchtigen missethåter machen: ihm nachset-zen, nachstellen *1780 Adelung IV 655.*

VII. *Haft, Gefangenschaft.* alle, so von aim lannd in daz annder gefanngen sein, [sollen] denselben fridleichn anstannd aus iren beden taillen, was edllewt sein auf ir trew und die anndern auf porgschafft getet und dazwi-schen in s t a l l u n g nit gofordert nach geseczt ... wer-den *1480? MHabsb. I 3 S. 289.* das ich mich aus dem veldgeleger zu N. ze stund an in die stat H. in des D. behausung ... über stellen und darinn bleiben [wil], ... will auch zu sollicher s t a l l u n g nynndert on glait zie-hen *1519 HeilbronnUB. IV 855.*

VIII. *Erstattung von Kosten (einer Haft).* das im H.v.D. schuldig sei des gevengknüss auch der s t a l l u n g oder zalung innhalt der obgeschriben versigelten zetel mit recht zu erkennen *1465 Freyberg III 115. ebd.*

Stallvieh n., *Vieh, das in einem* → Stall (I) *gehalten (und nicht auf einer Gemeinschaftsweide gehütet) wird.* keiner [soll] einig waid-, wohl aber s t a l l v i e c h anzu-nemmen macht haben *1665 WürtLändlRQ. I 365.*

Stallwärter m. **I.** *wie* → Stallmeister (I). dat se ... utge-ben des hovetmans unde der denre tzolt, hoffslach, der scrytere unde s t a l w a r d e r e lon, unde ok vor perde uppe de stelle *1406 BrschwChr. I 150.* summa de mar-stal des jares mit den perden by VIJ marken. alze ... IIIJ wartlüde, s t a l w a r d e r *1417/26 ebd. 243.*

II. *wie* → Stallknecht. [13 hausgenossen, nämlich:] 1 englischen stallmeister, ... 2 bediente, 1 koch ..., 1 s t a l l w ä r t e r *1791 AschaffenburgJb. 2 (1955) 97.*

Stallweide f., *Weide in der Nähe der* → Stallungen (I); *iU. zur Almweide; bdv.:* Heimweide. die drei ort sollen auch mit denen zu W. der s t a l l w a i d halben ainen under-gang thuen, das die, so mit dem vich ... gen alb faren, hinfüron nit über den Ö. ... treiben sollen *1590 Tirol/ ÖW. IV 375.* will auch die ... gemaind E. sich ... ob-ligiert haben, den klimberischen gemaindsleuten das re. galtvich firtershin von ihrigen zeinen, auch haimb- und s t a l l w a i d e n ... hinweck zu treiben *1716 ebd. III 121.*

Stallwirt m. **I.** *Betreiber, Inhaber eines* → Stalls (I), *Mietstalls.* fütterung und s t a l l w i r t auf 2 pferdt 1 fl. *1737 SchwäbWB. VI Nachtr. 3174.* stabularius: ein stall-vermieter, ein s t a l l w i r t h *1798 Hofstätter,JurWB. 397.* die aufnahme der fremden und ihrer sachen, welche

von gastwirthen, s t a l l w i r t h e n, schiffern und anderen
personen, welche sich damit als mit einem gewerbe be-
schäftigen, geschieht, ... bewirkt die verbindlichkeit [bey
schaden] *1804 Hevelke,JurWB. II 112.*

II. *Gastwirt einer Straßenherberge; vgl.* Stall (XI). *[samaritanus]* leitta inan in sînes s t a l u u i r t e s hûs inti habeta
sin suorgun *um 830 Tatian 128, 9.*

Stallzettel *m., Quittung über die Bezahlung des* →
Stallgelds (II). *1572 Schmoller,StraßbTucherZft. 220.*

Stalt *f., Art und Weise; bdv.:* Gestalt (I 5). wie dann zu
solchen zeiten *[der Infektion]* auß der kais. statt Linz infectionsordnung, welcher s t a l t e n man sich verhalten
solte ... zu finden ist *1667 OÖsterr./ÖW. XII 145.*

(Staltnis) *f., Gestalt, Form, Erscheinungsbild; auch:
Anschein.* desses priuilegii ingezeghel ys an syner s t a l t-
n i s s e drehornich, gemaket van gronen wasse, hangen-
de an roden sydenen vedemen *1432 Neuenkamp 59.* spe-
cies - eyn s t a l t n i s s e uel krude *1448 VocExQuo V
2555.* desulve greve O. mochte daruth begripen ene
s t a l t e n i s s e der veide unde unwillen, den wy doch
nicht mit em weten *1466 LübUB. XI 42. Anf. 16. Jh.
ZHambG. 1 (1841) 137.*

¹Stamm *m., mnl. auch f., auch* Stamme(n)*; pl. auch*
Stammen*; ahd.* stam *glossiert* stipes, stirps, truncus *Ahd
GlWB. 584.* **I.** *Baumstamm, auch als Pars pro Toto
für den ganzen Baum; auch: der geschlagene, behauene
Baumstamm, Bauholz, Balken, Bohle; auf dem Stamm
ungehauen, vor der Fällung; von Fallobst: zum Stamm
geben/schütten* an den Besitzer des Baumes geben; *bdv.:*
Stammbaum (II), Stammholz, Stämmling. wo der ... graffe gevor-
stet marcke hait, da mag er phenden uff dem s t a m m e
und nit uff der strassen *1319 Senckenb.,Sel. II 308.* hait
aber he das hulcz selber gehauwen wan dem s t a m m e
ader gelesen czu bornen, so beheldet he der marke recht
1330/42 KlKaiserr.(Hs. Corvey) II 58. eyn lattenhauwer
en scla neyn holt lenger vorblocken bouen twolff vote
mit dem s t e m m e n vnn vorblocke *Mitte 14. Jh. Goslar
BR.(Frölich) 94. 1357/87 MeißenRB.(Oppitz) II 2 Dist.
14.* lyes ym *[der unberechtigt gerodet und Wald zu Acker-
land gemacht hat]* der herre eyn vrteil finden, weder der
ym das nach dem s t a m m e oder noch dem acker schold
vorpuessen *vor 1360 IglauOberhof 67.* wann auch der
furstmeister pendet, of welichem s t a m m e daz ist, so ensal kein furster ober yne phenden ober dem s t a m m e
1380 Wetterau/GrW. III 430. [*Überschr.:*] wer fruchper
paum oder s t a m abhaut *1458 Tirol/ÖW. V 304.* es soll
kainer kain feuchteins holz noch henichel slahen ... und
wer daz uberfuere, der wer meinem gnedigen herrn von
S. von ainem yeden s t a m verfallen funf pfundt *1471
SalzbWaldO.(FRAustr.) 37.* dat se neyn holt schullen
dar vth vorkopen noch s t a m m e edder gehawen, se
en don dat mit vnses closters weten *1484 IlsenburgUB.
II 49.* wor en vmme berneholt vor duffte an geclaget
wert denne scholen beyde to deme s t a m m e theen, dar
dat holt aff gehouwen is, welker dar den anderen vor
wynnet, de beholt dat holt *LübR. 1509 Art. 107.* houwet
ein bur einen ekenen s t a m m e n vor sinem have wech,
brekt 20 florin *vor 1531 RügenLR. Kap. 34 § 19. 1588*

ZMarienwerder 49 (1911) 41. [yberfahl an obs:] das
hinfirther ain jedes wahin es felt bleiben, vnnd nichtz
wider zum s t a m m e n geben werden solle *1593 Reyscher,
Stat. 502.* so sach were, dasz ein bürger ein holz funde in dem waldt, und dem ein stück abwehre bey dem
s t a m m e n von sieben schuen, mag der bürger das holen
16. Jh. LuxembW. 73. soll das holzen im obvermelten
weidach ... abgestelt und iemant ainichen s t a m b oder
pfötschen ... zu hacken nit befuegt sein *1618 Tirol/ÖW.
II 83.* wann ... aufgebothen wird, die allgemeine land-
und herrwege zu verbeßern, so soll ein jedweder ... sich
gutwillig dazu einfinden und auf bestimte tage und zeit
mit pferd und wagen, mit strueck und s t e m m e n ... erscheinen *1722 SchleswDorfO. 103.* das eigenthum eines
auf der gränze stehenden baums gebührt dem, auf dessen grunde und boden der s t a m m aus der erde kommt
*1794 PreußALR. I 9 § 285. weitere Belege: 1643 fruchtig (I),
1660 Malzeichen (II), 1680 Eigentümer (I), vor 1720 halbbäumen.*

II. *Familienstamm bestehend aus dem (lebenden oder
bereits verstorbenen) erbberechtigten unmittelbaren Abkömmling eines Erblassers und den direkten und indirek-
ten Nachkommen dieses Abkömmlings; bei der Erbfolge
nach dem* Stammesprinzip *bilden alle unmittelbaren Ab-
kömmlinge eines Erblassers jeweils einen eigenen* Stamm
und jeder Stamm *erhält den gleichen Bruchteil vom Erbe;
iU. zur Erteilung nach* → *Häuptern (III 1 b), wo jeder
Hinterbliebene gleich viel erhält; vgl.* Stammteil (I), Stammrecht
(II). die ire eygene gûter einem herren uffgebent mit dem
gedinge, daz sy, und noch irem tode von irem s t a m-
m e n der nechste in demselben lehen sôlle der nechste
sin *1277 MGConst. III 145.* miner brudere kinden, die
suln daz under sich gliche deilen, eime alse vil als dem
andern und niht nach deme s t a m m e *1323 FrankfUB.
(Lau) II 182. 1399 LSchrP. 170.* iz geschee ein teilunge
czuschen s t e m e n, und virlibe da ein stucke wingarten
uzze, daz wulden sie gemein virlihen odir virkeuffen
1400 Erler,Ingelh. I 112. 1404 ebd. II 53. so der khinder
und ainekhlen ... dem s t a m e nach zerechnen vier oder
minder sein, so geburt inen allen aufs wenigist der drit-
tail aller und yeder gelassener hab die ine sonnst wurd,
so khain gschäfft vorhannden war *SalzbLO. 1526 Bl.
52ᵛ. 1550 Gobler,Rsp. 39ʳ.* wann ains on geschefft abstirbt, vnd kein bruder oder schwester, sonder allain
seiner brüder oder schwester kinder, in vngleicher zal
verlest, so erben dieselben geschwistergit kinder gleich
mit ainander in die heüpter, vnd nit in die s t e m m, als
manig mund, als manig pfund *NürnbRef. 1564 XXXV
7.* bruder undt des verstorben bruders sone erben das
lehen auf die s t a m m e n, das ist, das ein bruder allein
so viel nimmet als des verstorben bruders sone alle, ob
ihr gleich viel sein *1565 Klammer,CompJuris Titel 4 §
8.* das der überschatz ... uff die übrigen noch wesen-
den andern erben ... geteilt werde, namlich noch den
s t a m m e n und nit in die heüpter *1590 BaselZGesch.
49 (1950) 89.* vnd erben also vollbürtige vnd halbbürti-
ge brüder vnd schwester kinder ... an statt jhrer eltern
in solchem fall in die s t a m m e vnd nicht in die heüpter
EiderstLR. 1591 II 14 § 3. 1627 BöhmLO. O 38. [wenn

von drei Söhnen zwei und danach deren Vater versterben,] so muß seine erbschaft getheilet werden in drey theile oder s t ä m m e, das eine theil nimmt [*der lebende Sohn und die anderen zwei jeweils die Söhne der zwei verstorbenen Brüder*] *1650 EstRitterLR. 296. 1654 NÖLO. IV 2 § 4.* jeder zeit die kinder an ihrer verstorbenen elteren statt in die erbschafft auf die s t ä m m e n zugelassen werden *1721 SGallenErbr. 12.* wird unter mehr erben ab intestato bald in die håupter, bald in die s t ä m m e n (in capita vel stirpes) succedirt *1756 CMax. III 12 § 1. Bad LR. 1809 Satz 743.*

III. → Stammherr (II), Oberhaupt, Kopf eines → ¹Stamms (II), *der seine Nachkommen repräsentiert und als erbberechtigter Abkömmling eines Erblassers zu eigenen Lebzeiten alle seine Nachkömmlinge von der Erbfolge ausschließt; auch allg.: Familienoberhaupt; vgl.* Stamm- mutter (II). so ist mein uater und mein muter ein houbt und ein s t a m alle der kynder, dy uon in komen *um 1390 BlumeMagdeb. 88. 1407 Erler,Ingelh. II 122.* statt vnd burg Zug überfallen vnd innemmen vnd allen man- lichen s t a m m e n darin erwürgen *um 1460 MittZürich 18 (1872/75) 47.* [meister H.K. sagt,] nachdem die lehen manßerben seien, das sy im als menlichen s t a m e n und der swester nicht zugehorten *1472 ProtBKammerger. (1465/80) 668. um 1490 RechterWeg I 147.* der gemeine stipes oder s t a m ist, daruon die andern on mittel ab- steigen *1541 BaumMagschaft 320ᵛ. 1586 Schwartzkopf, DifflIur. O iiijᵛ.* P., der s t a m m, den man erben soll *1717 Blüting,Gl. I 17.* die grade der verwandtschaft zwi- schen zwey personen sind nach der zahl der zeugun- gen, mittelst welcher in der geraden linie eine derselben von der anderen, und in der seitenlinie beyde von ihrem nächsten gemeinschaftlichen s t a m m abhången, zu be- stimmen *1811 ÖstABGB. § 41.* zur ersten [erbfolgs]linie gehören die, welche sich unter dem erblassen als ihrem s t a m m vereinigen, nämlich seine kinder und weitern nachkömmlinge *1813 Landadvokat 175.*

IV. *Verwandtschafts-, Erblinie, Abstammungsfolge; bdv.:* Linie (I 1). es sullen … die nachst eltist frewnt ai- ner nach dem andern nach mandlichem s t a m nach der stifter abgeen die … pewnten innenhaben *1455 Kitzbühl/MittSalzbLk. 14, 1 (1874) 88. 1493 TübStR. (Rau/Sydow) 21.* die s t a m m e van vader oft moeder, die is die s t a m m e van den kijnderen ende kijntskijn- deren ende hueren descendenten *1496 CoutBrab. II 2 S. 100. Ende 15. Jh.? SaarbrückenLR. 966.* die andren all, von weyblichem s t a m, den die von deinen dochter er- boren werden, seint nit in deinem, sünder in ires vatters gewalt *1521 Murner,KaisStatR. C iiᵛ.* daz sich die töch- ter, wann si verheirat werden, … verzihen … biß der mandlich s t a m e n gar vergeet und die erbschaft zu den weibern oder auf töchter fallet *1528 ZeigerLRb. 404.* wann ir … mannsstamm gar abgangen, des die herrn von Österreich nit schuldig sein sollen, iren erben weib- lichen s t a m m e s zu verleihen *1561 EderRel. I 489.* kan keine vorwandte person wider noch für ein ander per- son, die inn dem s t a m m vnd linien des geblüts auff- warts oder niderwarts stehen, gezeugen *1561 Rotschitz*

37ᵛ. 1654 NÖLO. IV 2, § 4.

V. *Hauptlinie einer Familie,* → Stammlinie (I); *vgl.* Stammhalter. sal des riches guit niman besiczen czu le- hen van der ritter, der van dem riche gebaren ist, das ist synen s t a m vnd allen synen wijr ainchen, das he hait gehoirt in des riches ritterschaff *1330/42 KlKaiserr. (Hs. Corvey) III 5. um 1360 GoldBulle 123.* lehen gůt vellt niht an den s t a m v͂ber sich alz auf die eltern, noch zu der seitten alz auf die průder *1390 (Hs.) Berth Rechtssumme 388. 1408 Hauptmann,Wappenr. 493.* die … frau sal ir anirstorbin standterbe von irem elichen kynde gebrauchin czu irem leybe. wenne sie abir gestir- bet, so sal das selbige erbe wider gefallen an den s t a m, von dannen is herkomen ist *um 1490 RechterWeg I 246.* das nuhn hinfurtter zu ewigen tagen der s t a m von Lindau, der von Lindau seyen vil oder wenig, im vor- haugk … drey echsen haben und des vorhaugks damit zimblich [gebrauchen mögen] *1523 RheingauLändlRQ. 413.* das der erstgeporne sitzen bleib ynn des vaters lie- gend gut und der s t a m auff yhm bleib, das die linien des geschlechts nach yhm gefuret ward *1523/24 Luther GesAusg. I 24 S. 440.* das auf im der s t a m Gundel- fingen beruwen wer, desshalben er billich der recht erb *1566/67 ZimmernChr.(Decker-H.) I 130.* wann … die lebendt ehe nit me ist, so fallt das ligendt wider an die erben und s t ä m m e n, danen es komen ist *um 1600 Car- lebach,BadRG. I 161.* in solchen håusern, die in mehr als zwei s t ä m m e vertheilt oder wo aus einem oder mehr s t ä m m e n wieder mehrere linien erwachsen sind *1793 Pütter,ErörtStaatsR. I 327. weitere Belege: 1448* Geschwistergit (I), *1599* Lehntochter.

VI. → ¹Haus (VI), → Geschlecht (III 1), → ¹Sip- pe (I), *Familie; vgl.* Bürgerstamm. privelegia, de wy hebben van den vorsichtliken s t a m m e der konnighe in Den- nemarcke *1452 Nyrop,Saml. I 732.* sy durch begabunge unserer keyserlichen majestatt mit zirde des adels, irer persone und s t a m e n s zu wirdigen *1463 OstfriesUB. I 686.* sint burger die s t e m h e vam K. …, alle fier ge- boren burgerstemme van C. *1469 Bär,Koblenz 136.* wel- cher ein boszheyt gethan hat und doch von einem alten s t a m und geschlecht hol herkomen wer, mochen wir selber straffen *1481 Storn,Schwureinungen 372.* so wer- den auch zwen, so von einem s t a m m e n geporn sein, nicht unter die siben eltern herrn [*des Stadtrats*] geweelt *1516 NürnbChr. V 792.* straff der vneelich gepornen, die sich der geschlecht, namens vnd s t a m m e n s on vnder- schid annemen *TirolLO. 1532 Reg. 1558/66 Zimmern Chr.² I 127.* welchs das furnembst ist, so dasselbig ad- miralwerk auf mich keme und ich sampt meinem sohn und der ganzen Pfalz s t a m m fur erbfursten oder von Schweden deficiente masculina linea angenomen wur- den *1571 MittStArchKöln 18 (1889) 33.* ein lezter des herrn- oder ritterstants seines nahmens und s t a m m e n s mag von denen guetern, so er erheurat, erobert oder ge- wunnen, wol testiren *1573 NÖLTfl. III 2 § 13. 1628 Apel,Collect. 59.*

VII. *(insb. ehrliche, eheliche) Abstammung, (familiä- re) Abkunft; bdv.:* Geschlecht (II). eyne sibbe ist eine mogeschaft, dy uon naturlichim s t a m m e von einem eli-chin manne vnd von seime elichin weibe kumt *um 1390 BlumeMagdeb. 86.* beschuldiget man ouch eynen an sy-nem ammechte oder unelichir gebort, sollicher sachen ist der antwerter nehr zu entghen … sollicher gezugunge sal ouch von dem rechten s t a m m e geschen [*vgl. Lib. X 4,18,3: in causa matrimoniali super consanguinitate et contractu*] *Ende 14. Jh. GlWeichb. 197.* [*ein Fremder als Anwärter auf ei-nen Fährmannsposten*] sulde auch brengen, daz er from und bidderbe were und von rechtem elichen s t a m *1417 Eckert,MainzSchiffer. 108.* mögend die künd, so von elichem s t a m m e n erboren sind, erben ir vatter und muter *1471 GraubdnRQ. II 261.* [*kinder*] von eelichem s t a m e n *1598 Sanen 109.* [*Übschr.:*] erlütterung der ehr-ben von unehelichem s t a m e n *1610 SchwyzLB. 177.*

VIII. *Verwandtschaftsgrad, Stufe, Abstand innerhalb der (Bluts-)Verwandtschaft; bdv.:* ¹Sippe (IV). wan man und weip … an rechter ee mit ein ander sitzent, so sint ier eleicheu chint, si sein chnet oder maitt, an dem ersten s t a m und an der ersten sipp *um 1330 BrünnRQ. 401.*

IX. *aus dem eigenen* → ¹*Stamm (IV) ererbtes Vermö-gen.* [*erbschafften:* stirbet eine bůrgerinn,] so nimbt der mann … einen drittenteil und die andern zweytheil gehören des weibes ehelichen kindern, waß auch des mannes eigene s t å m m e oder erworbene gůter sind, die verbleiben ihm *1658 GeraStR. 193.*

X. *Grundstock eines Vermögens, Kapital; auch: fe-ste, regelmäßige Einnahme?; bdv.:* Hauptgut (I), Hauptstamm (I), Stammgeld (III). so hebben se vns … ingerumet dar-enbauen noch hundert marck …, vmme afthostellende ewichlicken sodan s t a m e n de wy vormenden jarlickes to hebben in allen kercken auer … D. *1496 DithmUB. 92.* nöthig, daß man seine … gewinnst nicht såmmtlich verzehre, sondern alle jahre davon etwas zurück lege und es zu dem s t a m m e des vermögens selbst schlage *1758 v.Justi,Staatsw. I 461.* ein capital, eine auf zinsen ausgethane summe geldes wird häufig der s t a m m oder hauptstamm genannt *1801 Adelung² IV 279.*

XI. *wie* → Stammrecht (V); *meton. dessen Inhaber.* in 14 theil oder s t ä m m e n bestehendem rhein-fahr *Wormatia libera (Mainz 1695) 53.* daß diejenige, so 4 ℔ geben … nicht mehr alß einen s t a m m oder einen Baumkircher machen *1701 HessBlVk. 6 (1907) 3.*

XII. *bergm.: (rechnerischer) Anteil an einem Bergwerk von einer Größe von vier* → Kuxen; *meton.: Anteilseig-ner; auch: Hauptgang in einem Erzlager; vgl.* Erbstamm (II), ²Schicht (I 1). sol man niemand sein paw durch wüst und durch offenvert an gewinnan, nuer durch ganzen s t a m, da kluft an kluft geet *1. Hälfte 14. Jh. Salzburg/ ÖW. I 198.* zwen vnnd 30. s t ä m m oder 128. kucks hat ein grůb teyl *1539 Bergwb. 256.* wöllen wir die ge-wercken oder s t e m m e diß bergkwercks, die jetzundt sein, oder künfftig werden … was jne auß notturfft des bergkwercks gebürt … bawen lassen *1568 Zwengel 169ʳ. 1570 PreußBergO. 306.* unser bergvoigt soll auch alle die gruben, so er verleiht, zu 32 s t ä m m e n oder 64 hal-ben s t ä m m e n … austheilen *1590 WürtBO. 593. 1693 Schönberg,Berginformation Anh. 90.* vier kuxe heissen

ein s t a m m oder ein zwey und dreyßig theil, und zwey und dreyßig s t a m m ist eine gantze zeche oder 128 kuxe *1710 Herttwig,Bergb. 253.*

XIII. *Hauptperson in einem Rechtsgeschäft; Haupt-gläubiger, Hauptschuldner.* sal … die vrye stat M. ein s t a m sin, also daz wir … an dem rych daz selbe phant gůt von in lôsen mögen vor die sůmme geldes, als vorge-schrieben stet *1356 MGConst. XI 493.* daz sie H. als lan-ge losin sulle, biz daz sie der s t a m p ledig sage *1376 Ci-rullies,RechstermBabenh. Anh. 313.* daz her ein s t a m p durch sinen willen worden ist zu eyme juden *1378 ebd. FrankfRef. 1509 fol. 50ʳ.*

XIV. *Vertreter einer Gemeinschaft von Berechtigten, insb. einer* → Stammschaft. wilthuben, davon P.S. se-lige zum halben theil ein s t a m vnd vffheber gewest ist *1512 Haltaus 1728.* vnd ist vor gericht erschienen juncker D.v.K. vor sin vnd seiner mittheiler als rechter s t a m *1529 Eifel/GrW. II 702.* wann deren landsiedel vnd erben viel waren, so sollen sie auf begehren des lehn-herrn einen s t a m m vnter ihnen machen, also dass durch denselben aus einer hand, die zinss oder pacht je-des iahrs sammtlich vnd nicht vertheilt mögen gereicht ·werden *1696 Haltaus 1728.*

XV. *Volksstamm; bdv.:* Leutstamm. uss bewegnús des babsts, so den swäbischen s t a m m e n als im ze möchtig, schücht vor *1547 BernChr.(Anshelm) I 41.*

²**Stamm** *m., aus ital.* stame; „zu Fäden verarbeitete Ab-fallseide“, *SchweizId. XI 403. 1639 ebd.*

Stammbaum *m.* **I.** *einem Baum und seinen Verästelun-gen nachempfundene bildliche Darstellung der Verwandt-schaftsbeziehungen in einer Familie unter gleichzeitiger Rückführung der Familienmitglieder auf einen gemeinsa-men* → Stammherrn (I); *ua. als Abstammungsnachweis; meton.: Genealogie einer Familie; bdv.:* Baum (II 1), Geburt-linie, Sippbaum, Stammtafel; *zS. vgl. HRG.¹ IV 1889f.* darmit den ein jder gewisse narichtig hebben möge, jn wat le-de ein jder sy, hebben wy tho der behoff nauolgenden s t a m b o m laten anhefften, … na deme sick ock de stal-ler nach dem rechten vnde rechtsprôken vôrholden schôlen *EiderstLR. 1572 Art. 29.* ie neher de siep, ie ne-her dem erb, vnd … wird allein das neheste glid angese-hen, welchs man aus dem s t a m b a u m zuuernemen hat *1583 HadelnLR. III 15 § 8.* [*Buchtitel:* G. Haubenreich,] genealogia, oder s t a m m b a u m deß hochlöbl. hauses Oesterreich [*Frankfurt 1598*]. daß die im s t a m m b a u m in ihren gehörigen rechten farben … verzeichnete sechs-zehn waapen … durch eheliche geburt auf den herrn probanten … rechtmäßig derivirt und verstammet sey *1693 ZWestf. 96, 2 (1940) 16.* N. hat die nachfolgende familie … in einds-statt aufgenommen und deßwegen wird auch selbe … in dessen s t a m m - b a u m gesetzet *1736 Fuhrmann,Öst. III 33. 1757 CCHolsat. Nebenbd. II 1639.* die stammtafel oder der s t a m m b a u m stellt in gerade aufsteigender linie alle erzeuger mit ihren wap-pen dar *1785 Fischer,KamPolR. I 526.* familienverträge: … der gegenstand solcher verträge ist mancherley … fortführung und berichtigung der s t a m m b ä u m e *1801 RepRecht VII 157.*

II. → ¹Stamm (I) *als Baumaterial.* [*Taxe*] für s t a m m - b ä u m e zu setzen 1 fl. *1740 AugsbBauOrdn. I 47.*

Stammbrief *m., Urkunde über die (adlige) Herkunft einer Familie bzw. deren erfolgte Erhebung in den Adelsstand; bdv.:* Adelbrief (II). daß wir … geruhen mögten, solche von seinen eltern erhaltene begnadigung s t a m m - und wappen b r i e f … bey unserer cantzeley anzunehmen *1663 HistBeitrPreuß. I 259.* [*Buchtitel:*] information der procurierten von Hallwyll, in ihrem als deß hallwyllischen mannstammens nahmen, ziehlend auff restauration und extradition, ihres anno 1687 … annullierten und in ihr gnaden cantzeley gelegten s t a m m - b r i e f f s [*Bern 1720*].

Stammbuch *n., auch* Stammen-; *zS. vgl. W.W. Schnabel, Stammbuch (Berlin 2003).* **I.** *Familienstammbuch, (in einem Band zusammengefasstes) Verzeichnis der Familienangehörigen, Eheschließungen, Geburts- und Sterbefälle einer Familie, zT. mit einem* → Stammbaum (I) *versehen; auch: Familienchronik; bdv.:* Stammregister (I). das Edomiter s t a m b u c h vnnd geschlecht register *1562 Mathesius,Sarepta 27ʳ.* genealogia. s t a m b u c h *Frischlin (Frankf. 1631) 451.* 1647 *Z.SchwabNeuburg 1 (1874) 134.* vermög eines in mehr-gedachtem s t a m m e n - b u c h inserirten kauff-briefs *1727/47 Hoheneck II 266.* die sterbfälle sollen den pastoren … angezeiget … in das s t a m m b u c h, so diesen auszuhändigen, eingeschrieben [*werden*] *1803 WeistNassau III InhBurbach 35.*

II. *Personenregister, insb. Adelsregister, Einwohnerverzeichnis; bdv.:* Stammregister (II). [*Buchtitel: A. Hoppenrod,*] s t a m m b u c h oder erzöllung aller namhaffter … fürsten, graffen [*1570*]. [*Buchtitel: J. Amman,*] wapen- vnd s t a m m b u c h darinnen der keys. maiest. chur- vnd fürsten, graffen … gerissen [*Frankfurt 1589*]. wegen von etwelchen hiesigen burgerlichen geschlechteren vorgenommener abenderung in schreibung ihres geschlechtsnahmens, als selbige in dem ao 1717 hochoberkeitlich sanctionierten s t a m m - und wappen b u c h eingetragen sind *1767 BernStR. VII 1 S. 80.* [*Auftrag,*] das zu dem schloß A. gehörige s t a m m b u c h und urbar über die von der leibeigenschafft sich los gekaufften geschlechter … fortzusetzen *1777 ebd. 7.*

III. *Buch, in das sich insb. Bekannte und Gönner mit Denksprüchen, Dankesworten, Gruß- oder Empfehlungsformeln uä. eintragen; Poesiealbum.* endlich sind die s t a m m b ü c h e r durch die betteley der liederlichen besitzer sehr verächtlich worden, dasz in einer gewissen provintz ein königlicher befehl herausgekommen, die, so mit s t a m m b ü c h e r n betteln, in den karren zu spannen *1741 Frisch II 317 [hierher?].* s t a m m - und einschreibb u c h [*einer Gesellschaft von Messebesuchern in Frankfurt*] *18. Jh. HessBlVk. 44 (1953) 63.*

Stammbuchträger *m., Vagabund, von Ort zu Ort reisender* → Schnorrer, *der sich eines* → Stammbuchs (III) *zur Erbettelung von* → Spenden (II) *bedient; zS. vgl. W.W. Schnabel, Stammbuch (Berlin 2003) 353.* vaganten, sänger und s t a m m b u c h - t r ä g e r *1660 Reyscher,Ges. XIII 363.* wollen wir auch, daß gegen denen vagirenden studenten, s t a m m b u c h t r ä g e r n und abgedanckten solda-

ten verfahren und dieselbe, dafern sie gesund und starck, fortgewiesen [*werden*] *1666 ebd. 474. 1687 ebd. VIII 452.*

Stammdorf *n., Dorf, von dessen Markung neu gegründete Dörfer abgeteilt wurden.* finden sich bauer-hütten in ungetheilten dörffern erbauet, und die grund-herren sich gutwillig selber darumb theilen, die bleiben stehen … können sie sich darüber nicht vergleichen, so werde eines jeden antheil im s t a m m - d o r f f e übersehen … und darnach von dem lands-höffding und nembden getheilet *1664 SammlLivlLR. II 331.* was für recht ein neu angelegtes und von einem alten flecken abgezäuntes dorff … mit dem alten s t a m m - d o r f f e (odalby) geniesse *SchwedLandR.(1709) 277.*

Stamme(-) *s. auch* Stamm(-).

Stammeinigung *f., wie* → Stammvereinigung. sollen die … vier elttesten der vier stammens linia von H. … solche s t a m m a i n i g u n g … ernewern, vffs papier bringen und jedem stammen ein copia … vberschickhenn *1604 BachmannUB. 226.*

Stammeinung *f., zu* Einung (II 1); *wie* → Stammvereinigung. das jetziger zeit kein lebender von H. mer inn sollicher alltten s t a m e y n u n g begriffen noch darinn verpflichtet sey *1564 BachmannUB. 164.*

Stammeinungsverwandte *m., Mitglied einer Familie, die eine* → Stammvereinigung *eingegangen ist.* [*wir*] vnnser manlehen bey keinem angeregter s t a m e y n u n g s - v e r w a n t t e n … zu erfordern vnnd zu empfahenn wissen mögen *1564 BachmannUB. 164.*

stammeln, stammern *v., stockend oder (aufgrund eines Sprachfehlers) undeutlich sprechen; stottern; im Redefluss stocken, sich versprechen; dies kann best. Äußerungen vor Gericht (zB. einen Eid) unwirksam machen, zT. ist eine Wiederholung zulässig; stammelnde Zeugen wirken unglaubwürdig; bdv.:* missen (II), mißsprechen (III); *vgl.* ²Fahr (III 1), Stammermann. mé þinceþ ðæt mé sió tunge s t o m - r i g e *11. Jh. (Hs.) Bosw.-Toller 910.* ob ein man s t a - m e l t für gerichte: uuer so s t a m e l t, der in mac sich noch nimant an uorsprechin uorsaumen *1269 PragStR. Art. 74. um 1275 DspLR. Art. 83.* geit der richter einen s t a m e l d e n man zu vorsprechen daz ist widerz recht *nach 1280 Schwsp.(Langform M) LR. Art. 83. 1330/42 KlKaiserr.(Hs. Corvey) I 12.* dey pape spreke eme vor den eed, und also vake als dey jüde s t a m e r t, also vake sal ment van eyrsten an eme weder vör lesen *1. Hälfte 14. Jh. DortmStat. 173. 1357/87 MeißenRB.(Oppitz) IV 25 Dist. 7.* wer do s t a m m e l t vor dem gerichte, der mag sich vorme dem s t a m m e l n nicht vorreden *1386 GlogauRb. 43. 1408 (ed. 1574) Ekhardi,MagdebR. IV 13, 17.* wer einen eid tut, und seinem vorsprechen nicht recht nochredet, der soll sein sach vorloren haben, es wer denn, das er nicht vollkomen wer an seiner rede, das er s t a m e l t *um 1413 OfenStR. 232.* wenne eyn man sweren sal vor gerichte … wirt er fellig an dem eyde mit s t a m m e l n d e r rede … so mag er sich wol irholen … und sal das bleyben ane schaden *um 1490 RechterWeg I 58.* indicien spruuten zomwyle … uut zynder conversacie - want quade conversacie es indicie van quaden weercken … want als mens hem sprack hy veranderde in zyn coler of tale of hy s t a m e r d e of beefde *1515/16 Wielant, InstrCrim. 126. ebd. 158.* euer s t a m m e l n sol euch an dem eide oder in gewinnung euers vorsprechen nicht verhindern *vor 1524 LeipzigSchSpr. 263.* eyn gezeuge der inn seiner rede s t a m l e t oder stutzet (zuuerstehen nit auß gebreche oder von natur) wirdet billich als eyn vnwissender geacht *1537 TrierUGO. 30ᵛ. 1541 Stumphart, Proz. 25ᵛ.* ob der richter merckte, das ein gezeuge ... s t a m m e l n d e seine aussage angebe, sol er ... fleissig darauf mercken vnd darnach graben, ob der gezeuge falsch oder gerecht sey *1561 Rotschitz 49ᵛ. 16. Jh.? FreibergStR. 31 § 4.*

stammen *v.* **I.** *von Personen: abstammen, entstammen, verwandt sein; vgl.* näher (III). haben die schoppen gesprochen, das W.s weib nehr g e s t a m m e t, derwegen die gelassene habe der F. alleine auff sie vorerbt *1509/16 GörlitzRatsAnn. I/II 413.* s t a m m e n die zusammen zu bringenden kinder aus einer durch richterlichen spruch getrennten ehe *1794 PreußALR. II 2 § 730.*

II. *herrühren, herkommen.* der namen ordentliche reichsdeputationen s t a m m t ... von den subjekten her, weil ... die stände, welche sein bilden, schon für immer in der ordnung bestimmt sind *1804 Gönner, StaatsR. 282.*

III. *(im Wege der natürlichen Erbfolge) vererben; bdv.:* anerben (II), erben (II 1). sulch ir gut, farnde und unfarnde, das V.M. of sie gebrocht und g e s t a m p t hatte *um 1452 MagdebR. II 2 S. 2.* ist denne euer tochter dornoch auch vorstorbin, so hat sie sotane ire gerade g e s t a m m e t uf ir muter muter *um 1490 RechterWeg II 968. um 1490 ebd. I 222.* zcinsguetter ..., ßo sie ein burger zu C. dem andern vorkaufft ... oder nach seim tode erblich s t a m - m e t h und bringet *1501 KamenzUB. 141.* das ambt also furt von einem auff andern s t a m m e n vnd gekaufft werden [wolde] *1509/16 GörlitzRatsAnn. I/II 420.* ohr nachgelatene gueder uppe ohre swester g e s t a m t unde geerfet *1539 BrandenbSchSt. III 3.* das dieselbe erbschafft ... auff des verstorbenen volbürtiges geschwister ... g e s t a m m e t vnd vorfellet worden *BreslauStat. 1588 Art. 2 § 1.* seine gutter ... zcu geleichen teile nach personenzcall gebracht, g e s t a m m e t unde vorerbet *16. Jh. Wasserschleben, RQ. 137.*

IV. *als Erbschaft, Erbteil an jn. fallen, auf jn. übergehen; bdv.:* anerben (I 1), fallen (II 6). die ander helffte aber an des verstorbenen negste bludtsuohrwandten s t a m - m e und falle *1588 SchweidnitzRdm. 388.* das erbe der verstorbenen brüder oder schwestern sol ... allein auff ihre, der verstorbenen, rechte brüder und schwestern ... vngehindert s t a m m e n vnd fallen *BöhmStR. 1614 F 13.*

V. *gestammt sein zugehören, angehören; von Flurstücken: belegen sein.* die so zu eynem [gute] g e s t a m - m e t sein oder von alder aussatczunge und seint zu dem gutte geeygent, recht also sie dorczu geschreben weren ... dieze mogen an irleuben irer hern von dem gutte nicht czihen *um 1400 LiegnitzStRb. 131.* haben in ... geben vnsern werd pey W. halben, als er dan gemarcht vnd g e s t a m t ist in dem dorf zu W. *1418 MBoica XIII 432.*

stämmen *v.* **I.** *von Waldholz: (gegen Zahlung von →* Stammgeld I*) zur Fällung oder Abholung anweisen.* solle niemand ohne erlaubniß dürr holz stehend oder liegend zu brennholz aufmachen und ehe es g e s t ä m m t hinwegführen *1680 Mader, ReichsrMag. IX 360.* [niemand solle] keinen baum ... ohne anfrag und erlaubniß, auch bevor solche mit unserm zeichen g e s t ä m m e t werden, umhauen *1680 WürtLändlRQ. I 471.*

II. *für jn. bürgen; vgl.* ¹Stamm (XIII). daz hye sich ge- s t e m m i t hat fur in fur eyn gulden, daz [her] in nit gelosz *1380 Cirullies, RechtstermBabenh. Anh. 314.*

Stammen(-) *s.* auch Stamm(-).

Stammensbefreundete *m.,* wie → Stammfreund. nach den negsten namen- und s t a m m e n s - b e f r e u n d t e n aber stehet [*beim Verkauf von Lehen*] dem lechensherrn die priorität bevor *1616/29 OÖLTfl.(Strätz) VI 20 § 5.*

stammenweise *adv.,* bei Verteilung einer Erbmasse: als Bruchteilsgemeinschaft nach→ ¹Stämmen (II); vgl. Stammteil (I). hat der verstorben weder auff noch absteigende erben hinder sich gelassen, desgleichen auch keinerley geschwestriget nicht, so werden der brüder vnnd schwester kinder zum erbfal geruffen, welche s t a m m e n w e i s die gütter ererben, das ist, das sie so viel erben, wie viel jhr vatter oder mutter genohmen hetten, wo sie im leben weren *1583 SiebbLR. II 2 § 12.* s t a m m e n w e i s, das ist, in so viel als erben würden ihr vater oder mutter, wann solche lebten, welche diese kinder repräsentiren *1655 GraubdnRQ. I 310. 1696 ZSchweizR.² 29 (1910) 228. 1722 SiebbLRKomm. 188.*

(stammer) *adj.,* stotternd, in der Rede stockend. balbutus s t o m e r *10. Jh. Wright-Wülcker I 192.* die s t a m e - r e man, of he misse spriet, he mut sik wol erhalen; versumt he ienegen man des vorspreke he is, die mut sik wol irhalen mit enenne anderen vorspreken *1224/35 Ssp. LR. I 61 § 3.*

¹**Stammerbe** *m., auch* Stamm(en)s-; *aufgrund von direkter ehelicher Abstammung (in idR. männlicher Linie) Erbberechtigter; auch:* Erbe eines → Stammguts (I). aus der vberschickten copia des lehenbrieffs erscheinet, das söhnen vnd töchtern, mennlichs vnd weiblichs s t a m b s e r b e n, das lehengut M. mit seiner zugehörung vererblich vnd vertheilen worden [*mag*] *A. Schürer, De haereditatibus qua ab intestato deferuntur (Leipzig 1567) 113.* daß wo ... aines oder des andern absteigende stamen und namens erben mit todt abgehen wurden, alßdann deß andern mänliche namenß und s t a m e n s e r b e n mit genzlicher außschließung deß weiblichen geschlechts allain erben *1608 OÖLTfl. V 13 § 1. ebd. VI 21 § 1.* da sich die eelichen s t a m e n s e r b e n nit ... inlassen weltendt *um 1608 UriLB. 113. 1677 SchlesDorfU. 114.* lantgüter werden ab intestato nicht vererbet, denn allein an die nächsten blutsfreunde oder s t a m m - e r b e n, exclusis coniugibus, welche nur allein dieselben, zeit ihres lebens, usufructuarie zu genießen haben *J.W.v. Goebel, Tractatus de jure (Helmstedt 1723) 163.* wann sie dann alle solche stücke ihrer weiblichen gerechtigkeit ... eingenommen ... soll ... die witt-frau aus den gütern zu weichen und dieselbige den s t a m m - e r b e n abzutreten ... schuldig seyn *1738 BremRitterR. 32.* bey einer unerlaubten veräusserung des stammguts ... muß [im noth-

falle der werth] den s t a m m s e r b e n erstattet werden *1785 Fischer,KamPolR. II 505.* der s t a m m e r b e, als solcher, ist nicht erbe des lezten besizers, sondern des ersten stammhaupts, und trägt daher keine lasten als solche, welche aus handlungen dieses stammhaupts auf ihn kommen *BadLR. 1809 Satz 577 cn.*

²Stammerbe *n., wie* → Stammgut (I). s t a m e r b oder stamgut ist solch gutt, das vom vater, grosuater vnd eller vater herkompt *1537 Zobel,RegSächsR. Oo*ᵛ. bei der stammlosung [hat vorzug] derjenige, der nåher am eintritt ins s t a m m e r b e ist *1808 SammlBadStBl. I 1042.*

Stammerbgut *n., wie* → Stammgut (I). *[Übschr.:]* was ein s t a m e r b g u t alhier gemeinet sey *1556 Walch,Beitr. VII 129. weitere Belege: 1577* ¹Sippe (II), Stammvetter.

(Stammermann) *m., zu* stammer; *stotternder Mann; hier: ein* → Fürsprech (I). dy s t a m e r m a n, ofte he mysspreke, he mut sich wol irhalen; vorsumet he ouch engen man, des vorspreke he is, di mut sich wol irhalen mit eneme ander vorspreken *1397/98 BerlinStB.(Hs.) 70*ʳ.

stammern *behandelt unter* stammeln.

Stammerzählung *f., Beschreibung der Verwandtschaftsbeziehungen eines* → ¹Stammes (VI). *1668 Fugger, Ehrensp. c iiij*ᵛ.

Stammes(-) *s. auch* Stamm(-).

Stammesälteste *m., ältester lebender Mann eines* → ¹Stamms (VI); *als Familienoberhaupt und Erbe bzw. Inhaber des* → Stammguts (I) *oder* → Stammlehens; *vgl.* ¹Stamm (III). [wird] nach absterben des s t a m m e s - a e l t e s t e n dem ratione aetatis nächstfolgenden agnato das prädikat aeltester zugelegt, ... behält auch regulariter derselbe das directorium *1668 Schulze,Hausg. II 304.* daß dises reichslehn dem s t a m m e s - å l t e s t e n gebüre *1757 Estor,RGel. I 888.* freyherrn v.D. als jetzigen s t a m m e s å l t e s t e n ... belehnet *1761 Lennep,CProb. 843. 1769 Moser,RStändeLand. 135.* [wo altererbe angenommen ist, tritt] ohne hinsicht auf erstgeborenheit der linie noch auf nähe des grads der s t a m m s å l t e s t e in das lehen *1807 SammlBadStBl. I 628.*

Stammesanverwandte *m., Familienangehöriger. 1668 Schulze,Hausg. II 313.*

Stammet *m., zu frz.* estamet; *ein (urspr. frz.) geköperter, dicker Hemden- und Kleiderstoff; vgl.* Stammetlaken. [damit aller] tuech vnd gewanndt, sy seyen lünndisch, eennglisch, pernisch, s t a m e t, loferer ... im kauffen vnd verkauffen vergleichung beschehe, damit sich nyemanndt ... zubeclagen hab *TirolLO. 1526 d*ʳ. up de strittigen s t a m m e t unnd laken als up eynn underpanth synn bar gelt uthgegaenn *1547 LübRatsurt. IV 412. 1552 WürtNLO. 28*ʳ. der obermaister fragt ...: wievil muß ein herr oder edelman haben ... s t a m m e t? - antwurt: 5 ½ eln *1576 Franken/ZDKulturg.² 2 (1873) 739.* soll ein jedwederer s t a m m e t aus der walken nicht minder als ein und trey quart ehlen halten, auch solchergestalt geschawet werden *1658 Schmoller,StraßbTucherZft. 318. 1665 ebd. 333.*

Stammetlaken *n., Tuch, Laken aus* → Stammet. alse hadde he de s t a m m e t h l a k e n mith gewalt unnd nicht mith rechte an sick gebracht *1546 LübRatsurt. IV 411.*

(Stammezahl) *f., wie* → Stammteil (I). dat kind schöle treten in des vaders stede edder in der möder erve to nehmende, war ed deme vadere edder der moder möchte geböret hebben by ereme levende ... dat schölen ere kindere nemen licker wys ... na s t a m m e t a l e unde nicht na den hoveden *1374 CDBrandenb. I 2 S. 468.*

Stammfall *m., einen* → ¹Stamm (VI) *bzw. ein* → Stammgut (I) *betreffender* → Erbfall (III). *[Buchtitel: L.v. Ambeer,]* sachsen-lauenburgischen s t a m m - f a l l und streitiger landes-anfall oder umständliche nachricht von dem jüngst abgestorbenen hertzoglichen hause Sachsen-Lauenburg *[Hamburg 1690].* wiederum ließ er bey ereigneten vetterlichen s t a m m f a l l in Nieder-Bayern ... das privat-interesse mehr als zu sehr vorleuchten *1750 Schmincke III 6.*

Stammfolge *f., auch* Stamm(e)s-. **I.** *wie* → Stammlinie (I). der fünffte war Albertus, von welchem dann die lini und s t a m m - f o l g e des höchst-lôblichsten herrns und kaysers Maximiliani, dieses namens des ersterens herriehret *S. Neumann, Derer Dt. Röm. Kayser 1. Theil (Frankfurt/Oder 1660) 99.* *[Buchtitel: C.W.M.v. Bode:]* de successione gentilitia, vulgo der s t a m m s - f o l g e *[Göttingen 1750]. 1771 Faber,NStaatskanzlei 29 S. 333.*

II. *Erbfolge, erbliche Nachfolge (in ein Amt); auch iU. zur Nachfolgeregelung durch eine Wahl.* daß die s t a m m - f o l g e ihme viel über die wahl-folge gefällig seye *1710 StaatsKlugheit 92. ebd. 70.* die s t a m m e s - f o l g e den linien nach *1769 Cramer,Neb. 89 S. 97.*

Stammfolger *m.,* → Erbfolger *in der* → Stammlinie (I), *dem das* → Stammgut (I) *zusteht.* die agnaten und s t a m m s - f o l g e r *1586 Mader,ReichsrMag. III 352.* die erb-folger im stamm-gute heißen s t a m m f o l g e r oder gevetter *1758 Estor,RGel. II 189.* J.H. ... lehn- und s t a m m s - f o l g e r n *1762 Cramer,Neb. 28 S. 43. 1802 Runde,Beitr. II 527.*

Stammforscher *m., Familienkundler, Genealoge.* die geschicht- und s t a m m f o r s c h e r e *1668 Fugger,Ehrensp. 1371.*

Stammforschung *f., Familienkunde, Genealogie. 1668 Fugger,Ehrensp. c iiij*ᵛ.

Stammfreund *m., männlicher blutsverwandter Nachkomme in männlicher Linie, Agnat; bdv.:* Stammensbefreundete, Stammfolger. von rechtmessiger vormündtschafft der s t a m m f r e u n d e *Gobler,Inst. 1552* * *iij*ᵛ. *ebd. Bl. 19*ʳ. specification einiger vornehmer adelicher familien, welche in Westphalen und Engeren ihre verwandten und s t a m m s f r e u n d e haben *1669 Seibertz,QWestf. III 393.* die gesetz mäßige vormünder, so als nechste blutsfreunde, s t a m m - f r e u n d e oder freunde vom vater her *1710 Nehring,Lex. 254.*

Stammfürst *m., Fürst, Adliger als* → Stammherr (I). *1689 Valvasor,Krain II 41.*

Stammgeld *n.* **I.** *in der Forstwirtschaft: eine Abgabe auf den Erwerb von frisch gefälltem Holz; Gebühr für die Anweisung der zu fällenden* → ¹Stämme (I) *durch den Förster; bdv.:* Anweisgeld, Holzgeld (I), Stammlöse, Stammmiete, Stammrecht (I); *vgl.* Forstrechtgeld, Kohlgeld. ein kare, de sal gheven einen pening to s t a m g e l d e *1480 Westfalen/*

GrW. III 85. wòllen wir ihnen auch die koln, das mas vmb sechs pfennig zw s t a m g e l d t ... zu komen lassen *1537 ZHarz 2, 1 (1869) 96. 1576 Pfalz-Neuburg/Sehling,EvKO. XIII 218.* in den kolforsten [wirdet] gegen raichung deß s t a m b - oder kolgelts ... holz zu kolen nider ze slachen erlaubt *1587 NÖsterr./ÖW. IX 707.* das s t a m g e l d t, so den heydeknechten vnd forstern ... folgen sol *1590 CCMarch. IV 1 Sp. 500.* damit seiner fürstlichen gnaden das s t a m m g e l d nicht verzogen werde, ... sollen die führer des floßhandwerks ... eine verzeichniß zustellen *1627 Baader,Mittenwald 294. 1693 BremPolO. 161.* wer auf unsern heiden holz kaufet [oder frei bekommt] ..., soll allemahl nach dem werth des holzes von jedem thlr. 3 gr. s t a m m - g e l d ... erlegen *1743 HalberstProvR. 206.* wird denen colonisten ... das benöthigte bauholtz frey und ohnentgeltlich, jedoch gegen erlegung des s t a m - g e l d e s, ... angewiesen *1763 JbUnivKönigsb. Beih. XVII 124.* wer aus ... bûrger- oder dorfsheiden stehendes holz stiehlet, soll davon das holz-, s t a m m - und pflanzgeld nach der taxe bezahlen, und alsdenn noch ... zur strafe erlegen *1782 Bergius,SammlLandesG. III 294. 1789 Thomas,FuldPrR. II 303.* im forstwesen ist das s t a m m g e l d eine erkenntlichkeit, welche die forstbedienten für die anweisung im ganzen verkaufter stämme oder bäume bekommen *1801 Adelung² IV 281. 1812 SammlBadStBl. II 57. weitere Belege: 1646 Schreibpfennig (III), 1738 Holzpreis, 1750 Abordnung (I).*

II. *zum* → Stammgut (I) *gehöriges Geldvermögen.* weddeschatz, id est: das in der erbschaft verbandene baare geld und die activ-schulden ... jedoch die etwanige s t a m - g e l d ausgenommen *1738 BremRitterR. 7.*

III. *Grundkapital, (zinsengebendes) Vermögen; iU. zu den Zinsen; bdv.:* ¹Stamm (X), Stammgut (III). einkommen des pfarherrn: ... 15 fl. zinse von 300 fl. s t a m g e l d gibt B. *1555 GQProvSachs. 41, 2, 4 S. 521.* s t a m m g e l d: ein capital, wovon man zinsen ziehet *1762 Wiesand 1011.*

IV. *Beitrag zum Kapital einer Sterbekasse.* [Übschr.:] von den wittwen, deren männer in dieser cassa ihr vôllig s t a m m - g e l d erleget *1702 HambSterbcasse Art. 11.*

V. *Aufstellgebühr für ein Epitaph in einer Kirche. 1599 Thorn/Sehling,EvKO. IV 245.*

Stammgeldsreichung *f., Zahlung von* → Stammgeld (I). *1664 Reyscher,Ges. XVI 1 S. 472.*

Stammgenosse *m., Blutsverwandter in direkter Linie; vgl.* Schildgenosse (II), Stammfreund. [*stirbt ein Hospitalbewohner und*] verlâsset ein erbgut nach sich, mag sein nechster s t a m m - g e n o ß solches vom hospital einlösen *1686 SammlLivlLR. II 1871.* stammgut, wenn es wegen seinem geringen betrag oder wegen der familienverträge untheilbar ist, kann nur an einen der s t a m m g e n o s s e n kommen *BadLR. 1809 Satz 577 cm.*

Stammgut *n., auch* Stammen-. **I.** *(über Generationen vererbter) Kernbestand eines Familienvermögens; idR. dem jeweiligen* → Stammesältesten *zustehend und nur an den* → Stammhalter *vererblich, zudem unteilbar und nur mit Zustimmung der Erben veräußerlich; bdv.:* Geschlechtgut, ²Stammerbe, Stammerbgut; *vgl.* Majorat (I), Seniorat (II), Stammlehen, Stammrecht (III); *zS. vgl.* HRG.² I 1505f.; Frommhold/Gierke,Fschr.

1911 S. 59ff. wan s t a m b g ü t e r zwischen geschwestern oder enckelen geteilt wurden, vnnd wiederumb zusammen kämen, wie man dass halten solle *1507 Untermosel/GrW. II 403.* s t a m g ü t e r ... sollen uf jeden seyt, daher sie kommen, fallen *1540 SiegenErbr. 40.* dat de olden s t a m m e n g u d e r nicht von den stammen und freuntschop, dar de her gekamen, vorkoft solen werden *1545 RevalRatsurtb. 143.* unbewegliche s t a m m g ü t e r alß hauß, hoff, liegende grûnde, pfannengut ... können ... weder bey lebendigen leibe, noch ihrem leben vorgeben, auffgelassen, vortistiret oder vermacht werden *1562/77 LünebNGO. 376.* zu erhaltung der s t a m m - g ü t e r gegründt und zugelassen, daß der nechst blutsverwandter einen jeden kauff insgemein ... beschudden mag *1564 JülichLR. Kap. 98. 1572 CAug. I 87.* das einstandrecht hatt allein in s t a m b e n g u e t e r n, welche der verkaufer von seinen voreltern oder befreundten ererbt, stat *1573 NÖLTfl. II 3 § 23.* was aber der abgestorben in seinem leben ain mal ererbt, ... das solle für ain s t a m m e n g û t geacht [werden] *TirolPolO. 1573 Bl. 41ʳ. 1577 Brem RitterR. 7.* was aber erb vnd s t a m g u t h e r sein, konnen ohne vorwissen vnd bowilligung der rechten erben nit vergeben, noch voreussert werden *1583 HadelnLR. III 11.* weil sie einmall zu erbtöchtern worden und ir vätterlich s t a m m e n g u e t t eingenumen, so mügen sie sich des rechtens wie die verzignen töchter nicht gebraulen *16. Jh. Walther,Trakt.(Ri.) 103. 1608 OÖLTfl. IV 3 § 12.* wan ... nach abgang deß vattern die brûder vnd brûders söhne allein in s t a m g ü t e r n succediren *1627 BöhmLO. O 35. 1772 Pufendorf,HannovLREntw. Tit. 12 § 3.* die s t a m g ü t e r (bona majoratus) [können] nicht weiter als auf lebzeit des besitzers zum erbzins verstattet werden *1780 Gabcke,DorfBauernR. 86.* in einigen reichsländern [muß] derjenige, der grundstücke besizen, in lehen und im s t a m m g u t h e succediren ... will, eingebohren seyn *1785 Fischer,KamPolR. I 365.* bey einer unerlaubten veräusserung des s t a m m g u t s verliert der besitzer sein recht daran *1785 ebd. II 505. 1794 PreußALR. II 3 § 53. 1801 Adelung² IV 281.* s t a m m - g ü t h e r: ... güther, welche ein stammvater seinen descendenten unter der vorschrift hinterlässt, dass sie zur erhaltung und vermehrung des ansehens der familie beständig bey derselben verbleiben sollen *1804 Hevelke, JurWB. II 243.* s t a m m g u t ist dasjenige vermögen, welches zu erhaltung eines namens und stamms gesezmäßig ausgeschieden ist *BadLR. 1809 Satz 577 ca. 1815 Wirt RealIndex I 45. weitere Belege: 1537 ²Stammerbe, 1546 rauh (X), 1738 Richtschnur (II), 1739 Majorat (I), 1757 Lehnerbschaft (II), 1798 Lehnvetter.*

II. *einer (Adels-)Familie bzw. Dynastie von alters her zugehöriges Anwesen, Besitztum; auch: Familiensitz, Stammsitz; bdv.:* Erbsitz, Stammhaus. dat die selffonge up den s t a e m g u e d e r e n gesessen und woenafftich sint *1529 NrhAnn. 45 (1886) 168.* der von Reifferschitz s t a m - g u t und haus *1579 BuchWeinsberg III 43.* in der stadt und lande van L. wert gine naestinge ofte nae-koop tho ghelaten, idt were dan yemant een adelick s t a m ofte erf g u i t verkofte *1639 LingenLR. 78.* nach *1652 Steir*

GBl. 5 (1884) 74.

III. *Kapital,* → Stammgeld (III). der ehegatte wird in
rücksicht einer … verwaltung [des vermögens der ehe-
gattinn] zwar überhaupt wie ein anderer bevollmächtig-
ter sachwalter angesehen; doch haftet er nur für das
s t a m m g u t oder capital *1811 ÖstABGB. § 1239.*

stammhaarig *adj., von Wolle: aus (dicken, festen)
Stammhaaren bestehend, daher grob und minderwertig.*
dat ampt de wullen to besehinde, dat nicht kopmans
gut sii, alse mid namen swetich, s t a m h a r i c h, filt unde schorff *1432 GöttingenStat. 368.* nachdem vil wollen
her verkauft und hie in der stat mit dem statgewicht ge-
werdt wurdt, die zu zeyten s t a m h o r i g oder sunst nit
kaufmansgut ist, hat man zwen des handtwerckhs geordent …, das dieselben die wollen schawen sollen *1511
Dinklage,Münnerstadt 214.*

Stammhalter *m., männl. Erstgeborener eines* →
¹*Stamms (VI), dem die Aufgabe zukommt, diesen zu
erhalten und weiterzuführen.* ein sohn, der gerade fort-
wachs seines vornehmen hauses, ja ein nahm- und
s t a m m h a l t e r seines geschlechtes worden *1673 Stieler,Sekretariat. I 3 S. 152. 1753 Pütter,JurPraxis I 113.*

Stammhaus *n., auch* Stammen-; *(oft namensgeben-
der) Stammsitz, Hauptsitz einer Adelsfamilie; meton.:
die Familie selbst; bdv.:* Residenzhaus, ¹Seß (III), Stammgut (II);
vgl. ¹Stamm (VI). in andern aber s t a m m - und seeßhäu-
s e r n, so durch seyth und beyfall … anersterben würden,
soll durch die sämptliche gebrüder und schwestern …
gleichheit in erbtheilung [gehalten werden] *1564 Jülich
LR. 253.* gereserveert den oudtsten … die preëminentie
vanden s t a m h u y s, mitten graven ende dammen ront-
somme *1570 CoutLimb. 229.* [in einer unzertheilten herrschafft *soll]* der stand, so das s t a m m - h a u s besitzlich
inn hat, zu erlegung des reichs steuren [angelanget wer-
den] *1570 RAbsch. III 370.* so auch ein solch s t a m m -
h a u ß vnterhochheit vnnd herrlichkeit hette, die soll
bey demselbigen verbleiben *1597 Meurer,Liberey IV
89. 1608 OÖLTfl. V 16 § 10.* daß der kammergericht-
liche unterhalt und extantien bei dem s t a m m h a u s
oder dessen possessore zu fordern und zu exequieren …
wäre *1654 JRA.(Laufs) § 16. Seckendorff,Fürstenstaat
(1656) 3. 1668 Fugger,Ehrensp. 4.* Henneberg habe zwey
s t a m m h ä u s e r … dise haben zwo stimmen und sessio-
nes *1746 Moser,StaatsR. 26 S. 428. 1794 PreußALR. II
4 § 20. weitere Belege: 1597* ¹Seß (III), *1639* ¹Gesäße (I 1 a).

Stammherr *m.* **I.** *Urahne, Begründer eines* → ¹Stamms
(VI), *Mann der am Anfang der* → Stammlinie (I)
einer → ¹*Sippe (I) steht; bdv.:* Stammvater. sächsische
s t a m m - h e r r e n brüder hertzog E. und hertzog A.
1674 Marsmann,MeilenR. 4. daß Bernhardus hertzog
und churfürst zu Sachsen … der albertinischen und hein-
richischen itzo noch grünenden beyden linien gesamter
s t a m m - h e r r gewesen ist *1689 Londorp XVI 375. 1689
Valvasor,Krain I 44.* [Buchtitel: *A. Baillet,*] Willhelm
des I. printzens von Oranien, welcher von dem uhrältesten s t a m m - h e r r n des hauses Nassau entsprossen, …
lebens-beschreibung [*Dresden 1690*]. *1793 Pütter,Erört
StaatsR. I 347.*

II. *Familienoberhaupt eines* → ¹*Stamms (II); bdv.:*
¹Stamm (III); *vgl.* Stammesälteste. der jeweilige s t a m m h e r r
hat am stammgut ein unzertheiltes, auch wenn … kein
anderer mit ihm in das erbe tritt, ein ungetheiltes eigenthum, das aber in seinem gebrauch beschränkt, und in
seinem genuß belastet ist *BadLR. 1809 Satz 577 ce.*

Stammholz *n., m.?, (hoch gewachsener) Baumstamm;
koll.: Baumbestand aus hoch gewachsenen Bäumen; auch:
hieraus gewonnenes (Bau-)Holz, großer Holzbalken; bdv.:*
Stammbaum (II); *vgl.* Nutzholz, ¹Stamm (I). das sie kein jun-
ge s t e m m h ö l t z e r noch wispel … ausserhalb S.s …
schneiden *1552 Reyscher,Ges. XVI 1 S. 46.* solle kain
nachper … nit fueg haben, ainiches s t a m b h o l z, clain
oder gross, auch kain laubholz oder scheuter ausser der
gmain vorwissenhait nit verkaufen oder zu verfieren …
gewalt haben *1616 Tirol/ÖW. III 39.* beschlagen, heist,
wenn das s t a m m h o l t z behauen wird, daß es aus der
rundung vierecket wird *1693 Schönberg,Berginformation
Anh. 15.* sollte sich … in den niederschlägen, es sei
gleich am s t a m m - oder reißholz streit erheben und
von dem schulzen … besehen werden, wird der schuldige theil wegen besichtigung … mit ½ tonne bier bestraft *1697 ZHarz 4 (1871) Anh. 2 S. 81.* das ober- oder
s t a m m - h o l z … [wird] nach maltern, klaftern oder faden gesetzt *1758 v.Justi,Staatsw. I 555.* [Überschr.:] frevel
am s t a m m h o l z *1788 Moser,ForstArch. III 156. 1801
Adelung² IV 282. weitere Belege: 1606* pflichtschuldig (II) [hierher?],
1614 haseln, *1666* Spanne.

Stammkauf *m., Kauf, Erwerb eines* → ¹*Stamms (I);
meton. das veräußerte Holz; vgl.* Schragenholz (II). alle
bretklötzer, schragen und klaffterholz bleiben der
s t a m k a u f f e *1593 Colerus II Mm iiʳ.* schragenholtz
bleibet beim s t a m m k a ů f f *1595 ebd. III App. 20.*

Stammkost *m., Abgabe auf einen* → ¹*Stamm (XII).
1517 Klipstein,Briefw. I 3 S. 183.*

Stammlehen *n., auch* Stammen-; *im Mannesstamm ver-
erbliches, idR. dem jeweiligen* → Stammesältesten *zustehendes* → Lehen (I), *das direkt auf den* → Stammherrn (I) *zurückgeführt wird, dem es verliehen wurde,
weshalb grundsätzlich keine Lehenserneuerung erforderlich ist; bdv.:* Stammlehengut; *vgl.* Gestammlehen, Mannstammlehen,
Seniorat (II). wann jhemands ain lehen besitzt, das von
seinen vorältern auffsteygender lini, vber den vierdten
grad, an jne erblich kommen, so haißt dasselb lehen ain
alt s t a m m l e h e n zu latein feudum antiquum genennt
1544 Perneder,Lehnr. 2ʳ. wann ein … mannlich s t a m m -
l e h e n auß besonderm pact oder bedings, frawen gelihen würde, so wirt als dann dasselbig lehen, souil
die frawen antrifft, ein newe lehen *1550 Gobler,
Rsp. 187ʳ. 1553 Zasius,LehnR.(Lauterbeck) Bl. B iiijʸ.*
die alten rittermessigen lehen …, so man s t a m l e h e n
nennt: … im fall …, das in absteigunder lini niemandts
von männlichen stammen verhanden war, … so fallen
doch die lehen nit auf die töchter oder der selben erben [sonder auf die seitenerben] *1556/58 Walther,Trakt.
(Ri.) 189.* altvatterlich oder s t a m l e h e n kann kein le-
henman ohne bewilligung seines lehenherrn und seiner
lehenerben verkaufen, verpfenden noch sunst verandern

1565 Klammer,CompJuris 6 § 1. den alten anschlage ...,
den sie ... von ihren alten s t a m m - l e h n e n zu leisten
schuldig *1569 CCMarch. II 5 Sp. 5. 1608 OÖLTfl. VI
23 § 1. PreußLR. 1620 VII 1 § 2.* ein uraltes s t a m m e n -
l e h e n ist, welches über den vierten grad aufsteigender
lini herrührt *1654 NÖLO. V 1, 7 § 1. 1658 CAustr.
I 771.* obrist-erb-müntzmeister-ampt in O. ... zu rechten mann- und s t a m m - l e h e n haben und tragen *1682
Lünig,CJFeud. II 377.* der lehnsherr kann ... ein neues lehen nach art und eigenschaft eines alten s t a m m -
l e h e n s verleihen *1757 RechtVerfMariaTher. 621.* daß
es unbillig sey, wegen der von den eltern begangenen
felonie, die kinder mit dem verlust eines altväterlichen
oder s t a m m l e h n zu bestrafen *1781 Zepernick,Samml.
II 144.* man muß den alten ächten geschlechtsadel beweisen und folglich die ahnenprobe machen ... bey der
succession in s t a m m l e h e n *1785 Fischer,KamPolR. I
530. 1801 Adelung² IV 282.* je nachdem bey einem lehen
die lehenfolge nach den vorschriften des gemeinen lehen-
rechtes oder nach der bürgerlichen succession-ordnung
statt findet, wird dasselbe ein s t a m m - oder ein erb-
l e h e n genannt *1811 Heinke,NÖLehenR. I 205.*

Stammlehengut *n., auch* Stammen-; *wie* → Stammlehen. mit denen maiorat fidei commiss vnd alten s t a m -
m e n l e h e n g ü e t t e r n aber, hat es einen absaz; das
ein sohn oder anderer, auf welchen dieselben auß seiner
voreltern oder des ersten einsezers anordnung fallen,
dieselbe zu sich nehmen vnd sich gleichwohl der vätterlichen oder anderer erbschafft enteüssern kan *1654
NÖLO. III 27 § 3.* die haupt- oder s t a m m - l e h n -
g ü t h e r *1683 CCMarch. II 5 Sp. 33.* das plessische
s t a m m l e h e n s - g u t Z. *1762 Cramer,Neb. 32 S. 82.*

Stämmling *m., kleiner Baum bzw. dessen* → ¹Stamm
(I), *Baumschössling.* soll auch an den klain schossen oder
s t ä m b l i n g gar kein asst, biß er erwachß, abgeschlagen
... werden *1506 Kärnten/ÖW. VI 417.*

Stammlinie *f., auch* Stammens-. **I.** *direkte (männliche) Abstammungsfolge eines* → ¹Stamms (VI); *insb. als
den Namen weitertragende und idR. allein erbberechtigte
Verwandtschaftslinie; bdv.:* ¹Stamm (V), Stammfolge (I); *vgl.* Linie
(I 1). die vier eltesten der s t a m m e n l i n i e n H. *1604
BachmannUB. 224.* [Buchtitel: *O. Bötticher,*] gründli-
cher beweiß der s t a m - l i n i des uhrältesten hochlöblich-
sten hauses der churfürsten und marckgrafen zu Brandenburg: woher sie anfänglich entsprossen [*Königsberg
1643*]. *1689 Londorp XVI 376.*

II. *Familienzweig (eines Adelshauses); bdv.:* Stammteil
(IV). der einen linien, welche doch Gott ... mit jungen
fürstl. sprossen segnen und mit der andern s t a m m -
l i n i e n durch auffrichtige freundschafft und brüderschafft vereinigen wolle *1689 Londorp XVI 374.* [zier-
rathen *auf Wappen* werden] nach denen verschiedenen
aesten und s t a m m - l i n i e n sehr geändert *1752 v.Loen,
Adel 202f.*

Stammlöse *f., wie* → Stammgeld (I); *vgl.* Löse (I). cen-
sum, qui uulgariter s t a m l o s i uocatur *1239 SalemUB.
I 226.* waß man an holtz zů brúgken, stegen ... vnd allen andern der stat büwen bedarf, da sol man die von

K. vmb bitten; die söllend alß denn vnß geben, doch
so sol man dem knecht ain zimlich s t a m l e s i n geben
1551 HaigerlochStB. 219. 1697 SchweizId. III 1445.

Stammmiete *f., auch* Stamme(-); *wie* → Stammgeld
(I); *bdv.:* Forstrecht. sal ein bredeman gebin eynem furstmeister, wan he gedinget, sin s t a m m e m y e d e, myt
namen eyn halp viertel wins *1380 Wetterau/GrW. III
431.* 4 ß dem schützen ze s t a m m i e t *1393 QGrafsch
Hohenberg II 8.* sullen vnser forstmeister ... von den
brudern desselben ordens keyn s t a m m i t noch forstrecht ... nemen *1413 Neustadt am Kulm/Spieß,Neb. III
183.* wie sy ... harbracht hettend ... in allen andern hol-
zern welden und birgen ... ze howen vnd ze vellen on alle s t a m m i e t und ander bezalung und beswerniss *1461
BaselUB. VIII 115.* welicher in dem vorst felgholtz haut,
der sol zu s t a m m i e t geben von einem wagen 3 dn. *15.
Jh. FestgBosl 83.* [von thannen wälde:] schindelmacher:
für ein iden stam 5 groschen, dem furster 3 ₰ s t a m m i t
1555 ZHenneb. 16 (1911) 95. [fragstuckh] waß von inen
[waldtuogt, vorstmeister] für s t a m m ü e t h genommen
1591 Reyscher,Ges. XII 475. [*es*] beschweren sich die
waldgedingsverwandte der inen in neulicheit ufgelegten
s t a m m i e t *1605 WürtLTA.² II 455.* resolvirt worden,
daß man denen forstknechten ... einig s t a m m i e t h zu
geben nicht, wohl aber ... das taglohn zue bezahlen
schuldig seyn solle *1714 Moser,ForstArch. I 135.* in den
commun-waldungen soll eine s t a m m - m i e t h e von 4
kr. vom gulden holzwerth für die waldaufsicht eingezogen werden *1810 WirtRealIndex I 257. 1814 AktWien
Kongr. I 3 S. 122.*

Stammmutter *f., auch* Stammens-. **I.** *Urahnin, Begrün-
derin einer Adelsfamilie bzw. Dynastie; vgl.* Stammvater. diese [*Johanna, Gemahlin Hzg. Albrechts*] und die andre Johanna [*von Kastilien*], oesterreichische staatsmehrinnen
und s t a m m e n s m ü t t e r *1668 Fugger,Ehrensp. 331.* allgemeine s t a m m - m u t t e r aller noch florirender königlichen chur- und hoch-fürstl. sächs. häuser *1721 Knauth,
Altenzella II 57.*

II. *weibl.* → ¹Stamm (III); *gemeinschaftliche Vor-
fahrin.* sind ... die güter, in welche succedirt werden
soll, keine stammgüter, so succedirt nach erloschenem
mannsstamm die nachkommenschaft jeder verzichts-
tochter in denjenigen antheil der erbschaft, auf welchen
ihre s t a m m m u t t e r zum vortheil des mannsstamms
renuncirt hat *1786 Kerner,RRittersch. I 97.* in der seitenlinie [bin ich] mit jemandem verwandt, ... wenn ...
wir ... einen gemeinschaftlichen stammvater oder eine
s t a m m m u t t e r haben *1798 RepRecht II 108.*

Stammname *m.* **I.** *Familienname; Name eines Adelshauses.* der tauff- und angeborne s t a m m - n a m e deß
briefstellers oder schreibers stehet zu unterst an dem bla-
te *1656 Harsdörffer I 8.* daß ein mann gleiches nahmens
[*wie Stygge Krumpen*], als sein vorweser, Niels Stygge,
doch mit dem s t a m m - n a h m e n Rosencrantz ihm ...
hätte sollen adjungiret werden *1744 Pontoppidan,Dänem
KHist. II 492. 1807 SammlBadStBl. I 461.*

II. *Name eines Volksstamms; vgl.* ¹Stamm (XV). *1689 Valvasor,Krain I 3.*

Stammrecht *n., auch* Stammen-. **I.** *wie* → Stammgeld (I). des sal dergiene, der das holz hawen sal van iglichem stamme, he niederhewet, sein s t a m m r e c h t geben als geburlich ist *1461 Kirburg/GrW. I 640.* thut einem armen mann bauens noth, so soll er zu den herrn gehen vnndt soll ihnen holtz heischen zu seiner notturfft, die herrn sollen es ihme auch geben, darumb soll der arme mann den herrn ein sester weins geben vnndt dem förster sein s t a m r e c h t aussrichten *1539 Mengerschied/ ebd. II 174. 1784 Bachmann,PfalzZwbrStaatsR. 135.*

II. *rechtliche Regelung der Erbfolge nach* → ¹Stämmen (II). stirbt ein mann und verlest keinen suhn sonder allein enickel von suhnen herrüerent, so erben sie ungeacht das sie in gleichem grad stehen nit nach anzahl der persohnen sonder nach s t a m b e n - r e c h t und tretten in ihrer vätter fuesstapfen *1573 NÖLTfl. III 58 § 1. 1654 NÖLO. IV 2 § 7. 1720 Wesener,Erbrecht Österr. 110.* verstammen: eine sache vermöge der blutfreundschaft und des s t a m m r e c h t s auf einen bringen *1762 Wiesand 1143.* anderen verträgen, welche ... ein nach dem geblüts- und s t a m m r e c h t schon zustehendes erbrecht voraus setzen *1801 RepRecht VII 91.*

III. *Rechtsregel der Unveräußerlichkeit von* → Stammgütern (I). unsere teutsche s t a m m - r e c h t e ... halten wir davor: daß, ohne der stamms-vettern einwilligung kein stamm-gut, auch in der äussersten noth veräusert werden möge *1743 Ludewig,Anzeigen I 153.*

IV. *erblicher Anspruch auf ein* → Stammlehen. daß verwandte, die ihr mit dem erblasser gemeinschaftliches s t a m m r e c h t auf eine jüngere lehens-erneuerung zurückführen können, wenn sie auch dem grad nach weit loser mit jenem verwandt wären, vor solchen den vorzug haben, die, obwohl in dieser hinsicht näher, dennoch ihr s t a m m r e c h t aus einer frühern, also weiter zurückgehenden lehens-erneuerung ableiten müssen *1807 SammlBadStBl. I 628.*

V. *Anteilsrecht, Anteil an einem gemeinschaftlichen (Nutzungs-) Recht; vgl.* ²Fähre (II), ¹Stamm (XI). eines ¹⁄₁₄ theils, so einem bischoff, als welcher unter 14 so genannten fahr-stämmen oder rhein-fahr-ständen nur ein einiges s t a m m - r e c h t hat, ... an dem rhein-fahr competiret *Wormatia libera (Mainz 1695) 53.*

Stammregister *n.* **I.** *wie* → Stammbuch (I). [*Buchtitel:*] wolgegründte außführung so wol gräff- als auch freyherrlichen schwarzenbergischen s t a m m r e g i s t e r s [*1659*]. wann sich iemand auf das einlager ... als bürgen oder selbstschuldner verschreibet, so muß er ... bezahlen ... tritt er aus, so ist er ehr- und rechtlos und darf sich im lande weiter nicht sehen lassen. seine geschlechtsverwandte löschen auch seinen namen in ihren s t a m m r e g i s t e r n aus *1733 Ludewig,Anzeigen I 695.* [*Übschr.:*] s t a m m - r e g i s t e r und gebordt-linie [*folgt graphische Darstellung*] *1743 Westphalen,Mon. III 183.*

II. *wie* → Stammbuch (II). [*Buchtitel: B. Latomus,*] kurtze beschreibung und ordentliche s t a m r e g i e s t e r aller ... adelichen und rittermessigen im lande zu Stargarde eingesessenen geschlechtern [*Stettin 1619*]. adeliche und freyherrliche geschlechter ..., deren verschwäge-

rung sich nicht in den alten fürstlichen und gräflichen s t a m m - r e g i s t e r n finden solte *1752 v.Loen,Adel 40.*

Stammschaft *f., Abgabengenossenschaft von Gütern, die urspr. in einer Gesamthufe vereint waren und trotz der späteren Teilung hinsichtlich der Lasten weiterhin eine Einheit bilden.* [gefell:] 6 malter korn in einer s t a m - s c h a f f t liffert G.H., 5 malter korn in einer s t a m - s c h a f f t liffert anizo B.B. vndt G.N. *1628 PfälzW. II 800. ebd. 806.*

Stammschoß *m.?, zu* ²Schoß; *wie* → Stammfolger. *1668 Fugger,Ehrensp. 224.*

Stammslehengeld *n., aus einem* → Stammgut (I) *(nach den Grundsätzen des Lehenrechts) dargeliehenes Kapital; vgl.* Lehnstamm (III 1). *1668 Schulze,Hausg. II 300.*

Stammstecken *m., Baumstamm eines jungen Baumes; vgl.* ¹Stamm (I). *1592 SalzbWaldO.(FRAustr.) 102.*

Stammtafel *f., (Bildtafel mit einem)* → Stammbaum (I). alte württemb. s t a m b t a f f e l, so zimlich verrissen *1638 SchwäbWB. VI Nachtr. 3175.* die s t a m m t a f e l oder der stammbaum stellt in gerade aufsteigender linie alle erzeuger mit ihren wappen dar *1785 Fischer,Kam PolR. I 526. 1802 Runde,Beitr. II 218. 1808 Reyscher, Ges. XVII 1 S. 309.* die in gemeinschaftlichen familienarchiven aufbewahrten urkunden, s t a m m t a f e l n ... haben zwischen familiengliedern volle beweiskraft *1815 Gönner,EntwGesB. I 172.*

Stammteil *m., n., auch* Stammen(s)-. **I.** *(einem* → ¹Stamm II *zustehender) Bruchteil vom Erbe bei einer Erbteilung nach* → ¹Stämmen (II); *bdv.:* Stammezahl; *vgl.* stammenweise. für ain s t a m m e n s t h a i l *1469 GraubdnRQ. II 102.* doch das den geschwisterd kinden nit me volg dan ihres vatter oder mutter teil als ob dasselb noch in leben were das ist ein s t a m t e i l *1498 WormsRef. IV 4, 1, 8.* erben ... die khinder in die heupter, daß ist ir jedes für seine person, aber die khindts khind in den stamen, und namens des orts alle nit mer, dann ir vater oder mueter, so sy gelebt, genumen hetten, daß ist und haist ain s t a m b t a i l l *SalzbLO. 1526 Bl. 66ᵛ. PfalzLR. 1582 IV 3 § 3.* da aber der abgestorben keine kinder im ersten grad, sonder ... kindskinder oder uhrenckel verliesse, ... dann ... nemmen [sy] einen s t a m m t h e y l *BadLR. 1622 VI 2, 4. 1762 SystSammlSchleswH. II 2 S. 621. 1811 Öst ABGB. § 748.*

II. *Erbteil.* in wieuiel s t a m d h e i l die höffsgüeter sollen getheilt ... werden? *1462 Taunus/GrW. IV 579.*

III. *Teil eines* → ¹Stamms (II). *BadLR. 1809 Satz 752.*

IV. *Familienzweig eines Adelshauses; bdv.:* Stammlinie (II). die für den hohenlohe-waldenburg. s t a m m t h e i l gemeinschaftliche justizkanzley in Bartenstein *1807/08 WürtStaatsHdb. 345.*

Stammtitel *m., auf den* → Stammherrn (I) *bzw. das* → Stammhaus *zurückgehender Adelstitel; bdv.:* Erbtitel. dass dem grafen zu Schawenburg ihr angebohrner erb- und s t a m m - t i t u l wiederum ergäntzet und die intitulatur forthin auch auf Holstein beständig dirigiret werde *1619? Westphalen,Mon. I 1100.*

Stammvater *m., auch* Stammen-; → Stammherr (I), *gemeinschaftlicher (männl.) Vorfahre; vgl.* Stammmutter (I).

die kaiserlichen rechten ... erfordern, das der angemast erb sein siptschaft von einem grad auf den andern ... a communi stipite (das ist von dem gemeinem s t a m - b e n v a t t e r biß auf die jungst verstorben persohn) ordenlich beweisen [solle] *1573 NÖLTfl. III 104 § 2.* dem erst acquirenten und s t a m e n v a t t e r, davon solches lechen ursprünkhlich heerrüert *1599 NÖLREntw. IV 10 § 2. 1608 OÖLTfl. V 15 § 5.* hiemit ist sie auch gegen P., so gleich weit vom s t a m m - v a t t e r ist, in dem zweyten glid ... verwandt *1709 Mutach 9.* berechnung der verwandtschafft in der seiten-linie: ... zwey personen, die in gleicher entfernung von ihrem gemeinsamlichen s t a m m - v a t e r gegen einander stehen, [werden] nur für ein glied gezehlet *1761 BernStR. VII 2 S. 894.* hinterläßt der verstorbene vasall keine lehnsfähige nachkommen: so sind diejenigen agnaten zur lehnssuccession berechtigt, welche mit ihm von einem nächsten gemeinschaftlichen s t a m m v a t e r herkommen *1794 PreußALR. I 18 § 388. BadLR. 1809 Satz 738.*

Stammvereinigung *f.,* → Hausvertrag, → Erbvereinigung (II) *zwischen den Erben oder Linien eines* → [1]*Stammes (VI) über die Familienerbfolge, va. hinsichtlich der Weiterführung des* → *Stammguts (I) in der* → *Stammlinie (I) und dessen Unveräußerlichkeit und Unteilbarkeit; bdv.:* Stammeinigung, Stammeinung. die s t a m m - v e r e i n i g u n g e n, so zwischen dem hause Chur-Heydelberg vnnd Newburg ... wegen der churfürstlichen succession bestättigt [verbleiben gültig] *1648 ActPacWestph. III B 1, 2 S. 534.* alß ein pactum familiæ vndt s t a m b v e r e i n i g u n g ... eingangen *1654 BachmannUB. 294.* die s t a m m - und geschlechts-v e r e i n i g u n g derer von R. *1763 Mader,ReichsrMag. IV 46. 1786 Kerner,RRittersch. I 30.* erb- und s t a m m s -v e r e i n i g u n g der grafen zu W., ... welche die damahligen drey brüder grafen J.W., H. und P.L. unter sich schlossen *1796 Runde,Beitr. I 354.*

Stammverwandte *m., auch* Stamm(en)s-; *(männlicher, erbberechtigter) Blutsverwandter, Angehöriger eines* → [1]*Stamms (VI); bdv.:* Sippmage. unsern nechstgesipten s t a m m s - und blutsverwandten *1570 Pfalz-Neuburg/Sehling,EvKO. XIII 157.* wann er ... die welt gesegnen wird, so seynd seine nächsten s t a m m -v e r w a n d t e und von alters her ... reichs-mitbelehnte erben: ... Friedrich III. ... und Christian Albrecht *1740 Besold,Thes.² I 803.* [die 3. art erb-lehn ist] wo die s t a m m s v e r w a n d t e n sich gefallen lassen müssen, ihrer vorfahren schulden zu übernehmen *1741 GGA. (1741) 166.* zum beweise, daß von den nur ermeldten geschlechten ... gewisse s t a m m v e r w a n d t e noch am leben gewesen *1749 König,SelJPubl. XIX 205.* ihren unbeerbt abgegangenen s t a m m v e r w a n d t e n succediret *1788 Schnaubert,ErläutLehnR. 467. 1793 Pütter,Erört StaatsR. I 295.*

Stammverwandtnis *f., auf einen gemeinsamen* → Stammherrn (I) *zurückgehende Verwandtschaft.* die zwischen sr. fürstl. durchl. und dem hochlöblichen fürstl. hause Anhalt sich enthaltende s t a m m - und blutv e r -w a n d n ü ß *1689 Londorp XVI 374. ebd. 376.*

Stammvetter *m., (nächster) männlicher Blutsverwandter außerhalb der* → Stammlinie (I); *auch allg.: Blutsverwandter; bdv.:* Lehnvetter. würde aber der verstorbene keine söhne oder sohns-söhne, sondern nur töchtere oder schwestere oder deren kinder nachlassen, und also das stamm-erb-gut auf die s t a m m - v e t t e r n verfallen *1577 BremRitterR. 14. 1717 Blüting,Gl. I 101.* [Buchtitel: *J.J. Reinhard,*] abhandlung von dem erbfolgsrecht derer töchtere vor denen s t a m s v e t t e r n in teutschen reichs-allodien [*Gießen 1746*]. fällt die erbfolge auf die fernern agnaten oder s t a m m e s v e t t e r n, und es sind deren mehrere linien vorhanden, so geht die linie des letztverstorbenen vor *1757 RechtVerfMariaTher. 655.* nachdem wir jedoch allein gütern vorzustehen nicht im stande sind, so wollen wir ... daß entweder der nächste agnat oder s t a m m -v e t t e r oder sonst ein andrer vormund ihr zugeordnet werde *1772 Pufendorf,HannovLREntw. Tit. 76 § 1. 1777 Moser,VölkerR. 76. 1793 Pütter,ErörtStaatsR. I 422.*

Stammwappen *n., auch* Stammen-; *auf den* → Stammherrn (I) *zurückgehendes Wappen einer Familie (ohne Besserungen oder sonstige Veränderungen).* das s t a m m -w a p p e n der graven von Habsburg *1668 Fugger, Ehrensp. 26.* wir geruheten ihme die kays. vnd königl. gnade zuethuen, vnd dessen leskoweczische s t a m b w a p p e n mit erwehnten abbtens vnd convents wappen zu coniungiren vnd zu uereinbaren *1669 BöhmAbh.⁵ 12 (1863) 145. 1727 Hoheneck I 3.* worauf ich mich unterschreibe und das privileg mit meinem s t a m m w a p p e n bekräftige *1732 ZMarienwerder 56 (1918) 21.* auf dem revers, das gekrönte schwedische wapen, in dessen mittelschilde die korngarbe, als das s t a m m - w a p e n des königl. hauses Wasa zu sehen ist *1783 Krünitz,Enzykl. 29 S. 312. 1786 Widder,Kurpfalz I 23.* das s t a m m -w a p e n: ... ein wapen, welches einem ganzen stamme oder geschlechte gemein ist, welches das ganze geschlecht führet *1801 Adelung² IV 283.*

stammweise *adv., als ganze Baumstämme; pro* → [1]*Stamm (I) (berechnet); vgl.* klafterweise. daß die unterthanen in den schwartz- und grossen höltzern, das holtz zu ihrer nothwendigkeit s t a m m - oder plochw e i ß zwar wol schlagen können, doch daß ... das gehöltz, so viel möglich, conservirt werde *1692 CAustr. I 509.* wie das bau- und werkholz entweder s t a m m w e i ß oder dem schuhe nach ... in preiß abgegeben wird *1788 Kurpf Samml. IV Reg. s.v. holzabgaben.* ausser den förstereyen soll kein holz ... verkaufet, das feuerholz auch nicht s t a m m - sondern klafterw e i s e abgelassen [werden] *1794 Schwarz,LausWB. V Anh. 66.*

Stampf *m.,* **Stampfe** *f.* **I.** *(amtl.) Stempel, Prägestock, Brandeisen; auch das damit aufgebrachte Bild, Zeichen, Gepräge; insb. als Herkunfts- und Gütezeichen sowie als* → *Brandmal.* [dasjenige Leder, das die Schauer] für schnittig zu banck schowent, dem send sy zway s t e m p f f, vnd was sy nit für schnittig schowen, nur ainen s t a m p f f geben *1427 WürtVjh.² 21 (1912) 363.* was dann der schlosser also arbeit und macht, das soll alles zeichen mit einem s t a m p f, do Nuremberg auf steet

1464/70 Tucher, NürnbBaumeisterb. 97. falsch müntz ... hat nit das bild und den s t a m p f der warheit *1518 Schmidt, ElsWB. 336.* freitag ... wart hie zu W. die mintz angefangen, golt zu schlagen, und darnach dunstag ... fieng man an das precht oder s t a m p f auf das gold schlachen *1538/45 BauernkriegQ. I 217.* also sollen ... auch an den wagen der knopf vnd die gewicht stanngen, sampt den gewichten, mit s t e m p f vnd prenn eysen der stett vnd oberkaiten, yedes orts ordenlichen, wappen vnnd zaichen bezaichnet [*sein*] *TirolLO. 1573 VI 10. BadLO. 1622 Bl. 92ᵛ.* vors ander sollen auf die gottlose juden, besucher anderer münzstätt vnd erkauffer eines oder andern s t a m p f s ... von allen obrigkeiten ein sonder wachtsam vnd fleißige obsicht vnd kundtschaft bestelt [*werden*] *1622 Hirsch, MünzArch. IV 150. 1686 SammlVerordnWürzb. I 347.* [*einem*] einen ulmer s t a m p f an die stirn brennen *um 1700 SchwäbWB. V 1627.* [die aemter sollen auf alle] schriften ihr fleißiges aufsehen zu haben, daß sie nichts annehmen ... noch denen partheyen communiciren sollen, es seye dann zuvor mit dem behörigen s t a m p f bezeichnet *1742 Lahner, Samml. 223. 1747 Klein, GmündGoldschmied. 19.* auf chursächsischen s t a m p f geschlagenen ... geringhaltigen münzen *1761 Faber, NStaatskanzlei IV 126.*

II. *Gerät zum Zerstampfen von Materialien, Mörser; hölzerner Trog oder Mulde mit Stößel zur Zerkleinerung von Getreide, Kraut usw., ua. zur Zubereitung von Schweinefutter.* wer also ausser dem hof von B. an die obgenannten gezöge zühet, das mag er wol tun mit disen vier stückhen: mit einem s t a m p f, einem sybe, einem hehl vnnd mit einem hanen, vnd das ander guot ... soll frey sein *1413 Elsass/GrW. IV 49. 1578 ebd. 29.* in einem mörsel oder s t a m p f die materie zu den racketen klein und rein stossen *1741 Frisch II 317. 1747 Zedler 53 Sp. 698.* das verbot der hand- und roßmühlen ... wird aufgehoben, und es sind dem landmann ... quirle, s t a m p f e n und steine zum zermalmen des getreides ferner gestattet *1811 Mamroth, PreußStaatsBest. 477.*

III. *Stößel, Keule, Hammer, insb. in einem Stampfwerk, zum Zerstoßen, Zerkleinern von Materialien; auch: abgestumpfter Knüppel.* dass er da da machen sol ain rad, das s t ä m p h e tribe, damit er öl und ander ding gestamphen müge, das zů ainer ölmülin gehöret *1379 Eßlingen UB. II 209.* [sie] hinderten mich an meinem werck ... und wolten das dritt rad im ersten jahr nicht machen, und die ersten zwey reder hetten 18 s t e m p f; der selben s t e m p f ließen sie vil feiren, darumb daß sie mir lützl papier wolten machen *1390 NürnbChr. I 79.* hweerso tuer syden togara sitten sint ende nen kynden habben, ieft hit also salt te leyder ... dat hiara aydera oerna oen moerd slaeght mit stock iefte mit s t o m p a ... soe schillet hiase sikria mit hiara haudpapa [wenn zwei Ehegatten zusammenleben und keine Kinder haben (und) wenn es sich leider ... so trifft, dass einer von ihnen den anderen mit einem Stock oder einem abgestumpften Knüppel totschlägt ... so sollen sie sich mit ihrem Hauptpriester von der Anklage reinigen] *Ende 15. Jh. Richth. 426.* R. gibt von der müli zu B. mit s t a m p f, plüewl und brunen nach sag sins lehenbriefs järlich 2 fiertil schmalz *1507 Jb*

Liechtenstein 6 (1906) 36. 1784 Breitkopf, Spielk. I 103.

IV. *wie* → Stampfmühle. [*H. musste die*] mülstat, diu oberhalp des s t a m p h e s lit, di er hat ... aller dinge ungebuwen lazen *1312 DarstWürtG. VIII 66.* zu M. von des Laegellers s t a m p f bi dem wiger 9 ß 🜹 und 7 bänke *1356 SchrBodensee 24 (1895) Anh. 74.* es sol auch nimant an der herschaft willen und wissn aufpringn new mül, sag, hamer oder sleifen ncch s t ä m p f *Ende 15. Jh. NÖsterr./ÖW. IX 587.* das N. allein ein s t a m p f machen und bruchen mög, allein zuo siner notturft und sunst ouch gar niemants anderen stampfen und solle darhin weder plüwen, öltrotten noch anders machen *1527/29 SchweizId. XI 475.*

V. *Baumstumpf; beim Roden, Abholzen stehengebliebener Stock.* begenet ynen [furster] yemann mit schedelichem holze, den mogen sie penden. spricht aber he, he en habe nicht schedelichs gehauwen, ... so sal he mit ime riden und sal yne wysen zu stucken und zu s t e m p h e n *1380 Wetterau/GrW. III 431.* [wür] haben daß recht auf dem wüßmad, wenn ain wüß verwächst mit holz, und soll daß abhacken und soll daß prennen auf den s t a m p f n *1602/15 NÖsterr./ÖW. VIII 107.*

Stampfdienst *m.,* → Stampfen (II) *als Frondienst; vgl.* Mühldienst (I), Sägedienst. müllen-, saag- u. s t a m p f d i e n s t *1577 VeröfflSteierm. 25 S. 77.*

stämpfel *s.* Stempel.

stampfen *v.* **I.** *(fest) mit dem Fuß auftreten, aufschlagen.* scholde jemand hirwedder sich understan, ... mit vordreitlichem s t a m p e n und stöten sik ungeborlich to verholden, der schal vief rikesdaler tor straffe entrichten *1594 HambBurspr. 553.*

II. *etw. (mit dem Mörser oder in einer* → Stampfmühle) *zerkleinern, enthülsen; vgl.* gerben (III). kein muller ... noch gesynde sollen by iren eyden ... keinem burger noch inwoner zu B. ... keynerley gersten zů s t a m p f f e n oder zů gerben uff die mul schutten, sie haben dann zůvor dagegen die wortzeychen von dem, des die frucht ist, in iren handen und gewalt *1507 ZGO. 4 (1853) 298.* mit dem glatten [maß] mißt man kernen, waitzen, roggen, g e s t a m p f t e gersten ... mit dem ruhen mißt man fesen, haber, ungestampfte gersten *1520/48 KonstanzWirtschR. 51.*

Stampfete *f., Gesamtheit des in einem Arbeitsgang* → gestampften (II) *Stampfguts.* *1474 BruggStR. 60.*

Stampfmühle *f., (mit Wasserkraft betriebene) Anlage zum Zerstoßen bzw. Enthülsen von Getreide, Ölsamen uä., auch zum Zerkleinern von Lumpen bei der Papierherstellung; bdv.:* Stampf (IV); *vgl.* Papiermühle, Pochwerk, Ölmühle. vnd hat den heren ze dem Heiligen Chreutz die gult aufgezaigt ouf zwayn mulen, die gelegen sein ze M., aine in dem marcht vnd haist die s t a m p f m u e l, die M. ... inne hat *1343 HeiligenkreuzUB. II 188.* s t a m p f m ů l, die zu der plaich gehört *1390 DHandelsakten VIII 345.* s t a m p e m o l e n *1483 QNdSachs. 30 S. 92.* ordnung, was fürter in unseren wůrtz-, oel-, s t a m p f f-, gerb-, roll-, ballier- vnnd schleiff m ů h l i n e n zu belohnung eingezogen, genommen vnd gegeben werden solle: ... inn der gerb-, s t a m p f f- oder rollm ů h l: von einem simme-

rin hirschen ... vier pfenning marggråver *BadLO. 1622
Bl. 128ᵛ.* [e.e. rat hat] vor gut angesehen, eine s t a m p e
oder hirsemühle ... zu bauen, damit nicht allein die
untertanen in den stadtdörfern, sondern auch die leute
aus fremden orten ihre grützkorn und hirse stampen lassen können *1677 JbUnivKönigsb. Beih. XVII 63. 1788
Gadebusch,Staatskunde II 35.*

Stampfmühlenzins *m., Abgabe an die Herrschaft auf
den Betrieb bzw. die Nutzung einer* → Stampfmühle; *vgl.*
Mühlzins. *1624 Faber,NStaatskanzlei XI 354.*

Stampfordnung *f., amtl. Regelwerk über den Gebrauch
von* → Stampfpapier. was aber ... auf publicè un-
geståmpfft- und unbesiegelt papier bonâ fide und ohne anticipirung ... der alten s t a m p f f - o r d n u n g vom
gedachten 15. martii 1690 ... expedirt worden, [sol-
le] in seinem werth bleiben *Ordnung wie es mit dem
gestämpfften Papier zu halten (Nürnberg 1697).* banco
procura: ... in Nůrnberg muß solche vermög der ver-
neuten s t a m p f - o r d n u n g auf ein, mit dem gròsten
stadt-wappen gesiegelt oder gestempelt papier ausgefer-
tiget werden *1753 Hellfeld I 425.* von denen uebertret-
tern unserer s t a m p f - o r d n u n g fallende strafen *Brandenb.-Culmb. Stampf-Pappier-Ordnung (Bayreuth 1764)
6. 1780 Lahner,NürnbR. 283.*

Stampfpapier *n., mit einem amtl. Stempel versehenes
Briefpapier, dessen Erwerb gebührenpflichtig ist; in einigen Territorien ist* Stampfpapier *für rechtsrelevante
Schriftstücke vorgeschrieben;* bdv.: Siegelpapier; *vgl.* Stampf (I).
wo aber das s t a m p f f - p a p i e r hergebracht, muß auch
das testament auf dergleichen sub pœna nullitatis geschrieben werden *1715 KlugeBeamte III 1 S. 540.* [*Verordnung*] partheysachen auf s t a m p f f - p a p i e r auszu-
fertigen [*Ansbach 1721*]. der verdienst der advocaten,
procuratoren ... kònnte ... durch die anzahl des von
ihnen gebrauchten s t a m p f p a p i e r s am leichtesten ...
bestimmet werden *1774 Bergius,PolKamMag. IX 201.*

Stand *m., n., auch dim.* I. *soziale Schicht, Klasse in einer hierarchisch gegliederten Gesellschaft; Stufe der feu-
dalen Heerschildordnung; meton. die Angehörigen des
Standes;* vgl. Adelstand, Bauerstand, Bürgerstand, Mittelstand (I),
Mittelstand (II), Oberstand, Ritterstand (II), Sklavenstand, Standeserhöhung. die von Ü. sölten dem benampten herren von Z.
schweren ... ze tunde alles daz so sy ainer herschaft von
R. ... von rechtzwegen zetund schuldig gewesen wärind,
ain hindersäss für ain hindersässen, ain fryer für ain fry-
en, ain aigner für ain aignen, yetlicher insinem s t a n t
1462 GraubdnRQ. I 400. wenn wir in vnnser regirung
vnnd allen den vnnsern ordenung wollen gehabt haben,
dadurch mann eynen s t a n n t vor den anderrn, alßo das
herkomen, auch billich ist, erkennen vnnd halten muge *1478 LeipzUB. I 416.* daher dann Bartolus sagt, das
infami sei ein verruckter verworffener s t a n d, der be-
leydigten wirden vnd dignitet, von sitten vnnd gesatzen
verworffen *1536 Gobler,GerProz. 109ᵛ. 1543 Wolfenbüt-
tel/Sehling,EvKO. VI 1 S. 43.* zu befürderung gemeynes
nutz orden und wöllen wir, das ... eyn jeglich einwonen-
der oder underthan ... sich seinem s t a n d t gemess [be-
kleyde] *1546 Kurpfalz/ebd. XIV 107.* zu derselben weise

sindt auch die herschildt vnnd s t e n d e der ritterschafft
außgeteilet, unter welchen der kònig den ersten hat, die
bischoff ... den andern, die leienfürsten den dritten ...
die freyherren den vierden; die schòpfenbaren leuth vnd
der freyherrn manne haben den fůnfften, ihre man ...
den sechsten *1560 Menius,SspAdd. 17ʳ (SspLR. I 3 § 2).
1565 Damhouder,Praxis 173ᵛ.* auß leybaignem s t a n d,
als so er ein knecht oder mayer wåre *1566 Pegius,Cod
Just. 78ʳ.* so sollen in dieser unserer ordnunge auch vie-
rerley s t e n d e ... unterschieden und gemeinet sein, als:
im ersten s t a n d: doctores, pròbste, burger-meister ...
und die von den alten geschlechten. im andern s t a n-
d e: die vier gewercke ... im dritten s t a n d e: gemeine
bůrger ... im vierten s t a n d e: ... knechte und megde
1580 CCMarch. V 1 Sp. 59. nachdem wir zum churfürstlichen s t a n d durch gebührende, ordentliche und
gewöhnliche wahl aufgenommen und bestätigt [worden]
1585 Wigand,Denkw. 33. gmeine leut sollen sich nach
jhrem s t a n d bekleiden *1590 Birck,WürfelKarten 126.
1591 Spangenb.,Adelsp. I 1ʳ.* dat dat gemeine gesinde
... sich solcher ergerlichen und erem s t a n d e unteme-
lichen dragte der stiven sömen und gekrosen gentzlich
entholden *1594 HambBurspr. 499.* erstes s t a n d e s persohnen sollen macht haben auf ihren verlöbnüssen und
hochzeiten fünf essen ... zu einer mahlzeit zu speisen, anders und dritten s t a n d e s persohnen aber ... nur vier
essen *1599 LauenburgStR. I 15. 1599 MittNürnberg 7
(1888) 274.* so habs auch darzumahl mit unserer stadt-
policey ein viel andere gelegenheit gehabt ... das wenig
unterscheit unter den kauffleuten, so burger oder gesellen gewesen, ist gehalten worden, welches aber zu dieser
jezigen zeit geendert und inn unterscheidenne s t e n d e
verfasset worden *1610 Stieda-Mettig 325. 1612 Lübeck/
Eisenbart,KleidO. 59.* so soll auf denn dörffern allein,
was dem vierten gradt oder s t a n t t zugelassen ... mit
einladung, antzahl und tractation der hochzeitgäste ...
auch verstattet [sein] *1617 WürzbDiözGBl. 27 (1965)
122. 1627 BernStR. VII 2 S. 80.* wenn aber jemand aus
un-adelichem s t a n d e solch hoch-wild ... niedermacht,
so bůsset er für ein elend oder hirsch 50 dhlr. und für ein
reh 25 dhlr. *SchwedLandR.(1709) 222.* die bürger sind
nach der zeit zwischen den adel und baurenstand gesetzet worden und machen einen besondern s t a n d aus
1759 Eisenhart 47. die wildfänge ... müssen ... zur anerkennung ihres leibeigenschaftlichen s t a n d s den fah-
gulden [entrichten] *1785 Fischer,KamPolR. I 606. 1794
PreußALR. I 1 § 6.*

II. *einer der (meist drei, seltener vier) politischen Stände, in welche die Gesellschaft eines Gemeinwesens verfas-
sungsrechtlich, namentlich hinsichtlich der Teilhabe an
der politischen Herrschaft, etwa der Repräsentation im
Reichs- oder Landtag, unterteilt ist; idR. Klerus, Adel und
gemeine Leute (Städte), zT. tritt die Ritterschaft hinzu;
auch: die Gesamtheit der Repräsentanten des jeweiligen
Stands insb. in einer* → Ständeversammlung. nach rat
der vir s t ê n d t des landes *1462 GöttweigUB. II 541.*
was sy des dann schaden nemen, denselben schaden ...
sullen sy auf vnsern ... lannden vnd lewten vnd auf

vnser obgemellten der von den vier s t e n d e n, preleten, herren, ritter vnd knecht [bekomen] *1463 FRAustr. II 124.* wir nachbenant aus den dreien s t e n d e n gemainer landschaft, nemlich doctor J.N. ... von wegen des s t a n d t s aller breleten, J.v.d.L. ... von dem s t a n d t des adls, B.S. ... von dem s t a n d t der stet und mergkt *1508 BairFreibf. 122.* disze sache, gott und der kirchen obrikeit mit sampt dem adlichen s t a n d e betreffende *1524 HessJb. 6 (1956) 138.* als ihr [*Landsknechte*] von den vier s t ä n d e n einer ehrsamen tirolischen landschaft dieser fürstlichen grafschaft T. aufgenommen und bestellt seid *1529 Stolz,WehrverfTirol 84.* beschwerden, die sie in der allgemeinen versamlung der drei s t e n d e n in Franckreich, ... dahin sie auch jren etliche und gute personen vnder jnen vnd zum wenigsten einem von jedem s t a n d, die sie darzu erwöllen, schicken sollen, fürzubringen haben *N. Falckner, Frantzösische Chronica (Basel 1572) 455.* [daß] in künfftiger erkauffung ... solcher land-güter, die bißhero bey dem vierten s t a n d und den burgern nicht gewesen, der gebrauch ... zuerhalten seye *1588 CAustr. I 738.* das man aus den dreien provinzen Gülch, Cleve und Bergen funfundvierzig personen aus den drei s t e n d e n ausgeschossen hette, als von jeder landschaft funfzehen, in den weitesten rat *1591 MittStArchKöln 21 (1892) 84.* dieß ist also vnser der drey s t e n d e n trewhertzige underthenige gute meinung *1606 Lünig,RA. X 2 S. 570.* dass der könig nit absolutam potestatem allein hette, sonder von den s t ä n d e n dependiren müeste, und dieselben das regiment nebem dem könig mit gesambter hand zue füehren haben *1622 Fellner-Kretschmayr II 435.* die drei politischen, der rainen augsburgischen confession zugethonen s t ä n t wie herrn, ritterschaft und städten *1626 Stieve, Bauernaufst. II 244. 1652 Schrötter,ÖStaatsr. III Beil. 12.* über die ständische verfassung bewillige ich, daß der ständische konseß ... beibehalten werde, auch gestatte ich den s t ä n d e n die freie wahl ihres eigenen präsidenten *1790 Heinl,HeerVorderöst. 22. 1793 Wiarda,OstfriesG. III 311.*

III. → Reichstand, → Landstand, → Kreisstand (I), *auch allg.:* (*einzelnes*) *stimmberechtigtes Mitglied einer Körperschaft oder politischen Versammlung; meton.: Status eines solchen Standes;* deputierter Stand *abgeordneter Vertreter eines Standes; die* Stände *gruppieren sich in den (drei oder vier)* → Ständen (II); *vgl.* Braustand, Deichacht (I), Reichrat (I). daher alle s t ä n d e des reichs wider solch fürnehmen getreulich rathen und helfen sollten *1497 Wigand,Denkw. 170.* zum andern söllen wir obgenannten von S. jn diser aynung ain besonder stim haben und mit unserm s t a n d bey andern stetten gehalten werden *1500 UrkSchwäbBund. I 407.* wie der römisch kayser ... auch deßhalb auff etlichenn fordern seynen reychß tagen mit rath seiner s t ä n d e gepot vnd ordnung darwider außgehen lassenn *nach 1512 Schwarzenb.,Zutrinken 17.* of int gemein up dem reichsdage van den sementligen s t e n d e n is vurgenoemen wurde *1525 JülichLTA. I 198.* artikel durch fürstliche durchleuchtigkeit samt gemeiner landschaft aller s t e n -

de des fürstenthums Preussens uf gehaltener tagfahrt ... einhellig bewilliget *1540 Preußen/Sehling,EvKO. IV 53.* unser und des reichs gehorsame s t ä n d und glieder *1552 HessJb. 6 (1956) 213.* das der stift als ein eingeleibter s t a n d der lande M. bey aller freyheit der election vnd jurisdiction gelaßen [werde] *1555 Sachsse, MecklUrk. 233.* daß solche matricul billich alle andere argumenta, daß sie [*crays*] nicht im reichs-rath stimm oder s t a n d gehabt ... unterdrucken soll *1557 Moser, StaatsR. 27 S. 26.* welche nachbeurliche spenn und irrungen durch burgermeister und rath zu L., den hochl. s t e n d e n des schw. reichs-craiß, etlich mahl beschwerungsweiß für- und angebracht worden *1562 Leutkirch StR.(Lünig) 1296.* dieweil wir dann auf unsern reichstag zu W. mit chur-fürsten, fürsten und s t ä n d e n des reichs entschlossen, daß es ... gemeinen rechten gemäß gehalten werden solle *1563 CCHolsat. I 146. 1565/68 ArchRefG. 8 (1910/11) 281.* so haben wir ... N. vnsert wegen, oder als ein deputirter s t a n d, mit vollkommener macht vnnd gewalt abgefertiget ... daß gedachter vnser abgeordneter raht, befelchhaber oder syndicus, solchem deputationtag beywohnen [sol] *RAbsch. 1594 Art. 132.* der teich-rentmeister sol den von den s t ä n d e n der teichacht jedesmahl eingewilligten teichschoß [einfodern] *1608 Hackmann Mantissa 30.* dass die ritterschafft weder stimmen, s t a n d noch session im reichs-raht habe *1648 Gothein,Colloqu. 72.* relation wie und aus was ursachen die hungarischen s t ä n d e gegen den friedens-schluß mit den türken protestiren *1664 MIÖG. 72 (1964) 435. 1686 JbFrkLf. 22 (1962) 185.* das wort s t ä n d e begreiffet ... alle chur-fürsten, fürsten, prälaten, grafen und reichs-stätte, welche auf denen reichs-tägen des teutschen reiches sitz und stimme haben, zusammen unter sich *1743 Moser,StaatsR. VIII 480.* endlich gehöret auch zu dieser eingeschränkten gewalt des kaysers ... das recht jemand unter die s t ä n d e des heil. römischen reichs aufzunehmen *1752 Greneck 80.* die s t ä n d e hatten von jeher die befugnis, sich öfters im jahr ... zu versameln *1790 SteirGBl. 6 (1885) 81.* daß ... einige bräuende s t ä n d e zum größten nachtheile ihrer mitstände bereits wiederum angefangen, die wirthe durch mehrere unerlaubte vortheile an sich zu ziehen *1793 KurpfSamml. V 87. 1798 RepRecht II 289.*

IV. → Staat (XIII), → Staatswesen (II); *in der Schweiz auch: eidgenössischer Bundesstaat,* → ¹Ort (VI), → Kanton (III); *vgl.* Standsgeschäft, Standslieferung. verpündte orth vnd s t ä n d t luth zuosamenhabender pündtnuß vnd verkhomnuß *1640 SchwyzLB. 105.* monarchie: einhäuptiger s t a n d *1645 ZWortf. 14 (1912/13) 77.* der hochberümbten vnd mechtigen nun mehr freyen republic vnd s t a n d Engelland *1652 ArchBern 23 (1917) 1.* zu grosser disreputation und nicht geringem schaden des s t a n d s Bärn *1662 ebd. 24 (1918) 71. 1696 AufsDurrer 216.* Wallis: dieses land ... nennet sich einen gefreyten s t a n d oder respublic, ohngeachtet der bischoff zu S. ... sich einen graffen deß landes nennet *1721 Waldkirch, Einl. II Anh. 40.* wenn der minister von einem souverainen s t a n d ist, bedeckt man den tisch mit dem gewohnten und gewirkten teppich; bei seinem hereintreten steht der ganze rat auf *1734 ZBernJV. 90 (1954) 383.*

V. geistlicher Stand *Geistlichkeit, Klerus, iU. zur übrigen Gesellschaft, dem weltlichen Stand; meton. die Zugehörigkeit zum jeweiligen* Stand. embieten den ersamen geistlichen vnsern lieben andechtigen, vnd den edlen vnsern lieben getrewn, allen vnsern prelatten vnd geistlichem s t a n d ... vnser gnade vnd alles gut *1458 Schreiber,UB. II 459.* des wollen wyr yhen kegin eynem iden geistlichs und werntlichs s t a n d e s dorvor schutzen und hanthaben alles treulich und an geverde *1513 Mansfeld KlUB. 599.* auß welchem landgericht ain groß geschray ward weyt und prait, ach aufruor und unwul in stetten, merckten, in gaistlichen und weltlichen stetten, was ynen ain bitters tranck *1536 BauernkriegQ. I 12.* landfarer, singer und reimbsprecher: ... leichtfertig volk ... die sich auf singen und sprüch geben, und dar in den geistlichen und weltlichen s t a n t verachtlich antassten *1553 OÖsterr./ÖW. XII 618. 1573 TirolLO. 1573 VII 6.* die absetzung vom geistlichen amte, welche im canonischen rechte degradation genannt wird, ist eine beraubung des geistlichen s t a n d e s und aller damit verbundenen rechte, privilegien und immunitäten *1798 RepRecht I 121.*

VI. gehobener → Stand (I); *meton.:* → Standesperson (II); *bdv.:* Standeswürde; *vgl.* standesmäßig (II). so gebieten wir ... euer yglichem ... bey verliesung und entsetzung seiner eren, adels, wappens, s t a n n d s und wesens ... das ir der genanten T. ... bistand thut *1475 OstfriesUB. II 47.* bergwerck auf einer standspersonen gründe: ... der konigl. maj. in B. fällt kein zehend von den mineralien auf der s t ä n d e gründe *1673 Span,Bergurthel 152.*

VII. *rechtl. und soziale Stellung einer Person; Würde, Rang, Stelle innerhalb der Hierarchie der* → Stände (I); *vgl.* Obrigkeitstand, Regierstand. [wir wollen, das das gotshaus] in kein weis bekummert, betrubt, beswert, noch geleidigt sullen werden, von keinem menschen, in was wirden oder s t a n d s der sey *1434 Indersdorf I 238.* etliche leut, die ... sich uber ander leutte hoher auf werffen wollen, dann iren s t a n d geburt *1462 MittDBöhm. 42 (1904) 398.* zwelf burger söllen an der zal sein des innern rates genant an iren eeren unverletzt, irs s t a n d s und wesens tügenlich *1464 BayreuthStB.*[1] *276.* [sie] heben vor sich unde al er ffrontscop geboren off ungeboren, waterleie s t a n d e s off condiccion syn, gut gessacht *1465/1546 KielVarb. 96. 15. Jh. NürnbPolO. 26.* wer die sein, nyemands ausgenomen hochs oder niders s t a n n d s *1503 SteirLRO. Art. 24.* [damit] vnsern nachrichtern zu verdamlichem s t a n d t nit vrsach gegeben werdt sunder jr handtwerck (des zu gemeinem nutz nit geratten werden mag) mit guter gewissen ... treyben mögen *Bamb HGO.(1507) Art. 258 [b].* widtlick sy einem idtlicken wattherley s t a n d e s, condition edder werdicheiden, de syn *1542 Stieda-Mettig 298.* das gesind ... des nidern s t a n d t s desselben klosters ... söllend bim selben recht ... das jro behalten und ire dienst-pflicht leisten *Mitte 16. Jh. Tschudi,ChrHelv. I 11.* es soll auch der burggraff oder kuchenmeister einem iglichen nach seinem s t a n d und wirden ... ordentlich setzen und nit gestat-

ten, das einer, so niderwerths gehöret, sich obenahn setze *1561/63 Kern,HofO. II 95.* etlich moegen nit contrahiern, von wegen jhres s t a n d t s, als seind erkauffte knecht, münch, ordens leut ... so nichts aigen haben, vnd in gewalt jhres oberhaubts seind *1576 Lettscher 4*[r]. *1586 SchwyzLB. 95.* ausweiß uiber den benanntlichen s t a n d des gesamten staats vom oberst feld general mit zugehörigen kriegsämtern *1600 MariaTheresia Heerwesen 112.* wan einer unter diesen handtwerckeren ... einen lehrjung anstellen wolte, so solle das handtwerck die umbfrag halten, was s t a n d t s oder handtwercks seine elteren wären oder gewesen seyen *1764 SGallenOffn. I 70.* daß der s t a n d des regenten dergestallt erhaben ist, daß er dieses äußerlichen schimmer ... nicht bedarf *1776 Krünitz,Enzykl. VIII 41.*

VIII. *Position, (verbindlicher) Steh- oder Sitzplatz in einer Rangordnung;* → Session (II). ein uneinikeit erstund zwischen dem bischoffen Eystet und Wurms ... des s t a n t z und siczung halben der oberkeyt ... als ir itlicher meinet nach seinem ertzbischoff zu sitzen *1450/80 NürnbChr. III 273.* vnd darauff zwischen jnenn [*Reichsstände*] deßhalb entscaid thůn wöllen, damit hinfuro ain yeder der selben gegen dem andern seinen s t a n d vnd session wissen můg, vnnd irrung deß halben verhüt vnd vermitten beleib *RAbsch. 1500 E*[r]. wa jemands mit tod abgeht und hat weder vatter noch muetter, enlin noch ana auch weder kind noch kindskind hinder im verlassen, hat aber in beiderseyten lini brüeder und schwester oder brüeders oder schwester kind, so erbent des ersten s t a n d s geschwisterigs sambt den geschwisterigen kind auch miteinander *1552 WürtLändlRQ. II 50. BrschwWolfenbHofGO. 1571 Tit. 8.* [daß die] person des erz-bischofs ... ihrer erz-canzler-aemter halben bey der wahl stimme und s t a n d führeten *1751 Buder 223.*

IX. *Ansehen, (guter) Ruf, Leumund, erworbener Achtungsanspruch, (Standes-)Ehre; vgl.* Ehrenstand. daz sye N. ... sollicher nachrede halbin ... alleyne zcu rechtfertigunge yres hantwergkes unnde zcu redelichem s t a n d e unde wesene yrer ynungen ... vorgenomen [haben] *1474 PössneckSchSpr. I 205.* so einer yemant entleybt das niemant gesehen hett, vnd wil sich einer notwerb geprauchen, der jm die cleger nit gesteen, in sölchen fellen ist anzusehen, der gut vnd böß s t a n d t yeder person *BambHGO.(1507) Art. 169.* forder so schal ermeten werden de s t a n t vnde dat wesen der personen, so gestolen heft *1510 BambHGO.(Barkhusen) Art. 186.* [enthauptung, verweysung des landts:] er wirdt dardurch an seiner hauptsach, das ist an seinem s t a n d verringert, vnd dises stimbt überein mit dem 15. gesatz hieob, von iuden, dann dieselb straff ist hauptsächlich, das ist, eine straff der s t a n d t s *1566 Pegius,CodJust. 94*[r]. sonderlich [ist] ein auffsehen zuhaben vnd zuerfaren, dem guten oder bösen s t a n d vnd leymund des versagten, vnd was gemainschafft vnd geselschafft er mit dem versager gehabt hab *SteirPGO. 1574 I 26.* [es ist] diß für ein injuri zuhalten, wann einer an seinem wohlhergebrachten nahmen, s t a n d und gutem leumuth, von einem andern münd- oder schrifftlich ... angetastet [wird] *1679*

TractIurIncorp. XVIII 1. das je mehr man des s t a n d t s eines debitors versichert ist, je lieber wird man demselben sein geld anvertrauen *1713 Hüttner,TacHyp.* I 251. nach genugsam bewiesenem animo iniuriandi kommt es bey einer injurie auf den s t a n d der person sowohl des injurianten als auch desjenigen, der beleidiget worden, nicht an *1783 Quistorp,GrundsPeinlR.* 590.

X. *Berufsstand, Amtsstellung; berufliche Stellung, Beruf, Gewerbe; vgl.* Hirtenstand, Profession (II), Prokuratorstand, Richterstand, Soldatenstand (I). der gemain diener, das sein pader, halter, veldhutter etc., di haben ir freiung in irm s t a n d, wer sew vertreibt, hat verwandlt 72 ₰ *Mitte 15. Jh. NÖsterr./ÖW.* VII 466. arm briester, [die] irs gesichts oder kranckheit halb irer glider dem priesterlichen s t a n n d t nit gnug sein mügen … mogen zimlich das almosen eraischen vor den kirchen *1478 Nürnb PolO.* 318. *1522 Franken/Sehling,EvKO.* XI 27. so sich der sun wider willen des vatters in schned unnd leichtferttig s t ä n n d t ergäb unnd unndterstünnd zu offenn schauspilenn, mit khatzenn oder annder thiern zuprissenn unnd zufechtenn [*darf er* enndterbt werden] *Salzb LO. 1526* Bl. 59ᵛ. so soll … die vberlebendig person bey den kinden, auch aller hab vnd gutt … ruwigklichen sitzen, die kinder … dauon erneren, auffziehen, zu zucht, lernung, handtwercken oder anderem s t a n d t nach gelegenheyt vnnd darzu sie geschickt, geacht, thun vnd anhalten *1541 HeilbronnStat.* III 8. [*es*] soll das überbliben ehegemecht, so es der mann oder vatter, sein … bücher oder werckzeüg, vnd was vngeuerlich zu seinem leib vnd s t a n d oder handtierung gehört, … zu einem ledigen freien vorauß hinnemen *WürtLR.* 1555 S. 281. wie das herkommen vnd auch gelegenheit vnd notturft dieses s t a n d t s und ambts [cantzler] erfordert *1557 Vogelgesang,PfälzKanzlei* 82. vatter vnd sohn … können zugleich nicht radtman sein … vorstirbet aber der einer … so mag man den andern, wann er des s t a n d e s wirdig, wol zu radte kiesen *1586 LübStR.* I 1 § 5. da auch ein bürgermeister oder rahts-person in solchen s t a n d verstürben, so solle des bürgermeisters hauß-fraw oder kindere zwey jahr lang … von gewöhnlichen diensten befreyet seyn *1592 (ed. 1740) MünsterPolO.* 32. [vnderweysung, darauß] die hebammen, wie sie in antretung jhres hochverantwortlichen schweren s t a n d t s geschaffen sein [sollen] *1595 OstbairGrenzm.* 2 (1958) 34. meisterschaft: … der s t a n d eines meisters *1762 Wiesand* 731. *1764 SGallenOffn.* I 72. daß denen soldaten durch gute behandlung ihr s t a n d angenehm gemacht werden solle *1789 KurpfSamml.* V 541.

XI. *(Amts-) Posten, (insb. Pfarr-, Richter-) Stelle, Anstellung; vgl.* Gerichtstand (III). die [priester] so übel geantwort und in ihren verordneten s t ä n d e n nicht wohl tauglich *1528 ZBayrKG. 35 (1966)* 17. wo etwann pfarren … ledig werenn … vnnd sie geschickte leuthe … hettenn, die darzu gebraucht werden mochtenn, sollenn dieselbenn … zu solchenn vacirenden s t e n n d e n n verordennt werdennt *1548 QBöhmBrüder* 89. dieweil am kaiserlichen cammergericht ein s t a n d t, der durch ain grafen oder herren sollte versehen werden, erlediget und

aber die notturft erfordert, das ain gelerter herr substituirt würde *1558/66 ZimmernChr.²* II 60. daß wir … auf sonderlichen befehl unseres … fürsten … ihn [diakonus] seines s t a n d e s und dienstes entlassen müssen *1568 ZBayrKG. 38 (1969)* 230. haben wir zu ersetzung derselben ledigen stelle, die ehrbaren … verordnet und zu land-räthen erwehlet, die … sich zu solchem s t a n d e gutwillig vermügen *1572 Sachsse,MecklUrk.* 267. wer aber daß aineß andern herren holden mit aim aignmaister sich underpulzen und bestunt daß holz wider alts herkumen, der were seiner herrschaft verfallen 10 tal. ₰ und soll abtretten der gemain vom s t a n t *16. Jh. NÖsterr./ÖW.* VIII 95.

XII. *Familienstand,* → Ehestand (I); *rechtl. Stellung einer Person in Ansehung ihrer Familienverhältnisse; vgl.* Ledigenstand (I). wer der ist, der sinen ehalten schmächte, und der nit in elichem s t a n t wäre, den sol … ain raut strauffen umb 5 pf. *um 1500 RottweilStR.* Art. 283. [*das*] kein vater mit seynen kinden abzcuteilen schuldig sein solle, ob er gleich seinen s t a n d mit einem andern weyb … verendert *1506 LeutenbergStR.* 456. nemlich, das ein jede mutter, so lang die in witwelichem s t a n d verharret, soll haben ein besytz vnd mitniessung jrer kinder geerbten vätterlichen güter *1511 BadTestO.* Art. 11. die mit jren freunden zu thun haben, seindt nicht wirdig, das sie zu der ehe greiffen, sondern sollen ewig des s t a n d e s beraubet werden, nach den geistlichen rechten *1561 Rotschitz* 95ᵛ. ein widtfrau bleibt so lang bey ihres verstorbenen ehemannes gerichts zwang, biß sie iehren s t a n d t verkehret, und sich unter ein andere jurisdiction verheürahtt *1573 NÖLTfl.* I 3 § 27. M., noch ledigs s t a n n d t s *1577 Indersdorf* II 304. wenn sie … in den s t a n d der h. ehe treten würde *1659 Beck,Danziger Nehrung* 48. [man will] keinen zur meisterschafft kommen lassen … wann er sich allbereits in verheyratheten s t a n d e befindet *1731 Rummer,Pforzheim* 99. *1772 Pufendorf,HannovLREntw.* Tit. 28 § 5.

XIII. *stehende, aufrechte Körperhaltung; auch: öffentliches Stehen in der* → Kirche (I) *als Kirchenbuße;* Stand begreifen *zum Stehen kommen, auch:* Stand halten, Widerstand leisten; *vgl.* Kirchstand (VII). unde lepen den Dudesschen up dat lyff, so dat enem [Deynen] de kop dorslagen ward unde enem den vingher affhauwen ward, so dat de Deynen spenen unde wolden alle dot slaghen hebben, so dat wy dat s t a n d vor ene begreppen … dat dar nen schade mer schach *1463 Schonen/HanseRez.²* V 257. de van Meydeborch begrepen dat s t a n t unde krigeden mit den gudemans dre jare *1492 ScrRBrunsv.* III 380. *1536 Gobler,GerProz.* 220ʳ. als ick wedder in de stat gahn wolde, nhalden sick to mi 2 van den predigern … mit denen begrep ick dat s t a n d vorm Semlown dhor vnd redede mit en van miner saken *1565 BaltStud.* 20, 1 (1864) 58. N., der sein mutter geschlagen, mußte ein s t a n d in der kirche thun und … st. 1200 büßen, auch ehr- und wehrlos sein *1625? Alsatia 1862/67* S. 257. [deme ehegemächt *wird wegen wiederholten* ehebruchs] zur christlichen versamlung, ehe und zuvor es vor offentlicher gemeinde einen s t a n d gethan und sich mit gott

... wurde versühnet haben, kein zûgang verstattet *1637 BaselKirchO. 326.*

XIV. *Gericht, Gerichtsverfahren;* zu Stande(n) bringen *vor Gericht bringen;* (im Recht) Stand tun/(s)einen Stand stehen *sich (gerichtlich) verantworten;* Stand (des) Rechtens (uä.) *Rechtsstreit, Gerichtsverfahren, Prozessführung, vor Gericht; vgl.* Rechtstand (I). daer wort gewyset vor recht, na den dat daer de kleger stonde und konde em nycht boleiden, als recht were, so were R. der sake ledich und loes und de kleger moste synen s t a n t staen *um 1424 MünsterGQ. I 170.* so liess W. eins rechten vrteils fragen na dem die von W. yme mit vrteil und recht vervallen werent, ob sie dann itt mügelichen den s t a n t ston soltent der yme geburte hette zu stonde, ob er ine vellig were worden in maszen als sie yme *1447 JournDeutschl. 9 (1792) 286.* herbut mich hiemit, sollicher clag rechtlichen s t a n t ze thünt, wa und wie sich gepurt *1475 Südbaden/Privatbrf. I 382.* so sy aber im rechten kain s t a n n d hiet thün mügen, wâr solich ir erb veruertigt worden *1476 Indersdorf II 20.* von den sachweldern vnd der anweldern vorstand vnd legittimation zum s t a n d t des rechtens *1539 HennebLO. 6ᵛ.* thû mir ein s t a n d mit der klag selbs *1561 Maaler 384ʳᵇ. 1567 Wigand,Denkw. 122.* in angefangener klag und antwort im s t a n d t rechtens *1572 AdelsheimStR. 659.* nach langem kam es darzu, das diser span in s t a n d des rechtens zü Rom kam *um 1574 FreibDiözArch. 8 (1874) 70.* vnnd soll ... der burgermeister, die anrüffend parthey ... die hanndlung vnd wie sich dieselb verloffen, verzeichnen lassen, damit wann es inn s t a n n d rechtens keme, die richter desselben ein wissens haben *UlmOrdn. 1579 IV 1.* du must noch einen s t a n d stehen am jüngsten gerichte *J. Mathesius, Homiliae (Leipzig 1590) 115ᵛ.* als seyn syndici ... wann die dinge zum s t a n d t des rechten kommen sollen, jhre vnd gemeiner stadt frey- vnd gerechtigkeit ... durch statlichen schein ... zu deduciren erbötig *1595 Haltaus 1729.* weil er dieses nicht für einen fürsetzlichen, sondern durch unfahl ... begegneten todtschlag haltet, als begert S., dass sein oberkeit ihne des ordenlichen und gewohnlichen s t a n d t s überhebe und wider gehn B. kommen [möge] *1611 ZRG.² Kan. 53 (1967) 355. FrkLGO. 1619 III 88 § 8.* darauff fragt centgraff wider alle schöpffen ... ob dieses ... peinlich centgericht altem herkommen gemäß zum s t a n d rechtens ... wol besetzt sey *1631 ZWirtFrk. 4 (1856/58) 243.* [ermeldter rath vnd ihre nachkommen haben diese gerichte] wie es gegen vns vnd im s t a n d e rechtens zuverantworten, zu administriren *1673 Haltaus 1729.* sol der klåger, wenn es zum s t a n d t rechtens kompt, nicht allein begehren, daß der beklagte möge citirt werden ... sondern auch verbürgen *1673 Span,Bergurthel 122.* wan ihr zwen gegen einander ehr verletzen vnd schmehen, so sollen sie es mit einander außführen und die bezichtigung zu s t a n t e n bringen *1678 NÖsterr./ÖW. VIII 259.* daß ... viele exzesse und schlägereien, ja verwundungen und brandschaden von den tuchscherergesellen sind verübt worden, dieselben aber niemals wegen ergriffener flucht zu s t a n d e gebracht worden, damit sie

... abgestraft würden *1685 Merschel,Rawitsch 55. 1698 Span,Bergsp. 80.* daß alle land-gerichte ... eines dem andern die unweigerliche hülffe bieten, solch in dem land herum streichendes ... bettler- und anderes unnúzes gesindel ... zum s t a n d zu bringen *1704 CAustr. III 475.* s t a n d: ... der ort, wo man stehen muß, das gerichte, der gerichtsstand *1762 Wiesand 1012.*

XV. *Prozessführungsbefugnis, Legitimation vor Gericht aufzutreten.* das N. noch nit zu seinen vollkommen jaren sei kommen, darumb er für sich selb im rechten zubeklagen keinen s t a n d habe *1536 Gobler,GerProz. 24ʳ.* vnd derwegen dieweil ein verthuner keinen s t a n d vor gericht hat, noch beklagt mag werden *1576 Damhouder,Patrocinium 41.* die exceptiones dilatoriae ... sein wider des clagers und seines procurators person, der habe füer sich selbst khain s t a n d im rechten, sei darzue nit legitimiert *1599 NÖLREntw. I 19 § 2.* wider die ... mûnderjahrige, auch alle andere so ihrer gûeter allein nit mechtig noch für sich selbst den s t a n d rechtens haben, solle aldieweil sie mit gerhaben und curatorn nit versehen khein præscription laufen *ebd. V 173 § 9.*

XVI. *Rechtslage, Sachlage, Rechtsstellung;* insb. in Bezug auf die Wiedereinsetzung in den vorigen Stand *als unter best. Voraussetzungen gewährte Wiederherstellung der vorherigen (verfahrens)rechtlichen Stellung vom jm. (insb. im Gerichtsverfahren); vgl.* Restitution. der iüngling ... mag sich bitten zü restituieren in den ersten s t a n d als lang vnd er nit XXV iar alt ist *1436 (ed. 1516) Klagsp. (Brant) 70ᵛ.* setzende domit die sache jn forigen s t a n d vnd schickliket *1514 GörlitzRatsAnn. I/II 357.* wider einsatz in vorigen stand, restitutio in integrum *1544 Perneder,Inst. h 4ᵛ.* der entwerh [solle] allerdings in vorigen s t a n t gesezt, ihme auch die aufgehebten nutzungen erstat werden *1573 NÖLTfl. IV 104 § 1.* die übrigen provinzen und städte solten in itzigem s t a n d und hand verbleiben, bis ... derentwegen ein ... friedensvergleich geschlossen seyn würde *1668 Fugger,Ehrensp. 884.* befinden wir auch für unbillig, daß die unterthanen ... noch darzu auf andere von ihrer obrigkeit neu-erkauffte entlegne herrschafften, welcher zukauff den s t a n d und schuldigkeit der andern unterthanen nicht vermehren oder vermindern kan, zu roboten abgestrenget werden wollen *1680 Grünberg,Bauernbefr. II 9.* nach dem die 4 occupierte dorffschafften ... eingeraumet worden, so solle daselbsten, in ecclesiasticis et politicis alles in den s t a n d, wie sich an. 1624 befunden, vollkommenlich restituiret [werden] *1692 FreibDiözArch.² 5 (1904) 216.* [Übschr.:] von wieder einsätzung in das vorige recht und s t a n d *1709 Mutach 122.* es ist demnach die restitution oder die wiedereinsetzung in den vorigen s t a n d ... ein rechts-mittel, wodurch einem die den strengen rechten nach verlohrne sache wieder hergestellt wird *1743 Zedler 37 Sp. 620.* der krieg ist ein s t a n d freier regenten, staaten und völker, die einander als offenbare feinde ansehen und durch gewalt oder list allen ersinnlichen schaden zufügen *1757 RechtVerfMariaTher. 328.* s t a n d: ... derjenige zustand eines menschen, nach welchem man seine rechte beurtheilt *1762 Wiesand 1012.*

da ... die gemeinen rechte eine wiederherstellung in den vorigen s t a n d gegen die strenge der gesetze nur aus solchen ursachen zulassen, welche auf natürliche mängel ... sich gründen ... so muß dieses hülfsmittel einem jeden in unsern landen [angedeyen] *1772 Pufendorf, Hannov LREntw. Tit. 25 § 2.* [der sachsenspiegel erforderte] 20 jahre und überdem noch das sogenannte schreyjahr, binnen welchem noch die wiedereinsetzung in den vorigen s t a n d ertheilt werden konnte, also 21 jahre zur vollen großjährigkeit *1803 Gesenius, Meierrecht II 372.*

XVII. *(kriegerisches) Gefecht; auch: Gefechtsbereitschaft, Gefechtsfähigkeit.* das er solt wissen, das sy im welten ain s t a n d thun, morgen wan es hoch tag wurd *1525 ZGO. 47 (1893) 81.* dz sy da ainen s t a n d thůn weltend, wie wol sy wistend, daß der vigend vil mer was dan iren *1531 v. Watt, DtHistSchr. II 114. 1704 Flurschütz, Würzb. 232.* jeder kompagnieinnhaber muß die ihm ... gelieferte kompagnie, in friedenszeiten, beständig in vollständigem s t a n d e erhalten *1788 Gadebusch, Staatskunde II 291.*

XVIII. freundlicher/friedlicher/gütlicher Stand *Waffenstillstand, Frieden, Stillstehen der Feindseligkeit; vgl.* Anstand (II 1), Friedstand (I). in dem gutlichin s t a n t daß wir gemachit hatten *1387 Haltaus 1729.* wi vorbenompte hertoge F. en schullen noch en willen nenerleye zone, frede, edir fruntlik s t a n d hebben myt dessin vorbenompten van L. edir oren hulperen *1396 BrschwHzg UB. VIII 90.* so scholde wy dar by en ander bliuen also lange de veyde vnd vnwelde warde vnde vnser nein sunder den anderen vreden noch vruntlik s t a n d maken ane den andern *1424 HoyerUB. I 256.* [nachdem] zwischen den parteyen ... ein fride vnd gutlicher s t a n d t ... beteidinget [ist] *1451 UrkGeschBöhm. 16.* dar wart to twen tiden up genomen gutlik s t a n t, doch wolde men dat gud nicht laten gan *1454/55 MagdebChr. I 394.* obwol si bishar nach irn alten guten gewonheiten vnder einandren vnd mit irn nachpuren in fridlich ruwigem s t a n d vnd sun gelept *JaunLR. 1560 S. 48.*

XIX. *Konfession, Religionszugehörigkeit; vgl.* Religionstand (I). das die augspurgische confession- desgleichen auch die alten religionsverwanten in irem s t a n n d e bisz zu ordentlichem ausztrage gelassen ... werden sol *1561 MansfeldKlUB. 89.* [gesanter sol] des bischoffs antwort mit guttem glimpf kurtzlich widerlegen und daneben dem bischoff zu bedencken einfuren, in was s t a n d und religion das closter itziger zeit befunden und etzliche jar gewesen *1565/68 ArchRefG. 8 (1910/11) 272.* daß offentliche exercitium religionis in solchem s t a n n d e, wie wir eß ... bey annehmung unserer gräflichen regierung befunden, bleiben zu lassen *1599 Ostfriesland/Sehling, Ev KO. VII 1 S. 422.*

XX. *Zustand, Erhaltungsstand, (finanzielle) Lage; auch: guter Zustand; vgl.* Polizeistand. das ohn die iusticien vnd gerechtigkeit kein reich, förstenthumb, stadt oder commun, in langwirigem s t a n d t bleiben, vnd erhalten werden mag *BrschwWolfenbHofGO. 1571 Vorr.* wen befunden wert dat de jennigen, an welckeres dike de auerstörtinge geschehn, sinen dick alse jdt sick gebört by

s t a n d t geholden, vnde dorch sine egene vorsůmenisse sodane dike nicht mangelhafftich geworden, willen wy ... de billicheit darin lathen vörnemen *EiderstLR. 1572 T ij^r.* daß die vorhawen vnd abgangen geholtze in vnser graffschafft wiederumb in guthen wesentlichen s t a n d *1572 Freudenstein, WaldSchaumburg 94.* der beständer ... soll auch ... dem lehenherrn, solche güter in wesentlichem s t a n d t vnd bauw ... lieffern *1597 Meurer, Liberey II 104.* so auß vielen benachbarten, einer bauwen ... wolt, ist er befügt, seine nachbawren durch gericht anhalten zulassen, zu den vnkosten zustewren, die gemeine mauren ... in besser wesen vnnd s t a n d t zustellen *1599 LothrLbr. XIV 5. 1685 Eckert, MainzSchiffer. 127.* daß durch herbe executionsmittel der nicht schuldige zu des schuldigen last zu concuriren angenötiget und derogestalt, ohne sein verschulden, in verderbten s t a n d gerathen zu sein sich beklagen müssen *1686 WestfForsch. 15 (1962) 169.* [die cramer-meister sollen das cramer-haus] besichtigen lassen, ob es in vorigem s t a n d, dach und fach, wie es beym getroffenen contract selbigen [miethmann] übergeben worden, noch beschaffen *1692 LeipzStO. 193.* der miether ... muß die sache in baulichen wesen und nutzbaren s t a n d erhalten *1762 Wiesand 739. 1772 Pufendorf, HannovLREntw. Tit. 6 § 3.* bey allen übrigen verträgen aber ist der billigkeit nach dahin zu sehen, ob die sache noch in einem von beiden seiten ganz unerfülltem s t a n d e sey, mithin einer ohne des andern nachtheil zurückgehen könne *ebd. 19 § 19. 1792 Schwarz, LausWB. I 262.*

XXI. *Fähigkeit, Möglichkeit, Befähigung; im Stande sein* können, vermögen. das der, der den bach fegt oder widerbringt, verbürge denen, die grund haben an den bach stossen, nach seinem s t a n d den schaden abzulegen, der den bach thůn würt, sollichs fegens oder bauwens halb *1436 (ed. 1516) Klagsp. (Brant) 16^r.* [der Hofkriegsrat solle] im s t a n d e seyn, kriegs-, operations- und vestungsplände zu verfassen und vorzuschreiben *1761 Zimmermann, ÖstMilitverw. 81.* wiewohl nun die jahre, welche diese nutzbare vormundschaft dauern soll, in denen ehestiftungen ausgedrückt zu werden pflegen, so müssen doch selbige nicht weiter, als auf die zeit, da der anherr den hof anzutreten im s t a n d e ist, erstrecket werden *1772 Pufendorf, HannovLREntw. Tit. 44 § 2.*

XXII. → Bestand (II), *Gültigkeit, Fortbestand.* alse lange dat de penninge eine stedicheit und ein s t a n d hedden *1402 MagdebChr. I 308.* wer dann wolt das sein testament bekrefftigt vnnd s t a n d t im rechten hab, der soll einen oder mer erben darinn benennen, instituieren, vnd ordnen *1541 HeilbronnStat. V 1.* wann ... die stamm-vettern sich des kaufs entschlagen würden oder auch den näherkauf ... nicht schliessen noch zum s t a n d e bringen [mag man das erb-stamm-gut einem andern verkauffen] *1577/1738 BremRitterR. 35.* damit diese forsterer in unabgenglichem s t a n t und wesen pleiben mugen, solle anstatt der absterbender binnen jahr und tag ... ein neuwer ernent ... und vor gebuir veräidet werden *1624 SPantaleonUrb. 508.* daß in umbliegenden ländern ... diese hensegrafschaft ... teils noch im brauch conser-

viert, teils also itzo wiederumb guter maßen zum s t a n t
gebracht [worden] *1653 MünsterGew. 291.*

XXIII. *Pacht, Miete;* bdv.: Bestand (IV). so sullen wir oder
auf welhem under uns vieren dieweil der benant s t a n d t
stet von den benanten zwain grundten dem egenanten
goczhaws vorauz alle iar dienen ... zway pfunnt pfenning *1430 FRAustr. 59 S. 253.*

XXIV. *Verkaufsstand (auf einem Markt oder in einem
Kaufhaus), Marktbude;* vgl. Standgeld (I). [die schuester]
schullen auch die selbig zeit irn s t a n t haben in der
Piergassen vor den heusern zu paiden seiten *1376 Pettau
StR. Art. 175.* von den s t ä n t e n der laubmherren mit
den geslachten wolleinen tüechern geit albeg ainer im
jarmarckcht von aim s t a n t und der hütten 40 phenning
Mitte 15. Jh. NÖsterr./ÖW. VIII 1032. haben wir ...
gesatzt von allem feilen kauf, das ist von iedem s t a n -
d e zu geben vier pfenning; ußgenomen das wollenduch,
derselben s t e n d e einer sechzehn pfenning geben solle
1492 Buchen 286. von ops, das soll kain gast noch burger ausserhalb seiner inwend fail haben dann uf dem
markt, auch nit mer dann ain s t a n d verfahen *1510
NördlingenStR. 91.* [das] solch brodt und fleischkauff
an den geordenten bencken und s t e n d e n und sunst
nirgent anderßwo verhantirt werden sollen *1528 Krautheim 206.* sollen auff den marcktegen die vischer die
hiegen ihren s t a n n d t in verkäuffen bey der Kronnen
und die frembten bey J.L. haben *1590 UFrkFischerei.
254. 1664 Gatterer,TechnolMag. I 366.* von denen verle-
digten s t å n d e n auff dem marckt *1692 LeipzStO. 190.*
wo ein meister [kupfferschmied] in einer statt wohnet,
hat er alle wege macht, den besten s t a n d zu erwöh-
len *17. Jh. Hornschuch,Keßler. 384. 17. Jh. SchlettsStR.
744.* consens zu aufrichtung eines bücher-tandlers oder
andern s t å n d e l s drey gulden *1724 WienUnivGO. 246.
1787 Krünitz,Enzykl. 40 S. 358.*

XXV. → Kirchstand (V), → Kirchstuhl, *für die Teilnahme am Gottesdienst bestimmte Sitzgelegenheit in einer
→ Kirche (I);* vgl. Priesterstand (III), Station (VII). so sy
komen in die kirchen soll sich ain yeder in seinen s t a n n d stellen vnd die ambtleut an jr verordnete örter *1431 Mitt
GMus. 2 (1887/89) 196.* es soll kein kirchengleid macht
haben, seinen s t a n d oder gestühle einem andern zu
verkaufen *1585 Königsberg/Sehling,EvKO. IV 145.* ordnung, wie es ... in ansehung der kirchen-stühle, oder
s t å n d e zu halten [sei] *1656 HessSamml. II 400.* bürger
in den städten und flecken behalten ... wenn sie anders
wohin ziehen, das eigenthum ihres s t a n d e s zeitlebens
1772 Pufendorf,HannovLREntw. Tit. 7 § 6.

XXVI. → Schießstand, → Schützenplatz. der s t a n t
was 400 und 75 schrit lanng sant Johanns über das wasser pei dem see *2. Hälfte 15. Jh. NürnbChr. IV 257.*
es hat zwey s t å n d dieses stahl-schießen *1706 Lersner,
FrankfChr. I 1 S. 505.* jeder hat sein geladenes gewehr
immer in gerader linie gegen die seinem s t a n d geeigne-
te scheibe zu richten und zu halten, sich auch, sobald
der schuß vollbracht ist, unverzüglich aus dem s t a n d
zu begeben *1796 KurpfSamml. V 871.*

XXVII. *(Wohn-)Sitz, Niederlassung, Aufenthaltsort.*

do er seinen knechten befalhe, das sy ... in s t a n t vnd
herberg fürsähen, also lang bis er wider zu in käm *1471
BiblLitV. 51 S. 597.* so ain inzicht, die das malefitz
berüern möcht, von ainem der im land Khärndten seß-
hafft, oder sonst den s t a n d alda im lands rechten hat
... auf ain gelegt oder geschoben wierdet *1577 Kärnt
LRO. Art. 39.* darbei wür fernere dieß closter gestifft,
dotiert und begabt haben in den rechten und freyheiten,
als dergleichen s t ä n d t des capuciner-ordens nach gewohnheit gestifft und begabt ... werden *1631 FreibDiöz
Arch.² 1 (1900) 317.*

XXVIII. *zugewiesener, festgelegter Ort, insb. zum Ausüben einer Tätigkeit (zB. Fischen, Wachestehen), auch
als Treffpunkt;* vgl. Schlupf (IV). ob aber ain ruettn-vischer
ain visch oder zween auf ainem s t a n t gfangen hete,
so mag der segenvischer unverhindert wol ziechen *1505
Tirol/ÖW. V 11.* gepeut ein erber rathe ... das alle handwerks gesellen, welche von alther gebrachter gewonheit
wegen ... nach der predig oder jrem gemachten feyr
abend sich zusamen an jren hergebrachten gewonlichen
s t a n d am markt verfügen, sich im selben auch sonsten
mit worten und werken beschaidenlich ... halten wöllen *1569 Schoenlank,NürnbGesellenw. 382.* das ... vnser
bibliothecarius diener ... ein jedes buch, auch seinen gewissen s t a n d oder gewontlichen orte [verzeichne] *1572
Ruhnke,Hofmusikkoll. 97. 1673 BernStR. IX 1 S. 460.*
dennen wachtern die ... scharpfe auflag zu thuen daß
sie die wachtstunden an dennen ordentlichen s t ä n t e n
und zu rechter zeit allerzeit fleissig außruefen, auch wegen des feuers guete und fleissige achtung zu haben *17.
Jh. Kärnten/ÖW. VI 528.*

XXIX. *Wildeinstand, regelmäßiger, schützender Aufenthaltsort des Hochwildes im Wald.* es soll ... ain jeder
erwarthen, who vnnd welcher ende, ime holz zuhau-
en erlaubt wirt, damit dem wilpreth an iren s t a n n -
d e n ... khain schaden oder verhinderung bescheche
1561 RQbayerSchwaben IV 26. [damit die forster] das
holz vorzeigen an ainem solchen ort, der dem gwild nit
schädlich und an ihren s t a n d nit hinderlich ist *1675
Steiermark/ÖW. VI 98.* [zur jagdgerechtigkeit gehört]
das recht, den forstbesitzern zu gebiethen, daß sie keine s t å n d e und dickichte, wo das wildbret sich aufhålt,
aushauen dürfen *1783 Krünitz,Enzykl. 28 S. 69.*

XXX. *zu Ständen schreiben ins Reine schreiben.* habe ich nit allain dises selbsten verfaßen und zu s t e n -
d e n schreiben, sondern auch mein aignes angebornnes
gräfisch petschafft vordruckhen laßen *1620 Carinthia I
195 (2005) 292.* das urthel wird zu s t å n d e n geschrieben und unterschrieben von herr landmarschallen *1675
CAustr. I 258.* solle ein bergschreiber bey dem bergamt
... das protocoll selbst zu führen, solches alsogleich zu
s t å n d e n schreiben zu lassen, obligiert seyn *1693 Lori,
BairBergr. 532. 1750 Kreittmayr 225.*

stand *s. auch* standes-.

Standarte *f.,* **Standart** *n.* **I.** milit.: *Feldzeichen, Haupt-
fahne, Reiterfahne; Fahnenwagen.* postea tercia feria ve-
nit populus cum barrocio quod apud nos s t a n d a r e
dicitur *1162 MGSS. XVII 776.* habebat communitas

civium machinas et instrumenta, molendina equorum, que omnia exusta sunt in curia cum curru, qui dicitur s t a n t h a r t *1259 M Wormat. 166.* veniunt ad campanam bannalem et deinde exponunt s t a n t h a r d u m *um 1358 MGSS.NS. VI 117.* wegen der commercien zu wasser und zu lande ... würden die türken gerne sehen, dass die andern städte als Hamburg, Lübeck, Bremen und Danzig unter euer majestät s t a n d a r t e n segeln würden *1666 MIÖG. 72 (1964) 423.* der gefangenen waren 260, und unter denselben des Aureoli reuter fåhnrich oder cornet: dessen s t a n d a r t, samt noch zweyen andren fahnen *1668 Fugger,Ehrensp. 878. 1720 Lünig,Theatr Cerem. II 590.* daß die burgerschaft ohne vorwissen der herrschaft keinen aufzug halten derf und so ihnen solicher erlaubt wüert, mießen sie dem fahn und s t a n d ä r t mit gebierunter wacht auß den stüft abhollen *vor 1743 Steiermark/ÖW. VI 141. 1744 Zedler 39 Sp. 1107.* verbrechen derer, so die fahne oder s t a n d a r t e n verlassen: ... wer sich nicht auf befehl bey der fahne einstellet, wird mit eisen und banden belegt, oder wer sich an der fahne vergreifet ... verlieret das leben; solche gerechtigkeit haben fahnen und s t a n d a r t e n als ehren- und bundeszeichen *1771 Zincke,KriegsRGel. 66.*

II. *starker Stock, als Kranbaum oder Mühlachse.* van I s t a n d a r d e van I muelen vercocht XLV s. *1302/03 Ann Flandre 35 (1886) 9.* ter molen behoef tEykendunen om enen s t a n d a r t ende om 6 balken ende enen loephasse 10 ℔ 12 d. *1317 WerkenUtrecht² 21 S. 59.* van den crane te makene ... met eenen niewen s t a n d a e r d met IJ niewen cruushouten *1391 InvBruges IV 207.* verwrocht an den niewen crane ... een yser onder den houp an den s t a n d a e r t *1433/34 ebd. V 319.*

III. *eine weibl. Kopfbedeckung, ein Kopfputz; als Bestandteil der* → *Gerade.* so nimt se allet dat to der rade hort, dat sin ... nalden, huven, vlechtsnure, s t a n t h a r t, natelfoder *Anf. 15. Jh. SspLR. I 24 § 3.*

Standbrief *m., auch dim.* **I.** *Friedensvertrag; vgl. Stand (XVIII).* dat unse vrundes de rad van B. ... willen de ore senden to H., also dat se nu an midwekene dar sin van des vruntliken s t a n t b r e v e s weghen umme sunderlike anclaghe, dar de hocheborn fursten her B. unde her H. ... umme anclaghen den erwerdighen unsen hern van H. alse umme den gheverdeshaghen unde andere stucke *1406 HildeshUB. III 119.*

II. *Urkunde über eine* → *Standeserhöhung.* repertorium über der ... herren land ständen archiv, in wellichem ... alle ... privilegia ... nebst einigen allergnädigsten biglieten vnd s t a n d b r i e f f e l ... verläßlich indicirt [worden] *1734 Mayer,NÖStändearchiv 146.*

Stande *f., auch dim.; (zT. auf Sockeln) stehendes, nach oben offenes Fass,* → *Stellfaß; ua. als Volumenmaß; bdv.:* Ständer (I); *vgl.* Standemaß. den zelven A. vor twe s t a e n d e n byers die hem onse stad daer to te volleste dede 4 ℔ *1385 DeventerRek. VI 260.* N. hat denselben knaben von derselben sach wegen hert gehandlet an sinem lip und hat in ouch darumb under ein s t a n d e ein ganz nacht gefangen geleit an alles recht *1398 SchweizId. XI 1044.* disse nochgeschrebene noddurft ist gefunden uff

huwße zcu des huwßes noddurft: ... 5 s t a n d e n collacien bier, die s t a n d e von 4 tonnen *1437/38 DOrdGr Zinsb. 36.* unter der fahrenden haab, so in das gläss dienet, wird verstanden, nämmlich wein, korn, hafer ... item torggel, s t a n d e n und dergleichen so alles fahrend ist *1491 Thurgau/GrW. I 291.* wenn ein probst denselben kernen wil in nemen, ... sol ein meyer eins probstz knecht behulffen sin mit s t a n d e n und mit viertlen den kernen ze enpfächen *15. Jh. ZürichOffn. I 116.* 14 alby den bendern vor ein s t e n d e l, ein essigfaß, ein kubel in die kuchen *1535 PfälzWB. VI 424.* der mesterinne ... schal ock flitich thoseen ... dath de haußmagd de s t a n d e n ungefehr wohl uth berne un reine holde *1550 HarzZ. 7 (1955) 140.* die s t a n d e ... ein hölzernes gefäß aus böttcherarbeit, welches gemeiniglich drey hohe aus verlängerten dauben bestehende füße hat, und unten etwas weiter ist als oben *1780 Adelung IV 607.*

Ständeanlage *f., eine (freiwillige) Abgabe der Landstände.* das denselben [stenndt und paursman] über die ... bewilligte 8 lanndtsteuern und vier s t e n n d t a n l a g e n, so zu abledigung des übernommen fürstl. schuldenlasts verwend werden sollen, in sollicher zeit noch merrere und grössere pürden zutragen ganntz beschwerlich [fallen werde] *1595 v.Frauenholz,Heerw. III 2 S. 158.* daß diese s t ä n d e a n l a g e ein freiwilliges, von den landesfürsten sehr verdanktes opfer waren *J.G.B. Panzer, Ursprung und Umfang der Landständischen Rechte in Baiern I (1798) 156.*

(Standebier) *n., in* → Standen *gelagertes Bier, wohl wie* → Sommerbier, *iU. zu* → Schenkbier (II). de rait verbyet, dat nyemant enich s t a n d e b y e r in en drage na der sonnen, by sulken koeren, alse dairop staen, dat nyemant meer s t a n d e b y e r s tot enen maell dan een halff vat off daironder in en drage anders dan mitten gesworen dragers *1464 Amersfoort 49.*

Ständebrief *m., an eine* → Standesperson (II) *gerichtetes oder von dieser verfasstes Schreiben; vgl.* Stand (VI). übergibt fürstlicher anwaldt registraturam solcher handlungen ex archiuo publico ... auch dero von L. s t ä n - d e b r i e f f an hochgemelte fürstin *1568 ZHambG. 51 (1965) 10. 1750 König,SelJPubl. 21 S. 344.*

Ständegeld *behandelt unter* Standgeld.

Standeigen *n., (stehendes) Gebäude, bebautes Grundstück; iU. zum (unbebauten) liegenden* → Grund (B I 3) *und zur* → Fahrhabe; *auch allg.: Grundeigentum; bdv.:* Standerbe, Standestelle; *vgl.* ¹Eigen (II 1 c), Liegenschaft. so ist yn unser mutter gewere keyn s t a n t e i g e n unde legender grunde ader ander varende habe czu erbe gehorden de vorstorben *1449/59 Zeitz/Germania 27 (1882) 181.* was abir s t a n t e i g e n s adir leginder grunde anirstorbin sein, das hat si nu geerbit uf P., eren brudir *1. Hälfte 15. Jh. Magdeburg/LSchrP. 240.* T. clact vor ... gerichte tzu erbe unde gute, s t a n d e y g e n in der stad tzu N. *1. Hälfte 15. Jh. MagdebSchSpr.(Friese) 366.* was an sie an legenden grunden und s t a n t e i g e n komen were *1458 ChemnitzUB. 149.* lest der vater erbe an s t a n d e i - g e n adder an ligenden grunden die in angeerbit sind die musz die vnbestatte tochter mit der vszgeradten schwester teylen *15. Jh. Wasserschleben,SuccO. 166.*

standeigen *adj., jm. als →* Standeigen *zugehörend.* ist das erbe s t a n d e y g e n , des mogin sye nit vorlossen ane erbeloup *1385/1407 PosenB. 135. 1474 PössneckSch Spr. I 130 [hierher?].*

Standemaß *n., Maß von der Größe einer →* Stande; *bei Abgaben; bdv.:* Ständermaß. quare coactus illo anno cum protestatione mensuram stantem, s t a n d e m a e s , accipere ut manerem in possessione frumentaria et non pecuniaria, quod sperabant *1628 SPantaleonUrb. 471.*

standen *s.* stehen.

Ständer *m.* **I.** *großes Fass, →* Stande. cubella: s t a n d e r *2. Hälfte 15. Jh. DiefenbGl. 160ᵇ.* die vam Stralssunde … nemen ere kindere, und laten sie eren vorlopenen monneken en uprurschen predigheren in ungewigedem water in einem becken edder emmer edder in s t a n d e r e n water, an alle form dopen *1529 BaltStud. 18 (1860) 175.* [bey fewerszgefahr sollen] sie alszbald nach erhörtem glockenschlag, den wasserschlaiffen … zueylen, dieselben in den furten, s t ä n d e r n und röhrkästen … füllen lassen, und dem fewer unsäumlichen zufuhren *1630 Breslau/DWB. X 2, 1 Sp. 741.*

II. *Hypothek.* s t ä n d e r : in Thüringen das capital so auf einem hause beständig stehen bleibt und verzinset wird *1741 Frisch II 318.* ein auf einem grundstücke stehendes capital, wenn es auf demselben beständig haften und verzinset werden muß, wird in manchen gegenden ein s t ä n d e r genannt *1780 Adelung IV 667.*

III. *Stützbalken, Holzpfosten.* [windegelt:] van s t e n d e r e n de beneden xx vote lang zin ii sol englis *1303 BremStR. 296. 1684 Dreyer,Einl. 198.* [visitation] ob die geschlinge um die dorf-brunnen … und die s t e n d e r und schwengels, wie auch die eymer, worinnen das wasser aufgezogen wird, fertig und brauchbahr seyn *1756 Rabe,PreußG. I 2 S. 484.*

IV. *Standfuß, Trägersäule eines Reliquienbehälters; bei der Eidablegung.* die kundschafft sollen sy furen … jn dem stifft vor dem staffel, vnd welcher partey geburt, eyde zcu thun, dy sollen dy helgen habe vnd dy ander parthey den s t e d e r [!] *1405 Eberstein² II 7.*

Standerbe *m., im Volleigentum (→* Erbgut II*) stehendes →* Standeigen; *bdv.:* Standerbeigen; *vgl.* ¹Erbe (III). von s t a n d e r b e n wy man schossen zal: wer am ringe ein gantczen hoff … der gibet ein halbe margk czw schossche *1364 KrakauZftO. 13.* [die Erben haben sich] gutlichen vortragen umb alles gut und habe, farnde und s t a n e r b e , hus, hof, wingarten, acker, wiesen, das ir vater … uf sie bracht *1462 KahlaUB. 129.* durch der frauen morgingobe, die ir ir man an seinem farnden gute gegebin hatte, darf der kinder vormunde der kinder s t a n d e r b e nicht verkeufen *um 1490 RechterWeg I 3.*

Stand'erbeigen *n., wie →* Standerbe; *vgl.* Erbeigen. von deswege das die frawe das s t a n d e r b e i g i n vnde farnde habe vnuorgebin vor gerichte behaldin hot bis an eren tod *15. Jh. Haltaus 1729. ebd.*

Ständereversal *n., →* Revers *betreffend den Huldigungseid der →* Landstände; *vgl.* Landständeeid, Stand (III). [daß] durch sie [pommerische stände] solche loszäh-

lung ihrer gelübde nit angenommen werden solle … immaßen solches der klare buchstabe der s t ä n d e r e v e r s a l e n de anno 1529 mit mehrern bezeiget *1646 ProtBrandenbGehR. III 390.*

Ständermaß *n., wie →* Standemaß; *vgl.* Ständer (I). villicus in B. attulit literas originales, quod villa elocata fuisset et esset emphiteutice pro 14 paribus siliginis et avenae, s t a n d e r m a i s s e n non volmesner *1631 SPantaleonUrb. 479.*

standesanverwandt *adj., auch subst., der →* standesmäßigen (II) *(Bluts-)Verwandtschaft angehörig.* herr von K. … sambt seinem gantzem hause stamm- und s t a n d e s - a n v e r w a n d t e n , wie auch anderen seinen beypflichtigeren *S. Neumann, Derer Dt. Röm. Kayser 1. Theil (Frankfurt/Oder 1660) 290.* die von denen râthen, vasallen und ministris besonders gesetzte vormündere, oder denen s t a n d e s - a n v e r w a n d t e n tutoren zugeordnete subadministratores oder vormundschaffts-bediente sollen sich … zuförderst ihrer pflegs anbefohlenen jungen herrschafft personen … angelegen seyn lassen *1668 Lünig,RA. 22 S. 916.*

standesbefreit *adj., aufgrund der Zugehörigkeit zu einem privilegierten →* Stand (I) *von Abgaben befreit.* wie daß … man unter dem schein allerley s t a n d e s b e f r e y e t e r persohnen, die mauth [zu geben verweigert] *1632 CAustr. III 98.*

Ständeschrift *f., an den Landesherrn gerichtetes Beschwerdeschreiben der →* Landstände. der erste punct der s t ä n d e s c h r i f t *1661 ProtBrandenbGehR. VI 516.* ich bin … mit der weimarer s t ä n d e s c h r i f t in arbeit. sie sind so weit herabgegangen, daß sie allenfalls mit ¹/₁₆, allenfalls mit ¹/₃₂ der interessen zufrieden sein wollen *1794 GoetheBrfwVoigt I 156.*

Standeserhebung *f., wie →* Standeserhöhung. die diplomata über die von ihro kayserliche majestät ertheilte s t a n d e s - e r h e b u n g e n *1699 CCMarch. II 5 Sp. 57.* das rechte original diploma über solche s t a n d e s e r h e b u n g [ist] bey einer unglücklichen feuersbrunst … verbrant *1728 Bohlen,Bohlen II 361. 1742 Moser,StaatsR. VII 406.* der geschehenen s t a n d e s - e r h e b u n g e n soll jedesmahl in den braunschweigischen anzeigen meldung geschehen *1766 BrschwWolfenbPromt. VI 19.* heutzutage wird entweder aus besonderer begnadigung ein neues wappen ertheilt, oder das alte bestättiget, oder wegen der s t a n d e s e r h e b u n g vermehrt und neue figuren hinzugefügt *1785 Fischer,KamPolR. I 505. 1792 Herchenhahn,Reichshofrat II 230.*

standeserhöht *adj., in einen höheren →* Stand (I) *versetzt.* [daß] denen steuerexemtionen sowohl der potentiorum als der s t a n d e s e r h ö h t e n mitglieder dadurch gutermaßen begegnet, auch sonsten für die gesamte ohnmittelbare reichsritterschaft viel gutes gestiftet werden könne *1685 JbFrkLf. 22 (1962) 230.* wenn aber ein s t a n d e s - e r h ö h t e r per saltum eine höhere würde erlangt hat, so hat er noch die quart desjenigen taxes zu bezahlen, welchen er bei der übersprungenen würde hätte erlegen müssen *1808 Reyscher,Ges. XVII 1 S. 929.*

Standeserhöhung *f., Versetzung einer Person oder ei-*

nes Landes in einen höheren → Stand (I); *auch das Diplom darüber;* bdv.: Standeserhebung. es sollen ... die s t a n d t s - e r h ö h u n g e n und andere privilegien von den cancellisten ... außführlich concipirt [werden] *1658 SammlReichshofrat 307.* [daß niemand] durch s t a n d s - e r h ö h u n g, exemption oder erection solcher dem ritter-corpori einmal afficirt gewesener güter ... von denen hergebrachten ritter-anlagen [befreyet seyn solle] *1688 Lünig, RA. XII 2 S. 85. 1711 Zeumer, QS.² 490.* wann nun die reichs-vicarien s t a n d e s - e r h ö h u n g e n geben können, so wird es wohl keinen anstand haben, zu setzen, daß sie auch dergleichen stand gemässe titu-laturen conferiren können *1743 Moser, StaatsR. VIII 51.* s t a n d s - e r h ö h u n g e n seynd schriftliche erhe-bungen einer person oder landes in einen höhern stand *1750 Moser, Kanzlei 417. 1753 Pütter, JurPraxis I 279.* daß die kaiserliche s t a n d e s e r h ö h u n g die rechte und würckungen des alten adels oder des herrenstandes oder hohen adels niemanden gebe *1757 Estor, RGel. I 61.* s t a n d s e r h ö h u n g e n im reich werden ... unter die reservata cæsarea gerechnet *1770 Kreittmayr, StaatsR. 88. 1780 SteirEinl. 182.* [Überschr.:] strafe der angemaßten ... oder erdichteten s t a n d e s e r h ö h u n g *Wahlka-pit.(1792) 556.* s t a n d e s e r h ö h u n g e n der frauen und wittwen haben auf ihre kinder keinen einfluß *1794 Preuß ALR. II 9 § 11. 1797 Kant, Rechtslehre 135.*

standesfähig *adj., landständisch, zur Teilnahme an ei-ner* → Ständeversammlung *berechtigt; vgl.* fähig, ständisch. *1655 Lünig, RA. VI 2 S. 269.*

standesfürstlich *adj., dem Fürstenstand zugehörig, welt-lich.* der pfarrer von T. hat ein dahin zu setzn, die pos-session gibt die s t a n d t s f ü r s t l i c h obrigkhayt *1558 OstbairGrenzm. 7 (1964/65) 174.* es werden die prie-ster und pfleger unter der amtleuth unterthanen gezo-gen ... und im fahl sie nit in continenti da sie erfordert, erscheinen, wird ... verhebt, dass sie wieder die hohe s t a n d e s f ü r s t l i c h e obrigkeit gehandelt haben *Ende 16. Jh. ZKirchR. 9 (1870) 420.*

Standesgebühr *f., das einem* → Stand (I) *Zustehende, Geziemende, Angemessene; nach Standesgebühr anstän-dig, angemessen, im Rahmen des für den (jeweiligen)* → Stand (I) *Angemessenen.* weile er aber anderweit sein bestes suchen wollen ... alß bitten wir hiemit menniglich nach s t a n d e s g e b ü h r ... sie wolten mehr gemel-ten P.S. allen guten willen, freundtschafft vnnd beforde-rung erzeigen *1616 Rauschning, MusikDanzig 130.* wan wir auch in oder außer landes verreisen, so soll unse-re kuche gahr geschloßen ... denen aber, so im frauen-zimmer ... hinterlaßen, ein gewißes an kostgeld s t a n-d e s g e b u h r nach gereichet werden *1624 Kern, HofO. I 166. 1627 BöhmLO. O 36.* wider s t a n d t s g e b ü h r ubermachten kleidungen *1644 ZVk. 53 (1956/57) 168.* daß erstlich und vor allen, wenn der schuldener verstor-ben, die nach nothdurft und s t a n d e s - g e b ü h r ange-wandten begräbniß-kosten ... aus den gütern entrich-tet werden *1650 EstRitterLR. 348.* der leichnamb des churfürsten wurde sodann balsamirt, nach s t a n d e s-g e b ü h r zur erden bestättiget und zu H. ... beygeset-

zet *1685 Struve, PfälzKHist. 696. 1698 SammlLivlLR. II 1507.* es werden der herr landtsekhellmeister ... verordt-net, diejenige, welche über ihre s t a n d t s g e b ü h r sich bekleiden, anzuzeigen *1780 SchweizArchVk. 17 (1913) 249. Wahlkapit.(1792) 557.*

standesgebührlich *adj., wie* → standesmäßig (I). sol-ches [beforderung] um einen jedweden uf begegenheit s t a n d e s g e b ü h r l i c h hinwieder zu verdienen, sein wir stets geflissen *1642 HannovGBl. 14 (1911) 79.* [auch soll] eine s t a n d e s g e b ü h r l. hochzeit ... ausgerichtet [wer-den] *1668 Schulze, Hausg. II 287.*

standesgemäß *adj., wie* → standesmäßig (I). meinen todten cörper belangendt, soll selbiger ... mit s t a n-d e s g e m e s s e n e n ceremonien und conduct [bestattet werden] *1696 KrummauClarissUB. 351.* die damahlige krieges-zeiten [haben] aber nicht erlaubet, nach adeli-chen und s t a n d e s g e m ä ß e n gebrauch, vorhero gewi-ße ehe-pacta aufzurichten und festzusetzen *1758 Bohlen, Bohlen II 399. 1780 Zorn, BayrSchwabHG. 268.*

Standesgenosse, Standgenosse *m.* **I.** *insb. in Westfa-len: Beisitzer,* → Schöffe, → Geschworener (I) *eines Ge-richts; bdv.:* Standnosse. J.d.S., H.d.O. geswone vriivrone alse s t a n t g e n o t e n des gerichtes vorgenomt *1433 Ha-melnUB. II 123.* [deß wi bekennen] als rechte gebedn vnd gekorn s t a n t g e n o s e n des gerichts *1458 Datt 744. 1460 Seibertz, UB. III 128.* hiir weren mede over und an-ne s t a n t g e n o t e n dess gerichts H.N., J.S., A.K. und mer berver lude *1465 ClarenbergUB. 275.* over so dane rechtwysinge is verfolgens gefraget, darover und ane-wehren: ... s t a n d t g e n o h t e n und gerichtslüthe und mehre lüde genoch *1471 Buschmann, Wetter 400.* s t a n t-g e n o s s i n diss gerichts syn gewest orteylsprecher dy ersamen borgemeyster vnd rait nemlich H.B. ... C.S. vnd A.F. ad fryscheffen vnd vmbstendir dess gerichts *1495 ArchSchweizG. 3 (1844) 315.* [ik] besat mit s t a n t-g e n o t e n ... gesworen froene *1523 BreckerfeldUB. II 206.* [ich,] richter zu B., thue hirmitt kunde und bezeu-ge, das dyss nabeschreuen vor my und s t a n d t g e n o i t-t e n dato hirunder vermeldett ergangen und geschehen *1560 Brinkmann, Bochum 70.* scabini et consci judicio-rum Westphalie ... etiam aliorum judiciorum in infe-riori Sax. jurati et consci dicuntur s t a n d - g e n o s s e n *1560 Haltaus 1729. 1567 Wigand, Denkw. 122.* [der Rich-ter legt den Richtereid ab] in gegenwurt der andern rich-ters, gerichtschreiber, aller s t a n d t z g e n o i s s e n unnd fronenn *1585 ZSoest 77 (1963) 66.* mit mir bei und ahn wahren s t a n d t g e n o s s e n dess gerichts die ersamen J.H. gerichtsdiener, S.S. stat und gerichtsschreiber, die neben mir ihre gebuerende urkunden daruff empfangen *1633 Brinkmann, Bochum 76.*

II. *Angehöriger desselben* → Standes (I). jemand van den buitenluiden, die ... des rycks freiheit begehrden, die sollen ... dem schulten tot urkunde geben II ß. und den rycksluiden als s t a n d t g e n o h t e n I ß *1299 Steinen, WestfGesch. I 1829.* wann einer von adel an seines glei-chen und s t a n d s g e n o ß e n adeliche güther zu verkau-fen pflegt, daß alsdann die nächste agnaten sich de jure des retractes nicht zu unterfangen [haben] *1779 Mader,*

ReichsrMag. III 328. dieses muß mit zuziehung zweyer der nächsten verwandten, oder zweyer s t a n d e s - oder zunftg e n o s s e n des vaters, billig ermessen: wie viel zur ausstattung des kindes ... erforderlich sey *1794 Preuß ALR. II 2 § 239.* injurien, die einem edelmann oder officiere wiederfahren, wirken widrige begriffe von seinem character bey dem publikum und insonderheit bey seinen s t a n d e s g e n o s s e n *1802 v.Berg,PolR. I 446.*

III. *Angehöriger eines (anderen)* → Standes (I). im fall aber der verkåuffer [*eines Ritterguts*] ... mit einem höhern, mittlern oder niedern s t a n d s - g e n o s s e n, der unter der ritterschafft consortio und gemeinschafft nicht begriffen, sich einlassen würde, so sollen alsdann des verkäuffers verwandten ... dem einstand und antritt zu thun gebühren *1624 Londorp XIV 450.*

Standesherr, Standherr *m.* **I.** *landständischer adliger Grundherr mit Sitz und Stimme in der* → Ständeversammlung *des Landes, dem er zugehört; mit zumeist großem Grundbesitz und weitreichenden, auch auf das umliegende Gebiet und die umliegenden Gutsherrn sich erstreckenden Gerichts- und Verwaltungsbefugnissen; insb. in Österreich, Schlesien und der Lausitz; vgl.* Standesherrschaft. wegen der ritterdienste: wissen die fürsten und s t a n d t s h e r r e n sich keiner ritterdienste zu erinnern *1576 Schmoller,Forsch. XIII 1 S. 175.* J.A. freyherr von Malzan, ... freyer s t a n d e s - h e r r der herrschaft Militsch *F.L.v. Bressler, Die heutigen Souverainen von Europa VI (Breslau 1699) 682.* hiernechst ist daselbst eine adeliche land-hoferichterey und anbey in dieser freyen standesherrschaft ein feiner adel, welcher den aldortigen s t a n d e s h e r r e n vor ihren unmittelbaren herren erkennet *vor 1741 CDSiles. 27 S. 353. 1741 ActaBoruss. BehO. VI 2 S. 226.*

II. *Mitglied einer* → Ständeversammlung. [daß] die reuers der ... weiter anernenten landleith im herrn- und ritterstandt ... zur registratur gebracht ... werdten, ... möchte ... beedter löbl. s t a n d t h e r r n verordneten aufgetragen werden *1658 Mayer,NÖStändearchiv 118.*

III. *wie* → Standesperson (II); *vgl.* Herrenstand (III). betreffent der thumb-capitular-herren, auch nechst umbliegender praelaten und anderer geistlicher s t a n d t s - h e r r n ... wein, wird ihnen die infahrt zugelaßen *1607 TrierWQ. 230. 1750 Faber,Staatskanzlei 97 S. 712.*

IV. *städt. Amtsträger, dem die Zuteilung der Standplätze für Marktbuden und* → Stände (XXIV) *obliegt.* jeder meister, so new schug machet, soll zu hauß sitzen und kein newe schug in einem besondern laden feyl haben ohn allein inn des gemeynen handtwercks hauß bey peen 12 ß, ausserhalb was in beyden messen, da sie von s t a n d t h e r r n samptlich hingewiesen werden *1579/1606 FrankfZftUrk. II 51.* vff elisabetajarmarckht: ... die beiden s t a n d t h e r r e n, die denn kremern die stendt außtheillen, hat jeder ein irrten *1600 ZGO.² 6 (1891) 292.*

Standesherrschaft *f.,* → Herrschaft (II u. IV) *eines* → Standesherrn (I); *vgl.* Freiherrschaft. freyherr der s t a n d e s h e r r s c h a f t T. *1635 ZSchles. 1 (1856) 155.* [*Übschr.:*] consignation derer in der freyen s t a n d e s -

h e r r s c h a f t P. zu befindenen eisenhämmer, saltzsiedewerke und saltzniederlagen *1640 Wutke,SchlesBergb. II 192.* als sich der kåyserliche minister ... von B. nach M. begab, ritte ihm der regierende herr dieser s t a n d e s - h e r r s c h a f f t ... selbst entgegen *1709 Lünig,TheatrCerem. II 351.* daß dergestalt dieser weite umkreiß, mit so vielen zugehörungen, einer formalen s t a n d e s - h e r r s c h a f f t nicht unähnlich sahe *1721 Knauth,Altenzella VI 77. 1741 ActaBoruss.BehO. VI 2 S. 274.* fürstlichen åmbtern, regierungen, münderen s t a n d e s h e r r s c h a f t e n und sammentlichen magistratibus [bleiben] fürohin lediglich die iudicialia mit pflichtschuldigsten eifer desto schleiniger zu betreiben *1744 Kretschmayr-Walter II 151.* man nennet nåmlich einige freyherrliche güter, die aus ståden, flecken, schlössern und dörfern bestehen, s t a n d e s h e r r s c h a f t e n *1758 Gottsched,Mißbr. 255.* das einige herzogthum Schlesien bestunde vormals aus 16 und nun aus 18 fürstenthümern, ohne die s t a n d e s - und minderh e r r s c h a f f t e n *1769 Moser,RStändeLand. 201. 1785 Fischer,KamPolR. II 858.*

standesmäßig *adj., auch stand-.* **I.** *dem (jeweiligen)* → Stand (I) *angemessen, geziemend; bdv.:* standesgebührlich, standesgemäß. derjenige, so zum reichs- insonderheit auch zum craysstand, solle admittiret werden, [solle] zuforderst in demselben crays mit s t a n d m ä ß i g e n ohnmittelbaren reichslehen und gütern ... gesessen [seyn] *1654 Moser,KreisVerf. 155. NÖLGO. 1656 II 79 § 3.* demnach ihr ... dero s t a n d m e s z i g e s tractament gebühren will *1681 Diefenb.-Wülcker 862.* [den nachgeborenen Prinzen soll] das erforderliche zu ihrem unterhalt, studiis, exercitiis, raisen und auffenthalt am hof des regierenden herrn s t a n d e s m ä s s i g abgereichet [werden] *1737 Moser,Hofr. II 65.* [daß] die, so dem justizaltare dienen, ihr brod und nöthiges s t a n d e s m ä ß i g e s auskommen haben müssen *1738 ActaBoruss.BehO. V 2 S. 424.* [die quartiermeister sorgen] daß jeder s t a n d e s m ä ß i g einquartiret werde *1771 Zincke,KriegsRGel. 24.* sowohl mann als weibspersonen werden våtterlich ermahnt, s t a n d t s m ä ß i g in gebühr und ehrbahrkeith sich zu bekleiden *1780 SchweizArchVk. 17 (1913) 249. 1794 PreußALR. I 6 § 43.* es werden aber die alimente in natürliche und s t a n d e s m ä ß i g e eingetheilt; jene begreifen nur dasjenige, was jemand zu seiner erhaltung ... nöthig hat, diese hingegen sind nach dem besondern bürgerlichen stande zu ermäßigen *1798 RepRecht I 340.*

II. *einem* → Stand (VI) *angehörig.* [dass dem landesherren freye hände bleiben] die unvermählte princessinnen zu versorgen, auch wann s t a n d e s m ä s s i g e personen sie heyrathen wollen, daß sie alsdann nach ihrem fürstlichem stande ausgesteuret werden *1693 Sachsse, MecklUrk. 400.* da sich aber begeben möchte, daß eine nicht s t a n d s m ä ß i g e, weder der academiæ incorporirte person sich in violirung der freyheiten, oder sonst vergreiffen thäte, kan dieselbe ... angehalten werden *1694 CAustr. I 13.* anlangend die atzung, soll ein jeder gefangener ... wenigstens täglichen vier kreutzer haben, wäre er aber s t a n d s - m å s s i g oder einer bessern condition, so stehet es in eines jeden gerichts willkůhr, wie derselbige soll unterhalten werden *1707 SudetenHGO. Art. 15 § 5.* [der hofrichter] ůbte zwar die gerichtsbarheit im namen des kaisers aus, muste aber die urtheile von s t a n d e s m å ß i g e n schőffen abfassen lassen *1791 Malblank,Kanzleiverf. I 8.*

Standesperson *f.* **I.** *Angehöriger eines* → Standes (I). mit was grosem eyfer und andacht vor dieser zeit die hospitalia, clöster, schulen und kirchen von hohen und niedrigen s t a n d e s p e r s o h n e n gestifftet, bedacht, dotirt und begabet worden *1568 BlPfälzKG. 27 (1960) 146.* als dann der großweibel und grichtschryber im kleinen rhat anbracht, wie gar vill hochs und nider s t a n d s p e r - s o n e n alhie in der stat ire glůbd übersechend die zu gegen in der wirts-hüseren und gselschaften verpots halb *1570 BernStR. VII 1 S. 709.* [*Verordnung,*] daß unsere bůrgere … keine unbewegliche wigbolde … an keine geistlichen s t a n d s - p e r s o n e n handen erblich überlassen *1592 (ed. 1740) MünsterPolO. 34.* einem e. stadtgericht zu befehlen, die ehesachen schleunig zu expediren, und wann sich die copula carnalis bey gleichen s t a n d s p e r s o n e n befindet, dieselbe zusammen zu sprechen, damit dieselben, ehe sie entlaßen, copulirt werden *1614 Lahner,Samml. 78. 1616 WaadtStat. 172.* da es aber unterthanen oder andere geringe s t a n d s p e r s o h n e n wåren *ÖstExekO.1671 S. 314. 1733 JbOldenb. 17 (1909) 221.* **II.** *Angehöriger eines vornehmen* → Standes (I), *insb. des Adelsstandes; bdv.:* Standesherr (III); *vgl.* Stand (VI). [lange rőhre zu tragen sind befugt] unter uns gesessene s t a n d e s - p e r s o n e n, rathsverwandten und begůterte bůrger, wann sie auf des raths und ihren gůtern zu verrichten und zuthun haben *1626 CJVenatorio-Forest. III 3.* denen s t a n t s p e r ß o h n e n ßoll von 50 bis 60 taler, denen geringern von 10 bis 20 taler zu verspihlen erlaubt ßein *1669 ÖLOProt. 30.* fürstlichen und gräflichen s t a n d s - p e r s o n e n soll er [fourier] bey dero antritt bey der tafel die ihnen gebührende stelle anweisen *1688 Wolfenbüttel/SchulO.(Vormbaum) II 724. 1696/97 Reuter,Schelmuffsky 48.* daß er nehmblich vornehmer magnatum undt s t a n d e s p e r s c h o h n e n insigell nachgestochen *17. Jh. ZSchles. 14 (1878) 554. 1709 Titius, GeistlR. 599.* [von dem weeggeld seynd] die das hofflaager besuchende in- und auswärtige s t a n d s - und andere p e r s o n e n auszunehmen *1759 KirchheimW. 228.* tortur: … auch sollen s t a n d e s - p e r s o n e n und andere angesehene leute nicht leichtlich angegriffen werden *1762 Wiesand 1090.* daß es fůr eine nothwehr zu achten, wenn s t a n d e s - und militair-p e r s o n e n, die mit beschimpfungen angegriffen werden … sich in den kampf einlassen *1768 HambGSamml. V 510.* daß s t a n d s p e r - s o n e n nach belieben, sonst aber der pflug 6 pfennige und ein bůrgerliches haus 2 pfennige geben *1793 Lang, Steuerverf. 101.* wenn nach vorgegangenem duell die wunde lethal, ist der mörder mit dem schwerdte, wenn es eine s t a n d e s p e r s o n, ein anderer aber mit dem strange zu bestrafen *1794 Schwarz,LausWB. V 178. 1798 Rep Recht I 214.*

Standespersonszeugnis *n., von einer* → Standesper-

son (II) *ausgestellte Bescheinigung für einen Untertanen.* da auch einer eines s t a n d s p e r s o n s z e ü g n ů ß vonnőthen hette, mag er solches … durch ein schreiben begehren, vnd eine solche stands-person sol sein zeügnůß zu geben schuldig seyn *1627 BöhmLO. Q 49.*

Standesrecht *behandelt unter* Standrecht.

Standestelle *f., wie* → Standeigen. mit verpfændung der liegenden gründe und s t a n d e - s t e l l e, das ist hæuser, und sonst allgemeine, auch privat-gebæuden der stadt, wird es also im üblichen gebrauch gehalten *1589 Westphalen,Mon. I 2056.*

Standesunterschied *m., Unterscheidung, Distinktion aufgrund der Zugehörigkeit zu einem best.* → Stand (I). daß keinem, wer der auch seyn mag, ohne s t a n d t s u n t e r s c h e i d, einig gefährlich spiel … mit karten oder würflen vergönnt oder zugelassen seyn solle *1650 Schmelzeisen,PolO. 292.* ober-rőcke, die nach s t a n d e s u n t e r s c h i e d von rasch, serge, boratt … angeleget werden *1755 Richey,IdHamb. 239.* zu reichskriegssteuern soll jeder one s t a n d e s u n t e r s c h i e d beitragen *1795 Schlözer,StAnzeigen Reg. III 42.*

Standesvormund *m.* **I.** *(Ober-)Vormund aus dem Kreis der* → Standesanverwandten. soll hinwiederum, darin bestätiger vormund … verstůrbe, … von dem nächsten stamm-verwanden oder bestätigten s t a n d e s - v o r m u n d e eine andere person an deßelben statt [verordnet werden] *1688 Schulze,Hausg. II 277.* **II.** *Vertreter, Sprecher einer Gemeinschaft von* → ²Erben (II). bey den jährlichen medemer-wrugen-gerichte … vor hiesiger stadt … můssen die medemer erben nebst dem s t a n d - v o r m u n d e der hågener erben in schwarzen manteln gegenwärtig seyn *J.W. Grooten, Gesch. d. Stadt Northeim (Einbeck 1807) 40. ebd. 43.*

Standeswürde *f.,* → Stand (VI), *auch die damit verbundene gehobene soziale und rechtliche Stellung.* an seine statt kame C.S. … welcher nachmahls dreyer keysere nacheinander … canzler gewesen und von dem letzern mit gräflicher s t a n d e s w ů r d e begabet worden *1668 Fugger,Ehrensp. 429. ebd. 784.* daß nach den bůrgerlichen rechten nur diejenige kinder fůr rechtmåsige erben der våterlichen gůter und s t a n d e s - w ů r d e n gehalten werden, die aus ordentlicher ehe gezeuget sind *1752 v.Loen,Adel 66. 1762 Cramer,Neb. 29 S. 12.*

Ständetag *m., auch* Ständen-; *wie* → Ständeversammlung. doch embütend sich die [Hugenotten] aller gehorsamme, alein das der s t ä n d e n t a g gehalten und die religion fry geben werde; das wil der könig nitt thuon *1574 SchweizId. XII 1038.* anno 1537 ist ein chur-, fůrsten- vnd s t e n d e t a g der protestirenden zu Schmalkalden angestelt vnd gehalten worden *T. Kirchner, Apologia (Dresden 1584) 261.* nachdem bei lestem s t e n d e t a g e beschlossen worden, dass die von der ritterschaft gleich andern von den stenden sollen mechtig sein, über ire adliche lehen, erb und güter zu testiren *1622 CoutLuxemb. Suppl. II 298.*

Ständeverordnete *m., Abgeordneter, Gesandter der* → Stände (III). s t e n d e v e r o r d e n t e n anzaig: Burgund. die von stenden sehe gut an, die sachen … Burgundt in

aim ausschuss zu handlen *1548 UrkBurgundKr. I 338.*
als von beiderseits fursten nidergesetzte unterhendler,
mitsampt anderen munsterischen und cleuischen rheten
und anwälden und des stifts Munster s t e n d e v e r o r d -
n e t e n ... erschienen *1572 Lacomblet, UB. IV 718.*

Ständeversammlung *f., Versammlung der* → Stände
(III); *bdv.:* Ständetag; *vgl.* Kreiskonvent, Landtag (IV), [1]Reichtag (I).
[wie es der meßpfründen halb] durch die römische kai-
serliche majestät ... und des hailigen römischen reichs
s t e n d e v e r s a m m l u n g bessers beschlossen wird *1542
Memmingen/Sehling,EvKO. XII 267.* von kőnig H. ...
wird geschrieben, daß er den religion-frieden zu erhalten, in seiner s t å n d v e r s a m b l u n g also geredet *1663
Schuppius 19.* U., ertzbischoff und herzog zu R. ...
wohnte 1467 zu T., 1469 aber zu P. der s t ä n d e v e r -
s a m m l u n g bey *1747 Zedler 51 Sp. 563.*

standfest *adj., beständig, unverrückbar, unverrückt, unbeweglich; bdv.:* standhaft (II), standhaftig (II). dat s t a n d v a -
s t e vnbewechlyke ertryke *1487 Schiller-Lübben IV 363.*
[wir befehligen *die* unterthanen an uns, ihren] regierenden landes-herrn, mit unverbrüchlichster treue und an-
hangung sich s t a n d f e s t zu halten und davon durch
nichts ... wanckend machen zu lassen *1735 Faber,
Staatskanzlei 65 S. 213.* ist die gedachte successio linea-
lis in den staaten des niedern Deutschlandes am långsten
s t a n d f e s t geblieben *1767 HambGSamml. IV 446.*

Standfeste *f., Beständigkeit,* → Standhaftigkeit; *vgl.*
Stattfest. das die [*Kloster-*]brüder ... für s t a n d v e s t e sines [*des Kaisers*] riches und siner sel haile dester un-
nachlässlicher gott [bitten] *um 1500 QFReichenau II 61.*
inn hat kein betrüebtnuß von der styffe oder s t a n d -
v e s t e dises fundaments mögen abwendig machen *1572
SchweizId. X 1445.*

Standgeld, Ständegeld *n.* **I.** *Abgabe, Gebühr für das Er-
richten und Betreiben eines* → Marktstands, *einer Ver-
kaufsbude namentlich auf einem* → Markt (I) *oder einer* → [1]Messe (IV); *va. von auswärtigen Händlern erhoben; bdv.:* Marktstandgeld, Stallgeld (II), Standrecht (VI), Standrechtgeld, Stättegeld (I); *vgl.* Marktgeld (I), Stand (XXIV). mehr haben
alle kramer undt handels leüthe diese freyheit, wann
sie einem probste einen halben batzen, mehr oder weni-
gen, nachdeme sie kaufmans wahre haben, undt platz
darzu erfordern, s t a n d t g e l d geben *1471 Hertzog,
Maursmünster 104.* mehr ruegen wir auch zwen ordentliche jahrmärkt ... mit nehmen des s t a n t g e l d s von denen crammern *1494 NÖsterr./ÖW. IX 181.* den zoll und
das s t a n t g e l t von dem frőmbden kromern zů nemen
1498 KonstanzKaufhaus 74. [si] vermainen, das fürhin
der zoll, s t a n d t g e l t und weggelt dem hof zugehören ... diewil sol steg und weg in irem costen gemacht
machen müsten *1525 SGallenAbteiRQ. II 1 S. 213.* die
wolnweber, lober und schomacher sollen morgen dem
erbarn rate irs s t a n t s g e l t s bescheit geben *1528 MarburgRQ. II 543.* es sollen jährlich 2 burger verordnet
werden die das ganze jahr s t a n t und hittengelt an st.
Leopolts tag den ganzen tag einnemen und alleß in die
lath gehört *1547 Steiermark/ÖW. VI 137.* es soll kein
meng zue der Pfaltz mehr dan vier pfennig zue s t a n d -

g e l t t geben bey straff *1552/88 Hornschuch,Keßler. 378.*
die krämer nach gelegenheit ires krames seindt s t e n d t -
g e l t schuldig der burgerschafft zu raichen *1578 Box-
berg 799.* domini habent in ... S. silbergudt 12 mans.
quilibet dat 5 sol.; ibidem in S. pfenning guth, 6 mans.,
S. knechtegudt aliquot mansos, item s t e n d e g e l t *1593
ZHarz 22 (1889) 150 [hierher?].* H., der 1. markt: zoll
und s t a n d g e l d 2 fl. 21 alb 4 pf. *1601 TrierArch. ErgH.
8 (1907) 33.* *1611 NürnbRatsverl. II 426/427.* [so der
gerichtsdiener] alle märkht ... in die 20 fl. s t a n t g e l t
einnemen thuet *1624 MHungJurHist. V 2 S. 166.* das
zu iederweyligen marcktägen vnd kirchweyhen zue K.
von denen krämeren ... dem gräflich sulzischen jäger-
maister ... das s t a n d -, wie auch ab den scholder- vnd
kögelbläzen das blazgelt ... abgerichtet werden soll
1671 Argovia 4 (1864/65) 127. *1676 HessSamml. III 80.*
bodenrecht ... pecunia forensis, qvae in nundinis a mer-
catoribus solvitur, alias s t a n d g e l t *1691 Stieler 1549.*
indessen wird ihr gemeinde das niederlag- und s t a n d -
g e l d an den kirchtagen ... zugestanden *1749 NÖsterr./
ÖW. IX 97.* weilen in der stadt die meisten plätze verbotten und vom s t a n d g e l d auf dem viehmarkt dieses
jahr nichts eingekommen, so ist daher obiges minus entstanden *1768/69 IserlohnUB. 310.* *1793 Lang,Steuerverf.
169.* s t a n d g e l d ist dasjenige geld, welches diejenigen,
die auf einem markte eine bude haben und feil halten
wollen, entrichten müssen *1802 RepRecht X 161.*

II. *Entgelt für die Lagerung von Waren, Lagergebühr.*
wurd es sich auch begeben, dass des guts zuviel uff den
marckt uberfuret und nit alles den tag verkawfft wurde
und dieselbigen personen eynmutig wurden, sollich gut
lassen zu steen biß uff zukunfftigen marcktag, so sollen
sie dem schiffmann fur s t a n n t g e l l t derselbigen zeit
schuldig sein achtzehen schilling binger heller *2. Hälfte
16. Jh. FrankfZftUrk. I 223.*

III. *Entgelt für die Unterbringung und Versorgung von
Nutztieren in einem* → Stall (I); *bdv.:* Stallmiete. [keiner der
Herren hat dem Wirt für die Einquartierung von 77 Pfer-
den] s t a n d g e l d [*bezahlt*] *1620 DarstQSchlesG. IX 94.*
daß sie über jede geordnete pfand gebühr von dem abge-
pfandeten viehe ein großes und übermäßiges an pfand-
und s t a n d - g e l d e r n exequiren und erzwingen thäten
1646 CCMarch. II 1 Sp. 140.

IV. *Nutzungsgebühr für einen* → Kirchstuhl, → Stand
(XXV) *in einer Kirche; bdv.:* Sitzgeld (V). s t a n d g e l d: wird
hier auch der bankenzins genannt, den man in der kirche für den siz bezahlen muß *1785 Hennig,PreußWB.
262.* bey neugebauten kirchen muß zwar eine gewisse
claßification der stände eingeführt und hiernach das
s t ä n d e g e l d regulirt werden *1785 Ledderhose,HessKR.
407.* vereinnahmung der s t ä n d e g e l d e r: ... so soll
auch letzterer [kastenmeister] ... sich vom prediger ein
auf das ständebuch sich beziehendes verzeichniß der ...
verloseten stände und des dafür entrichteten betrags ertheilen lassen *1797 KurhessGS. IV 247.*

V. *den* → Landständen *zur Ausrichtung der* → Landtage (IV) *gewährter Etat; vgl.* Stand (III). *1733 ActaBoruss.
BehO. V 1 S. 582.*

VI. *eine Gerichtsgebühr; vgl.* Stand (XIV). daß auch in diesem fahl dem obsigenden theil neben dem bott-, urtheil- und s t a n d s g e l t e r e n annoch der schreibtax ... refundirt und ersetzt [*werde*] *1693 BaselRQ. I 2 S. 634.*

standgeldfrei *adj., befreit vom* → Standgeld (I). zu P. seint ... iedes jahr drei freie kierchtäg ... daran ist meniklich von einer veßperzeit auf die ander ungelt- und s t a n t g e l t f r e i *1648 NÖsterr./ÖW. VII 270.*

Standgeldordnung *f., Regelwerk über die Erhebung von* → Standgeld (I). maut- u. s t a n d g e l t o r d n u n g *16. Jh.? VeröfflSteierm. 25 S. 41.*

Standgeldseinzieher *m., Einnehmer des* → Standgelds (I). *1654 Ortenau 32 (1952) 189.*

Standgericht *n.* **I.** *außerordentliche, in dringenden Fällen einberufene Gerichtssitzung; ua. als* → Gastgericht (I); *bdv.:* Notgericht (I). [*unser her hat den*] scheffen und thienern des werntlichen gerichts zu C. bewuilliget ... das sei ... gebruichen suillen und moigen eins staenden s t a i n d s g e r i c h t s eim jeklichen frembden, der sein begeren ader behoben were *1471 KoblenzGB. 106.* man soll keine gericht nit halten, man habe dan das baugeding ehe und zuvor gehalten, doch magh man in mitler zeit not- und s t a n d g e r i c h t halten *1500 Andernach/ GrW. VI 649.*

II. *Kriegsgericht, milit. (Sonder-)Gericht, das straffällige Militärangehörige im Schnellverfahren aburteilt; bdv.:* Krieggericht (I); *vgl.* Standrecht (II). welcher befehlshaber oder soldat in einer belagerung ... durch ruffen und schreyen andeutet, den platz zu übergeben ... derselbe soll ... vor das s t a n d - g e r i c h t gestellet und sein leib und leben verlohren haben *1723 Lünig,CJMilit. 1207.* stand-recht, s t a n d - g e r i c h t: ist ein gewöhnliches kriegs-gericht, da derienige uebelthäter, der ein grobes verbrechen begangen, nach vorhergegangener untersuchung, verurtheilet und gerichtet wird *1762 Wiesand 1012.* da ordentlicher weise wegen gerechter anwendung der kriegesgesetze alle umstände des facti wohl untersuchet ... werden müssen, so geschieht es doch ... daß öfters die untersuchung sehr kurz und enge seyn muß, wie z.e. bey s t a n d g e r i c h t e n *1771 Zincke,KriegsRGel. 10.* [*general-verordnung, wie das militair wegen beleidigung der civil-personen bestraft werden soll:*] in jedem fall muß die strafe durch ein s t a n d - oder kriegsge- r i c h t bestimmt werden *1788 NCCPruss. VIII 2200.*

III. *in Graubünden: unter freiem Himmel abgehaltene Gerichtssitzung eines* → Hochgerichts (III 1); *auch: die das Gericht haltenden Personen; bdv.:* Standrecht (III). wan der angesezte tag vorhanden, daß s t a n d g e r i c h t gehalten werden soll, so soll daß s t a n d g r i c h t durch den landtweibel zusammen berüfft werden, an daß bestimmte ort vnder heiterem himmel, auf nächster bequemer gelegenheit bey dem rathhauß *1692 Landsatzungen des Hochgerichts der 5 Dörfer im Gotteshausbunde (Chur 1837) 45.* wan diß alleß accomodirt, so soll der landtweibel den stab vnd ein schwerdt auf den tisch legen, dan setzt sich der richter sampt dem gantzen s t a n d - g r i c h t ein jeder an sein orth *ebd.*

Standgerichtsgeschworene *m.,* → Geschworener (I)

eines → Standgerichts (III). *1692 Landsatzungen des Hochgerichts der 5 Dörfer im Gotteshausbunde (Chur 1837) 45.*

Standgerichtsordnung *f., Regelwerk für ein* → Standgericht (III). [*Überschr.:*] s t a n d g e r i c h t s o r d n u n g *1692 Landsatzungen des Hochgerichts der 5 Dörfer im Gotteshausbunde (Chur 1837) 45.*

standhaft *adj.* **I.** *wie* → standhaftig (I). [*ist*] eine s t a n d h a f t e vergleichung getroffen worden *1603 CD Siles. 27 S. 247.*

II. *wie* → standfest. dan da ist nyemand gewichen, sonder die teutschen sind alda so s t a n t h a f t in geschütz vnnd gestäch gestanden, daz ir gar vil vnd die pesten alda pliben vnd vmbkomen sind *1512/53 FR Austr. Abt. I 1 S. 432.* desshalb sich bemelter prelat und andere ordenspersonen, so bei irer ordensregel und provession ... s t a n d h a f f t beliben sein, des closters enteussern und ander enden niderthun muessen *1539 ZSchwabNeuburg 30 (1903) 19.* [*die kurwürde haftet*] auf Baiern vermöge der nach s t a n d h a f t e n behauptungen von seite dieses kurhofes endlich 1803 vom reiche erfolgten agnition der benennung Pfalzbaiern *1804 Gönner,StaatsR. 195.*

III. *unanfechtbar, wohl begründet.* s t a n d h a f f t e und ohnhintertreibliche widerlegung jenes ... scripti *1748 Moser,KreisVerf. 176. 1773 JbLkNÖ.[2] 29 (1944/48) 277.* [*Buchtitel: W.A. Rudloff,*] s t a n d h a f t e behauptung der freiheit des ehestandes der evangelischen domcapitularen zu O. [*1774*]. hat mir die kanzley ein s t a n d - h a f t e s gutachten zu erstatten, was diesfalls für maaßnehmung zu ergreifen sind *1781 Josephinismus III 300.*

IV. *unbescholten, ehrbar.* ueber daß soll er umb sein bezüchend erb vor gricht auf ein jahr lang trostung thun mit zweyen s t a n d h a f f t e n yngeseßnen burgern *1675 Pestalutz II 233.*

Standhafte *f., wie* → Standhaftigkeit. dan der schwitzer frihait, fraidikait und s t a n d h a f t e wider die fürsten und herrn gar wit under allen puren erschal *1531 v.Watt,DtHistSchr. II 182.* also wurdend sie ... mit dem rad grichtet, usgnon die F., der gnoß sir s t a n d h a f t e *1550/73 SchweizId. XI 1036.* s t a n d h a f f t e (die): constantia, firmitudo animi *1561 Maaler 384rb.*

standhaftig *adj.* **I.** *rechtskräftig, rechtsgültig, unverbrüchlich, unbestritten; bdv.:* standhaft (I), standhaftlich (I). derhalben seyn wir durch beyder partt bitt gunstiglich bewegt und wollen die vorgesagte keuffung und vorkeuffung fest und s t a n d h a f t i g gehalden haben *1343 Glatz GQ. I 79.* eyn leenheer off eyn scholte en mach nyemant an- off affzegelen dat s t a n t a f f t i c h is, buyten mannen offt gerichtsluyden *14. Jh. ZutphenRbr. 98. 1431 LSchrP. 209.* dat alle scepenenbrieve, daer die onderrichter over gestaen heeft ... s t e n t e f t i c h wesen solen *1432 NijmegenStR. 223.* dat ik ... s t a n t a f f t y g h e s k o - pes ... in cracht unde macht dusses apenen besegelden koepbreve vorkope unde hebbe vorkoeft *1471 Ostfries UB. II 2.* eyne fruntliche, entliche und s t a n t h a f f t i g - h e deghedinghe *1481 ebd. 134.* wat he one ghevet in sijnre cranckheyt, dat sijnen erfgenamen niet en leve-

de, dat en is niet s t a n t a c h t i c h *2. Hälfte 15. Jh. Mnl
WB. IV 579. um 1530 OYStR. II 1 S. 12.* gelovende
mits dezen goet, vast, s t e n t a f t i c h ende van goeder
weerden te houden wat by den selven meester daerin-
ne gehanteert sal weerden *1530/43 MnlWB. VII 1938.*
auf solch sein s t a n d t h a f f t i g e s bekentnuß ist er ...
mit dem schwerte justificiret worden *1611 BraunauBöhm
Blutb. 188.* so wir deren beyder possessionis, eine ordentliche weise erlangeten, vnd ersessen geruhiglich jahr vnd
tag, so ist solche possession s t a n d h a f f t i g vnd vnbe-
weglich *BöhmStR. 1614 F 40. 1793 Weinart I 203.*
   II. *wie* → standfest. s t a n d h a f f t i g e r, verfengkli-
cher fride und recht im reych auffgericht *1495 RAbsch.
II 4.* darumme de Sasszen, vnder malckander vasten
s t a n t a f f t i g h e n louen holdende, elckem de warheyt
syner eghen daet betruweden myth synem eede *vor 1529
LangenbeckGl.(Eichler) L 1 Cod. B.* de werlt were up
nicht bostendiges gebuwet, eth were ock nicht s t a n t -
h a f f t i g e s under sunnen; so konde en regimente woll
lange stann, kregnen overs to latest woll eyn vall *1535
Waitz,Wullenw. III 417.* wie der teuffel zuzeiten seine he-
xen bezeichne und ihnen mahle antrücke, damit sie bey
ihme desto s t a n d h a f f t i g e r verharren müssen *1668
Praetorius,Blockes-Berg 407.*

   Standhaftigkeit *f.,* Beständigkeit, Unnachgiebigkeit,
Verlässlichkeit. weil ... solchs [*Nichteinhaltung von Zu-
sagen*] dem hauße Brandenburg an dero wolhergebrach-
ten hohet und s t a n d h a f f t i g k e i t sehr vorkleinerlich
fallen möchte *1607 ActaBrandenb. III 211.* alle [sollen]
verbunden seyn ... stets für einen mann zu stehen und
mit all erforderlicher s t a n d h a f f t i g k e i t causam com-
munem zu machen *1774 Moser,Reichstage I 105.*

   (standhaftlich) *adv.* **I.** *wie* → standhaftig (I). ende want
wij willen dat die voirs. overghevinghe ende alle die punten ende voirwairden s t a n t a c h t e l i c k gehouden worden *1447 MnlWB. VII 1937.*
   II. *bestimmt, deutlich, entschieden.* indien datmen die
seuene nijet claerlijken ende s t a n t a c h l i j k e n en weet
seuen tende gheuers te blijuen bij wijsijnge der heijmrae-
ders *um 1530 OYStR. II 1 S. 21.*

   Standherr *behandelt unter* Standesherr.

   Standhilfe *f., von den* → Reichständen *gewährte und
aufgebrachte Kriegsgelder. 1557 Lünig,CJMilit. 282.*

   ständig *adj.* **I.** *(aufrecht) stehend;* ständiges Eigen/Er-
be und Gut *wie* → Standeigen, → Standerbe; *im Bergrecht:* ständige Markschaft *Grenze zwischen zwei ne-
beneinander liegenden Grubenfeldern, iU. zur flachen* →
Markscheide (II), *der Grenze zwischen zwei übereinander
liegenden Grubenfeldern;* vgl. Markschaft (II). hat her abir
s t e n d e g e eygin vorgebin, daz en an geerbit waz, daz
mogin syne erbin wedir sprechin bynnen iar vnde tage
1359/89 MagdebBresl. IV 1 Kap. 37. bete ich czu frogen
am rechten, ap er nicht ... solche burgen seczin solle, die
s t e n d i g erbe und gut habin, das unvorkomert ist und
in der stat rechte gelegin *um 1490 RechterWeg I 385.*
da der hencker das schwert hat auszochen, und es der
knab gesechen hat, ist er also bunden auff der haupt-
statt hin und her gelauffen ... also hat er dem knaben

s t e n d i g e n den kopf abgehauen *um 1536 AugsbChr.
IV 110.* markschaften, es seyen s t e n d i g e oder flache,
sollen getreulich gehalten werden, daß keiner verruckt
werde *1575 Wagner,CJMet. 251.*
   II. *schuldig, geständig, zugestehend, einräumend.* de up
den erffdage ere schult untoeppenen wat men em schuldich is, unde kont dat myt tugen nabrengen, dat dat so
in warheit is, unde men des ock s t e n d i c h is, unde wert
angekent, so dat em dat ordel unde recht to wyset, moet
men betalen *Ende 15. Jh. CTradWestf. I 194.* dar up se
sodans s t e n d i c h gewest unde noch forder dar by bekant, dat se mit mester H. ... eynen schat wolde helpen
schaffen *2. Hälfte 15. Jh. MagdebSchSpr.(Friese) 176.*
[vefftych gulden,] der yck denne dem closter noch ahn
sodanen guderen s t e n d y c h byn *1513 VeröfflNdsachs.
37, 15 S. 238.* heft geantwerdeth her H.M., he were wol
s t e n d i c h, dat men dar van vaken gesacht *1515 Han-
seRez.³ VI 662.* wo dat averst nicht gescheen mochte,
muste ein erbar raedt der protestation s t e n d i c h syn
1525 ebd. IX 152. dewile auers S. nicht s t e n d i c h dat
he IJC VIJ mk. enthauen vnd angetagen dat de houe me-
gestdel verbrant vnd vorwůstet, schole wy artikelswyse
wor vnd van weme vnd in welkem jare dat geschen, vp-
gheuen *1530 BaltStud. 1 (1832) 227.* hebben sse eth [dut
bauen geschreuen geld] my nycht s t e n d y c h gewessen
1541 MLiv. IV p. 275. de V. 4 fl. vor 1 pert schuldich,
dat ere vader seliger S.V. ut der kerken to K. genamen, nicht s t e n d i c h. 5 daler vor vif bogreftnissen in
dersulvigen kerken, nicht s t e n d i c h *1547 PommVis. II
250.* dat de van H. nemande anders den sick unde dem
husze M. gerechticheyt an der weyde ... s t e n d i c h *1548
HambGSamml. X 113.* so ferne einer rechnug midt den
nabers hedde de schal idt wenn de nabers tho samende
offte de maschop gerecknedt wardt binnen jars an den
dach geuen vnde nicht auer 2 offte 3 jar olde sedelen
heruor bringen offte de naber sin en nicht s t e n d i c h
1597 GartenRJacobsf. 35. ständig: ... schuldig, der eine schuld eingestehet *1770 BremWB. IV 993.*
   III. *rechtskräftig, rechtsgültig, rechtsbeständig.* hierop
hebn die scepenen van C. gewijst voir recht, dat die
scholtbrief sall s t a n t i c h bliven *1. Hälfte 15. Jh. Kleve
LibSent. 152.*
   IV. *beständig, regelmäßig.* so viel die s t e n d i g e in-
nam betrifft, sollen sie darnach fragen vnd forschen, ob
sich dieselbigen nicht gemehret haben *1568 HessSamml.
I 340.* außgab an gelt, an s t e n d i g e n gründ- oder bo-
denzinsen, von der pflegkindern güter *1599 OPfalzLO.
128.* se seind auch die königliche bisher mit landstewer,
so über die 16 lb. heller, so sie jehrlich s t e n d i g scha-
zung oder königsbet liefern, nicht belegt *1603 BadW.
202.* damit es auch mit vnsern s t e n d i g e n vnd vnstendi-
gen gefellen richtig zugehe, so solt du ... alle vnstendige
gefalle der innahm ... mit schrifftlichen vrkunden ... be-
scheinen *1617 HessSamml. II 655.* alljährlich ein s t ä n -
d i g e s fixum ad 50 fl von gemeinds wegen *1770 Conzel-
mann,Dossenheim 74.* eine s t å n d i g e jährliche frucht-
abgabe *1802 Bewer,Rechtsfälle VI 138.*
   V. *etw. ständig machen etw.* → sperren (I), *unter Ar-*

rest legen. were auche saiche, das eyn man rumiche worde, so sall man dat s t e n d i c h e machen jaire vnd dach, biss jare vnd dach vmb iss *1517 GrW. II 592.*

VI. *von Amtsträgern: auf Lebenszeit gewählt, ernannt.* es ist auch für ... gut angesehen, daß hinfur die hohe aempter ... auß den dreyzehen personen deß s t å n d i g e n rhats gewehlt werden, dermaß durch die mehr bestimbten s t å n d i g e n rhats-personen *1526 Schannat, Worm. II 403.*

VII. *jetzig, gegenwärtig.* s t a n d i g heißt in urkunden ietzig, z.b. dat s t ä n d i g e jahr, das laufende jahr *1790 RavensbergId. 318.*

VIII. *adressiert.* die mit J.K.W. eignen handenn geschribene an mich s t e n d i g e credentz *1589 Diefenb.-Wülcker 862.*

ständisch *adj., aus* → Ständen (II od. III) *bestehend, von ihnen ausgehend, ihnen zugehörig; reichsständisch, landständisch.* alwo gleich bei eingang des s t ä n d i s c h e n ausschuss ... herr regirungscanzler ... an ihren ... orth aufgestanden seind *1720 Chorinsky, Mat. I 474.* solchem allen aber vorzubiegen wir ... dieses werk, in gegenhaltung der s t ä n d i s c h e n erinnerungen, nach gegenwärtigen zeiten zu verfassen [angeordnet] *1729 CAustr. IV 539.* weiln auch die stadt E. von allen s t ä n d i s c h e n versammlungen ... ausgeschlossen [gewesen] *1744 HistBeitrPreuß. II 302.* ob ein grundherr zum nachstand des s t ä n d i s c h e n guths seine unterthanen ... der robattpflicht entlassen könne *1753 Chorinsky, Mat. IV 203.* wie weit sich die s t å n d i s c h e gerichtsbarkeit in herrschaften, hofmårchen, stådten, mårkten, gefreyten sizen oder auf einschichtigen höfen erstrecke ... ist ... nach gebühr bemerkt worden *1770 Kreittmayr, StaatsR. 355.* das reichserzmarschallenamt behauptet die gerichtsbarkeit über die auf dem reichstage anwesenden s t å n d i s c h e n gesandten und geschäftsträger zu besizen *1785 Fischer, KamPolR. II 75.* alle landeshauptleute müsten bei antritt ihres amtes den ständen in offenen landtage den eid ... ablegen und ihnen die handhabung der s t ä n d i s c h e n freiheiten [angeloben] *1790 SteirGBl. 6 (1885) 82.* Teutschland behält ... auch im zwischenreiche den charakter einer eingeschränkten monarchie, welcher neben einer s t ä n d i s c h e n versammlung ein oberhaupt erfordert *1804 Gönner, StaatsR. 165.*

Standkauf *m., Handel an einem* → Stand (XXIV); *Markt-, Messehandel.* so si [puchfürer] bücher und ander gedruckt ding alhere bringen, verkaufen si dieselben ebenso wol in s t a n t k a u f als si zuvor von den puchdruckern gekauft haben, domit ich in armut wirde gedrungen *1543 K. Schottenloher, Regensburger Buchgewerbe (Mainz 1920) 101.* ainem e. handtwerckh ... ist durch ain e. rath bewilligt ... das sie jerlich miteinander achthundert loden hingeben und verkaufen, damit sy auch zue s t a n d t k e u f e n kommen mögen *1599 Donauwörth (Stenger) 186.*

ständling, ständlingen *adv., stehend, im Stehen.* zů dem ersten hat er den büben s t e n d l i n g e n gericht *um 1536 AugsbChr. IV 109.* als er auf die hauptstat kam und

nach gewonhait das volk gesegnet und das gemain gepot anruft, wolt der züchtiger aus ainer freveln kwonhait ime sin haupt also s t e n d l i n g am ort der hauptstat abgehawen haben *1554 Schuhmann, Scharfrichter 50.*

(Standnosse) *m., wie* → Standesgenosse (I); *vgl.* Nosse. worde wey an gesproken an gherichte mit eyme richters breyve ume sake, kunde dey angesprokene wisen mit gerichte unde mit s t a n t n o t e n des gerichtes, dat dey sake gerichtet sy, dar en darf dey angesprokene neyne nôt vorder umme liden *um 1300 DortmStat. 134.* hiir weren an und ôver s t a n d n ô t e n und biistender des gerichtes E.K. ... und ander vriigen schepen genoch *1425 Hildesh UB. III 560.* dar mit uns an und over weren, s t a n d e - n o t e n des gerichtz und tuge der ersamen H.v.O., H.t.B. ... und meer guder lude genoch *1500 WestfLR. 200.* hyr weren mede by, an und over tho tuchluden und s t a n t - n o t e n dusses gerichtes van beyden vorscrevenen parten hyr tho geeisscheth und gebedden *1504 ebd. 202.*

Standquartier *n., milit.: Ort, an dem Truppen für längere Zeit* → Quartier (II 4) *beziehen; Truppenunterkunft; fester Aufenthaltsort; Hauptquartier.* was ... die regiments-ståbe und dero suchendes s t a n d - q u a r t i e r betrifft, kan man ohne instruction und gemeine craysversammlung ... dißmahlen nichts weiter determiniren *1683 Moser, StaatsR. 30 S. 90.* ist eine jede estandart und fahne von dem commendanten der compagnie in seinem s t a n d - q u a r t i e r aufzubehalten *1698 ebd. 29 S. 498. 1715 ActaBoruss. BehO. II 272.* ein privilegirtes soldaten-testament [ist] ... in denen rechten gültig zu achten ... wenn bey einem schleunigen und unvermutheten ausmarsch aus dem s t a n d t - q u a r t i e r ... solche verordnung des lezten willens gemacht ist *1747 CC March. III. Cont. 156.* s t a n d q u a r t i e r e heißen, wenn die soldaten des sommers in quartieren liegen, und eine zeitlang in selbigen verbleiben *1757 Eggers, NKriegsLex. II 978. 1771 Zincke, KriegsRGel. 23.* so haben sich se. churfürstl. durchl. gnådigst entschlossen, dero sammentliche cavallerie auf das land und die gränzen dergestalt zu verlegen, daß die beträchtliche orte mit s t a n d q u a r - t i e r e n und vorposten ... versehen werden sollen *1788 KurpfSamml. V 527. 1790 UnnaHeimath. 17.*

Standrecht, Standesrecht *n.* **I.** *gerichtliches Schnellverfahren zur Aburteilung best. schwerer Straftaten, insb. bei offenkundiger oder handhafter Tat.* daß wann einer von dergleichen stånckern und duellanten ... auf dem platz todt bleibet, derselbe ... zu ohnehrlicher begråbnis, der thåter aber sofort nach gehaltenem s t a n d t - r e c h t und befinden vom leben zum tode gebracht [werden solle] *1706 BrschwLO. II 680.* dafern sich aber zutrüge, daß in einem land-gericht ein ... in offener that ergriffener ... ubelthåter bey solcher visitation eingebracht würde, demselben solle alsogleich ein s t a n d - r e c h t gemacht, das urtheil publiciret und nach verrichteter beicht an dem delinquenten vollzogen werden *1724 CAustr. IV 180.* das s t a n d - oder geschwinde r e c h t ist eine ausserordentliche verfahrungsart, mittelst welcher in gewissen, der allgemeinen wohlfahrt besonders gefährlichen missethaten die nachforschung auf die that, und die bestraf-

fung des missethâters mit abkůrzung der sonst gewôhn-
lichen proceßordnung ... vorgenommen wird *1769 CC
Ther. 49 § 1.*

II. *milit.:* → Standgericht (II), *standgerichtliches Verfahren; auf die sofortige Verurteilung nach kurzem Prozess folgt die unverzügliche Strafvollstreckung; vgl.* Spieß-
recht. weil nun der hauptman ... mit seinen vnderhaben-
den kriegßleuten das s t a n d t r e c h t halten, vmb der ursachen, weil die mißbrauchung nicht mallafitzlich ist,
sondern schon offenbar beweißt *Jungkhanss,KriegsO.
(Köln 1594) 69.* s t a n d r e c h t nach ausweisung der kaiserlichen kriegsrecht herkommen und gebrauch *1606
Maurer,WürtBurg 129.* [*Buchtitel:*] malefiz-, kriegs- vnd
s t a n d t r e c h t, auch anklag vnd vrtheyl, so in dem
feldt hauptquartier bey R. in H. vber den obristen G.
den 8. octobris anno 1627 gehalten vnnd exequirt worden *[1627]. Besold,Thes.(Augsburg 1641) 868.* judicium
criminale nennen wir teutsche ínsgemein zwar malefiz-
recht, ist aber doch dreyerley, als das, so proprie malefitz genennet, darnach das s t a n d - r e c h t und letzlich
das spieß-recht *1. Hälfte 17. Jh. v.Frauenholz,Heerw. III
1 S. 26.* ... daß etliche soldaten durch das offentliche ...
zu Wien gehaltnes s t a n d r e c h t zum aufhencken ver-
dammt worden *1670 Abele,Unordn. I 308. 1682 Moser,
StaatsR. 30 S. 352.* standrecht: judicium statarium,
militare criminale sub dio *1691 Stieler 1552.* wann über
einen unter-officier verhôr und s t a n d - r e c h t gehalten
werden soll, wird zur verhôr 1 lieutenant und 1 fåhn-
drich, und zum s t a n d - r e c h t ein capitain als præses,
2 lieutenants, 2 fåhndrichs, 2 sergeanten und 2 corpo-
rals [commandiret] *1726 CCMarch. III 1 Sp. 473. 1757
Eggers,NKriegsLex. II 978.* jeweilen erågnet sichs bei
soldaten, daß über einen missetäter so fort gericht gehalten und in geschwindigkeit ein urtel gesprochen werde, welches man s t a n d - r e c h t nennet *1758 Estor,RGel.
II 858.* die kriegsgerichte sind entweder kammer- und
s t a n d r e c h t e, oder eigentliche kriegsrechte. das erstere geht auf bürgerliche sachen und geringe vergehun-
gen, das leztere auf hauptverbrechen *1785 Fischer,Kam
PolR. II 80. 1808 NCCPruss. XII 2 Sp. 394.* [in kriegszei-
ten] kann statt des ordentlichen kriegsrechts ein außer-
ordentliches verfahren angeordnet werden, das alsdann
den namen s t a n d r e c h t fûhrt *1810 Reyscher,Ges. XIX
2 S. 1114.*

III. *wie* → Standgericht (III). frag der vrtel, ob es
weiblen, geûmern, handwerkhsleuthen vnd allen, so an
disem s t a n d t r ä c h t verwant, an ihren glimpf vnd ehren unufheblich sein solle *1652 DavosLB. 104.* keiserlicher gerichtsbahn, so am s t a n d r ä c h t verlesen wird
18. Jh. ebd. 110.

IV. *Versäumnisurteil bei grundlosem Nichterscheinen
einer korrekt geladenen Prozesspartei.* da sich aber der
klåger ... nicht meldet, so soll die ladung ausgethan,
vnd der beschickte, da er sich anderst gestellt, vnd begehren wurde, gegen den klåger das s t a n d r e c h t erlangen *1585 Kuttenberg/Schmidt,ÖBG. I 3 S. 563.* wo
sich der beschickte ... nach dem andern und dritten ruffen nicht meldet, und sich vor den rechten, die klage zu

hôren, nicht gestellet, so soll dem klåger in deme, welcher ursachen er ihn beklagen wollen ... s t a n d t - r e c h t
mitgetheilet werden *1698 Span,Bergsp. 393.*

V. *Recht, binnen einer best. Frist anstelle des Käu-
fers in einen (Grundstücks-)Kaufvertrag einzutreten und
die Kaufsache gegen Erstattung des Kaufpreises und aller
Vertragskosten zu erwerben,* → Einstandrecht (I); *insb.
als dingliches Recht an fremden Grundstücken; bdv.:* Näher-
recht, Retrakt. ob das einstand-recht ... in lehens-guettern
stat habe ... was aber neue erlangte lehen-guetter ...
in denselben hat das s t a n d t - r e c h t nicht stat *1582
Lünig,CJFeud. III 566.* demselben sol auff das, was er
also vor dem land-rechten ... erweisen würd, rechtens
verholffen vnd auff beschehene erkåntnüß der executi-
onsprocess ... zugelassen werden, allermassen wie man
es nach erlangung eines s t a n d r e c h t e n s zuhalten pfleget *1627 BöhmLO. S 6 [hierher?].* ein weinkauff, das
ist ... wann die bawren etwas kauffen, es seye ein acker
oder hauss, dass sie ein ansehenlich gelt mit trincken
verthun, also dass der jenige, der das jus retractus, dass
ist das s t a n d - r e c h t oder rechtzug hat, und den kauff
ziehen will, der muss solchen kosten alle wider erlegen
1658 ForschRArch. 18 (2000) 194.

VI. *wie* → Standgeld (I); *vgl.* Stand (XXIV). das s t a n t -
r e c h t hie in dem markt W. ... ist man schuldig zu
gebm do es pillich hin gehört, von dem stand zwen ₰
1528 OÖsterr./ÖW. XII 768. so ain kramer auf dem
kirchtag fail het, es sei was pfenwert es well, soll derselb dem ambtman s t a n d r e c h t geben zwen pfening
17. Jh. Salzburg/ebd. I 68. die einnembung des s t a n t -
r e c h t von denen daselbst aufrichenten krammerläden
17. Jh. Steiermark/ebd. VI 186. [einige unterstehen sich]
unter ihren thoren ... die ein-, aus- und durchgehenden
waaren ... mit gewissem aufschlag, unter dem namen accis, umbgeld, niederlag, s t a n d - und marck-r e c h t ...
zu beschweren *1711 RAbsch. IV 238.*

VII. *(Recht auf die Erhebung einer) Gebühr für das
Anlegen von Schiffen; vgl.* Ankergeld, Stegrecht. regalia: ...
hieher gehören alle und iede schiff-, zwang- und wasser-
mûhlen, ... item s t a n d t - r e c h t am ufer, brücken- und
schiff-zoll *1709 Geisen,CJ. 1.*

VIII. *Gesamtheit der Vorrechte, Privilegien eines* →
Standes (I). in ansehung der kriegsrechte [kommt] ...
das meiste ... auf lauter eigentliche auch besondere
personal- und personen- oder s t a n d e s r e c h t e verschiedener eigentlicher soldaten ... an *1771 Zincke,
KriegsRGel. 11.* ein edelmann, der ... einem andern von
gleichem stande und geburt aufpaßt, oder ihm aufpas-
sen läßt, und ihn mit stock- oder peitschenschlägen ...
beschimpft, soll als einer, der sich ... durch die that
selbst aller s t a n d e s r e c h t e und würden verlustig gemacht hat, angesehen, und zu acht- bis zehnjährigem fe-
stungsarreste verurtheilt werden *1794 PreußALR. II 20
§ 633.* diese ehre [des bürgers] ist unverletzlich, wenn die
s t a n d e s r e c h t e des bürgers unverletzlich seyn sollen
1798 Grolman,KrimRWiss. 198.

IX. *(noch) bestehender Rechtszustand; bdv.:* Rechtstand
(IV). daß die casus præteriti, so bereit gerichtsanhångig,

und noch in lite pendente seyn, bey dem s t a n d r e c h - t e n s gelassen, und darüber nach befund der beederseits gehandleten nothdurfften erkennet werden *1673 CAustr. I 740.*

Standrechtgeld *n., wie* → Standgeld (I). die maut und s t a n d r e c h t g e l t in markt L. *1577 VeröfflSteierm. 25 S. 60. 17. Jh. Steiermark/ÖW. VI 197.* das bei den kirchtagen bei st. Nicola und beim geschoß eingehende s t a n d r e c h t g e l d wird dem diener eigentumlich gelassen *1749 Wimbersky 83.*

Standrede *f., kurze, feierliche, stehend gehaltene Rede.* die s t a n d - r e d e n, so bishero in den kirchen bey ... beysetzungen gehalten werden, sollen gäntzlich abgeschaffet seyn *1696 CCMarch. I 2 Sp. 123. 1733 Liskow Schriften II 265. 1783 HistBeitrPreuß. II 568.*

Standsgeschäft *n., den* → Stand (IV) *betreffende Angelegenheit,* → Staatsgeschäft (I); *bdv.:* Standssache. *[dass]* by der welt verböserung ... uns wenig zytts überblybt, anderen wichtigeren sachen und s t a n d t s g e s c h e f f - t e n nachzesinen und abzewarten *1586 BernStR. VII 1 S. 629.* welche ... beeidigete der grosse rath oder zugeschworne instituirt, und etwan über vorfallende s t a n d s oder sonsten dessen würdige g e s c h ä f t versamelt *nach 1650 Zehngerichtebund 158. 1673 BernStR. VI 1 S. 552.* da sye aber ersehen, es werden die zwey unirte pünd in s t a n d t s g e s c h ä f f t e n auch ohne ihre intervention fortfahren, haben sye die deputirte von Z. und B. ... vorauss gehen lassen *1729 FRAustr. 32 S. 393.* zu Bern kommen alle s t a n d s - und andere g e s c h ä f f t e zuerst vor den kleinen raht *1735 Leu,RegEidg. 492.* zu s t a n d s - g e s c h ä f t e n ordnet jeder theil in gleicher anzahl gesandten ab *1766 Fäsi II 310.*

Standslieferung *f., eine Abgabe. 1677 BernStR. VII 1 S. 330.*

Standssache *f., wie* → Standsgeschäft. *[Übschr.:]* reformation-, theils ouch s t a n d t s - und polycey s a c h e n von ao 1528 an *nach 1528 BernStR. VI 1 S. 339.* daß an montagen in der rahts cammer allein von s t a n d s a c h e n und nohtwenigen anzügen getractiert und die rechtshendel denzümalen z'ruckgesetzt werdind *1652 ebd. V 239. 1654 ebd. VII 1 S. 630.* es sitzen aber beyde neuere und alte räthe wöchentlich 4 mahl durch und bey einander, da die s t a n d s - s a c h e n deliberirt ... werden *1720 Lünig,TheatrCerem. II 1061.*

Standsvorständer *m., Vorsteher eines (Kirchspiel-)Gerichts; vgl.* Kirchspielgericht, Stand (XIV). *[Unterschrift:]* sämpt-liche adeliche und gemeinen s t a n d t z - v o r s t e n d e r der kerspel amptz A. *1596 AltenaGQ. I 392.*

Standverweser *m., Stellvertreter; bdv.:* Stattverweser. einen halben taler den hern cantzler ader seinen s t a n d t v o r - w e s e r *1564 Haltaus 1717.*

Stange *f.* **I.** *allg.: Stab, Stock, Pfahl, Pflock.* ein fuder holtzes daz vaile ist [git] eine s t a n g e n *1282 Augsburg/ CorpAltdtOrUrk. I 486.* [wir befelhen vnsern amptleüten, das sie] ein holtzmeß mit s t a n g e n oder ramen, solchen jetzgemelten klafftern gemeß, also bald anrichten, damit gantze, drei vierteil, halbe, vnnd ein vierteil eins klaffters gemessen werden mögen *1552 WürtNLO. 23ʳ.*

wann ain paum auf ainen rain stient ... und derselbig des der paum ist wolt seinen nachtparn den uberfal nit lassen, so solt er ein s t a n g e n mitten aufn rain stecken und mag im die nest all abhacken *1592 NÖsterr./ÖW. VII 127.* dat anden vörnemsten orten ... der straten füer-pannen, an isern s t a n g e n verfatet, schölen gemaket warden, darmede desülven in solken füers- unde notfäl-len angesticket *1594/1610 HambBurspr. 573.* buschholz wird theils in s t a n g e n, weinpfähle, reifenstöcke und dergleichen gehauen, um es als nutzholz zu verkaufen *1758 v.Justi,Staatsw. II 219.*

II. *Stangenwaffe, Waffe in Form eines (langen) Stabs; Wurfstange, Schlagstock, Brechstange, auch* → Baum (II 4) *des* → Sekundanten *beim Zweikampf; Stab und Stange tragen können waffenfähig sein; der Stange begehren sich für überwunden erklären; bdv.:* Stab (I 16), Stangharnisch; *vgl.* Speer, ¹Spieß (I). ir ietwederm [*Kämpfer*] sol der rihter ainen geben der sîn s t a n g e trage, der sol sie nihts irren; wan ob ir ainer vellet, daz er die s t a n g e understôezze; oder ob er gewundet wirt, oder der s t a n g e sust begert *14. Jh. Schwsp.(W.) Art. 404.* also gaben sich vff gnad / dem pfaltzgrauen gefangen / vnd begerten der s t a n g e n nach *1471 Beheim,RChr. 253.* [*dass*] alle volk usz dem land von B. und W., was stab und s t a n g getragen könd, siner groser majestat ... ze hilf kemmen *1474 BaselChr. II 137.* [*das nyemands*] nachtz nach laiten der ratzglog-ken kain langen tegen, swerter, messer noch s t a n g e n ... nit tragen sol bey pen *nach 1500 LauingenStR. 1439 S. 27.* doch ist vor gelassen, das man mag hallenbarten, s t a n g, spiess tragen so man wilde tyer jagen wil *1524/25 ObwaldenLB. 21.* waffen sein al geschoß, spieß, s t a n g e n, schwert, stein, messer, bogen *1536 Gobler,GerProz. 74ʳ.* würff aber einer mit holtz, s t a n g e n ... vnd anders, welchs kein stachel noch spitzen von eissen hat ... der sols mit eim gulden verbüssen *1543 Salwechter,GerProz. H ijʳ.* welcher aber einen über frid mit schwert, mässer, s t a n g ... sticht oder wirft, das er plütruns wirt, der ist fridbräch *1564 GasterLsch. 54.* dass man ... sturm schlecht vnd ... alles, was s t a n g vnnd stab tragen kan vnd mag, wider sie zulaufft *1573 Fronsperger,Kriegsb. III 143ʳ.* der crayß kan nach gelegenheith mit piqquen oder s t a n g e n geschlossen werden, in welchen der statt-amman als blueth-richter zu pferdt halten und der exe-cution [beywohnen solle] *1716 Schuhmann,Scharfrichter 172.* brecheisen, s t a n g e n, nachschlüssel, dietriche und andere diebs-instrumente *1719 CAug. I 1902.*

III. → Pfahl (I 2 u. 3) *zur Strafvollstreckung, insb. zum Aufstecken des Kopfes von Enthaupteten und von abgetrennten Gliedmaßen.* s t a n g e n, hölzer vnd räder zu rechtfertigung der mistheter ofrichten, die kulen dar-zu graben *1572 Lappe,Lünen 35.* nach außweißung der recht mitt dem rade durch zerstossung seiner glieder vom leben zum tode hingerichtet, aufs rath geleget vnnd sein kopf auf ein s t a n g e n gesetzt worden *1605 Brau-nauBöhmBlutb. 182. 1623 QFGNürnb. 32 S. 607.* H. mit dem schwerdt hingericht und hernach drey schwör-finger abgehaudt und dessen kopf auf dem pfrill gestöckt und auf eine s t a n g genaglet *1766 SalzbScharfriTb. 58.*

IV. → *Schranke, Sperrzaun, Querstange zur Absperrung; insb. zur Einfriedung einer Gerichtsstätte,* → *Gerichtsstange.* das niemer dekein ubirschuz Z. gemachet sol werden noch gebuwen gegen strassen noch gassun von holze noch von gemüre noch mit stifften, tischen, s t a n g e n oder schwirn vûr die gewer *um 1300 Zürich RBf.(Bodmer) 59.* da hub sich das salve zu unser frawen an und ward der aplas darzu gegeben und man hub an groß wachs dahin zu geben, das man s t a n g e n und keten must auf machen *1441 NürnbChr. IV 159.* [daß] sie hinfüro einanderen an dem stattgericht an der s t a n g e n rechtfertigen söllint *1561 ZürichOffn. I 130.* wann die s t a n g e n, welche umb die felder gemacht, von dem vich abgeworfen, soll ers [fluerer] jederzeit wider auflegen …, dardurch manchen schaden vorzukommen *1643 WürtLändlRQ. I 319.* wer … seine güter mit s t a n g e n vermacht … erlegt in jedem uebertretungsfall 3 fl. strafe *1786 Moser,ForstArch. VI 150.* bauplätze sind mit s t a n g e n dergestalt einzufassen, daß besonders kinder und thiere, von betretung solcher gefährlichen stellen zurückgehalten werden *1794 PreußALR. II 20 § 774.* warnungszeichen bei dâcherreparaturen: … daß in zukunft an das haus, an welchem gebauet wird, zwei s t a n g e n oder latten auf die straße herausgestellt werden sollen *1806 HeidelbPolGes. 87.*

V. *zum Zeichen der Zwangsversteigerung aufgestellte oder vorangetragene Lanze oder* → *Rute (III); an die Stange bringen/hängen* zur Zwangsversteigerung bringen; vgl. Stangenrecht (I). kein phleger noch richter sollen … die sôlhewser, so lanng die den artzknappen, kolern vnd holtzknechten zuegehörn, vmb schuld failfuern, an die s t a n n g e n brennen noch der vergannten stuck … *1556 Tirol/SchwazErf. Art. 22 § 3.* ein schädlicher und böser bruch gwäsen, daß die wittwen und weysen vögt uff irer vogtfrouwen und vogtkinden gütter gezogen, dieselben … verwaltet und aber dann … schlechte rechnung darumb geben, ouch vill zytts dermassen damit gehandlet, daß sy dieselben an ire s t a n g e n gehänckt und gebracht hand, und die wittwen und weysen darnäben sitzen müssen *1570 BernStR. VII 1 S. 158.*

VI. *Fahnenstange, Stab als Teil einer* → *Standarte (I), auch allg. zum öffentlichen Vorzeigen von etw.* ob das wer da der gruntherr nicht hiet seinen ambtman im markt, so sollen dieselben holden den dienst an dem rechten dienstag an ainer s t a n g e n herauß reken aus ihren heusern *1404 NÖsterr./ÖW. VII 373.* dat een jslik schipper … siner stat wapen achter vtsteke upp dem castele mit eener s t a n g e n efte glifeneyen *1437 Danzig (Hirsch) 138.* so hat einer vnder vns einen puntschüch offenlich an einer s t a n g e n vffgeworffen zu einem zeichen, wer in der sach wider vnsern gnedigen herren sin wölt *1443 ZGO. 16 (1864) 244.*

VII. *Messstange, -stab; Stab bestimmter Länge als Messgerät; auch das entsprechende* → *Stangenmaß (I); vgl. Speermaß (I), Stangenrecht (IV).* so sol er [probst] han ein s t a n g e n zwelf tumelne lang vnd sol man die füren dur die stat vnd swa die rüret daz sol man mit mins heren willen behan old nüt *12./13. Jh. Geschfrd. der 5 Orte 1*

(1844) 161. ouch ist zer wandlunge so ein nüwer apt wirt das er sine s t a n g e n tragen sol, zwo strassin in der meren stat vnd in der minren ein strasse vnd swa dü s t a n g rürz, das sol man abbrechen oder aber mit des herren willen behan *ebd. 162. 1288 ebd. 205.* vnnser gnädiger herr [hat uns] ein maaß mit einer eisenen s t a n g e aus seiner cammer fürhalten lassen, wie und in welchem form die egenannt zůllen vormalen geführt sey worden *1441 Lori,BairBergr. 30.* den lehensässen und sölleuten [ist] auf ain ieden tagpau ain s t a n g e n prait, der s t a n g e n iede, wie obsteet, achzehen werchsschuech lang ist … ausgetailt worden *1548 Tirol/ÖW. XVII 190.* wann man ein juchart messen wil, sol man in der lenge messen neun vnd fünfzig s t a n g e n vnd in der breite eilf s t a n g e n, und ein halb juchart breite sechsthalbe s t a n g e n *1601 Widnau 272.* 10 schuh geben eine ruthe oder s t a n g e n *1715 Hohberg,GCA⁵ III 1 S. 56.* bey den bergleuten eine kleine s t a n g e oder ein maßstab, die länge der zimmerhölzer in den gruben damit zu bestimmen: … speermaß *1780 Adelung IV 566. 1813 Westenrieder, Gl. 417.*

VIII. *Waagbalken; Hebelarm einer* → *Schnellwaage; auch die Waage selbst.* s t a n g damit man etwas weget, vectis *1536 Dasypodius 428ʳ.* das nicht etwan eine schalen schwerer, eine s t a n g e n oder keten kürtzer oder lenger denn die andere sey on allen betrug *PreußLO. 1577 Bl. 43ᵛ.* es sullen alle gewicht, di die kramer haben und zu markt damit stent, do man kram schatz und silber mit wigt, gerecht sein und nicht ganz s t a n g e n haben, si sein dan gerecht *Ende 16. Jh. NÖsterr./ÖW. VII 5.*

IX. *Gehstock, Krücke;* bdv.: Stab (I 15). ist das man oder wib … in das todbett koment, mügent si also vil, das si ân stab, ân s t a n g e n vnd ân hilf siben schüch für das obtach bekleit gând, so mugen si wol ir varend güt geben, wem si wellent *1439 Zürich/GrW. I 13. 1495 Argovia 9 (1876) 74.* dz sin mag er [ein goszhuszman] einem hund an den schwantz hencken oder in ein bach werfen, so fer dz eir müge gan on stab vnd s t a n g e n an dz grichtt vnnd dz sin schaffen, als rechtt vnd vrtell gitt *1536 Schwyz/GrW. IV 351.*

X. *Tragstange, Tragejoch.* stadtdiener und nachtwächter sollen geschwinde zu rahthause eylen, damit sie die s t a n g e n mit den ledernen eymern an selben ort, da das feuer ist, tragen kônnen *1672 CCMarch. V 1 Sp. 152.*

XI. *beim Fischfang: Kescherstab.* alsdenn darf mit einem sez- oder stokhamen, der doch keine lângere s t a n g e denn 8 schuh haben darf … gefischet werden *1785 Fischer,KamPolR. III 120.*

XII. *von Metall: in Stangenform gegossenes Stück best. Größe; als Handelsware; vgl.* Stangeneisen. ain halber meiller oder 22 s t a n g e n eysen *1611 Lexer,Kärnt. 189.* ist über gold und silber, wie beides in s t a n g e n … bey dem münzhofe umgetauscht wird, folgende tabelle bekannt gemacht worden *1805 Nelkenbrecher,MünzTschb. 263.* der schuldner, der gold oder silber in stücken oder s t a n g e n … anlieh, muß sie allemal in gleicher menge und güte zurückgeben, wie viel auch immer deren preis gestiegen oder gefallen sey *BadLR. 1809 Satz 1897.*

XIII. *Fleischbank; eigentlich wohl: Stange oberhalb der Fleischbank zum Abhängen des Fleisches (als pars pro toto).* welher under in schwine flaisch ... schlůg, das pfinng wurde ... das der oder die selben ... dehainerlai ander flaiss metzgen noch fail haben sölten, bis das si das gentzlichen verkoften, und doch also, das man das alles dannocht enhalb der s t a n g fail haben sol *1414 UlmRotB. Art. 292.*

XIV. *junger, dünner Baum oder Baumstamm; bdv.:* ²Stahle (II), Stangenholz. welicher vnerlaubt ... holtz abhaut oder hinweckhfůrt ... von einen jeden jung nadelholtz oder s t a n g e n, es sey zu schranckhen, latten oder andern, dieweil mit solchen groser schadt geschicht, 3 fl. *1559 GeöArch. I 1 S. 376. 17. Jh. PfälzMarknutzW. 45.*

XV. *Geweihstange, Hirschgeweih.* [daß alle unterthanen] die hirschgehörn und s t a n g e n so die hirsche in unseren wålldern ... abwerfen, fleißig sammlen und unseren heydereutern jedes orts einlieffern *1666 CCMarch. IV 1 Sp. 553. 1687 CJVenatorio-Forest. III 312.*

Stangenbrief *m., gerichtliche Urkunde zur Übereignung einer zwangsversteigerten Sache; vgl.* Pfandbrief (II), Stangenurteil. wär aber, daß er die pfant also nicht löset in ob gemelten maß, begert sein dan der die pfant kauft hat, so sol im der richter ainen s t a n g e n - b r i e f darumb geben *1548 Tirol/ÖW. III 295.*

Stangeneisen *n., Eisenstück in Stangenform; als Rohprodukt; bdv.:* Schieneisen, Stabeisen. [stattmauth: von einem] s t a n g e n e i s e n wie auch eine pflueg plöch oder schön 1 [pf.] *um 1660 Radkersburg 47.* [die radmeister arbeiten] zain-eysen, s t a n g e n - e y s e n, frimm-eysen *1687 Hohberg,GCA² I 119. GGA. (1782) 897.*

Stangenfabrik *f., Herstellung und Vertrieb von Metallstangen; vgl.* Stangenschmied. seine churfürstliche durchl. zu Brandenburg [verstattet] ... denen stancken schmieden zu J. ... daß sie die s t a n c k e n f a b r i q u e ... allein und ohne anderer insonderheit der iserlohischen kauffleuthe und deren darzu gedungenen schmiedeknechte eingriffe privative exerciren *1699 IserlohnUB. 229.*

Stangengebiß *n., Kandare.* [tax-ordnung: von sporern] ein paar halbe s t a n g e n g e b i ß 13 alb. *1645 Hess Samml. II 104.*

Stangengericht *n.* **I.** *in Zürich: ein* → Stadtgericht (I) *mit Zuständigkeit nur für* → Schuldsachen (I) *der außerhalb der Stadt lebenden Untertanen (Vogteileute); vgl.* Stange (IV); zS. vgl. Schauberg,Z. 1 (1844) 115. von wägen der s t a n n g e n g r i c h t e n, so am männtag gehalten werden söllen, ist erkännt, wann hinfüro einer oder mer, so an dasselb gricht dienent zu anderen gwonlichen grichtstagen, so das stattgricht gehalten wirt, rêchts begêrte, dem soll das verlanngt *1553 Zürich GB. 215.* strytigkeit entzwüschen hrn. schultheiss H. und ... den herren obervögten der inneren, nächst umb die statt gelegnen vogteyen, deren ambts-angehörige das recht in schuldsachen an gedachtem freyem statt- und s t a n g e n - g r i c h t zusuchen habend *1675 Schauberg,Z. 1 (1844) 333.* schuld-sachen, welche so wol an das schuldtheissen- als an das montag-, vogt- ald s t a n g e n - g e r i c h t gehörend *1692 ebd. 363.* alle montag wird ge-

halten das s t a n g e n - g e r i c h t, und praesidiret alsdann in dem nammen der herren obervögten eintweders der vogt von H. oder der von Z. oder der von K. ... man richtet um geltschulden *H.E. Escher, Beschreibung des Zürich Sees (Zürich 1692) 77.*

II. *gerichtliche Zwangsversteigerung; vgl.* Gantgericht, Stangenrecht (II). von pfandt s t a n g e n vnd helff g e r i c h t e n *1539 HennebLO. 6ᵛ.* welche hilff soll dem widerteyl ... zu hauß vnd hoff ... oder vnter augen schrifftlich oder můndtlich durch den geschwornen knecht ... vnnd folgendts das helff oder s t a n g e n g e r i c h t, verkůndt vnd angesetzt werden *ebd. II 8, 1 § 3.*

Stangenholz *n., wie* → Stange (XIV); *Holz für dünne* → Stangen (I). sollen sie die leitter- baum- undt s t a n g e n h o l t z im hinderwaldt, da eß am zehesten ist, hauen, begen undt heimb tragen *1684 RheingauLändlRQ. 194. 1783 Moser,ForstArch. II 91.*

Stangenknecht *m., (teils zunftgebundener, teils amtl. bestellter) Lastenträger mit einer* → Stange (X); *bdv.:* Stangenträger (I). die s t a n g e n k n e c h t, die vom rat uffgnommen werden, sollen zuvor burger sin und inne gutten truwen geloben ... diesen nachgeschriben schrifften und artikelen nachzugehen *1496 FrankfAmtsUrk. 311.* sollen dieselben s t a n g e n k n e c h t ire schiben, seyle und zober oder karne gemeynlich in wesen und besserunge halten *ebd. 313. 1623 Frankfurt/DWB. X 2, 1 Sp. 815.*

Stangenknechtamt *m., Tätigkeit als* → Stangenknecht. wer den ganczen tag oder den halben tag das s t a n g e n k n e c h t a m p t uben und arbeiten wil, der sal ... by dem saltzhuß oder dem kranche ... iren tagelon zu verdienen geen *1496 FrankfAmtsUrk. 311.*

Stangenmaß *n.* **I.** *Maß von der Länge einer* → Stange (VII); *vgl.* Lattenmaß. daß ein schnidfloß zum meisten zwelf baum, dazu nach der breit, das gewöhnlich s t a n g e n m a ß haben soll, und in ein spangen geschlagen seyn *1536 KurpfSamml. IV 541.*

II. *Zehntrute,* → Stange (VII) *zur Abmessung der Anbaufläche best. Garten- und Feldfrüchte zur Abrechnung des davon fälligen* → Stangenzehnten. welcher purger, ... der da hatt ainen garten oder mer bey der stat oder in der stat ze Inspruk, daz der von denselben garten alle jar gebe seinen krautzehent nach dem s t a n g e n m a s, ye dy zehente stange *1350 Tirol/ÖW. XVII 264.*

Stangenrecht *n.* **I.** *(Recht auf) öffentliche Zwangsversteigerung gepfändeter Gegenstände oder Immobilien; vgl.* Gantrecht, Stange (V). das all s t a n g e n - r e c h t im gericht Glurns an die gewondlichen dingstat gen Glurns gehort und sol durch den freien fronboten ... fail gefürt werden *um 1440 Tirol/ÖW. IV 3.* Tirol hat albeg gericht ... um urbar, frävel, unzucht, s t a n g e n r e c h t, verlegnus, und markstein *1446 Tille,Vintschgau 214.* s t a n g e n r e c h t idem est ac gandrecht, subhastatio bonorum *1624 Wehner,Obs. 621.* das s t a n g e n r e c h t ... das recht, die dem schuldner abgepfändeten dinge öffentlich an die meistbiethenden zu verkaufen; im oberd. das gantrecht; vermutlich als eine buchstäbliche übersetzung des lateinischen ius subhastationis, von der alten art, etwas bey einem aufgesteckten spieße zu verauctioniren *1780 Ade-*

lung IV 672.

II. *Gerichtssitzung, in welcher aufgrund eines* → Stangenrechts (I) *der Zuschlag erteilt wird, ein* → Stangenurteil *erfolgt; auch der Sitzungstermin; vgl.* Stangengericht (II). wo der gephendt sein phantung vmb die vaylgefürt summa gelts ... in dreyen tagen nicht lost, sol alßdann der richter dem, der am maysten auff die phandtung gelegt hat, auff sein anrüffen ain s t a n n g e n r e c h t besytzenn, vnd dem mit ainer stanngen vrtayl das ... phand mit dem gerichtßstab einantwurten *1496 Tirol HGO.(Schmidt) 136.* sol darnach der richter dem der am maisten uber die gepfennd suma auf die pfanndt gelegt hat auf sein anhalten ain s t a n n g e n r e c h t ungevärlich in acht tagen, bennenen *SalzbLO. 1526 Bl. 33ʳ.* man soll auch ainem yeden, der gephennt wirdet, allain erstlich die phanndtung, ... vnd darnach die faylfüerung, schätzung vnnd s t a n n g e n r e c h t zu hauß vnd hof verkünden *TirolLO. 1526 c iiĵʳ. TirolLO. 1532 II 66. 1539 HennebLO. II 8, 1 § 5.*

III. *Recht auf das Eigentum an einer im Wege der Zwangsversteigerung erworbenen Sache.* s t a n g e n r e c h t : ist das recht eine ordentliche subhastirte sache zu behalten *1762 Wiesand 1012.*

IV. *Recht, mittels einer* → Stange (VII) *die Einhaltung der Mindestbreite von best. Straßen zu überprüfen und von Hausherrn, die zu weit in die Straße hineingebaut haben, den Abriss der Überbauten oder ein Strafgeld abzuverlangen; zS. vgl.* Rietschel,StVerf. I 331f. ist ihm das s t a n g e n r e c h t abgesprochen, das ist daß er kein recht haben soll, ein stang durch die stadt W. zu führen *1570/1623 WormsChr. 118.*

Stangenroß *n., Zugpferd an einem Wagen. 1662/1742 QZollwTirol 137.*

Stangenschmied *m.,* → Schmied, *der Metallstangen herstellt; vgl.* Stangenfabrik. *1699 Beleg s. dort.*

Stangentasche *f., Doppeltasche mit Metallbügeln; als Meisterstück der Hamburger Taschenmacher.* de taschenmaker scholen maken twe taschen alse eine dubbelde s t a n g e n t a s c h e ... ein eenen voersacke und ein slot darbinnen *1557 HambZftRolle 48.*

Stangenträger *m.* **I.** *wie* → Stangenknecht. were auch, das ymanne der schrodere hulfe to lang wurde, wil der die s t a n g e n d r e g e r e sin gud lazsen zihen, das ensullen die schrodere in nicht werin *1349/52 FrankfGesMA. 86.* sollen die s t a n g e n t r a g e r und karrenknecht by iren eyden under ynen bestellen, ... daß ye zwene eynen zober ... mit eyner stangen by dem fuer haben *1500 FrankfAmtsUrk. 313.*

II. *Träger einer* → Stange (VI), *Fahnenträger.* nach den s t a n g e n t r a g e r n ist gangen fürstlicher gnaden fuettermeister herr C.E. alss ein verordentter von wegen der ganzen ritterschaft *1574 MSB. 1873 S. 853.* drei s t a n g e n t r ä g e r mit schwarzen måntlen und aufgesteckten kerzen, wappen und anhangendem flor *1802 RhAntiqu. II 10 S. 577.*

Stangenurteil *f., gerichtsförmliche Übereignung einer zwangsversteigerten Sache; vgl.* Stangenbrief, Stangenrecht (I). sol alßdann der richter dem, der am maysten auff die

phandtung gelegt hat ... mit ainer s t a n n g e n v r t a y l das gephenndt vnd vaylgefüert phand mit dem gerichtßstab einantwurten *1496 TirolHGO.(Schmidt) 136.* wo der gephendt sein phanndtung ... nicht lößte, so soll alßdann der richter dem, der am maisten ... auf die phanndt gelegt hat, auf sein anrueffen, ain stanngen recht, innerhalb achttagen benennen, vnd demselben das gephendt vnd failgefüert phandt, mit ainer s t a n n g e n v r t a i l, mit dem gerichtzstab einanntwurten *Tirol LO. 1526 b vjⁱ. 1. Hälfte 16. Jh. Tirol/ÖW. V 518.*

Stangenzehnt *m., mithilfe eines* → Stangenmaßes (II) *abgerechnete Zehntabgabe.* 6 pfund geben die s t a n g e n - z e h e n d e n *1587 Koeniger,SendQ. 126.* stab-zehend oder stangen-zehend ist derjenige, welcher von wicken und anderen feld-früchten gegeben wird, die man ... nach einem stabe oder einer stange abzumessen [pfleget] *1750 Klingner II 376. 1780 Adelung IV 644.*

Stanggarn *n., ein Fischgarn zum Lachsfang; meton. das Recht damit zu fischen; vgl.* Garn (II). graff H. ... hat vns versezt zoll vnd gleit vff waszer vnd vff landt mit sampt der vischentzen, müntz vnd s t a n g g a r n *Ende 15. Jh. Argovia 8 (1874) 394. 1521 Vetter,ORhein 192.* wer mit salmengarn spannt, der soll mit s t a n g g a r n nicht fahren *1808 ebd. 49.*

Stanggarner *m., Fischer, der mit* → Stanggarn *fischt; vgl.* Grundgarner. daß sich ... kheyns teyls s t a n g g a r n e r pfal-, cleb- oder setzgärner gebruchen ... solle *1521 Vetter,ORhein 194.*

Stangharnisch *m., Stangenwaffe,* → ¹Spieß (I); *bdv.:* Stange (II), Harnisch (III 2). an einem landgericht, da mag man wol schwerter und harnisch tragen ... und ouch s t a n g h a r n i s c h *1432 ZugRQ. I 264.* ebd. das der yetlicher [lanndtman] haben soll sin houptharnisch, sin s t a n g h a r n i s c h vnnd sine hentschen, sin gutte wery *1438 SchwyzLB. 69.* das in vnserem land nimen hallenbarten nach s t a n g h a r n e s t tragen sol, es wer dan das eyner an geferd yn das land keme der dar vss welte *1524/25 ObwaldenLB. 21.*

Stangkerze *f., große, auf einen Stab aufgesteckte Kerze; insb. im Zunftbrauch.* die schumacher sollent zwo lange s t a n g k e r t z e n und sehs kurtz kertzen in irem kosten sunderig machen und haben, und die gerwer ouch sovil in irem costen *1441 BaselUB. VII 11.* es sullent ouch die zwen büssenmeister zü den vier hochgezitten ... die liechter uf dem stock anzünden und die vier s t a n g k e r z e n ... wann sie das nit endetten, so bessert jiegelichen eine fierling wachs *1477 Straßburg/Schanz, Gesellenverb. 217. 1580 Wurstisen,BaslerChr. 366.*

Stank *m.* **I.** *Gestank, übler Geruch.* nymand zal vnslet smelczen yn der stad ... wenne alleyne do man von rechte zulle ym smelczgadem vmbe s t a n c k e s vnd auch vmbe fewers willen *1364 KrakauZftO. 12. 1384 Fruin, Dordrecht I 246.* es sol auch niemand aus seinem gemache harm, wasser oder andern vnflath in die rynnen giessen, dauon man s t a n c k oder vnflath dürffe leiden *1408 (ed. 1574) Ekhardi,MagdebR. II 9, 7.* ebd. II 10, 5. privaet of heymelicheyt ... sall men bewerken bis aen die eerden, die tgegen eens anderen mans hof gheet, dat is om des s t a n c k t s ind omb des ghemeyn gudes wille *1426/40 KleveStR. Art. 428.* [*die Nachbarn klagen gegen Seifensieder T.,*] dat se groten s t a n c k leden unde etliken van en, de dar bruwen, ereme beer darmede groten schaden dede *1478 LübRatsurt. I 141.* kein schorrenstein oder rauchlöcher ... sollen zu der seiten ausgehen, sondern aufrichtig wohl versorgt werden, wobei ein schad und s t a n k verhüt bleib *1558 Jülich-Berg/QNPrivatR. II 1 S. 356. 1565 Klammer,CompJuris 36 § 1.* wan einer das leben binnen seinem ederich verwirckt hette, der sall auch darbinnen gericht werden ... vnd vff den dritten tagh sall der joncker inen abthon laessen, vff das gein boess gerugh oder s t a n k darab kome *1585 Eifel/GrW. II 577.* heimlich gemächer sol man 3 schuch von des nachbars fried setzen ... damit der s t a n c k nicht den nachbar hindere *1628 Apel,Collect. 72.*

II. *übelriechende Substanz; Kadaver.* nimant sol in den gassen mit stro strawen, s t a n c k, aschenn, noch ander vnflat auss seinem hause auff die gassen schuttenn *1573 ZeitzStB. 18.* soll ein jeder syne aasen, kalver edder ander doden s t a n c k von de weegen ofbrengen, und sonder uhtstell begraven, by straffe hierboven, dem ersten articull, inverlyvet *1674 OstfriesBauerR. 154.*

stank *adj., übelriechend, stinkend.* wes harinck ... die merct verboden wordt, dats te weten nachtgaem, s t a n c k ende geelgast, die salmen binnen den dorden dage uuter stede doen *1455 Fruin,Dordrecht I 303.*

stänken *v., durch →* Stank (I) *beeinträchtigen, auch hierdurch vertreiben.* H.B. und A.K. [hebben] vor dem ersamen rade to L. tosprake gedan ... to H.V. deme becker, erem naburn, darumme, dat he in zinem kelre zine swyne liggende hebbe ... dar dorch se in zinem huseren g e s t e n c k e t worden *1466 LübRatsurt. I 69.* das du haillig stet geunsaubert und g e s t e n c k e t hast *2. Hälfte 15. Jh. Schmeller² II 772.* wollen wir einmal kommen und wollen die nunnen heraußer s t e n g e n und schmöken, sie sollen gott dancken, das sie herauß kommen mögen *1524 MagdebChr. II 160.*

Stänker *m., streitsüchtiger Mensch, Unruhestifter, Aufwiegler; bdv.:* Stänkerer. wann einer dergleichen s t å n c k e r n und duellanten ... auf dem platze todt bleibet, [solle] derselbe durch die henckers-knechte nach der schind-grube und zu ohnerhlicher begråbnis [gebracht werden] *1706 BrschwLO. II 680.* wann ein unterthan ... unter der gemeinde einen s t e n k e r und ståhrer des friedens, wie auch verderber der unterthanen abgiebet, ... er ... møge abgestiftet werden *1752 Greneck 299.*

Stänkerei *f., Streitsucht, Unruhestiftung, Aufwiegelei.* werden alle unsere ober- und unter-officiers ... ermahnet, der trunckenheit und völlerey als woraus alle s t ä n c k e r e y e n und duelle insgemein ihren uhrsprung haben, sich gäntzlich zu enthalten *1719 HannovGBl. 8 (1905) 220.* s t e n k e r e y, ob sie eine hinlängliche ursach seye einen holden abzustiften? *1752 Greneck Reg. 23.*

Stänkerer *m., wie →* Stänker. wenn sie aber einen quarck vnnd merdam finden, den ein s t e n c k e r e r oder leutschender außgeschmissen hat *1586 Mathesius, Syrach II 60ᵛ.*

stänkern *v., in aufwiegelnder Weise schimpfen.* auf die obrigkeit s t e n k e r n oder nach aufruhr predigen *1567 Braunschweig/Sehling,EvKO. VI 1 S. 464.*

stap *s.* Stapf.

Stapel, Staffel *m., f., auch lat. flektiert.* **I.** *Stab, Stock, Pflock, Pfahl, Balken; Stütze eines Gegenstands;* binnen seinen/ihren vier Stapeln *auf dem Sterbebett; bdv.:* Stange (I); *vgl.* Stab. na bete nan man þæt fyr na læng, þonne man þa halgunge onginne; ac licge þæt isen uppan þam gledan oðþæt þa æftemestan coll; lecge hit man syððan uppan þam s t a p e l a n [niemand schüre das Feuer länger, sobald man (der Priester) die Weihe beginnt; aber das Eisen liege auf den glühenden Kohlen bis zur letzten Kollekte; alsdann werde es auf die Pfähle hinaufgelegt] *um 930/1020 (Hs. um 1125) Liebermann, AgsG. Ordal 4, 2.* vnde beholde in dem houe de to dem vorsprokenen huse hort eyn blek, dar min reme vppe steyt, dat is ghetekenet mit s t e p e l e n in der erde *Anf. 14. Jh. Braunschweig/Lasch,NdStB. 76.* ein hoevener, die binnen sijn vier s t a p e l e n ligt, wil hy sijn goet overgeven, die sal alsoe mechtich wesen, dat hy op moge staen ende leden hem selven *1324 Overijssel/GrW. III 877.* dat ghien man ofte vrouwe en zal noch en mach binnen oeren vier s t a p e l e n zunder schepen meer gheuen in testamente dan dien tijnden penning van al oeren guede *1363 KampenStR. I 54. 14. Jh. ZwolleStR. 135.* licht dar ornum im dôrpe, so schal dat ... mit stenen, edder mit s t a p e l e n, edder mit gruffte affgetekent gewest syn *JütLow. 1590 I 46 § 1.* is idt [ornum] ... nicht sunderlick affgemercket mit stenen, s t a p e l edder gruften, so wert idt mede gerepet *1593 JütLow.³ I 46 § 3. 1595 Ekenberger,Eluc. 114. 1698 CAustr. I 154.*

II. *Hauklotz, Block, insb. Münzblock; vgl.* Dingstapel. ief ma enen muntere bifueht mei fade ende mey falsehede oen sijn screne iefta oen zijn scatte ... mer sijn ferra hand op zijn s t a e p e l e [*aL.:* s t a e p s t e l e] ofslaen, omdat hi mey falseheed bighensen is [wenn man einen Münzer mit zu geringhaltigem und mit falschem Gelde in seinem Schrein oder in seinem Schoß ... ertappt, ... man soll ihm die rechte Hand auf seinem Münzblock abschlagen, weil er mit Falschgeld betroffen ist] *12. Jh. (Hs. 1464) WesterlauwersR. I 200.* jefter en montere bigripen wirt in siner menta mit fade ende mit falscheed, deer hi deen habbe binna sijnre menta, soe schel ma him vp dae s t a e p e l e zijn hand ofslaen [wenn ein Münzer in seinem Münzhaus mit geringhaltigem und falschem Gelde, das er in seinem Münzhaus geprägt hat, ergriffen wird, so soll man ihm die Hand auf dem Dingstapel abhauen] *1. Hälfte 13. Jh. (Hs. 1464) ebd. 358. 1387 BremUB. IV 83.* de knokenhowere gheuet to herwede den swinebotel, den s t a p e l vnde barden vnde de messede, dar se de swine vnde de rindere mede reyne maket *Ende 14. Jh. HerfordRB. 44.* vnd ine schal dat gelt varen in isliker stad vorscreuen vd des copmans budele edder vor deme s t a p e l e vp der munte *1403 Lüb UB. V 66.* tha ief kening Kerl thet alle fresum, thet ma to Iewere an to Stawrum s t a p e l a n sette and panning sloge [da verlieh König Karl allen Friesen dieses, dass man zu Jever und zu Stavoren Prägestöcke aufstellen und Münzen schlagen dürfte] *1. Hälfte 15. Jh. FivelgoR. 172.* falsch is dat, de dar settet anboldt unde s t a p e l unde mûntet geldt ane des kôninges orloff *1593 JütLow.[3] III 65 § 1.*

III. *Grenzstein.* cum granario et ipsa sala comodo ipse i s t a f f i l i positi sunt *764 CDLang.[2] II 146.* per eundem rivulum usque ubi ille s t a p h o l stat *11. Jh. (Hs.) Frei-singTrad. I 761.*

IV. → *Staffelstein, auch Gerichtstisch oder sonstiges Symbol einer Gerichtsstätte;* (Leute), die auf den Stapel hören *wie* → *Stapelleute.* si quis pro hereditate vel pro ingenuitate certare coeperit post malo ordine, cum 6 in ecclesia coniuret, cum 12 ad s t a p p u l u m regis in circu-lo et in hasla, hoc est in ramo, cum verborum contem-platione coniurare studeat *1. Hälfte 7. Jh. (Hs. 9. Jh.) LRib. Tit. 69, 5 (Hs. B).* si quis caballum, hominem, vel qualibet rem in via propriserit, aut eum secutus fuerit, per tres marcas ipsum ostendat, et sic postea ad reges s t a f f l u m *1. Hälfte 7. Jh. (Hs. 8. Jh.) ebd. Tit. 75 (Hs. A). 1. Hälfte 7. Jh. (Hs. 8. Jh.) LRib.(Beyerle-Buchner) Tit. 37, 1.* omnes pertinentes super truncum dictum s t a -p e l non tenentur ad thelonium *14. Jh. DortmStat. 227.* alle dey ghene, dey op den s t a p e l haren, dey enghe-ven hiir gheynen toill *15. Jh. ebd. 231.* hijr up sodanne affsprake hefft K.W. dre rinssche gulden up den s t a -p e l vor den steden tor stede gelecht unde hefft to den hilligen geswaren, wo vorgerort, unde is darmede der an-sprake halven van den beiden broderen gescheden *1509 HolstVierstUrt. 17.*

V. *Stufe; Treppe; insb. als Versammlungsstätte eines Gerichts und als Ort rechtlicher Handlungen.* s t a p u l *Anf. 11. Jh. Wright-Wülcker I 126.* es mag ... enkein amptman gewúnnen noch verlieren amptgút denn mit dem hofgericht an dem s t a f f e l *1400 Luzern/Geschfrd. der 5 Orte 38 (1883) 31.* wer auch weg vder s t a p f f e l n vber der stat graben machet oder die statgraben geuarlichen wuestet, der ist verfallen ain pfund haller *LauingenStR. 1439 S. 40.* wen man von gerichts wegen vor den thorn brenget, kommet er dri s t a f f e l n uff, er ist eime cammerer auch verfallen vor III gulden *1444 MainzKämmW. 8.* alle die, die urber sal-cze ... uff karren oder wagen vor unser frauwen tzu M. vor den s t a f f e l e n ader sust in der stat feil hant, die sollent daz uzgeben und verkeuffen mit eins camerers maße *ebd. 161.* an der vordern s t a f f e l uff dem halb-thail [ist] der brannger ann der maur gestanden *1541 Herolt,HallChr. 141.* wer also von schuldt in die käffig gelegt wird, so soll der kläger daß nechst gericht ein klag thun, ... darnach daß nechst gericht, einmal vor dem weisser am s t a f f e l auffbiethen, darnach im spi-thal bey dem brett ihne verkauffen vor seine schuldt *16. Jh. MünchenGA. 23 (1846) 195.* wem ein mort be-schicht und den beschryen sol oder will, der sol nemen die wayd, darynne der todt blyben ist, und die hancken uff eynen schafft und dan damit uff eynen gerichtstag ... kommen ... an die s t a f f e l n zu St. Catherinen, da sollent der schultheiß und die scheffen sitzen und den schrey verhören *16. Jh. OppenhStB. 218.* ym nyderrych-te vor den s t a p e l wird nycht hoher und wyder pro-cedertt als summarischer wyse *um 1600 Struck,Meckl Landstädte 76. 1608 OÖLTfl. V 3 § 2.* ihre [capuziner]

stell und sitz ware an dem s t a f f e l, da die ehen zusam-men gegeben werden *vor 1663 ThurgauBeitr. 53 (1913) 43.* der fürstlichen gesandten båncke waren um eine, der churfürstlichen aber um zwey s t a f f e l n, und des herrn principal-commisssarii siz noch über disen mit zweyen stuffen erhöhet *1774 Moser,Reichstage I 336.*

VI. *wie* → *Staffelgericht; auch die Gerichtsstätte; bdv.:* *Richtstapel.* wann ouch in solchem gericht zů E. ein vrteil stössig wurd, die sol man ziehen vff die s t a f f l e n im hoff zů L. *1303? Luzern/GrW. I 167. 1405 Eberstein[2] II 7. [die Eheleute haben dem Abt und dem Konvent]* alle dyss vursch. erf und goit ... vur dem gantzen gemeinen scheffenstoil und gerycht ind fort dat hoeffs erve up dem dincklichen s t a p p e l des hoeffs ... upgedragen *1493 HeisterbachUB. 570.* witlick sy eynem idermann, wenner de heren sitten in deme s t a p e l, oft dar yemant were, de dar welke sproke ofte kolserie makede twisschen de-me richte unde deme ronsteyne, de schal vorvallen syn in broke, alse de vrone schal unde mach ene panden up 4 ß *1501 RostockGO. 71.* unde D. vor deme s t a -p e l is geweßen unde is averbodich gewesen sines edes *1509 HolstVierstUrt. 46.* appelliret einer van nedderst en gerichte ... an den s t a p e l des landes, mot de appellation bime gerichtsnotario binnen tein dagen anhengich gema-ket [*werden*] *vor 1531 RügenLR. Kap. 8 § 3.* wann der schultheiß an die s t a f f e l läßt gebieten oder der mei-ster, in andere geschäfften, wie allda eine stund ernannt wird, soll der meister alsbald der erste da seyn, und das viertelstundgläsel aufstellen *1564 Alsatia 1868/72 S. 218.* der s t a p e l zu B. ligt im kerspel S. im geholts daselbst, uf gewisse gewentliche tage wrogen und bringen an alle godingessache *1571 WestfLR. 171. 1589 Mecklenburg/ ZRG. 10 (1872) 144.* gerichtsgebrauch, nach welchem die ... landbegüterten ihre streitsachen zuerst an den stall zu Stralsund gebracht, von da aber an das kirch-spiel zu P. ... von da an den s t a p e l oder das buch zu Schwerin *1742 Kamptz,PreußProvR. II 39.* die appel-lationen gehen vom niedergerichte an den rath, von diesem an den s t a p e l zu Bergen ... und von da an das königl. hofgericht *1786 Gadebusch,Staatskunde I 247.*

VII. *Ort, Platz,* → *Magazin zur* → *Niederlage (III) und zum Verkauf von Handelswaren, insb. aufgrund des* → *Stapelzwangs; Umschlags-, Handelsplatz; Warenla-ger; bdv.:* Ladestatt, Niederlage (I 1), Stapelhaus (I); *vgl.* Stapelhof (I). locum forensem, s t a p e l vocatum *1352 InvBruges IV 291.* sullen sij eenen s t a p e l hebben in haer stat, dat alle goet, dat aen haer stat coempt den stroom op off neder, daer sall blijuen liggen acht daege lanck *1372 Gönnenwein,Stapelr. 402.* soelen sij egeyne wijne gelden weder die uysswendige geistlicheit dan mit kouffmans-gulden ... als dat ouch van alders ... gehalden is geweist an dem s t a p e l l des Rijns *1443 KölnAkten II 303.* dat ok en islik schipper van der hense, de van osten west-wart geladen wert, schal geholden unde vorbunden we-sen tom s t a p e l e in Flanderen to zegelende *1447 Hanse Rez.[2] III 194.* so als doch de s t a p e l van kopenschop der Oesterschen stede intgemene bynnen Lubeke unde Hamborch iss *1481 OstfriesUB. II 138.* wy ons ... gelijck ander van der hansestede coiplude nicht conformeren unde nochtans in den cunthoren ende s t a p e l e n der hanse privilegia bruken willen *1484 HansUB. X 700.* [*dass*] gast mit gast nit handlen solle, im widerigen dem befinden nach bestrafft und ins kuenfftig vom s t a p e l abgewiesen werden solle *1687 Korsch,StrRKöln 149.*

VIII. → Niederlage (III); *Abladen, (Zwischen-) Lagern (und Feilbieten) von Handelsware, insb. aufgrund von* → Stapelzwang; *Stapel halten Waren aufgrund des Stapelzwangs abladen und während der vorgeschriebenen* → Stapelzeit *feilbieten.* ut nullus s t a p e l, nulla exoneratio mercium fiat inter R. et G. *1251 HansUB. I 135.* ne gheen vremd man die s t a p e l hout binnen G. van wullen ne mach vercoepen wulle te daghe, hy ne sy poertre binnen G. *1297 CoutGand I 488. 1309 HansUB. II 66.* dat alle goed ... binnen onser stede ... comen sal ende rechten s t a p e l aldaar houden alse coern ende zout, ... ende dat sel men ... vercopen ende vermeten ... sonder arghelist *1355 Dordrecht(Wall) I 236. 1401 Fruin, Dordrecht I 34.* dat nyement ... mit geenen zoudt ... opwaerts en vare die Marwede, ... thensy bynnen onser stede vercoft ... naden rechte vanden s t a p e l l *1445 ebd. 283.* den s t a p e l van deme viske to Lubeke to holdende *1446 Brattegard,MndBergenGsSpr. I 105.* dat de s t a p e l to Brucge mit den lakenen nach older loveliken wonheit nicht wert geholden *1450 HanseRez.² II 508.* das der s t a p p e l mit dem fiehe in unser statt C. gehalten sal werden *1480 Bär,Koblenz 200.* hebben ... onse edele voorders gheordonneert ... 't recht van de s t a p e l e van de coorene ende graene ghehoudene te werdene binnen onser voorseyder stede te Ghendt *1515 Ordonn PaysBas I 351.* [die saltzmütther] sollen ... acht nehmen, daß, wenn fremdbe saltz hieher bringen ... daß [*sie*] einen tag auf dem freien marckt oder rathhaus s t a p p e l halten sollen *1593/94 TrierWQ. 115.* die schiffahrt des F. strombs vndt hiesiger s t a b e l l fast gäntzlich ... niedergelegt *1659 HessSamml. II 571.*

IX. *wie* → Stapelrecht (I). ad regium usum et fiscum a publicis exactoribus solite erant exigi et donari in pago M. dicto ad stiptem et s t a p l u m ville O. vocate *985 MGDipl. II 412.* que toute maniere davoir venant dedanz le Zwiin, quelque il soit, ancois que Ion vende ou achate, vendra a son droit s t a p l e a Bruges et non ailleurs, dont estaple sera *1323 HansUB. II 170.* homeister zcu Preuszen hat ... seyner stat ... vorgescreven mit eyme s t a p e l mancherley kouffinschaft gnediglich begonstiget ... als von wesze, malcz, pfuntmeel *1393 Elbing/Gönnenwein,Stapelr. 405.* daß wir [*Maximilian I.*] ... stifft M. die gemelte s t a f f e l mit allen und jeden uibungen und gebräuch, wie die untzhero ... gebraucht worden ist ... comfirmiren *1495 AktWienKongr. I 3 S. 42.* jus emporii quod s t a p u l a dicitur *1499 InvBruges VI 444.* also das sy ... in der gemelten stat L. niderlage vnd s t a p p e l mit grosser und clainer ware haben *1507 Leipz MessePriv. 32.* dass sie [*Stadt*] ... ein löbl. s t a f f e l und niederlage gesaltzener waare ... gebraucht, also was ... von gesaltzen gewaaren ... zu schiff ... geführt wird ... daselbst damit aufkeren außladen und staffel-recht ...

halten soll *1516 Speyer/Gönnenwein,Stapelr. 426.* damit sy einen ader zwene jaremarckt ... jerlichs zu T. ... haben moegen, zu sampt einer niderlage und s t a f f e l n uß Oberlanden in die Niderlande und herwiderumb *1526/31 TrierWQ. 480.* das wir als romischer kaiser berurte ire priuilegia vnnd begnadung, jarmerckte, s t a p f e l vnnd niderlag ... confirmieren *1547 LeipzMessePriv. 50.*

X. *wie* → Stapelzwang. dat sich die heren al zusamen verbunden und schreiven der stat ..., si wolten de assins af haben und darzu den s t a p e l an dem Rin, also daz de geste an dem Rin alz wal win kaufen und verkaufen mochten gelich den burgeren *1418 KölnChr. II 116.* den s t a p e l wolden si af han, daz alman mochte wine gelden ind verkaufen up dem Rin *ebd. 117.* die s t a p e l n in ihren gebieten und königreichen abgethan *1614 Rigafahrer 276.* ist ihr unterthäniges begeren, daß der s t a p e l der reußischen commercien ... auff Reval reduciret ... werden mõge *1643 RevalStR. II 240.* alss dan auch ... die stadt Speyer sich einen auf gewisse wahren restringirten s t a f f e l berechtiget haben will, sollen unssere schiffleuthe, welche mit kaufmannsgüttern dorthin gelangen ... keine neuerung einführen lassen *1685 Eckert,MainzSchiffer. 132.* die herrschaft zur see äußert sich vornehmlich in dem recht ... den s t a p e l, das kran-, anker- und hafenrecht einzuführen, die häfen zu befestigen *1757 RechtVerfMariaTher. 313. 1758 v.Justi, Staatsw. I p. 187.*

XI. *Zusammenkunft von am Auslandsstapel beteiligten Kaufleuten.* congregatio mercatorum, que vulgariter dicitur s t a b i l *1388 BremUB. IV 131.*

XII. *aufgeschichteter Haufen, insb. von Waren, Warenstoß; Tuchballen.* villicus residens in curia dabit conventui 18 denarios ad ligna, pueris claustralibus 1 s t a p e l butiri *2. Viertel 14. Jh. CTradWestf. I 88.* as manchen s t a p e l, as der gast hait in syns wirds of in sinre wirdinnen huysse, as manchen gulden sal he geven die misse uss *1360 KölnAkten II 29.* so en sal geyn man gayn van syme s t a p e l oyver eyns anderen mans s t a p e l syne koufmanschaf zo oyverseyn, hie in roefe eme dan *1370/80 Keutgen,Urk. 321.* was gewandes von Franckfort usser den zweyen messen hie durchgon wil ..., das sol geben iedie s t a f f e l 3 sl. d.; was aber nit also swer gut von gewande ist, als rinsche dücher und derglichen, do sol der husmeister ... nemen von der s t a f f e l n noch dem als sich dann gebürt *1477 Schmoller,Straßb TucherZft. 86. ebd. 88.*

XIII. *bei einer vorgeschriebenen Reihenfolge, nach welcher Fuhrleute ihre Wägen beladen dürfen:* auf der Staffel liegen *abwarten, bis man an die Reihe kommt;* auf der Stapel liegend *an der Reihe seiend; vgl.* Stapelrecht (IV). was unter diesem gewicht [30 centner] ist, müssen sie [fuhrleute] dem auf der s t a p e l liegenden fuhrmann allein überlassen, welchem nicht durch hinterlistige verkuppelungen ... ein eingrif gethan werden soll *1754 Roth, NürnbHandel IV 355.* das uneigentliche staffelrecht beruht ... auf einer ordnung, nach welcher die fuhrleute laden, wobei sie eben nicht nöthig haben, in loco auf der s t a f f e l zu liegen, sondern sie können ... auf andern strassen fahren oder zu hause ihren feldbau abwarten *1802 ebd. 343.*

XIV. *Stufe in einer Verwandtschaftslinie; Verwandtschaftsgrad; bdv.:* ¹Sippe (IV), ¹Stamm (VIII). ob mer sindt, die gleich sindt in der selben freuntschaft vnd s t a p f e l der erbschaft, die angehort des toten, jst daz die zben tail verhengen vnd geben frid *vor 1307 Tomaschek, Trient 161. 1427 AndreasRegensb. 623.* die lyni ist ain samlung der personen von aim gemainen stam komende, jnnhaltend die grad vnd s t a f f e l n vnd derselben zalen vnderschaidend *1474 Eis, Verwandtschaftsbäume 147. 1488 NürnbChr. III 110.* ein våtterlich lehen, das ich erlangt oder ererbt hab von meinem vatter oder von einem andern meinem aufsteigenden frewnt vnd elter vntz auff die vierden sipp oder s t a f f e l *1493 LibriFeud. (Pflantzm.) A vʳ.* wellicher dem andern in der linien der gesipschaft bis zu der dritten s t a f f e l … anhört … der soll für in dhein kuntschaft tragen *1503 FreiburgÜStB. 13. 1520 FreiburgStR. III 6, 24.* grad, glid oder s t a f f e l der freundtschafften, ist nichts anders, dann ein ordenliche vnderschaid dadurch die personen der geburt halben nach einander volgen, also das albeg einn neugeborne persone auch ain neuen grad oder glid von iren eltern machen *1536 Fuchsperger, Inst. 53ᵛ. 1574 Frey, Pract. 562.* [*Übschr.:*] von den stuffen oder s t a f f e l n der sippschaft, und wie dieselben zu zehlen und zu verstehen seien *1608 OÖLTfl. V 3. BöhmStR. 1614 F 16. 1715 MurtenStR. 476.*

XV. *sozialer* → Stand (I), *Gesellschaftsschicht; auch: akademischer* → Grad (II). wann zwen oder meer vngleicher s t a f f e l n, mit einander schreibend, einem, der dem obersten schreibenden im grad gleich ist, alsdann soll die epistel, sonder in irtzen vnd tutzen gegründt werden *Hugen 1528 Bl. 9ʳ.* das der ersam wolgelert meister N., freyer künsten lerer, die selb s t a f f e l der meisterschafft vor sechs jaren, bey vns fleissiger übung studierens erlangt [*hat*] *ebd. 36ʳ.*

XVI. *übtr.: Stufe, Etappe, Einzelschritt; Abstufung, Grad.* die erst s t a f f e l solcher appellation soll anfengklichen nicht weiter zur an die universitet gezogen werden *1558 HeidelbUnivStat. 17.* in diser facultet [pflegen] der standt und grade der bacularien … als ein s t a f f e l l und underscheid, dardurch die obern und eltern studenten von den undern iungern … underschieden, gehalten zu werden *ebd. 128.* diese offentliche straffe hat jre gewisse s t a f f e l n: … die vermanung, … die offentliche buß, … die abschneidung des halßstarigen bruders, … die offentliche auffnemung des bekereten *1565 (Übs.) London/EvKirchO. II 110. 1691 Pufendorf, Sittenlehre 568.*

XVII. *Gestell, Gerüst, Untersatz; auch: Werft; von einem Schiff:* vom Stapel laufen *erstmals zu Wasser gehen.* soll auch kainer zu solchen sein grunten mit voller äden oder pflueg über seines nachtbaren angepaut traid faren, sonder die äden auf den s t a p f e l und den pflueg auf die schlaipfen sezen *1594 Oberbayern/GrW. VI 140 [hierher?].* wan erstmals ein neuwers schiff uf den Rheinstroom khommen, davon sol man alhie boe-

ren den 20. penning des, so dasselbig auf dem s t a p e l gekostet *1597 DHandelsakten XII 436.* [das schiff darf] nicht ehe vom s t a p e l laufen … als bis das darlehn wieder bezahlet ist *1799 RepRecht IV 241.*

XVIII. *Grabmal, Grabstein.* si quis aristatonem hoc est s t a p p l u s super mortuum missus capulauerit *507/798 Hessels-Kern Tit. 57, 3 (Emend.).*

XIX. *Stangenkerze,* → Stapellicht. 2 libras et dimidiam ad 5 candelas, quas offert abbatissa ad sepulcrum, 1 libram ad s t a p e l *14. Jh. (Hs.) CTradWestf. IV 154.* ock so schalme dem prestere geven, de der broderschop denet, eynen s t a p e l van eynem halven punde wass *1438/66 HambZftRolle 59. nach 1466 ebd. 58.*

XX. *afries.; Zahnkrone.* thera inra totha iahwelikes sex and thritech scillenga … gef thi erna stet and s t a p e l of is [(das Ausschlagen) eines jeden von den Backenzähnen (büße man mit) 36 Schillingen, wenn die Wurzel noch drinsteckt und die Krone ab ist] *um 1300 HunsingoR. 100. 14. Jh. EmsigerR. 56. 1525 (Hs.) OstfriesRQ. 172.*

stapelbar, staffelbar *adj., von Handelswaren: der Verpflichtung unterliegend, gemäß dem* → Stapelrecht (I) *niedergelegt und (während der* → Stapelzeit) *zum Verkauf angeboten zu werden.* [Cölln, Maintz vnd Speyr] haben diese gerechtigkeit … welche schiff dem rheinstrom auff vnd ab fahren, vnd mit s t a f f e l b a h r e n gütern beladen sein, dass sie daselbst auffkehren, dieselbe ausladen, ins kauffhauss führen, niederlegen *1612 Mitt Pfalz 15 (1891) 152. ebd. 1780 Adelung IV 675.* so wird über die s t a p e l b a r e güter das stapel-recht gehalten *1782 Schlözer, StAnzeigen II 147.* es mußten bald aus gewissen distrikten alle waaren in gewisse städte zum stapel gebracht, und bald blos gewisse s t a f f e l b a r e güter, die bei ihnen vorbeykamen, angehalten, ausgepackt und eine gewisse zeitlang feilgeboten werden *1785 Fischer, KamPolR. III 207.*

Stapelbeschwerung *f., Belastung aufgrund von* → Stapelzwang. obgedachte s t a p e l b e s c h w e r u n g e n und andere inkonvenienzien immerfort kontinuieren lassen *1656 Fliedner, KurpfRheinzölle 175.*

(Stapelbier) *n., Bier, Umtrunk als Einstand (in der* → Schmiedzunft*); zS. vgl. Lasch-Borchling III 1 Sp. 427.* we in dat ampt kumpt, de schal doen amptes recht vnde sin s t a p e l b e e r, also andere bedderue lude vor ghedaen hebben *1424 Nyrop, Saml. II 46.*

(Stapelbrot) *n., Brot als Leistung aus einem* → Seelgerät (I). scullen de zelegeradesheren geven vor I punt honnovers jering … unde men geven vor III punt s t a p e l b r o t *14. Jh.? Büttner, Hannover 69.*

Stapeler *m., Mitglied der vom engl. König privilegierten sog.* Stapelgesellschaft (Company of the staple at Calais) *für den Handel mit Wolle und Tuchen; im Pl. auch die Gesellschaft selbst; vgl.* Stapel (XI); *zS. vgl. Krünitz, Enzykl. 169 S. 671; Jörn/ZLübG. 78 (1998) 323ff.* woll ist eim yeden frembden auß dem landt [Engenlant] zu fueren verpotten, … sunst muß alle woll zu Callis gefuert werden, die auß dem landt gan soll; so die woll dar fueren heissen, heissen die s t a p l e r s, muessen sy da verkaufen *1508 DHandelsakten V 235.* betaelt joncheere C. …

ten oorboore van den s t a p e l a e r s van der jnghelscher
wulle ... 1 lb. *1574 InvBruges Intr. 492.* pleibet es nit
dabey, das die beide monopolische geselschafften, s t a -
p e l e r unnd adventurier gnandt, iene die wolhe, diese
den gewaint unnd tuch kauf (an wilcher beiden etzliche
melionen goldes hangen) dieser zeit allein haben *RTA.
RV. 1586 S. 795.* die beyden gesellschaften der adventu-
rer und s t a p l e r giengen nach Stade, wo man ihnen in
einem vergleiche außerordentliche freyheiten einreumte
1791 Fischer,Handelsg. III 341.

Stapelfreiheit, Staffelfreiheit *f., wie →* Stapelrecht (I);
vgl. Meßfreiheit (I). privilegien unser stat ind s t a p e l s f r y -
h e i t ... dat man ghein guet, dat dae beneden up die asse
geladen ind verfracht wirt, ... in die ... schiffe stellen,
sunder ... binnen unser stat zo stapelen brengen [sall]
1496 QKölnHandel II 710. daß nur gewisse güter zur
staffel-gerechtigkeit gehören, so ... des orts s t a f f e l -
f r e y h e i t gemäß ... staffel halten [müssen] *1705 Kluge
Beamte I² 104.* die ertzbischöfe würckten beym kåyser
eine meß- und s t a p e l - f r e y h e i t aus, wodurch die
stadt-leute ... einen unsåglichen zugang in handel und
wandel hatten *1731 Ludewig,Anzeigen I 286.*

Stapelgeld, Staffelgeld *n., Abgabe, Gebühr für den →*
Stapel (VIII); *→* Niederlaggeld; *bdv.:* Stapelzoll. s t a f f e l -
g e l d e *1348 Frankfurt a.M./Diefenb.-Wülcker 861.* summa in s t a p e l g e l d e 33 ß *1393 DOrdHandelsrechn. 436.*
sall man van allen uiswendigen doichen hallegelt und as-
sise gelden ... wat ... binnen C. verkouft wurde, soellen
van s t a p e l g e l d e geven 12 d. *um 1400 KölnZftUrk.
II 205.* *1402/04 DOrdHandelsrechn. 172.* der marschalk
in Frankreich und sein bruder tenentur 75 ℔ 17 ß gl.
s t a p e l g e l d e s *1404 ebd. 17.* onse borger zoelen gheuen halff s t a p e l g e l t ende halff strijcgelt ende men sal
gheuen van den haluen laken te strijken een doijtcken,
ende XXIIII halue laken maken ene stapel *1416 Kampen
StR. I 224.* [*Übschr.:*] von des deutschen reichs-adels
freyheit, insonderheit von allem zoll- s t a f f e l - oder
weg-g e l d *1770 Cramer,Neb. 101 S. 1.*

Stapelgerechtigkeit, Staffelgerechtigkeit *f., wie →* Stapelrecht (I); *auch die daraus erwachsenden Verpflichtungen für die Kaufleute.* ihrer gebührlichen s t a p e l -
und niederlagsgerechtigkeit ungehindert *1574 Ha-
femann,Stapelrecht 15.* schiffarth, zol vnd s t a p e l g e -
r e c h t i g k e i t auff der Elben *1591 HambGSamml. X
121.* aurea bulla über die s t a f f e l - g e r e c h t i g k e i t ...
daß ... alles getraid ... auch bau- und flößholtz ...
vorhero in gedachter stadt Minden 3 tage lang gegen
den gemeinen werth feil geboten und nidergelegt ...
werden soll *1627 Gönnenwein,Stapelr. 434.* s t a p e l -
g e r e c h t i g k e i t ... wie sy dieselbe bißhero rechtme-
ßig hergebracht und continuirt *1635 Köln/ebd.* daß ...
der name des zolls bißweilen nicht gebraucht, sondern
vnterm prætext einer niederlag, s t a p p e l g e r e c h t i g -
k e i t oder sonsten von den auff- vnd absteigenden schiffen vnd wahren ... erhaben wird *1636 Lünig,RA. III 2
S. 114.* daß sich eigennützige leute der leipziger s t a p e l -
g e r e c h t i g k e i t zu wider, waaren in unterschiedene
städte ein- und abzuführen ... nicht unterstehen sollen

1651 CAug. II 2095. Chur-Mainz [*ist*] wegen der präten-
dierten s t a p u l g e r e c h t i g k e i t mit den andern interes-
sirenden churfürsten in mißverstand gerathen *1657 Prot
BrandenbGehR. V 326.* *1666 Gönnenwein,Stapelr. 435.*
s t a f f e l - g e r e c h t i g k e i t ist eine von kayserl. majest.
einigen stådten mitgetheilte macht ... durch- oder vor-
beyfahrende güter anzuhalten, daß sie daselbst erstlich
feilgebotten werden müssen *1705 KlugeBeamte I² 104.*
1739 Westphalen,Mon. I 1120. jus stapulæ, die s t a p e l
oder niederlags-g e r e c h t i g k e i t, ist ein besondere freyheit, kraft welcher verschiedene stådte ... befuget alle
daselbst durchpaßirende waaren anzuhalten, und eine
gewisse zeitlang zum verkauf offentlich feyl zu bieten,
ehe ... sie wieder kônnen hienweg geführet werden *1752
Greneck 80.* *1757 Estor,RGel. I 129.* vermôge der dieser
stadt ... verliehenen s t a p e l g e r e c h t i g k e i t [mußten]
alle aus der see auf der Elbe ankommende ... güter in
H. entladen ... werden *1769 QHambSchiffahrt 87.* bleiben die meisten policeysachen, als ... s t a p e l -, kran-
und niederlags-g e r e c h t i g k e i t e n ... gegenstånde der
besondern reichspolizeygesezgebung *1785 Fischer,Kam
PolR. I 30.* *1785 ebd. III 34.* erteilt der kaiser privilegi-
en zur errichtung einer universität, meßprivilegien, s t a -
p e l g e r e c h t i g k e i t e n; zu den letzteren ist aber die
einhellige kollegialbewilligung der kurfürsten notwendig
um 1795 StaatsRHeilRömR. 66.

Stapelgericht *behandelt unter* Staffelgericht.

Stapelgut, Staffelgut *n.* I. *Handelsware, die dem →* Stapelzwang *unterliegt.* bonorum, que s t a p e l g ů t dicuntur *1353 DortmUB. I 496.* *1431 Dordrecht(Wall) I 517.*
yodoch die allenen myt ventegude unde nenen s t a p e l -
g u d e geladen synt, de mogen zegelen wor se willen *1447
HanseRez.² III 194.* dat gein undogelige s t a p e l g u d e -
r e van fischwerck, salz und anders unverpackt und sonder gewonlige certificacien der dogelicheyt dabij zo ha-
ven ... gefoyrt werden *1466 QKölnHandel II 739.* s t a -
p e l g o e d e als wijnen, scaliën, hout, smeetscolen ende diergelijke, die men gewoonlick ter stapele ende ter
hoochster merct pleegt te halen *1480 GorinchemRbr. 160.*
alle s t a p e l g u d e r e als was, werk, copper, tyn ... [*sind*]
tom stapel to Brugge, Antwerpen efte to Bergen in de
markede to bringen *1499 HanseRez.³ IV 354.* *1519 ebd.
VII 344.* Speyr ist eine staffelstatt, dass ist ein solcher
ort, da alle schiff mit s t a f f e l g ü t e r n auff zu kehren
schuldig seind *1612 MittPfalz 15 (1891) 152.* es ist aber
ein unterschied unter dem jure stapulæ und ... freyen
niederlage, dann bei jenem kônnen auch fremde kommen und die s t a p e l - g ü t t e r von denen angehaltenen
kauffen und haben die einwohner dabey keinen vortheil
1705 KlugeBeamte I² 104. *1762 Wiesand 1010.*

II. *Waren, Stoffe, die in →* Stapeln (XII)*, Ballen lagern.* datt henforder nemand mit vnbillichen vthflegen
edder vorbenckent dem andern schaden ... schal, sunder
... sin gut an synes huses muren ... vthflyen vnnd sin
s t a p e l g u t t, alse arrasch, syern, tripe, kamlotte, ma-
cheyer ... bynnen synem huse vnnd finster beholden
1573 Wehrmann,Zftr. 277.

III. *wie →* Stapelhof (II). wann einem geschworen etwas auß seinem lehn verlußlich solt gehen durch seine schult, so solle ihm seine s t a b e l l g u i t h darvor angegriffen werden *16. Jh. NrhArch. 6 (1868) 292.*

IV. *zinspflichtiger Grundbesitz, der einem der → Stapelleute zugehört.* cum area casus et pertinenciis suis universis, quorum bonorum ius omagii et ius, quod vulgo dicitur s t a p e l g u t *1308 DortmUB. I 216.* iure homagii et jure dicto s t a p e l g u d *ebd.*

(Stapelhalter) *m., wie → Stapelherr.* dat geen van de selve s t a p e l h o u d e r s oorlof geve of consent, van eenigh zulck onvry coorn dat op geleyt is naer stapel recht, te ... verkoopen, het en zy dat ten minsten VIIJ dagen opgelegen hebbe *1485 CoutGand II 22. ebd. 27.*

Stapelhaltung *f., Warenlagerung und -verkauf gemäß dem → Stapelrecht (I).* nach gehaltenem dreitägigen s t a p p e l h a l t u n g, was übrig bleibt, solle der kaufmann ... unsern burgern und keinem frembden mehr ... verlaßen *1594/94 TrierWQ. 116.*

Stapelhaus *n.* **I.** *Gebäude, in dem Handelswaren → gestapelt (I) werden; vgl.* Stapel (VII). in daß anzumietende s t a p e l - h a u s zur casse dem directori an baarem, gangbarem gelde einliefern *1720 IserlohnUB. 259.*

II. *Gutshaus eines → Stapelhofs (II).* sollen alle dinckliche tagh vff der herren froinhoff ader s t a p p e l h a u s s ... gehalten werden *1593 Eifel/GrW. II 694.*

Stapelherr *m., Amtsträger, dem die Aufsicht über den → Stapel (VIII) und die Einhaltung des → Stapelrechts (I) in einer Stadt obliegt; bdv.:* Stapelhalter. dat zweerdy rechtveerdeghe s t a p e l h e e r e n te zyne ... den stapelen ter Leyen wel ende ghetrauwelic tonderhoudene ende doen onderhoudende *16. Jh. CoutGand II 189.* damit durch solch furuber schiffen niemand mittel vnd weg gegeben wurde etwas verbottener wahr heimlich einzufuhren, vnnd also den vögten oder s t a p e l h e r r e n jhre mittel der eingefuhrten wahr zu visitieren vnnd zu besichtigen, ... nicht ... entzogen wurden *M. Quadt, Teutscher Nation Herligkeitt (Köln 1609) 389.*

Stapelhof, Staffelhof *m.* **I.** *gemeinschaftliche Handelsniederlassung von Kaufleuten mit Unterkünften und Warenlager; Handelskontor; vgl.* Stalhof, Stapel (VII). dat se to Groten-Nouwgarden ... den s t a p e l h o f f unde kerken myt older vrigheyt vor der copman der duytschen hanse to 20 jaren ... hadden erholden *1487 HanseRez.³ II 132.* das hansische contor ... praeterea etiam vocatur nunc der s t a p e l h o f f & contracte der staelhoff *1768 Hamb GSamml. VI 276.*

II. *Hofgut, in welches die Abgaben aus der Umgebung einzuliefern sind; oft mit Gerichtsstätte, zT. mit Asylrecht und weiteren Privilegien ausgestattet; bdv.:* Herrenhof (I), Stadelhof, Stapelhofstätte, Stapelhostert; *vgl.* Stapelhofgericht. es wysen wyr geschworen vier fryer s t a p e l h o e u e, deselbigen sullen den gebruch hauen yr vehe zu der wyntertzeit des morgens myt der sonnen uff und des auentz abe van dem vroenhoff ... zu dryuen *15. Jh. NrhArch. 6 (1868) 352.* auff newjairsabent sall herkommen die probst von M., bei dem erfförster zu M. erscheinen, vff dem s t a p p e l h o u e sulle he wonen, welches er noch inne hatt, soll bringen ein halb virtell honings *1550 ebd. 348.* hat das

capitell s. Gereonis binnen Coln ein hofgeding zu Niderdollendorf uff dem s t a p e l h o v e van 20 hofsleuten, wirt jarlichs 3 mal gehalten ... erkennen uber zinß und pecht und guder darinnen gehörig *1555 ZBergGesch. 20 (1884) 183.* weist der scheffen s. Florinshoff daselbst vor einen freyen s t a b e l h o f f, so frey, dass die hern zu s. Florin ... eine freye müntz vff demselbigen hoff mögen schlagen *1561 Untermosel/GrW. II 412.* [kummer:] soll die beleidigung oder zweite andingnuß die erste vierzehn tage darnach zu Waldorf aufm s t a p p e l - h o f m.g.hh. ... vor etzlich geschworen *[geschehen] 1577 RhW. II 2 S. 180.* erkennen und weisen wir geschworen den s t a p e l h o f und alle hafsgutern sambt curmudige gutern dene hern von K. zustendig *Anf. 18. Jh. ebd. 69.* wan nu einiger empfangen hand ablebig wurde, sollen die parteien binnen siben tagen negstdarnach erscheinen und brengen die pferde, so das lest tal und berg gemacht oder gewonnen haben, vur den geschworen auf den s t a - f e l h o f *ebd. 70.*

Stapelhofgericht *n., an einem → Stapelhof (II) angesiedeltes, niederes Gericht; bdv.:* ¹Hofgericht (II). [die verklärung] ad prothocollum ihrer hochw. ... herren probstens zu Bonn s t a p e l - h o f f g e r i c h t s zu N. *1694 NrhAnn. 19 (1868) 284.*

Stapelhofsgeschworene *m., → Schöffe an einem → Stapelhofgericht.* in anwesen, undt gegenwahrt ... sämbtlichen s t a p e l h o f f s - g e s c h w o r e n e n *1694 NrhAnn. 19 (1868) 286.*

Stapelhofstätte *f., wie → Stapelhof (II).* sollen sie ... dieselbige s t a p p e l h o f f s t e t t e mit allem beuwich dermaßen bawen vnd beuwich halten, daß mein ehrw. herr probst zu jederzeit darin zwei pferde setzen ... moge *1557 NrhArch. 6 (1868) 323.*

Stapelhostert *f., wie → Stapelhof (II). 1537 NrhArch. 6 (1868) 323.*

Stapelleute *pl., (dem Grafen von Dortmund) zins- und fuhrdienstpflichtige Bauern; sie dürfen ihre Waren zum Dortmunder Herbstmarkt zollfrei anliefern; vgl.* Stapel (IV), Stapelrecht (II); *zS. vgl. BeitrDortm. 43 (1937) 123ff.* [Graf D. von Kleve erhält von Ludwig dem Bayern zu Lehen] curtem dictam T.W. cum uniuersis hominibus, jurisdictionibus, juribus et pertinentiis dictarum curtium, ac homines dictos s t a p e l l u d e de Tremonia *1317 Lacomblet,UB. III 117.* exceptis capella sti Martini tremoniensis, hominibus impheodatis, hominibus propriis, cerocensualibus et vulgariter s t a p e l l ů d e appellatis, quos cum eorum bonis in suis jure et consuetudine antiquis conservare, dimittere volumus et manere *1343 DortmUB. I 388.* dey capellen to suntte Mertine mit ere tobehoringce, vort deynstlůde, eyghenelůde, wastinzegelude und s t a p e l - l u d e mit eren gůden und rechte *1394 ebd. II 388.* hiemit werden die so genannten s t a p e l l u d e von denen ein- und auszubringenden bestialien, nicht weniger für ge- und verkaufte mobilien zollfrey erkannt; es hätten aber dieselben von kohlwagen und korn den üblichen zoll zu bezahlen und desendes der zeitliche freygrafe nicht anders als nach dieser vorschrift die frey-zettul zu ertheilen *1743 BeitrDortm. 43 (1937) 146.*

Stapellicht *n., großes Wachslicht, Stangenkerze;* bdv.: Stapel (XIX). stervet ouk eyn kynt wt der bruderschap, dar schal dy bode hen dragen twe s t a p e l l y c h t vnd dat geringste baldeken *1446 BrandenbStUrk. 165. ebd.* dat nyemant van den kaersmakers ... en zal moghen en-nich hars menghen oft doen tot was om s t a p e l l i c h t af te maken, uuytgeseyt de keurmeesters van dese ordinantie, op de boete *1515 AmsterdamGildew. I 20.*

stapeln *v.* **I.** *(Waren) auf den →* Stapel (VII) *bringen; auch: einlagern;* bdv.: niederlegen (I 2). dat wij te Gorinchem ... geen goet halen nogh brengen en sullen nogh dair lossen en laden nogh marckten nogh s t a p e l e n nogh coopslagen *1384 Dordrecht(Wall) I 330.* so wat engel-sche lakenen, die Tordrecht comen, die salmen ... s t a-p e l e n, ghelijc andere lakenen, diemen vercoopt, ghe-schoren ende ghecrompen *1401 Fruin,Dordrecht I 68.* soe wie ennich guedt insluegh, huysden of s t a p e l d n, datmen buyten kelre of huys halden mochte bueten scha-de of hinder, datmen teykenen of up scrijven sold van-den pechteren of vander stat, dat en weer irst geteykent of ghescreven, die weers onder penen *1426/40 KleveStR. Art. 487.* so en moet gheen poerter zijn zuvel uutvoeren, hy salt hier wegen laten, uutgeseyt butter by taken ende caes by stucken, ende het waer dat hy s t a p e l t tegens zynen coopman *nach 1452 WestfriesStR. II p. 287.* se en willen de lakene nicht s t a p e l e n noch pileren noch tor vente stellen *1471 HanseRez.² VI 439.* ock moth de copman neyn wagenschot unde ander dynge, wo wol de vorcastumet, buten Lunden vorkopen, se syn den ersten dar an lanth gefort ,dar se s t a p e l t werden to groter unkost *1506 HanseRez.³ V 234.* dat de lakene binnen der sulven stadt [Poperinge] ghemaket de van der hanze alleene koopen und de van Poperinge ock an-ders nemande vorkopen mögen, staende to Brugge ter halle g e s t a p e l t unde ghepylt *1511 ebd. VI 157.* wat weet te N. coempt ind dair vercofft wordt off die dair gelevert wordt, off die anderswair g e s t a p e l t wort ind tot N. gelevert wurde, die sall metgelt gheven *16. Jh. NijmegenStR. 383.*
II. *etw. aufstapeln, auftürmen, aufschichten.* [lohn *der* asch-capitaines:] wenn pott-asche g e s t a p e l t wird, sol-len sie von jedem faß 3 gr. haben, doch sollen die unter-sten fässer, darauf die andern g e s t a p e l t worden, nicht gerechnet werden *1783 DanzigW.² 183. ebd. 188.*
III. *(eine Grenze) mit Pfählen abstecken, kennzeich-nen; vgl.* Stapel (I). das land zu Dithmarschen geteilet vnd die scheidungen ausgepalet, g e s t a p e l t vnd beschrie-ben worden *1575 DithmUB. 321.*

Stapelort *m., Ortschaft, Stadt mit einem →* Stapel (VII) *bzw. mit →* Stapel (I); *als Hauptumschlags-platz für best. Waren;* bdv.: Stapelstadt. die kaufmannschaft bestand ... hauptsächlich in dem kornhandel, indem K. ... der s t a p e l o r t dieses handels ... war *1683 Staatsb Mag. VIII 2.* H. ist ... aus einem s t a p e l o r t in einen zwischenplatz verwandelt worden *1769 QHambSchif-fahrt 227.*

Stapelprivileg *n., auch lat. flektiert; wie →* Stapelrecht (I). [L. *ist* mit einem] markt-, niederlags- und s t a p e l-

privilegio begnadet *1659 Hasse,LeipzMesse 17.* von denen den lauf der commercien hinderenden strassen- und s t ä p p e l p r i v i l e g i e n *1717 Fellner-Kretschmayr III 285.* wollen wir fürohin gnädigst bedacht sein, der-lei strassen- und s t ä p p e l p r i v i l e g i a ... so leicht nicht mehr zu verleihen *ebd.* [daß zu folge des] s t a p u l - und niederlags-p r i v i l e g i i eine ordnung derer straßen ... gemachet und die bey-wege untersaget worden *1742 LeipzMessePriv. 71.*

Stapelrecht, Staffelrecht *n.* **I.** *Privileg einer →* Stapel-stadt, *wonach alle gemäß dem Privileg →* stapelbaren *Waren, die durch die Stadt kommen oder daran vorbeige-führt werden, dem →* Stapelzwang *unterliegen, dh. →* ge-stapelt (I) *und während einer vorgeschriebenen →* Stapel-zeit *zum Verkauf angeboten werden müssen, wobei ein →* Stapelgeld *fällig wird; auch: amtl. Regelwerk mit Bezug auf den →* Stapel (VIII); Stapelrecht halten *aufgrund des Stapelrechts Waren abladen und feilbieten;* bdv.: Niederlag-gerechtigkeit (I), Stapel (IX), Stapelfreiheit, Stapelgerechtigkeit, Stapel-privileg; *vgl.* Kornschiffung; *zS. vgl.* Gönnenwein,Stapelr.. waer dat zake, dat yemand met sinen goede voerbi onser stede van Dordrecht ... voere ende s t a p e l r e c h t s daermede niet en hielde ... dat sullen wi hem volstaen ende vaste ende ghestade houden *1355 HansUB. III 142. 1393 Go-rinchemRbr. 42.* om den coopman te waerschuwen voor zine schade teghens s t a p e l r e c h t, so is ghekuert, so wat vremdt coopman, die wijn buten der vryheit coft, opten stroom of opt lant, die sal zinen stapel Tordrecht houden achte daghen leggende, eer hi varen mach *1401 Fruin,Dordrecht I 34. 1404 ebd. 252.* die von Dordrecht haben dergelijchen ouch s t a p e l r e c h t ... so daz nye-mant van der see van Vlanderen, Hollant ... noch abe-naber den Ryn, Masze, Waele furfaren moechte, er mu-ste drij dage zo marte s t a p e l r e c h t halten *1472 QKöln Handel II 284.* dat geen schipman eenigh coorn dat hier gevrydt is naer s t a p e l r e c h t, voere uyt'er stede ... het en zy by oorlof ende consent van de ... stapelhouders *1485 CoutGand II 27.* was durch jemand von gesaltzen gewaaren ... zu schiff den Rhein herauff geführt wird, daß der ... daselbst [*in Speyer*] damit aufkeren und außladen und s t a p e l - r e c h t ... halten soll *1516 Gönnenwein, Stapelr. 426. 1588 Fruin,Dordrecht I 198.* der meinzöl-ler berichtet, wie es mit dem s t a f f e l und m a n k r e c h t der borten und flösz auch verzollung derselben gehal-ten werde *1609 Diefenb.-Wülcker 749.* nach der städte Königsberg fundation des bürger- und s t a p e l - r e c h t s [seyn] alle und jede fremde ... nicht befugt ... eigenen rauch zu halten, viel weniger allhier jahr nach jahr liegen zu bleiben und ihre waaren zu verhöckern *1715 CCPrut. II 333.* die kaiserlichen reservata in weltlichen reichs-anliegenheiten bestehen vornehmlich in dem recht ... das stadt-recht wie auch die meß-, markt- und wechsel-freiheit, das s t a p e l - und g r a n e n r e c h t ... zu verleihen *1757 RechtVerfMariaTher. 566. 1762 Wiesand 1013.* be-fehlen unsern accise- und licent-departement, über die befolgungen besagten s t a p e l - r e c h t e s in dem ganzen umfang der gränzen ... innerhalb 10 meilen von beyden seiten der Weichsel genau aufsicht zu halten *1772 NCC*

Pruss. V 1 Sp. 550. an den consens einiger stände [ist der kaiser] ... bei verleihungen neuer zoll- münz- und s t a p e l r e c h t e [gebunden] *1804 Gönner, StaatsR. 464.*

II. *Rechtsstellung der → Stapelleute; auch die hierauf beruhende Abgabenpflicht.* warandiam, de quibus tamen bonis decima in campo dabitur et 2 denarii comiti Tremoniensi tho s t a p e l r e c h t e et 1 scepel avene pro missatico *1353 DortmUB. I 496.* [eine Witwe und ihre Söhne] hebben my gebeden vmb godeswillen, dat ich en enen nyen boessen weder geuen wille op die selue s t a p e l l r e c h t, as sey vortyts gehat hebn, so hebbe ych ... en desen nyen breyff weder gegeuen ind dat sy alsulkes fryen s t a p e l l r e c h t z mögen gehörig gebruken des dey andern frye stapels gehörigen gebruken plegen *1477 Fahne, Dortm. II 1 S. 334.*

III. *wie → Staffelgericht; auch die Gerichtssitzung.* so oft es nothtut, wird dingstags s t a p e l r e c h t ... öffentlich unter dem rathause gehalten *1670 Struck, Meckl Landstädte 59. 1739 Schwerin/Westphalen, Mon. I 2035.*

IV. *nur Staffel-; Zwangsrecht im Fuhrgewerbe, wonach der Versender von Gütern seinen Fuhrmann nicht frei wählen darf, sondern die Fuhrleute in der Reihenfolge ihrer Ankunft und Anmeldung am → Stapelort die Fuhren übernehmen müssen; vgl.* [2]*Rodrecht, Stapel (XIII).* s t a f f e l r e c h t ... besteht darin, daß die fuhrleute, wenn sie in der stadt ankommen, in dem ober- zoll- und waagamte sich einschreiben lassen und dieser ordnung gemäß laden, ohne von dem staffelplaze zu weichen *1802 Roth, Nürnb Handel IV 343.*

Stapelstadt, Staffelstadt *f., Stadt mit einem → Stapel (VII); Stadt mit → Stapelrecht (I); bdv.:* Stapelort. Mentz hait auch gelijch den vurge. ... s t a p e l l s t e d e n ... syn weydelich kouffhuys, kranen, gewanthallen und hove *1472 QKölnHandel II 280. ebd. 285.* der handelinge halven, so kleyne stede und wickbelde in den s t a p e l s t e d e r e n gebruken, wil men in behorliker tyt und tokumpst der anderen stede gedencken, to raetslagende, wo darby to varende *1518 HanseRez.* [3] *VII 146. 1521 ebd. 677.* Speyr ist eine s t a f f e l s t a t t, dass ist ein solcher ort, da alle schiff mit staffelgütern auff zu kehren schuldig seind *1612 MittPfalz 15 (1891) 152. 1653 RevalStR. II 275.* fürsten und stände [sind] ... an ihren alten hergebrachten recht und immunitäten durch neuerliche ... beschwerden an den zoll- und s t a f f e l - s t ä d t e n mercklich gekränckt, auch die commercien durch dergleichen zollsteigerungen ... gehindert *1655 Moser, StaatsR. 32 S. 125. 1685 Eckert, MainzSchiffer. 127.* eine s t a p e l s t a d t ... heißt eine stadt, die das stapelrecht hat *1768 Ludovici, KfmSyst.* [2] *303. 1770 Cramer, Neb. 101 S. 67.* dieses wichtige doch leichte unternehmen kann die kaiser-stadt zur haupthandel- und s t a p p e l s t a d t erheben *1782 Halm, HabsbOsth. 35. 1788 Gadebusch, Staatskunde II 309.* die fuhrleute welche waaren von B., einer s t a p e l s t a d t nach Schlesien führen, wåren nicht verbunden, die hohe straße zu halten *1793 Weinart I 298.*

Stapeltag *m., aufgrund des → Stapelzwangs vorgeschriebener Verkaufstag für stapelpflichtige Waren; vgl.* Stapelzeit. [alle Kaufleute sollen] angloben, daß sie unter-

wegs so wol alß alhie in loco vor anfang sothaner s t a p e l t a e g e n jhr guet ... nit feil gebotten ... haben *17. Jh. Korsch, StrRKöln 150.* daß alle die Mosel herabkommenden holz-flossen ... während dreier s t a p e l t a g e n von ihnen für die bedürfnisse der städtischen einwohner begehrt werdende holz, zu der vom churfürstl. hofrath festgesetzten preis-taxe, vor der weiterfahrt käuflich überlassen müssen *1755 Scotti, Trier II 1095.*

(Stapelung) *f., Einliefern, → Stapeln (I) von Handelswaren gemäß dem → Stapelrecht (I).* een gescille ende twij ... tusschen onsen goeden steden als Haerlem, Delff, Leyden ... aen die een zijde, ende onse stede van Dordrecht aen die andere zijde, ruerende van s t a p e l i n g h e ende ongelde *1393 Dordrecht (Wall) I 347.* brieuen als ons stede van D. voirn. hebben mach van onsen voeruaderen vander s t a p e l i n g e onde ongelde *ebd. 348.*

Stapelzeit *f., Zeitraum, in welchem → Stapelgüter (I) aufgrund des → Stapelzwangs in einer → Stapelstadt nach dem Abladen zum Verkauf angeboten werden müssen; oft drei oder vier Tage; vgl.* Stapeltag; *zS. vgl. Gönnenwein, Stapelr. 285ff.* wann des negotiantens seine kaufschaffseffecten öfters wieder seine convenienz und mit grössern kosten auf solche privilegirte strassen und örter zugeführt werden und alda die s t a p e l z e i t hindurch zum verkauf insgemain vergeblich ausgelegter stehen müssen *1717 Fellner-Kretschmayr III 285.* auch ist die s t a p e l z e i t, das ist, die zeit, wie lange die stapelbaren güter an dem orte, dem das stapelrecht zukömmt, liegen bleiben müssen, überhaupt nicht bestimmt, noch an allen orten einerley, weswegen es nöthig ist, daß ein kaufmann ..., der mit seinen waaren eine stapelstadt berühret, sich erkundige, wie lange er daselbst den stapel halten müsse *1768 Ludovici, KfmSyst.* [2] *304.*

Stapelzoll, Staffelzoll *m., wie → Stapelgeld.* hat man allein den brucken und s t a f f e l z o l l, als des reichs patrimonium ... erhalten *1612 Lehmann, Speyer 190.* s t a p e l z o l l oder stapel-geld und niederlags-zoll oder niederlags-geld, lat. jus stapula, so in denen stapel und niederlags-städten von denen durchgehenden ... stapelwaaren abgezogen wird *1747 Zedler 53 Sp. 791. 1748 Mader, ReichsrMag. II 273.*

Stapelzwang *m., aufgrund des → Stapelrechts (I) bestimmter Städte bestehende Verpflichtung für Kaufleute, alle an der betreffenden → Stapelstadt vorbeigeführten → stapelbaren Waren dort gegen Bezahlung von → Stapelgeld zu → stapeln (I) und während der vorgeschriebenen → Stapelzeit zum Verkauf anzubieten; danach war idR. ein Weitertransport zulässig; bdv.:* Stapel (X). [daß sie ein jus stapulae uff der Elbe sich selbsten] asseriret, und hernach gar ein marckt und s t a p e l z w a n g erstlich uff alle und jede eingesessene deß gantzen ertzstiffts Magdeburg, so dann ferner fort auch auf alle und iede eingesessene deß stiffts Halberstadt gemachet *B. Leuber, Disquisitio planaria stapulae Saxonicae (Bautzen 1658) G 3ᵛ.* ravensbergischen leinwand, welchen die stadt Embden bloß durch ihren unmäßigen s t a p e l z w a n g von sich gestoßen und der stadt Bremen in die hänge geworfen *1748 ActaBoruss. BehO. VII 829.* [daß dieser] fuglos eingeführte und ... fast auf alle waaren erweiterte s t a p e l z w a n g eine ... willkürliche, höchstverwegene und der vorseyenden rechtsbefangenheit wegen den gülich- und bergischen landen immer unnachtheilig bleiben müßende anmaßung seye, wodurch der freye handel völlig zu grunde gerichtet wird *D.v. Hees, Beschreibung des stadtkölnischen Stapels (Düsseldorf 1777) 65.*

Stapf *m., n.?,* **Stapfe** *f., m.?,* **Stapfen** *m.* **I.** *Schritt als Längenmaß;* bdv.: Schritt (II). passus, s t æ p e *Anf. 11. Jh. Wright-Wülcker I 147.* eenen s t a p behelst 2 voeten *14. Jh.? CoutBruxelles 408.*

II. *Stufe, Grad (hier: einer bußwürdigen Verletzung).* and to hadbote gif fulbrice wyrðe, æt þam V s t æ p e V pund to bote [und wenn tödliche Verletzung eintritt: außer dem gesetzlichen Wergeld beim fünften Ordo als Klerusbuße 5 Pfund zur Buße] *1. Viertel 11. Jh. Liebermann,AgsG. Had 6.*

III. *ein Viertelmaß als Hohlmaß, insb. für Butter.* dar heft de herscup XXVII s t a p p e n botteren to sunte margareten daghe *1428 FriesArch. I 449.*

IV. *erhöhte Stelle an einem öffentlichen Platz, auch als Ort der Gerichtsbarkeit.* wenn das pfand uff die gant kunt und ain gebott daruff geschicht, so sol es der pfanttrager darnach dristunt umbtragen und wår denn, nichtz mer daruff geboten wûrd, so mag ers denn uff der s t a p f e n an dem markt wol verrüffen *1399 FeldkirchStR. 162.* dann sollen sie ihr recht an der s t a p f f e n zu T. an der pfarre suchen, und wenn die pfarre des weis genug ist, soll das urteil von ihnen genommen werden, wenn aber nicht, soll man als geliehener gestalt zu M. tun *1560 ZSaarlHK. 2 (1952) 140.*

V. *Stiege, Übergang, Einrichtung zum Übersteigen zB. eines Zauns.* 1 blåtzli ze R. stosset her uf gen der s t a p h u n *1393 DschrWien 4 (1853) 184 [ebd.ö.].* es sol ein füßweg bi der Z. hüser bi dem bach uf gan, und welche die selben gûter inhand, die sölent s t a p f e n machen und den wegen lasen gan, wem das notürftig ist *1522 GasterLsch. 251. 16. Jh. ZürichOffn. I 9.*

VI. *eine Jagdfalle.* das nemants hasen, antvogel, velthonder scheite oder sonst heimlich in s t a p p e n oder panden fange bei pheen 10 mark *15. Jh.? Münsterland/GrW. III 132.*

(Stapfenmacher) *m., (zunftgebundener?) Hersteller hölzerner Gefäße;* vgl. Küfer (I), Stapfholz. ghaf ik W. den s t a p p e n m a k e r e 13 gr. unde 2 sware vor 7 banne uppe de kůvene to leggene unde vor 1 vant, dar men de vinstere ut lodede *1405/07 BremJb. 2 (1866) 306.*

(Stapfholz) *n., wie* → Stabholz; *vgl.* Stapfenmacher. hereditatem suam, in qua moratur cum curia et via pro 45 vasis cinerum et 40 centenis lignorum, que dicuntur s t a p h o l t *1270 H. Thierfelder, Das älteste Rostocker Stadtbuch (Göttingen 1958) 155.* van eneme hundert waghen schotes vnde lit holtes vnde twe hundert s t a p h o l t e s ver penninghe engelsch in vnde ut *1299 LübUB. II 86.*

Stapler, Stappler *m., rotw.; Bettler und Kleinbetrüger; vgl.* Hochstapler, Stabuler. welchen verstand es ... in betreff der zu denen nåchstliegenden commendantschaften ... zu liefern seyenden vagierenden unnützen burschen, so andern, sich nur auf müßiggang und beschwerden

der unterthanen verlegenden s t å p p l e r n, allerdings haben thut *1779 Wagner,Civilbeamte Suppl. 48.* ein tyroler ... redet gut deutsch, gehet als ein s t a p p l e r *1799 Alemannia 19 (1891) 82.* jene sogenannten s t a p p l e r oder staatsbettler, die sich bald als verunglückte kaufleute, abgedankte offiziers und dergleichen ausgeben *1805 HeidelbPolGes. 36.* s t a p l e r: diese bettler führen von jedem handwerke eine kundschaft und eben so viel pâsse mit sich *Neues Hannoversches Magazin 21 (1811) 123.*

Stapplerin *f., rotw.: umherziehende Bettlerin; vgl.* Stapler. M. ... redet eine herrische sprache, ist eine s t a p p l e r i n und hält sich im nürnbergischen auf *1799 Alemannia 19 (1891) 74.*

¹Star *m., der Vogel.* das hinfur nyemands ... geflügel ... vahen oder schiessen sol, weder mit puchssen oder armprusten, doch hierjnnen aussgenomen swalben, s t a r e n, spercken, ruchen und tauben, die ein yeder vahen mag *1473 NürnbPolO. 310. 1682 Hohberg,GCA. II 682.*

²Star *m., Bez. für verschiedene Augenkrankheiten;* vgl. starblind, Starstechen, Starstecher. der barbirer: ich pin perueffen ... den s t a r e n stechen, den prant leschen und zen aussprechen *1568 H. Sachs/BiblLitV. 207 S. 274.* ein storger erst gewesen bin, ... wolt ich den weibern zähn aussbrechen, oder ihn den s t a r e n stechen *1596 Schweiz ArchVk. 11 (1907) 280.* star-blind: blind, stockblind, eigentlich, der den s t a r auf dem auge hat *1770 BremWB. IV 1003.* eine gleiche vermuthung gilt von pferden, bey welchen sich dämpfigkeit, herzschlägigkeit, räude, wahre stätigkeit, schwarzer s t a a r, mondblindheit und rotz innerhalb vier wochen nach der uebergabe hervorthun *1794 PreußALR. I 11 § 205. 1811 ÖstABGB. § 925.*

³Star behandelt unter ¹Ster.

starblind *adj., stockblind, (insb. aufgrund des* → ²Stars*) ganz oder teilweise erblindet, in der Sehkraft (in unterschiedlichem Grad) beeinträchtigt; bei Menschen als bußwürdige Verletzung, bei Pferden als Mangel.* swelich man koft en perith, de ander sal ene gewaren stedeges, s t a r e b l i n d e s vnde vnrechtes ane vanges *1227 Brschw StR. § 25.* thes aga inskathinge sex and thritich skillinga, s t a r u b l i n d alsa felo [(Buße für) die innere Schädigung des Auges: 36 Schillinge, teilweise Blindheit ebenso viel] *um 1300 RüstringerR. 60.* coft en en pert, dat hovetsek is, dat scal he kundighen deme, de dat eme vorkofte, binnen verteyn daghen; is it s t a r e b l i n t, so scal he eme dat kundighen binnen ver weken; so mot he dat pert weder nemen unde weder gheven, dat he dar van up ghenomen heft *1. Hälfte 14. Jh. GoslarStR. III § 162.* dryer dinge schol man weren an einem pferde, ob ez einer dem andern vorkauft, ez werde benumet oder nicht. das erste vor unrechtem anvange, daz ander vor s t a r b l i n t, daz dritte vor houbtsich *1357/87 MeißenRB.(Oppitz) IV 41 Dist. 20.* en age s t a r b l i n d anda nawt biletzen ieftha onstonden anda olle blind en thrimne liff [(ist) ein Auge teilweise erblindet und nicht geschlossen, oder nicht ausgeschlagen und völlig blind, (so beträgt die Buße) ⅓ Wergeld] *Mitte 15. Jh. EmsigerR. 172.* worth daer yenich van dussen gelempt, als die oghen s t a e r b l i j n t, de handen grijplam ... [ys] eyn derden deel mannegeldt tho boete *1464 VerslOudeR. 4*

(1903) 154. ein oege s t a e r b l i n t und nicht beloeken is ein dorde part lyves, is 8 stiege marck *1562? Ostfries LR.(Wicht) 742.* kaufft einer ein pferd so sol jn der verkauffer geweren, das er nicht stetig sey, nicht s t a r - b l i n d t vnd nicht gestolen *1574 Pölmann,Hdb. Gᵛ.* die erbmängel [der pferde] sind nach den landes- und stadt- gesäzen unterschiden, die Sachsen haben stetig, hart oder herzschlägig, s t a a r b l i n d *1757 Estor,RGel. I 466.* s t a r - b l i n d: blind, stockblind, eigentlich, der den star auf dem auge hat *1770 BremWB. IV 1003.*

Starbunte, Sturbantie *f., zu afrz. estourber.* **I.** *Unord- nung, Unruhe, Lärm.* die … s t o r b a n c i e maecte in de processie, dat waere elc up de boete van IIJ ponden pa- risis *1469 AnnFlandre 24 (1872) 446. 15. Jh. Cannaert 450.* [W. was ghecondemneert] ghene s t u r b a n t i e te maken ten huuse van N. *1551 CoutNieuport 311.*

II. *Fischjagd unter beständigem Lärmen.* quod inor- dinata piscatio et indecens, que s t a r b u n t e dicitur, ab aliquo nostrorum conciuium seu incolarum in aquis mo- nasterii C., ad honorem dei ei appropriatis, numquam de cetero debet exerceri *1361 MecklUB. XV 45.*

stark *adj.* **I.** *kräftig, kraftvoll, bei Kräften (seiend), gesund; ua. als Voraussetzung der Testierfähigkeit und als Anzeichen der Arbeitsfähigkeit.* sîn kampfgenôz, der was s t a r c unde grôz *um 1233? Stricker,Karl V. 11907.* [Vergehen der Schüler] sol der maister rihten mit s t a r - c h e n pesem slegen *1296 Tomaschek,Wien I 71.* einer mach sin gut wol vorlenen to lantrechte, dewile he so s t a r k is, dat he mach riden unde gan sunder hulpe, ane des heren vulbort *14. Jh. Bunge,Rbb. 81.* so ha- be ir vatter selige an by lebigem libe mit guder vir- nunfft unde s t a r c k e n synnen eyn testament lassin machen *1430 Erler,Ingelh. III 254.* were aber einer so groß vnnd s t a r c k, das sein feüst herter weren dann mein schwert schlege, mag ich mich mit waffen weren *1436 (ed. 1516) Klagsp.(Brant) 18ᵛ. ebd. 39ʳ.* [Testa- ment:] so wij nu ter tijd noch … na unsen older moghe- liken s t a r c k van lichame, gaende, staende, vulmech- tich als unser synnen [sind] *1494 OstfriesUB. II 412.* [ein weibel] sol ouch acht haben jnnsonderheitt uff die s t a r c k e n, unpresthafften bettler und landstrycher, so nit wercken wöllend, die sol er von dannen … verwy- sen *Anf. 16. Jh. LuzernSTQ. IV 237.* K.L., … swach van sime lijve ind lidden ligende up sijme beede, s t a r k doch van sinnen, vernufft ind witze *1501 KlArchRhProv. I 234.* es seint auch … erschienen … J.v.W. … und C. …, frey, losz, ledig, ungedrungen und ungezwungen, s t a r c k und gesundt, freyen willens und wohlbedachte gemoedt *1556 Wasserschleben,RQ. 193.* so darüber ei- nige fremde, s t a r k e oder argwöhnige betler betreten, sollen angenommen und … zu peinlicher fragen gestelt … werden *1558 Jülich/QNPrivatR. II 1 S. 351.* wann zu einer frohn gepotten wurdt, soll ein jeder meyer … ein s t a r c k e n knecht schickhen *1620 Heitersheim(Barz) 41.* [tortur] worvon ein solcher schmertzen entstehen muß, daß auch der s t a r c k i s t e kerls solchen nicht vber- stehen kan *1647 Spee,Cautio 70.* wie dann … wann die persohn gar s t a r c k oder hartnäckig, nicht lind anzu-

fangen, sondern die pein etwas schärpffer zugebrauchen ist *NÖLGO. 1656(CAustr.) I 37 § 8. 1658 Oberpfalz/ Wüst,Policey III 743.* weil sich niemand einen durch- dringenden verstand und s t a r c k e n leib selbst geben kan *1691 Pufendorf,Sittenlehre 33.* abtreibung des vagi- rend herrenlosen gesindels, und s t a r c k e n unwürdigen bettlenden auch aus frembden ländern gebürtigen per- sonen *1697 CAustr. I 209.* landstreicher, gartengengler, s t a r c k e jungen, spieler [ohne Nachweis,] daß sie mit ehrlichen sachen sich bemuehen und ernehren *17. Jh. Korsch,StrRKöln 120.* die einheimische gesunden und s t a r c k e n bettler … müssen alsofort durch ihrer hände arbeit sich unterhalt zu schaffen suchen und vom bet- teln ablassen *1748 Krüger,PreußManufakt. 608.* wann die gewondlichen robolt … das heiat verbanden, da soll ain ieder selbst komen … oder ain s t a r k e n poten oder tagloner da haben *1765 OÖsterr./ÖW. XII 390.* landfa- rer, s t a r k e bettler, zigeiner und andere müsig gehende personen sollen gar nicht beherberget, sondern ausge- schaffet werden *1766 WürtLändlRQ. I 245.*

II. *mächtig, bedeutend, hochrangig; herrschaftlich; stärkeres Recht vorrangiges Recht.* of sine viande so s t a r c sin *1279 CorpAltdtOrUrk. I 361.* wenthe de erste ys in der tydt, des ys ßynn rechte s t a r c k e s t *vor 1517 LangenbeckGl.(Eichler) G 3.* es hat auch ein grund-herr auf seinem grund-stuck und gut das directum domini- um, das ist des gerichts s t a r c k e s eigenthum. er hat auch daruf die stifft und steuer *um 1550 Walther,Tract. 1048.* daß allein die roßfröhner dauben zu halten berech- tigt sein sollen, und zwar der s t ä r k s t e 10 paar *1727 WürtLändlRQ. II 77.* wenn das recht des einen der aus- übung des rechts eines andern entgegen steht, so muß das mindere recht dem s t ä r k e r n weichen *1794 Preuß ALR. Einl. § 95.* gegen jeden unechten besitzer kann sowohl die zurücksetzung in die vorige lage als auch die schadloshaltung eingeklagt werden, beydes muß das gericht … ohne rücksicht auf ein s t ä r k e r e s recht, wel- ches der geklagte auf die sache haben könnte, verordnen *1811 ÖstABGB. § 346.*

III. *kampfstark; bewaffnet; von (auch bewaffneten) Männern begleitet und unterstützt.* dat wi allen den koep- mannen van Lubeke … gheven s t a r c gheleide, zeker ende ghestade binnen onser vriheit te komene ende te keeren vrielike ende vredelike *1303 Dordrecht/LübUB. II 147.* frag wo s t a r k he tu richte komen scole. so vintme, he scal nicht wen sulf druddegeste komen unde scolen nene wapen hebben wen swert *um 1335 Richtst LR. 227.* sie sollen 1 jar czu Gotland bliben und sollen redeliche dyner syn, s t a r k und frisch *1404 CDPruss. VI 179 [hierher?].* ouch sal nymand in das lantding mit frunden ader fremden reiten s t e r k e r wen selb czehen- de, und keyner sal in das lantding eyn armbrost füren *1408 AktStPr. I 117.* de lantgreve to Hessen … toch ut mit eynen groten, s t a r c k e n here went an den P. *1461 HanseRez.² V 46.* wa oder gegen wem si allein darinn ze krang werend, gein denen söllend vnd wöllend wir si s t a r g k machen vnd schirmen *15. Jh. BernStR. I 190.* verzaichnus aller regimenter sowoll kayserischer als ligi-

schen vnd wie s t a r c k h sie sich befinden *1635 Maria
TheresiaHeerwesen 112.*

IV. *(rechts-)verbindlich, unbestreitbar, beständig.* [kü-
nic Ludewic] gebot an der selben stunt einen s t a r k e n
vride; dar nach wart er ein vorhtsamer rihtære *nach 1275
ProsaKaiserchr. 188.* eine s t a r k e richtunge gescheen ist
ann einner seitten unserm statschreiber J., an der andern
seiten ffrawen M.P. *1483 AussigUB. 134.* daß durch die
etwas zu langsame einreichung solcher bericht und gutachten ... die justitz in ihrem s t a r k e n lauff gesperret
wird *1641 CAustr. I 201.* damit aber die schenkung und
ubergab noch ein s t e r c k e r e krafft und unverbrüchlig-
keit habe, haben obgemelter H. und R.v.Y. auch solches
durch den bapst U. selbsten bstättigen lass *17. Jh. Freib
DiözArch.² 1 (1900) 141.* soll dem verbrecher durch den
landt-commenthur der balley ... s t a r k h e undt ernstliche erinnerung beschehen *1740 ebd. 16 (1883) 129.*

V. *förmlich, feierlich;* starker Eid/starkes → Recht (X)
*feierlicher, rechtsförmlich abgelegter Eid, eidliche Bekräf-
tigung.* da swuoren si vil schiere s t a r k e r eid viere *nach
1284 EnikelWChr. 440.* swer sich entschuldigen wil, und
sich des beredet mit seinem s t a r c h e n ait, daz er un-
schuldig sei, und swer demselben seiner unschuld mit
helfen berichten, der sol swern, daz er ân zweivel ve-
stichlichen gelaub, daz der ait sein rain und niht main
1300/15 MünchenStR.(Auer) 271. daz ich ... den egenanten hof dem gotzhaws zue P. ... geuerttigt vnd gestättigt han ... vnd han das geweist mit meinen s t a r -
c h e n ayd *1343 MBoica 21 S. 7.* das der egenant richter
mit seinem s t a r k h e n aid beweren solt, das er nicht
erkant hab, das er dem egenanten gotshaus in seinew
recht gegriffen hab *1371 SPöltenUB. II 105.* da ertail-
ten di vorsprechen vnd dy piderlevvt, dy des tags an der
schrann sazzen, bey irn s t a r c h e n aid: ... mein her von
M. ... [*soll*] sitzen vnd beleiben *1377 MBoica XI 409.
1381 ebd. XVIII 223.* alz darumb dy vorgenanten erbern
lautt mit irn s t a r c h e n ayden vor offem rätt habent gesagt, alz sy zů recht sollten *1406 WienJudenb. 109.* daz
... C.V. ... verchauft habe sein aigen gut ... vmb ...
aufgeben ... mit seinem s t a r k e n ayd nach dez buchs
sag *1417 IndersdorfI 180.* habent da geweist vnd gesagt
... S.S. bey seinen trewn an aids stat vnd ... W.R. bey
seinem s t a r k e n aid zu rechter zeit als si zerecht solten
1425 BerAltertWien 3 (1859) 294. vragede C. ... eins ordels vnde eins rechtes ... synt dat he dat bewysen mach
myt R.B.s breuen vnd sin egen ingezegell, dat he eme dat
zolt heuet gesant vor syn gud, vnd he dat vorstaen wil
mit syneme s t a r k e n rechte *1426 OberhLüb. 85.* das die
vier vnd zwaintzig genassen bey iren s t a r k c h e n auf-
gerackhten aiden gesagt haben alle die recht *1450 Wien/
GrW. III 699. 1454 Fruin,Dordrecht I 119.* des hebben
ze zik vor dessen bynnenlandesschen steden des entledi-
get unde wol entsecht unde ere s t a r k e recht gestaveden
edes mit uppgerichteden vleisliken vingeren darto gedan
1457 HanseRez.² IV 342. [daß wür] alle panthäding ruegen und offnen sollen mit ainem löser oder vorsprecher
bei unserm s t a r k e n ait *1641 NÖsterr./ÖW. VIII 743.*

VI. *stichhaltig, beweiskräftig;* starke Vermutung/An-

zeigung *sicheres Indiz, das strafrechtlich als Halbbeweis
gilt und zur Tortur berechtigt.* wo aber das kindtlein so
kürtzlich ertödt worden ist, daß der mutter die milch inn
den prüsten noch nit vergangen, die mag an jren prüsten gemolcken werden, welcher dann inn den prüsten
... milch funden wirdet, die hat deßhalb eyn s t a r c k
vermutung peinlicher frag halber wider sich *1532 CCC.
Art. 36.* [*die Beweispflicht des Klägers entfällt,*] so doch
ghenn s t a r c k e r s bewyss en is dan die openbaerheyt
des werckes *Mitte 16. Jh. OYStR. I 10 S. 15. Nürnb
Ref. 1564 VII 9.* dat bekantnissze, tuge effte breue be-
stedygen nene vullenkamen, stede, vaste warheyt, men
se maken wol s t a r c k e n waen, deme de richter schal
louen so lange de waen vorlecht vnde wechgenamen werde *vor 1579 LangenbeckGl.(Eichler) E Vorr. Cod. A 6.*
die schrifftlichen vrkundten, ob sie auch gleich deß beklagten aigene handtschrifft wåren, machen keinen völli-
gen beweißthum, sondern allein ein s t a r c k e anzeigung
NÖLGO. 1656 I 17. bekennet er so dann die ubelthat ...
und laugnet hernach abermahl, so kan man ihn, wann
die anzeigungen s t a r c k, gar zum dritten mahl torqui-
ren *NÖLGO. 1656(CAustr.) I 39 § 4.* daß dasjenige,
worüber der eid zugeschoben worden, an sich glaublich
und vermuthlich, zum wenigsten dagegen nicht s t a r -
k e vermuthungen gegenseitig fürgebracht worden *1772
Pufendorf,HannovLREntw. Tit. 56 § 3.*

VII. *unnachgiebig, streng, strikt, zwingend;* starke Frage *Folter;* starkes Recht *zwingendes Recht iU. zur Billigkeit; vgl.* scharf (IV). sol die straffung niht ze s t a r c h
sein vnd ze streng, wan da von chümt etzwann mer
übels wan gůtez *1390 (Hs.) BerthRechtssumme 2026.*
haben wir ... die sachen mehr in freundschafft dan
mit s t a r c k e m rechten abzurichten vor gut angesehen
1548 RevalStR. II 31. [nachdem J.K. erschiennen, *hat
man ihn*] zum s t a r c k e n verwahrsamb bringen lassen
1632 HexprozKöbbingCoesfeld 55. daß in sachen, welche keine schwäre leibsstraff auff sich tragen, auch kein
s t a r c k e frag ... gebraucht werde *NÖLGO. 1656 I 37
§ 10.* dasjenige so odios, ziehet sich zum bösen, daß fa-
vorabile aber zum guten, darum muß in jenem maaß geben das s t a r c k e, in diesem aber das gelinde recht oder
billigkeit *J.C. Lünig, Europ. Staats-Consilia II (Leipzig
1715) 627.*

VIII. *heftig, vehement; ungestüm, übermütig.* ist, daz
... di munzmeistere uber daz also s t a r c weren oder
wurden, daz si suchten mit gewalt in eines mannes huse,
wen is der wirt nicht werte noch geweren mochte, waz
si denne da inne vunden ... da mugen si in nicht mite
volbrengen, ab iz wol ungebe were unde ungerecht, ...
iz kan in nicht geschaden *um 1300 FreibergStR. 38 § 7.*
wåre ouch, daz ieman under dem antwerke sinem maister ze s t a r k wåre und sich wider in satzte, dem maister
sülent die andern zunftmaister allesamt beholfen sin mit
gůten trúwen *1331 EßlingenUB. I 303.* die dem rat nit
gehorsam sin wölten ... und ob diu sache und diu rede so s t a r c h und so hefftig ist, so sol in und mag in
der rat zů dem viertail jars bessern und büssen *1376
UlmRotB. Art. 36.* es kam darüber zwischen ihnen und

dem ausschuß zu s t a r k e n debatten *1770 Kreittmayr, StaatsR. 421.*

IX. *erheblich, hoch, umfangreich.* daß die vnterthanen beschweret sein, sonderlich durch scheffelschatz vndt holtzhandel, s t a r c k e bierstewr *um 1580 ZHarz 2, 3 (1869) 154.* bey grossen ritter-gütern, wo s t a r c k e schweins-zucht ist, [hat man] einen besondern mann, welcher die aufsicht über die schweine hat *1731 Zincke, ÖkonLex. 2256. 1748 Jablonski,Lex. 242.*

X. *dick, fest, robust, strapazierfähig.* en schip ... alsoe s t e r c k, deer enen ebba ende enen floed ienstaen moege [ein so starkes Schiff, dass es nur eine Ebbe und eine Flut auszuhalten vermag] *1464 (Hs.) WesterlauwersR. I 128.* eine grosse vierung ... hoch von trefflichem s t a r c k e n gemewer *1509/16 GörlitzRatsAnn. I/II 350.* wann ja der verdächtige durch keine wort zubewegen, soll der richter einen grad [der pein] nach dem andern unterschiedlich vornehmen, ... anfangs den thäter durch den scharffrichter angreiffen und die kleider außziehen, andertens, ihne (woran viel gelegen) s t a r c k binden, drittens, auff das reckbänckel setzen *NÖLGO. 1656(CAustr.) I 37 § 7. 1693 Schönberg,Berginformation Anh. 7.* die brünn mit s t a r c k e n seilen und guten aempern zuversehen *1704 CAustr. I 329.* die pferde [werden] des nachtes an beede vorderfüße mit s t a r c k e n stricken zusammengebunden, damit solche nicht in unserm korn und wischland kommen und schaden thun mögen *1706 SchleswDorfO. 219.*

XI. *getreu, genau.* wo ainer von seinem schuldner in ander weg uber beschehene clag nit bezalt werden möchte, so mag er ine vor dem bürg durch den richter mit allen seinen früchten verbieten; hielte alßdann derselb nit s t a r k gehorsamb, sonder zug fort, ist er verfallen 32 fl. *um 1580 NÖsterr./ÖW. XI 200.* es solle unser waldtmann und die einnemer darauf auch s t a r c k h e achtung geben, und da sye jemanden daran schuldig wissen werden, solches jeder obrigkeit clagen *1592? Salzb WaldO.(FRAustr.) 127.*

Stärke *f.* **I.** *Körperkraft, Größe, Leistungsfähigkeit; bdv.:* Starkheit. in der bannir stunt ein lauwe und ein drake, dar boven vloch in arn: de drei der betekenden or s t e r k e, or clokheit und menlicheit und stedicheit ores mudes *14. Jh. MagdebChr. I 17.* ein jeder achte seiner s t e r c k e ... vermeß sich nicht mehr, denn er kan, sonst hengt man jms hôneysen an *1548 Waldis I 63, 20.* in den åltesten zeiten sahe man auf die beschaffenheit des côrpers und erkannte aus dessen s t å r k e die mündigkeit *1762 Wiesand 762.* da auch bey denen kaiserlichen hof-pfalz-grafen nicht sicher angenommen werden kann, daß ... sie andrer personen s t å r k e in wissenschaften beurtheilen mögen *1772 Pufendorf,HannovLREntw. Tit. 12 § 6.* die kompagniechefs ziehen die mondirungs-gelder qvartaliter für die ganze s t å r k e ihrer kompagnien *1788 Gadebusch,Staatskunde II 375.*

II. *Bestärkung, Bekräftigung; Förderung, Unterstützung; bdv.:* Stärknis, Stärkung (I). were aber daz, daz da wider jeman teti, dem süllen wir weder gunst, noch willen, noch enhein s t e r k i zülegen *1337 FRBern. VI 342.* met der bewisunge, dy H. unde H. ... vorbracht haben zcu

s t e r g k e yres rechten *1474 PössneckSchSpr. I 75.* nachdeme ir uns L.S.s insage wedder eyn geczugkeniß ... unde ... P.s zcusagen zcu s t e r g k e synes geczugkeniß ... gesant habit *ebd. 223.* das wir vnnß zu s t e r c k gedachts H.ß mutt wyllen erbothenn, ... dy selb [gewehr] schrifftlich pey e.g. eyn zcwlegenn *1528 MittOsterland 6 (1863/66) 232.* als wir vns ... zu forderung vnd s t e r k e der gerechtigkeit vor diesem vnserm obrirnhoffgerichte zu rechtfertigen bewilligt *1529 Kretschmann,Leipz OHofg. 83.* ein jeder der erfordert wird, ist schuldig zu s t e r c k e der warheit seine aussage zuthun *1541 König,Proz. 179ʳ.* wann wir dann ... zu forderunge vnd s t e r c k e der gerechtigkeit dieses vnsers hofgerichts botmessigkeit prorogiret *CoburgHofGO. 1598 II 3 § 4.*

III. *Rechtskraft, Beweiskraft.* das alle desse obengeschreben ding ... vngebrochen bliben vnd s t e r k e ewiger befestunge behalden *1278 CDPruss. I 174.* alle diese reichsgesetze erhalten ihre gültigkeit und s t å r k e weder von dem kaiser allein noch allein von den ständen, sondern von beiden zugleich *1757 RechtVerfMariaTher. 402.* die muthmassung, welche nur ex situ terrarum hergeholt wird, ist ohne anderen beweißthümern und actibus possessoriis von keiner sonderbaren s t å r k e *1770 Kreittmayr,StaatsR. 148.*

IV. *Beweisurteil, (Zwischen-)Urteil, Entscheidungsvorschlag; zS. vgl. PössneckSchSpr. III 29.* der zcweyer orteyl hat der scheppe H.P. eyne s t e r g k e zcu rechte geteylt *1474 ebd.* nachdem ir unns zweier part gestraffte unde widergestraffte orteill ... recht daruber zu eyner s t e r c k e zu erkennen, zugesandt habit *ebd. 153.* eyn orteyl unde s t e r g k e, daz ir zcwischin denselbin partten gesprochin habit *ebd. 276.*

V. *Kräftigung, Stärkung.* sacrament dez heiligen ôles ... daz sol ein priester den lůten geben die chrank sind worden, cze einer s t e r c h dem leib vnd der sel *1390 (Hs.) BerthRechtssumme 1918.*

stärken *v.* **I.** *bekräftigen, bestätigen; insb. in Bezug auf die Rechtsgültigkeit einer Urkunde; bdv.:* konfirmieren (I), kräftigen (III); *vgl.* Stärkung (I). thenne agen him tha liude thenne frethe ti s t e r k i a n e *2. Hälfte 11. Jh. (Hs. 15./16. Jh.) WestfriesSchulzenr. 13.* jc banne io hijr heren alle bi dis grieuwa banne, dat j den keisersfrede s t e r k i e [ich gebiete Euch Herren hier allesamt kraft des gräflichen Bannes, dass Ihr den kaiserlichen Landfrieden bekräftigt] *12. Jh. (Hs. 1464) Westerlauwers R. I 202.* daz aber disew recht ... vnzebrochen weleib ... haben wir lassen verschreiben mit dem zaichen vnssers sigill g e s t e r c h t werden *1212 Kurz,Ottok. II 261.* welcker richte unde jura ... van ... kayser Friderico ... up dat nye bestediget unde mit sinen privilegien g e s t e r c k e t *1235? Hach,LübR. 167.* das aber dis vnser verleichnůzz behalten beleib der egenanten kirchen, schůffen wir zu chuntleicher zeugnůzz disen brief, s t e r k e n mit warnung vnserr insigel mit disen nachgeschreben zeugen *1243 SPöltenUB. I 57.* haben wir den obgemelten heren von I. dieser gegenwurtige schrift gevestiget und g e s t e r k t mit unser ingesigel *1256 FRBern. II 427.* Otto der groze keiser ... s t e r k e t e och Karles recht den Sassen *um 1300 Weichb.(Ros.) I 1.* to desses dinges vaster bliflicheit und groter tuchnisse hebbe ek irworven, dat desse breff mit dem ingesegele des ... H., greven van S., g h e s t e r k e t is *1305 GoslarUB. III 75.* dat dusse rede eweliken stede unde vast blive, so hebbe we dussen bref g e s t e r k e t unde getekenet mit des provestes ingesegele *1329 HHildeshUB. IV 578.* wir ... s t e r k e n disen prief mit vnderschrift vnser selbs hant *1360 SteirGBl. 3 (1882) 112.* erfullen wir mit ... keiserlicher mechtevollenkomenheit und kreftigen ouch und s t e r k e n die selben briefe, so das sie sulich kraf und macht haben sullen *1369 CDSiles. 27 S. 178.* dat niement buten der stede gheen pandinge en doe ..., hi en come erst ... ende s t a r c k zijn brieven ende schult bi eede *1401 Fruin,Dordrecht I 59.* worumme wy O. vorben. sodane gave, vorlatynge unde updreginge vorscr. hebben g e s t e r k t, geconfirmeret unde vortgesath *1454 Ostfries UB. I 587.* zu orkunde haben wir diesen offen brief mit unserm unden ufgedruckten secret g e s t e r k t *1466 TorgauUB. 45.* wirdt solcher verdacht [*des Totschlags*] noch mer g e s t e r c k t, wo sein weehr blutig gesehen worden wer *1532 CCC. Art. 34.* ick frage ordel unde recht, wol en van rechtswegen thom eede s t a r c k e n schall, dat he darmit tho vullen kumt *1649 Seestern-Pauly 34.*

II. *eidlich bestätigen; beschwören; bdv.: schwören (II 1).* of die man die rechten geweren dar an getügen mach mit seven mannen, des lenes gewere s t e r c t he al ene uppe'n hilgen, unde behalt dat gut ane getüch *1224/35 (Hs. 1369) SspLehnr. Art. 13 § 1.* dat een mit beteren recht sijn onscult ghenieten sal dan yement opten anderen sijn claghe s t e r k e n soude *Anf. 15. Jh. BrielRb. 168.* dy geczugen mussen ir geczugkeniß uff den heylgen s t e r g k e n, ap man yn des nicht gloubin addir gestehen wel *1474 PössneckSchSpr. I 226.* een man, die borich is ende heeft gegouden voer den sacwout ... seyt, dat hem als een borich niet scluldich en is, dat wil hy s t e r c k e n met synnen ede *Anf. 16. Jh. UtrechtRBr. II 428.* wenn der beclagte dem cleger den eid wider anheim scheubet, so mus der cleger schweren, vnd seine clag mit seinem eide beweisen vnd s t e r c k e n *1541 König,Proz. 142ʳ.*

III. *etw. fördern, befördern; sich für etw. einsetzen; insb. in Bezug auf das Recht, auch in finanzieller Hinsicht; vgl.* kränken. als man den koning küset, so sal he deme rike hulde dun, unde sveren dat he recht s t e r k e unde unrecht krenke unde it rike voresta an sime rechte, als he künne unde moge *1224/35 (Hs. 1369) SspLR. III 54 § 2.* von dem voyte ... sint dem mole das her czu richter gekorn wirt, recht czu s t e r k i n vnde vnrecht czu krenkin *1359/89 MagdebBresl. II 2 Kap. 6.* haben wir ... ain zunft gesetzt ... und haben in die selben zunft also geordnet und g e s t e r k t, daz wir ainem ieglichen zunftmaister ... ålliu iriu recht ... bestetiget haben *1376/1445 UlmRotB. Art. 192.* konnent ir iz nit behuebeten, so sal uch der faut helffen, daz uwer recht g e s t e r k e t werde und mit geergert *1387 ArchHessG.² 3 (1904) 146.* scolen alle unse radmanne, borger, werken und alle ynnigen ... bliven by syme rechte und willen dat s t e r k e n und nicht krenken *Ende 14. Jh. BerlinStB. 34.* ich wiese dich hir yn gerichte von gotisz weghen vnde von desz richs weghen

vnde bevele dir, recht czu s t e r c k e n n vnde vnrecht czu krenckenn *1425 HalleSchB. II 234.* wat buyrman thoegesproken wert, om dat recht te s t e r k i e n ende nyet medegaen en wil, die verboert twye pond *BolswardStB. 1455 Kap. 81.* allen getrewen lantherren, der gantzen gemain, arm vnd reich, eyn rechter richter czusein vnd eyn recht czes t e r c k e n, eyn vnrecht czukrencken, alzo helff mir gott *vor 1513 (Hs.) SchemnitzStR. 4.* ein meister ... schal ... de tidt, so he affwesend, de lade unde handtwerckesgerechtigkeit helpen s t e r c k e n und bevordern, so verne he im wedderkeren van unsz vor ein amptbroder wil wedder angenhamen werden *1559 HambZftRolle 38.* D.U. sol ... mit dem schwerdt vom leben zum tode gebracht ... werden, darmit mein hochnottpeinlich halsgericht hierdurch g e s t e r c k e t t und nicht geschwechet werde *1592 JbEmden 15 (1903/05) 114.*

IV. *jn. unterstützen, bestärken; ua. in Bezug auf strafbare Beihilfe; vgl.* ¹Hilfe (VI 1)*, Stärkung (II).* die düve hudet oder rof, oder emanne mit helpe dar to s t e r k e t, werdet si des verwunnen, man sal over sie richten als over jene *1224/35 SspLR. II 13 § 6.* um *1275 Dsp.(Eckh.1971)LR. Art. 111.* swer diebe oder morder hvset oder hovet oder si mit helfe s t e r k e t, wird er dez vber wunden alse reht ist, wen sol vber in rihten alse vber ienen um *1275 Schwsp.(L.)LR. Art. 174.* biscopa and prestera, ther tha kerstenede s t e r k a and stera skolde and thene wi wisa to tha himulrike [*Bischöfe und Priester, die die Christenheit verstärken und unterstützen und ihr den Weg zum Himmelreich weisen sollten*] um *1300 RüstringerR. 94.* enich poerter, die daerbi ware ende dat gherecht niet en hulpe s t e r k e n, die waers op twentich groter tornoeysche *1329 Fruin,KlSteden II 312.* noch die juden darzu in dheinenweise halden oder s t e r c k e n *1353 Schmitt,UrkSprKarlsIV. 206.* also erwand die sache der Wallisern halb, won si sich uf die andern eidgnossen liessen und s t a r k t e n, die sich nach sag des bundes nit begriffen wolten *1420/30 Justinger 261.* hat dan herre A. ... herrn A.v.S. geschutzt, das ine herre P.v.E. in seinem geleite nicht gefangen hat, so hat er sein gleit damit g e s t e r k t um *1460 LeipzigSchSpr. 375.* hwa dyn wrheriga ief ferdles s t e r c k e t ief kerstiget, dy jenne lyck wrherich ende ferdles toe wesse, ende dyn toe leken ende toe beriochten lyck dyn wrheriga ende ferdlosa *1466 Schwartzenberg I 617.* [*wer*] einem mit hülffe in seiner boßheytt s t e r c k t, wird ers vberwunden; man soll vber ihn richten wie vber den thäter selbst *1628 Apel,Collect. 92. 1718 Reyscher,Ges. VI 316.*

V. *befestigen, bewaffnen, aufrüsten.* ain wirt sein hauer nicht s t e r k e n sol mit kainer weer oder waffen *Mitte 15. Jh. NÖsterr./ÖW. VII 729.* frevelbus: ... so einer die hand mit einem stein bessert oder s t å r c k t und doch nicht wirft *vor 1746 Wiesand 918.*

VI. *erhöhen, aufstocken, (zahlenmäßig) vergrößern.* die mansschop neme up die urdele vurg. oir beraidt und stunde bis tem neisten mangerichte und begeren, dat myn her der abt ouch alsdan die manschop wat s t e r c k e n und vermeren wille *1521 NrhAnn. 217 (2014) 35.* daß die revisores ... macht haben sollen ..., sich bey erörterung solcher revisionen in einen oder mehr råthe ... nach gestalt und gelegenheit befundener acten ... außzutheilen, zu s t a r c k e n oder zu minuiren, wie sie es am bequemsten ermessen *1598 (ed. 1747) RAbsch. III 463.*

VII. *(Garn) durch Auftragen von Wachs fester machen.* wår, das ieman an dem antwerk an ainem sunnentag oder an ains zwölfbotten tag garn s t a r k t i oder uffspieni, die ainung stät 5 s. hl. *1411 RottweilUB. 312.*

stärkern *v., schweiz.: verstärken, erhöhen.* vnser eidgenossen gemeinlich oder sunderlich mugent sich wol furbas s t e r k e r n vnd verbinden, zu wem si wellent *1352 EidgAbsch. I 274.* disser arttickell ist ... erkent mitt dem zuothun, daß von jedem houpt die buoß g e s t e r c k e r t *1519 SchwyzLB. 41.*

Stärkerung *f., schweiz.: Erhöhung, Aufstockung (einer Geldsumme).* *1592 ZürichOffn. I 406.*

(Starkheit) *f., Kraft, → Stärke (I).* des keysers trone ... is ghemacht vain vier posten ... in dem dritten steit geschriuen fortitudo, dat is s t a r c k h e i t *15. Jh. ZRG.² Germ. 2 (1881) 144.* *1. Hälfte 16. Jh. (Hs.) ArchLivl. 8 (1856/61) 135.*

(starkmachen) *v., für jn. als Stellvertreter auftreten, jn. vertreten; vgl.* stärken (IV). voer denwelcken [W., medecrediteur, absent synde] compareert als procureur H.W. ..., denseluen W. veruangende ende hem daeruoere s t e r c k m a k e n d e, blyckende by procuratiën voer schepenen van Antwerpen *1542 Strieder, Notariatsarch. 139.* scheldende de voorscr. Jan en Anna en hen s t e r c k m a k e n d e, te weten de voersc. Jan voor zyne oudere broeders en zusters, ende voorscreven Anna, moeder van den voorschreven kinderen, en haer s t e r c k m a k e n d e voor haere kinderen voorscreven, den voorscreven M. volcomen quyte *1559 Bulletin des Commissions royales d'art et d'archéologie 16 (1877) 422.* als vande exc. van den prince van Ouraingien etc., als stadthouder generael ouer der stadt, steden ende lande van Vtrecht ter eenre, ende J.C. ende D.C., zoe voor hem selven ende als vervangende ende hem s t e r c k m a k e n d e voir alle dandere huer consorten, seeckere verdrach ende minlick accoord gemaickt js *1566 CDNeerland. II 2, 2 S. 208.*

(stärknen) *v., jn. unterstützen; bdv.:* stärken (IV). moste itlick voir sich sulves raeden und weren, beholdelich der vorg. gueder gunst itlick den anderen to s t a r k e n e n nae syne vormoghen bueten sorghe ende vorlues erer lande und stad *1473 OstfriesUB. II 24.*

Stärknis *f., wie → Stärke (II).* [wir haben] in s t a r k n i s s e und geczugnisse der warheit unser stete segel ... an dise selbe gelobde und briff lossen hengen *1447 DOrd Staatsvertr. II 68.* darup unse breve to geven van confirmacien, s t e r k n i s s e unde approbacie *1470 HanseRez.² VI 284.* to ener merer s t a e r k n y s s e ende waerheyt, zo heb ik ... ghebeden unsen kerckheren ... dussen breff vor uns tho beseghelen *1473 OstfriesUB. II 23.*

Stärkung *f.* **I.** *Bekräftigung, Bestätigung; Beweisung; bdv.:* Stärke (II); *vgl.* stärken (I). in kennissen ons. voirs. loofte, s t e r k i n g h e ende vernieuwinge hebben wy onzen zegel desen ... letteren aengehangen *1271 Bergh II 97.* als dann H.S. vor siner antwort vorbrengit ..., ab her

geczugis adir bewysunge zcu s t e r k u n g e synes rechten bedurffte *1456 Bocksdorf 521.* unde hadden darumme umme vasterer s t e r c k i n g e begert besegelde macht to vorkrigende *1473 HanseRez.² VII 44.* her hette auch macht gehabit, eynen gerichtesbriff zcu s t e r g k u n g e synes rechten zcu nemene *1474 PössneckSchSpr. I 266.* nochdem J. sich zu s t e r k u n g e seyns rechten dreyer geczewge geanmoßt had *1478 FreibergBUrt. 342.* daß sollichs allen vnnsern nachkomelingen ein wissen sei, geben wir obgenanten altherlewthe zcu s t e r c k u n g e vnd krafft sollicher testamentierunge vnde seliges geschefftniß ... disen offinbrieffe *1486 MittOsterland 5 (1862) 285.* ist gnugsam vnderweyle in einem gescheft ein sigil, des fursten oder einer statt, vmb s t e r k u n g eines geschefts [sufficit ... aliquando in testamento unum sigillum, (scilicet) principis vel civitatis, pro corroboracione testamenti] *um 1500 Summa legum 333.* so der nutznemmer dar gegen dz eygenthum vber keme dz man zu latin nennet consolidacio das ist ein s t e r c k u n g seins rechten *1521 Murner, KaisStatR. K iii ᵛ.* wo schrifftliche beweisunge vom kleger zu s t e r c k u n g e seiner klagen eingebracht, mag der beklagte eine abschrifft bitten *1561 Rotschitz 59ʳ.* haben sie ... zu s t e r c k u n g e des rechtenns ein vrdell zu rechte ... anstellen ... lassen *1570 Wigand, Paderb. III 16.* befehlich, so ... zu s t ä r c k u n g e solches privilegii einkommen *1582 Klingner IV 937.*

II. *Kräftigung, Förderung; Unterstützung, Hilfe; vgl.* stärken (IV). dye cristenliche ritterfart, die do dirloubit ist czu s t e r k u n g e des cristenlichen gelouben *1395 CD Pruss. VI 21.* wiwol nu formals vff den tegen zu Regensporg, Fracfurd vnd in der Nwenstadt, die denn widderstand der vngeleübigen vnd s t ä r k u n g e der cristenheit durch vns von vnsirs gnedigen herrn des römischen keysers ... wegen, gehalten sint [abgered worden] *1456 Müller, RTThFriedrV. I 556.* de wyle wy denne ... s t e r k i n g e unser vyende, so vaste de gudere ... an sik halen, ... vormerket hebben *1510 HanseRez.³ VI 29.* dem heiligen römischen reich zu s t e r c k u n g *Hugen 1528 Bl. 136ᵛ.* in bedenckung, das an solcher s t e r c k u n g vnd erhaltung des christenlichen heers fürnemlich zwischen jetziger vnd künfftiger winterzeit ... alle wolfarth vnnd errettung gmeyner teutschen nation [erwachsen] *RAbsch. 1542 (Nürnb.) Art. 20.* de erbar rath binnen L. lenden miner werd. fr. tho s t a r k i n g h e dersulvighen IIII burschop *1544 Dittmer, Sassenrecht 51.* von dem jenigen kriegsvolck, so zu s t ä r c k u n g e.l. underhabenden armee hertzog R. ... werben thun *1626 Londorp III 947.* zu s t ä r k u n g e gelähmter glieder *HannovGelAnz.² 1 (1755) Sp. 359.*

III. *Befestigungsanlage.* daß sy die egenante stat B. mit einer oder mer mawern umbziehen und die mit tuernen, greben und anderer s t e r k u n g ... befesten sollen *1431 v.Guttenberg, Obermain 219.*

IV. *kräftigende Mahlzeit.* wir sind aber nicht befugt, ihn [mörder] abzuhalten, wenn er eine gute s t ä r c k u n g zu sich nehmen wil, um zu dem angedroheten anfal mehr kräfte zu bekommen *1760 v.Justi, HistSchr. I 193.*

Starland *behandelt unter* Sterland.

Starost *m., aus poln.* starosta; *(meist hochrangiger) Verwaltungsbeamter; Dorfältester, dann: Domänenverwalter, Statthalter der polnischen Krone in einem Verwaltungsbezirk.* ein s t a r o s t e, daz ist der edilste in dem dorffe *vor 1320 ÄltpolnRdm.(Mat.) 4 § 13.* eyn dinstbote sal sin lon dem s t a r o s t adir sime nogbuer kunt tun. tut her daz nicht, zo ist der herre nehir zcu sweren uf daz lon wen der knecht *1340 JurPrut.(Mat.) Kap. 81.* wir wollen ... D. und zinnen erwen und zu erer hanth s t a r a z z e n hern V. ... entrichten des geldes, des wir D. schuldich zin *1354 CDPolon.³ III 34.* 151 menschen us dem sthumisschen gebyte, dy dem karwansherren 1 tag korn sneten, yclichem 1 sol. und den s t a r o s t e n, dy by den luten woren *1411 MarienburgKonvB. 253. 1412 MarienburgAusgabeb. 42.* M. hat 24 huben, dovon hat der s t a r o ß eyne frey *1435 DOrdGrZinsb. 103.* der s t a r u s t gibt 14 sc von kretczemen und garten *1437/38 ebd. 129.* das de gerichte zcu L. des konninges sint vnde daz der konningh ader s t a r o s t dar eynen foyth gesaczt habe: wen her denne daz also nachgebracht had, dar mete ist her siner bewysinge fulkomen *1453 MagdebR. II 2 S. 10.* ob aber einer eine summa geldes ... erhielte vnd ihm dieselbe ... nicht richtig gemacht würde, solle er zu dem s t a r o s t a oder obristem inspectorn der cämmerling kommen *1627 BöhmLO. G 16.* hernach [ist] ihr grossmächtigen gnaden fürste B.L., der cronschatzmeister, vnser s t a r o s t e [worden] *1678/82 ZPosen 19 (1904) 79.* die beschwerde und klagen, welche die bauren über amtleute oder s t a r o s t e n zu führen haben, müssen zuerst bei dem arrendatori angebracht werden *1696 AbhStaatswStraßb. VII 254.* s t a r o s t oder s t a r a s t, der (russ. einst.) ist ein baueraufseher bey den frohndiensten in Lettland auch in einigen von Russen bewohnten dörfern *1795 IdLiefl. 226.*

Starostei *f., Amt, Würde, Amtsbezirk eines → Starosten.* wenne der starast zur C. stirbit, so gevellit dy s t a r a s t i e an dy herrin und her ist allir dinste ledig, dywile her lebit; ouch hot her keyne macht, dy s t a r a s t i e zu vorkoufin ader zu vorgebin *um 1420 NeuzelleUB. 127.* weil Meseritz undt Schwerin eine s t a r o s t e y ist undt die beyde stete vor zeiten undt vor langen jahren zusammen auff die jahrmarkte gezogen sindt ... hat das gewerck zu Meseritz ihre privilegie bei dem könige Sigismundo anno 1592 confirmiren lassen *1678/82 ZPosen 19 (1904) 78.*

starren *v., zögernd verharren.* dieweil sie aber vber jrem vorhaben g e s t a r r e t, weren wir, der rathe, vorvrsacht, ... die stellen vnd wasser zubesichtigen *1532 Neumann,MagdebW. 217.*

Starstechen *n., Hinunterdrücken der Augenlinse mittels einer Nadel; als Behandlungsmethode beim grauen → ²Star; vgl. Starstecher.* so aber ein chyrurgus in sonderlichen kranckheiten als im ... bruchschneiden, s t a r r e n s t e c h e n und dergleichen sich fur erfahren ... beruembte, soll ihme solcher kranckheit cur und practickh vergunstiget und zugelassen werden *1558 HeidelbUniv Stat. 90.* allerley gefährliche, ja tödtliche zufälle können verursachet werden, welche bey dem s t a a r - s t e c h e n

nicht leichtlich wahrgenommen werden *1744 Zedler 39 Sp. 592.*

Starstecher *m., Augenheiler, der das → Starstechen vornimmt; insb. im Wandergewerbe.* newfressiges durstiges gesind, das mehr leuß helt, dann baar gelt: ... spinnenfresser, s t a r e n s t e c h e r, salbenklicker *1574 (ed. 1623) Fischart,Prakt.(Sch.) 584.* [*Buchtitel:*] der newe s t a r e n s t e c h e r, oculist und kelberartzt [*1629*]. die landfahrende årtzte oder quacksalber, zahnbrecher und s t a a r s t e c h e r etc., die niemahls in Teutschland håuffiger sich gemehret ... und gemeinlich mit liederlichen sachen denen einfåltigen viel gelds abpractisiren *E. Fliessenbach, Europens Silber-Igeln (1662) 179.* oculist, augen-artzt, s t a r s t e c h e r *1710 Nehring,Lex. 296.*

Start *f., Wachtruppe, -mannschaft; auch deren Wachdienst.* darauff ein nach zug sampt hut, wacht oder s t a r t in ordnung ziehen vnd geführt sol werden *1566 Fronsperger,Kriegsb. I 61ʳ.* die reisigen, ... die durch streiffen, s t a r t vnd wacht halten ... was mehr zu verrichten dann die fußknecht *ebd. 65ʳ.*

Startin, Stertin *m., ein Hohlmaß, insb. für Wein, entspricht 9 oder 10 → Eimern (II); insb. in der Steiermark verbreitet; auch: das entsprechende Faß.* wein anderhalben s t ä r t i n, zwo lagl *1526 MittSalzbLk. 31 (1891) 395.* pflegen wir ... vnnser gebür auf ain s t a r t i n 6, 8, 10 oder 15 khreitzer ... zu schlahen *1542 BeitrSteirG. 17 (1880) 88. 1588 ebd. 23 (1891) 26.* fraw S. von R. ... sich geh. thut beschwären, dass die ... herrn commissari ... etliche s t ä r t i n wein wegnehmen lassen *1600 AktGegenref.² I 685. 1652 SteirGBl. 5 (1884) 73.* ordnung, nach welcher ... richter vnd rath der statt R. die gebühr ihrer habenden stattmauth abzufordern befugt sein, als ... von einem s t ö r t t i n 1 schil. 18 pf., von einem halben s t ö r t t i n 24 pf. *1660 Radkersburg 47.* es habe sich ein supan namens S.F. eines halben s t a r t t i n weins halber gegen der beclagten ... verfeindt *1661 Steir GBl. 3 (1882) 139.* hat der pfleger anderthalb s t a r d i n wein per 28 fl. mit mühe ... bekumben *1675 Gallerin Riegersb. III 2 S. 131.* solle denen ... kürchtagwachtern von allen jeden auf den W. ausser der heissern leitgebenten s t ä r t i n wein ain viertl wein gegeben werden *17. Jh. Steiermark/ÖW. VI 186.* ist auch zur freid der unterthanen ... ein ganzer s t ä r t i n weinn preiss gegeben worden *1733 SteirGBl. 5 (1884) 136.* das wein-maaß hat diese eintheilung: ... das oesterreichische faß, so wie den staiermärkischen s t a r t i n, zu 10 eimer a 40 maaß a 4 seidel *1808 Kruse,Contorist⁵ I 559.*

Stater *m., eine Münze vom Wert eines halben Talers.* vnse here sede to Petro: nim den s t a t e r vnd gif ene vor mi vnd di, alse wolde he seggen, ik werde vt dusser werlt gan tom vader, du schalt an mine stede sitten *1526/40 HambChr. 491. Lutherbibel(1545) Mt. 17, 27.* s t a t e r, ein halber thaler, nemlich, ein loth silbers, solch ein pfenning hat Petrus aus des fisches munde gezogen ... man hat auch sonsten etliche güldene s t a t e r gefunden, die vom lauterm golde geschlagen waren, deren etliche ein döppelde ducaten [werd gewesen] *H. Bünting, De monetis et mensuris sacrae scripturae (Magdeburg 1582) 4.*

stat-fetmenger *s.* Stadtfettmännchen. **statha** *s.* Stadt.
stathay *s.* Stadthaher.

(Statiehof) *m., königliche Herberge, Beherbergung; als
Dienstpflicht einer →* Stadt (III); *vgl.* Station (II). wath fromen edder schaden uns dat inbringen sulde, wente eyn
yderman sik van den steden bedegedingen, dat desulve
s t a c i e h o f f, wenner de konyngk de stacie geholden
hefft, in vorwaringe holden sal *1454 AktStPr. IV 423.*

¹stätig, ²stetig *adj., störrisch, insb. von Pferden; vgl.*
schnöbisch, siech (II), starblind. swelk man koft en perd, de
andere scal eme ghewaren s t e d d e g h e s, starblindes,
vnde vnrechtes aneuanges *Anf. 14. Jh. BrschwUB. I 22.*
vorkauft ein man ein pferd einem anderen, er schol in
zu recht geweren, das is nicht s t e t i g noch starblind
(noch zuzig) noch herzsletig sey *14. Jh. Prag(Rößler)
139.* verkaufft einer einem andern ein pferdt das s t e -
t i g ist oder sunst brechen hafftig oder siech, gebürt
dem kauffer dise clag wider den verkauffer *1436 (ed.
1516) Klagsp.(Brant) 42ᵛ. FrankfRef. 1578 II 9 § 5.* an
vorkaufften pferden darff der vorkauffer nichts mehr ge-
wehren, als dreyerley, nemlichen, das es nicht anbrüstig,
s t e t t i s c h, noch schnöbisch sey *1586 LübStat. III 6
§ 17.* s t ä t i g: retrogradus, s t å t i g pferd *1663 Schottel
1421.* s t å t i s c h: werden die pferde genannt, die nicht
von der stelle zu bringen sind *1755 Richey,IdHamb. 373.*

²stätig *behandelt unter* ¹stetig.

Station, Statie *f., österr. auch* Statze. **I.** *von einem
Wanderkrämer oder →* Stationierer (I) *aufgeschlagener
(Verkaufs-, Präsentations-)Stand; vgl.* Stand (XXIV), Stationer. dåfür man herwider nam / ûz s t a t z e n und ûz kråm
/ manic rîch kleinât *1. Viertel 14. Jh. ÖRChr. II Vers
73092.* uns haben unser burger zu Triest anpracht, wie
vil frombds ol und wein daselbshin gen Triest uber mer
pracht und da in den s t a t z e n verkaufft werde, dadurch
sy irer pawwein und oll nit anwerden mugen und des
zu grossen schaden ... komen *1478 MHabsb. I 2 S. 941.*
nachdem auch durch menge der stationier unsere ar-
menleute bisher merglich beschwert worden sein, [soll]
hinfür allein den nachgemelten ... in den kirchen s t a -
t i o n zuhalten ... vergönnet [sein] *BadLO. 1495 § 30.*
das du in vnnserm ambt keynen frembden betler, ...
desgleichenn stationyrer, oder die mit heylthum furenn
umbgeen, der sey was ordens oder geschlechts er woll,
zubettlenn oder s t a t i o n zuhaltenn zulassest *1524 Hess
Samml. I 48.*

II. *Beherbergung und Bewirtung; die standesgemäße*
Station *des Königs samt Hofgesinde bei seinem Besuch
ist Dienstpflicht der →* Stadt (III); *vgl.* Statiehof. das ein igliche grosse stat vnserm hern konige bauwe einen hoff
zcu seinem lager, so her in das land queme czu seiner
s t a t i o, wo iglicher stat das bequeme und eben ist, und
wenne der herre konig widder weg czewt, das dy stat den
hoff widder ynneme und sust das nymand sal ynnehal-
den *1454 AktStPr. IV 414.* allergnedigster konig, von
sulcher begnadung wegen so wellen wir ewer k.g. vor-
phlicht sein, vier tage und vier nacht s t a c i e zcu geben
und dovon dinst beweisin noch lawtt unser privilegien
ebd. 417. ebd. 423. ein studiosus, wenn er als haussleh-

rer neben der freien s t a t i o n nur 20 thlr. als jährliches
salarium empfinge *1740 Nyström,Schul. 117.*

III. *Mautstelle, Zollstelle; bdv.:* Mauthaus. auf allen übrigen annotirten s t a t i o n e n aber sollen die fuhr-leute
allein die von ihnen allemal zu tragen habenden ...
pferd-måuthen zu bezahlen ... haben *1731 CAustr. IV
739. 1760 SammlKKGes. I 25.* als viel nåmlich die ab
den betrettenen s t a t i o n e n schuldige transito-mauth
abwirft *1787 KurpfSamml. III 502.* wird aber letztge-
dachte s t a z i o n nicht betreten, so hat die abgabe der
bolleten bei dem nåchsten amte zu geschehen *1794 Kropatschek,KKGes. IV 256.*

IV. *Poststation, →* Posthaus; *vgl.* Stafette. eine extra-
post [soll] auf jeder s t a t i o n nach ihrer ankunft nicht
långer als höchstens eine stunde, ein courir nur eine
halbe stunde, eine estafette aber nicht über eine viertel-
stunde aufgehalten [werden] *1755 NCCPruss. I 825.* ein
postmeister ist: welchem die farende und reitende post
einer gewissen s t a t i o n vom oberpostamte oder landesherrn anvertrauet ist *1757 Estor,RGel. I 861.* courier
und extra-post-chaisen, welche jeder postmeister und
posthalter in einer gewissen anzahl nach proportion der
s t a t i o n zu halten hat *1765 CAug. Forts. I 1 Sp. 1821.*

V. *eine Naturalabgabe; auch: Ort und Zeit der Ab-
lieferung; vgl.* Stationsgeld (II), Stationsgetreide. [der scheinke]
sall gain zu den s t a c i e n da man wyn vntfeit vnd sal
den smacken abe er behegelich sy. ist er behegelich so
sal er den wyn messen als vurgeschreben stait *15. Jh.
(Hs.) TrierArch. 1 (1898) 41. 1650 SammlLivlLR. II
234.* schaden meiner anhero gebrachten reuter und pfer-
den ... wegen einführung der kgl. s t a t i o n und heu *1656 MittLivl. 16 (1896) 581.* [Übschr.:] die baur-
zinse mit kgl. s t a t i o n und reuterverpflegung importirt
nach dem neuen wackenbuch *1688 AbhStaatswStraßb.
VII 245.* mus gefraget werden, wie sie [bauren] ihre gerechtigkeit gegeben, item die königl. s t a t i o n und reuter verpflågung *Ende 17. Jh. ArchLivl.² 1 (1861) 316.*
s t a t i o n, die: ist die naturallieferung der lieflåndischen
(nicht der ehstlåndischen) landgüter an die krone, z.B.
stations-korn, stations-heu *1795 IdLiefl. 227.*

VI. *feierliche →* Prozession, Bittgang; *auch der an-
schließende Gottesdienst; vgl.* Gotttracht, Heiligentracht, Kreuz-
gang (II). XXXVI brod, ... de he unsen herren also delen
schal, de to der benomden s t a c i e n synt ... wanne ok
der heren jennich dar nicht enis in der s t a c i e n, so schal
de kelner dar tovoren eyn brod aff hebben *1412 Hildesh
UB. III 734.* scholen vnde willen wi ... vp alle vridaghe
ene s t a c i e holden mit deme holte des hilgen in de kerken to daghe vnde dat vormiddelst enen vnser broder
in der s t a c i e n to holdene *1432 LübUB. VII 471.* sall
men up sunte clemensdagh singen eine missen ... und
ein jelick broeder eder suster, de toe hues is, sall offe-
ren, als men de s t a t i e hold, als zede und gewohnte is
in allen broederschoppen *1495 OstfriesUB. II 434.*

VII. *mnl.; Stehplatz in einer Kirche; vgl.* Stand (XXV).
[dat nyement] bidden en sullen in der kercken binnen L.,
dan die tgerecht up sinte pieters avont ad cathedram ...
setten tot biddende diensten ende den tarmynary hoir

s t a c i e n *1407/48 LeidenKb. 490.*

Stationarius *m., wie* → Stationierer (I). das hinfurth den s t a c i o n a r i e n nymer erlaub, den gemeinen einfeldigen man mit glatten worten zubetriegen, werd gegeben, auch sonst der vnselige betthel gestillet ... werde *1524 CorpSchwenckf. I 274.* und were nicht wunder, das kein stad noch dorff uberblieben were, da nicht ein kloster oder zwey, doch zum wenigsten ein terminarius odder s t a t i o n a r i u s were *1536/39 LutherGesAusg. I 50 S. 610.* mandat, ... kraft dessen allen außländischen bettleren, vaganten, verstellten priesteren, pilgramben, s t a t i o n a r i e n oder sogenannte steigbettleren und anderen dergleichen landstreicheren ... aufgetragen wird, ... unsere lande ohnfehlbar [*zu* raumben] *1720 NArch Heidelb. 3 (1898) 191.*

Stationer *m., Wanderkrämer,* → Spezereihändler; *vgl.* Station (I). s t a t z a w n e r oder appotecker, stationarius *Voc. 1482 ee8ʳ.*

stationieren *v., als* → Stationierer (I) *tätig sein.* von s t a t i o n i r e n: item sollen all ertz-bischoff, bischoff und prälaten in stiften ernstlich darob seyn und verfügen, daß uberflüssigkeit der questionalien und andere bitter abgestellt und gemäßigt werden *1500 Lünig, RA. II 241.* die mit heiligen s t a t z i o n i e r e n / vnd das heiltumb vmbher fieren / wendt sich des bettels ouch begon / vnd gendt iårlich ein pentzion *1512 Murner, Narrenbeschw. 89.* von wegen sanct Sebastians brüderschafft zohe ein mal ein questionierer von Worms ... in alle flecken und dörffer, da geilet und s t a t z i o n i e r t er nach seinem besten *1556 Frey,Garteng. 47.*

Stationierer *m.* I. *(umherziehender) Ablasshändler, (betrügerischer) Geistlicher als Spendensammler, Bettelmönch;* bdv.: Stationarius; *vgl.* Ablaßkrämer. von s t a t i o n i e r e r n: zu bedenken, das ain jede obrigkait, gaistlich und weltlich, darin nachgemelt questionirer zu samlen pflegen, guet ordnung geb, das solich samlen zimblich gebraucht und das gesamlet guet an die gueten werk, darzu das angesehen ist, geraicht werd *1521 RTA.JR. II 360.* nachdem auch die s t a c i o n i r e r, so durch das land hin und wider ir samlung suchen mit irem einschreiben, pettlerei und predigen von der heiligen straff und plag vil gelts von den leuten bringen ... derhalben bitten die weltlichen stende des reichs bebstliche ht. das si solch beswernus [abstellen] *1523 ebd. III 651.* ein stat Bern hat streng geboten die questioner, terminierer, s t a t i o n i e r e r, kilchen-, klöster- und landsbetler, ablaskråmer und curtisanen, mit iren gratzen, expectanzen, pensionen und reservaten, nit inzelassen *1524 BernChr. (Anshelm) V 63.* soll auch der starcken und frömbden auslendischen petler, samlern, s t a t i o n i e r e r n und anndern muesgeenden leutn in unnserm lanndt verpoten sein zuhausieren *SalzbLO. 1526 Bl. 11ʳ.* der s t a t i o n i r e r betrug: ein s t a t i o n i r e r, der furgab, er könnte die seelen ausm fegfeuer mit seinem heiligthum und ablaß ... erretten *1532 LutherGesAusg. II 2 S. 568. BairLO. 1553 VI 5, 1. 1667 OÖsterr./ÖW. XV 23.* wegen des haillos umbvagierenden schlimmen gesindls, in- und ausländischer s t a t i o n i e r e r, freileit und anderer dergleichen

landfahrer *nach 1693 ebd. 56.* fürstliches ausschreiben gegen ... die fremden bettler und s t a t i o n i r e r *1767 HessSamml. I Reg.*

II. *Buchverleiher, Buchhändler.* rector und gliedder des studiums zu H. sollen sich nit beladen noch in ir friheit ziehen iemant anders, dan die ir friheit von unsern altern gegeben, bestimpt und begrift, mit namen meister, studenten, derselben diener, pedellen, liberarier, s t a c i o n i r e r, permenter, schriber, illuminirer und ander und iglich zum studium gehoren *1479 HeidelbUnivUB. I 192.*

Stationsgeld *n.* I. *Gebühr, die Kutschenreisende an jeder* → Station (IV) *dem jeweiligen* → Posthalter *zu entrichten haben; vgl.* Lohnfuhre. [für eine halbstündige versäumniß sollen] die postilions des ihnen von den passagiers sonst zu zahlen gebührenden ordinairen trinck- und s t a t i o n s g e l d e s verlustig gehen *1755 NCCPruss. I 818.* eigentlich heißt passagiergeld nur dasjenige, welches der passagier für das postamt zahlen muß, da hingegen das, was für den postmeister gehöret, das s t a t i o n g e l d genennet wird; auf den chursächsischen posten zahlet der passagier für jede meile 3 gr. passagiergeld, und 2 gr. s t a t i o n g e l d, zusammen 5gr. für die meile *1768 Ludovici,KfmSyst.² 356.* jede uneingeschriebene person [*wird*] das erstemal mit der vierfachen ersetze des ordentlichen passagier- und s t a t i o n s - g e l d e s ... bestraft *1799 CSax. I 1324.* daß die miethskutscher, wenn sie poststraßen befahren, den postämtern eine gewisse abgabe (s t a t i o n s g e l d) entrichten müssen *1803 v.Berg,PolR. III 560.* daß der gebrauch eines lehn- oder miethkutschers [*nicht*] durch gesetzwidrige s t a t i o n s - g e l d e r erschwert werden dürfe *1805 RepRecht XII 41.*

II. *anstelle einer* → Station (V) *zu leistende Geldabgabe.* befehlen wir unsern oberråthen hiermit, daß alle ... contributiones ... als huefenschoß, haupt-interesse und s t a t i o n g e l d e r ... mit allem ernste einmahnen *1643 ProtBrandenbGehR. I 593.*

Stationsgetreide *n., Getreide als* → Station (V). G.G., pfarr zu J., bittet erlassung des s t a t i o n g e t r e i d e s *1662 ProtBrandenbGehR. VI 780.* von allen zeiten her hatten die landgüter das s t a t i o n s g e t r a i d halb in roggen, halb in gersten bezahlet *1783 LivlJb. IV 2 S. 657.*

Statist *m., wie* → Staatskluger, *auch wie* → Staatslehrer, *auch abwertend gebraucht.* daß keine vollkommenere politic zu finden sey als die bibel. die könige in Israel sind allesamt s t a t i s t e n gewesen *1663 Schuppius 2. 1684 Sauter,Staatserm. 151.* von vielen s t a t i s t e n, juristen und casuisten controvertiertes staats-problema, worinnen so wohl an seiten der juristen, als der publizisten und staats-lehrer sehr gröblich geirret wird *ebd. 451. 1688 Becher,Diskurs³ 44.* etliche unserer teutschen s t a a t i s t e n meinen nit, daß an den commercien und derer auffnehmen so viel gelegen, sondern machen vielmehr aus ihrer statistica eine materiam commerciorum *ebd. 174.* [*Buchtitel:*] der raffinirte s t a t i s t, nach seiner regiersucht in politicis, verkehrten art in oeconomicis und passionirtem wesen in judiciariis [*Hamburg 1709*]. *1744 Zedler 39 Sp. 1285.*

Statisterei *f., wie* → Staatskunst. in diesem angezündeten kriegs-feur will keine machiavellische s t a t i s t e r e y, keine pralerey der cavalierer helffen *1663 Schuppius 401.* die so genante neue s t a t i s t e r e y aber lehret nichts anders, als einen ieden stat, nach der jenigen richt-schnur, welche bey dem lateinischen ratio statûs, auf deutsch der stats-nutzen heisset ... bey euserlichen wohlstande zu erhalten *S.v. Butschky, Pathmos (Leipzig 1676) 40.* s t a t i s t e r e y: die pseudopolitica, qvam diabolicam politicam appellant, ratio status, cognitio secreta, & arcana ars gubernandi rempublicam *1691 Stieler 2115.*

Statistik *f., Staatskunde, Lehre von der → Staats-klugheit.* s t a t i s t i c k: die staats-, staaten-, lånderkunde *1798 Hofstätter, JurWB. 397.*

statistisch *adj., wie → staatsklug, auch: auf den → Staat (XIII) bezogen, ihn betreffend.* wer ihr leben [kônige in Israel] recht betrachtet, wird eben das darin finden, was die s t a t i s t i s c h e politici im Tacito oder Machiavello finden *1663 Schuppius 2.* ob nun wohl izziger zeit die vermachiavelte s t a t i s t i s c h e art ins gemein ihre frey-stådte hat, so finden sich doch noch solche fürsten-hôfe, von welcher tugend und redlichkeit so gar nicht ausgeschlossen wird *S. v. Butschky, Pathmos (Leipzig 1676) 110.* C. Weise, Neu-erleuterter politischer Redner (Leipzig 1684) 151. s t a t i s t i s c h: ... pseudopoliticus, & pseudopolitice. auf s t a t i s t i s c h e art: more aulicopoliticorum *1691 Stieler 2115.* s t a t i s t i s c h: staatenlehrig, staatenkundig *1813 Campe Erg.-Bd. 567.*

Statt *behandelt unter* Stadt.

stattbar *adj., genehm, angenehm.* das vns vnd vnnsern nachkomenden dheine andere herre in ewige zeit vns zu beschirmen nutzlicher vnd s t a d b a r gesein kan, ... dann ... grave C. *1459 Haltaus 1736.*

Stätte *behandelt unter* Stadt.

Stättegeld, Stattgeld *n., mnl., mnd. auch* stede-. **I.** *Ab-gabe, Gebühr von einem Marktstand oder einer Krambude bzw. für den Verkauf best. Waren auf einem →* Markt (I); *auch das Recht der Abgabenerhebung und die Einnahmen daraus; bdv.:* Stallgeld (II), Standgeld (I), Stättepfennig, Stättlöse; *vgl.* Marktgeld (I), Stadt (I 2 e). quod libere vendere possint res et bona eorum in annualibus foris sine pacto, quod s t e d e g e l d dicitur, in omnibus ciuitatibus *1326 CDBrandenb. I 18 S. 379.* van tho lende vercurt woerden an stapelgheelde ende s t e d e g h e e l d e *1377 Deventer Rek. V 70. Ende 14. Jh. BerlinStB. 14.* daz die forstere den barfusen brudern ... die vier schog geldis von dem s t e t e g e l d e des iarmargtis czu M. alle iar ... gebin sollin *1401 MeißenUB. 283. 1416 SchlettstStR. 117.* haben wir ... vorkowft ... alle das s t e d e g e l t, ds des suntages gevallen mag in allen wochen vff deme marckte vnser stad *1424 CDBrandenb. I 12 S. 391.* schulle we dat s t y d d e g e l t in den jarmarkeden nicht hoger nemen, wen alse me dat van aldere genomen heft *1425 Halberstadt/QStädteForsch. IV 85.* es sal auch ein zentbüttel einem stadtbüttel vff iglichen marckt vnd kirberey beholffen sein s t a t g e l t zu samlen *1425/57 Franken/GrW. III 532.* van thol ende s t a t t g e l t inder mertten tot G. te geven van den insetenen tot Helmont *1447 MnlWB. VII 1973.* kremer, hoken unde andere ... wollen wir med keyne czolle adir nuwen ufsetzen owirsteygen, sundern alleyne s t e d e g e l d adir martgeld *1447 QÄWGMD. II 64.* van s t e d e g e l d e van den fromden wantsnideren tom frigen markede pasche 30 s. *1478 HildeshUB. VII 689.* [die rechner] sôllen auch andern amptlüten, als ... dem, der die laden zins, hub gelt, s t e t t g e l t und anders innimpt ... beholfen sein *um 1482 NördlingenStR. 163.* daß unser richter und schôppen ... sich in den selben nutzungen ... haus und straßenfrieden, s t i d d e g e l t in den freyen markten ... geleitgeld in den jarmarkten ... ziemlich und geburlich erweisen *1486 HalberstUB. II 389. 1487 Stieda-Mettig 244.* ein ieder außwertig becker, der brot zu ruck auf einem pferde herein furt, soll zu s t e d e g e l t geben zwene pfenning *1492 Walldürn 265.* s t e d e g e l t: s t e d e g e l t zum aplaß uß dem raithuße unde da dii wolnweber stehen gibt itzliche stedt eynen schilling *um 1500 VeröfflHessen XIII 8 S. 43. 1523 Reyscher, Stat. 607.* it mot up niene vischerlage edder vitten jennige bode gebuwet werden ane furstlicher gnaden edder deren amptlüden consens, und darvor werd mathering und s t e d e g e l d genamen *vor 1531 Rügen LR. Kap. 5 § 3.* habenn die rethe macht zusetzen einen marckmaister, ... welcher auch das s t e d e g e l t auf die wochen merckte von raths wegenn einnfordertt *1543 ArnstadtStR. 56.* auch sollen sie haben das s t a d t g e l t und bankzins, so sie unter und uff dem rathaus von benken, becken, metzlern und kremern haben mögen *1562 ZGO. 16 (1864) 36. 1575 Lappe, Lünen 40.* zu den drei iahrmärkten hat unser genediger furst und herr den halben theil am s t ä t t g e l t *1575 WürzbZ. I 1 S. 93.* soll der rath dazu trachten ... einen platz zum markte zu haben, da die kramer ihre krambuden aufbauen und ihre stätte haben mögen, und sollen auch s t ä t t e g e l d geben, welches ... denen armen bleiben soll *1582 Hadeln Priv. 59.* daß er [bürgermeister] in allen künftigen zeiten das alte gewôhnliche s t å d e - g e l d von den krahmern einnehmen ... môge *1603 NStaatsbMag. I 579.* so mann ... pfleget zu wallen, von den faylhabenden leuthen, alß schustern, kremern daß s t e t - oder standtg e l t wider alt herkommen ... einzufangen *1626 FrkBl. 8 (1956) 34.* die stadt G. hat ... s t å d t e g e l d von allen fremden crâhmern und feilhåndlern jährlich uff die jahr-märckte ... einzunehmen *1658 GeraStR. 181. 1694 CCMarch. IV 1 Sp. 804.* wann nun, zu abführung obgedachten capitals ... nachgesetzte posten angewiesen werden: ... der gewölbe-, buden-, und boden-zins, wie auch s t i d d e -g e l d zu messe-zeiten *vor 1714 BrschwKapelle 186.* [Übschr.:] patent, daß das s t ä t t e - g e l d von den zu marckt kommenden leuten nur in den jahr-mårckten, ausserdem aber niemahls gefordert werden soll *1718 CCPrut. III 351.* das s t e t e g e l d aufn marckten von auswärtigen, welche sich die ... rahts-glieder angemaßet und eingehoben, da es ordentliche cämmerey-gefälle seyn *1724 MittKönigsberg 2 (1910) 189. 1742 CCMarch. II. Cont. 48.* der stadtmagistrat empfängt das markt-, buden-, s t å t t e - und standgeld *1785 Fischer, KamPolR. III 214. 1785 Krünitz, Enzykl. 33 S. 551.* [die einnahme der stadt fliessen] aus dem ... s t å t t e g e l d e und der budenheuer

in den jahrmårkten *1786 Gadebusch,Staatskunde I 107.*
II. → Grundzins, *Pachtzins; Zins, Abgabe für die Nutzung eines Grundstücks; vgl.* Grundheuer, Stadt (I 8). daz wir
[*Markgraf W.*] den ratluten unsir stad zu T. ... gelegin
haben und lehen den zins, der da heizit s t e t e g e l d *1367
TorgauUB. 87.* yemend, de de in synen erve hadde rente,
lifftucht edder s t e d e g e l t, unde des vorsweghe, wanner
he ene hantveste wilkorde, dat scolde he der stad beteren *1433 BremRQ. 204.* von dem hause ... bezahlet der
hutmacher J.C.H. grundzins oder s t i d d e g e l d jährlich
3 rth. *1720 HannovGBl. 9 (1906) 228.* das s t å t e g e l d,
oder wie es in andern gegenden heißt, das bienenhei-
degeld erhält der grund-eigenthûmer dafûr, daß er die
ausstellung der fremden bienstôcke auf seinem lande gestattet *1798 Hagemann,PractErört. I 256.*
III. *Gebühr für eine Grabstelle.* dat men den zulven
liiksten uppe de vorscreven stede weder to leegende
nicht steden en wille, id en sy, dat man dar nye s t e d e -
g e l t vore gehefven wille *1425 HanseRez. III 51.*
IV. *Entgelt für die Verwahrung fremder Gegenstände;
vgl.* Standgeld (II). giebt einer dem andern sein gut zu bewaren, ... stedt kein lohn, s t e d t oder tranckg e l t gegeben, noch geföerdert wird, kompt es von abhanden ... so
darff er darzu nicht antworten *1586 LübStat. III 3 § 1.*
wird einem ... bewegliches gut ... zu treuen hånden hin-
terlegt und er nimmt es ohne einigen lohn und s t å t t e -
g e l d zu sich *1650 EstRitterLR. 333.*

(Stätteheuer) *f., mnl.* stede-; *Grundstückspacht; bdv.:*
Stättepacht; *vgl.* Stadt (I 8). alle huyshuyre, camershuyre ende s t e e d h u y r e ofte pacht salmen betalen als beuolen
schulden *vor 1537 LeeuwardenStR. Art. 77.*

statten *v.* **I.** *gestatten, gewähren, erlauben, zustimmen,
einwilligen; bdv.:* stattgeben (I); *vgl.* gestatten (II). durch dat
keiser durch bodeschap aller papen, de inme rike waren,
unde der vorsten bedwungen, s t a d e d e he ener gemener
sprake to Wormeze *um 1260 SächsWChr. 192.* wanne se
over de twey jar ... dat hus losen willet, des scole we en
s t a d e n *1311 HHildeshUB. IV 38.* her richter, ic bidde
iu dorch god ... dat gi neines unrechtes an mi ne s t a d e n
unde min blut nicht tu unrechte ne giten *um 1335
RichtstLR. 32 § 1.* ok en schole we des nimende s t a -
d e n, de dar weere bouwen uppe der Elve *1370 Lüneb
UB. II 26.* dar en schal nen sulveshere synen knechten s t e d e n, veyle markede to holdende *1375 HambZft
Rolle 26.* er meinet sinen vnde nicht juwen fromen, daz
er in keines fredes zwischen iuwe vnde vns s t a d e n will
um 1384 Fidicin IV 52. keyn wip mag eris gutes nicht
vorgebin ane ires mannes willin, daz her des dorch recht
s t a t i n dorffe *Ende 14. Jh. EisenachRB.(Rondi) I 41.*
men schal ok nicht s t e d e n, dat en knecht sin eghen
werk make; welk here de des s t e d e d e, de here scholde gheuen enen schillingh *14. Jh. Lasch,NdStB. 18.* es
wolde Pompeyus nicht s t a t e n, das ymant seynes volkes
yn den tempil do gynge *1421 Rothe,DürChr. 53.* wat dar
velle van orem ammechte, dat me under on plege to dei-
lende, des scholden se om to likem deile s t a d e n *1427
HildeshUB. III 601.* [E. *hat* uns gebetin,] ime zu günnen
unde zu s t a t e n n e, das er noch eynem hasen ... ryten

mochte an den enden *1456 ArnstadtUB. 317.* wodanne-
wijs juwe leefte nicht scholen wyllen vorhengen unde
s t a d e n in juwen landen unde gebeden to cinoderende
1488 OstfriesUB. II 290. men sal ock gyne fremede egen
luede, de uns nycht tho hoeren, up unse guder s t a a d e n
to wonnen *Ende 15. Jh. CTradWestf. I 195.*
II. *jn. hineinlassen, einlassen, aufnehmen.* hir vmme ne
wolden sie vns nicht wedder s t e d e n in die hencze lyck
anderen steden *um 1400 BremGQ.(L.) 101.* so dat he
in de zelschop der wantscherere gutliken s t a d e t werde
1460 HambZftRolle 282. vmme schult: ... scal de vaget
mit twen borgeren gan in des mans hus ... vnde wyl he
den vaget vnde borgeren nicht in syn hus s t e d e n, de
dar schuldich ys, so böte he en XL mark *1492 Flensburg
StR. Art. 65. 1492 Schiller-Lübben IV 351.* sollen de olderman unnd de meistere nemandt in dat ampt s t a d e n
unde laten, eer he hefft bewesen sodan meisterstucke, alse dem ampte behoren *1494 Stieda-Mettig 250.* do scref
de pawest dat concilium wedder vp, vnd dat vmme der
orsake, dat en de hertoch van Mantua nicht in Mantua
s t e d e n wolde *1542 HambChr. 91.*
III. *jn. einsetzen, bestellen.* heft he g h e s t a d e t S.v.B,
... des ghelick s t a d e d e he mester J., de use want vor-
reyt, unde disse sulfentwene hebben us gheschindet unde rovet unvorwardes *1382/88 BrschwChr. I 75.* dat
unse here, dem wy huldinge gedan hedden, eyme andern heren wolde tho deme stichte s t a d e n *1385 Richter,Paderb. I Anh. 71.* wilk son komet boven twelf yar,
deme schal man s t a d e n to syner antal synes lehengu-
des, wan hey dat eischet *1434 DuderstadtUB. 399.* als
... B.W. sine insage in der vorbenompter tit nicht in-
gebracht, demnae dat gerichte die jonferen v.H. g e s t a -
d e t tot dem lande vurscreven, dair die rechtzforderonge
umb gedaen *1539 ClarenbergUB. 333.*
IV. *Recht(es) statten zum Recht verhelfen, Recht erteilen, gerichtlich entscheiden.* wert unser borgere jenich
berôvet, verclaget he dat, so schal men eme rechtes s t a -
d e n *1320 GoslarUB. III 344.* do worde we ghevraghet
van uses herren weghene, ofte we useme herren wolden
rechtes s t a d e n in der stad. dar antorde we aldus to:
we wolden eme rechtes s t a d e n na user stad rechte *1334
HildeshUB. I 505.* jowelk stad scolde der anderen rechtes helpen unde s t a d e n over dhene selven vredebrekere
1335 HalberstUB. I 340. over dene, de den schaden ghe-
dan hedde, scholde we rechtes s t a d e n *1346 HildeshUB.
I 565.* das fürter in der sach yedem tail gegen dem andern unverzogenlich recht verholffen und g e s t a t wurd
1495 UrkSchwäbBund. I 179.
V. *von einem Eid: vorsprechen; vgl.* Stattung (V). da dieses ... auch geschehen, s t a t t e t oder spricht ihnen der
commissarius den eydt vor *1602 Kirchhof,MilitDisc. 70.*
VI. *jn. (für die Hochzeit) ausstatten; bdv.:* bestatten (I 1);
vgl. Stattung (II). eyn man stirbet unde lesset czwu töchter,
dy eldeste s t a t e n dy frunde und gebin sy eyme manne
unde gebin ir ör vater erbe mete *um 1400 MagdebFr. I
7, 23.*

stätten *v., (Feuer) eindämmen, löschen. [wer* vorse-
chung des feur *versäumt, soll]* trei tag frist haben und

das feuer helfen s t ö t t e n, ehe man an ihme hant anle-
gunt werde *1681 Steiermark/ÖW. VI 123.*

(Stättenjahrpacht) *f., jährlich zu zahlende* → Stättepacht; *vgl.* Jahrpacht. *vor 1537 LeeuwardenStR. Art. 146.*

(Stättepacht) *f.,* → Pacht (IV) *für ein Grundstück; bdv.:*
Stätteheuer; *vgl.* Stadt (I 8), Stättenjahrpacht. alle beuolen sculden,
als te weten landthuyre, huyshuyre, s t e d e p a c h t off
andere schulden *vor 1537 LeeuwardenStR. Art. 82.* den
lantheere sijn iaerlicxe s t e d e p a c h t ofte pensioen toe
betaelen *ebd. 143.*

Stättepfennig *m., mnd.* stede-; *wie* → Standgeld (I), →
Stättegeld (I); *vgl.* Marktpfennig (I). vorlige wi en den huven-
tyns, wortyns und s t e d e p e n n i n g h e darselvens frede-
liken tu besithtende tu ewigen tyden or eyn eigendum
1298 BerlinStB. 38. um *1310? Wiener Neustadt/Keutgen,
Urk. 364.* berpenninge, litcopespenninge, s t e d e p e n -
n i n g e, de deme … rade böret *1347 HildeshUB. II 2.*
dar alzo unser burgher eyn mit uns stode to den jarmar-
kede mit siner velinge unde wurde deme s t i d d e p e n n -
i n g e to gheesched *1353 OsterwieckStB. 18. 1364 CD
Brandenb. I 12 S. 382.* we beholden aver uns … vischene-
ment, holtnement, s t e d e p e n n y n g h e in dem markede
sunte michaelis *1368 LünebUB. I 421.* so sullen ouch die
… burgere der alden stat zo M. … behalten ir gerichte
und s t e t t e p f e n i g e in der herrenmesse *1377 Magdeb
UB. I 344.* alle recht, dat we gehad hebben wante hir to
van vnsen elderen s t i d d e p e n n y n g h e vptonemende
1391 WolfenbüttelLHArch. 312. um *1410 GöttingenStat.
390.* de heren van O. hebben s t e d e p e n n i n g e binnen
W. in deme markede … van kremeren vnd vantsnideren
vp dem kerkhoue markede vnd vp der straten *1428 Fries
Arch. I 477.* so soll auch der rath zu E. mit dem s t ä t -
t e p f e n n i g zu setzen und zu nehmen … begnadigt sein
und bleiben *1554 Einbeck(Harland) II 213.*

stattfest *adj., strikt, unverbrüchlich. 1666 Schlesw
DorfO. 69.*

(Stattfest) *n., Bestätigung eines Rechtes; vgl.* ³Fest (V).
lange tidt darna … hebben die S. van konig J. in Den-
nemarcken im ersten anfang sins ricks ein s t a d t f e s t
ehrs landtrechten, erer fryheiten und gerechtigkeiten …
uthgebracht um *1598 QSchleswHolst. V 120.*

(stattfesten) *v., bestätigen, bekräftigen.* szo wy ock ie-
genwardigenn in crafft vnd macht desszes vnszes vorse-
gelden breues vornygen, ratificeren, confirmeren, vorbe-
teren vnd s t a d t u e s t h e n *1524 DiplFlensb. II 183.*

(Stattfestung) *f., Bestätigung, Bekräftigung.* [wy] hebben des vnsze furstelike secrete nedden ahn desszen breff
… tho s t a d u e s t i n g e vnde orkunde der warheit hangen lathen *1524 DiplFlensb. II 186.*

stattfinden *v.; vgl.* Stadt (VIII). **I.** *wie* → stattgeben (I).
haben wir ihrem billigen gesuchen gnädiglich s t a t f i n -
d e n lassen *1621 PommMbl. 4 (1890) 69.*

II. *gelten, Gültigkeit haben; bdv.:* statthaben (II). in allen
zur gemeinen rehderey gehörigen vorfällen, da die reh-
der sich sämtlich nicht vereinigen konten, soll die meinung dererjenigen, so den grössesten antheil an dem
schiffe haben, s t a t t f i n d e n *1717 PreußSeeR. II 3.* ehe-
hafte rechte: sind rechte, die nur in nothfällen s t a t t

f i n d e n, als die einreissung der häuser, verbrennung der
vorstädte … und andere *1762 Wiesand 889.* wenn der
verstorbene keine gültige erklärung des letzten willens
hinterlassen … so f i n d e t die gesetzliche erbfolge ganz
oder zum theile statt *1811 ÖstABGB. § 727.*

III. *erlaubt sein.* [die seminaristen müssen] das dienst-
examen erstanden haben. dann ordentlicher weise f i n -
d e t sonst die ordination nicht statt *1769 SammlBad
Durlach I 15.* die eigenthumsklage f i n d e t gegen den
redlichen besitzer einer beweglichen sache nicht s t a t t,
wenn er beweiset, daß er diese sache … dem … kläger
selbst … anvertraut hatte *1811 ÖstABGB. § 367.* jedem
vikar … zum mittagessen sowohl als nachtessen … ein
schoppen wein oder eine halbe maas bier … in der zwi-
schenzeit des tags f i n d e t kein trunk statt *1811 Reyscher,Ges. X 376.*

IV. *geschehen, vor sich gehen; bdv.:* statthaben (V). wider-
spricht ein solcher pflegebefohlner dieser veräußerung:
so kann dieselbe nicht s t a t t f i n d e n *1794 PreußALR.
II 18 § 561. ebd. I 20 § 451.*

stattgeben *v.; vgl.* Stadt (VIII), Stadt (X). **I.** *zustimmen, gestatten, bewilligen; die Zustimmung erteilen; (zB. eine
Appellation) zulassen; bdv.:* gestatten (II 1), statten (I), stattfinden
(I), statttun (I). [dat se] ore len vorweslen welden, dar scal
se use here bischop H. nicht an hinderen, mer he scal
des s t a d e g h e v e n *1333 HildeshUB. I 479.* wann auch
von ainer beiurtheil an unsern undergerichten appelliert
wurde, sover dann der unterrichter bedunckt, daß die
frevlich oder unnotturftigliche, mag er der appellation
nit deferiren oder s t a t g e b e n *1509 Carlebach,BadRG.
I 121.* refutatorii sind die, aus wölchen erscheint und erfunden wirdet, das der richter der appellacion nit s t a t
g e b e n hab, sonder acht die für frevenlich und unnütz
1521 WindsheimRef. 64. [aus disse vnser schrifft *ist*] zcu-
uornhemen, das forder seinen vorbringen deste weniger
s t a d t noch glauben zcu geben *1522 MittOsterland 6
(1863/66) 66. 1536 Gobler,GerProz. 6ᵛ.* als nemblich die
edlen und rittermäßigen … das manngericht, auch andere gericht und recht … besetzen und urtel sprechen
zwischen allen partheien … auch von ihnen weiters kein
appellation s t a t t g e g e b e n wird *1554 FreibDiözArch.
16 (1883) 204.* der richter hat solch appellation für freu-
enlich vnd mutwillig geachtet vnnd gesagt, daß er derselben nit s t a t t g e b e *TeutschForm. 1571 Bl. 104ʳ.* in
widrigem falle aber, da diese iüdischen anzeigen in dem
vorerwähnten termin nicht beigebracht würden, keiner
jahrmarktsabänderung mitten im jahre mehr s t a t t g e-
g e b e n würde *1785 HdbchÖstGes. III 2 S. 266.* das an-
geführte ehehinderniß muß … vollständig bewiesen werden … einem eide der ehegatten [kann nicht] s t a t t g e-
g e b e n werden *1811 ÖstABGB. § 99.*

II. *etw. Folge leisten, nachgeben; einer Bitte/einem Suchen stattgeben eine Bitte gewähren.* strafte eyner eyn
orteil unde welde der richter nicht dorzu thun, diz mochte der clagen deme bisschoffe des landes … der mag en
twingen unde em dorzu gebyten … daz er dem orteil
s t a t g e b e *Ende 14. Jh. GlWeichb. 247. 14. Jh. Leit-
meritzStR. 187.* hat s.g. diser bethe keyn s t a d wol-

len g e b e n, sunder gesaget: wu sie sich mit jme jn der guete nicht vortragen wurden, so were er gesynnet ... den regenten rechtlichen zwbeclagen *1510 GörlitzRats Ann. I/II 33.* soll khain lantman ... schuldig sein ... auf erforderung außländischer fürsten und lehensherren außer lants zu erscheinen oder ainichen lehensherren anderstwo s t a t t z u g e b e n *16. Jh. NÖLehntraktat 70.* demnach wir solchem ihrem underthenigen suchen gnediglich s t a t g e g e b e n, confirmiren und bestettigen dermassen solche vorinserirte wilkuhr in allen ihren puncten *1629 SchleswDorfO. 438. 1656 OstfriesBauerR. 65.* zu erhaltung gueter policei ... haben wir ... obernenter maister eines ehrsamen handwerks ... bitten in acht genommen, denselben s t a t t g e b e n und ihre ... articel uns gefallen lassen *1662 PreßbZftUrk. 365.* daß wir darauf deßen suchen s t a t t g e g e b e n und ihn an des verstorbenen stelle ... angeordnet haben *1727 Westfalenland 1932 S. 143.*

     III. jm. stattgeben *jn. freilassen.* marggraff A. ... g a b ... den gefangen s t a t t auf ain widerstellen, des muesten sie ... sich schweren *1450/68 AugsbChr. II 195.*

     Stattgebühr *f., dem überlebenden Ehepartner zustehender Erbteil; vgl.* Erbgebühr, Stadt (VIII). beeden eheleuten [*ist*] wol erlaubt, ein gewisses stück von ihrer eigenthumblich zugebrachten fahrnus den kindern oder nechsten freundten sterbend zu vermachen und zu verlassen, doch daß das bleibend dadurch an seiner s t a t t g e b ü h r nicht gar mercklich und mächtig verkürzet und geführet werde *1660 LandauErbr. 877. ebd. 880.*

     Stattgeld behandelt unter Stättegeld.

     statthaben *v.* **I.** *Anwendung finden, angewendet werden; (als Gerichtsort) zuständig sein.* warin der contract s t a t h a b, was er und sein natur sey *1521 Windsheim Ref. 101.* conditionierend die parthyen ihre lühungen mit anderen gedingen vnd vorbehaltnussen, sollend dieselben s t a t t h a b e n, souer si rechtmässig vnd nit übernutzlich syend *1. Hälfte 17. Jh. FreiburgÜMun. II Art. 170ᵇ.* wann in einem kauf ein stück gut zu dem kaufgelte zugegeben wird, mag zweifel vorfallen, ob es ein kauf oder tausch und das näherschaftrecht s t a t h a b e oder nit *1670 EisenachStR. 155.* ob wohl das ius retorsionis ... nicht s t a t t h a b e n kan, so ist doch dasselbe ... billich, daß in bürgerlichen sachen und handelungen rechte proportion gehalten werde *1762 Wiesand 901.* [soll in ansehung der ausstehenden schulden] der gerichts-ort der lage des sterbhauses s t a t t h a b e n *1772 Pufendorf, HannovLREntw. Tit. 28 § 17.*

     II. *gelten, Gültigkeit haben; vgl.* Stadt (X). daß solche ursachen deß verdachts dem rechten gemäß und s t a t t h a b e n *1553 FerdBO. Art. 169.* daß der articul mit den neun rethen, inmassen der hieoben gesetzt, bleyben und s t a t t h a b e n [soll] *1555 RKGO. (Laufs) II 4 § 5.* [wouer sie sölches wismath weytter verkauffen,] sollt sölches alles gar nit s t a t noch ainige würckliche khrafft h a b e n *1570 KrummauClarissUB. 256.* die persöhnliche sprüch und actiones, so auß den contracts-handlungen herfließen, sollen nicht allein wider die contrahentes und principales sondern auch ihre erben s t a t t h a b e n *1608*

OÖLTfl. II 31 § 1.

     III. *Erfolg haben, (mit etw.) durchdringen, sich durchsetzen.* darnach wolle er ... ursach furbringen, das sein klag kein s t a t h a b noch er im darumb nichts schuldig sey *1491 ProtBKammerger. (1465/80) 911.* von der stewer: ... wye woll dye vermuglikeit zumehren mall zu bethe der herrn der coron furgehalden, hat doch nicht s t a t t mugen h a b e n *1509 GörlitzRatsAnn. I/II 6.* der beclagt antworttet ... dasz solche clag ... ausz der vnd diser ursachen gein jme von rechts vnd billigkait wegen nit s t a t t h a b e n mög *16. Jh. FrkZenth. 176.* in kreishandlungen sollen über die in der executionsordnung enthaltenen und dahin gehörigen verfassungssachen jederzeit die majora s t a t t h a b e n, und die minderen stimmen den mehreren nachzugeben verbunden sein *1654 Gönner, StaatsR. 329.* wann dergleichen anbringen also beschaffen seyn ... wird man dieselbe mit dem rathschlag, diß begehren h a t nicht s t a t t, wiederumben hinaus geben *1660 CAustr. I 19.*

     IV. *zulässig sein, erfolgen dürfen.* nach zweien jaren h a t diser außzug nit mehr s t a t t, ob auch die bekent summ nit dargezalt were *1536 Gobler, GerProz. 128ʳ.* khann die ehescheidung nit s t a d t h a b e n, wann jhmandt mit gewalt in unzucht gedrungen alßo, das man sich des lebens befharen mussen *1563 Oberpfalz/Sehling, EvKO. XIV 322.* das auch solche constitution coniunctim et copulative, zuvor verschiedene process: alß processum mandati et citationis erfordert, unnd eins ohne das ander nicht s t a t t h a t *1598 Kratsch, Justiz Anh. 13.* damit eine injuri-klag s t a t t h a b e, ist vonnöthen, daß der geschmächte die injuri alsobald zu gemüth führe *1679 TractIurIncorp. XVIII 12.* ob bei der bauerschaft auch ... jus prothimiseos s t a t t h a b e *1752 Chorinsky, Mat. III 134.* kein beschuldigter kann an das cantonsgericht abgeliefert noch vor demselben förmlich angeklagt oder gerichtet werden, als bis durch ein aus acht geschwornen zusammengesetztes anklagegericht entschieden ist, dass eine anklage gegen ihn s t a t t h a b e *1799 AktSammlHelvet. IV 426.* in solchen fällen, in welchen die eigenthumsklage gegen einen redlichen besitzer nicht s t a t t h a t *1811 ÖstABGB. § 456.*

     V. *geschehen,* → stattfinden (IV), *erfolgen.* welhes dann auch sonderlich in dennen fählen s t a t t h a b e n solle, da die partheien ... sich auf briefliche documenta und urkhunden ziechen *1608 OÖLTfl. II 7 § 11.* bei s t a t t g e h a b t e r wahl eines nicht qualificirten unterempfängers *1685 Scotti, Cleve I 580.* daß freyer handel und wandel ungehindert s t a t t h a b e n könne *1788 SGallenRheintalRQ. 1365.* das zusammentreten der generalversammlung ... der gemeindebürger, das nun nach obigen vorschriften s t a t t h a t, ... ist verboten *1801 AktSammlHelvet. VII 1448.*

     VI. *etw. bewilligt bekommen, die Erlaubnis für etw. erhalten.* daz ein priester ainn weingarten ... verkaufen oder verwechseln wolt mit seines lehenherren willen ... der sol er s t a t h a b e n *1422 Tomaschek, Wien II 31.*

     statthaft *adj.* **I.** *ansässig, wohnhaft.* so süllen der zeugen vier s t a t h a f t sein aus der herschaft ze M. und drei

... aus dem gericht W. *1432 Salzburg/ÖW. I 45.*

II. *begütert, vermögend, wohlhabend;* bdv.: statthaftig (I); vgl. Stadt (VII). ob ich, P., oder mein erben so s t a t h a f t werden, daz wier dev selben vôrgenanten vier phvnt gæltes ab schvln lôsen *1294 HeiligenkreuzUB. I 273.* P.K. hat vôrsaczt czwe schok czins, dy her hat an dem gôlde ûf der stat, I.Ö. vor achczende halbe mark, wen P. alzo s t a t h a f t wirt, daz her eyne mark adir das gelt gar mak abegelosin, so schal im I. das wedir gebin zů lôsin *GörlitzStB. 1342 S. 144.* wenn ein gozhus im kunfftigen so s t a t h a f t wurde, das es wieder eine müli buwen könnt *1364 Burckhardt,Hofr. 134. 14. Jh.? Regensb Stat. 52. 1450 Erler,NeustadtWeinstr. I 19.* wo etliche geschwisterget vater- vnd muterloß werdind, ist gesezt, wen vnder denselben kinden keines so s t a t h a f t ist, das es die andern erziehen mög, soll man die den nechsten fründen bevelhen *1489 WillisauAmtR. 101.* were ouch das vnder den eelüten eins vßsetzig wurd, das nit eigen gut hett, vnd hilff von sinem eegemahel bedôrffte, ist dann das gesund eegemechd so s t a t h a f f t, so sol es dem vssetzigen helffen *1520 FreiburgStR. III 2, 9.*

III. *angesehen, einem höheren* → Stand (I) *angehörig; stattlich, ansehnlich;* bdv.: statthaftig (II), stattlich (III). der ist ein s t a t e h a f e r man *1152/80 Rother 22.* swelich s t a t h a f f t man durch sinen übermůt des bannes nicht trincken wil, dem sol man heim senden *14. Jh. Elsass/ GrW. IV 208.* weliche gesetz allein gen den s t a t h a f f - t e n iren burgern geprucht sein und des gemainen mans darinen geschont worden *1485 NürnbPolO. 71.* sidemmal ... die güeter noch so s t a t h a f t, das sy den bodenund die überzinß zuo sampt eim zimlichen fürschuß ertragen mögen *1533 SchweizId. XI 1804.* sollen die muster-herren ... nicht zugelassen werden, sie haben dann zuvor dem crays, darinn die musterung fürgenommen wird, mit s t a t h a f f t e n stånden im heil. reich teutscher nation gesessen, bůrgschafft gethan *1563 Moser,KreisAbsch. I 223.* wann ein ehrlicher s t a t h a f f - t e r mann ... hůndisch vnd spôttlich begraben wůrd *1587 Bemel,TraktTestam. 24.* so inpringung der gemeinen pfenings sollen in einem jeden furstenthumb oder landtschafft vier s t a t h a f f t e personen zu innemern verordnet werden *16. Jh. FreibDiözArch.² 1 (1900) 412.* [gôst, *die*] bei den ordenlichen wierten einzukhern und zeren übl s t a t h a f t und nit vermögen [solle allen *anderen* wüerten gebotten sein,] ... über ain nacht- oder tagzill ... nit zu passiern *1608 Kärnten/ÖW. VI 489.* was sich nach gegebner rechnung für und ubrig syn erfinden möchte, soll ... umb der ... bestimpten zinß s t a d t - h a f f t e n lüthen hingelichen werden *1615 BernStR. VII 2 S. 749. 1623 QFGNürnb. 32 S. 223.*

IV. *rechtmäßig, ordnungsgemäß; zulässig, erlaubt;* statthaft machen *rechtfertigen;* bdv.: statthaftig (III). das ain yegklicher ... der dann über fünffundzwaintzig pfund verner schuldig, wie die schuld herrürt, der nicht zu pfennden s t a t h a f f t ist, so der, dem er schuldig beleibt, den richter ... anrüefft, sol der richter jm ... versorgen *1499 TirolHGO. 138.* [dass] ain ordenlich, s t a t - h a f f t, wolbesetzt vnd bestendig camergericht ... im hai-

ligen reych not sey *1523 UrkSchwäbBund. II 250.* so würde es ... auch in petitorio an s t a t h a f f t e n rechtsgründen ... nit fehlen *1727 Faber,Staatskanzlei 52 S. 46.* [würde die ertheilung eines moratorii] s t a t h a f t befunden, so mag dasselbe ... erkannt [*werden*] *1799 Bewer, Rechtsfälle V 225.* handlungen ..., welche nur nach den gesetzen des landes ... verbrechen sind, können nicht eher eine bestrafung s t a t h a f t machen, bis das forum delicti die auslieferung des verbrechers begehrt *1804 Gönner,StaatsR. 587.*

V. *fähig, imstande, zu etw. in der Lage; insb. in finanzieller Hinsicht;* bdv.: statthaftig (VI). so sal er [richter] eynen ellenden menschen, der vmb grosse sache zu teidingen hat vnd nicht s t a t h a f t ist, das er einen fursprechen hat zu mieten, einen fursprechen schaffen *2. Hälfte 14. Jh. IglauOberhof 356.* unnd ob wir mer s t a t h a f f t wärind abzulösen jerlichenn dan funffhundert guldinn, so sollenndtz und wellentz unnssere gnedige herrnn zu P. mit sambt dem zins enpffahen *1538 SGallenRheintalRQ. 463.* etliche fåll, darinn sich der jetztgemeldten exception die bürgen nicht brauchen können ... zum andern, wann ihre mitbürgen der bezahlung nicht s t a t h a f f t wåren *um 1550 Walther,Tract. 1019.* die vätter sein von iren eignen güetern iren ... khindern das heuratgut zu geben schuldig ... es wär dann der vatter der selbstaussteurung nit s t a t h a f t *1599 NÖLREntw. II 17 § 26.*

VI. *angemessen, gebührend.* wenn man inen [*Wiedertäufern*] in iro unggründt unordenlich geschwätz redt und man etwas s t a t h a f f t e r s begärt, so ists inen ungeschmackt *1531 SchweizId. IX 880.* der rezeßschreiber bekommt für jede, zum defektprotokoll gezogene s t a t - h a f t e erinnerung 6 pf. *1792 Schwarz,LausWB. I 344.*

statthaftig *adj., adv.,* **statthaftigen** *adv.* **I.** *begütert, wohlhabend,* → statthaft (II). wyle dat dat dôrp besat unde so s t a d a f t i c h is, dat me den vorscreven thins und synnige darut gheven kan *1432 ZHarz 22 (1889) 296.* got gebe, das die obgeschrebin kinder als s t a t h a f t i g wurden, das sie vormochtin dem ... orden czu sandte M. dieselbe summe geldis ... uszurichten *1438 Schles DorfU. 158.* das wir, vnser orden ader nachkomen so s t a d t h a f t i g werden, das wir sollich lanndt ... vormogen widder zu vnserm orden zu kowffen *1455 Brandenb UrkS. IV 495.* als die hüter zu D. gern darczu brechten, das H. hüter diser geinwertige burgerrecht gewunne ... begern wir ..., das ir yn ... arbeiten lassen wollet sein handwerg ... so lang, das er s t a t h a f t i g wirdet und das ... getun mag *1455 DresdUB. 206.* wurden wir ... gebrudre also so s t a t h a f f t i g, das wir solch XX ungr. flor. vor dy hundert ungr. flor., [die] wir vorkoufft, widergekouffen *1487 KamenzUB. 276.* ob imant so s t a t - h a f t i g wer und funfzig sau in seinem hof zuge, so mag er sie in den walt schlagen *1540 Pfalz/GrW. VI 413.*

II. *angesehen, ehrbar,* → statthaft (III). welche gesetze mere vm den gemeynen man dan dem s t a t h a f f t i - g e n vberfaren vnd mißbrucht *Mitte 15. Jh. AnmFrankf Ref. Nachtr. 387.* schultzenburger [sollent] ... an keinem handwerck zu der meysterschafft, schoeffen oder gerichtsleutten gezogen oder genommen werden, ... dann man solche aempter billichen mit s t a t t h a f f t i g e n, habenden leutten besetzen soll *1593 Scherz-Oberlin 1449.* dann die statt jr sachen billich mit glaublichen, s t a t t - h a f f t i g e n, erbarn lüten besetzt vnd außtreit *1628 StraßbPolO. 79.* so soll er doch denselben schließel einer ansehnlichen undt s t a d t h a f f t i g e n bergkgeschwornen oder sonst mit aydeßpflichten verbundenen person vertrauen *oJ. ZKulturgÖSchles. 6 (1910/11) 161.*

III. *rechtsgültig, ordnungsgemäß; in Rechtsanwendung;* bdv.: statthaft (IV). ich soll und wil in allen diesen puncten; in diesem brieffe berurt, keinen behelff ader einrede suchenn, ... sonder das, s t a d t h a f t i g aufgericht, halden *1498 ZNdSachs. 1891 S. 86.* ob icht die fryungsbrief, so ir vnser lieben mitburger von B. hetten gegeben, bi vns s t a t t h a f f t i g sin solten *1503 ZSchweizR. 22 (1882) RQ. 46.* jrer maiestat mag ... angezaygt werden, so man ain ordenlich s t a t t h a f f t i g vnd bestendig camergericht halt vnd sunst ferrer besserungen ... fürnemen *1523 UrkSchwäbBund. II 250.* czu warem glauben und s t a d t h a f f t i g e r rechter urkunde haben wyr unsers handtwergks gewönlich insigil wissentlich an dißen briff hengen laßen *1535 LeipzUnivUB. 507.* alle gebrauch und gewonheit unsers hantwerks haben wir zu W. so s t a t h a f t i g, als mans in andern stetten halten mach *1538 Schoenlank,NürnbGesellenw. 374.*

IV. *ordentlich, in gutem Zustand befindlich;* bdv.: statthaftlich. beuelen wir einem radt ... die wege vor der stadt vnnd vff denn strassenn zu pessern vndt s t a d t h a f f t i g zue haldenn *1550 Böhme,DiplBeitr. I 4 S. 117.* es sind doch die teiche oder temme an viel enden ... zu ruthen-theil geschlagen, damit jedes dorff sein gebührenden teill desto fleissiger vnd s t a d h a f f t i g e r erbauen möge *1558 Gierke,DeichR. II 5.*

V. *dauerhaft, beständig, existent.* [dass] die wyle derselbie ordenarius ... lese vnd die schule vorstunde vnd ... dy wyle die vniuersitet zcu Lipczk by vns harrende vnd s t a d h a f f t i g ist, eynem ordinario ... nymandes ... folgen sal *1434 LeipzUB. II 184.* dogegen wir aber s t a t h a f t i g e were ohne heimischen bekentlichen frieden nicht wissen furzunemen *1486 RAbsch. I 276.* zue s t a t t h a f f t i g e r handthabung sollcher verainigung und pundtnus *1490 UrkSchwäbBund. I 79.* uff das solch gestiffte ader fundation ane abbruch ader hindernuss mag angehaben und s t a d h a f f t i g erhaldenn werden *1511 LeipzUnivUB. 400.* up dat de nye munthe s t a t h a f t i g h e n by orer werde unde gude ... beholden werde *1514 BrschwSchichtb. 552.*

VI. *fähig, imstande;* bdv.: statthaft (V). er habe eynen teil in rechter ankunfft gekoufft ... ane C.S.s, der inlendisch, s t a d h a f f t i g, mundig ist gewest, rechtliche insprache *1476/85 FreibergBUrt. 313.*

statthaftlich *adv., ordentlich, ordnungsgemäß;* bdv.: statthaftig (IV). sy werdind sich hierin, so feer die sach in irem bywesen s t a t t h a f t l i c h versichret und beratschlagt wirt, ... gebürlich halten *1526 EidgAbsch. IV 1 a S. 899.*

Statthalte *m., wie* → Statthalter (I u. II); bdv.: Stattverwalter. [new gebew] soll der castner ... besichtigen, vnd auffs genaist vberschlagen lassen, vnd dieselbig notturfft, vns

oder ... vnsern s t a t t h a l t e n vnd rethen hieher gein hoff schreiben *1531 BrandenbAnsbWaldO. 2ᵛ.* als sie nun beide auff ansuchen des papistischen pfaffen vor dem s t a d t h a l t und regenten, ... des waiwoden bruder ... erschienen *1602 Wendunm. III 290.*

Statthalter *m.* **I.** *Stellvertreter, Ersatzmann, Substitut; jmd., der einen Amtsträger (etwa bei Abwesenheit, Krankheit, Unfähigkeit) im Amt vertritt oder im Falle einer Vakanz vorübergehend in die Position des eigentlichen Amtsinhabers eintritt; auch als Unterstützer bei Erledigung der Amtsgeschäfte des Vertretenen;* bdv.: Stattverwalter; vgl. Stadt (VI 1), Statthalterin (I). **1.** *Kaiser und Papst als Vertreter Gottes auf Erden.* haben wir nit allain als s t a t h a l t e r des heiligen römischen reichs aus kaiserlichem gewalt, von der auch als regierender erzherzog, herr und landsfurst zu Österreich ... das puech ... aufgericht *1528 Zeiger LRb. 12.* es stehet nemblich auf Innocentio den ailfften römischen s t a t t - h a l t e r Christi *Abraham a Sancta Clara, Prophetischer Willkomm (Wien 1677) 4.* die meinung des mittelalters von zwei sichtbaren s t a t t h a l - t e r n gottes auf erden, dem kaiser und dem pabste *1804 Gönner,StaatsR. 783.* —— **2.** *Stellvertreter des Kaisers bzw. Königs des Heiligen Römischen Reichs;* bdv.: Statthaltergeneral (III). onse sachen nü oder hernach nicht wolten oder mochten selber ußgerichten, darumb wir einen vicarium oder s t e d t h e l t e r in dutschen landen gemeinlich setzen *1410 RTA. VII 62.* du wollest dich ... in dem concili zu Basel als unser s t a t h a l t e r enthalten und verwesen, als du bißher getan hast *1439 ebd. XIV 235.* wir Ferdinand, von gotes gnaden zu Hungarn und Beheim khunig ... römischen kayserlichen maiestät im heiligen reiche s t a t t h a l t e r *1529 MHungJud. I 402. 1774 Moser,Reichstage I 77.* —— **3.** *Stellvertreter des Inhabers eines sonstigen weltlichen Amts.* würde der [huszgenosse] belümet von diepstal wegen, dem sol der münzmeister oder sin s t a t h a l t e r ... zü rede stossen *um 1330 StraßbMünzg. 186.* wenn not her gät, ... so soll allwegen ain schulthais und ain burgermaister oder ir s t a t t h a l t e r ... für die brotloben uf das crütze komen *1442 RottweilUB. 445. um 1500 RottweilStR. Art. 403.* onse drossaet oft in sijnre absentie sijn s t a d h o u - d e r ende sijn clerck *1514 BredaRbr. 86.* wa es sich begebe ..., das man eins brands oder fewers halb stirmen wurt, das euuer ieder ... uf rectors oder seines s t a t - h e l t e r s ... weitern befelhe bleiben [solle] *1523 Heidelb UnivUB. I 220.* welcken onderbailliu buten der stede ofte siec wesende, vermach eenen s t e d e h o u d e r e te stellen, hebbende ghelicke macht *1546/48 CoutCourtrai (Strubbe) 371.* der admiral hat nach dem rechten feldt- oder kriegßherren das regiment, als ein s t a t t h a l t e r; auff dem wasser oder meer führt er nach dem principal die hauptfanen *1565 Fronsperger,MeerKriegsO. 242.* sint beide tornmeistere der ein verreist, der ander krank gewest und ein erpar rait hat R.K. und mich s t a t h e l - d e r der tornmeister gesatzt *1566 BuchWeinsberg II 144.* vermagh der voors. meyer wettelyck in syne stede te stellen eenen s t e d e h o u d e r ... den meyer ofte synen s t e d e h a u d e r syn schuldich, alle weken te vraeghen

den proost op wat daeghe dat hem soude gelieven synen dingedaeghe te haudene *1586 ChartPierreGand II
437.* wan sy [schirm- und weisenvögte] jemanden vor
ihnen zů erschynen durch ihren weibel oder deßelben
s t a t t h a l t e r ordenlich peitten laßend *1617 BernStR.
VII 1 S. 163.* dass die ungehorsamen, so ihren pfacht
nit bezahlen .... zu dem herren zu D. oder seiner lieb-
den s t a t t h a l t e r e n sich verfugen ... sollen *1732 Beitr
Essen 20 (1900) 182.* interregnum: ... das subject, welches während des zwischenreichs die einstweilige regierung führt, wird zwischenregent, reichsverweser, s t a d t -
h a l t e r (vicarius, tutor regni) genannt *1801 RepRecht
IX 50.* — — **4.** *Stellvertreter des Inhabers eines geistlichen Amts.* dat schall ock allerlei offre dem pastorn
effte sinen s t a d t h o l d e r truwlich anbeden *1429 Staphorst,HambKG. I 2 S. 261.* denselben priester, den ein
schultheis vnd rat fürnimpt zu einem frühemesser, der
sol den einem yeglichen kilchherren, der denn ye zu zi-
ten kilchher zu O. ist, oder sinem s t a t t h a l t e r genant
vnd zu erkennend gegeben werden *1436 BergheimUB.
101.* das die ... alterlute in gegenwertikeit des pharrers
ader seines s t a t h a l d e r s ... rechenschafft thun sollen
um 1470 HMeißenUB. III 203. vaken dat lehn verle-
digt wert, schall man ... einen wertlichen prester odder
klerich ... dartho nomen und dem kerkhern ... oft, so
da nicht binnen landes were, sinem mercenario offte
s t e d e h a l t e r vorbringen *1519 JbWestfKG. 10 (1908)
51.* dann nach dem des bischoffs vicarius vnd s t a t t h a l -
t e r selbs ... die einsetzung vnd restitution in integrum
thun mag, so ist kein wunder, daß auch der bischoff ...
gegen seines vicarien vnnd s t a t t h a l t e r s vrtheyl môge
restituirn *1550 Gobler,Rsp. 162ʳ.* — — **5.** *Stellvertreter eines Gerichtsherrn.* wenne denn vff denselben tag
wúrt, als das gedinge sin sol, vnd der hoffherre oder
sin s t a t h a l t e r das gedinge besiczen wil, so sol der
meiger den hůberen allen růfen in dem gedinge *14. Jh.
Elsass/GrW. IV 7.* ain vogther oder sin s t a t t h a l t e r
mügend öch richten und gericht haben zuo G. *1466 St.
Gallen/ebd. V 147.* off myme gnedigen heren dat syt-
zen in dem gerichte zu lanck wurde, moegen syn gnade
upstain vnd eynen s t a t h e l d e r setzen uyss syner gnaden rade *1478 BergLR. 109.* wer verfahen wil, der soll
das pergkhwerch oder paw von vnnserm pergkhrichter
oder seinem s t a t h a l t e r in seinem abwesen emphahen
1517 MaxBO. Art. 30. dat mot de gart- edder landva-
get edder sonsten ein jeder dem andern ein richtstede
imme sinen, wo he enen edder sinen s t e d e h o l d e r be-
grötet, ane billige orsake nicht weigeren *vor 1531 Rügen
LR. Kap. 24 § 7.* alle andere berchwerch und metall ...
sollen sampt allen andern anhangenden dingen ... von
unsern berckrichtern der selben ende oder irn s t a t t -
h a l t e r n und sonst von nyemandt empfangen ... werden *1532 SalzbBergO.(Lori) 204.* [ordel vnde recht], af-
gespraken ... in jegenwardicheit des gemelten hern dom-
dekens vnde s t a d h o l d e r s *1550 Dittmer,Sassenrecht
139.* dat jemant erffgoet goude ... dat chynsgoet weer,
soe sal de vercooper comen voor den scholtes offt synen s t a t t h e l d e r met twee schepenen *1550 LimbWijsd.*

44. [dat] vor mynen substituerten richter und s t a d t -
h o l d e r W. ... up einen gemeinen landgodink am stoill
tom S., darsulvest ehr in statt myner ... ein apen geheget
gerichte gespanneder bank geholden, personlich gekomen ist ... J.W. voersprake *1569 WestfLR. 258.* wer solche scheffen und schultheis zu setzen und zu veraiden
hette: ... der herr praelat zu Deutz oder dessen s t a t t -
h a l t e r oder volmächtiger *1664 RhW. II 1 S. 293.* es solle kein landrichter noch sein s t a t t h a l t e r befüegt sein,
recht zu öffnen nach verfliessung eines monates *1713
ChurBund. 297.* — — **6.** *in der Schweiz: Stellvertreter des
Landammanns oder Schultheißen; bdv.: Kantonstatthalter.* das
man hinfür allü gemächt, die vor ainem herren von S.
oder vor iren s t a t t h a l t e r n ... bescheen vmb ligent
vnd umb varent gůt, halten wil, alz das von alter herkomen ist *1423 SGallenRatsSatzg. 140.* welcher ... nit fry-
tede wie obstatt, wer das ... hörte, der oder die sollent es
eim ammann oder s t a t t h a l t e r fürderlich kundt thun
by irem eid *1465/81 GlarusLB. I 134.* ob jemannds umb
gemein klein fråfell ... in vånngknus genommen wurd,
das der ... důrch unnsern tschachtlan oder, ob er nit
zůgegenn wåre, sin s t a t t h a l t e r oder vånner ussgelas-
sen mog werdenn *1489 Niedersimmental 57.* wenn wir
harumb von vnsrem schultheissen oder uon sinem s t a t -
h a l t e r werdent gemant *15. Jh. BernStR. I 27.* sol er
[amman] niemans schönnen, durch in oder einem andren, den er zů einem s t a d t h a l t e r setzt *1514/27 KonolfingenLGR. 141. 1572 Niedersimmental 88.* [der tschachtlan soll] wann am chorgricht sachen fürfielen, die syn
gegenwürtigkeit ervorderen wurden ... dzu gricht synen s t a t t h a l t e r verwalten lassen *1602 ebd. 99.* den
s t a t t h a l t e r erwelt der landamman allein einen aus dem
gricht, wen er will *1649 GraubdnRQ. II 264.* der kleine
raht [zu Zürich] hat 50 ehren-glieder, deren håubter sind
zween bürgermeister, welchen vier s t a t t h a l t e r und
zween seckelmeister folgen *1757 Waldkirch,Einl. II Anh.
1. 1803 QbSchweizVG. 190.* — — **7.** *im Deutschen Orden:
Großkomtur, also Stellvertreter des Hochmeisters, auch:
Stellvertreter eines anderen Ordensmeisters.* [Entschädi-
gungszahlung] an den meyster van dudeschen lande unde sinen s t a t h o l d e r e *1328 InvNichtstaatlArchWestf.
I 707.* wir, bruder H.R. von Plauen, homeisters s t a d t -
h e l d e r unnd kompthur czu M. *1469 DiplIleb. II 10.* is
... den van Koningesberge bevalen, dat se by deme heren s t a d h o l d e r des heren homeisters ok vorhandelen
1469 HanseRez.² VI 157. haben wir diß ordensbuch ...
von allen landt-commenthuren undt der abwesenden ge-
vollmächtigten s t a t t h a l t e r e n, commenthuren, raths-
und anderen gebietigern ... underschreiben laßen *DOrd
Stat. (1606/1740) 134.*

II. *Regent, Gouverneur, (Ober-)Verwalter, der für einen best. Teil eines Territoriums, zB. eine Provinz oder
eine Stadt, in Vertretung seines Oberherrn verantwort-
lich ist; auch: Inhaber einer best. Gerichtsbarkeit in Vertretung des obersten Gerichtsherrn; bdv.: Stattverwalter; vgl.
Statthalterin (I).* **1.** *als (für ein Territorium oder einen Ort
zuständiger) Vertreter des Herrschaftsinhabers hinsichtlich Regierung und Administration; vgl.* Landpfleger (I). der

von erbreht des gotzhus gůt von Zürich hat siben schůch lang oder breit, der sol an denselben täding sich entwürten vnd kumen für den probst oder für sinen s t a t t h a l t e r in den meiger hof des dorfs ze H. *1338 Höngg/GrW. I 7.* wy ... auergeuen hirmith den closteriunckfrowen ... macht, erhe prawest edder vorweser ... tho erwelende vnde afftosettende, alszo dat wy edder vnse eruen edder aduocaten edder s t e d e h o l d e r edder ampthlude sze yn nymen stucke hynderen *1349 MecklUB. X 288.* dieghene, die hy bevele, sijn steden unde luden te regiren ... dat sijn s t e d e h o u d e r s des heren *Anf. 15. Jh. BrielRb. 33.* sollend die frefeln zu S. und in demselben ampte die s t a t t h a l t e r oder uff das minerst ir einer und der schriber einer und der vogt vertedingen *um 1420 Wintterlin, BehWürt. I 14.* moth billick de vaget horsam erschinen dem rade alse dem ouersten s t e d e h o l d e r des fursten vnde sick richten na ordineringe van deme rade *1497 HambStR. 193.* derselb perkhrichter sol vnns oder vnnsern s t a t h a l t e r n, råten vnnd regenten ... raythung thuen *1517 MaxBO. Art. 2.* dieweil die pharr der F.D. ius patronatus ist, haben s t a t t h a l t e r, hofrat und ein ausschuss hierinnen weiter nicht zu hanndlen *1525 Acta Tir. III 88.* twe visitatores, und wen de afgahn edder sterven, schall men ... mit insettinge unsers g.f. und heren edder s.f.g. bevehlhebbere und s t a t t h o l d e r e andere in de stede setten *1526 Hadeln/Sehling,EvKO. V 473.* wir, Rudolf grave zuo Sultz, ... kungklicher mayenstet s t a t t h a l t e r der oberösterreichischen lande *1532 OÖsterr./ÖW. XVIII 293.* die erbkamerei des erzstiffts Coln hat ein haus vor s. Laurens ... darunden gehoren etliche heuser und lehngutter, hat sinen s t a t h e l d e r und man von lehn *1578 BuchWeinsberg III 14.* [wir beuehlen] unserem ietz zu R. verordneten s t a d t h a l t e r n A. ... sämptliche einwohner ... [zu] schützen und erhalten *1607 RevalStR. II 197.* [die kirchen- und schuldiener *können*] an uns selbsten oder ..., in Beyern, an unsern s t a t t h a l t e r, vicedomb oder regimentsräth die notturft gelangen ... lassen *1607 Kurpfalz/Sehling,EvKO. XIV 613. 1610 KärntLHdf. 41.* wir, Christian der vierte ..., in ... beysein der ehrnvesten ... s t a t t h a l t e r s zu Copenhagen ... reichscanzlers ... s t a t t h a l t e r s in Norwegen *1614 Rigafahrer 274.* doch mögen so wol inn stätten als flecken, burgermeister, gericht und raht ... an gewöhnlichen orten vnd zeiten zusamen kommen, aber daß es anderst nicht, als mit wissen, willen vnnd beysein vnser jedes orts beampten oder s t a t t h a l t e r s beschehe *BadLO. 1622 Bl. 14^r. 1624 Nigrinus 77^r.* nachdem auch ihnen juden von weyland unsern gewesten vollmächtigen s t a t t h a l t e r in unserm erb-königreich Böheimb ... etliche ... häuser ... an sich käufflichen zu bringen ... verwilligt worden *1627 CJMunBohem. 553.* die königliche landesregierung soll ... bestehen ... aus dem hofgerichtspräsidenten, der nåchst dem s t a t t h a l t e r seinen sitz in der regierung hat und daselbst, wenn dieser abwesend ist, dessen stelle vertritt *1650 Gadebusch,Staatskunde I 366. 1696 AbhStaatswStraßb. VII 254.* einige [systemata civitatum] sind enger miteinander verknüpft und haben sogar einen gemeinschaftlichen

s t a t t h a l t e r *1757 RechtVerfMariaTher. 215.* muß eine weise regierung durch stårkere belegung mit kriegesvölkern, durch absendung reicher s t a t t h a l t e r ... durch festungsbau ... mehrern aufwand und reichthum in solche entlegene provinzen zu bringen ... suchen *1758 v.Justi,Staatsw. II 31.* s t a t t h a l t e r, der, wurde ... anfangs jeder generalgouverneur genant ... vormals hieß der oekonomie-director in Dorpat und in Arensburg auch s t a t t h a l t e r *1795 IdLiefl. 227. 1798 Bischoff, Kanzlei. II 1 S. 186.* unsere jetzige fürsten mußten schon als kaiserliche s t a t t h a l t e r die regierungslasten aus ihren eignen mitteln und stammgůtern bestreiten *1806 Vahlkampf,Miszellen II 417.* — — **2.** *als Inhaber, Ausübender der (insb. hohen) Gerichtsbarkeit in Vertretung für den obersten Gerichtsherrn; auch in Bezug auf den Erzbischof von Köln als Oberaufseher der* → Freigerichte (III) *in Westfalen.* [ek, vrigreve, bekenne vor deme] R., ertzebischope to Colne, hertoge to Westphalen, to Enger unde s t a d h o l d e r des rikes *1474 HamelnUB. II 290.* H., geborn lantgraffe zu Hessen ..., ertzbischoff zu Colne ... myns gnedigen libyn hern karffurste by Ryne besondirlicher s t a t h e l d i r aller heyligen heymlichen friengerichte *1495 ArchSchweizG. 3 (1844) 310.* der ubiltetter [sall] den lon seinis vordienst uff den gerichten zur wiese in beiwesungk der amptlewte vom closter unnd der herschafft von C. ..., alß s t a t h e l d e r n der halßgerichte, entpfahin *1504 KamenzUB. 153.* ich ... in nachschribner sach richter vnd s t a t t h a l t e r der statt Tüwingen über das blůt, und wir die zwölff vrteilsprecher daselbs, thun kund allermengklich *Hugen 1528 Bl. 69^v.* ein zeitlicher erbkammerer sezet einen s t a t t h a l t e r oder schultheißen, gerichtschreiber, scheffen und boten, der dreimal im jahr soll hofgeding halten *1558 RhW. II 2 S. 135.* wan einer baußen dem ampt ... zu recht fordern wolt, dan allein vor unserm zur zeit s t a t t h a l t e r in unserer stadt *1581 TrierWQ. 533.* auf abermahlig abfragen des scholtheissen zu B., A.v.W., als s t a d t h e l d e r n dieser laetbank *1602 SPantaleonUrb. 334.* — — **3.** *Gouverneur einer der Provinzen der Niederlande.* bevelynge D.C. als s t e d e h o u d e r heren L.v.M. van den bailiuscip van Muyden ende van Goylant *1446 Gooiland Rbr. 167.* alleen van incomen mijns genadichs heeren van Burgondy of van Charlois of des s t e d e h o u d e r s vanden lande van Hollant *1465 Fruin,Dordrecht I 326.* here van L., ... camerlinck mijns genedich heren van B., s t a t h o u d e r sijnre landen van Hollant, Zelant ende Vreeslant *um 1500 Fruin,KlSteden II 15.* tselve sall ick terstondt te kennen gheven den s t a d t h o u d e r der landen van Utrecht *1535 Amersfoort 287.* dergeen, die een leen ontfanckt van dooder handt, daer den s t a t t h e l d e r ende twee leenmannen ten minsten by syn *1550 LimbWijsd. 29.* heere graef J. van Nassau, s t a d t h o l d e r vanden furstendomme Gelre *1579 GrPlacB. I 20.* die begünstigung des schleichhandels [in Holland], worüber der letzte s t a t t h a l t e r in seiner proposition an die general-staaten ... bittere klagen geführt *1756 QHamb Schiffahrt 531.* — — **4.** *im Deutschen Orden: Vorsteher einer Ballei (Ordensprovinz),* → Landmeister (I). her

E.H., s t a t h e l d e r der balie zcu Doringen duczsches ordens *1434 JenaUB. II 116.* haben die stete sich mit dem hern s t a t h e l d e r, dem hern treszeler, dem kompthur zcum Elbinge, Cristburg und Mewe vortragen und synt eynsgewurden *1450 HanseRez.² III 442.* vnser vorgenanter herr der meister vnnd welicher ie comenthür, s t a t t h a l t e r oder schaffner dess huses B. ist *1483 Bubikon/GrW. I 64.* her C.v.V., deutsch ordens s t a t h e l d i r zu Brandenburg *1518 DOrdGrÄmterb. 110.* wir, S.v.H. landt kommenthur, auch wir die gepietigere, chommenture, s t a t t h a l t e r und verwaltern der baley Elsaß und Burgunden ... bekennen *1571 Geschfrd. der 5 Orte 13 (1857) 226.*

III. *Sachwalt, Anwalt, Fürsprecher.* [H.S. bechennt] als ain vollmächtiger gerhab vnd s t a t h a l l t e r seines swager ... das er zu kauffen geben habe ... seiner muemen aygen guet *1454 MittSalzbLk. 14, 2 (1874) 69.* herczog J., s t a t h a l l d e r der judischeit halben *1496 Urk JudRegensb. 223.*

IV. *Gesandter, Legat; vgl.* Abgeordnete. G. ... ward allenthalb durch das römisch rich als ain bäpstlicher s t a t th a l t e r vnd legat in hohen ehren empfangen *um 1574 FreibDiözArch. 8 (1874) 28.*

Statthalteramt *n.* **I.** *Amt, Würde eines* → Statthalters (I). han wir uns solichs s t a t h e l t e r a m p t s angenommen in namen des almechtigen gots, ... dem konige und dem heiligen riche zu eren und zu nûcz und den gemeinen dutschen landen zu fridden und zu frummen *1422 RTA. VIII 236.* daß ... vnser [kayser Sigmunds] neve von Meintz von dem vorgenannten fûrweser- vnd s t a t t h a l t e r-a m p t abtretten vnd sich deß ... nicht underwinden oder gebruchen soll *1423 Moser,StaatsR. VIII 204.* [regierungen, von denen uns] des kais. s t a th a l t e r a m b t s halben aus dem römischen reiche teglich sachen dieselbigen zuerledigen zuekommen *1528 Fellner-Kretschmayr II 241.*

II. *Amt, Würde eines* → Statthalters (II); *vgl.* Statthalteramtsverwalter. sein wûr als ... obrister lehensherr ... entschlossen, unsere untherthanen nicht rechtloss zu lassen, sondern unsern verwalter s t a t t h a l t e r a m b t s canzler und räthen ... befelch zu geben *1599 NÖLREntw. V 17.* daß se. lbd. ... zue unserm [*des Kurfürsten*] und unserer lande und leute nutz und bestem das s t a t t h a lt e r a m b t über sich nehmen wollen *1641 ProtBrandenb GehR. I 216.* die s t a t t h a l t e r- und andre hohe a e mt e r in den provinzen, welche aus politischen ursachen selten auf lange zeit verliehen zu werden pflegen *1798 Bischoff,Kanzlei. II 1 S. 310.*

III. *Amt, Würde eines* → Statthalters (IV). soll er auch unser [*ertzbischove zu S., legat des stuels zu Rom*] stell in den hofräthen und justitii sachen verdretten und dem s t a t t h a l t e r a m b t mit sonderm fleiß ... obligen *1601 MittSalzbLk. 7 (1867) 191.*

IV. *in der Schweiz: eine Verwaltungsbehörde der Kantone.* [rekursgericht:] dem s t a t t h a l t e r a m t e wird die vollziehung des urtheils übertragen *1814 HdbSchweiz StaatsR. 495.*

Statthalteramtsverwalter *m., Inhaber eines* → Statt-

halteramts (II); *bdv.:* Statthalteramtsverweser, Statthaltereiverwalter, Stattverwalter. wir s t a t t h a l t e r a m t s v e r w a l t e r, regenten und kammerräte bekennen, daß ... *1542 QPaumg Augsb. 214.* sein bede partheien für hochgedachter kön. maj. s t a t h a l t e r a m b t s v e r w a l t e r n, regenten und räthe hieher erfordert *1557 Tirol/ÖW. XVII 219.*

Statthalteramtsverweser *m., wie* → Statthalteramtsverwalter. graff E.v.M., straßb. bistoms und landgrafeschaft in Elsass s t a t t h a l t e r-a m b t s v e r w e s e r *1595 WürtLTA.² I 300.* gnediger herr römischer keys. mjt. s t a t h a l t e r a m p t s v e r w e s e r *16. Jh. FreibDiöz Arch. 6 (1871) 22. 1720 Lünig,TheatrCerem. II 786.*

Statthalterdistrikt *m., Amtsbezirk eines* → Statthalters (II). *1696 SammlLivlLR. II 1224.*

Statthalterei *f., Posten, Amtstätigkeit, Aufgabenbereich, Behörde eines* → Statthalters (II); *auch als Herrschafts- bzw. Verwaltungsform; bdv.:* Statthaltung (II); *vgl.* Statthalteramt (II). hat ir k.mt. ain obriste regierung vnd s t a t h a l t e r e y vber alle irer mt. nider vnd ober österreichische land furgenomen vnd gesecst ... die selben österreichischen lande an irer kuniglichen mt. stat zu regiern *1520 WSB. 4 (1850) 46.* wo mein herrn des cap. uff der antwort, daß sie sich der s t a t h a l t e r e i und verwaltung des stifts ganz entslahen, bleiben wollten *1521 Mainz DomProt. III 1 S. 212.* diß geschahe in abwesen erzbischoffs A. under der s t a d t h a l t e r e y des hochwürdigen fürsten undt hern, hern W. bischoffs zu S. undt landtgraffen in E. *1525 MainzChr. II 1 S. 111.* die bevorstende s t a d t h ä l t e r e i e ihn den julischen landen *1608 ActaBrandenb. III 329. 1660 ZKulturgÖSchles. 9 (1914) 72.* wie nun eine instruction clar vermag daß ihr in solchen fällen an unsere konigliche s t a d t h a l t e r e y pro manutenentia zu recurriren [gehabt] *1669 Schmidt,ÖBG. I 4 S. 572.* es habe die königlich-böhmische hof-canzley in sachen des bevorstehenden ... bettler-schubs ... der dortigen königlichen s t a d t h a l t e r e y das behörige mitgegeben *1724 CAustr. IV 167. 1755 SGallenOffn. I 63.* solle ein jeder ausserhalb des landes incorporirter ... gürtler ... durch eine hochlöbliche ungarische s t a t th a l t e r e i ... zur allhiesigen einverleibung mittels seiner obrigkeit angehalten werden *1760 PreßbZftUrk. 308.* stipendisten, die aus dem hungarischen stiftungsfond stipendien geniessen, haben sich bei der Ofner s t a t t h a lt e r e i halbjährlich mit dem schulzeugnissen auszuweisen *1787 HdbchÖStGes. XIII 525.*

Statthaltereibefehl *m., Anordnung einer* → Statthaltereikanzlei. uff eingelangten s t a t t h a l l t e r e i b e f e l l c h [*sind*] sechß alte bürger allhier aidtlich abgehöret ... worden *1667 OStR. I 1016.*

Statthaltereiinsiegel *n., Amtssiegel eines* → Statthalters (II). haben diß zu bekenntnuß unser s t a d t h a lt e r e y i n s i g g e l zu fürderst an diesen brieff thun hencken *1525 MainzChr. II 1 S. 111.* publiciret unter dem churfürstlichen s t a d t h a l t e r e y-i n s i e g e l *1676 Heinemann,StatRErfurt 242.*

Statthaltereikanzlei *f., Behörde eines* → Statthalters (II). wann ... bedencken vorfielen, so soll er sich bey unserer königlichen hof-cantzley oder, da wir im

lande nicht anwesend, bey unserer s t a d t h a l t e r e y -
c a n t z l e y ... belernen *1630 Weingarten,Fasc. I 2
S. 308.* [daß den zollempfänger zu D.] bei ablieffe-
rung des geldes und ablegung der rechnung bey der
s t a t t h a l t e r e y - c a n t z l e y eine diät von 2 rthlr. ver-
williget seyn solle *1785 Scotti,Kurköln I 2 S. 1108.*
    Statthaltereikanzleiregistratur *f., wie* → Statthalte-
reiregistratur. gegenwärtige abschrifft ist mit bey der
königl. s t a d t h a l t e r e y c a n t z l e y - r e g i s t r a t u r befindlichen concept collationiret und gleich-lautend be-
funden worden *1683 Weingarten,Fasc. I 2 S. 355
[ebd.ö.].*
    Statthaltereikasse *f., Amtskasse, Kämmerei eines* →
Statthalters (II). daß alle dergleichen straffen ... zu
der s t a d t h a l t e r e y - c a s s e eingelieffert werden solten
1699 CAug. I 365.
    Statthaltereiregistratur *f., mit der Führung und Archi-
vierung der Akten betraute Abteilung einer* → Statthaltereikanzlei; *meton. die dort verwahrten Unterlagen; bdv.:*
Statthaltereikanzleiregistratur. [einem jud ist der halß] abgestos-
sen worden, wie solches bey der königl. s t a t t h a l t e r e y
r e g i s t r a t u r authenticè ... beschrieben zu finden *1650
SchrMährSchles. 12 (1859) 351.* [Übschr.:] s t a t t h a l -
t e r e y r e g i s t r a t u r und archiv *Schematismus f.d. Kgr.
Böheim (Prag 1789) 41.*
    Statthaltereiverwalter *m., Verweser, Inhaber eines* →
Statthalteramts (II). wenn nun burgermeister ... sind erwehlet worden, soll ihnen von dem herr statthalter oder
s t a t t h a l t e r e i v e r w a l t e r seines tragenden amts obliegen mit fleiß vorgehalten und gelesen werden *1593
TrierWQ. 90.*
    Statthaltergeld *n., Geldsumme, die ein* → Statthalter
(I 6) *für die Übernahme seines Amtes zu zahlen hat.* solle
über zwey jahr das landtamman vnd s t a d h a l t e r g e l t
hier angewandt werden *1696 SchweizArchVk. 13 (1909)
127.*
    Statthaltergeneral *m.* **I.** *wie* → Statthalter (II 3).
dat ... onsen lieven ende getruwen s t e d e h o u d e r e -
g e n e r a e l ... den raide van Hollant heift doen thoe-
nen zekere previlegien ende hantvesten *1452 Woudri-
chemRbr. II 293.* van den heere v.L., s t e d e h o u d e r e -
g e n e r a e l *1454 GorinchemRbr. 134.* also onsen lieven ende getrouwe s t e d e h o u d e r g e n e r a e l ... van
onsen wegen een verclarynge gedaen *1454 ZuidHoll
HoofdwRbr. 81.*
    II. *Regent der burgundischen Niederlande; in Vertre-
tung der habsburgischen Herrscher.* Aelbrecht, van gods
ghenaden hertoghe van Zaxssen, langrave in Dueringhen, marcgrave te Meysen, s t a d h o u d e r e g e n e r a e l
ons ghenadichsten heere srooms coninck *1492 Cout
Gand II 53. nach 1492 ebd. 58.*
    III. *wie* → Statthalter (I 2). [wir, Maximilian, haben]
Friederichen hertzogen zu Sachsen ... zu unserem und
des reichs s t a t t h a l t e r - g e n e r a l gesetzt und geordnet
und ihm vollkommen macht und gewalt gegeben *1507 C.
Ziegler, Des Hl. Röm. Reichs vornehmste Grund-Gesetze
(Frankfurt 1712) 928.* wir, Friderich, des heiligen ro-
mischen reichs ertzmarschall und kurfürst, römischer

kayserlicher majestet und desselben reichs s t a t t h a l t e r -
g e n e r a l *1508 JenaUB. II 417.*
    Statthalterin *f.* **I.** *Frau in der Funktion eines* → Statt-
halters (I od. II).* **1.** *in einem geistlichen Amt; vgl.* Statthalter
(I 4). [wir verkauffen] fraw E.V., s t a d h a l t e r i n de ep-
tissin, vnd hern J.v.P., stadhaltern des gemaynen peych-
tigers, ... ayn halb tagwerg wissmats *1444 M Boica 25
S. 46.* convent: ... sr. A.D.T., hernach s t a t t h a l t e r i n
und priorin, edle *17. Jh. FreibDiözArch.² 1 (1900) 171.*
    — — **2.** *in einem weltlichen Amt; vgl.* Statthalter (I 3). das
vorhin ausser der s t a t t h a l t e r i n, der gräfin von H.,
vnd der marschalkin S. bey meiner regierung sich keine
geborne frauen in meiner residenzstatt allhie aufgehalten *1627 NeuburgKollBl. 60 (1896) 33.* als ihr bruder K.
Philippus in Hispanien gestorben, ward si [Margarethe]
gubernatorinn oder s t a t t h a l t e r i n n über die Niderlande, welchen sie ... 23 jahre lang löblich vorgestan-
den *1668 Fugger,Ehrensp. 1135.* die ungarische königin
Maria, s t a t t h a l t e r i n der Niederlande *1782 HistBeitr
Preuß. II 212.*
    II. *Institution, Personengruppe in stellvertretender
Funktion.* 1699 BernStR. VI 1 S. 522.
    statthalterisch *adj., durch einen* → Statthalter (I od. II)
*erfolgend, von diesem ausgehend, diesem zugehörig, für
diesen bestimmt.* wollen wir auch verpflichtet seyn, diesem stifft kein s t a d t h a l t e r i s c h regiment von fürsten,
herren und grafen, oder durch unsere herren verwand-
te und sonsten einigen ausländischen zu ordnen *1648
v.Meiern,Westph. VI 475.* legte er in dem s t a d t h a l -
t e r i s c h e n palaste auf eine feyerliche art in gegenwart
derer deputirten der general-staaten und des staats-raths
... sein glaubensbekänntniß ab *1764 RhAntiqu. II 3
S. 359.* gleichwie aber beyder capitulation Philip Sigis-
munds nicht auf die ausschliessung des bischofs, sondern nur eines mit ausländern besetzten s t a t t h a l t e -
r i s c h e n regiments, die absicht gerichtet worden *1768
Faber,NStaatskanzlei 23 S. 399.* klagen wegen der vor-
geblichen untätigkeit des stats ... gegen den statthalter
und die s t a t t h a l t e r i s c h e regirung *1783 Schlözer,St
Anzeigen V 250.*
    Statthalterordnung *f., schriftliche Verfassung einer* →
Statthalterei; *vgl.* Regimentordnung (I). dieweil ... durch die
gedacht s t a d t h a l t e r - und regiments-o r d n u n g nicht
gemeint ist, genanntem pfaltzgrafen L. ... schmelerung
zu thun *1521? Moser,StaatsR. VIII 214.*
    Statthaltersache *f., die* → Statthalterschaft (II) *betref-
fende Angelegenheit.* 1630 SammlLivlLR. II 48.
    Statthalterschaft *f.* **I.** *Amtsstellung, Tätigkeit eines* →
Statthalters (I). der pabst hat die macht nicht, weil er seine göttliche s t a d t h a l t e r s c h a f f t nicht erweisen kan
1709 Titius,GeistlR. 96. der gewählte domdechant ...
versieht in abwesenheit des landesfürsten die s t a t t h a l -
t e r s c h a f t *1788 Thomas,FuldPrR. I 58.* da die kaiser
... sich auch öfters lange zeit ausser Deutschland befan-
den, so mußte ... die staatsverwaltung des reichs einer
andern person übertragen werden. zu dieser s t a t t h a l -
t e r s c h a f t hatte niemand ein gegründetes recht *1792
Herchenhahn,Reichshofrat I 324.*

II. *Amtsstellung, Posten, Behörde, Herrschaftsgebiet eines* → Statthalters (II); *bdv.:* Statthalterei. wie man es nach fürst W. ... tode mit der s t a t t h a l t e r s c h a f t und seeheldenschaft gehalten *1677 Zesen,NlLeue 665.* convenienz ... die seit einiger zeit vacirende s t a t t h a l t e r s c h a f t unseres herzogthumbs Hinterpommern und fürstenthumbs Kamin hinwiederum zu besetzen *1706 ActaBoruss.BehO. I 36.* [der ministre der vereinigten Niderlande hat] die erhebung des printzens von Oranien zur s t a t t h a l t e r s c h a f f t ... bekannt gemacht *1752 Moser,StaatsR. 46 S. 348. 1787 Krünitz,Enzykl. 40 S. 267.* [*Buchtitel: A.W. Hupel,*] die gegenwärtige verfassung der rigischen und der revalschen s t a t t h a l t e r s c h a f t [*Riga 1789*]. was die criminalfälle betrift, so werden dabei bloß die schreibgebühren mit 6 ßl. à bogen, in gemäßheit der verfügung der s t a t t h a l t e r s c h a f t [entrichtet] *1791 SystSammlSchleswH. I 229.* s t a t t h a l t e r s c h a f t, die, und das gouvernement sind die beiden namen, welche jeder ansehnlichen provinz, die ihren eignen gouverneur hat, vermischt beygeleget werden *1795 IdLiefl. 227.*

(Statthalterschaftgenerale) *f., Amt, Würde eines* → Statthalters (II 3); *vgl.* Staatengenerale. [wy verclaeren mits desen brieue die institucie in den] s t e d e h o u d e r s c i p g e n e r a e l onser voorsegde landen van Hollant, Zeelant ende Vrieslant *1488 RhArch. 52 S. 188.*

Statthaltersche *f., wie* → Statthalterin (I). ist die herzogin von Parma, s t a t h e l d e r s c h e in Brabant, zu Antwerpen ... inkomen *1567 BuchWeinsberg II 161.*

Statthaltung *f.* **I.** *(rechtliche) Bekräftigung, Bestätigung; vgl.* Stadt (X). zu ganzter s t a t h a l d u n g e ist dieser briff mit der irbern statsigil vom P. ... vorsigilt *1474 ZSchles. 12 (1874) 479.* so haben wir vmb s t ä t h a l t u n g vnd warheit hierangeschribner dingen zwen glichlutende brieff veruertigen, die mit vnser ... anhangendem secret ... bewart, vnser yeder parth einen zů handen geben *1535 ZGO. 31 (1879) 197.* zu mehren bekräftigung und unwiederruflichen s t a t h a l t u n g seind solche [vergleich] mit ... hantschrift und pettschaft verfertiget *1672 Steiermark/ÖW. VI 77.*

II. *wie* → Statthalterschaft (II). versprechen wir bey unserm kuniglichen worten, widder solche unsere s t a t h a l t u n g, verwesung und gewalt keinerley privilegia oder brief zu geben *1418 BrandenbUrkS. III 258.* vicarei: verwesung, s t a t t h a l t u n g *1571 Roth 358.*

III. *Stellvertretung.* [welcherwegen unsere] frau mutter sowohl vor sich als in s t a t t h a l t u n g unsers hertzgeliebten herrn bruders ... diese assecuration ... bekräfftigen soll *1671 Moser,StaatsR. 21 S. 327.*

IV. *Ablegung (eines Eides); bdv.:* Stattung (V). juramenta seynd von verschiedenen eigenschaften, jedoch kommt es damit gemeiniglich wegen s t a t t - oder nicht statthaltung auf richterliches gutbefinden an *1724 Wien UnivGO. § 67.*

Stättigkeit *f., wohl kontaminiert mit* Stetigkeit. **I.** *Juden gewährtes dauerndes Aufenthalts- und Wohnrecht in einer* → Stadt (III). der juden s t e d i k e i t muntlich ge-

gebin: ... czu wissin sij, daz burgermeister, scheffen und rad czu F. ... uberkomen sin und die juden han enphangen und in s t e d e k e i t gegebin umb die somme, als sie dann wol iglichen ubirkomen sin und betedinget han *1424 MittFrankf. 2 (1861/64) 200.* 40 fl. judengeschenk an die burgermeister je übers andre jar von ihrer s t e d i g k e i t und geding aus wegen *1431 Schaab,GJud Mainz 141.* die weylen auch die juden anfangen, dergleichen titul alß agenten, residenten und hofjuden sich zu legen zu laßen, so seye ihnen bey verlust der s t ä t t i g k e i t zu befehlen, diese titel nicht anzunehmen und selbiger sich allerdings zu enthalten *1706 Schnee,Hoffinanz IV 123.* mit der ernstlichen beywarnung, daß sie [judenschaft] und ein jeder von ihnen die andere helfte sothanen ruckstands ... abtragen, in dessen entstehung aber des schutzes und der s t ä t t i g k e i t verlustiget seyn [sollen] *1724 Schaab,GJudMainz 305. 1741 ebd. 332.*

II. *gesetzliche Regelung bezüglich der* → Stättigkeit (I), *auch das schriftliche Regelwerk.* obe in der vorgeschriben s t e d i k e i t ichts begriffen, das wyder cristliche ordenunge und gemeyne rechte were, so bedingen und protesteren burgermeister und rat zu F., das ire meynunge nit gewest und noch ist, ichts darinne zu handeln oder zu setzen *1468/85 FrankfGesMA. 368.* nach dem die jüden allhie zu F. nun lange zeyt herkommen vnd auff die s t e t t i g k e y t (vermittels deren sie angenommen) geduldet worden ... so lassen wir dieselben bey ... vnserer s t e t t i g k e y t ... nochmahls (doch mit vorbehalt ermeldte vnsere s t e t t i g k e y t ... haben zu mehren oder zu mindern) bleyben *FrankfRef. 1578 II 12 § 1.* als den juden etwan vorzeiten übersehen und gestattet worden, laut eines articuls in der alten s t ä t t i g k e i t begrieffen, daß sie ... von einem gulden geliehenes geldes jede wochen einen heller zu gesuch genommen *1613 Schudt,JüdMerkw. III 132.* damit sich die juden ihrer unwissenheit dieser ... ordnung nicht zu entschuldigen haben, so soll ihnen dieses auch alle jahr einmal ... in ihrer synagogen vorgelesen werden ... und sollen bey verlesung dieser ordnung oder s t ä t t i g k e i t allesammt erscheinen *ebd. 141.* [*Buchtitel:*] der juden zu Franckfurt s t ä t t i g k e i t vnd ordnung, wie dieselbe so wol von vhralten jahren hero, als hernacher biß auff das jahr 1613 gefunden worden [*Frankfurt a.M. 1614*]. der juden zu Franckfort s t e t i g k e i t vnd ordnung *Diarium historicum (Frankfurt 1617) 351.*

III. *von Juden entrichtete Abgabe für gewährte* → Stättigkeit (I). der juden secher und schuleclepper mit iren wiben und unberaden kindern ist gegonnet hie zu sin und bedorffen dem rade keyn s t e d i k e i t geben, also das sie nit uszlinen noch hanterunge triben *1468/85 FrankfGesMA. 367.* die juden sollen 1 gulden fur den hertschilling geben und die s t e d i k e i t ist ire bede *vor 1487 ebd. 399.*

Stättigkeitgeld *n., wie* → Stättigkeit (III). auch ist der juden secher und schulecluper mit iren wiben und iren unberaden kindern gegonnet, hie zu sin, und bedorffen dem rade keyn s t e d i k e i t g e l t geben *1439 Frankf GesMA. 325.*

stattlich, staatlich *adj., adv.* **I.** *angemessen, geziemend, anständig; in angemessener Weise.* pe díu sól ih tíh s t á t e l i c h o lâchenôn, ze ánderro uuîs nemág iz tíhen *um 1000 Notker I 44.* die ernenten zwolff personen ... sollen sich auch erlicher und s t a t l i c h e r handelung, wandels und geselschafft befleissen *1528 Krautheim 200.* damit niemandt geuårlicher weise beschwert, sunnder s t a t t l i c h hierinn gehanndelt werde, so sóllen die richter ... die gepfenndten hab vnd gůter beschåtzen *Tirol LO. 1573 II 76.*

II. *bedeutend, groß, ansehnlich, gewichtig; reichlich, beträchtlich.* P. ein s t a t l i c h lehengutt, dorff mitt zehenden, gerichtenn vnd allen anndernn gerechtigkeiten *1493 IlsenburgUB. II 74.* alles, wat de kleger sik uplecht to bewisende, des genut he, it were denne, de beklagede hedde s t a t l i k e r n bewis *vor 1531 RügenLR. Kap. 29.* das auf unser closter und desselben guetter ... ein s t a t l i c h summa gulden gelihen ... werden solte *1561 Mansfeld KlUB. 89.* muß aber ein kranker einem medico, der ohne das viel s t a a t l i c h e r und reicher besoldung hat, ... oft ein grosses geben *1572 Dähnert,Samml. II 546.* den graben ... sol der W. ... raumen, damit das wasser s t a t - l i c h herein rinn *2. Hälfte 16. Jh. NÖsterr./ÖW. VII 545.* ein bischof zu K., welcher der löblichen pfarr und s t a t - l i c h e n komunität ... vollmåchtiger colator gewest ... ist *1607 (Hs. 1820) Tirol/ebd. IV 234.* so balt sie ain perk oder seiten anfangen einzuzeinen, sollen sie herentgegen einen andern perg oder seiten außlassen, damit daß vich desto s t a t l i c h e r sein nahrung haben oder suechen kan *1624 Steiermark/ebd. VI 290. 1663 Schottel 368.* herrschaften ... mit so vielen s t a t t l i c h e n privilegiis wider diesen gerichtsstand *1768 SchrBodensee 28 (1899) 425.*

III. *angesehen, einem höheren → Stand (I) angehörig; auch: wohlhabend, vermögend; bdv.:* statthaft (III). executores öuer ym gantzeland tho Pameren môthen ock vörordent werden, welcke synn môthen veer s t a d l i k e landsaten, der saken des euangelij gůnstich *1535 Pommern/ EvKirchO. I 254.* [dienstwartung] sollen sie [Hofgesinde] auch thun zu morgen- und abentmalzeit oder, wann wir frembde herrn, rethe, botschaften oder sonst s t a t l i c h e leute bey uns haben oder in audientzen ... sein werden *1554 Kern,HofO. II 44. 1693 Schönberg,Berginformation 109.* een s t a a d l i k mann - ein vermögender mann *1781 Dähnert,WB. 455.*

IV. *sicher, ordentlich, ordnungsgemäß, fundiert.* geleite ..., domitte er [apt] sicher und ungehindert in seyn und seyns closters geschefften ... durchkomen und sein sachen deste s t a t l i c h e r aussrichten moge *1485 Berge UB. 331.* vnbekant zeugen sollen nit zugelassen werden, es wůrde dann durch den, so die zeugen stellet, s t a t - l i c h furbracht, das sie redlich vnd vnuerleymat weren *1507 BambHGO. Art. 75.* ain yde gute sache wirdet für gerecht, und ain yde pöse sach wirdet für ungerecht vermutet, es werde dann s t a t l i c h darwider bewisen *1521 WindsheimRef. 60.* waß auch grabmer prün hie sein, die sullen s t å t l i c h zu notturft zugericht sein *1524/54 NÖsterr./ÖW. VIII 921.* damit diß alles ein

s t a t l i c h e volge haben mog, so sollen die moller, so hier ghen Eltvel malen, einem schultessen [ire handtreu thun] *1530 RheingauLändlRQ. 41. 1553 FerdBO. Art. 56.* unser cammergericht [sei] wider mit håupter und gliedern, auch andern verwanten personen s t a t t l i c h und wol, diser ordnung gemeß, besetzt und uffgericht *1555 RKGO.(Laufs) II 35.* [pater C. hatt] daß gottshaus T. ... begert und mit s t a t t l i c h e königliche briefe erhalten *1659 FreibDiözArch.[2] 1 (1900) 179. oJ. Rheingau LändlRQ. 53.*

V. *geeignet, wirksam, nützlich, nutzbringend.* wiewol ... klerlich bestimbt ist, das vor der zeit des zils kain s t a t t l i c h e clag wider den bürgen noch den selbgelter mag fürgenomen werden *1521 WindsheimRef. 89.* des stahlschmiedens halben [ist] viel unordnungen ... so dass ohne s t a a t l i c h e abhülfe das stahlschmiedegewerbe dem verderben entgegengehe *1528 AnnNassau 37 (1907) 240.* was ... zu straff bei inen gefalen ist, sol ... zu gemains markts pesserung und s t a t t l i c h e r unterhaltung volgen *1555 NÖsterr./ÖW. IX 673.* als wir auf jetzigem unserm landtag ... zu ablegung und ringerung unsers anererbten schuldenlasts ain ansehliche s t a t l i - c h e hüllf begert *1557 BairFreibf. 157.* wiewoln ... beyde churfürsten ... etlich mal s t a t l i c h e vnd notwendige ordnungen vnd mandaten aufgerichtet *1599 OPfalzLO. Vorr. ij[r].* [wie das unweßen zu algemeinen frieden möchte gebracht werden] und man itzo darzu diese s t a d t - l i c h e gelegenheit hatt *1607 ActaBrandenb. III 208.* [eß sollen die nechsten nachbahrn] in fahl der noth bei der hant sambt einer poting oder ander s t a t t l i c h geschier mit wasser haben *1658/78 NÖsterr./ÖW. VIII 262.*

VI. *offiziell, amtlich; vgl.* Staat (II). nachdem auch an eynen erbern rate gar s t a t t l i c h hat gelanngt, das ettlicher weinschenncken wein ... verendert werden, ... ist den geschworen weynkiesern gar s t a t t l i c h befolhen ... die weyn ... zu versuchen *15. Jh. NürnbPolO. 251. NürnbRef. 1503 XXXV 24.* das sie der clerisey die schutzung, so ihnen etwan vom radt und gemeiner stadt s t a h t l i c h mit briefen und siegeln verschrieben, abkundigen ... sollen *1524 MagdebChr. II 184.* [reichstag zu Speyr, do] der merer teil der pundverwanten in aigner person vnd die andern durch ir s t a t l i c h e potschafft entgegen gewesen seyen *1527 UrkSchwäbBund. II 316.* hat uns doch uber das alles ytzu weither s t a t - l i c h angelangt, das der gemelt erbfeindt ... sich ... ghen Adrinopel gefüget *1537 FreibDiözArch.[2] 1 (1900) 403.* dat dar angelauet is, dar hen tho senden eyne s t a t y - l y g e boedschop myt eyner fulenkamen fulmacht *1572 MLiv. IV 209.*

VII. *den → Staat (XIII) betreffend, diesem zugehörend.* [die Jacobiten *haben*] alle unter denen nationen bisher heilig gewesene, sowohl s t a a t l i c h e als geselschaftliche verbindungen, alle hergebrachte ... ordnung umgeworfen *Pro-Memoria des Fürst-Bischofs zu Basel, die durch die Franzosen erlittenen Kränkungen betreffend (Regensburg 1793) 3.*

Stattlichkeit *f.* **I.** *Macht, hoher Rang; vgl.* stattlich (III). wenn der richter ein vrtheyl gefellet, daß ... dem rechten vngemeß ist, dauon mann aber nicht darff appelliren entweder von s t a t l i c h e i t vnd gewalt wegen des richters odder der statuten ... halben inn solchen gerichten vblich, ... ist dir vergůnt ... zu supplicirn *1564 Knaust, Feuerz.³ 109ᵛ*.

II. *Ansehnlichkeit, Prunk, Pracht;* → stattliches (II) *Auftreten, Aussehen.* zu abhandlung eins alsollichen friedtlichen anstandts [*haben*] wir ein gar ansehenliche legation in treffenlicher s t a t t l i c h h e i t gehn Constantinopel außgeferttiget *1567 Jung,Misc. IV 296.* kriegsråthe und gesandte in guter ansehnlicher s t a t t l i c h k e i t *1567 Moser,StaatsR. 28 S. 51.* mit der kleidung solle sich ein jeglicher kirchen-diener ... unsern kirchenordnungen zu folge halten und kleiden, und in denselben sich keiner s t a t t l i c h k e i t, weniger leichtfertigkeit ... gebrauchen *1698 Mader,Reichsr Mag. VII 166.*

III. *Möglichkeit, Billigkeit.* mögen wir dann gemeinen eidgnossen jr schulden vnd vordrung by beiden parthyen mit fug vnd s t a t t l i c h e i t wol erlangen *1512 Eidg Absch. III 2 S. 614.*

Stättlöse *f.*, *eine Markt- und Zollabgabe;* → Standgeld (I); *bdv.:* Stättegeld (I); *vgl.* Stadt (I 2 e). wir sprechent ouch ze recht by den eyden, dz wir dem probst vnd dem gotzhuss von Ö. hant gehört erteilen den vierdenteil kwinges vnd bannes vnd die s t e t t e l ö s e n zů S. *1354 Elsass/GrW. IV 118.* von gemeinem innemen als stöcken, brenden vnd von kleidern vnd pantzern s t e t t l ö s e ... gelöset LXIX ℔ V ß *1454 T. Walter, Urkundenbuch der Pfarrei Rufach (Colmar 1900) 54.* zů dem haben die von G. ... demselben haffner in sin heffen gestoszen, daz ... nit vnder vier blaphart schadens an sinem geschirr ... bescheen ist, welichen schaden je herr L.v.A., ritter, als einem schirmer solchs jarmerckts, ... anbracht, der im aber uber sin abnemmen des zolles vnd der s t e t t l ö s e darumb noch dheinen abtrag getan *1469 CartMulhouse III 381.*

Stättlöser *m.*, *Einnehmer der* → Stättlöse. des stattlöserampt halb wollens die verordneten bey dem alten lon ... beliben lassen und soll kain s t e t t l ö s e r daruff nichzit verzern, sonder sol ... an aynem yeden jarmarckt 4 kreuzer für das mal geben werden *1518 SaulgauStat. 9.*

Stättlöseramt *n.*, *Aufgabe, Posten, Stellung des* → Stättlösers. *1518 SaulgauStat. 9.*

stättmeister *s.* Städtmeister.

Stattquartrecht *n.*, *(Anrecht auf) eine von jedem Verkaufsstand zu leistende Zapfabgabe auf importierte Getränke; vgl.* Stadt (I 2 e). *1631 LuxembW. 736.*

statts- *s. auch* Staats-.

statt'tun *v.* **I.** *etw. gewähren, zustimmen;* → stattgeben (I), *zulassen.* habent aver di um daz recht fur in chomen sint, ir furleger dar pracht, di in ir chrieg fur legen vor den mannen, der sol in der herr s t a t t u o n *vor 1328 Ruprecht(Claußen) Art. 196.* geschêch das ein man besait wůrd gegen dem lantgericht, den sol der lantrichter vadern auf die schrann. umb wêw daz sei da er in umb vadert, so schol îm der lantrichter des s t a t t ů n, das er sich des ausred ân phenning *1371 NÖsterr./ÖW. IX 574.* wer des rechten begert und spricht, er wöll sein guet

besetten, dem soll man deß s t a t t t h u e n nach dem lantsrecht *Anf. 15. Jh. ebd. VIII 689.* ob auch yemand wer, der ... zuclagen hette, ... sol ... das obgenant landtgericht ... denselben clagern furderlich recht s t a t t u n *1465 ArchÖG. 1, 4 (1849) 48.* han die kind ine vater zu der teilung mit rächt, ob er es sonst nit tun wölt, zu nötigen, vnd er soll ouch inen darunter gehorsamb syn vnd solcher teilung s t a t t u n ohne fürwort oder verziechen *1469 Eschi 81.* [*Bitte,*] auff ainen genannten gerichtztag ... gepieten zelassen. vnnd der richter ... sol ... des dem clager s t a t t h u n *1520 BairGO. 11ʳ. 1553 FerdBO. Art. 12.* [*die Witwe soll im besiz ihrer güeter bleiben, biß sie abgefertiget worden,*] welcher abfertigung aber sie iederzeit ... s t a t t z u t h u e n schuldig ist *16. Jh. ZRG.² Germ. 23 (1902) 278.* daß wir dahero sothanem gesuch in gnaden s t a t t g e t h a n *1748 Wiesloch 718.*

II. *etw.* → nachkommen (I), *Folge leisten, Genüge tun; vgl.* Stadt (XI). wenn si der losung ... begert sein, daz ir yn dann der losung an allez verciehen s t a t t ů t vnd gehörsam seit *1387 MWirzib. IX 497.* sollen doch dieselbigen grevin und ire szone inen derselbige losung s t a d z c u t u n waigern und versagen *1484 OstfriesUB. II 208.* so sei gemainer pund urpütig, jnen darumb rechts inhalt der ainung mit recht nit zu sein, sondern, wie sich gepurt, s t a t z u t h u n *1500 UrkSchwäbBund. I 414.* ob einer der vrtell nitt nachgieng vnnd dem nitt s t a t t ä t, so mag einer den selben dann fürhin vm die buß beklagen von einem gericht an das ander *1512 SchwyzLB. 154.* wo ich oder min erbenn ... an bezahlung ... semig erfunden würdenn, deßhalb gedachter min gnediger fürst vnd her der bezalung het müssen s t a t t h u n *1517 SchrBodensee 8 (1877) 58. 1563 Obersimmenthal 155.* so ouch jemants den andren ... tedingete, ... derselbig ... verbunden sin soll, sinem verheissen mit barem gelt s t a t t z u o t u o n *1568 Argovia 4 (1864/65) 342.* hatt ein dryfacher lantzrath diesen ... artickell ... in krefften bestätt und den fürohin zu hallten vff sich genomen vnd dem s t a t z e t h u n nach *1569 SchwyzLB. 91.* wo dieselben bis an den dritten tag dem gebot nicht s t a t t t h ä t e n, sollen die geschwornen dieselbigen mit dem rechten suchen *1579 GraubRQ. III 319.* [*hette B.*] verheissen, brief vnnd siglen zur zýt dess fals on allen intrag s t a t t z e t h u n d *1583 HönggMeierg. 99.* ob sy sollicher eur. drchl. verordnung s t a t t t h u n vnd sich den schuldigen gehorsamb vndterwerffen wollen oder nit *1599 SteirGBl. 4 (1883) 41.* wann aber der beklagte ... der schätzung nicht s t a t t h u n ... oder sonst ungehorsamb erzeigen wurde *Öst ExekO. 1655 S. 304. 17./18. Jh. Steiermark/ÖW. VI 96.*

Statt'tuung *f.*, *Folgeleisten, Befolgung (einer Anordnung); vgl.* statttun (II). müssen sich i.f.dt. nochmalen nit unbillich verwundern, dass die s t a t t t h u u n g ihres ... begehrens noch weiter difficultiert *1599 AktGegenref.² I 552.* solle ... die sperr mit vorhergehender erinnerung ... und derer s t a t t h u u n g bey betrohung ... verwilligt ... werden *1688 CAustr. I 35.* [*der kläger mag*] um die würkliche sperrung sothaner fahrnussen anlangen, so auch, wie vor alters, nicht allein verordnet, sondern auch dem beklagten die s t a t t u h u n g bei betrohung des regiments auferlegt [werden *wird*] *1714 Strobl, Obersthofm. 155.* [thåte der debitor dieser vornehmung nicht statt,] so wird die parirung oder s t a t t - t h u u n g obangeführter massen urgiret *1724 WienUnivGO. § 15.*

Stattung *f.* **I.** *Erstattung, Abgeltung, Ausgleich, Entschädigung.* die na belent werden und'is dar inne nicht hebben ne mogen, die solen den herren umme irstadunge [*aL. 1306?:* s t a d u n g e] manen *1224/35 SspLehnr. Art. 11 § 5.* wez vich oder pferde schaden tun, ... wer denne das vih uber nacht in siner gewere hette, der mus den schaden erlegen noch mynne oder noch rechte; und wurde der schade erleit, da mit wurde das vich ledic und ken dem gerichte blibet man ane wandel, dy wile daz er nicht s t a t u n g e hat *1357/87 MeißenRB.(Oppitz) II 8 Dist. 4.* einem eine s t a d u n g e tůn *1448 Lexer II 1151.* wann zwey elutte einsz vom andern abstirbt, also das dasz lebedig gebrechen hat und libs nott erschint, alsdann gibt man im usz dem gericht und einen siner nechsten frund. die selben zwen helffen im angriffen die verfangen gůtt und tůn ime s t a t u n g siner libs narrung *1464 Durlach 134.* wy er in trewlosz und erlosz geschulten und noch ordnung des rechtens begert, seiner eren notdurft s t a t u n g zu thun *um 1500 ElbogenChr. 83.* sin clage mit recht erwinnen, im gehoersamlichen richtong und s t a d u n c k zo doen *1532 SiegburgSchProt. II 69.* [er hatt] den aebten und conventualen ohne alle wiedergeltung und s t a t u n g ... vielfaltige wolthat und dienste beweist *um 1550 JbGörresG. 17 (1896) 786.*

II. *Ausstattung, Zubehör; vgl.* statten (VI). 2 morgen wingart ... da gat daz halptayl uz minen herren und hörent dise egker darzu denselben wingart ze s t a t t u n g *um 1350 WürtUrb. 139.* dise êgker stant zu dem tayle: ... daz viertayl von 3 morgen uf dem H. und gehört 1 morgen wisen den åggkern ze s t a t t u n g *ebd. 167.* to vurder s t a d i n g e heft de vilgenante her G. to der benanten vicarie ghegheven hundert halberstedesche mark *1465 StötterlgbUB. 157.* daz ich mich der farnde habe vnderwunden habe in deme gute vnde ... ich solle dorvmb meyner s t a t u n g e enpern farnde habe *15. Jh. Leipz SchUrt. 424.*

III. *Gestattung, Erlaubnis; vgl.* statten (I). die bösen geister dienen ... als vollstrecker, nachrichter vnnd hencker ... vnnd thun nicht das geringst ohne gerechte zulassung vnnd s t a t t u n g gottes *1591 Fischart,Daem. 6.*

IV. *Stattung tun* *Folge leisten,→* nachkommen (I), *willfahren; vgl.* statttun (II). wer gericht und recht anrufft oder des gescheides notdurftig ist und begert, dem sol man och s t a t u n g thun nach lands-recht und gewonheit *1450 Burckhardt,Hofr. 72.* begerte er ampts halben bescheidt, was er sich verner haltenn solte, domit dem urteil s t a t t u n g geschehe *2. Hälfte 15. Jh. Hagenau StatB. 258.*

V. *Ablegung (eines Eides); bdv.:* Abstattung (IV), Statthaltung (IV); *vgl.* statten (V). darauff ist erfolget die s t a t t u n g des eydts, so der raht vnd gantze bürgerschafft mit vffgereckten fingern leiblich schweren vnd dem prothonotario nachsprechen müssen *F. Ortlep, Freyhens oder Hochzeit Formular (Helmstedt 1593) 83ᵛ.* von s t a t t u n g des

eydts, so die kriegsleut schwehren *1602 Kirchhof,Milit Disc. 70. ebd. 208.*

Stattverwalter *m., Stellvertreter, →* Statthalter (I *u.* II); *bdv.:* Statthalte, Statthalteramtsverwalter, Stattverweser. F., herzog zu Sachsen ... des heiligen römischen reichs erz marschalch, ... churfürst vnd s t a t v e r w a l t e r vnnsers regiments *1498 Müller,RTThMax. II 645.* wan ein lehenguedt churmudig ist, da zwei oder drei pferdt sein, soll der stall vorhin keesen und auff dass ander mach der lehenherr oder sein s t a t v e r w a l t e r einen stecken schlagen, dasselbige ime bliben soll *16. Jh. NrhArch. 7 (1870) 254.* das die s t a t t s v e r w a l t e r n alle und iede zinse undt einkommen, nichts aufbescheiden durch iren secretarium ordentlich beschrieben undt registreren undt zu gemeinem nutz hinwidder verwenden sollen *1604 JbWestfKG. 5 (1903) 106.*

Stattverweser *m., wie →* Stattverwalter; *bdv.:* Standverweser. locat: ein s t a t t u e r w e s e r oder substitut in einer schůl, der jemals den schůlmeister vertrit *1571 Roth 325.* [es *darf*] kein urthel-sprecher (es werde ihm dann ... von einem burgermeister oder dessen s t a d t - v e r w e s e r ... vergőnt) abwesend seyn *1607 Bürckhle,Proz. I 392.*

statuarisch *adj.* **I.** *wie →* statutarisch (I). wenn nach der ehestiftung oder den obwaltenden s t a t u a r i s c h e n rechten, eine wechselseitige erbfolge ... bestimmt ist, ... so kann die ehefrau die herausgabe ihres vermögens ... nur gegen ... sicherheit verlangen *1793 PreußGO. I 50 § 407. 1798 Kant,GesSchr. VII 33.*

II. *wie →* statutarisch (II). ist die frist zur aufkündigung weder im contracte selbst, noch durch besondere provinzial oder s t a t u a r i s c h e gesetze bestimmt, so muß dieselbe bey pachtungen ... sechs monathe vor der råumung erfolgen *1807 Krünitz,Enzykl. 106 S. 127.*

Statue *f.,* *(öffentliches) Standbild, Denkmal; ua. als mögliche Asylstätte.* ob die kyrchen und ... aufgerichtete s t a t u e n, bildnüsse und residenzen derer fürsten denen missethåtern zum asylo oder freyung dienen? *1720 Beck, Obergerichtb. 664.* eine sodomie kann auch mit einem todten körper, und sogar mit bildern und s t a t ů e n begangen werden *1783 Quistorp,GrundsPeinlR. 953.* s t a t ů e n und denkmäler, die auf öffentlichen plätzen errichtet worden, darf niemand ... ohne obrigkeitliche erlaubniß wegnehmen oder einreißen *1794 PreußALR. I 8 § 35.*

statuieren *v.* **I.** *gesetzlich anordnen, verordnen, festsetzen, bestimmen; bdv.:* setzen (XXVIII); *vgl.* gebieten (I), ordnen (I). [daß] unsere burger zu A. ain zetl inhaltund ordnung, betrachtung und statut fürbracht haben, die von unsern vordern seel. abbt J. ... mit zeitigem rathe geordnet, betracht und s t a t u i e r t *1482 Steiermark/ÖW. VI 81.* [statuyten] bij den geprevilegieerden steden ende wetten met hueren officieren g e s t a t u e e r t ... als die keyser oft prince dairaf behoirlijc auctoriteyt ende macht gegeven hebben dengeenen diese s t a t u e r e n ende maken *1496 CoutBrab. II 2 S. 288.* jnmassen wier hiemit s t a t u i r e n, vorschaffen vnd ordnen, das sich nu hinfuro kein burger obberurts vngehorsams ... vntterstehen soll *1562 ZeitzStB. 98ʳ.* so s t a t u i r e n, setzen vnd ordnen wir hiemit vnd in krafft diß, daß ... *1628 Straßb PolO. App. 30. 1675 CAustr. I 491.* ain offenes landrecht, bahn- und stüftthättung wohlbedächtlich s t a t u - i e r t und aufgericht *1700 OÖsterr./ÖW. XIII 414.*

II. *(an jm.) ein Exempel statuieren (jn.) zur allg. Abschreckung besonders hart bestrafen.* würde sich jemand mit garstigen worten, fluchen, schweren, dieberey und dergleichen öffentlichen laster so grob versündiget haben, an dem soll ein exempel s t a t u i r e t werden, daß andere sich für gleiche laster wißen zu hüten *1600 Beitr Estl. 4 (1894) 34.* daß selbige *[beim Straßenraub ertappte marodierende Soldaten]* auff den strang ... gerichtet vnd justificiret, vnd an jhnen, andern jhres gleichen zur abschew, vnd vorbildigem spiegel, ernstliche exempla s t a t u i r t [werde] *1634 Reyscher,Ges. XIX 1 S. 179. 1729 Leiser,Strafgerichtsb. 75.*

III. *feststellen, behaupten.* Carpz[ov] ... s t a t u i r e t, es gehöre die jurisdiction auf den kirchhöfen nicht den ordentlichen orts-gerichten zu, sondern denen consistoriis *1705 KlugeBeamte I² 217.*

Status *m., auch lat. flektiert.* **I.** → Stand (VII), *gesellschaftliche Stellung; vgl.* Staat (VII). ist der persone, den manne verbot ein gemeinen niederen s t a t u s oder eines wesens als ein gebuer, borger oder ein schlecht edel knecht *15. Jh. MainzGFormel 28.* ap wir ader unser erben zu jemands der unsren, was s t a t u s ader wesens der wer, einche zspruche gewunnen *vor 1524 Leipzig SchSpr. 276.* die verbindlichkeit zu kriegesdiensten [entstehet] in ansehung der dem canton unterworfenen personen schon aus ihrem durch die geburt begründeten s t a t u *1792 Rabe,PreußG. II 284.*

II. *wie* → Staat (XIII), → Staatsgebiet. [nachdemahlen von beyden craysen] die feindliche cron Franckreich, wie reichskůndig ... ansehnliche s t a t u s, herr- und landschafften abgezogen und unter ihre contribution gebracht *1697 Moser,StaatsR. 30 S. 373.*

III. *(politisches) Gemeinwesen, auch Zustand, Herrschaftsform eines Gemeinwesens; vgl.* Staat (XI). die kais. räth [sind] ... in vier unterschiedliche collegia abgetheilt gewest. nämlich ist das erste und fürnehmste collegium der geheime rath, darin nämlich s t a t u s, stat, regiment und politische sachen traktirt werden *1611 Fellner-Kretschmayr II 371.* es ist offenbahr, daß auff diese weise gleichsam ein sonderbarer s t a t u s mitten im regiment gegründet werde und also das regiment zweene kôpffe bekomme; welches die meisten ... für einen gemeinen schaden achten *1667 Pufendorf,RZustand 272.* es ist wahr vnnd gewiß, daß ein weiser kônig sich nicht soll eines dings unternehmen, er habe dann zuvor selbst seinen s t a t u s wol bedacht *1668 Londorp III 811.* was ... anlanget die neben-proposition und wie zur unterhalt deß s t a t u s in diesen landen bey wehrenden vehdenszeiten eine erklecklige summ uffgebracht und in die kônigl. cammer berechnet werden môge *Theatrum Europ. Cont. III (1670) 260.*

IV. *Zustand, Beschaffenheit; vgl.* Staat (XIX). an was für orthen die pest grassire, und wie der s t a t u s contagionis alda sich befinde *1692 CAustr. I 552.* der s t a t u s

personarum des gesammten magistrats ist dahin sistematisiret: ein bürgermeister ... zwey vizebürgermeister, zweyundvierzig räthe *1783 WienRQ. 343.*

Statut *n., auch lat. flektiert; von einem hierzu berechtigten Herrschaftsträger schriftlich fixiertes Regelwerk (iU. zum Gewohnheitsrecht, Ius commune und überpositiven Recht), insb.* → Stadtstatut; *auch als* → Satzung (I); *auch allg.: Verordnung, Gesetz; auch die einzelne Regelung darin; vgl.* Abschied (VII), Ordnung (II), Statutenrecht (II). dyese s t a t ů t a sal man ewiglichen halten *13./14. Jh. Kohler-Koehne,Worms 33.* om alle discorde ende twist ... te satene ende in goeden pointe te settene, ... hebben wy een ordinance ende s t a t u y t gemaict *1326 Belg Mus. 2 (1838) 169.* ir herren von dem rat ze Spire, wir fragen iuch ... ob man dehein satzung, s t a t ů t, wandelung an den gerihten und zůmften muge gemachen wider unsern willen *1340/47 GrW. IV 647.* dese s t a t u - t e zalmen vernieuwen ende ute gheven ... tallen tiden als die boerghers van C. vorscreven begheren zullen *1361 Gent/QStädteForsch. IV 230. 1366? CartSTrond II 6.* hier beghinnen die s t a t u t e n fan Boelswerde deckenye *1404 Richth. 482.* we darto vorramet wert, de scal dat doon, unde de scullet sweren desse s t a t u t e to holdene; unde de oldermans des copmans unde der ammete scullet ock sweren desse s t a t u t e to holdende, wen se koren sint *1428 BremRQ. 184.* dat een s t a t u y t is een recht van den menschen geset oft gemaict, oft een disposicie, dairuut dat recht geproduceert wort *1496 Cout Brab. II 2 S. 288. ebd.* nachdem der ... bischof zu Bamberg ... unnder anndern vil stattlichen und tapffern s t a t u t e n und gesetzen ... ain s t a t u t der gaystlichen hochzeyt halb gesetzt und aussgeen lassen hat *15. Jh. NürnbPolO. 84.* dat de verweerere ghepungniert zy naer de voorme van rechte of van der kuere ende s t a t u u t e n daerup gheordonneert *1515/16 Wielant, InstrCrim. 154.* in ligenden gütern sol diß s t a t u t t nit ee für gan, dann so die vertigung beschehen ist *1520 FreiburgStR. II 4, 8.* [ick, borgermester, swere, dat ick will] der ghemenen stadt lofflyke vrygheyde, olde vnde gude herkamene gewonte, s t a t u t e, settinge, ordineringe vnd gerechticheyt ... nach mynem besten *... hanthauen vor 1529 LangenbeckGl.(Eichler) A 2 Cod. B.* so aber yemandt freuell ... wider offen außgetruckt vnwidersprüchlich geschribne recht, löblich s t a t u t, rechtmessige gewonheiten *1530 Schenck,GerichtsO.(Günther) 31.* in den freybergischen statrechten vnd s t a t u t e n ... sein vnder andern nachuolgende satzung *1544 Perneder,Inst. 55ʳ. RKGO. 1555 I 13 § 1.* seyen die testierer von dem s t a t u t abgewichen, haben nicht wöllen, das man nach dem stattrecht, sonder jrem testamentlichen sondern gesatzen ... zů der erbschafft kommen *1574 Frey,Pract. 685.* B., coloniensis pastor ... zeucht vil aus der hilligen schrift, uis den keiserlichn rechten, uis den s t a t u t e n und richzabschiden an, das die auspursche confession nit zugelaissen *1582 BuchWeinsberg III 141. 1595 WürtVjh.² 19 (1910) 370.* welcher oder welche sollich s t a t u t überfüeren und ungehorsam erschine, derselbige würdt hart darumb gestrafft *1617 Saulgau*

Stat. 116. [wir haben] diß s t a t u t u m der contribution und steur-außstands halber gemacht [*und*] vermah-
nen ... die löbl. getreue stånd hiemit gnådigist, daß
diesem s t a t u t o hinfüro jederzeit unverbrüchig nachge-
lebt ... werden *1629 CAustr. I 746.* s t a t u t e n und policeien *1727 PreßbZftUrk. 329.* [rügegericht, das handwerker,] welche wider die s t a t u t e n handeln, bestrafet
1762 Wiesand 917. neue s t a t u t a und landsordnungen
werden auch nicht leicht ohne gutachtlicher beyziehung
der landschaft gemacht *1770 Kreittmayr,StaatsR. 428.
1793 Kant,GesSchr. VI 99.* besondre provinzialverord-
nungen und s t a t u t e n einzelner gemeinheiten und gesellschaften erhalten nur durch die landesherrliche bestätigung die kraft der gesetze *1794 PreußALR. Einl. §
2.* wegen des pflasters auf den straßen ... findet man hie
und da in den s t a t u t e n einzelner stådte zweckmäßige
polizeyliche verordnungen *1803 RepRecht XI 316.*

statutarisch *adj.* **I.** *gesetzlich fixiert, positivrechtlich; in
Form von* → Statuten *gefasst;* bdv.: statuarisch (I). das natur-
recht, das auf lauter prinzipien a priori beruht, und das
positive (s t a t u t a r i s c h e) recht, was aus dem willen eines gesetzgebers hervorgeht *1797 Kant,Rechtslehre 39.*
II. *das (städt.)* → Statutenrecht (II) *betreffend;* bdv.:
statuarisch (II). s t a t u t a r i s c h e s gesetze, ... s t a t u t a -
r i s c h e verordnung oder constitution ... ist eigentlich
nichts anders als ein würckliches statut oder das sonst
so genannte statuten-recht *1744 Zedler 39 Sp. 1332.*
wenn gleich eine stadt im rechtmäßigen besize der s t a -
t u t a r i s c h e n gesezgebung sich befindet, so muß sie
doch sowol die eigentlichen stadtrechte als ihre stadt-
sazungen und ordnungen vom landesherrn bestätigen
laßen *1785 Fischer,KamPolR. I 609.* [eine gesezkommis-
sion die beschäftiget ist,] die der königl. verordnung
gemäß an sie eingesendeten provinzial- und s t a t u t a -
r i s c h e n rechtsbücher in ordnung zu bringen *1785 ebd.
II 169.* vorstehende bestimmungen in ansehung der gerade, der niftel, und des heergeräthes gelten insgesamt
nur auf den fall, wenn in den provinzial- oder s t a t u -
t a r i s c h e n gesetzen ein anderes nicht ausdrücklich verordnet ist *1794 PreußALR. II 1 § 536.*
III. *jm. von Gesetzes wegen zustehend.* nur in so fern,
als der überlebende ehegatte sich solche handlungen,
die eine scheidung begründen würden, hat zu schulden
kommen lassen, kann ihm sein s t a t u t a r i s c h e r erb-
theil durch letztwillige verordnungen geschmälert oder
genommen werden *1794 PreußALR. II 1 § 499.*

Statutbrief *m., Urkunde über ein* → Statut *oder eine
sonstige rechtliche Anordnung.* daz doch dieselben, dy
wir seczen, vögt oder amptleut, globen, sweren vnd ver-
brifen, als dieselben s t a t u t b r i e f e auzweisen angeuerde
1390 GeöArch. I 2 S. 271. ebd. 269. [statut, ordnung und
manzucht des undern Engadeins:] dise s t a t u t b r i e v e
sein zwen in gleicher form und laut geschriben, der ...
dem bischove von Chur ainer und der ander allen co-
meunern ... gegeben *1519 Unterengadin 246.*

Statutenbuch *n., auch dim.; in einem Buch zusammen-
gefasste amtl. Sammlung (insb. städt.)* → Statuten, →
Satzungen (II) *und sonstiger Rechtstexte, häufig als* →

Stadtbuch; *auch allg.: Gesetzessammlung, Gesetzbuch,
sowie als Buchtitel für ein Rechtsbuch;* vgl. Satzungbuch.
man sol in das s t a t u t e n b ü c h stellen: welicher cor-
herr von dißhin abgåt und ... etwas ordnet, so sol man
... teillen *1489 BernStR. VI 1 S. 282.* was nun auß ...
büchern, als renth, zinß vnd s t a t u t e n b ü c h e r e n gezogen würt, heyst ein extract *1536 Gobler,GerProz. 7ʳ.*
s t a t u t e n b ü c h, gesatz, ordnungen vnd gebräuch, kai-
serlicher, allgemainer, vnd etlicher besonderer land vnd
stett rechten *1553 Gobler,StatB. Titel.* die statuten wider die freyhait der kirchen oder der kirchischen personen seind von rechtswegen nichtig vnnd sollen auß dem
s t a t u t e n b u c h außgeradiert werden *1566 Pegius,Cod
Just. 19ʳ.* das, wie vor der zeit die kirchenreformation
... wir ... zu der academiae reformation greiffen, ettliche namhaffte mengel abstellen und mit gewißen satzungen das s t a t u t e n b u c h haben verbessern mueßen
1580 HeidelbUnivStat. 160. nachfolgende puncten in der
freiheit s t a t u t e n b u c h ... vnuerbrochen zuhalten *um
1620 Lappe,Altena 317.* [landtvogt J.S. hat] solche er-
leütterung mit aigenhändiger subscription in diesem s t a -
t u t e n b u e c h confirmiert und bestättiget *1664 SGallen
RheintalRQ. 914.* dass die nachperschaft in I. und A. ain
gewisse ordnung und s t a t u t e n - b i e c h l, so man jerlich bei der ehehafttäding abgelesen, gehabt haben *1665
Tirol/ÖW. V 282.* hiernächst wird ihnen [beim ritter-
orden vom schwartzen adler] das s t a t u t e n - b u c h vorgehalten, und legen darauf den ordens-eyd ab *1720 Lünig,TheatrCerem. II 1153. 1725 Staphorst,HambKG. I
2 S. 577.* zumalen dieses s t a t u t e n - b u c h keine vim
probandi habe und ganz unordentlich, unwissend von
wem zusammen getragen seyn möchte *1767 Cramer,
Neb. 68 S. 133.* [die rechte und freyheiten beruhen] auf
der erklärten landsfreyheit von an. 1516, welche ein
stück des bayrischen s t a t u t e n b u c h s von an. 1616
ausmacht *1770 Kreittmayr,StaatsR. 424. 1798 Schnurrer,WürtKRef. 525.*

Statutengeld *n., Geldsumme, die bei Eintritt in ein Stift,
einen Orden oder eine sonstige religiöse Gemeinschaft, zT.
auch bei Aufnahme in ein sonstiges Gremium zu zahlen
ist;* vgl. ¹Kappengeld (I). die s t a t u t e n - und cappengel-
d e, sso ein itzlicher thumherre in seiner ankunfft zcu
geben geburet *1497 ZHR. 58 (1906) 28.* die herren
canonici solten von ihrer præbendis annexis beneficiis
kein s t a t u t e n - g e l d geben *1577 Staphorst,HambKG.
I 2 S. 390.* das s t a t u t e n g e l d, so den stiftsjungfern
und canonicis majoribus uff funfzehen goldgulden, den
minoribus uff sechs goldgulden gesetzt und moderirt
sein soll, [soll] dem stift zum besten angewendet werden *1598 Göttingen/Sehling,EvKO. VI 2 S. 900.* ob wegen der gewöhnlichen s t a t u t e n g e l d e r, so ein neuerwählter rathmann bißdaher unter die erb. wittheit zu
distribuieren pflegen, ... nicht eine ... bessere anordnung gemacht werden konnte *1642 VeröfflBrem. VII
52.* bei einer solchen auffschwörung [*einer Kapitularin*]
müssen alsbald 24 rtlr. s t a t u t e n g e l d erlegt werden
17. Jh. Esser,Hohenlimb. 273. 1758 Estor,RGel. II 46.
reglement, was ein in den hohen teutschen ritter-orden

aufgenommen-werdender und zum ritter-schlag gelangender cavallier an kösten zu præstiren habe: ... für die in dem hohen ordens-buch fundirte s t a t u t e n - g e l d e r, wovon des hohen ordens general-cassen tertia pars zukommt, mit 100 fl. in toto 300 fl. *1771 Cramer,Neb. 116 S. 543. 1787 Krünitz,Enzykl. 40 S. 700.* so wird alsdenn selbige stifts-braut vom capitul zur investitur eingefordert, welche sich darauf sistiren, und 200 speciesthaler, sogenannte s t a t u t e n g e l d e r, baar erlegen muß *1788 WestfMag. 4 (1788) 325.* [F.v.S. wurde] nach vorher ausgewirkter påbstlichen dispensation und erlegten s t a t u t e n g e l d e r n ... in den wirklichen besitz dieser pråbende eingesetzt *1806 Vahlkampf,Miszellen II 148.*

Statutenrecht *n.* **I.** *von einem Gesetzgeber beschlossenes, schriftlich fixiertes Recht; iU. zum überpositiven Recht, Gewohnheitsrecht und Richterrecht.* die bischoffliche jurisdiction in sich selber ist theils durch s t a t u t e n - r e c h t gestellet *E. Chamberlayne, Engelands Jetziger Staat (Frankfurt 1694) 624.* von den englischen rechten ... nemlich dem gemeinen recht (herkommen), s t a - t u t e n r e c h t und bürgerlichen recht (civil law) *GGA. (1788) 1435.*
II. *(im Rahmen der städt. Autonomie erlassene) Rechtsbestimmung einer* → Stadt (III); → Stadtrecht (IV); *bdv.:* Stadtstatut. die stadt-rechte ... werden zwar am gewöhnlichsten statuta oder s t a t u t e n - r e c h t e genennet, jedoch aber werden sie auch mit dem nahmen willkühr, weichbild, oder auch marck-recht beleget *1740 Riccius 13.* statutarische verordnung oder constitution ... ist eigentlich nichts anders als ein würckliches statut oder das sonst so genannte s t a t u t e n - r e c h t *1744 Zedler 39 Sp. 1332. GGA. (1754) 430.* das frankfurter s t a t u t e n r e c h t haben die gelerten hånde des rechtsgelerten Fichards also ausgebessert und gezieret *1757 Anm FrankfRef. 4. Forts. 41. 1762 Hellfeld IV 2436.*

Stätzler *m., auch* Stätzel; *kleineres, dolchartiges Messer; von Bürgerlichen als Waffe getragen.* ein seckel, darin werent ... ein gurtel und ein s t ä t z l e r *1462 Schweiz Id. XI 1847.* indem wurd er gewar eins bloßen wauffen unter des Z.s mantel und risse sich von im und logne nit, er zuckte sinen s t e t z l e r *1468 ebd. 1848.* es ist verbotten, in den wirthshäusern s t ä t z l e r oder dolche, hingegen gebotten, schwerdter oder degen zu tragen *1573 J.C. Zellweger, Gesch. d. appenzellischen Volkes I (Trogen 1830) 14.*

stau(-) *s. auch* stab.

Staub *m.* **I.** *Mehlstaub,* → Staubmehl. wer ain mezen geteürts trait an ein müll schickt zu mallen, ... so soll im der müllner hinwider antwurten ... so schwer guets malter als dan derselbig metz trait ist gewesen; daran soll abgen für maut und s t a u b anderhalb müllmasl *1. Drittel 16. Jh.? NÖsterr./ÖW. IX 639.* flug von dem stein an auf 9 schuhe ... was nun innerhalb solcher 9 schuhe an spreuer oder s t a u b liegen bleibt, solle dem mahlkunden gehören *1714 SammlBadDurlach III 250.*
II. *Staub und Asche sterbliche Überreste von auf dem* → Scheiterhaufen *verbrannten Hingerichteten; vgl.* Asche (I), Pulver (I). [der freymann soll M.R.] mit dem schwert

von leben zum todt hinrichten, dem cörper aber sambt dem haubt zu s t a u b und asche vertilgen *1690 ZKulturg. ErgH. 2 (1898) 65.* des im kerker sich entleibten N. sein todter leichnam solle ... verbrennt, dessen s t a u b und asche auch in den fluß gestreuet werden *1769 CCTher. Beil. p. 52.*

stauben, stäuben, stäubern, stöbern *v.* **I.** *ausstauben, von Staub reinigen.* scholen de bruwere hebben ghut molt, dat nicht brandich si ... vnd dat id reyne s t o - v e t vnd reyne ghemaket sy *1363 Wehrmann,Zftr. 178.* dat ze [Pferde] tho rechten tyden ghevodert werden ... vnde wes vor den perden liggende bliuet, dat men dat vpdreghe vnde s t ø u e t, dat id nicht tho spilde kome *1400 LübUB. IV 801.*
II. *Staub verursachen, aufwirbeln; jn. staubig machen.* keinem knehte ist daz erloubet, swå man rît, daz er die rîter s t o u b e t *um 1280 Jüngl. V. 1230.* es sollen auch alle gosen offen sin, also das niemant darinn s t ä b e n oder wässern solle *17. Jh. Tirol/ÖW. IV 366.*
III. *(Wild, Fische, auch Personen) aufscheuchen, vertreiben, verjagen.* fielen die Teutschen in das römisch kriegsvolk, erlegten's, schluegen's, s t ö b e r e t e n's und s t ä u b t e n's wider auß Teutschland über den Rein *1522/33 Turmair,BayrChr. I 758. 1526 LutherGesAusg. I 19 S. 612.* hartich M. ... konde dar nicht mit tofreden sin, dat de biscop van Bremen ... oene also vtt deme lande to Hadelen g e s t o u e t *1. Hälfte 16. Jh. Reimar Kock/StaatsbMag. VII 687.* getribner vnd g e s t ö u b t e r haaß *1561 Maaler 176ᵛ.* ouch ... soll deheiner dem andern vor siner erkouften vischenzen ... triblen und dehein fisch darvon jagen noch s t ö u b e n *1568 SchweizId. X 1078.* an allen orden legen ruter und knechte doet, de vorsmachtende storven von stunde to stunde ... de sik noch rogen konden, de s t e i f f e r d e n ane provande de von S. fort *1569 OldecopChr. 637.* [dass die Zunftältesten] ihn aber für einen pfuscher halten müßten, auch ihn deswegen bei seiner [unerlaubten] arbeit g e s t ö b e r t hätten *1760 Merschel,Rawitsch 234.* derselb wuocher sol ouch so fri sin, und gieng er einem zuo sinem vich, so soll in weder schlachen noch stoszen, er sol in s t ö u - b e n mit dem rechten geren *oJ. Aargau (Kt.)/GrW. V 105.*
IV. *jn. verwarnen, zum Stillsein auffordern.* welcher vor eim gricht sich nit welte lassen s t o u b e n, das die richter den selben ungeschickten umb 5 ß mögend strafen *1538 SchweizId. X 1079.* [wurden] die bestellten gaßenwächter, so sy [die Ruhestörer] g e s t ö u b t, mit wüsten ... worten geschulten *1608 ebd. 1080.*

Stäuber, Stäuberer, Stöber, Stöberer *m., ein zum Aufstöbern des Wildes abgerichteter (kleiner)* → Jagdhund; *auch als Herrschaftssymbol; vgl.* Sperber. dat alle vorsten, greuen, vryen, rittere ... weydewerk dryven moghen mit iaghenden hunden ... mit vorliggenden hunden, mit winden, mit s t o u e r n, mit röden *1398 BrschwHzgUB. VIII 322.* falconarius in equo sedens faciens evolare falconem aut accipitrem capit perdicem, aucam aut alaudam coram quo hinc inde canes vulgariter s t ö b r e r currunt *1419 Schmeller² II 720.* das her zu dem house keigen

M. mit seyme herren lantgraven L. reiten wolde unde mit om furen ... eynen wol bereiten sperwer mit eyme guten s t ö b i r *1421 Rothe, DürChr. 357.* so en schal nemand van unsen medewoneren, dar wij bod unde ghebede over hebben, meer hebben van roeden in oren husen den eynen koter, utghesecht s t o v e r unde wynde *1424/36 Stadthagen 61.* [*Bußen für den Verlust von*] iachthonden ende wijnden, stovenen [*lies* s t o v e r e n] dat sijn bracken *1451 NlSsp. II 175.* dem hasenjeger 12 gulden fur sein chost, 12 gulden fur sein pferd ... die hunde stehen bey uns, der sollen [*sein*] 6 winde ... und alsovil s t e u b e r e r *um 1470/80 Kern, HofO. II 35.* entgingen my twe s t o e u e r s vann der borch *1504 Schiller-Lübben II 530.* ist er kaiser C. mit seinen jagdhunden, s t e u b e r und windspilen fürs losament geritten *1566/67 Zimmern Chr. (Decker-H.) III 345.* [*wurden*] dem T. 2 s t a u b e r ... zu nachts außm hoff gestolen *1578 Eger Urgichten 123. 1587 Kern, HofO. II 239.* zweyen eignen hetzhunden und zweyen s t ö b e r n *1619 SchwäbWB. V 1667.* ein pastor zu D. mag zu seiner nothdurft der recreation halten zwey s t e u w e r oder zwo winden und auf seiner handt ein spaarrvogel *1637 LuxembW. (Majerus) II 544.* es soll kommen ein fauth zur M. ... vf einem pferdt geritten, soll bringen einen habich vf der handt vndt 3 s t e u b e r ... vndt soll gesinnen des junckeren von C. zinsgelt, korn, habern *oJ. Hunsrück/GrW. II 168.*

Staubmehl *n., in einer → Mühle (I) aufgekehrte Mehlreste; bdv.:* Mühlstaub, Staub (I); *vgl.* Steinmehl. der sweinknecht ist der geringsten einer und dannoch in seinem gebrauch ob IIIᵉ nurmberger sumer s t a u b m e l und kleyen under seinen handen, ... die er den sweinen gibt *1470 PolKorr AlbrAchilles I 158.* volatilis: s t a u b m e h l, das man in den mühlen von den balcken wnd wenden sammlet ... 1 pf. *Reformatio und erneuwerte Ordnung der Apotecken in Wormbs (Frankfurt 1609) 93.* die müller sind nicht befugt ... abzüge für das sogenannte s t a u b m e h l zu machen *1802 Scotti, Jülich II 858.*

¹Stauche *m., f.* **I.** *offener, weiter, über einem Frauengewand zu tragender Ärmel; oft abnehmbar und so als Beutel verwendbar, der mit einem Stein befüllt als Waffe für Frauen beim gerichtlichen Zweikampf zugelassen ist.* wil aber diu frowe sins rehtes niht unde wilz im wern, daz muz si tun mit eime kamphe mit ir selbes libe, also daz der man sol sin begraben unz an den nabel, ... so sol diu frowe ein roeclin an ir haben unde in ir s t u c h e n einen fustgrozzen stein *1276 AugsbStR. Art. 31 § 1.* di frauwe soll hie aussen gan / ainen s t a u c h e n in der hende han / mit riemen dar ein gepunden / swer pey dreyn pfunden *1307? HeinrNeustadtApoll. V. 20188.* vnd sol man der frawen [*beim Zweikampf*] einen stain ein ir s t a u c h e n geben, der ein pfunt hab des gewaegs, daz ein marckh tů vnd sol ir den s t a u c h e n inderhalb der hant untz in die hant bewinden, daz er rog, vnd swes si den s t a u c h e n lazz hangen, so sol der stain sweben *um 1328 Ruprecht (Westenr.) 92.* des stichtes man moghe gi auer wal belenen in iuwem werlike klede. des gi de witten s t u k e n hebben in iuwem vorderen arme *1376/79 CalenbergUB. IX 135.* die judinn süllen tragen ir s t ü c h e n vnder den

mänteln *1394 Schreiber, UB. II 96.* die fraw soll haben [zu dem kampf] einen heßlen stecken ... einer elen lang ... und vorn daran soll gepunden sein ein wacke von einem stain ... und solle zusammen umbwunden sein in einem s t a u c h e n mit einem schweinen oder rossen remen in kolben weis *um 1447 WürzbZ. I 2 S. 1282.*

II. *(aus wertvollem Material gefertigte) Kopfbedeckung,* → Schleier, Haube. [*was nicht zollet:*] hosen als gemachts gewant, s t a u c h e n, hawben, alles korn oder trayd *um 1430 QZollwTirol 74.* die obrosten zwo wat, das ist die s t a u c h vnd der mantel, wye sy an dem stoltzen mantag zu kirchen vnd zu haingarten gangen ist *15. Jh. RQbayerSchwaben IV 64.* seidenwaren, die nicht mit gold oder silber gemacht seyn, als ... maylandische seidenzendl, s t a u c h e n und goller *1618 QZollwTirol 116.* [*mauth-gebühr:*] s t a u c h e n oder blauer schleyer, vom schock 12 [kr.] *1701 CAustr. III 419.*

²Stauche *m., f.* **I.** *(zum Trocknen aufgerichtetes) Flachs- oder Getreidebündel.* icht eyn settede wittewen twerstige vor up de s t u k e n, dar men tegenden plichtich is af to gevende, un de s t u k e darmede tegentfry wolde vordegedingen wedder recht, wat dar eyn recht up sy *1479 Niedersachsen/GrW. IV 688.* s t a u c h e n, kleine büschel oder bündel flachs *1801 Adelung² IV 311.* der flachs [ist], sobald er von der rôtte oder s t a u c h e ab und zur verarbeitung gebracht wird, wohl rein zu machen *1801 HessSamml. VIII 6.*

II. *Baumstumpf.* es soll niemand, ohne vorhero von dem ober-forst-bedienten dieserwegen erhaltenen zettul, s t u k e n rohden und wegfahren *1776 BrschwWolfenb Promt. II 601.*

¹stauchen *v.* **I.** *jn. (heftig) schlagen, stoßen; Rippenstöße versetzen; auch als Todesstrafe (beim → Rädern).* haben die herrn so vill herlicheit vff dem iren, dass sey die [*mit dem Tod zu Strafenden*] henken, drenken, s t e u c k e n oder brennen mögen *1549 Hochwald/GrW. II 122.* die ammen ... sollen die kinder ja nicht fallen lassen ... sollen sie auch nicht s t a u c h e n vnnd auffrücken *1586 Mathesius, Syrach II 126ᵛ.* atroces iniuriæ: ... so einer größlich wird geschlagen, g e s t a u c h t vnnd zerknôtzscht, es geschehe mit knütteln, büchsen oder andern waffen *Rauchdorn, Practica 1599 S. 150.*

II. *beim Schmieden: (ein Eisenstück) in die richtige Form stoßen; zS. vgl.* Richter, BergLex. II 433. axt s t a u c h e n, i.e. axt ausschmieden *1693 Schönberg, Berginformation Anh. 11.*

III. *etw. unterbinden.* wijs raits si ouch mit gebruikten also, dat si dair mit s t u i k t e n der viand werk *1475 NeußChr. 562.*

²(stauchen) *v., Torfsoden zum Trocknen stapeln?* en soelen die butenlude niet langer s t u k e n dan des saterdachs, als die merct tollet, soe gheet haer s t u k e n uyt *nach 1300? VerslOudeR. 2 (1892) 498.* te grauen elc XV pl., ende te ruden V ℔, ende te s t u k e n XIIJ ℔, maect al te samen vanden torve LXXIX sch. IJ pl. *1380 CD Neerland. II 2, 1 S. 461.*

¹Staucher *m., Muff.* [entree bey hofe:] die fraquen und gilets, ueberschuhe und s t a u c h e r aber hat jedermann

als respectwidrig bey seite zu lassen *1797 KurpfSamml.
V Reg. 55.*

²(Staucher) *m., Arbeiter, der Torfsoden zum Trocknen
aufschichtet.* 7 daler ... vor beer, welchere de moergruer
gedruncken vnd s t u k e r s *1577 Schiller-Lübben IV 448.*

Staude *f., mittelgroße, wild wachsende Pflanze, Busch;
auch: Buschwerk, Gebüsch; vgl.* Busch (I). diz ist der iuden
eit den shol man in vor sprechen ... des helf dir got der
Moysi ershein in einer prinnenden s t a u d e n *nach 1280
Schwsp.(Langform M) LR. Art. 240.* so geraicht auch
das waldgericht umb und umb an di ausserist s t a u d n
vom wald *1511 NÖsterr./ÖW. VII 709.* [*rsprw.:*] ausser der s t a u d e n ist gůt thedingen *1545 Franck,Sprw.
II 10ʳ.* das kainer die s t u d e n oder thannen, er
abhowpt, weiter vmb sich, dann die stöckh, darab ers
gehowen hat, ... legen ... sollen *1555 RQbayerSchwaben
IV 196.* [winterweg:] soll einer die weg und strassen nebent sinen gütern rumen und die s t u d e n ußhowen, das
man die faren mög *1564 GasterLsch. 88. 1577 Kärnt
LGO. Art. 3.* sollen die forster vnd holtzhayen ... allen
vnderthanen ernstlich aufflegen, daß sie das gipflholtz,
aest vnd s t a u d e n vor verführung deß stammens sauber auffraumen vnd weg führen *BairLR. 1616 S. 744.*

(Staudelroggen) *m., eine Art Roggenbrot; als Abgabe.*
villicus ... per secundum annum dabit preposite 15 pa-
nes, qui dicuntur s t u d e l r o g h e n *14. Jh. (Hs.) CTrad
Westf. IV 151.*

Staudenarbeit *f., Handwerksprodukt eines → Stau-
denmeisters.* den granaten-rosensetzern ... soll man ...
die s t a u d e n a r b e i t zu kauffen verpieten *1611 Nürnb
Ratsverl. II 426.*

Staudenbucken *n., Rodung von → Stauden. 16. Jh.
Grüll,OÖRobot 124.*

Staudenfeger *m., wie → Staudenräuber.* in seinem für-
stenthum hat er die räuberey und blackerey gar nicht
leiden können, sondern dieselben strassen und s t a u -
d e n f e g e r zum hefftigsten gestraffet vnd die strassen
rein gehalten *1563 DWB. X 3 Sp. 912.*

Staudenförster *m., amtl. Förster, Waldaufseher.* welcher herr oder closter sein selbs vorster hat und man
haisst ainen s t a u d n f o r s t e r, ob der ainen begreift, der
da schaden tuth in seins herrn holz, der soll in darumb
pfentn *1511 NÖsterr./ÖW. VII 708.* als ein ieder nach-
pawr dem s t a u d e n f o r s t e r geben sol 16 ₰, wellicher
das vorstambt hie zu D. inn hat *1515 ebd. 815.*

Staudenhähnlein *n., wie → Staudenräuber.* begab
sichs, daß eben mehr s t a u d e n h ä n l e i n dieses orts
... die schluppen hetten eingenommen *1602 Wendunm.
III 114.*

Staudenhecht *m., wie → Staudenräuber.* H.T., ein
placker und s t a u d e n h e c h t, der den burgern zu N.
viel schaden getan, [ist] zur weiden gerichtet worden
1394 NürnbAchtb. 166.

Staudenmeister *m., außerhalb der → Stadt (II) ansässiger, nicht zunftgebundener Handwerker, dessen Produkte
daher in der Stadt nicht verkauft werden dürfen; bdv.:* Bön-
hase (I), *Pfuscher.* D.S., messerer, ist vergonnt, alleyn schai-
den ze machen und nicht messer, nachdem er hie bürger

und sein hantwerck ausserhalb der stat als ein s t a u -
d e n m e i s t e r gearbeit hat wider der stat gesetz *1492
NürnbRatsverl. I 70.* kein bürger, verleger oder handwerker soll auswendigen s t a u d e n m e i s t e r n eine arbeit abkaufen, die sie hereinbringen oder hereinschicken
15. Jh. JbMittelfrk. 38 (1871/72) 122.

Staudenräuber *m., Straßenräuber, Wegelagerer; bdv.:*
Schnapphahn (II), Staudenfeger, Staudenhähnlein, Staudenhecht; *vgl.*
Staudenreiter. wer da besaget wirt, das er schedliche lewte
halde, diebe vnd s t a w d e n r a w b e r vnd andre, ... er
mak sich selbir empresten vnd entschuldigen *um 1400
IglauStR. 253.*

Staudenreiter *m., Raubritter, Strauchritter, berittener
→* Staudenräuber. zů abbůßung seiner sünden, die er im
stågreiff als ein s t a u d e n r e ü t e r oder heckenfischer,
vnd auch sonsten begangen *1616 Guler,Raetia 125ᵛ.* sie
reiten ... auf abendtheur herum und suchen, wo sie etwas erschnappen, ... den reisenden suchen sie allerhand
in weg zu legen, um håndel mit ihnen zu kriegen: ...
die s t a u d e n - und krippen-r e u t e r, ... welche ehender
verdienen strasen-råuber als edelleute ... genennet zu
werden *1752 v.Loen,Adel 401.*

Staudenschmelzer *m., →* Schmelzer (I) *ohne nachge-
wiesene Qualifikation.* wer ... mit haimlichen s t a u d e n
oder winckhels c h m e l t z e r betretten wirdet, der soll ...
darumb gestrafft werden *1532 SalzbBergO.(Lori) 220.*

Staudenteilung *f., (Vereinbarung über die) Aufteilung
der Nutzungsrechte am Unterholz einer Waldung.* [ver-
ordnung wegen an- und außthailung der läppmessen
und stockrecht in der niedere:] darumben das verhanden
libell vnd s t a u d e n t h a i l u n g, wo not, zu ersehen *17.
Jh. Tirol/ÖW. V 510.*

Staudenwerkstatt *f., Handwerksstätte (außerhalb der
Stadt), die nicht der städt. Zunftordnung unterliegt; vgl.*
Staudenmeister. bedencken, was gestalt E.L., leinenweber,
der sich eine zeitlang zu F. auffgehalten und daselbs eine s t a u d e n w e r c k s t a t t der gestraimbten deck angerichtet, landshuldigung gegeben ... werden könte *1603
NürnbRatsverl. II 338.* dem R. aber eine streffliche red
[zu] sagen, das er seine lehrjungen gen S. auff eine
s t a u d e n w e r c k s t a t t geschickt *1617 ebd. 516.*

Staudenwirt *m., Wirt ohne Schankerlaubnis, Inhaber einer (heimlich betriebenen) Winkelschenke; bdv.:*
Heckenwirt (I). die hecken- oder s t a u d e n - w ů r t h, qua-
les clandestini propolæ tam odiosi sunt, ut in nostris
statutis provincialibus jubeantur ubique eradicari *K.v.
Schmid, Commentarius in Ius Provinciale Bavaricum III
(München 1695) 398.* hecken-, s t a u d e n - und winkel-
w i r t h e: ... die sogenannte hecken-, stauden- und
winkel-wirthschaften sind jene, deren man sich entweder
heimlich ... oder zwar öffentlich, jedoch ohne hinläng-
licher berechtigung anmasset *1774 Wagner,Civilbeamte
II 41.*

Staue *f.* **I.** *Staudamm, -wehr?; vgl.* Stauung (I). es sol
auch die gmain den holzweg machen unzt an di vor-
dern s t a w e n *vor 1355 NÖsterr./ÖW. VIII 983.*

II. *Sicherung von Gütern in Schiffen; vgl.* stauen (III). soll
die vergütigung geschehen, wenn bey seenoth ... die la-

dung verrůckt wird und die s t a u e loß geht, mithin das
… gut beschådigt wird *1766 PreußAssekuranz- u. Ha-
vereiO. § 218.*

stauen *v.* **I.** *(ein Gewässer) aufstauen, mit einer Stau-
vorrichtung (zB. einem Wehr) versehen; stauendes Wasser* stehendes Gewässer. possunt … piscinam dictam
moelendick capere vel s t e u w e n *1306 MecklUB. V 280.
1312 ebd. 637.* dar hebbe wy vore ghelaten deme abbete
… ene houen tů V. tů pande … mit holte, mit weyde,
mit watere lopende vnde s t o w e n d e *1371 ebd. XVIII
2.* [*Verkauf von Gütern*] myt ackere buwet vnde vnnebu-
wet, … mit holten, mit weyde, mit dyken, mit wateren
s t ŏ w e t vnd vnghestouwet, mit waters vthvlŏte vnde
invlŏte *1381 ebd. XX 56.* worden se ok benedden dem
… Alborne dyke maken, de scholden vnd wolden se
also s t a w e n, dat se in den … Alborne nicht anstawe-
den *1476 Scheidt,Mant. 510. 1508 JbMeckl. 1 (1836)
217.* wil einer nie unwontlike mölen edder dike buwen,
s t o u w e n edder graven, deme de sik dar schaden an
befruchtet, de mach it eme denuncieren und als vor an-
getöget vorbieden *vor 1531 RügenLR. Kap. 139 § 5.* soll
auch niemand sich unterstehen, flůsse, båche und siepen
dergestalt zu stauen und zu dåmmen, daß dadurch seines nachbarn land verdorben werde *1671 SammlLivlLR.
II 587.*

II. *von Wasser: anschwellen, sich anstauen.* quam dat
water ut der erden unde s t o w e d e so hoghe upwordes,
dat it quam den perden bet to dem sadel *1385/95 Grautoff,LübChr. I 67.*

III. *von Schiffsfracht: beladen, packen, verstauen.* dat
schip is al vol g h e s t o u v e t *1437 HanseRez.² II 35.* ko-
ne gy schipper bowißen, dat … zodane schade stormes-
halven und nycht dorch juwe s t o w e n t entstan is, des
moghe hy gheneten *1516 RevalRatsurtb. 5.* ist das volk
schuldig, nach des schiffers oder steuermanns befehl …
die ins schiff eingenommene gůter oder waaren nach er-
fodern zu legen und zu s t a u e n, oder … sind selbige
dem schiffer dafůr zu haften schuldig *1727 PreußSeeR.
IV 30.*

IV. *jn. an etw. stauen* *jn. an etw. hindern, von etw. ab-
halten.* daß er inn s t ŏ w t an den swůren *1406 Schweiz
Id. X 1080.* wie gar min heren von L. diß alles vorhin
… wüstend, tetent sy doch nit dem glich vor im [*einem
geständigen Verräter*], sunder s t o w t e n d sy inn daran,
vermeintend, er lüge sich selber vnd ander an *1511/13
Schilling,LuzernChr. 98.*

Stauer *m., Arbeiter, der ein Schiff ordnungsgemäß be-
lädt; vgl.* stauen *(III).* s t a u e r s, arrumeurs, werden diejenigen genennet, welche die waaren in dem schiffe zu rechte legen … dasz sie fest auf einander gepacket liegen
1744 Zedler 39 Sp. 1390. [zu gewerben, bei deren un-
geschicktem betriebe gemeine gefahr obwaltet, gehören]
schauer, s t a u e r, überhaupt alle, die bestellt sind, die
quantitåt, qualitåt und richtige verpackung von waaren
zu constatiren *PreußGS. 1810 S. 84.*

Stauf *m.,* **Staufe** *f.,* **Stof** *m., n., auch dim.* **I.** *Becher,
Humpen, Kelch.* gif man oþrum s t e o p asette ðær mæn
drincen, buton scylde … scilling agelde þam þe þæt flet

age, ₇ vi scillinga þam þe man þone s t e a p aset [wenn jemand einem andren den Becher fortsetzt, wo Leute trinken, ohne (dessen)
Verschulden, so gelte er … 1 Schilling demjenigen, der das Haus besitzt
und 6 Schilling dem, welchem er den Becher wegsetzte] *673/85 (Hs.
um 1125) Liebermann,AgsG. Hl 12.* [*fünf übergoldete*]
s t ö f f e *1434 SchrBodensee 9 (1878) 233.* [von gefesses
des sacraments:] in einer yglichen … pfarkirchen einen
grossen kelch zu einem s t a u f oder anderthalben auf
grosse fest zur mennige des volks zu brauchen, als auf
ostern, pfingsten *1525 Königsberg/Sehling,EvKO. IV 33.*
dat eyn paternostermaker knecht hadde by sick eynen
sulueren s t o e p, … den he scholde gestalen hebben *1.
Hälfte 16. Jh. HambStR. 283.*

II. *ein Hohlmaß für Flüssigkeiten; auch das entsprechende Messgefäß.* piscatori sagenam fratrum trahenti
s t ŏ p u s vini *843 WirtUB. I 125.* una urna vini vel medo-
nis - et urna constet ex XXX s t a u p i s *1007 MGDipl. III
182.* et eminam vini, id est s t ŏ f f *Anf. 12. Jh. ZGO.² 15
(1900) 424.* duos s t o p o s cerevisie *1227 TijdschrTaal
Lk. 65 (1948) 139.* dat de meyere sal hebben … twee
daghe eene maeltyt met eenen s t o e p e wyns eles daeghs
1230 ChartPierreGand I 260. manne, die tavernier es,
die dranc vercoopt, hi moet hebben eenen s t o o p ende een vierendeel ende eene pinte *um 1250 (Hs. 14. Jh.)
AardenburgRbr. 114.* [in deme jare darna wart groit hun-
ger], dat neyman geynen mart zů cůfbeir in sette, in dat
man eynen s t ů f beirs umbe eynen penninc gůlde *um
1260 SächsWChr. 245. 1277 ErfurtUB. I 188.* tria canta-
ra stannea, unum de una s t o p a et duo de duobus quar-
talibus *1299 HMeißenUB. I 259.* der kelner ist schuldich
zu der collacien zyt dem scheincken dem fassbender den
leuffer eyn s t e u f f g i n wyns also ferre das sy gegenwer-
dich synt *2. Hälfte 13. Jh. TrierArch. 1 (1898) 41.* pro
1 s t o f f honig 32 den. *1317 KlosterneubStiftUB. II 255.*
habebunt 2 sacerdotes cuil. dim. s t o p h u m, et 2 cam-
panarii insimul dim. *um 1340 SGereonUB. p. 7.* daz man
in allem dem lande ze Ö. daz viertal, den s t a u f f oder
die mazze, wie si dann gehaizzen ist, si sei chlain oder
grŏz, da mit man von alter her geschencket hat, minnern
vnd chlainer machen sol gleich vmb den zehenden tail
1359 OÖUB. VII 629. ebd. 630. [der bodeker schraa:]
dat wi scholen maken ene jewelke tunnen van twe unde
negentich s t o p e n, dee halven tunnen van 46 s t o p e n
1375 Stieda-Mettig 260. [axziise uppe de wiine:] dat dar
de porter nu gifft 12 miten van dem s t o p e *1421 Hanse
Rez. VII 203.* 2 czynnen flaschen, 1 von 3 ½ s t o f f e, die
ander von 2 s t o f f e n *1437/38 DOrdGrZinsb. 67.* I vaet
olye, behoudende LX s t o o p e, die maeken V eleene va-
ten, stie van XLVIII s t o o p e *1439/40 ChartPierreGand II
215.* von den methczapperen: eynnen s t u f f methis vor
VIII ₰ unde nicht meherr *1. Hälfte 15. Jh. DanzigWillk.
(Günther) 15.* alle, dy breuen wollen, sollen yre thonne
amen; seyn sie wenigerr wenne XCII s t o f f e, man sal
sy enthczwei szhlahen *ebd. 23. 1489 NÖsterr./ÖW. VIII
184.* eins meisters son gibt ein essen und II s t o b e n des
besten getrenkes *1492 KahlaUB. 115.* man gab ouch uff
disem crützgang ain s t o u f, das ist ain anzal wins ettwas größer dann ain maß ist, … den gaistlichen, die …

1565   *Stauf (II) – Staupe (I)*   1566

ettwas fürnemlichs gesungen *1536/38 SchrKRG. 39/41
S. 270.* 1 aem wyns gesandt, sindt 47 s t ö p e *1556 Riga
KämmereiReg.(II) 156.* man sol haben einen zimenten
emer, ein viertl und ein s t a u f *1564 NÖsterr./ÖW. VIII
333. 1679 RevalStR. I 386.* das itzo in diesem kőnigreich
eingeführte quart oder maaß zur ausmessung der liqui-
dorum ... wo sonst vorhin die s t ő f f e oder so genannte quartiere gebrauchet worden *1714 CCPrut. III 398.
1722 Wuttke,Städteb. 128.* ein rigisches stadtloff hält 6
külmet oder 54 s t ö f f e, und ein külmet hat 9 s t ö f f e
1737 RigaAkt. II 502. s t o o f oder s t o f: der und das,
ist das hiesige gemeinste maaß bey flüßigen sachen *1795
IdLiefl. 229.* der emer schol grosser sein umb ain s t ä f f
wenn der recht landemer *oJ. NÖsterr./ÖW. VIII 184.*

(Staufbier) *n., eine Biersorte, die in →* Staufen (II)
verkauft wird? schal sik malk hoden, in eynerleie ber to
bruwende; we dickeber bruwen wil, dat he ar by blive,
we pennigber bruwen wil, dat he dar by blyve, we s t o p -
b e r bruwen wil, dat he dar by blyve *1388 Wehrmann,
Zftr. 182.*

stäufeln *v., (Bäume) entästen.* sollen kaine dracht-
boeme one erlaubnuß nidergehowen noch g e s t e u f -
f e l t werden *1551 Freudenstein,WaldSchaumburg 85.* das
s t ä u f e l n fruchtbarer bäume wird beim ersten uebertret-
tungsfalle mit 5, beim zweiten mit 10 ... thalern bestraft
1572 ArchForstJagdG. 18, 2 (1844) 4.

(Staufkanne) *f., Kanne von der Größe eines →* Staufs
(II). 8 sc. vor eyne czynne s t o f f k a n n e n *1415 MarienburgAusgabeb. 152.* gehortte dem hern voitt 3 gros
zcynnen kannen, 3 s t o f f k a n n e n, 3 clein zcynnen kannen *1508 DOrdGrÄmterb. 118.* nimpt eine s t o f f k a n n e
von dischen und schlecht dem ritter die nase gantz vom
angesicht *1521/37 PreußGeschSchr. II 139.*

(Staufmaß) *n., wie →* Stauf (II); *auch: am →* Stauf
(II) *orientiertes Maßeinheitensystem.* dit es de s t o o p -
m a t e: eerst een stoop. jt. een vierendeel. jt. een pinte.
jt. een halue pinte *1411 InvBruges IV 86.* dat men den
radessendeboden wolde gheven een s t o o p m a t e und
oock wovele de pipen schuldich siin to holdene *1447/48
HanseRez.² III 291.*

Staupbesen *m., →* Rute (I 1), → Gerte (II 1) *oder
→* Peitsche (I) *zur (idR. öffentlichen) Züchtigung, insb.
durch den →* Scharfrichter; *auch: die Züchtigung selbst;
bdv.:* Besen (III 1), Staupe (II), Staupgerte, Staupprute; *vgl.* Staupenschlag. [ward nach erforschung] der oberkeit von die-
ses völcklens büberey und deren beweisung die M.
zum s t a u b b e s e n erkennet *1602 Wendunm. II 524.*
solle der beclagtin der streich mit dem s t a u p b e s e n
bis vor die vorstatt umb etwaß vnd so viel gemil-
tert vnd nur biß vor daß obere dohr ... gesteuppet
... werden *1616 ZWirtFrk. 1, 2 (1848) 71.* [felddie-
berey *ist*] mitt dem s t a u b b e s e m und landtsverwei-
sung ohnnachläßiglich zu bestraffen *1621 CCNass. I
2 Sp. 73.* daß er zum s t a u p b e s e n condemniret worden, wann er denselben mit 200 thl. nicht redimiren
könnte *1666 ProtBrandenbGehR. VII 1 S. 590.* um 1666
Mevius,MecklLREntw. 859. [gegen schuldenmacher soll]
als öffentliche diebe ... zum abscheu und exempel mit

dem s t a u b b e s e n oder gar anderer leib- und lebens-
strafe verfahren werden *1693 Lahner,Samml. 442. 1696
ZRG. 3 (1864) 102.* [Buchtitel: *C. Wildvogel,*] disser-
tatio ivridica de ictv fvstivm von s t a u p - b e s e n [*Jena
1703*]. *1705 KlugeBeamte I² 449.* [ein frembder juden-
bettler soll] in die nächste vestung geliefert, sonsten
aber nach befinden mit dem s t a u b - b e s e n weiter gewiesen ... werden *1712 CCPrut. III 513.* daß dergleich-
chen malefitz-personen, so den s t a u p b e s e n verdient,
selten mehr ins freye feld gejaget, sondern zu verhütung
grösserer unheils sicherer auf den vestungs-bau ... gebracht werden *1722 Knauth,Altenzella VII 106.* hätte
diese alte vettel, als welche ... eine doppelte blutschuld
auf sich geladen, den s t a u p b e s e n, alle woche zwey-
mahl, verdienet, anderen zur verwarnung *1734 Ludewig,
Anzeigen I 911.* weil sie ... als eine vagabundin keines
ehrbaren wandels zu seyn anzusehen ist, mithin billich
mit dem s t a u p p e n - b e s e n durch den scharprichter
zu bestrafen were *1742 Schindler,VerbrFreib. 41. 1751
CJBavCrim. I 4 § 10.* der binen-dibstal wird willkürlich
und nach befinden mit dem s t a u p - b e s e n bestrafet
1757 Estor,RGel. I 539. oftmals sind mit der confiscation auch noch geld- und leibes-strafen, als der s t a u b -
b e s e n, die landes-verweisung, die galeeren-strafe etc.
verbunden *1768 HambGSamml. VI 468. 1783 Quistorp,
GrundsPeinlR. 126.* fleischliche vermischung mit einer
inhaftirten person: darauf soll der s t a u b b e s e n erkannt werden *1785 BrschwWolfenbPromt. III 318. 1785
Fischer,KamPolR. I 271.* würde jemand sodomiterey
treiben, ... so soll ... die ... nicht gar vollbrachte mis-
sethat ... mit dem s t a u p - b e s e n und verweisung des
landes bestraft werden *1803 WeistNassau III 52.* körperliche züchtigungen im engern sinne ... sind 1) s t a u p -
b e s e n (fustigatio) 2) öffentliche züchtigung mit ruthen
oder dem stock durch den blossen gerichtsdiener *1808
Feuerbach,PeinlR.⁴ 128.*

Staupe *f., auch m., n.?* **I.** → Pranger, → Pfahl (I 2),
→ Säule (V), *an die ein Delinquent für den →* Staupenschlag *gebunden wird; zur Staupe schlagen = den →* Staupenschlag
(I); *bdv.:* Kak (II), Schreiat, Staupsäule. benedden VIII sol' schal
men ene [*deef*] to der s t u p e slaen, ... vnde dar to schal
he de stat vorsweren *1270 (Hs. 1493) HambOrdB. M 7.
1279 StadeStR. 106.* derselbe sal bye der s t u y p e n sten,
syn gewant tzu verkoufende *1300 ZWestpreuß. 7 (1882)
111.* heft he [*def*] oc darbenedene ghestolen, eme sal ene
tho der s t u p e slan vnde sal eme de stat vorbeden bi
sineme liue *um 1300 RigaStR. 192. 1303 BremRQ. 54.*
stelet he [*def*] benedden einem verdinge, ein merk mit
einem heten isern an den backen edder an den oren edder to der s t u p e slan *1322/27? (Hs. 16. Jh.) Bunge,
Rbb. 120.* we stelet tuischen viftehaluen artighe vnde
ener marc pennige, den slamen to der s t u p e vnde en
gad dorch dat vördere ore *1341/44 WisbyStR. 72.* we
stelet dat vif schillinghe wert is, de vorscult des galghen.
is des min, so scal men ine durch de tenen bernen vnde
to ter s t u p e slan *1. Hälfte 14. Jh. GoslarStR. II 1 §
55.* et enscal ok nement de brotscherren unreyne maken. wene men darover betrid, ist eyn alt, he scal dre

daghe in der deve stocke sitten, ist eyn jung, den scal me to der s t u p e slan *1370/1400 HalberstUB. I 574. Ende 14. Jh. GlWeichb. 341.* claÿne dÿphait … sol man den antworter allein sweren loßen. verfelt er, so sol man ÿn an der s t a u p mit gerten ader mit geiseln hawn *1403/39 OfenStR.(Mollay) Art. 262.* ab imand deme schippheren mit syme lone untlyffe, so das das lon were under eyne halbe mark … den sal man richten an der s t u p e n tzu slan *1412 HanseRez. VI 48.* [we] desse vors. broke nicht betalen en mach, ist een man, de sal men daervoor ter s t u p e n slaen *1425 GroningenStB. 53.* wanne man pynlichen claget, so henget man vnder vilen eynen, vnde vnder vilen so slet man en zcu der s t u p p e n *2. Hälfte 15. Jh. WSB. 110 (1885) 293.* wer da stelet under funff schilngen werds der kleynen, den sal man zu der s t u p e slån, daß heyß he dii schreyått, unde ensal em nit boben 40 sleige geben *um 1500 VeröfflHessen XIII 8 S. 88. 1518 Leipzig/Wasserschleben,RQ. 134.* D. van Z. en J. van R. … vermitz sy … gelt in sunte Lebuins kercke … gestaelen hadden … synnen dairom alle beide ter s t o i p e geslagen en aver der bruggen geleit *1540 Overijsselsche almanak voor oudheid en letteren 11 (1846) 179.* wo einer fůnff gůlden oder darůber stielt, sol er gehenckt, wo er darunder, sol er beschoren vnd zur s t a u p e n gehawen werden *1561 Rotschitz 96ᵛ. 1572 NordstrandLR.(nd.) III 49.* da einer seines brudern oder schwester kind ehelichen wolte, dieselbigen sollen mit der verweisung wegen der begangenen blutschande zugleich auch zur s t a u p e n geschlagen werden *1580 Sachsen/Sehling,EvKO. I 1 S. 387.* wer .. des diebstals mit rechte vberwunnen, da der diebstal vnder funff vngersche gůlden ist, vnd es das erste mahl, sol er zur s t e u p e geschlagen werden *1583 HadelnLR. V 22.* wer beutel abeschneidet … der soll zur s t e u p e geschlagen … vnd verweiset werden *1597 PeineStat. 252.* wůrde auch jemand … zum andernmahl entlauffen … derselbe sol zur s t å u p e geschlagen, des landes zu ewigen zeiten verwiesen oder zur ewigen gefångniß [gebracht werden] *1669 CCPrut. III 491. 1670 Carpzov,PractNov. I 104.* s t a u p e: derienige schandpfahl, an welchen vbelthåter gebunden und mit staupenschlågen gezůchtiget werden *1762 Wiesand 1015.* breckt en deeff honig-böhme … iss idt benederen 8 ortinge … man sall em thor s t u p e schlahn *oJ. Arbusow,LivlBR. 37.*

II. *wie* → Staupenschlag; *meton. der verwendete* → Staubbesen. dat alle fresen hiare ferde bete mey hiara fia. truch dat schelleth fresen wessa oen saxena merkum wtor stok ende wtor s t u p a ende wtor schera ende wtor fillane ende wtor pina [dass alle Friesen ihre Friedensbrüche mit ihrem Gelde büßen dürfen; infolgedessen sollen die Friesen im sächsischen Gebiete befreit sein von Stock und Staupe und Schere und von Geißelung und Leibesstrafe] *um 1080 (Hs. 1464) WesterlauwersR. I 144. um 1300 HunsingoR. 46.* teydinget her [vorspreche] vf di hant ader vf di s t u p e, da mak her van nemen eynen halben virdunk *1356 CDWarm. II 239.* bodel halet syn lon … tu gravene 5 sol. den., tu der s t u p e 18 peninge, eynen slicht tu bernnene 6 schill. *um 1395 BerlinStB. 29.* begriffe men imande yn hanthafftiger tatt,

die do stelen borneholcz adir andir holcz, … das is dy s t u p e *1435/54 DanzigSchB. 8.* we des nachts gehawen gras eder gehawen holt stelet, dat schal men richten mit der weden. stelet he des dages, it geid eme to hude to hore, dat is to der s t u p e *1438 SalzwedelStR. Art. 68.* wene gi mit sodanem gude bevunden, dat de s t u p e edder groter pyne eygede, den schole gi darmede tom rade bringen *1441 HildeshUB. IV 402.* welch knecht … entlouffet … seynem heren mit dem gelde, ist des geldes eyne halbe mark adir myn, das ist die s t u p e, ist es abir mer, is geet em an seyn hoeste recht *1455 DanzigWillk. (Simson) 28.* einbrechen wirdt … von ampte gestraffet nach gelegenheidt, als mit gefengnus, mit der s t a u p e, vorweisunge oder sonst *1556 Walch,Beitr. VII 210.* wer in der kirchen einen oder mehr beutel abschnitte, soll mit der s t a u p e gestraft werden *1577/83 LünebRef. 789. 1584 Preußen/Sehling,EvKO. IV 137.* wann aber alle diese gütliche ermahnung, straffworte, bedräwungen nicht fruchten wollen, so sollen die praeceptores den- oder dieselben, so ärgernüß gegeben vnd vnfleissig gewesen … daß er die s t e u p e wol verdienet, mit ernst vorhalten *1656 SchulO.(Vormbaum) II 469.* s t a u p e (fustigatio). diese wird vom schinder vollzogen und ist, nach der p.g.o., immer mit landesverweisung verbunden *1798 Grolman,KrimRWiss. 133.*

stäupen *v.* **I.** *jn. öffentlich auspeitschen, mit einem* → Staubbesen *aushauen; als (ehrenmindernde) Körperstrafe; vgl.* Staupenschlag. wer is eyne sulche dübe, vmb welche her vordynet hat, g e s t ü p p e t werde *1286 CDPruss. II 17.* dat eyn stureman, schipman ofte boesman deme schipheren entlopet myt der hure … dede he id ok aver tome anderen male, denne sal men ene openbarliken s t u p e n *1482 HanseRez.³ I 310.* wann der czuchtiger yemantcz zu O. s t a w p t am pranger ader ein or absneit … gepuren im IV. groß *15. Jh. OlmützStB.(Saliger) 58.* so H.E. seyner krangheit besserung gewonnen, [wurde er] mit rueten … weile er sich toricht gemacht … g e s t e w p e t *1516 GörlitzRatsAnn. I/II 392. 1583 MittSchulg. 2 (1892) 111.* offenbare vnzüchtige weiber sollen … der stadt vorwiesen, vnd do sie in die stadt widerumb kommen … an dem pranger g e s t a u p e t … werden *1586 LübStat. IV 5 § 5. ebd. IV 10.* [tax-ordnung fůr die scharfrichter:] einen am pranger zu s t å u p e n 5 rthl.; einen aus der stadt zu s t å u p e n 7 rhtl. *1698 CCHolsat. I 218.* wo er [burger] dessen [vermőgen] etwas vorsetzlich verschwiegen, [wird er] mit ruthen g e s t å u b e t und offentlich verkaufft, seine gůter aber confisciret *1737 Fuhrmann,Öst. IV 425.* dieienigen, so die todten cőrper vom galgen oder gerichten wegnehmen, … sollen g e s t å u p e t oder verwiesen … werden *1762 Wiesand 1087.*

II. *(ein Kind, einen Abhängigen) mit Schlägen züchtigen; als Erziehungsmaßnahme oder zur Erzwingung einer Aussage (anstelle von Folter).* de den andern beledigt an sinem live, … s t u p e n d e (dat geschehe denne deme kinde van den öldern, dem jungere van meistere, deme baden van sinem heren billiger mate) is alle unrecht, werd 5 mark an den grundheren … vorbraken *vor 1531*

RügenLR. Kap. 93 § 2. wenn der Vater das kind g e -
s t e u p t hat, so wirfft er die ruten jns feur *1538 Luther
GesAusg. I 45 S. 641.* das ein richter bey den fragen
ein subtiles vnd fleissiges auffsehen haben sol, vnd also
auch einen vnmündigen eher mit einer ruten s t e u p p e n ,
denn das er die scherffe an jm gebrauchen lasse *1541 König,Proz. 16ᵛ.* so ... die eltern ire kinder zu hart schlagen,
werfen oder s t e u p e n ..., daß sie dieselben damit zum
tode bracht haben ... sollen dieselben ... am leibe und
leben gestraft werden *1577 Preußen/QNPrivatR. II 1 S.
381.* alle, die on erleubnus auch eine halbe stunde [von
der schulen] außen bleiben, sollen g e s t e u p e t werden
1583 MittSchulg. 2 (1892) 116.

III. *von einem Baum: (durch Hiebe, Abstreifen) der
Blätter berauben.* wer einen baum s t a u p e t , sol 1 fl.
buß erlegen *1683 Kassel/CJVenatorio-Forest. III 291.*

Staupenhauen *n., wie →* Staupenschlag. 6 sch. deme
bodele vor s t u p e h a u w e n t *1505 Schiller-Lübben IV
451.* der beclagte mus die gesatzte geltbus ... geben,
oder der richter mag jnen verweisen oder knütteln lassen, an welchs stadt man jtzund das s t a u p p e n h a w e n
gebraucht, das ist zu haut vnd har straffen *1541 Sam-
melwerkSächsRecht (Wolrab) 315ᵛ.*

Staupenschlag *m., Züchtigung mit dem →* Staupbesen
*als (idR. ehrenmindernde) Körperstrafe; ua. bei Dieb-
stahl, Unzucht und Ehebruch; zT. an einer →* Staupsäule *vollstreckt, zT. auf dem Weg durch die Straßen (zB.
bis vor das Stadttor); häufig verbunden mit Brandmar-
kung und Landesverweisung; auch: der einzelne Schlag
bzw. Streich; bdv.:* Staupe (II), Staupenhauen, Staupenschlagen. S.,
so gewaltsamer weise ... sich selbst losgemacht ... das
ehr derhalben in willkürliche straffe, die ihr auch bis
auf die s t a u p s c h l e g e zu erweitern, genommen werden möge *1578 BrandenbSchSt. III 41. 1583 Hadeln
LR. II 24.* die ... gemächer zu ehebruch oder unzucht wissentlich um geniesses willen darleihen, sollen
mit s t a u p s c h l ä g e n der stadt und des landes ewig-
lich verwiesen ... werden *1599 LauenburgStR. IV 15.*
[kindermord:] mag auch die gefangene auff ihr blosses
bekäntnus ... am leben nicht gestrafft werden, sie wird
aber gleichwol mit s t a u p e n s c h l ä g e n des landes ewig billig verwiesen *1603 Carpzov,PractNov. I 76. 1618 Hagemann,PractErört. I 263.* wegen eines pauers, so seine
magd ... geschwängert und die s t a u p s c h l ä g e zuer-
kannt *1645 ProtBrandenbGehR. III 108. 1672 Emminghaus,CJGerm. II 387.* fustigatio, der s t a u p e n s c h l a g ,
poena est corporis afflictiva *1676 Moller,CarpzovRep.
564.* geschiehet sie [aenderung der gräntzen] aber aus
vorsatz und betrug, so hat die poena arbitraria, nemlich das gefängnus, lands-verweisung und s t a u p e n -
s c h l a g statt *1705 KlugeBeamte I² 721. 1707 Sudeten
HGO. Art. 19 § 42.* [daß die armen, welche zur arbeit
tüchtig,] in dieser stadt ... nicht mehr betteln, ... [sonst
werden sie] mit s t a u p e n s c h l ä g e n und verfestung bestraffet *1711 HambArmenO. 9.* die weibs personhen [sol-
len] mit brandzeichen oder s t a u p p e n s c h l ä g e n aus
dem land verbannt werden *1717 BernMand. XII 21.* [das
laster der bestohlenen erbschafft *wird* willkührlich] mit

gefängniß oder verweisung oder s t a u p e n - s c h l ä g e n
gestrafft *1717 Blüting,Gl. III 29. 1717 BrandenbKrimO.
XII § 7.* [verordnen wir, daß] die straffe des s t a u p e n -
s c h l a g e s ... nicht erkandt, sondern an deren statt diejenige delinquenten ... zu dem zucht-hause ... condemniret werden *1717 BrschwLO. II 697.* [spitz-buben wer-
den] entweder an statt des staub-besens oder auf vorher-
gehenden s t a u b e n s c h l a g ... auf vestungen oder andere verwahrte oerter gebracht *1720 Beck,Obergerichtb.
234. 1726 Liebe,Judentum 94.* daß ... das duplex adulte-
rium ... wie auch der incestus mit dem s t a u p e n s c h l a -
g e und ewiger landesverweisung ... abgestrafet werden
solle *1746 CCBrandenbCulmb. I 226.* würde der pfänder
... mit dem einen oder andern durch die finger sehen,
so soll er mit s t a u p e n - s c h l ä g e n des landes verwiesen werden *1750 Klingner II 272.* s t a u p e n s c h l a g ,
wenn derselbe statt habe: s. ehebruch, gotteslästerung,
feld-diebe *1757 CCHolsat. Nebenbd. II 1642.* die unmittelbar an leib gehenden straffen, welche in diesen erb-
landen einen gebrauch haben, sind s t a u p e n s c h l a g ,
brandmarchung, verstümmlung an gliedmassen, denn
karbatsch- oder stockstreiche *1769 CCTher. 6 § 2.* [die]
harten leibensstrafen, als vestungs-arbeit, zuchthaus-
arbeit, vestungs-arrest, landes-verweisung und s t a u -
p e n s c h l a g *1773 NCCPruss. V 2 Sp. 1617.* zu den
... annoch üblichen leibesstrafen rechnet man: 1) den
s t a u p e n s c h l a g , 2) das brandmahl, 3) die einziehung
eines theils des vermögens *1783 Quistorp,GrundsPeinlR.
124. 1794 PreußALR. II 20 § 256.* ist die gebährerin
von ihren aeltern zum kindermorde verleitet worden, so
soll sie ... nach vorgängigem s t a u p e n s c h l a g mit le-
benswieriger festungsstrafe belegt werden *ebd. II 20 §
972. 1798 RepRecht I 66.* [daß wo] ehmals auf s t a u -
p e n s c h l a g und ewige landesverweisung erkannt wurde, nun die ewige zuchthausstrafe ... erkannt wird *1800
Klöntrup,Osnabr. III 187.* verbrecher, welche mit gänzlich entehrenden strafen (s t a u p e n s c h l a g , brandmar-
kung) belegt worden sind, ... sind für die bürgerliche gesellschaft verloren *1804 v.Berg,PolR. IV 448. 1810 Rabe,
PreußG. X 328.*

Staupenschlagen *n., wie →* Staupenschlag. [ehebruch
und hurerey] da eine eheliche person dergestalt zum
andernmahl sich vergehen wird [*wird sie bestraft*]
mit s t a u p e n s c h l a g e n und verweisung des landes
*1536/44 HannovStKdg. 224. 1580 Sachsen/Sehling,EvKO.
I 1 S. 388.* so jemand bey tage oder bey nacht heimlicher betrieglicher weise einen andern sein guth stilt ...,
so wird er ... mit s t a u b s c h l a g e n und mit verweisung
des landes strafet *Ende 16. Jh. NeumünsterKirchsp. 243.*
soll der freveler nach befindung der verletzung und ge-
wragten schadens entweder mit s t a u b s c h l a g e n oder
mit der gefencknuß ... gestrafft werden *1603/05 Hamb
GO. IV 54.* soll gegen denselben, welcher wissentlich einen falschen eyd schweret ... mit s t a u p e n s c h l a g e n
oder abhauung beyder finger und landes-verweisung
verfahren werden *1636 CCHolsat. I 209.* gegen den uber-
tretern ... mit leibs-straff, s t a u p e n s c h l a g e n und dergleichen ... verfahren werden soll *1689 Beier,Schelten 54.*

abgôttische schwartzkûnstler, zauberer, teuffels-banner, vestmacher, waffen-segner ... sollen ... mit dem feuer, s t a u p e n s c h l a g e n, verlust der ehre ... abgestraffet werden *1723 Lünig,CJMilit. 115. 1785 Fischer,KamPolR. I 295.* do aber einer ohne nothzucht oder zugethane gewalt ein solch kind fleischlich erkannt, derselbe sol mit s t a u p e n s c h l a g e n unsers landes ewig verwiesen werden *1803 RepRecht XI 134.*

(Stau'pfahl) *m.,* → *Pfahl (I 6) zur Markierung der Stauhöhe in einer Schleuse. 1332 MecklUB. VIII 270.*

(Staupgerte) *f., wie* → *Staupbesen; vgl.* Gerte (II 1). dat men ône ... de s t u p g a r d e n mochte gegeuen hebben *1526 Schiller-Lübben IV 452.*

Stauprute *f., wie* → *Staupbesen; vgl.* Rute (I 1). kehrte er die schârffe vor und betrohete jhnen widerum mit der s t a u p - r u t h e *C. Hazart, Kirchen-Geschichte I (Wien 1694) 222.*

Staupsäule *f.,* → *Säule (V), an die ein Delinquent zum* → *Stäupen (I) gestellt wird; bdv.:* Staupe (I). [welcher dinstbote entlufft, *den* sall] der henger adder stadtmait ann dy s t a w p s z a w l e mit dem ore mit eynem pfennignagele annnagelln unnd ym eynn messzer ynn dy hannt gebenn, bisz her sich selber abesneydet *1494 AktStPr. V 418.* so sich auch die weiber mit vnnützen wortten und affter reden hören lassen ... die sol nach verbrechung an die brethe nebenß der s t a u b s a u l e n gestrafft werden *1619 SchlesKirchSchulO. 228.* nachdem die alte hölzerne s t a u p s ä u l e ... umgefallen war, ist eine neue gemauerte aufgerichtet worden, ... [wo der scharfrichter] bald darauf eine garbendiebin in das halseisen einschloß *1699 Merschel,Rawitsch 73.*

Staupschilling *m., best. Anzahl (wohl 30) Streiche mit dem* → *Staupbesen; als Strafe; vgl.* Schilling (XI). das sie mit irem bruder blutschande begangen ... dafur ir zur leibsstraffe nicht mher als der s t a u b s c h i l l i n g k von euch zuerkant worden *1573 BrandenbSchSt. I 590. 1668 Fugger,Ehrensp. 982.* ist sie [magd], weil ihr frommer herr selbst dafür gebâten, daß man sie nicht am leben strafte, mit einem s t a u b - s c h i l l i n g begnadet worden *1740 BiblMagica II 177.*

(Staupstuhl)? *m., kranartiges Schandgerät, von welchem Strafverurteilte in ein Gewässer geschleudert werden oder selbst hineinspringen müssen;* → *Schupfstuhl; als Ehrenstrafe.* welic man ofte wif lohenlike oder valschlike bewroghet ... schal beteren der stat mit tein marken suluers, heft he der nicht, men schal ene werpen up den schuppestol [*aL. 16. Jh.:* s t u p e s t o l] und schal ene ut der stat driuen *Ende 13. Jh. Hach,LübR. 337.* nisi prius sit conclusus et vinculatus apud stipitem de fovea s t u p - s t o i l et in ipsam foveam sit proiectus *1341 NeußWQ. 69.* schut, dat en man en echte wiff nympt ... vnde eyn ander wiff heft he na gelaten, so sal he ... beteren deme rechtere vnde der stad X mark suluers, mach he des nicht don, so sal men ene setten uppe den s t u p e s t o l *1347 RevalStR. I 23.*

Stäupung *f., Strafe des* → *Stäupens.* H. setzt die s t ä u p u n g dem tode am nâchsten zur seite; andern aber ... hat sie gar der todesstrafe ähnlich geschienen

1764 Cramer,Neb. 45 S. 40.

(Stausiel) *n.?, eine Art Siel, Seeschleuse.* nemandt mag in vnser vorigen schowinge den dieck öpen und s t o w - s i e l e darin leggen, ock nicht in den weg *um 1580 Hahn, AltendorfDeichR. 60.*

(Stauteich) *m., aufgestauter Teich; vgl.* stauen (I). [*Beschreibung der Grundstücksgrenzen:*] van deme zadeghen ackere wente vppe de beke to myddeme strome, dese vlut vte deme s t o w e d y k e ouer den stich, alse me gheyt to G.P. *1400 MecklUB. 24 S. 112.*

Stauung *f., auch* Stauchung. **I.** *Ansammlung gestauten Wassers; auch: Stauanlage, Stauwerk; vgl.* Staue (I), stauen (I). molendinum ibidem cum tali retencione aque, que wlgariter s t o w i n g e dicitur *1287 MecklUB. III 253. 1306 ebd. V 280.* we des vorbenomeden B. moln, die op der Emescher leget, of hovestat der moln besittet, einen aynslach, damminge ind s t u y n g e der Emeschere vornompt *1355 DortmUB. I 509.* dat nement scal vyschen jenegherleye wys up des rades s t o w y n g h e n edder dyken *Ende 14. Jh. MittKiel 46 (1953) 175.* twidracht und tosage als twischen uns is geweset van der dyke und s t o w i n g e wegen *1453 ZSchleswHolst. 1 (1870) 88. 1523 LivlGüterUrk. II 230.* bei großen fluten darf das wûste gerinne ... nicht verschlossen seyn ... damit der obere mûller keine s t a u c h u n g, der untere aber keinen wasser-mangel erleide *1757 Estor,RGel. I 963.* [der eigenthûmer des grundstûcks darf] dem besitzer einer unter ihm liegenden wiese die wâsserung durch s t a u - u n g des bachs nicht entziehn *1799 RepRecht III 5.*

II. *fachgerechtes Beladen, Einlagern (von Fracht auf einem Schiff); vgl.* stauen (III). der schiffer ist verbunden, für die ein- und ausbringung, s t a u u n g und bewahrung des guts zu stehen *1727 PreußSeeR. III 40. 1769 Hamb GSamml. VII 87.*

stav(-) *s. auch* stab(-).

Staven *m., auch f., bäuerliches Hofgut mit unabtrennbaren Landflächen im Geest- und* → *Marschland; verbunden mit Teilhaberechten in der betreffenden Dorfschaft und Anteil an den Gemeinschaftslasten; vgl.* [1]Bol, Geest (I); *zS. vgl.* Hanssen,AgrhistAbh. II 469. welcker huß edder s t a u e n mit guder ankumpst in rowlicker besittinge hefft dre jahr lang, de schall idt errflicken besitten edder beholden; idt sy denn dat de cleger unmundig edder buthen landeß geweßen iß *1559 Tondern/Dreyer,Samml. II 1121.* scholen nene olde s t a v e n (effte s t a v e n) vornichtet edder nyge, de vorhen nicht gewesen, upgerichtet werden *1571 ScleswDorfO. 458.* soll niemand von gedachten bauerschafft mehr beeste auff ihre weide schlagen, als er den winter über bey de s t a v e n durchfuttern kan *1621 ebd. 76. 1640 Stemann,ScleswR. 233.* [wir] haben erb- und eigenthumblich verkauft ... vnser daselbst belegene ... s t a u e n ... sambt allem was inn, vnd außerhalb hauses erdt- und nagelfast ist *1653 M. Voß, Chronik (Husum 1905) 154.* idt schall auerst de wedwe huß und s t a v e n undt alle taxerte gûder annehmen und darjegen alle angeschreuene uthschulden betalen *1653 Nordschleswig/StaatsbMag. VII 252.* weill ihr. hochfürstl. dhl. ... die conservation derer im amte Husum belegenen s t a v e n gnädigst betrachtet und ... sothane schwächung der s t a v e n expresse verbohten, auch wenn davon etwas an andere veralieniret worden, die wiedereinlösung den besitzern stets vorbehalten haben *1693 Stemann,SchleswR. 238. 1695 ebd. 231.* bitte, uns von solcher ... ausschreibung zu befreien, dieweil wir ohnedem genug haben, die ordinären abgiften zu entrichten, wofern wir anders bei unsern s t a b e n bleiben ... sollen *17. Jh. Jensen,Angeln² 205.* wer seinem weg bey seinem s t a v e n nicht verfertiget und unsträflich bey macht hält, der ... gibt ... zu brüche ½ rtl. *1723 SchleswDorfO. 408.*

staven s. ²stoben, Stube.

(Stavenmann) m., Inhaber eines → Staven. *um 1662 ZSchleswHolst. 39 (1909) 188.*

stawia s. ²staben. **steap** s. Stauf. **stebel** s. Stab.

Stech n.?, ein Getreidemaß. *[anno 1517 schlug wein und korn uff,]* da gaben meine herren den burgern ein fiertel korn umb 8 ß und ein s t e c h korn umb 15 d. *16. Jh. Alsatia 1873/74 S. 387.*

Stechbahn f., Turnierplatz. hausvoigt alhier wegen 2 bueden uf der s t e c h b a h n e, so andern eingeben werden wollen, ohne pension *1646 ProtBrandenbGehR. III 548. 1719 Lünig,TheatrCerem. I 118.*

Stechbuch n., Buch, das (zB. durch zufälliges Aufschlagen einer Seite und Ausdeutung des dort vorgefundenen Textes oder Bildes) eine Zukunftsweissagung ermöglichen soll. leute-betrieger, so mit glücks-rädern, s t e c h - b ü c h e r n, würffel-bretern, glücks-töpffen ... dem gemeinen mann zum verlust ihres geldes ... anlaß zu geben pflegen *1692 SammlVerordnHannov. II 224.* jener ungeschickte scabinus hatte ein s t e c h - b u c h, in welchem staup-besen, galgen, rad, schwerdt, landes-verweisung und dergleichen mehr angeschrieben war, und welche von diesen strafen nachgehends von ihm berühret wurde, die muste der fragende richter seinen inquisiten anthun lassen *Der Welt Urtheile I (Leipzig 1706) 5.*

Stechdank m., Preis für den Sieger eines Turniers. *1485 Eyb,Gedenkbuch 59.*

Stecheimer m., ein steirisches Weinmaß; für Weinbergabgaben. una urna uini, quam ipsi uulgari lingua s t e c - a i n p e r uocant *um 1145 SteirUB. I 239.* de una vinea fiunt urne que dicuntur s t e c h e m p e r tres *um 1150 ebd. 301.* uini amphoras quas uulgari lingua s t e c h a i m p e r uocant *1158 ebd. 379.* XXXIIII urnas uini de iure ille quod dicitur s t e k e m p e r *1210 ebd. II 169.*

Stecheisen n., Gerät zum Fischfang, Fischgabel; zT. verboten. weißet der scheffen, wie der fischer fischen sal, nemlich mit seinem eßsack, mit seinem s t e c h e i s e n, mit seinem roitgaren *1558 Lamprecht,WL. I 1 S. 502.* soll auch keinem vischer oder bach bestender zugelassen sein die s t e c h e i s s e n ... uff der bach zugebrauchen *1594 PfälzWB. VI 455. 1811 FischereiWB. 38.*

(Stechelbrief) m., wie → Steckbrief (I). nu hefft mick des entleiten[!] frunschop gebeten, an e.g. toschreiwen, dat e.g. eme wolde einen s t e c k e l b r e f mitdelen, up dat, wor se den deder funden, mochten sin recht don laten *1589 Sello,Würden 75.*

Stechelpfennig m., eine Abgabe. beneficio VII denarii qui dicuntur s t e c h e l p h e n n i n g *1245 QE.² 43 S. 493.*

stechen v. I. jn. mit einer Stichwaffe verletzen, (tödlich) verwunden; jn. erstechen, verstärkend: jn. über den Haufen stechen; vgl. Messerstechen. hette denn einer mit worten einen als ůbel gehandelt, daz er in s t e c h e oder slůge, so sol der, der in slůg, rumen *1387 WürzbPol. 88.* alleleige teyken dar man alle mysdeders met ouer tuget vor deme gehegeden dinge: ... deme morder met dem morde vnd messer tu s t e k e n oder tu houwen in der rechter hand gebunden von sich *1397/98 BerlinStB.(Hs.) 108ʳ.* in solchem gestruchte und geschigke sy eyn scheffer g e - s t o c h e n worden, der an deme eyllften tage hernach gestorbin ist *um 1455 PössneckSchSpr. I 173.* wann sie doch leiden große not / man klempts, man stöckts und s t i c h t s zu tot *15. Jh. Keller,Fastnsp. II 644.* offt ymantz den anderen myt eynen messe s t e c k t, houwet oder sleyt blae oder bloedych, dye sall gebrockt heben duysent steyne allet totter stadt tymmeronge *1518 DuisburgStR. [12] XII 3. 1521 InterlakenR. 295.* wer dem andern dräuet geweltiger handlung zu hauen, schlagen oder s t e c h e n ... dieselbigen sollen ... furgefordert werden, gnugsam caution ... zu tun *1526 Hessen/Sehling,Ev KO. VIII 42.* densulvigen L. darmeth tho rechte vorforderen, wo whal nu he den verstorwenen sines vorsates oft willens oick jenigen bedenkens noch g e s t e c k e n, geschlagen oder vom levende thom dode gebracht hadde *1544 JbOldenb. 15 (1906) 202.* wart en gluplings gehauet oder s t e c k e n, is en hemlig mord, 30 marck vor *1558 (Übs.) SchwerinStR. 281.* juden [wurden] auff freyer keyserlichen strassen zů wider dem auffgerichteten landtfrieden ... verwundt, g e s t o c h e n, geschlagen *1574 Frey,Pract. 163. 1617 NÖsterr./ÖW. VII 79.* mit seinem brodmesser, welches er zu dem ende aus den hosen gezogen, daß er W.R. damit s t e c h e n wolle *1665 Carpzov,PractNov. I 26.* wer aber den andern letzet, wundet, brun, bludig oder bloe hauwet, s t i c h e t, slechet ader wirffet, der ader die sollen darumb vier wochen gefenglich gesatzt vnd gehalten werdenn *1767 Hess Samml. I 35.* befahlen benannter lieut. den ersten besten über den hauffen zu s t e c h e n *1769 Krüger,Preuß Manufakt. 635.*

II. auf jn. (mit einer Stichwaffe) einstechen; zustechen; jn. nach dem Leben stechen mit Tötungsabsicht auf jn. einstechen. ist daz ein man oder mer leute ainen man an laufent vnd er wirt wunt einer wunden oder mere, der die wunde geslagen hat, der shol si auch nůzen; die da mite sint gewesen, hant die weder geslagen noch g e s t o - c h e n noch ienen gehabet, der da wunt ist, so sint sie vnshuldig an der wunden *nach 1280 Schwsp.(Langform M) LR. Art. 289.* wie aldusdanighen vrede brake ende daermede ontruymede, die ware ewelic balling inder baeliuusscep van Zuuthollant ... dieghene, die weder s t e k e t of slaet, die sal ghelden zijn boeten *1401 Fruin, Dordrecht I 3.* welck man syn mes up den anderen uththuet in tornighen moede und s t e k e t den anderen nae den live und densulven nicht en wondet, de sal em geven enen arnssgulden unde enen rynnsgulden to broke *1465 OstfriesUB. I 719.* [m]etter hand commicteert men dootslach besprynghende, slaende, s t e k e n d e met sweerden, messen *1515/16 Wielant,InstrCrim. 193.* einer hat … sich mit mortlicher were wider den fronpoten gesatzt, nach ime g e s t o c h e n, den richter gescholden und sich des gerichts gewert *vor 1524 LeipzigSchSpr. 194.* [todschlag wird auff vnzeliche weise begangen:] durch hawen vnnd s t e c h e n, mit langen oder kurtzen schwerten, dolchen, kewelen, spiessen, hellebarten *1565 Damhouder,Praxis 117ʳ.* [da einer von seiner fanen fliehen würdt, die] in denselbigen schüssen oder s t e c h e n, die sollen daran nicht gefräuelt, sondern noch grossen danck darzu verdienet haben *Reiterbestallung 1570 I 63.* hat ainer ain spieß, er s t e c h oder schlach, damit ist pueß verfallen *16. Jh. BlNÖLk. 2 (1866) 249.* daß einer bey fürgangenem rauff-handel … auff den entleibten g e s t o c h e n *NÖLGO. 1656(CAustr.) L 62 § 5. 1796 RepStaatsVerwBaiern VI 211.*

III. *(eine Verletzung) mit einer Stichwaffe beibringen; (eine Tat) mit einer Stichwaffe verüben; (mit einer Stichwaffe) durchbohren; mit einer Stichwaffe (hinein-)stoßen.* ir brust bôt die maget dar / die s t a c h er mit dem swerte *um 1200 AlbrechtHalb.(Bartsch) 248.* vvunt aber ein burger den andern, also daz man di wunden bewisen mak, daz si bûz wirdic si, su si geworfen, gestozzen … oder g e s t o c h e n oder geslagen si, … der gibet eine marke *um 1300 Förstemann,Nordhausen I 2 S. 50.* [C. brach den vride an im] unde hat im eine offene wunde g e s t o c h e n oder geslagen *um 1300 FreibergStR. 23 § 3.* hweer so en man thruch zijn lijff s t e k e n werth, soe scel ma hem meta bi thera korthera zijda; aller meta lick en lonscha myn than VJ enghelscha [wenn ein Mann durch den Leib gestochen wird, so soll man ihn an der kürzesten Seite (um den Leib) herummessen; (für) jedes Wundmaß (ist die Buße) 6 englische Pfennige weniger ein Löwener Pfennig] *um 1300 (Hs. 1464) WesterlauwersR. I 468. 1357/87 MeißenRB.(Oppitz) IV 7 Dist. 1.* jn dem houbt, da ist ain wund frydbräch, diu durch die hiernschal geschlagen oder g e s t o c h e n wirt *1396 MemmingenStR. 274.* dy den anderen eyne kamper wunde sleit oder s t e c k e t di vor butet souen pund *1397/98 BerlinStB.(Hs.) 93ᵛ.* [beschawung:] ist ez denn ein mort, der g e s t o c h e n oder geslagen ist … so mugen die schoppfen wol sagen, daz sie einen ermortem menschen da gesehen haben *2. Hälfte 14. Jh. (Hs.) Bamb StR. 41.* daz die wunten painschrôt sind oder daz man sy hefften müzz oder g e s t o c h e n wunden sind, die schedleich sein, uber die selben wunden gehört die vor geschriben püzz *2. Hälfte 14. Jh. MünchenStR.(Dirr) 525.* ene fullenkamen s t e k e n wunde is vorbraken de hant afthohouwende *Mitte 15. Jh. RostockGO. 67.* dat H.R. scholde bartscheren, men he schal nhene houwen wunden noch s t e k e n wunden … helen *1455 HambZftRolle 10.* wert eyner durch den backen g e s t o c h i n, [das ist auch eyne kampper wunde *um 1490 RechterWeg II 676. ebd. 840.* macht er in aber pluetrunst, s t e c h t im ain schramwunden oder glid ab, wär daß wandl 50 ℔ 60 ₰ *1625 (Hs.) Salzburg/ÖW. I 37.*

IV. *(in js. Hausfriedensbereich) eine Stichwaffe ge-*

brauchen; als schwere Verletzung des Hausfriedens. wer dem andern … jn die tür ald dar jn s t i c h t oder schlecht oder jn die wånd ald venster fråuenlichen, der verschult ain hainsuochen *1396 MemmingenStR. 275.* wer dem andern in den hoff s t h y c h t und op dem korne holth, de schall ghewen dem rade VI ß *1501 ZHarz 22 (1889) 297. 1615 BernStR. VII 2 S. 783.*

V. *von einem Schlachttier: abstechen, (durch Erstechen) schlachten.* daz eyn beynbruchig tadelhafftig swynn wedder des hantwergks ordenunge unde gesetcze geslagen, g e s t o c h e n unde geslachtet haben solle *1470/74 PössneckSchSpr. I 203.* was rinder oder swin hie zu feilem kauff g e s t o c h e n und under den fleischbencken verkaufft und vertrieben werden, git man ie von zweien stucken III heller *1500 Bruchsal 897.* welcher stern oder schaffleisch schlachtet, derselb in dreyen tagen keinen hammel s t e c h e n … solle *1582 PfalzLO. Tit. 28, 4. 1592/1605 SAvoldStR. 84.*

VI. *einen (insb. ritterlichen) Wettkampf mit Stichwaffen durchführen; in einem Turnier kämpfen, im Rahmen eines Turniers auf den Gegner einstechen; vgl.* Stechen (I). wie die juncherren sungen / wie si spilten unde sprungen / wie si slüegen unde stæchen / und der sper vil zebræchen *um 1233? Stricker,Karl V. 3681.* nieman soll in dem kilchhof … s t e c h e n, noch turnieren, noch schießen, noch den stein stoßen *um 1300 Wackernagel, VolkstSchweiz 157.* straff der burger, die miteinander s t e c h e n: welch unser ingesessen burger mit eime andern unserme ingesessen burgere s t i c h e t, ane mit eime vrowen ritter oder mit eime vrowen knehte, der bessert jeglicher zwey pfunt *1301 StraßbUB. IV 2 S. 45.* die burgermaister … batten in [marggrafen], dass er ein genüegen hett an dem reiten und nit mer s t ä c h *1450/68 AugsbChr. II 97. 1491 Pilgerreisen 225.*

VII. *miteinander wetteifern, in einen Wettbewerb treten; auch: einen Stichentscheid herbeiführen; die Stimmen stechen sich es herrscht Stimmengleichheit.* disse disputation fiel langkweilich … und wie umbgfragt wart von man zu man, s t a i c h e n sich die stimmen, das irer uff jeder seiden gliche vil waren *1595 Weinsberg Lib Decr. 462ʳ.* der schulmeister [soll die kinder] in allen lectionen … certiren oder s t e c h e n … lassen *1768 Samml BadDurlach I 277.* mit jemanden s t e c h e n: … in dem würfelspiele … da zwey, welche eine gleiche anzahl augen haben, noch ein mahl werfen *1780 Adelung IV 695.*

VIII. *auf/in jn. stechen jn. beleidigen, mit → Stechworten angehen; vgl.* schmähen (I). [wann prediger] vil s t å c h e n vff oberkeit vnd priesterschafft, das gfalt dem gemeinen man wol, aber es ist gyfft *1521 Eberlin v.Günzburg I 61.* sollen die pfarhern und kirchendiener … kein … zank vor das gemeine volk bringen, noch einer auf den andern schelten oder s t e c h e n *1583 Magdeburg/Sehling, EvKO. I 2 S. 422.* daß … ein jeder prediger sich uf der kanzel des blinden erenrurigen s t e c h e n s uf unß, den radt, seine collegas [enthalten soll] *1610 Osnabrück/ebd. VII 1 S. 298.* da jfg. würden befinden, in wen sie g e s t o c h e n haben *vor 1616 Schweinichen,Dw. 158.*

IX. *Tauschhandel betreiben, tauschen; bdv.:* kauten, ste-

chern; *vgl.* Stecherei (III). wåre daz ain burger mit ainem us-
man s t å c h i mit koufmansschaft, da hett ain zoller gewalt den zol ze nement, von welem er wil *1369 Würt
Vjh.² 21 (1912) 190.* daz zwen unsrer burger mit einander gekaufslagt und war umb gar g e s t o c h e n haben, unter derselben war ir einr dem andern geben hat
zwo swaer schal für silbrin *1436 JbKunsthistKaiserh. 10
(1889) p. 20.* der statt sol der saltzkoff beliben, doch
mag yderman saltz und ysen koffen und mit win daran
s t e c h e n und das hie wider verkoffen *1461 ZGO. 18
(1865) 30.* so er aber mit jm g e s t o c h e n hat slechtis
vmb tuch vnd nicht vmb gelt, es sey auch jn sulchem
stiche keyner farben nicht gedacht worden *1495 MagdebR. II 2 S. 483.* ob zwene s t e c h e n mit einander mit pferden kuten, die gebben zwiefaltigen zoll
1500 Bruchsal 897. so du es ... an ander gut s t i c h s t, e
du in laust daz gut aus dem haws tragn, so haist dir
scripto geben, daz er sollichs von dir empfangn hab
1506 DHandelsakten V 179. s t å c h e n, waar vmb waar,
an gålt oder kauffmannschatz vertauschen. permutare
pretio uel merce *1561 Maaler 385ʳᵇ. 1563 SchweizId. X
1239.* stich- oder tausch-rechnung, in welcher waar gegen waar gesetzt wird. hier ist ... zu mercken, ... daß
du von denen, die mit dir s t e c h e n oder tauschen, nit
übervortheilet werdest *1733 Alemannia 11 (1883) 196.*

X. *jn. bestechen, korrumpieren; bdv.:* stecken (XI). sy habn
in mit etlach docatn g e s t o c h n *1510/35 SterzingSp.
(Bauer) 440.* so lesst er sich s t e c h e n mit geschencken
1530 LutherGesAusg. I 32 S. 454. [juden sollen schweren,
keinem] ratsamtman, burgermeister oder diener oder
derselbigen weibern etwas zu schenken, ... damit unsere beamten nit also durch gabe g e s t o c h e n ... werden *1539 Hessen/QNPrivatR. II 2 S. 7.* do der vorsprecher oder wordredner mehr nimt dan sein geordneter
lohn oder sich sonsten s t e c h e n leßt, der ist 20 ℔ *1598
WürzbZ. I 2 S. 722.*

XI. *jn. vertreiben, hinauswerfen, (aus der Arbeit) entlassen.* schal nemans de ene den andern uth deme lande
s t e k e n to huere, so he syne pacht betalt *1480 Mep-
penUB. 316.* soll niemandt den andern aus seiner arbeit
s t e c h e n, oder er soll ihme sein anparth davon geben,
gleich als wan er gearbeitet hette *1620 StettinTräger 347.*

XII. *(in ein Kloster) einweisen, einsperren; vgl.* stecken
(VIII). dat men se [vrauwen] slaen sal met rooden ende
dan s t e k e n in een cloostre, daer se de man uuthalen
sal moghen binnen tween jaeren *1515/16 Wielant, Instr
Crim. 216.*

XIII. *etw. feststecken, aufstecken, hineinstecken, hin-
einstoßen, auch: festnageln, fixieren; im Deichrecht: (einen Spaten auf einem Deich) in den Boden stoßen, sodass
er stehen bleibt, bei der rechtssymbolischen Handlung des
→* Spatenstechens; *bdv.:* stecken (I); *vgl.* Spaten (I 2). svar die
richtere sin gewedde nicht ut panden ne mach up enes
mannes egene, dat also klene gilt, dat sal die vrone bode vronen mit eme crůce, dat he up dat dor s t e k e n
sal na scepenen ordele *1224/35 (Hs. 1369) SspLR. II 41
§ 1.* als eyn man synen dyck mit rechte opgeuen will,
die sall koemen voer den dyckgreue ... ende eine spaede

voer hem s t e c k e n d e in den dyck *1308 ZRG.² Germ.
28 (1907) 291.* dat yemant ... enich land dair legghende
hadde, dat hi up gheven woude, ende de spade up den
dyc s t a k e *1367 Mieris III 205.* weret, dat syn [bure]
her dat gut nicht wil vpnehmen, so schal hie dat vp einen thun s t e c k e n vor richter vnd vor den buren vnd
schall denn fry wech tyhn *1383 Wohlbrück,Lebus I 325.*
dat he [aldermann] alle dat ouergelopen gelt jn bewisen
der houeherren jn de lade g e s t e k e t hebben *1421 Dan-
zig(Hirsch) 290.* of 't gebeurde ... dat men den dyk ...
niet houden noch maken en mochte, soo sal hy die spade
s t e k e n van alle syne goederen en landen *1436 Utrecht
PlB. II 3. 1444 JbOldenb. 17 (1909) 40.* sal men ... alle
stucken teekenen met letteren oft getale, ende s t e k e n
in den sack ... ende alle versuecke, protestacien ende
proceduren gedaen voir hem ende bij hen totten sluyten
toe van den sacke *1496 CoutBrab. II 2 S. 172.* andere
maniere van purgatien vulgaire ... met gloyende ysers in
de handt te nemene ... of de hant te s t e k e n e int vier,
of in ziende heet watere *1510 Wielant,InstrCrim. 72.* vor
1531 RügenLR. Kap. 72 § 15. des gleichen sol nimandt
im Bruhel bache vnflat schutten noch die fleischhauer
butten dorein s t e c h e n n, bey funff schilling pffennige
1573 ZeitzStB. 18. wer zu schiff in bösen muth auf jemand sein messer ziehet, der soll mit dem messer durch
die hand an den mastbaum g e s t o c h e n werden und
so lange dran stehen bleiben, biß er dasselbe hindurch
zeucht *1682 Lünig,CJMilit. 879.*

XIV. *aufgesteckt sein; bdv.:* stecken (III). in berhusen, dar
ber veyle is to deme tappen, dar de rode s t e k e t, dar
mach men vorvestede lude unde overhorighe lude wol
up holden *l. Hälfte 14. Jh. GoslarStR. II 2 § 153.*

XV. *von Torfschollen,* → ¹Soden: *(mit einem Spaten)
abstechen.* dat magh se niemand ... ut des dörps gemeine holte, torve edder fischerei bi nachtschlapender tit
holten, s t e k e n, fischen vor *1531 RügenLR. Kap. 140 §
7.* wer grüne soden s t e c k t, der soll vor jedem der gemeine geben 1 kruß bier *1657 OstfriesBauerR. 140.* von
den hegungsleuten wird der orth ausgewiesen, wo soden
g e s t o c h e n werden sollen *1758 SchleswDorfO. 6.*

XVI. *etw. mit der Nadel bearbeiten, nähen; durch etw.
stechen mit etw. zusammenbinden, zusammenheften; insb.
in Bezug auf Dokumente.* ich, E., ... sal daz besigeln unde vurschriben myt transfix briben, g e s t o c h e n durch
dit testament *1373 DChr. IV 1 S. 127.* wilch burge vur
sich ind siine erven mit eyme transfixbrieve durch diesen
breiff zo s t e c h e n mit siime segell besegelt sich verbinden sall zo allen punten dis breiffs *1521 KölnAmtl. 136.*
zuweilen findet man einen so sauberen bruder [under
den Buchbindern], so nur ein halbes jahr beym hand-
werck gewest, der fangt an für sich selbst zu s t e c h e n
und zu fretten *1699 Wissell,Hdw.² VI 136.*

XVII. *gravieren, eingravieren; vgl.* Stecherei (II). were also die gesellschafft obgedachter weisz haben und tragen
will, der soll ... ein ketten ... machen lassen, ... darauff
g e s t o c h e n seyn sollen die worte ... christlichen glaubens und mitten darauf die lilien ... seines wappens *1403
Storn,Schwureinungen 98.* als dieser herr den speer, wel-

ches Constantinus Magnus gehabt haben soll, ... auf
sein panier setzen und den abriß darnach in sein siegel
s t e c h e n lassen *1714 Leuckfeld,Halberst. 139.*

XVIII. *einritzen, einkerben; aufs Holz/auf den Span
stechen* auf *ein Kerbholz eintragen; vgl.* schneiden (XIV 1),
¹Span (II). daß ... sowoll auf die spänn g e s t o c h e n als
in die büecher eingeschriben werden sole, wievil und
wan ainem jeden holzmaister geld auf raittung geben
und hinaus gezelt worden seyen *1592 SalzbWaldO.(FR
Austr.) 134.* daß die frembden, so wein kaufen, hinfüro
von einem fueder wein mehr nit als ein maß, welche
die weinsticher ufs holz s t e c h e n ... geben sollen *1600
SchlettstStR. 531.* [vom famulo: soll *auf* wände undt
schulthüren acht geben, dass *keine*] unfletereyen darein
g e s t o c h e n werde *1670 MittSchulg. 8 (1898) 363.*

XIX. den Star stechen *die Augenlinse mittels einer Nadel hinunterdrücken; als Behandlungsmethode beim grau-
en →* ²Star. *1568 Beleg s. dort.*

XX. *von Vieh: stoßend, aggressiv sein.* ross, die ... beis-
sen, vnd vich, das s t i c h t, ist aus zue treiben verbothen
16. Jh. RQbayerSchwaben IV 139.

XXI. *bergm.: (einen Herd) anstechen; damit die Guss-
masse ausfließt.* der actus, wenn der herd g e s t o c h e n
wird *1693 Schönberg,Berginformation Anh. 132.*

Stechen *n.* **I.** *Turnier, Ritterkampf, Schaukampf; bdv.:*
Stecherei (I), Stechhof; *vgl.* stechen (VI). wollen wir sagen, das in
geschworen friede niemand sol waffen führen, wer, wo,
wie vnd wenn vnd in was sachen, fur gerichte vnd in
hösen, tornieren vnd s t e c h e n geschicht, was gerichtes
darüber gehet *1408 (ed. 1574) Ekhardi,MagdebR. VI
20.* doedet men enen man, ... daer die rittere oir ridder-
scap oefenen, als by tornerye of s t e k e n of aen doelen
te schieten, of omb dat [toe] behurdt *1426/40 KleveStR.
Art. 399.* wer bey einem tornier oder s t e c h e n stünd,
vnnd den zusehe, geschicht jm schade, den wandelt ihm
niemandt *1574 Pölmann,Hdb. Q iiij.* bey öffentlichen
spectaculis, als roß- und stier-kampf und s t e c h e n mit
dem rieth-rohr *1719 Lünig,TheatrCerem. I 563.*

II. *kriegerische Auseinandersetzung, Kampf mit Stichwaffen; vgl.* stechen (I). *um 1340 Nikol. v. Jeroschin V. 4610.*

III. *mit einer Stichwaffe beigebrachte Körperverlet-
zung; als Straftat.* dz ein vogt über all frefnen ... es si
s t e c h e n, schlachen, beschelten mit freuen worten, mit
tottschlagen, mit tübstal ... mit dem rechten darüber
wol richten mag vnd sol *15. Jh. Zürich/GrW. IV 301.*
es ist auch ein yder ... hauwen, s t e c h e n n, schlagenn,
werffenn ... zuo rugenn by sinem eyd schuldig *Anf. 16.
Jh. PfälzW. II 609.*

Stecher *m.,* auch dim. **I.** *gedungener Mörder.* herzoc
Ludewîc ... der forhte smorgens niht ein hâr / den tôt,
den er des âbents leit / dô in der s t e c h e r versneit *um
1238 Lamprecht v.Regensb. 73.* herczog L. zu Bayren
eynes abentz ... ward er v.c. von einem s t e c h ä r er-
mördet. davon list man ... das es durch kayser Fridrich
geschikcht würd *1427 AndreasRegensb. 637.*

II. *Turnierkämpfer, insb. mit der Lanze.* dy hofekunst
hat undir er dry houphantwerg. daz erste die vechter,
und ist eyn houphantwerg und hat vel andir hantwerke

undir em alz di schermer, renger, sprenger, ryter, s t e -
c h e r, schutzcen *Ende 14. Jh. EisenachRB.(Rondi) III
119 § 8.* W.v.S. hiess eynn weidelicher ritter, ... der was
eyn grosser s t e c h e r unde houfirer *1421 Rothe,DürChr.
357.* [costen ghedaen bi causen van den steicspele:] VJ
ghesellen, die den s t e k e r s den wyn droughen ... VJ
s.gro. *1444/45 InvBruges V 295.* *1491 Pilgerreisen 244.*
[büchsenschützen ordnung:] wann die dryg schütz umb
die gaben bschehen sind, so söllend die s t e c h e r nach
der ordnung ... stechen und sunst niemands darzwü-
schen schießen *1534 KonstanzStat. 72.*

III. *eine Stichwaffe; Dolch, →* Stechmesser. alle, die
haken, messer, tilitz, swert oder s t e c h e r zum wein tragen, sullen die under iren leib legen und darauf sitzen
oder den wirt zu behalten geben *um 1450 NÖsterr./ÖW.
VII 403.* di s t e c h e r l, die si vor auf der gürtl tragen *Mitte 15. Jh. ebd. 728. Ende 15. Jh. ebd. IX 485.* es soll kain
gesessner noch inwonner ... kain deggen oder s t e c h e r
tragen an der gürtl noch anders den leiten zu schaden
1560 ebd. VII 553. landsrecht: wer ain verbothne wöhr
trögt, nemblich hacken, stecken, stain, wurfhacken, degen und s t e c h e r ... der ist umb das wandl 5 ℔ 60 ₰
nach gnaden verfallen *1625 (Hs.) Salzburg/ebd. I 37.*

Stecherei *f.* **I.** *wie →* Stechhof. [S.] stack tom P. vnde
wart so ghesteken do dar in deer s t e k e r y a, dathe dar
van starff *15. Jh. HermLerbeckNdChr. 50.*

II. *Herstellung von Kupferstichen; vgl.* stechen (XVII).
[daß] inländische buchdrucker und kupfferstecher gegen
den ausländern ... deterioris conditionis wåren, indeme diese inlånder den auffschlag von dem papier, welches sie zu ihrem druck und s t e c h e r e y gebrauchen,
verauffschlagen müssen *1695 CAustr. I 119.*

III. *Tauschhandel; vgl.* stechen (IX). dürffen die kaufleute und kramer aus einer andern stadt von den waaren,
womit sie sich in den jahr-mårckten durch kauff- oder
s t e c h e r e y providiret, bey dem einkauf keine accise erlegen *1736 CCMarch. IV 3 Sp. 477.*

stechern *v., wie →* stechen (IX). [die marckmeister
sollen acht nehmen] daß die frembden nicht vor bestimmter zeit den bürgern das vieh und anders aus der
hand s t e c h e r n und kaufen *1593/94 TrierWQ. 100.*

Stechwort *n., wie →* Stechhof. [von schülern:] ohne zanck und hader, ohne s t ä c h e r w o r t e sollen
mahlzeit halten *1670 Weimar/MittSchulg. 8 (1898) 356.*

Stechgeld *n.* **I.** *Bestechungsgeld; bdv.:* Stechpfennig. ock
sollen de herinckpackers den einen so woll fodde-
renn yme upschepende alse den anderenn, van nemande
s t e c k g e l t nhemenn, de ersten an denn pram gelecht
ist, ersten vpschepenn, wi oldinges gebrucklick *1576
HansGQ. IV 134.* daß er [ambtschreiber] von einigen
unterthanen wider herschaftl. befehl solte s t e c k g e l d
genommen und ... witwen und andere personen gros
unrecht gethan haben *1718 Stemann,SchleswR. 261.*

II. *Entlohnung für den Anstich von Weinfässern.* vi-
nisartoribus, subemptoribus ind vur s t e c h g e l t van
raitzwijne 14 m. 10 s. *1396 KölnStRechn. II 390.*

III. *ein Strafgeld. um 1500 OsnabrGildeUrk. 80.*

IV. *eine Abgabe vom Torfstechen.* vor brand aus dem

V. notturftigen torf, doch das s t e c h g e l t und schranck-
gelt halb zu betzalen *1612 QKleveÄmter II 216.*

Stechgeselle *m., Kampfgegner, Mitkämpfer bei einem*
→ Stechen (I). *1668 Fugger,Ehrensp. 1335.*

Stechgezeug *n., wie* → Stechzeug. *1430 ZHessG.² 33
(1909) 208. 1534 Sallmann,VerwJülich 76.*

Stechhelm *m., ein schwerer Turnierhelm mit schmalem
Sehschlitz; als Teil des* → Stechzeugs; *insb. in der He-
raldik.* [*Taxordnung:*] ein adlbrief mit ainem gekrausten
s t e c h h e l m umb 60 fl. *1545 Fellner-Kretschmayr II 97.*
auch auf dem s t e c h - h e l m e gleiche helm-zierde mit
des landes und haupt-stadt des landes Meissen wappen
*1721 Knauth,Altenzella IV 14. 1785 Fischer,KamPolR. I
498.* daß nur adeliche und ihnen gleich geachtete personen einen offenen helm oder turnirhelm führen dürfen,
andere hingegen einen geschlossenen oder s t e c h h e l m
aufs wappen setzen müssen *1801 RepRecht VIII 253.*

Stechhengst *m., wie* → Stechpferd. haben durch urtl
erkant, das der pfleger und richter auf R. soll selbdri-
ter bei der pruggen sein zu roß, und selbs auf ainem
s t e c h h e n g s t unter den dreien hengsten sitzen, und
sollen drei lanzen bei inen haben ... das sj den leuten
darinn zu hilff kämen *1531 Tirol/ÖW. III 315.*

Stechhof *m., Reiterturnier; bdv.:* Stechen (I), Stecherei (I),
Stechspiel. *15. Jh. AugsbChr. I 319.*

Stechkalb *n., schlachtreifes Kalb.* die gemesste gutte
s t e c k k ä l b e r, das pfund umb 1 ß *1598 WürtLTA.² I
505. 16. Jh. OberkirchStatB. 383.* [metzger sollen nachfolgender gestalt aushauen:] ein pfund fleisch von guten
rindern, kühen und s t e c h k ä l b e r n pro zween kreuzer
1698 HohenzollLO. 729.

Stechkanne *f., ein Hohlmaß für Flüssigkeiten, insb.
Tran.* das qvarteel [thran] rechnet man auf 12 s t e c h -
k a n n e n, und eine s t e c h - k a n n e hält 16 mingelen
*1726 Bohn,Kaufmann¹ II 474. 1768 BremWB. III 148.
1780 Adelung IV 697.*

Stechmesser *n., auch* Stechen-; *(als Stichwaffe geeignetes) Messer mit langer Klinge; bdv.:* Stecher (III). apud
quemcumque infra muros ciuitatis cultellus longus qui
dicitur s t e c h e n m e z z e r in cingulo suspensus depre-
hensus fuerit, hic det iudici I talentum et eundem cul-
trum *1221 Wien/ArchÖG. 10 (1853) 105.* swer ein lan-
ges mezzer, daz ein s t e c h m e z z e r haizzt, in der hosen,
in dem schuech, oder anderswo bei im verporgen und
diepleich treit, der geb dem richter zehen phunt, oder
er verliez ein hant *1244 BabbÖstUB. II 292.* qui s t e -
c h e m e z e r uel rutelink occulte portat: swelch burgere
ein s t e c h e m e z z e r oder einen rutelink heimliche bi
vme treit ... der gibt eine marke *um 1300 Förstemann,
Nordhausen I 1 S. 61. 1305 KremsSteinRQ. 15. um 1330
BrünnRQ. 350.* wanne die werkin tosamenne vorbodet
synd, wie dar eyn s t e g h m e s s e r undir drecht, die schal
geven *1337 Duderstadt/QStädteForsch. I 215.* qveme jenich man in de stad, de en s t e k e m e s s e t oder en suerd
dröghe vnde he des nicht wyste, dat id vorboden is ... de
zal dat af legghen bi dren marken *1341/44 WisbyStR. 46.
2. Hälfte 14. Jh. BrünnRQ. 50.* wer ain sündl oder s t e k -
m e s s e r verborgen oder verstollen in erblen, schuehen

oder hosen trueg ... dem soll das gericht dieselb waffen
durch die faust schlagen lassen *1433 NÖsterr./ÖW. VIII
674.* wurt bei ainem gefunden pleikugl, creizhagken oder
s t e c h m e s s e r, so er haimlichen bei im hat, ist von ainer ieden söllichen wer ze wandl 6 ß 2 ₰ um *1510 ebd. IX
329.* [*Ratsdekret gegen die*] metzker, sunderlich aber ire
knecht mit iren s t e c h m e s s e r n, so sie teglich allhie in
die wirthßheuser ... auch bey nacht auf den gassen bey
sich tragen, allerley schedlicher verwundung und tot-
schlag begeben *1548 Schoenlank,NürnbGesellenw. 613.*

Stechpfennig *m., Bestechungsgeld; bdv.:* Stechgeld (I). dat
is des landvagedes ampt, wo de eigene heerschop der
mölen vorsümlich were, dat he dorch de gartvögede
und landrider gude achtinge und upsicht let hebben, ane
s t e k e p e n n i n g e, dat de möller ere gebürende matte
und nichts darvor nemen *vor 1531 RügenLR. Kap. 97
§ 2.* wie zun zeiten die underthonen s t e c h - p f e n n i n g
geben und das recht kaufen müessen *1586 NHeidelbJb.
3 (1893) 29.* mekeler sprick vp beyden siden recht, vnd
nim keyne s t e k e p e n n i g e, vnd vorkop dem duuell de
sehle nicht, so wille wy dy vor dyn arbeyt drangkgehltt
geuen *1607 ZLübG. 70 (1990) 165.*

Stechpferd *n., für Ritterkämpfe geeignetes Reitpferd;
bdv.:* Stechhengst, Stechroß; *vgl.* Stechen (I). [daß obgemelter apt]
allezeit der uberlegung von hunden, jegern, falcknern,
s t e c h - p f e r d e n und dergleichen gantz sollen entledi-
get und benommen seyn *1499? Westphalen,Mon. IV 77.
1553 HeidelbUnivUB. I 270.*

Stechquart *n.,* → Stechwein *von der Menge eines* →
Quarts (I). *17. Jh. (Hs.) Frechen/GrW. VI 684.*

(Stechrecht) *n., wie* → Stechrechtstag. na deme hyr
eyn s t e k e r e c h t vp huden gesath ... were, vnde hyr
von M.s wegen nemande vulmechtig erschenen, so solde
he vellich wesen so hoge de clage were *1487 OberhLüb.
269.* dewile huthe eyn s t e k e r e c h t were unde de andt-
wordesman nicht erschenen *1520 LübRatsurt. II 362.*

(Stechrechtstag) *m., verbindlich festgelegter Gerichtstag, Verhandlungstermin; ua. als Termin für die Beweis-
führung; bleibt hier eine der Parteien grundlos aus, verliert sie den Prozess; bdv.:* Stechrecht; *vgl.* Stechtag. [na deme
der wedderpart hyr nicht] is gekomen, kan se denne bewisen, dat se eynen s t e k e r e c h t d a g hebben genamen,
so schal ere wedderparte vellich zyn *1482 LübRatsurt.
I 176.* kan he bewyßen, dat syn vorsprake to der tydt,
alße ße allenthalven eynen s t e k e r e c h t d a c h gehat, is
kranck gewesen, des mach he geneten *1510 ebd. II 167.*
nha dem de kleger ... van sulker sententie vor den erbaren radt tho L. appellert und nu up jegenwardigen
s t e k e r e c h t d a g sulke syne appellation tho proseque-
ren nicht erschenen *1545 ebd. III 456.* settenn wy ehr tho
peremtoriern s t e k e r e c h t d a g e den dinstedach
nach invocauit *1560 Wismar/Schiller-Lübben VI 271.*

Stechroß *n., wie* → Stechpferd. der ban der herren
von st. Alban ... gat ... so tieff in den Rin, als einer
mit einem s t e c h r o s s und einem ritspiess in den Rin
geritten ... mag *1383 Burckhardt,Hofr. 143.*

Stechschaf *n., zum Schlachten bestimmtes Schaf.* ist
erlaubt einem bauren 14 stuck ... schaff zue haben ...,

denen metzgern aber mehrer nit dan 30 stuck s t e c h -
s c h a f f auß gnad *1699 WürtLändlRQ. I 157. 1739 Weißenburg i.N.Stat. 265.*

Stechscheibe *f., kleine Schützenscheibe für den →*
Stechschuß; *vgl.* Scheibe (III), Schießhaus. *DiarEurop. 23
(1671) App. VI 35. 1757 Estor,RGel. I 560.*

Stechschneideramt *n., Tätigkeit als Viehkastrator?; vgl.*
Schweinschneider. [E. hat] das s t e c h s n i d e r a m t geleirt,
dess er sich erhelt mit armut *1528 BuchWeinsberg I 55.*

Stechschuß *m., →* Schuß (I) *für den Stichentscheid
bei einem Wettschießen; vgl.* Stechscheibe. jeder schütz einen s t e c h s c h u s s *16. Jh. SchwäbWB. V 1678. 1700
Ewald,RheinSchützenges. 203. 1716 CAustr. III 823.*

(Stechspiel) *n., ein Turnier; bdv.:* Stechhof. costen ghedaen bi causen van den beere ende s t e i c s p e l e *1444/45
InvBruges V 295. 1447 HanseRez.² III 272.*

(Stechtag) *m., festgesetzter Termin, Stichtag; vgl.* Stechrechtstag. also dat se up den vorscreven s t e k e d a c h nicht
senden konden, dat he id denne in gude vort bestan late
dre efte ver weken *1417 HanseRez. VI 417.* van deme
s t e k e d a g h e sunte johannis *1420 ebd. VII 120.* so weren de Holsten eck up den s t e k e d a g h erschenen und
weren tho handelen erbodich *1535 HanseRez.⁴ I 402.*

(Stechung) *f., mnd.; Aufstecken (eines Zeichens); vgl.*
stechen (XIII). *1539 Faber,Form. P ijᵛ.*

Stechware *f., Vieh, das zur →* Schlachtung (I) *bestimmt ist.* [befehl] die nothdurfft an victualien, als
kålber und anderer s t e c h w a a r … one verzug beyzue-
schaffen *1665 Reyscher,Ges. XVI 1 S. 477. 1744 ebd.
XVII 1 S. 553.*

Stechwein *m., beim Anstechen eines Weinfasses ent-
nommene Probemenge; auch als Abgabe oder Provision;
vgl.* Stechquart. in Preuna habemus carratam unam, que
vocatur s t e c h w i n *1258 ÖstUrb. I I S. 130. 1399 Erler,
Ingelh. I 106.* die s t e k e w y n horet deme raide tho, ind
men sall van allen vasingen, de vnder drey aem holden,
eyne qwarte wyns, ind so mannich aem so mannich II dt.
15. Jh. ZWestf. 7 (1844) 222. ouch ensullen die underkeufer den s t e c h w e i n nit, wae innen geliebt, sonder
aus dere vaessong, daran sei die koepleud sullen weisen, hollen und zappen *1500 QKölnHandel II 838. ebd.*
von jglichem fuoder [solte] ein stobgen einem amptman
gefallen zu s t e c h e w e y n e *1516 ErbbLangensalza 113.
17. Jh. (Hs.) Frechen/GrW. VI 684.* ist die verleihung
der zehnten von commissions wegen vorgenommen und
für s t e c h w e i n und zehrung erloffen 20 fl. 57 kr. *1750
NeuburgKollBl. 53 (1889) 67.*

Stechwort *n., verletzende, beleidigende, auch provo-
kante Wortäußerung; bdv.:* Stecherwort; *vgl.* stechen (VIII). es
soll auch kain rat den andern … mit s t e c h w o r t e n
anziehen, sunder sich in allweg gegen einander frunt-
lich guetig und hilfreich sein *1488 Tirol/HistZ. 110
(1913) 66.* unter diesen tåuffern war einer begangens
todtschlags halben beklagt, der selbig führe mit trotzli-
cher rede herfür, … gab mancherley s t e c h w o r t *1580
Wurstisen,BaslerChr. 579.*

Stechzettel *m., amtl. Bescheinigung, die eine Witwe
benötigt, um sich wieder verheiraten zu dürfen.* non

auspicantur ecclesiae ministri benedictionem sacerdota-
lem, nisi viduae à praefecto loci exhibuerint attestatum
de sacculo moneta, quod dicitur der s t e c h - s c h e i n, der
s t e c h - z e t t u l *J.E.v. Westphalen, De Consuetudine ex
Sacco et Libro in Germania (Rostock 1726) 121. 1741
Frisch II 324. 1762 Wiesand 1015.*

Stechzeug *n., Ausrüstung für ein Ritterturnier; bdv.:*
Stechgezeug; *vgl.* stechen (VI), Stechhelm. unde quemen wedder
to perde uppe dat radhuß mit vulleme s t e k e t u g e unde mit upgebunden helmen *Ende 14. Jh. Grautoff,Lüb
Chr. II 407. 16. Jh. RChrUlrWürt. 20.*

Steckbaum *m., auch* Stecken-; *Baum, dessen Holz zur
Herstellung von →* Stecken (I 3) *bestimmt ist; bdv.:* Stecktanne. gaistlichem verwalter soll ein s t e c k b a u m zun reben, zur früemess zu Sinzheim gehörig, gegen gepüren-
de bezalung gevolgt werden *1578 VeröfflBadWürt. A 7
S. 16. 1587 WaldkirchStR. 25.* wenn die s t e c k b ä u m e
keine stecken, sondern nur brennholz geben oder dazu
verwendet, so muß dieß holz von dem erlaubten quantum abgezogen werden *1601/1803 BadForstJagdg. 518.
Ende 17. Jh. NÖsterr./ÖW. VII 346.*

Steckbrief *m.* **I.** *gerichtliches oder amtl. (Rund-)
Schreiben, das andere Gerichte und Behörden auffordert, die Verhaftung eines flüchtigen Straftäters oder
Schuldners vorzunehmen; später auch als öffentliche (zB.
in Zeitungen publizierte) Aufforderung, den Gesuchten
ausfindig zu machen; oft mit einer genauen Beschreibung
des Flüchtigen; zT. hat der* Steckbrief *eine verfahrens-
rechtliche Beweisfunktion; bdv.:* Haftbrief (I). bringet auch
einer einen verfesten man fur gerichte vnd bittet satzunge vber jnen, vnd der man leugnet die verfestunge oder
acht, die mus der cleger mit seinem acht vnd s t e c k e -
b r i e u e zu handt eher der satzunge beweisen *1541 König,ProzAnh. 358ᵛ.* des nachtes vonn seynnem aigennen
diener … ermordet, welcher tetter durch s t e c k b r i e f -
f e mit eynnem kuntschaffter zcu Lembergk … ergriffen *1551 PBB.(Halle) 97 (1976) 240.* wůrde hingegen
der schuldner … die flucht zu ergreifen, … so wollen wir, daß derselbe sogleich … mit s t e c k b r i e f e n
von dem magistrat … mit benennung seines nahmens,
beschreibung seiner statur, ansehens [verfolget *werde*]
1682 Siegel,CJCamb. I 108 f. die gerichte jedes orts, unter welchen der entlauffene banqueroutirer … belangt
werden kônte, [*sollen*] denen creditoribus … offene pa-
tente und s t e c k - b r i e f e mittheilen *1715 CCMarch. II
2 Sp. 53. 1717 BrandenbKrimO. VII § 2.* wůrde aber
dergleichen mörder flůchtig, so soll … er mit s t e c k -
b r i e f e n verfolget … auch sein mit dem namen gezeich-
netes bildniß an galgen öffentlich gehencket … werden
1723 Lünig,CJMilit. 827. 1736 BrschwLO. II 834. [*Formular des gwalts-patents:*] zu faßung dieses NN … krafft
dieses unsers s t e c k b r i e f f s … alle amtliche hand zu
biethen *1742 BernStR. VII 1 S. 371.* wenn bey remitti-
rung des delinquenten ad forum delicti des judicis dieses fori s t e c k - b r i e f e und requisition … vorher ge-
gangen, [*sind*] die aufgewandte kosten … zu erstatten
1746 CCHolsat. I 213. [*dass*] unser justizrath … gratis
emanirende proclamata, edictalcitationen, s t e c k b r i e-

fe u.s.w. gleichfalls ohne entgeld zu inseriren ... zu fordern hat *1750 SystSammlSchleswH. II 2 S. 727. 1762 Wiesand 1015.* [niederlegung junggebohrner kinder auf den gassen:] die exponenten ... werden durch s t e c k - b r i e f e verfolgt, wenn man argwohn und verdacht auf sie hat *1768 HambGSamml. V 274.* daß aus dem zucht- und arbeitshause zu T. ... züchtlinge zu entkommen gelegenheit gefunden und derer ihrenthalber erlassenen s t e c k b r i e f e ohnerachtet nicht wieder zu erlangen gewesen *1774 CSax. I 1015. 1783 Quistorp,GrundsPeinlR. 1569.* die s t e c k b r i e f e läßt man zuweilen in den öffentlichen zeitungen einrücken *ebd. 1570. 1798 Grolman, KrimRWiss. 419.* [registratur:] s t e c k b r i e f e unter dem namen des flüchtigen *1803 WeistNassau II 401. 1804 SammlBadStBl. I 1453.* s t e c k b r i e f e (litterae arrestoriae): öffentliche offene urkunden, worin der richter jede obrigkeit, in deren gerichtsbezirk sich der genau beschriebene flüchtige betreten lässt, zu dessen ergreifung und auslieferung auffordert *1804 Hevelke,JurWB. I 609. 1809 HdbSchweizStaatsR. 170.* hat jeder gensd'arme ... die ... ihm mitgetheilten s t e c k b r i e f e ... sich genau bekannt zu machen *1810 GesAnhBernb. III 226.*

II. *gerichtliche Vollstreckungsanordnung, die den →* Schuldner (I) *verpflichtet, entweder zu zahlen oder sich in Haft zu begeben; bdv.:* Steckzettel; *vgl.* Steckung (II); *zS. vgl. J.v. Auersperg, Balbin's Liber curialis I (Prag 1810) 135.* so aber sein vermögen am geld vnd pahrschafft wåre, kan angeregtes dritte theil mit einem s t e c k b r i f f erhalten werden *1627 BöhmLO. T IV.*

III. *im Zunfthandwerk: Sendschreiben, womit ein entflohener Handwerksgeselle ausfindig gemacht werden soll; bdv.:* Fledermaus (I 1). [gesellen, die sich heimlich weg machen, sollen] durch s t e c k - b r i e f e und subsidiales ... aufgetrieben werden *1692 SammlVerordnHannov. III 453.* [zwangsmittel der gesellen-bruderschaft gegen flüchtige gesellen:] oft schickt man ihnen auch s t e c k - b r i e f e oder sogenannte fledermäuse nach *1774 Wagner,Civilbeamte II 150.* ein abwesender gescholtener zunft-genosse wird aufgetrieben ... ausser dem ort durch abschickung von s t e c k b r i e f e n an die zünfte oder einrückung seines namens in die kundschaften der wandernden gesellen *1815 WirtRealIndex II 226.*

IV. *in der katholischen Kirche: Rundbrief an alle Konvente, der über das Entlaufen eines Mönchs oder einer Nonne informiert.* [dass] die geistlichkeit an die von ihren ordensgeneralen ihr zukommende s t e c k b r i e f e ... sich zu halten gewohnet seye, hingegen einiger zwang oder körperliche bestraffung derley anzuhaltenden personen ... keineswegs eingestanden werden mag *1772 CJEccl Austr. 100.* s t e c k b r i e f e, welche von den auswärtigen ordensgeneralen bisweilen wegen eines mitbruders in die klöster geschickt zu werden pflegten, sollen, wenn sie itzo in ein kloster kämen, sogleich der landesstelle übergeben werden *1790 LexÖstVerordn. 282.*

Steckbüttel *m., wie →* Stadtknecht; *bdv.:* Steckenknecht (II). [die schöffen rugeten] H.S. und H.K., der s t e c k b u d e l zu Aschaffenburgk, das sie H.K.v.O. sein pferd freventlich ... genomen hetten *1394 GrW. VI 72.*

Steckel *m., Gerichtsstab; bdv.:* Stecken (III). als der s t e c k e l uber in [statsoldat] zubrochen wart, sult er gar mislich uber sinen heubtman getain haben ... und sie uber drissich tage vor das urtel gotzs bescheiden haben *1596 BuchWeinsberg IV 255.*

(Steckelfahrer) *m., wie →* Stecknitzfahrer. *1540 Hamb KämmRechn. V 761.*

(Steckelfahrerschiff) *n., wie →* Stecknitzschiff. eyn yeder schipmann schall schepen to Louwenborg na older gewonheit als van paschen wente sunte michaelis twey schepe gudes, wat in twen s t e c k e l f o h r e r s c h e - p e n ohme by de boord gebracht werd unde dorch de schluse getappet is *1521 Witthöft,Metrologie 620.*

(Steckelschiff) *n., wie →* Stecknitzschiff. *1551 Hamb KämmRechn. VI 431.*

Stecken *m., auch dim.* **I.** *→* Pfahl (I), *Pflock, Palisade, Stange; bdv.:* Staken (I). **1.** *Grenzpfahl; Palisade, Zaunpfahl, insb. eines Bann- oder Grenzzauns, im Pl. auch für den Zaun selbst; in Stecken liegen eingezäunt sein.* man muz ouch wol vesten einen hof mit czunen oder mit s t e c k e n alz hoch als man gereichen mac uff eime ross siczende *1357/87 MeißenRB.(Oppitz) VI 20 Dist. 5.* es sint acht hoef, die ligent vmb A., die soellent ligen in s t e k e n vnd soend weder tretten noch etzen in disem hof *14. Jh. Geschfrd. der 5 Orte 6 (1849) 63.* die an das allmain stoßen, es sygent güter ald waiden, das die sich selber sond behaben mit dem s t e c k e n vor dem allmain *1458 SGallenOffn. II 489.* ob iemant auf seinen nachpauren unpillichen s t e k e n stieß, als oft er ain s t e - k e n unrechtlich stoßt albeg von aim s t e k e n zu wandl 12 ₰ *15. Jh. NÖsterr./ÖW. VII 106.* um 1500 Veröffl Hessen XIII 8 S. 81. als oft ainer ain s t e c k n emplost, ist verfaln 12 ₰ zu wandl *Anf. 16. Jh. NÖsterr./ÖW. VII 229.* wa die undergänger undergand, da sollent die parthyn, die solichs antrifft, ire guete aichine s t e c k e n haben und von jedlichem s t e c k e n, das nit ain creuzsteck ist, geben ain pfenig ... uns welher also die s t e c k e n nit hat und schlecht, der verfellt 5 ß hl. *1528 Hohenzoll Jh. 19 (1959) 118. 1577 KärntLGO. Art. 9.* sollen auch alle unnd jede innhaber der gueter ire aigne gehaite haimbholzer, als sy von alter her bei iren guetern inner oder ausser pannd unnd s t e c k h e n haben, wöder reuten, schwenndten noch ... verhackhen *1592 Salzb WaldO.(FRAustr.) 100. 1593 Strnadt,Grenzbeschr. 361. 1613 SGallenOffn. II 105.* ein s t e c k l e in der wies ist ein bahnlåchen *1671 HohenzollJh. 20 (1960) 43.* daß weege und steege, graben und wälle und behörigen sielen, hecken und s t e c k e n, von überlauf frembdes vieh an wiesen und korn, und dergleichen bemacht, behalten werden *1762 SchleswDorfO. 26.* — — **2.** *Pflock, der vor js. Haustüm oder Besitztum in den Boden gerammt wird; als Symbol für ein Nutzungs- oder Durchgangsverbot aufgrund von Verfehlungen gegen die Dorfgemeinschaft, etwa nicht bezahlten Schulden oder Nichterscheinen vor Gericht.* queme er aber in deme lesten dinge nit und weder zins noch besserunge ingebe, so queme daz gut in frondegut, daz vor den zins lyt, und ist danne der herren fri eigen; weiß ein hus, sie mogen einen s t e c k e n vor die dore slagen und mogen yn ußdriben ane alle gerichte *1360 ArchHessG.² 3 (1904) 144.* wer mit der gemain nit leiden wolt oder will, dem soll man ein s t e c k e n schlahen fur sein thur hinten und vor, und soll auch sein viech auf meins herrn waid nicht treiben *Anf. 15. Jh. NÖsterr./ÖW. VIII 691. 1444 MainzKämmW. 174.* so ain richter ansagt ainer ganzen gmain und ainer nit kumbt, so soll der richter dem selbigen ain s t e c k n fur di thur schlachen und ain ieder aus der gmain sol drei schleg auf den s t e c k n thuen *1480 NÖsterr./ÖW. VII 90.* wan man einen s t e c k e n slagen sall, dobei sollen sein die fursprechen burgreve und budelle, das der unter sechs personen nit sein sollen *15. Jh. MainzGFormel 79.* mag er aber phantung auf dem perg umb sein vorgemelt puess gehabt, so schol er ain s t e c k e n für den weingarten slahen und im verpieten bei LX ₰ *15. Jh. Steiermark/ÖW. VI 165.* wann ainer sein vich nit austreibm wolt mit den andern nachparn, so soll man im sclagen ein s t e c k n fur das hauß und soll sein vich nit herauß treiben *Anf. 16. Jh. NÖsterr./ebd. VII 286. vor 1524 ebd. XI 176.* [ain jeglicher perkherr oder perkmaister mag puess gehabt, *widrigenfalls*] sol er ainen s t e c k e n für die stigl oder eingang des weingarten schlahen und im verpieten bei zwen und sibenzig phening *1543 SteirWeinb. 124. 1546 NÖsterr./ÖW. VII 81.* wann R. nit gleiche burdt tragen will, soll ihme die nachbarschaft ein s t e c k h e n für die thür schlagen und nit die ringste gmainung gestatten *1651 Wilhelm,NBayr Rpfl. 98.* — — **3.** *Weinbergpfahl; meton. die (jeweils mit einem* Stecken *beginnende) Rebzeile, als Maßeinheit für die abzuleistende Arbeit im Weinberg; bdv.:* Pfahl (I 4); *vgl.* Steg (IV). sind si [maister] im [brobst] phlichtig, das si im sullen ire s t e c k h e n, schaub und reben gen K. und gen N. [gehört] *14. Jh. NÖsterr./ÖW. VII 965.* das ain ieder an ainem sambstag zue weingarten nit solle arbaiten iber das mittagsleuten, ausgenomen er hab arbaiter, so mag er nach dem leuten ... dreier s t e k e n lang ausser hauen *1583 ebd. IX 137.* wan einer sein weingarten mit s t e c k h e n, die einen andern gehörig, besteckht, sobalt die räben daran gebunden, solle der aigenthumber deren s t e c k h e n nicht ... darnach als auf sein aigenthumb ... greifen *1599 NÖLREntw. V 169 § 2. 1644 MHungJur Hist. V 2 S. 198.* — — **4.** *Pflock, Pfahl zum Anbinden von Mensch oder Tier; vgl.* Gerichtsäule. wo aber der lantrichter nit verhanden ist, so soll der richter von dem aichhof dem gefangenen menschen lassen bei dem gemerk anbünden [*mit*] drei rughalben an ein s t e c k e n und mit seinen leüten darvon gehen *17. Jh. NÖsterr./ÖW. VII 56. 1793 Lang,Steuerverf. 178.* — — **5.** → Stange (III) *zum Aufstecken und Ausstellen der Köpfe von Hingerichteten; bdv.:* Pfahl (I 3). [73 see-rauber wurden] mit dem schwerd gerichtet, ihre köpffe ... auf s t a e c k e n gesetzt und ihr hauptfænlein im thum über den predigt-stuhl aufgehenckt *1557 Westphalen,Mon. II 1394.* — — **6.** *zugespitzter schmaler Pfahl zum Durchstoßen eines menschlichen Leibes; vgl.* pfählen (II). wer bey seinem weib etwan betrifft vnd bayde den ebrecher vnd ehbrecherin alspald erwirgt, ... soll ... dy erwirgten personen zw erschreck-

lichkhait der andern mit ainem spyczigen s t e c k h e n durchstechen *1523 ZnaimStR. 11.*

II. *Stock als (Schlag-)Waffe; ua. als Werkzeug für Prügelstrafen und Züchtigungen; vgl.* Steckenwandel. wir setzen auch, wer einen gueten mensch, der doch nit ein edel mensch ist, mit s t e c k h e n slecht, der geb dem richter zwai phunt und dem geslagen zwai phunt *1244 Babb ÖstUB. II 289.* der muntman sol dem rihter funf phunt geben, oder man sol in slahen mit s t e k e n *1256 Rockinger,Dm. 45.* die fraw soll haben [zu dem kampf] einen heßlen s t e c k e n von einer sumerleiten, ein jars alt u. soll auch sein einer elen lang *1447 WürzbZ. I 2 S. 1282.* so jemann von eynem andern mit eynem s t e c k e n plötzlich möchte vberlauffen worden sein, vnd nicht anders denn eyn schwert, sich zubeschützen vorhanden were, kan er mit dem schwerte sich beschirmen *1565 Damhouder,Praxis 129ʳ.* wann ainer schaden thuet mit verpotnen wöhrn, mit s t e c h e n, wurf- und creizhacken ..., der ist umb das wandl nach gnaden abzetragen *1625 Salzburg/ÖW. I 19. ebd. 37.* wo aber das verbrechen so groß wehre, daß virga oder baculus (doch keine peitschen noch grosse s t e c k e n noch ruhten mit starcken knöpfen) gebraucht werden müste *1656 HessSamml. II 331. NÖLGO. 1656 II 62 § 13.* [hôchste busse:] so einer mit steinen, wurffpathen, s t e c k e n ..., so er dreffe oder nicht, würffe *1762 Wiesand 919.* [die peinlichen lebensstrafen aber bestehen: in] harter bastonnade mit rohrstöcken oder kleinen haselnen s t e c k e n oder knutpeitschen *1771 Zincke,KriegsRGel. 59.* da ... offentlicher tadel und lob oft mehr bewûrken als geldbelohnungen oder straffen mit s t e c k e n und ruthe *1794 Hartmann,WürtGes. IV 565.*

III. → Richterstab, Gerichtsstab, als Zeichen der Gerichtsgewalt; auch → Stab (I) *eines sonstigen Amts- oder Würdenträgers, auch als königliche Insignie; bdv.:* Steckel. wirt aber der vberhuerer vnd daz weip geuangen, so sol der richter gegen in payden richten mit dem s t e c k h e n, vnd totten als recht ist *1340 Bischoff,ÖStR. 198.* [es hat och ain herr oder vogtt] die rechten, wenn es an den grossen fraeffel gat ... so mag er ... dem amman den s t e k e n vss sir hand nemen vnd mag richtten vmb den fraeffel *14. Jh. Ermatingen/GrW. I 241.* das der statrichter alle jar in phingstfeiertagen an dem rechten sitzen sol, ... darnach ... sollen wir im sein s t e k e n widerfahren lassen, und sol auch der anslag umb dieselbigen s t e k e n vor dem hauß oder darinn beschechen *14. Jh. Schuster,RLebWien II 436. 1491 Pilgerreisen 185.* hat man drihen richtern gerufft vor die sitzend ratt vnd yn die steb oder s t e c k e n genomen *1497/1502 ArchFrankf G.² 3 (1865) 136.* es söllen aber die, so söliches notgricht erlangendt, ain stab vnd stäcken für das tauchtrouf hingan für ein richter vnd ein gricht *Mitte 16. Jh. Niedersimmental 80.* stecklin, zu latein vindicta genent, diß war des richters s t e c k e n, mit welchem des leibeygnen knechts haupt angerürt, vnd also dardurch der leib eygenschafft ledig vnd frei ward *Gobler,Inst. 1552 Bl. 7ᵛ. 1566 Alsatia 1854/55 S. 47.* wanne die vragen auf den vngeboten gedingen ingedragen, soll der scholteis dem vogt den s t e c k e n uberantworten, weiters in rechtlichen sachen vortzufharen *1613 RhW. II 1 S. 288.* [*frz. Königskrönung:*] müssen schon auf dem altar geleget seyn die königl. crone, ein schwerdt …, das güldene scepter und ein s t e c k e n, fast einer ellen lang, an dessen ende eine helffenbeinerne hand ist *1719 Lünig,TheatrCerem. I 1320. 1757 BernStR. VII 1 S. 404.* [einem schergen stehet] kein spanischrohr, sondern wohl ein weiß häselner s t e c k e n zu seiner amts- und andern defension zu *1774 Wagner,Civilbeamte I 24.* publica sententia … ist der s t e c k e n gebrochen und dem scharfrichter die execution anbefohlen *1781 MatStatNrhWestf. I 1 S. 484.* Ende 18. Jh. *BruggStR. 282.* [H. muss 7 malter haber hierherliefern] und muss der überbringer einen weissen s t e c k e n zum stock bei sich führen *1810 AnnNassau 18 (1883/84) 88.*

IV. *eine Maßeinheit für Holzscheite.* anno 1524 haben 2 achtel habern 24 albus golten und 4 s t e c k e n holz 1 fl. *16. Jh. QFrankfG. II 279.* klafter, malter, faden, s t e c k e n, meß etc. nennt man eine regelmäßig und nach einer bestimmten vorschrift zusammengesetzte masse von brennholz *1809 Hartig,ForstSpr. 32.*

V. *Bauholz, Brennholz.* *1419 Erler,Ingelh. I 230. 1561 RQbayerSchwaben IV 25.*

stecken v. **I.** *(eine Fahne, ein Zeichen, einen Pfahl usw.) aufrichten, an etw. anbringen,* → *heften (I), (in den Boden) stoßen, einrammen;* bdv.: *aufstecken (I 1),* stechen (XIII); *vgl.* Brandzeichen (IV). auf swelheme gute der richter sein gewette nicht envindet daz ez so cleine ist so schol der fronepote ein crevce auf daz tor oder auf daz haus s t e c k e n vnd schol ez da mite fronen *nach 1280 Schwsp.(Langform M) LR. Art. 193.* luog, das du an montag zuo hant / habest selber das schlosz berant / vnd s t e c k e darfür mein banier *1400 Bühel,Königstochter V. 3520.* wo man eyne newe stad aws setzcin wil, das man das mit des konigis wille thun sulle und gotis frede czeichin mit dem crewcze, das man s t e c k i n sal uff dem marckte und den frede gebiten *um 1400 LiegnitzStRb. 23.* ein jeglicher märkermeister auf dem märkderding pflege ein stapp für sich in den wasen zu s t e c k e n und damit zu sagen: ich s t e c k e die mark dahin, und der märkermeister amt damit uff *15. Jh.? Scharff,Frankf.2. S. 131.* so viel aber die belanget, welche brandzeichen s t e c k e n vnd anhengen, … wollen wir, das auch dieselbige … mit dem schwert vom leben zum tode sollen gestrafft werden *1572 Kursächs Konst. IV 14.* es ist auch gebräuchlich, daß man auff die güter so zu vergandten sein, sonderliche merck zeichen s t e c k e t, dauon menniglich kan abnemmen, daß solches offentlich feil sey *1576 Damhouder,Verganten 128.* wan iemant ain zaun s t e c k t oder zeint und s t e c k t in … auf seines nachtpern oder der gemain grunt, ist ain frevel und dem richter verfallen 6 ß 2 ₰ *2. Hälfte 16. Jh. NÖsterr./ÖW. VII 12.* [sollen in allen stätten] da wasser seyen … an brucken, gestaaden, mauren, steegen … ein meß gemacht, g e s t e c k t oder geschlagen werden *1615 Reyscher,Ges. XII 673.* wann ein beclagter die clag … nit annehmen will, soll der … bott, so den beuelch hatt, denselben … in das thor oder haußthür s t e c k h e n *1654*

NÖLO. I 8 § 3. [bart:] ein holtz oder büschlein, so die stürtzer an die tonnen s t e c k e n und denen anschlägern in der gruben ein zeichen geben, daß die zahl des treibens voll *1693 Schönberg,Berginformation Anh. 12.* [van lande, dat ornum is:] dann wird ein bloß schwerdt in die erde g e s t e c k t, da legt er [besitzer] die 3 vorderste finger auf den kopf oder creutze *1717 Blüting,Gl. I 174.*

II. *(zB. an einem Pfahl) an der obersten Stelle feststecken, festmachen; insb. in Bezug auf abgetrennte Körperteile, die nach einer peinlichen Strafe ausgestellt werden.* zu uir uirtaln tailten sy in / vnd hiengen in für uir tar hin / sein haubet auff dy mauren wart / g e s t e k t nach haidenischer art *1462/66 Beheim,Wiener 259, 2.* *1798 Grolman,KrimRWiss. 270.* es kann auch die todesstrafe … durch die abhauung der hand vor der tödtung und s t e c k e n derselben auf einen besondern pfahl … geschärfet werden *1802 RepRecht X 320.*

III. *aufgesteckt, aufgerichtet, angeheftet sein;* bdv.: stechen (XIV). vnser hern verbieten allerley vorkauff beyde in der stadt vnd vor der stadt an dem marckte tage, dieweil die panir s t e c k e n *1351 ErfurtZuchtbf. 115.* die selben pfragner und pfragnerin sullen auch weder am freitag zu aben noch am sunabend, alle die weil und der kost s t e c k e t, den man die zween tag aufstecken wil, nichts … furkaufen *1460 EgerStG. 25.* anno LXVIJ, quarta ante galli, ist dieser brieff vor Basel thor s t e c k e n funden worden *1467 CartMulhouse III 69.* es sal auch kein fremder addir vorkouffer kein garn addir rohe linwat alhir uff dem margkte addir yn hewsern uffkouffen bey vorloßt desselben, dy weile der wisch s t e c k t *1468/86 FreibergStR. Zus. 10 § 6.* soll also an bemelten wochenmarckt tägn, so lanng der fan auf dem marckt s t e c k h t, … nyemandts … zukhauffen erlaubt sein, bey der peen ain phundt phening *1524 SalzbStPolO. 172. BairLO. 1553 VI 6, 3.* wann sich bei s t e k e n t herrschaftlicher freiung … rumores oder raufhändl erheben wurden, so solle der jennige … per 32 fl. straff verfahlen sein *1701 NÖsterr./ÖW. VIII 855.*

IV. *mit Palisaden, Pfählen umgeben, einhegen;* bdv.: hegen (I). schultheiß und scheffen weisen unsern gnedigen herrn … daselbst ein gericht, das genugsam g e s t e c k t und gesteint *1515 ArchHessG.² 3 (1904) 131.*

V. *sich (an einem Ort, in einem best. Zustand) befinden, befindlich sein; stecken bleiben verbleiben, verharren.* dieweill nu den bürgen am höchsten beschwerlich were, das sie für vnnd für in der verstrickung der bürgschafft solten s t e c h e n bleiben: so ist jnen … zugelassen, jre bürgschafft vnd verstrickung vffzusagen *1555 JülichRef. 1555 S. 111.* der brauch zeugnüss zu stellen ist gemein vnd notwendig, damit nichts verborgens noch zweyfels in den sachen s t e c k e n bleib *1583 SiebbLR. I 5 § 6.* ob sich dann befünde, daß sie jhres glaubens nicht rein, vnd in vngöttlicher schwermerey s t e c k e n, … die sollen … deß landes verwiesen werden *Eiderst LR. 1591 I 2 § 1.* dass ifg. in angezeigtem unversehenen und etwas harten zustand nicht s t e c k e n zu lassen … so wölle man ifg. 40000 fl. … fürstrecken *1605 Würt LTA.² II 431.* es soll auch keine herren oder ambsgunst lenger den vf die termin, dahin sie gerichtet, vfn güttern s t e c k e n bleiben *1641 MittSächsVk. 6 (1912/16) 224. 1654 NÖLO. II 5 § 4.* daß unter den gehörigen mitteln auch die peinliche frag s t e c k e und verstanden seye *1670 Abele,Unordn. I 218.* wenn iemand ohne seine schuld in der åussersten hungers noth s t e c k e t, ... der darff [geld der reichen] ... mit gewalt oder heimlich entwenden *1691 Pufendorf,Sittenlehre 166. 1693 Schönberg, Berginformation Anh. 64.* auch kann der vormund auf die veräußerung antragen, wenn in solchen kostbarkeiten ein beträchtliches capital s t e c k t *1794 PreußALR. II 18 § 446.*

VI. *hineintun, hineinstecken; jm. etw. in die Hand stecken jm. etw. übergeben, überlassen; von Geld: zu Beutel stecken an sich nehmen.* s t e g k e myr myne phenige wedder in myn buttel; wiltu myr abir der nicht weddergebin, so neme ich dich jo eyn mal vor eyn phenig *1474 PössneckSchSpr. I 167.* nachdem auch in steten von etzwelchen den armen pauren die wahr auff zeyt und auf das tewerste in die handt g e s t e c k e t, darüber sie offt ... gepfendett werden *1552 Arbusow,LivlBR. 124.* indeme sich böse leuth finden, welche unter dem schein deß geldtwechslens, oder zehlens, selbes unvermerckter weiß in die ermel s t e c k e n *NÖLGO. 1656(CAustr.) II 94 § 1.* daß alle nach- oder nebenbrüchtengerichtere mögen ... bey abhaltung des brüchtengerichts denen bruchfälligen ihnen dictirte strafe [abnehmen], damit ... die vögte ... nicht größere summen exactioniren und zu beutel s t e c h e n können *1709 CCOsnabr. I 1 S. 302.*

VII. *hineinbegeben, (hinein)bringen; sich in Schulden stecken sich verschulden; in Gefahr stecken gefährden; in Brand stecken anzünden.* Ulm würde ihr land und leut nicht von dieses lands oder eines andern wegen in gefahr s t e c k e n *1593 WürtLTA.² I 47.* daß der gemeine mann ... zu ihrem selbst eignem ... verderben vnd ihrer glaubiger nachtheil ... mit jhrer liederlichen zehrung vnnd auffborgen sich in schulden s t e c k e n *1599 OPfalzLO. 13.* [gestraft werden soll,] der sich in seiner währenden residenz ... in solche schulden s t e c k h t, daß er dieselbige ohne des ordens hilff nit zu bezahlen *DOrdStat. (1606/1740) 130.* mordbrenner: mit deren strafe werden die officier und gemeinen beleget, welche vorsetzlich gebäude in brand s t e k k e n oder s t e k k e n lassen *1742 CCLuneb. II 2 Reg. s.v.* wer durch ansteckung seines eigenthums das feuer weiter zu verbreiten ... sucht, wird gleich dem, welcher fremdes eigenthum in brand s t e c k t, bestraft *1794 PreußALR. II 20 § 1520.*

VIII. *jn. einsperren, in Haft nehmen; bdv.: staken (II); vgl. stechen (XII).* einen in den turm s t e c k e n *1691 Stieler 2365.* daher der kayser ihm [bischop] beym kopffe nehmen und in das gefängniß unter der treppen in der schloß-kirchen ... s t e c k e n und darinnen fast auf ein jahr sitzen lassen *1714 Leuckfeld,Halberst. 201.*

IX. *aufhalten, (be)hindern, verbieten; ins Stecken geraten sich verzögern, zum Erliegen kommen; vgl. Steckung (IV).* dis mag eyn richter in czeiten wol wandiln, ab her wil und mag das orteil s t e c k i n. stroffin sal hers abir nicht, sundir s t e c k i n mit zotanen worten: „ir herrn, seyt ir

des orteilis nicht wol obir eyne komen, zo vorschibet is adir irfaret is yn andern steten, do ir ewir recht holit" *um 1400 LiegnitzStRb. 121.* dieselbe gobe hat H.S. vorkowfft durch syner notdurfft willin. doran jrret yn nu vnd s t e c k e t jm den kowff J., sein elicher son *1457 Neumann,MagdebW. 43.* doruff der kauffe gentzlich beslossen, alleine das jme der kauffe durch die freunthschafft g e s t a c k t, vnd dieweile er den zwei teil hette, so bote er seine gutter vmb XXIV M fl. hung. *1518 GörlitzRatsAnn. I/II 537.* dann das richterliche ampt frey ist, und durch die gewehr nicht sol vorschrenkt noch g e s t a c k t werden *1. Hälfte 16. Jh. BreslStR. 60.* [daß ordinair-einkommen *nicht*] beygetrieben, sondern offtmahlen bey denen ins s t e c k e n gerahten, welche die zahlung ... wol verfügen können *1686 WestfForsch. 15 (1962) 169.* das damahls in das s t e c k e n gerathene kammergericht sollte nun bey dem reichsregiment zu N. gehalten werden *1791 Malblank,Kanzleiverf. I 87.*

X. *(einen Termin, einen Gerichtstag) festsetzen, festlegen; formelhaft:* stecken und legen; *bdv.:* staken (V). das er [bergmeister] welde yn [burgern] eynen tagk s t e c k e n unde legenn ... uff denselbigenn g e s t a c k t e n tagk komen dy burgern mit den bergmeister ... gegennen an dy stat *Mitte 15. Jh. FreibergUB. II 259.* hierumb bescheiden vnd s t e c k e n wir eüch ... einen tag *1466 UrkGeschBöhm. 419.* ist dan auf denselben g e s t a c k t e n gerichtstag ein part ... on erehaftige not außen plieben *vor 1524 LeipzigSchSpr. 245.*

XI. *jn. stecken lassen jn. im Stich lassen.* H.E. hette ... einem rath burgen gesatzt, dorober abetronig wurden vnd seine burgen, einem rath zw sunderlicher vorachtung vnd schmoheit, s t e c k e n n lassen *1513 GörlitzRats Ann. I/II 270.* so wil ich die obligation unterschreiben, allein ihr müsset credit halten und mich nicht s t e c k e n lassen *1663 Schuppius 582.*

XII. *jn. (steckbrieflich) suchen (lassen).* so wol die richter in denen dörffern vnd flecken ... schuldig seyn, solche person mit insinuirung der steckbrieff zustecken vnd den, der also g e s t e c k t, daß er sich ... stellen wolle. vnd der einen mit dergleich steckbrieff s t e c k t, vnd der einen ... 30 böhaimische groschen gegeben werden *1627 BöhmLO. G 29.*

stecken s. ¹stocken.

Steckenfahrer *m., wie* → Stecknitzfahrer. [*von der Stadt als Schützen verpflichtete Berufsgruppen:*] ... s t e c k e n f a r e r *1585 ZLübG. 30 (1940) 301.* [die salzführer *haben*] die zahl ihres collegii ... zu proportioniren begehret, damit sowoll sie als die s t e k e n f a h r e r bei solcher handlung subsistieren könten: so ist fürerst beliebet, dass der salzhandel ein freyes commercium [*sei*] *1661 Rigafahrer 357. ebd. 358.*

Steckenfahrerreiheordnung *f., Regelwerk zur Festlegung der Reihenfolge, in welcher die* → Stecknitzschiffe *beladen werden und abfahren dürfen; vgl.* Stapel (XIII). *1661 Rigafahrer 358.*

(Steckenfahrerschiff) *n., wie* → Stecknitzschiff. *1523 LübRatsurt. II 538.*

Steckenfahrt *f., wie* → Stecknitzfahrt; *vgl.* Steckenfahrer.

1661 Rigafahrer 358.

Steckenfuhre *f., Transport von* → Stecken (I 3). schullen auch di vorgenanten czwen hŏf dhain witfuer noch dhain weinfuer von wald nicht tuen *1357 OÖUB. VII 516. 1451 OÖUrb. III 264.*

Steckengeld *n., eine Abgabe für die* → Schäfereigerechtigkeit. [*Täufer:*] sie sollen auch ... frej gelassen werden vnd onbedrängt, on aller beschwer, es sei steckengeld, husárengelt, anschnid, steuer in krig, bluetgelt, oder wie es genendt mag werden *1613 FRAustr. 43 S. 364.* zu end des jahrs steckengeld so jeder hirt jährlich zu prästiren hat mit 9 kr. *Neueste Staatskunde v. Dtl. I 2 (Frankfurt 1784) 65.*

Steckenklieber *m., Hersteller von* → Stecken (I 3); *bdv.:* Steckenmann (II). R. steckenkleuber *1342 WienGesch. II 2 S. 726. Anf. 16. Jh. NÖsterr./ÖW. VII 779.*

Steckenknecht *m.* **I.** *milit.: Gehilfe eines* → Profosen (I); *ua. mit Festnahmen und Strafvollstreckung betraut; als sog. unehrlicher Beruf; bdv.:* Profosknecht. ob ... ein bůchsen-meister unter andern soldaten zu håndeln kåme, ... so soll weder profoß noch stecken-knecht hand an ihn legen *1520 Lünig,CJMilit. 4.* [daß acht aufwiegler] in eisen verwahrt herauf zu der herrschaft durch profosen und steckenknecht geantwort werden *1524 Grüll,OÖRobot 86.* steckenknecht zue fuess zween, hat jeder das monath 8 fl. *1527/28 Fellner-Kretschmayr II 148. 1530 Strobl,Oberschofm. 133.* den 15. marci füret der profos ob 40 hurn ein ... und ich hab von einen steckenknecht gehört, das ir ob 15 C hie sein gewesen *1532 BayrStChr. 109.* dem provosen sollen zwen trabanten und vier steckenknecht zugeordnet werden, die ober ime, wa er ampts halben vergweltigt werden wolte, halten sollen *1. Drittel 16. Jh. Fries,Ostfrk Bauernkr. I 146.* dieweil der hyig nachrichter ... das ganz regiment höchlich geschmecht ... hat man den nachrichter auf des herzogen hof gefürt und von einem starkhen stekhenknecht aufgehenckht worden *1552 BayrStChr. 228.* da aber jemand dergleichen persohnen [maitressen, concubinen und huren] bey sich håtte ... sollen dieselben vom profosen durch den steckenknecht weggenommen und des lågers noch garnison verwiesen ... werden *1672 Emminghaus,CJGerm. II 390.* 2 provose, 4 stecken-knechte, 1 hencker vor beyde regimenter zu pferde *1672 Moser,StaatsR. 29 S. 402. 1720 Lünig,TheatrCerem. II 1234.* [die peinlichen lebensstrafen:] 4) die zůchtigung mit ruthen durch den steckenknecht öffentlich oder im gefångnisse *1771 Zincke,KriegsRGel. 59. 1780 Adelung IV 701.* nach dem kriegsrechte wird ein kriegsmann infam, wenn ... er zum profoßen oder steckenknecht gemacht worden ist *1785 Fischer,KamPolR. I 273.* profosenjungen oder steckenknechte sind seit dem jahre 1788 als ehrlich erklårt *1797 KurpfSamml. V Reg. 149.*

II. *wie* → Stadtknecht. soll auch unser stattrichter und seine undtergebne gerichtsdiener schuldig sein, ime, statt quardi haubtman sowohl, auch seinen provosen und steckenkhnechten, ... zu behendigung der straffmässigen beizuspringen *1586 Veltzé,Stadtguardia 179.*

1614 BambBer. 60, 2 (1899) 33.

III. *ein Kirchendiener, der für Ordnung und Ruhe im Kirchengebäude zu sorgen hat. 1612 Danzig/Sehling,Ev KO. IV 217.*

Steckenmann *m., im Pl.* **Steckenleute.** **I.** *städt. Bediensteter, der das Holzabladen von den Schiffen überwacht und hierfür eine Gebühr einzieht; vgl.* Stapelgeld. es geb der schiffman von jedem gulden werth holtz, das er anhero bringt, einen pfenning, welcher bißhero dem steckenmann gefallen *1734 Lersner,FrankfChr. II 1 S. 772.*

II. *Hersteller von* → Stecken (I 3); *bdv.:* Steckenklieber. wölcher steckenmann die stecken nit gleich zů gleichem stützten und solchs die steckenschower erfünden, söllen si es rügen, ... und ain ieder steckenmann ... iedesmals umb 3 ₰ ₰ gestraft werden *16. Jh. Überlingen StR. 231.* soll auch kain burger ... kain stecken kaufen, die seien dann beschowt und durch die steckenleut nach der ordnung gestützt *ebd.*

Steckenmarkt *m.,* → Markt (I u. III) *für* → Stecken (I 3) *und anderes Holz. 1506/41 KonstanzWirtschR. 42. 1587 WaldkirchStR. 24.*

Steckenschauer *m., amtl. Prüfer von* → Stecken (I 3); *vgl.* Steckenmann (II). die steckenschower söllen bei iren aiden ... die stecken laut der ordnung getreulich schowen *16. Jh. ÜberlingenStR. 231.*

Steckenschiff *n., wie* → Stecknitzschiff. *1661 Rigafahrer 359.*

Steckenschlag *m., Hieb mit einem* → Stecken (II) *auf eine andere Person; bdv.:* Steckenstreich; *vgl.* Schlag (I). der aber mit stain wierf, steckenschlag oder anderer dergleichen sich unterstéth, aber nichts wirkliches erfolgt, soll nichts destoweniger zu straffen sein *1667 OÖsterr./ÖW. XII 345. 17. Jh. OÖsterr./ebd. IX 742.*

Steckenstreich *m., wie* → Steckenschlag. A. lyss ... des kastellons sone und ... sein helffer hartt schlahen und ydem 50 steckenstreich geben *vor 1472? Bibl LitV. 168 S. 125.* [bußen in fürfallenden frefflen:] um steckhen streych nit fürsetzlicher wyß: 2 [dik.] ... steckhen streych fürsetzlich vnd schandt ze bewysen 5 [kron.] *1587 EidgAbsch. V 1, 2 S. 1530.*

Steckenwandel *m., Geldbuße für einen* → Steckenschlag. stainburf- und stecknwändl: ... slecht ainer ain mit ainem stekchn, so ist er der herschaft verfalln zu pën 6 ß 2 ₰ *15. Jh. NÖsterr./ÖW. IX 594.*

Steckenz *f., Weidegerechtigkeit.* [*Streit der Riedgenossen*] *um atz und fratz, um* steckenzen *und auchtwaiden 15. Jh. WürtVjh. 1 (1878) 105.*

Steckenziehmesser *n., Zugmesser für die Herstellung von* → Stecken (I 3). *Mitte 15. Jh. NÖsterr./ÖW. VII 743. 1573 ebd. 845.*

stecker *s.* Stocker.

Steckgarn *n., ein Fangnetz insb. für den Vogelfang, das in die Erde gesteckt wird.* [daß] die nachtgarn im lerchenfang sampt den fålkleintragen nebenst dem steckgarn ganz abgeschafft und verboten sein solle *1618 Machwart,JagdAnsbach 18. 1783 Krünitz,Enzykl. 28 S. 98.* die rebhühner-jagd ... wie auch der gebrauch der steck-garn kommt den herren raths-aeltern ... ausschlieslich zu *1796 Moser, ForstArch. XVII 275.*

Steckgeld *n.* **I.** *wie* → Standgeld (I). das standt- oder s t e c k h g e l d auf den jahrmarckten zu E. gefallendt ist auch der statt zuständig und von alter herkommen zu erhaltung derselben jahrmärckten *1540 Eppingen 814.* **II.** *zugesteckte Geldsumme für erbrachte Dienste.* s t e c k g e l t: hefftgelt, dienstpfennig *1564 Schwartzenbach (Haß) fol. 77ʳ.*

Steckhaufe *m., ein Flächenmaß für Weinberge;* vgl. Haufe (III). A.A. vnd H.A. II lib. vß vier s t e c k h u f f e n reben am Klotzberg *1406 FreibDiözArch.² 5 (1904) 335.*

Steckhof *m., abseits von Siedlungen angelegter, mit* → Stecken (I 1) *umfriedeter Bauernhof, der keiner* → Gemeinde (V) *angehört;* bdv.: Sonderhof (I); zS. vgl. Merz/Arch Bern 31 (1932) 123ff. [*Verbot,*] holtz ab synem s t e c k h o f f noch uß desselben gütere ze verkouffen, ze verkolen noch sonst in anderen gestalten hinzegäben *1582 Argau Lsch. III 193.* ist in s t ä c k h o f f und eingeschlagen gut mit gehüset schüren spicheren baumgarten, mit ackher und matten holtz veld wun und weid *1616 ArchBern 31 (1932) 131. 1667/77 ebd. 136. 1751 ebd. 143.*

Steckkerze *f., große Kerze zum Aufstecken auf die Leuchter (in der Kirche);* bdv.: Stecklicht. wann herr H.d.N. pfarrer ze A. ... gegeben hat mit gutem willen ... dem gotzhaus ze M. datz C. ein guetel ... vnd den lochhof pey A., die sein recht aigen waren, zu der wandelchertzen vnd zu den s t e c k c h e r z e n *1327 MBoica XI 391. 1464 Eyb, Gedenkbuch 33.*

Steckler *m., (zunftgebundener) Hersteller ausschließlich von* → Stecknadeln; bdv.: Stecknadler. die zunfft zum spiegel, dahin gehörig ... passementmacher, s t e c k l e r, strelmacher *1720 Lünig, TheatrCerem. II 1008.* s t e c k l e r sind eine secte oder gattung der nadler, so sich eintzig der stecknadeln annehmen *1722 Beier, HdwLex. 415.*

Stecklicht *n.,* → Steckkerze. *1351 ErfurtZuchtbf. 127.*

Stecknadel *f.,* → Nadel (I), *die ua. zum Zusammenheften von Textilien dient; im Rahmen von Zauberei- und Hexenprozessen zur Überprüfung von* → Hexenmalen gebraucht; vgl. Nadel (I 2). daß man jhm [zauberer] die prob der s t e c k - n a d e l so tief steckte, als man hierbevoren gethan hatt ... vmb die richter zu betriegen *P. de Lancre, Wunderbahrliche Geheimnussen der Zauberey (1630) 55.* findet ein scharfrichter ein verdächtiges zeichen oder merckmahl an des inquisiten leib, mag ihme der richter wohl erlauben, ... mit einer s t e c k e n a d e l zu probiren, ob inquisit daran schmerzen habe oder nicht *J.S. Schülin, Theatrum Conscientiosum Criminale I (Frankfurt 1732) 132.* weitere Belege: 1722 Steckler, 1779 Stecknadler.

Stecknadler *m., (zunftgebundener) Hersteller von Zier- und* → Stecknadeln, *Metallspangen und weiteren kleineren Metallgegenständen;* bdv.: Nadler, Steckler. es ist zwar ... genug, daß wir nehe- und s t e c k - n a d l e r genennet werden, denn wir weder neh- noch s t e c k n a d l e r, sondern nadler seyn, welche von vorigen ganz unterschieden *1698 A. Beier, Advocatus Rerum opificialium peritus (Frankfurt 1707) 426.* die zunfft zum spiegel, dahin gehörig bürstenbünder, ... hutmacher, nehnadeler, s t e c k n a d e l e r, nestler *1720 Lünig, TheatrCerem.*

II 1008. weil er aber nicht ein nadler, sondern ein s t e c k n a d l e r gewesen, so wåren sie mit ihm in dispuit gerathen *1722 Beier, HdwLex. 415. 1761 Cramer, Neb. 24 S. 65.* nadler sind entweder s t e k - oder n å h - n a d l e r ... erstere verfertigen steknadeln und machen darneben aus eisen, stal, drat und meßing alles, was durch den hammer und die zange kan gezwungen werden *1779 Weisser, RHandw. 377. 1785 Krünitz, Enzykl. 33 S. 183.*

(Stecknitzfahrer) *m., (in einer Gilde organisierter) Frachtführer,* → Schiffer (I 2), *der ein* → Stecknitzschiff *betreibt;* bdv.: Steckelfahrer, Steckenfahrer. de ersame rath to L. hebben twisschen den vormunderen zeligen H.S. wandages eyns s t e k e n i t z e v a r e r s nagelatenen kinderen ... affseggen laten *1499 LübRatsurt. I 505.*

Stecknitzfahrt *f., Warentransport über den Stecknitzkanal;* bdv.: Steckenfahrt; vgl. Stecknitzfahrer. das die verbesserung der s t e k e n i t z f a h r t auf die von holländern vorgeschlagene ... art möge fortgesetzet ... werden *1669 Rigafahrer 365.*

Stecknitzschiff *n., Frachtkahn,* → Prahm (I) *der* → Stecknitzfahrer *zum Transport von Waren über den Stecknitzkanal (zwischen der Elbe bei Lauenburg und Lübeck), insb. für Salzlieferungen von Lüneburg nach Lübeck;* bdv.: Steckelfahrerschiff, Steckelschiff, Steckenfahrerschiff, Steckenschiff. weret, dat dar prame edder s t e k e n i s s e s c h e p e, schuten edder ranen ynne leghen, de scholen se [olderlude] upwynnen *um 1470 Lübeck/QStädte Forsch. IV 273. 1527 LübRatsurt. III 38.* wan dehlen, latten und balkunen ... in s t e k e n i t z s c h i f f e geschiffet werden, so soll man dem schreiber geben, als wan es vom lande gebracht *1693 Rigafahrer 402.* [pfundzoll:] 1 s t e c k n i t z s c h i f f mit lüneburger salz 2 m. *Ende 17. Jh.? ebd. 466.*

Stecknusch *m., Wasserspeier, Ansetztraufe an einer Dachrinne. nach 1346 MünchenStR. (Auer) 212.*

Stecktanne *f., Tanne als* → Steckbaum. *1523 Schweiz Id. XIII 76.*

Steckung *f.* **I.** *Anheften, Feststecken; ua. vom* → Schindmesser, *das der* → Schinder (I) *jm. an die Tür steckt;* vgl. stecken (II). [es soll den botten aufferlegt sein, das sie] mit s t e c k u n g der brief an das thor, oder niderlegung vor dem thor begnügt sein *SteirLRRef. 1574 Art. 33.* demnach ... wegen der holzschwendung vnd s t e c k h u n g sonderbarer zeichen in der stat pfandtwaldt, das Hardt genant, sich etwas streits vnd mißuerstendt ereügt *1630 LaufenburgStR. 241.* [mißbräuche:] daß die abdecker sich untestehen dörffen, solche handwercker mit s t e c k u n g des messers und mehr andere wege zu beschimpffen *1731 RAbsch. IV 383. 1774 SammlBadDurlach III 472.*

II. *Zustellung eines* → Steckbriefs (II); meton. das entsprechende Exekutionsverfahren. so auch einer, nach dem er gesteckt, wegen vnordendlicher s t e c k u n g eine klag oder beschickung anstellen wolte, der sol solche beschickung bey dem burggraven ambt, eher die zu recht außgesetzten 14 tag von zeit der s t e c k u n g vorüber, außbringen *1627 BöhmLO. G 39. J.v. Auersperg, Balbin's Liber curialis I (Prag 1810) 135.*

III. *von einem Grenzverlauf: Feststellen und Abstecken (mit* → Stecken I 1*); vgl.* stecken (I). so ainer den andern überzeint und wirt klagt, ist peen von iedem zaunstecken fünf phunt; künden sich aber die mitverwonten des guets mit s t e c k u n g der mark nit vergleichen, soll es auf der parteienkostung durch die herrschaft ... ausgesteckt werden *1567 Tirol/ÖW. V 729.*

IV. *Unterbrechung, Stocken; vgl.* stecken (IX). maßen dann ein iedweder krieg nicht alleine verwüstung, ..., sondern ... sowohl s t e c k u n g aller commertien vnd handtierungen ... mit sich bringet *SchlesActaPubl. Jg. 1618 S. 225. 1640 CAustr. I 17.*

Steckweide *f., mit* → Stecken (I) *abgegrenzte* → Fischweide? *1346 OÖUB. VI 549.*

Steckzettel *m., wie* → Steckbrief (II). den königl. richtern [*ist*] die ertheilung der s t e c k z e t t e l n wider die juden verboten *1686 Weingarten,BöhmLO. 481.* in puncto eines von dem altstätter königlichen richter ertheilten s t e c k - z e t t e l und weiters befürchtender execution *ebd. Anh. S 40.*

stede(-) *s. auch* stadt(-), statt(-), stätte(-). **steder(-)** *s.* stadt(-), stet(-). **steen(-)** *s. auch* stein(-). **stefan-, steffan-, steffen-** *s.* stephan-. **stef(f)-** *s.* stab-, stäb-.

Stefninger *m., eine (burgundische) Pfennigmünze.* III hůben geltent jerlich ze cinse X viertel roggen, XXVIIII habern vnd XII ₰ XVII ß s t e v e n i n g *1303? Belfort/GrW. IV 26.* diu stat ze D. hât gegeben ze stiure bî dem meisten XXIJ pfunt s t e f n i n g e r, zem minsten XX pfunt s t e f n i n g e r *um 1306 Belfort/HabsbUrb. I 28.*

Steft *behandelt unter* ²Stift.

Steg *m., n.* **I.** *kleinere, schmale, oft hölzerne Brücke.* was der zollner haut zu brucken oder zu s t e g e n, do sollen sie kein recht von im umb nemen *1294/1365 Franken/GrW. VI 99.* swas gebrechnis sy an der stat mure, an planken, an graben, an zuynen, an slegen, an wegen, an s t e g e n, an allen dem, das in der stat gebyete lyge ... das is dy ratluyte der stat sullen richten unde zu rechte brengen *1324 BreslUB. 103.* daz si [abbt und convent] ewichlichen allez ir getraydt und all ir wein ... auf dem lande, auf dem wazer, über prükke undt s t e g ... zolfrey und an all maut ... füren sullen undt mügen *1347 MBoica XV 52.* wer öch vnser herren zol het, der sol alle s t e g vnd brugge machen vber alle graben zů der stat, als notdůrftig si *1. Hälfte 14. Jh. BremgartenStR. 28.* der s t e g e abwůrffe oder stecke dabey entzwey hiebe, der soll bessern dem rechten dreissig marck *Eiderst LR. 1591 IV 17. 2. Hälfte 16. Jh. NÖsterr./ÖW. VII 544.* ain claines gräbel, darüber ein s t e g ligt, auf welchem aus der hofmarch die gefangenen oder maleficanten dem landgericht überantwort werden *1619 Strnadt, Grenzbeschr. 369 (677).* der steinerne s t e g über den seebach gelegt *1733 Pistorius,Amön. III 737.* [das waagegeld *wird*] zu unterhaltung dasiger hůttenwege, s t e g e und brůcken ... erhoben *1777 CSax. I 1054. 1803/08 RepStaatsVerwBaiern VI 236.* zur erhaltung des weges, der brůcken und s t e g e tragen verhältnismäßig alle personen oder grundbesitzer, denen der gebrauch derselben zusteht [bey] *1811 ÖstABGB. § 494.*

II. *Anlegestelle für* → ¹Schiffe (II); *vgl.* Stegrecht. so en scal nemant int schip varen, er dat s t e c h gemaket is by III marken *1399 LivlUB. I 4 Sp. 244.* die fischer zum H. sein schuldig, ... in junker H. ... geschäften mit iren nachen zu faren, und giebt man inen zu lohn ... an mückenlocher s t e g 1 sch. *1560 Neckar/GrW. I 444.*

III. *schmaler Pfad.* etliche bůcher setzen vnterscheid vnter s t e g e, wege vnd strassen, vnd setzen: ein s t e g heisset, da fußgenger gehen *1408 (ed. 1574) Ekhardi, MagdebR. III 4, 9.*

IV. *Rebzeile im Weinberg; vgl.* Stecken (I 3). das meier S.v.H. fünfzehen kamer reben und ein s t e g mit dem usgelende untz in bach ... ze köffen hat gegeben *1335 ZürichUB. XI 501.*

V. *in Paarformeln wie* Steg und Weg *als Sammelbezeichnung oder Pars pro Toto für die Gesamtheit der Straßen, Pfade und Brücken (zB. eines Orts); ua. in Bezug auf Instandhaltungspflichten und Wegerechte.* es habend ouch die gnossen ir recht vmb ir eigen vnd erb, vmb s t ä g vnd wäg vnd mistlege *1303? Luzern/GrW. I 168.* wer auch wunne vnd wayde nůst, vnd brunnen vnd s t e g vnd weg hat, der sol auch mit den burgern an disen dingen schaden han *1315 LaufenburgStR. 9.* ouch söllend die von E. mullinern s t ä g vnd wäg geben in selben alpen *1344 ArchSchweizG. 3 (1844) 90. nach 1358 Rb.n.Dist. I 5 Dist. 9.* dů gůter, dů gen V. gehörent ... mit luten mit gütern, ... mit aller craft und gewaltsami, mit s t e g, mit weg, mit gründ, mit grât *1375 Schwind-Dopsch 262.* willen wy unde unse frund unde scholen gunnende wesen weghe unde s t e g h e vredeliken doer de herscap van O. to reysende in Vriesland *1451 OstfriesUB. I 556. 1458 SchlesDorfU. 65.* V. mit siner husfrouwen ... hebben utgesecht 4 p. unde 8 sch. to weghe unde to s t e g h e unde 4 p. unde 8 sch. eren neghesten erven *1465/1546 Kiel Varb. 57. 15. Jh. NÖsterr./ÖW. VIII 1015.* weisen wir der gemeinen über weg und s t e g, wasser und weiden, daß sich der gemeine mann der mag gebrauchen, jedermann zu seiner nothturfft *1524 ArchHessG.² 3 (1904) 138.* wer dem andern s t e g vnd weg ohn recht ... zerrieße oder bräche ... soll derselbig ... dem vogtherren zûstraff verfallen syn *1552 Schauberg,Z. 2 (1847) 81.* in disem gesatz bewilligt der kayser, das die kirchen solten zu machung der weg vnd s t e g, auch brucken, mitleydig vnnd gehilflich sein *1566 Pegius,CodJust. 16ᵛ.* [so das landrecht zu thuende haben, de sullen] uff straten, wege und s t e g e und bierbancken unbeleidiget und unbeschediget bliven *1587 JbOldenb. 17 (1909) 269.* die s t e e g und weeg sol man machen und halten wie vor alter *um 1600 Innviertel/ÖW. XV 130. 1615 WürtLändl RQ. I 566.* daß wo weeg vnd s t e e g nit gehalten werden wie von alters hero, so sollen daß schultheiß vnndt dorffmeister der gemein anzeigen *1621 PfälzW. I 230.* so belobe über das hiemit, daß ich auf s t e g e n und wegen weder mit worten oder wercken nicht gefehren oder übel anfaren wil *1649/1716 BaltStud. 46 (1896) 219.* das niemand dem andren uber das seinige weder s t e g noch weg wider das landrecht üben noch bruchen solle *1656 SaanenLschStat. 326.* die pohl-richter sollen die gemeine wege und s t e g e ... im frühling verbessern *1690 Hackmann Mantissa 122.* welcher sibenzigjehrig und elter ist, der ist nit schuldig, weder in das gejegt, noch in s t e g oder weg zu gehen *1695 DavosLB. 21.* gebe ich dich auß vor mentionirter vollmacht hiemit vogelfrey, auf s t e g e n und wegen, bey kirchen und klüßen *17. Jh. Seestern-Pauly 36. 1728 Leu,EidgR. II 681.* jede commun [*ist verpflichtet,*] samtliche wege und s t e g e in ihrer markung und gränze in tüchtigen stand zu stellen *1747 SammlBadDurlach III 78. 1804 Gönner,StaatsR. 636.*

VI. zu Steg und/oder zu Weg/Straße gehen (uä.) *formelhaft für einen Gang außer Haus; insb. als äußeres Zeichen des Wohlaufseins, ua. als Voraussetzung für die Geschäfts- und Testierfähigkeit.* de möghen dat gud bespreken unde swaren an den hilgen, dat en de settincge unwytlich si unde nicht bi weren unde bynnen landes nicht wesen enhebben noch tho s t e g h e eder tho strate gaan, enhebben seder der settyncge *1355 DortmStat. 81. 1359/89 MagdebBresl. III 2 Kap. 127.* ob ir en [cleger] in sollicher craft ader macht sehet, also als er selber zu dinge, zu ringe, zu kirchen, zu wegen unde zu s t e g e n gehen mag ane menliche hulffe *Ende 14. Jh. GlWeichb. 269.* alse he myt my to s t e g h e unde to weghe unde to der kerken gegan heft unde em witlick ys gewesen, dat ick de houe vormedet hebbe *1518 Wasserschleben,RQ. 116. 1542 Stieda-Mettig 303. 1545 NijmegenStR. 508.*

stegen *v., mit einem* → Steg (I) *versehen.* wer ouch acher oder weiden het in den vorgenanten hoef, wil er die niessen, so sol ers zúnen, wegen vnd s t e g e n, vnschedlich ze erden vnd ze ernen *15. Jh. Luzern/GrW. I 164. 1584 ZürichOffn. I 102.*

Stegewährung *f., Anspruch auf* → Steggeld. [dutsches ordens friheide:] das sie daran niemand, in wilcherlei adel, eren, virden ader vesen der sie, ... mit vogtrechte, geschosse, s t e g e w e r u n g e, beten, furen ... irren solle *1404 LivlUB. I 4 Sp. 448.*

Steggeld *n., auch Stege(n)-; eine für die Instandhaltung von* → Stegen (I) *(und Wegen) erhobene Abgabe; zT. von den Anwohnern zu zahlen, zT. als Transitabgabe oder* → Maut (I); *auch allg. als Mautabgabe zu Land und zu Wasser.* 20 gr. zcu s t e g e g e l d e in der keiner zu zubibalibus pro bibalibus *1443 Bech,Pegau. 18.* wenn der weg durch den than pös wirdet, so hat man den ie von s t e g e und wege g e l t wider machen lassen *1461 Tucher, NürnbBaumeisterb. 203. 1486 CDBrandenb. I 12 S. 459.* [daß alle gemeine eingesessen] mit keiner beschwerung an zollen, weg- vnd s t e g g e l d e mher dan ... herkommen gewesen, sollen beladen vnd gravirt werden *1553 DithmUB. 161.* die obgenannten vier jarmarkt und einen wochenmarkt sampt dem wege- und s t e g g e l d e daselbst gnedigst zu confirmirn *1562 AnnNassau 33 (1902/03) 206.* geben die armen leut siebenzig malter korns ... gehn Wormbs uff des closters haus ... wolten aber die hern, das man es uff ein ander hauß tette, so weren die armen leut des s t e g e n g e l t abe *1571 SchriesheimW. 238.* der 25 s. s t ä g g e l t, die ins seckelambt hörendt, F. ... geben werden *1615 Herzog,EhelGüterrZürich 119.*

1643 RhW. I 1 S. 287. es soll auch nicht zugelassen sein, newe vnd vngewöhnliche zölle, weeg oder s t e g g e l d e r, datzen oder andere dergleichen auffschläge am Rhein anzulegen *1648 ActPacWestph. III B 1, 2 S. 611.*

Stegholz *n., Holz für den Bau von* → Stegen (I). laubholz, prenholz, wintfelhen und s t e g h o l z, die sind alle frei in dem panwald *1597 NÖsterr./ÖW. VII 359.*

Stegmeister *m., für die Instandhaltung der* → Stege (I) *(und Wege) zuständiger Amtsträger.* dorf- und s t e e g m e i s t e r *1573 Schrepfer,HBambDorfO. 55.* die s t e g m e i s t e r werden mit dem stock bestraft, weil sie den steg bei H. nicht ordentlich gemacht haben *1599 Wilhelm,NBayrRpfl. 91.*

Stegordnung *f., amtl. Regelwerk über die Nutzung und Erhaltung von* → Stegen (I). haben sie ain sondere ... marktordnung, weg vnd s t e g - o r d n u n g, stewersetzer-, bau-, mihl-, veldt-, ruog-, waldt-ordnung *1575 Reyscher,Stat. 288. 1700 Faber,Staatskanzlei IV 366.*

Stegrecht *n., zu* Recht (III 1); *Abgabe auf Waren, die von Schiffen abgeladen oder auf diese aufgeladen werden; auch als* → Maut (I) *für auf dem Wasserweg vorbeigeführte Waren; auch das Recht auf diese Abgabe bzw. die Pflicht zu deren Entrichtung;* bdv.: Niederlaggeld, Stapelgeld. tradiditque eidem monasterio ... ius littoris quod s t e g - r e c h t in wlgo dicitur cum piscacionibus in alueo danubii *1147 OÖUB. II 232. 1222 ebd. 636.* de molendinis et insulis et de eo, quod vulgo s t e c h r e h t dicitur, se nequaquam intromittat; sed solius abbatis usu deserviant et utilitati *1225 BabbÖstUB. II 85.* aber dev mautt ze S. vnd haizzet s t e g r e h t XII schill., di nimt der rihter *um 1280 MBoica 36, 1 S. 507.* swelhes schef tragent waren, wein, choren, do sol der schefman von geben wan XII dn. ze s t e g r e c h t *1350 RegensbStat. 125.* furt ein gast auf eins purger podem, so geit der gast sein mautt und zwen phenning ze s t e g r e h t von der zuln *1371 OÖUB. VIII 560.* nota mutam in S., que dicitur s t e g r e h t, deberet soluere XII lib. *14. Jh. StraubingUrb. 223.* s t e g r e c h t von dem anzihen von ainem fueder vier phenning und von ainem dreiling drei phenning *1450 NÖsterr./ÖW. VII 926.* ob ain gast herkäm vnd kauffet ain vier tausend schindl, in pfund laden oder ain pfund zallhefen, da ist er nit s t e g r e c h t von schuldig *um 1450 VerhNd Bayern 11 (1865) 221.* was man aber von getraid zu S. anschüttet, davon giebt man ein s t e g r e c h t, das ist 12 regensburger pfenninge *1461 BairLT. VI 41.* was man von pintholz, steken oder zimmerholz zu S. niderlegt, davon oder dardurch fuhrt, das man das s t e g r e c h t davon geit *1480 NÖsterr./ÖW. VIII 1000. 1590 ebd. 441.* die gest und auslender, so in gemelten zwaien wasserwälln holzwerich kaufen ... gebn zu s t e g r e c h t das fueder gelt, das ist vom fueder 1 ₰ *16. Jh. OÖsterr./ebd. XII 766.* der vessten H. [*ist erlaubt*] salz, eißen, getraid, wein und holz etc. ... zu dessen nuzen ohne des s t e g - r e c h t s zu gebrauchen *1682 NÖsterr./ebd. 708. 1705 ebd. IX 811.* vor eine zille weinstecken, worauf über 90000 sind, giebt jede zille zu s t e g r e c h t ins ufer 1000, oder nach der satzung an geld *1748 CAustr. III 44.*

Deutsches Rechtswörterbuch

Wörterbuch der älteren deutschen Rechtssprache

Herausgegeben von der
Heidelberger Akademie der Wissenschaften

Dreizehnter Band
Schwefel – Stegrecht

Bearbeitet
von
Andreas Deutsch

unter Mitarbeit von

**Almuth Bedenbender, Birgit Eickhoff, Katharina Falkson,
Stefanie Frieling, Christina Kimmel-Schröder, Peter König,
Ingrid Lemberg, Eva-Maria Lill und Stefaniya Ptashnyk**

2014 – 2018

Verlag Hermann Böhlaus Nachfolger Weimar

Bibliografische Information der Deutschen Nationalbibliothek
Die Deutsche Nationalbibliothek verzeichnet diese Publikation in der Deutschen Nationalbibliografie;
detaillierte bibliografische Daten sind im Internet über http://dnb.d-nb.de abrufbar.

ISBN 978-3-476-04784-7

Hermann Böhlaus Nachfolger Weimar ist ein Imprint von J.B. Metzler
J.B. Metzler ist ein Imprint der eingetragenen Gesellschaft
Springer-Verlag GmbH, DE und ist ein Teil von Springer Nature
www.metzlerverlag.de
info@metzlerverlag.de

Druck und Bindung: Kösel, Krugzell

J.B. Metzler, Stuttgart
© Springer-Verlag GmbH Deutschland, ein Teil von Springer Nature, 2018

Vorwort

Als Gottfried Wilhelm Leibniz im Jahre 1700 forderte, den „Schatz des teutschen Alterthums, auch derer Rechte und Gewohnheiten Unserer Vorfahren" in einem Rechtswörterbuch zu sammeln, wusste er nicht, wie viele solcher „Terminos" die Quellen bereithielten. Den Umfang einer solchen „Sammlung" begann man erst zu erahnen, als das Wörterbuchprojekt zwei Jahrhunderte später in Angriff genommen wurde – und fleißige Exzerptoren rund 2 ½ Millionen Belegzettel zusammentrugen. Die Papierexzerpte werden heute längst durch elektronische Ressourcen ergänzt, die zu einigen Wörtern viele tausend Belegstellen bieten. Wörterbucharbeit besteht daher mehr und mehr in der Sichtung, Bewertung und Auswahl des verfügbaren Materials.

Mit dem vorliegenden DRW-Band sind nun über 97.000 Wortartikel auf über 20.000 Spalten gedruckt. Sie reichen in alphabetischer Folge von *Aachenfahrt* bis *Stegrecht*. Die Artikel enthalten mehr als 500.000 Belegzitate bzw. Belegstellenangaben mit insgesamt über 5 ½ Millionen Wörtern. Allein der neue Band enthält über 5600 Wortartikel. Viele davon umfassen nur wenige Zeilen, andere, besonders zentrale und komplexe Wörter erforderten mehrspaltige Artikel. So enthält der Band mehrere allgemeinsprachliche Verben, die in der Sphäre des Rechts ein äußerst ausdifferenziertes semantisches Spektrum entfalten. Neben *sein* und *sollen* (mit bewusst kurz gehaltenen Artikeln unter Ausklammerung der Hilfsverbfunktion) sind dies namentlich *setzen* (mit 39 Hauptbedeutungspunkten), *sitzen* (mit 24 Hauptbedeutungspunkten) und *sprechen* (mit 32 Hauptbedeutungspunkten). Das Zahlwort *sieben* bekam 29 Gliederungspunkte. Noch umfänglichere Auffächerungen haben einzelne Substantive erhalten, so allen voran der nicht zuletzt als Rechtssymbol sehr bedeutsame *Stab* (mit 51 Haupt- und Unterpunkten), dicht gefolgt von *Stadt/Statt/Stätte* (mit 48 Haupt- und Unterpunkten).

Die *Stadt* mit ihren Komposita prägt den hinteren Teil des Bandes – insgesamt beginnen rund 800 Wortartikel mit *Stadt-*, womit es sich um eine der umfänglichsten Kompositareihen des ganzen Wörterbuchs handeln dürfte. Hinzu kommen die Komposita von *Statt* und *Stätte*. Hiervon in den historischen Schreibformen oft nur schwer unterscheidbar sind ferner die (in moderner Schreibung) mit *Stad-* (Ufer) und *Staat-* (Status, Staat) beginnenden Wörter. Das Simplex *Staat* erhielt 19 Hauptbedeutungspunkte, zur *Staat*-Strecke zählen 125 Wortartikel. Ähnlich umfangreich waren im Band noch die Artikelstrecken *Sonder-* (86 Artikel) und *Spezial-* (118 Artikel). Ob *Spezialhypothek*, *Spezialkontributionsanlage* oder *Spezialsuperintendent* – der Band erläutert im Übrigen auch eine große Anzahl heute oft unbekannter rechtlich relevanter Fremdwörter, so auch diese auf den ersten Blick kaum unterscheidbaren Termini: *Skortation*, *Skotation*, *Skotion*, *Skossion* und *Skussion*.

Einmal mehr präsentiert sich das Deutsche Rechtswörterbuch auch im vorliegenden Band als ein buntes Kaleidoskop der Rechts- und Kulturgeschichte. Im Familien- und Erbrecht etwa stehen die umfangreichen Artikelstrecken zu *Sippe* und *Stamm* im Mittelpunkt – mit heute durchaus erklärungsbedürftigen Komposita wie *Sippblut*, was nicht nur „Blut einer Sippe als Bild der Blutsverwandtschaft" bedeutet, sondern auch „Pflicht zur Blutrache". Um männliche und weibliche Verwandtschaft geht es bei der *Schwertseite* bzw. *Spindelseite*. Daneben finden sich im vorliegenden Band Artikel zu *Schwester* (mit weiteren Anverwandten wie *Schwesterbruder*, *Schwestertochtertochter* und *Schwesterurenkel*), *Schwieger*, *Senior*, *Sohn*, *Spons* und *Spurius*. Letzterer ist ein uneheliches Kind, das seinen Vater nicht kennt; da solche Kinder in der Regel aus Ehebruch oder Prostitution hervorgegangen sind, wurden sie rechtlich besonders benachteiligt.

Erwähnenswert ist ferner das Themenfeld rund um Reise und Verkehr. Im Mittelpunkt steht hier das Simplex *See* mit seinen zahlreichen wichtigen Komposita wie beispielsweise *Seebrief, Seegericht, Seenot, Seeräuber, Seerecht* und *Seewurf*. In den Kontext gehören auch Wörter wie *segeln, Segelation* (Seefahrt) und *Sekuranz* (Versicherung insb. vor Seegefahr). Für den Schiffsverkehr relevant waren ferner *Stadrecht* (sic!), *Stapelrecht* und *Stegrecht*. Im Bereich von *Spedition* und Verkehr arbeiteten beispielsweise *Spanner* (Belader von Wägen), *Speibewahrer* (Schleusenaufseher), *Stadtpostmeister* und *Stecknitzfahrer*. Auf den Straßen war *spazieren* (besonders sonntags) bisweilen verboten; das Reisen konnte durch eine *Sperre* (etwa bei grassierenden *Seuchen*) unterbunden werden. Nach dem abendlichen Läuten der *Sperrglocke* waren ohnehin die *Stadttore* zu. Man musste vor *Sonnenuntergang* sein Ziel erreichen, so auch das Gericht, zu dem man geladen war – *solsadire* heißt eines der ältesten Rechtswörter des Bandes (Erstbeleg 507); es meint so viel wie „das Fernbleiben der Gegenpartei bis zum Sonnenuntergang des letztmöglichen Termintages feststellen". Reisen war gefährlich, nicht zuletzt wegen der *Staudenhechte, Staudenreiter* (Raubritter, Strauchritter) und umherziehenden *Söldner*. Dennoch waren viele Menschen unterwegs, etwa die *Silberboten* (amtlicher Eilbote für Wertsachen) und *Stadtläufer*, aber auch *Spielleute, Spione, Stabstreicher, Stapler* (reisender Hochstapler) und *Stationierer* (umherziehender Ablasshändler). Im Wandergewerbe tätig waren ferner die *Seilflieger*, die sich an einem von einem Turm *gespannten Seil* hinuntergleiten ließen, was den Menschen wie Zauberei vorkam, weshalb die Auftritte vielerorts als Schwarzkunst angesehen und verboten waren. Wenig besser ging es anderen vagabundierenden Artisten, die regelmäßig zu den sogenannten unehrlichen Leuten gezählt wurden, so etwa den im Material des DRW seit 1328 nachweisbaren *Seilgängern* oder *Seiltänzern*, die nicht verwechselt werden dürfen mit den etwa im Jyske Lov belegten *Seilgängern* als Land- und Grenzvermessern. Die Beispiele ließen sich fortführen.

Gedacht werden soll des langjährigen, verdienstvollen Vorsitzenden der projektbegleitenden Kommission Knut Wolfgang Nörr, der am 15. Januar 2018 verstarb. Er hatte sich erst im Sommer 2017 nach mehrjähriger Krankheit aus der Kommission zurückgezogen, der er seit 2002 als Vorsitzender angehört hatte. Den Vorsitz übernahm Nörrs bisheriger Stellvertreter Wolfgang Frisch. Als neuer stellvertretender Kommissionsvorsitzender wurde der Freiburger Historiker Ronald Gregor Asch berufen.

Bevor im Anschluss die namentliche Kennzeichnung der einzelnen Artikelstrecken des Bandes folgt, soll noch daran erinnert werden, dass jeder Artikel des DRW ein Produkt vieler Köpfe und Hände ist. Am Anfang stehen die in der Regel anonym bleibenden Exzerptoren der Frühzeit des Wörterbuchprojekts, die mit ihrer intelligenten Vorauswahl der Belegstellen eine wichtige Grundlage für die heutige Redaktionsarbeit geleistet haben. Aber auch die eigentliche Artikelerstellung heute erfordert eine stetige eng verzahnte Zusammenarbeit im Team der DRW-Forschungsstelle – zum Teil unter Heranziehung von externen Beratern und Sachverständigen.

Unter der Leitung und Lenkung des Forschungsstellenleiters wurden die Artikelstrecken von einzelnen Mitarbeiter(inne)n erstellt, jedoch stets in enger Zusammenarbeit mit den anderen, die (mit ihrer jeweiligen spezifischen Kompetenz) unterstützten, berieten, die Artikel durchsahen und bisweilen auch in der Erstellung zuarbeiteten. Dem Umstand, dass folglich jeder Artikel in Teamarbeit erstellt wurde, soll bei der namentlichen Kennzeichnung wenigstens ansatzweise dadurch Rechnung getragen werden, dass für jede Artikelstrecke neben dem jeweiligen Bearbeiternamen jeweils zwei weitere Namen genannt sind. Die abschließende Bearbeitung und Endkorrektur aller Artikel oblag dem Forschungsstellenleiter.

Unter der wissenschaftlichen Leitung und verantwortlichen Gesamtbearbeitung

von

Andreas Deutsch

haben folgende Mitarbeiterinnen und Mitarbeiter im Einzelnen erstellt:

Schwefel – Schweinzucht	*Stefaniya Ptashnyk*	in Zusammenarbeit mit*	*Stefanie Frieling und Peter König*
Schweiß – Schwerschlag	*Christina Kimmel-Schröder*	in Zusammenarbeit mit*	*Birgit Eickhoff und Katharina Falkson*
Schwert – Schwisterkind	*Stefanie Frieling*	in Zusammenarbeit mit*	*Birgit Eickhoff und Ingrid Lemberg*
Schwörartikel – schwürmisch (ohne schwören)	*Andreas Deutsch*	in Zusammenarbeit mit*	*Ingrid Lemberg und Stefaniya Ptashnyk*
schwören	*Stefaniya Ptashnyk*	in Zusammenarbeit mit*	*Andreas Deutsch und Ingrid Lemberg*
Scipe – Sechswöchnerinnenschank	*Katharina Falkson*	in Zusammenarbeit mit*	*Eva-Maria Lill und Melanie Quesson*
sechteln – Sedlerzins	*Stefaniya Ptashnyk*	in Zusammenarbeit mit*	*Ingrid Lemberg und Eva Nürmberger*
See – Seelast	*Katharina Falkson*	in Zusammenarbeit mit*	*Peter König und Melanie Quesson*
Seelbad – Seelzunft	*Ingrid Lemberg*	in Zusammenarbeit mit*	*Andreas Deutsch und Peter König*
Seemacht – Segelung	*Peter König*	in Zusammenarbeit mit*	*Katharina Falkson und Melanie Quesson*
Segen – seien	*Stefanie Frieling*	in Zusammenarbeit mit*	*Andreas Deutsch und Ingrid Lemberg*
Seife – Sekuritätseid	*Stefaniya Ptashnyk*	in Zusammenarbeit mit*	*Peter König und Ingrid Lemberg*
selbacht – selbzwölft	*Eva-Maria Lill*	in Zusammenarbeit mit*	*Birgit Eickhoff und Christina Kimmel-Schröder*
selchen – Semend	*Katharina Falkson*	in Zusammenarbeit mit*	*Ingrid Lemberg und Stefaniya Ptashnyk*
Semester – Sendzeuge	*Christina Kimmel-Schröder*	in Zusammenarbeit mit*	*Almuth Bedenbender und Katharina Falkson*
Seneschall – Sepultur	*Stefaniya Ptashnyk*	in Zusammenarbeit mit*	*Andreas Deutsch und Birgit Eickhoff*
Sequelle – Sesterungeld	*Peter König*	in Zusammenarbeit mit*	*Katharina Falkson und Ingrid Lemberg*

VI

Sete – Setze	*Katharina Falkson*	in Zusammenarbeit mit*	*Andreas Deutsch und Ingrid Lemberg*
setzen	*Ingrid Lemberg*	in Zusammenarbeit mit*	*Andreas Deutsch und Katharina Falkson*
Setzer – Setzzettel	*Stefaniya Ptashnyk*	in Zusammenarbeit mit*	*Katharina Falkson und Ingrid Lemberg*
Seuche – Sickel	*Birgit Eickhoff*	in Zusammenarbeit mit*	*Andreas Deutsch und Ingrid Lemberg*
Sieb – Siechtum	*Eva-Maria Lill*	in Zusammenarbeit mit*	*Christina Kimmel-Schröder und Stefaniya Ptashnyk*
Siedel – Siedwesen	*Andreas Deutsch*	in Zusammenarbeit mit*	*Ingrid Lemberg und Stefaniya Ptashnyk*
Sieg – Siegelzange	*Christina Kimmel-Schröder*	in Zusammenarbeit mit*	*Peter König und Ingrid Lemberg*
siegen – Siegwasser	*Peter König*	in Zusammenarbeit mit*	*Christina Kimmel-Schröder und Ingrid Lemberg*
Siel – Silberzoll	*Peter König*	in Zusammenarbeit mit*	*Andreas Deutsch und Katharina Falkson*
Simeonszehnt – Sinkler	*Stefaniya Ptashnyk*	in Zusammenarbeit mit*	*Birgit Eickhoff und Ingrid Lemberg*
Sinn – sinwel	*Christina Kimmel-Schröder*	in Zusammenarbeit mit*	*Ingrid Lemberg und Eva-Maria Lill*
sinzer – Sistierung	*Ingrid Lemberg*	in Zusammenarbeit mit*	*Birgit Eickhoff und Ingrid Lemberg*
Sitte – situiert	*Birgit Eickhoff*	in Zusammenarbeit mit*	*Andreas Deutsch und Katharina Falkson*
Sitz – Six	*Katharina Falkson*	in Zusammenarbeit mit*	*Andreas Deutsch und Ingrid Lemberg*
skalpieren – Skotation	*Andreas Deutsch*	in Zusammenarbeit mit*	*Klaudia Richter und Larissa Sebastian*
Skribent – Solawechselbrief	*Birgit Eickhoff*	in Zusammenarbeit mit*	*Andreas Deutsch und Peter König*
Sold – Solidum	*Stefaniya Ptashnyk*	in Zusammenarbeit mit*	*Birgit Eickhoff und Ingrid Lemberg*
soll – sommerzeits	*Eva-Maria Lill*	in Zusammenarbeit mit*	*Andreas Deutsch und Christina Kimmel-Schröder*
sonder – Sonderweize	*Stefaniya Ptashnyk*	in Zusammenarbeit mit*	*Andreas Deutsch und Katharina Falkson*
Sonista – Sonorpair	*Eva-Maria Lill*	in Zusammenarbeit mit*	*Andreas Deutsch und Christina Kimmel-Schröder*
Sontz – Sozietät	*Birgit Eickhoff*	in Zusammenarbeit mit*	*Katharina Falkson und Christina Kimmel-Schröder*
Spachtenzaun – Spatschaub	*Birgit Eickhoff*	in Zusammenarbeit mit*	*Katharina Falkson und Peter König*
Spatz – Speiwort	*Stefaniya Ptashnyk*	in Zusammenarbeit mit*	*Birgit Eickhoff und Ingrid Lemberg*
Spektakel – Spendzins	*Birgit Eickhoff*	in Zusammenarbeit mit*	*Katharina Falkson und Ingrid Lemberg*

Spengelgeld – Spezger	*Peter König*	in Zusammenarbeit mit*	*Almuth Bedenbender und Ingrid Lemberg*
spezial – Spezifizierung	*Birgit Eickhoff*	in Zusammenarbeit mit*	*Andreas Deutsch und Peter König*
Spickete – Spielzettel	*Katharina Falkson*	in Zusammenarbeit mit*	*Andreas Deutsch und Ingrid Lemberg*
Spieß – Spion	*Stefaniya Ptashnyk*	in Zusammenarbeit mit*	*Ingrid Lemberg und Katharina Falkson*
Spital – Sporn	*Ingrid Lemberg*	in Zusammenarbeit mit*	*Andreas Deutsch und Katharina Falkson*
Sportel – Spottwort	*Eva-Maria Lill*	in Zusammenarbeit mit*	*Andreas Deutsch und Christina Kimmel-Schröder*
Sprache – Sprechwerdene	*Birgit Eickhoff*	in Zusammenarbeit mit*	*Katharina Falkson und Ingrid Lemberg*
Spreiße – Staar	*Katharina Falkson*	in Zusammenarbeit mit*	*Ingrid Lemberg und Peter König*
Staat	*Peter König*	in Zusammenarbeit mit*	*Andreas Deutsch und Katharina Falkson*
Staateinkommen – Staatseinkunft	*Christina Kimmel-Schröder*	in Zusammenarbeit mit*	*Andreas Deutsch und Peter König*
Staatserhaltung – Staatszweck	*Eva-Maria Lill*	in Zusammenarbeit mit*	*Andreas Deutsch und Peter König*
Stab – Stabwette	*Eva-Maria Lill*	in Zusammenarbeit mit*	*Andreas Deutsch und Stefaniya Ptashnyk*
Stachel – Stadrecht	*Birgit Eickhoff*	in Zusammenarbeit mit*	*Ingrid Lemberg und Katharina Falkson*
Stadt/Statt/Stätte	*Peter König*	in Zusammenarbeit mit*	*Ingrid Lemberg und Katharina Falkson*
Stadtacker – Stadtdiener	*Stefaniya Ptashnyk*	in Zusammenarbeit mit*	*Ingrid Lemberg und Peter König*
Stadtdienst – stadtgerichtlich	*Christina Kimmel-Schröder*	in Zusammenarbeit mit*	*Katharina Falkson und Peter König*
Stadtgerichtsbarkeit – Stadtkeller	*Peter König*	in Zusammenarbeit mit*	*Almuth Bedenbender und Birgit Eickhoff*
Stadtkietz – Stadtobristenstelle	*Birgit Eickhoff*	in Zusammenarbeit mit*	*Almuth Bedenbender und Peter König*
Stadtoffizier – Stadtrechnung	*Stefaniya Ptashnyk*	in Zusammenarbeit mit*	*Birgit Eickhoff und Katharina Falkson*
Stadtrecht – stadtrechtsfähig	*Peter König*	in Zusammenarbeit mit*	*Birgit Eickhoff und Ingrid Lemberg*
Stadtredner – Stadtwall	*Birgit Eickhoff*	in Zusammenarbeit mit*	*Katharina Falkson und Peter König*
Stadtwappen – Stadtzwinger	*Ingrid Lemberg*	in Zusammenarbeit mit*	*Katharina Falkson und Peter König*
Stafel – Staffelzoll	*Stefaniya Ptashnyk*	in Zusammenarbeit mit*	*Andreas Deutsch und Ingrid Lemberg*
staffieren – Stalhof	*Ingrid Lemberg*	in Zusammenarbeit mit*	*Katharina Falkson und Stefaniya Ptashnyk*

VIII

Stall – Staltnis	*Stefaniya Ptashnyk*	in Zusammenarbeit mit*	*Andreas Deutsch und Ingrid Lemberg*
Stamm – stammweise	*Katharina Falkson*	in Zusammenarbeit mit*	*Andreas Deutsch und Ingrid Lemberg*
Stampf – Standverweser	*Peter König*	in Zusammenarbeit mit*	*Ingrid Lemberg und Katharina Falkson*
Stange – Stapelzwang	*Stefaniya Ptashnyk*	in Zusammenarbeit mit*	*Andreas Deutsch und Katharina Falkson*
Stapf – Stegrecht	*Birgit Eickhoff*	in Zusammenarbeit mit*	*Ingrid Lemberg und Peter König*

* Namen folgen in alphabetischer Reihung.